CHINESE PERSPECTIVE OF
MODERN URBAN ECONOMY PROBLEM RESEARCH

本书受"浙江工业职业技术学院专著出版基金"资助

中国视角的
现代城市经济问题研究

王国均　秦　甫◎著

浙江大学出版社

图书在版编目（CIP）数据

中国视角的现代城市经济问题研究／王国均，秦甫
著.—杭州：浙江大学出版社，2013.10
　ISBN 978-7-308-12288-7

　Ⅰ.①中⋯　Ⅱ.①王⋯　②秦⋯　Ⅲ.①城市经济—研
究—中国　Ⅳ.①F299.2

中国版本图书馆 CIP 数据核字（2013）第 228151 号

中国视角的现代城市经济问题研究

王国均　秦　甫　著

责任编辑	樊晓燕（fxy@zju.edu.cn）
封面设计	春天书装
出版发行	浙江大学出版社
	（杭州市天目山路 148 号　邮政编码 310007）
	（网址：http://www.zjupress.com）
排　　版	杭州中大图文设计有限公司
印　　刷	杭州杭新印务有限公司
开　　本	710mm×1000mm　1/16
印　　张	28.5
字　　数	496 千
版 印 次	2013 年 10 月第 1 版　2013 年 10 月第 1 次印刷
书　　号	ISBN 978-7-308-12288-7
定　　价	78.00 元

序

　　王国均、秦甫两位朋友的著作《中国视角的现代城市经济问题研究》是他们耗费十余年时间，潜心钻研、合作探讨的成果。该书在借鉴吸收国内外城市经济学理论研究成果的基础上，结合中国城市化的实际需要，对当前城市经济发展与城市管理中的一些重要问题发表了自己的见解。能在繁重的教学与行政工作之余，系统思考和研究城市经济问题，这种探索精神是值得钦佩的。

　　该书的特点是涉及面广，视野开阔，下了比较扎实的工夫。洋洋五十万言，从现代城市的概念、特征等一般性问题，到城市经济的运行特点、经济结构、城市产业、生产要素，又细化到城市农业、城市工业、城市服务业，再进一步拓展到城市间竞争与合作、城市竞争力，乃至城市经济考核体系，几乎涵盖了城市经济运行的方方面面。这种"百科全书式"的描述，其中不仅蕴涵了一些学术研究成果，还起到了知识普及的作用。对　专事或不专事城市经济研究的读者，都会有参考价值。

　　当前，我国正处在城市化快速推进的关键时期，如何把握城市经济发展的内在机理与客观规律，提高城市管理的科学性与前瞻性，是需要认真研究的大问题。本书是从中国视角来分析城市经济问题。"中国视角"可有不同解读，既可以理解为中国国情的特殊性，也可理解为当下中国城市经济的特殊问题；既可从经济增长的角度展开，也可从体制改革的角度剖析。本书结合中国国情，主要从政府经济管理的角度进行思考，落脚到通过指标考核、提升城市竞争力问题，表明他们从实际工作的角度提出问题，探求解决之道。这对城市管理实际部门的同志会带来启发和借鉴。

　　希望两位作者在本书写作的基础上，进一步凝练中国城市经济发展的关键问题，提升研究深度，增强针对性，取得更丰硕的研究成果。

浙江大学公共管理学院院长、教授、博士生导师

2013 年 5 月

前　言

从 2003 年开始,作者以自己具备的经济学学术素养和在城市长期从事经济实践工作时的观察和思考作为基础,依据改革开放以来中国工业化、城市化进程和新旧城市经济运行过程中涌现出来的大量经济现象和事实数据,参阅了大量国内外城市经济学论著,针对中国城市经济的一系列问题进行了研究。最后于 2013 年之初完成了本著作。我们希望通过自己的研究,在城市经济问题上著书立说,成一家之言;能够跻身在城市经济学理论研究方面有建树者之列,能为中国城市经济理论的发展作出贡献。

一、本著作的理论和实践依据

本著作的基础理论依据是经济学及其分支学科如发展经济学、区域经济学和空间经济学,20 世纪 60 年代初在国外兴起并于 90 年代成为主流的城市经济学;主要的理论依据是 20 世纪 80 年代开始形成的具有中国特色的中国城市经济学。本著作的实践背景为改革开放以来我国城市化的快速进程和城市经济的高速发展及其所碰到的所有问题。

(一)西方城市经济问题研究成果概述

西方学者对城市经济问题的研究早于古典经济学产生以前,并一直在西方经济学的中观和微观经济学中加以研究。而"城市经济学"这一术语的出现,是在 1965 年威尔·汤普森的《城市经济学导论》一书中。城市经济学发端于 20 世纪 60 年代初,其"制度化"过程形成于 20 世纪 60 年代末至 80 年代。这一阶段的代表性著作有:英国学者巴顿的《城市经济学——理论和政策》(1976 年出版);美国学者沃纳·赫希的《城市经济学》(1984 年出版);日本学者山田浩之的《城市经济学》(1977 年出版);美国学者埃德温·S. 米尔斯的《城市经济学》(1—4 版)以及英国学者伊文思的《城市经济学》(1985 年出版)等。

20 世纪 90 年代以来,世界上各主要国家先后进入了工业化中、后期阶段。一个以空间上集聚、交易成本节约、分工和报酬递增为特征的城市化浪潮可能将超过工业化而成为带动人类社会乃至经济发展的强劲动力。在此背景下,一个能深刻、完整地解释和分析城市内生演进与经济发展的新城市经济学,已成

为时代发展的客观要求。这一时期的著作有：英国学者保罗·切米尔和美国学者埃德温·S. 米尔斯主编的第3卷《应用城市经济学》、美国学者阿瑟·奥沙利文的《城市经济学》（2000年第4版），特别关注空间经济理论研究并有突破性贡献的美国经济学家、诺贝尔经济学奖金获得者保罗·克鲁格曼的研究成果《克鲁格曼国际贸易新理论》（1990）、《发展、地理学和经济理论》（1995）和福田昌久、保罗·克鲁格曼、安东尼·J. 维纳布尔斯的《空间经济学》（1999）等。这些著作大大推进了西方城市经济学的研究，诸如论证了应用于城市经济研究的主要经济学原理；构建了城市经济学理论研究与应用研究的框架。突出的是克鲁格曼所完成的报酬递增和不完全竞争革命的第四波空间经济理论的研究，把区域经济、城市经济、经济地理、国际贸易等学科作为空间经济学第一次纳入了主流经济学的范畴，这在城市经济学学科属性的研究方面，是一种里程碑式的重大贡献。从其发展过程来看，西方城市经济学前后可划分为两种流派："保守主义城市经济学"与"主流城市经济学"。

（二）国内城市经济发展和理论研究进展

1. 国内城市经济发展

改革开放以来，中国的城市化进程快速推进，城市经济也高速发展。1978年全国城镇人口为17245万人，占全国总人口17.92%，而至2011年，城镇人口为69079万人，占全国总人口51.27%。中国城镇人口占比与地球上人类城市人口占比同期持平。1978年年底，全国共设市193个，而至1996年年底增加到了668个，19年间增加了475个。此后，中国设市城市虽在数量上有所减少，但规模却快速扩张。2008年，中国大陆共有地级及以上城市287个，其中，市辖区总人口在400万以上的超特大城市已达13个，200万～400万的超大城市达28个，100万～200万的特大城市有81个，50万～100万的大城市有110个。截至2010年年底，全国设市城市数为657个。同时，改革开放至今，每年中国设市城市经济GDP占国民经济GDP比重也在不断递增，城市经济对国民经济的贡献程度不断加大。《中国城市协调发展及综合实力研究报告》显示，2010年，我国287个地级及以上城市（不包括市辖县）实现地区生产总值25万亿元，按可比价格计算增长12.5%，约占全国经济总量的60%。在较为广大的城乡地理环境中，我国的大中小城市全处于政治、经济、科技、文化、教育的中心地位，成为了我国社会经济发展的坚实载体。

但是，改革开放至今，在中国的城市化和城市经济发展中，各种问题也层出不穷，不论是在城市空间的内、外部，还是在宏观、微观经济领域。所以说，中国的城市经济改革开放发展史，实际上就是一个解决林林总总的城市经济问题的过程。

2.理论研究进展

1978 年至今，关于中国城市经济问题的研究论文每年不下数百篇，每年至少出版几部或十几部的专著和教材。这些研究成果，丰富和发展了城市经济学的内涵。中国学者研究中国特色的城市经济学的轨迹，大体上可以分为以下两个阶段：

（1）引进与创立阶段

这个阶段大体上集中在 20 世纪 80 年代与 90 年代中期。我国进入改革开放新的历史阶段之后，城市的作用日益显著，城市化的进程开始加速。适应这一形势要求，西方的城市经济学著作（主要是前述的国外学者 20 世纪 60—80 年代的著作）被开始引进。

在中国学者借鉴西方论著的基础上，20 世纪 80、90 年代成了城市经济问题研究这门学科在中国的创立阶段。在专著出版方面最早的是由山西人民出版社出版的，杨重光、鄢淦五、刘增录、魏炳坤、饶会林、过杰几位学者编写的《城市经济学入门》（1985 年）。之后，在 80 年代后期出现了一个出版高潮，出版了杜闻贞的《城市经济学》（中国财经出版社 1986 年版）、朱林兴的《中国社会主义城市经济学》（上海社会科学出版社 1985 年版）、过杰的《城市经济学》（四川人民出版社 1989 年版）、杨重光和刘维新等人的《社会主义城市经济学》（中国财经出版社 1989 年版）以及蔡孝箴的《社会主义城市经济学》（南开大学出版社 1990 年版）等。

（2）深入发展与创新阶段

20 世纪 90 年代后半段至今，是中国市场经济体制目标确立及经济继续腾飞的时期，特别是在邓小平同志"九二讲话"之后，中国经济发展处于加速阶段，工业化和城市化步伐进一步加快。这一背景推动中国的城市经济学研究进入了发展与创新阶段。

在这一阶段，国内学者继续引进并翻译了前述外国学者上世纪 90 年代初以来的著作，如《克鲁格曼国际贸易新理论》（中译本 2001 年 12 月，北京大学出版社、中国人民大学出版社）、《发展、地理学和经济理论》（中译本 2000 年 12 月，北京大学出版社、中国人民大学出版社）和福田昌久、保罗·克鲁格曼、安东尼·J.维纳布尔斯的《空间经济学》（中译本 2005 年 9 月，中国人民大学出版社）等。

在上述历史背景和国际研究前沿的推动下，中国城市经济研究领域产生了一大批成果，如谢文蕙、邓卫的《城市经济学》（清华大学出版社 1996 年第 1 版，2008 第 2 版），蔡孝箴的《城市经济学（修订本）》（南开大学出版社 1998 年版）、饶会林的《城市经济学》(东北财经大学出版社 1999 年版)、丁健的《现代城市经济》(同济大学出版社 2001 年第 1 版)、冯云廷的《城市经济学》(东北财经大学出版社 2005 年第 1 版,2008 年第 2 版)、周伟林、严冀等的《城市经济学》(复旦大学出版社 2007 年第 1 版)、饶会林的《现代城市经济概论》(上海交通大学出版社 2008 年第 1 版)、王雅莉的《城市经济学》(首都经贸大学出版社 2008 年第 1 版)等。

这一阶段是我国城市经济学的发展和创新阶段。中国城市经济学界初步形成了两种不同的研究路线,或者说是两种不同学派,我们暂时称之为问题导向派与集聚导向派。

问题导向派主要是继承和发展了巴顿提出的城市经济学的方法,结合中国经济发展的实践,扩展了城市经济发展过程中的种种问题,建立了自己对城市经济的理解及理论体系。其最有代表性的是饶会林的《城市经济学》(东北财经大学出版社 1999 年版)。在这部著作中,他提出"城市经济学是研究城市系统经济运行、经济关系及其规律的科学。研究城市经济,要从实际出发,从实际需要中找问题,找课题,要善于从分析城市经济现象和问题入手,发现其中的本质联系和规律"(饶会林,1998)。他在他的著作中建立了由城市经济发展、城市经济结构、城市经济环境、城市经济效益、城市经济区域和城市经济管理等六大部分组成的理论体系,把城市经济发展,特别是中国现阶段城市经济发展的种种问题均囊括其中。

集聚导向派是以城市经济的核心特征——集聚经济为导向开展对城市经济的研究并建立理论体系。其以集聚经济来解释城市的产生与发展,说明城市规模的变化,联系城市集聚经济的负外部性来研究城市经济的主要问题。这个学派在研究内容上注重研究城市经济学作为空间经济学的性质、空间经济学理论的发展、特别是新经济地理理论对城市经济发展的解释;在研究方法上除了应用抽象思维方法进行归纳与演绎外,更注重规范与实证分析,特别是动态的分析,在可能的范围内引进相关的模型研究。这一研究思路,在目前已出版的城市经济学著作中,以周伟林、严冀编写的《城市经济学》最有代表性。在这部著作中,作者在阐述城市经济学的理论部分时,首先开辟了城市集聚经济一章,以此为先导展开研究,说明"集聚经济是城市产生的最重要的原因,城市规模的变化实际上是各种集聚经济共同作用的结果",提出城市厂商的区位选择理论,实质上是城市集聚经济的微观基础,进而对城市体系与城市增长进行了研究。作者还联系集聚经济的重要领域,对土地的利用与研究空间结构、城市住宅经济、交通经济、物流网络、城市环境等问题进行了扼要的分析,注重模型的引进，推动城市不同集聚经济正负效应的研究，其中还特别采用了新经济地理学说对集聚经济的重新解释。这样用集聚经济引导的研究，在其他新编的城市经济学中均有不同程度的体现。

（三）总的结论

1.国内外城市经济学研究取得的成果

至少可以认为，城市经济学（urban economic）是一门新兴的中观层面的经济学分支学科。它是以城市这一独特的空间组织结构为研究对象，与区域经济学（regional economics）、新经济地理学（new geography economic）等学科同属于空间经济学（spatial economy），并与这些学科关系极为密切。

虽然学者们对城市经济学的研究对象和研究方法有不同见解，但在研究内容方面已有以下几方面的共识：

（1）城市经济学的基本理论。城市经济学的基本理论很大一部分也是空间经济学的基本理论，比如外部性原理、聚集原理、溢出效应等，这是城市经济学的基础。

（2）城市经济学的微观问题。城市经济学的微观问题包括城市住房问题、城市环境问题、城市交通问题、城市劳动力市场问题、城市贫困问题等，这些问题的分析都包含相同的两个方面：对问题的经济学分析和解决问题的经济学方法，与微观经济学的分析方法具有相似的地方。

（3）城市经济学的宏观问题。城市经济学的宏观问题包括城市化问题、城市群问题、城市规模问题等，这些问题和微观问题一样，同样采取经济学分析方法去研究和解决问题，与宏观经济学的分析方法具有类似的地方。

2.存在的理论和实践问题

（1）理论方面。现阶段城市经济学理论存在的缺陷在于：第一，没有一套完整的城市经济学分析框架，城市经济学的研究没有统一的基础；第二，尚未与空间经济学其他子学科，如区域经济学、新经济地理学进行彻底的有机融合，从而形成统一的空间经济学框架；第三，城市经济学在计量应用方面的理论尚没有形成具有城市经济学特色的理论模型。

（2）实践方面。城市已经成为当今世界经济活动区域的主体，随着经济的发展，有关城市发展的经济问题也越来越多，这就需要城市经济学能够针对这些实际问题提供有效的分析工具。如在接下来的几十年中，针对发展中国家的城市化问题和最近几年很热的城市群问题、城市间交通问题、城市的环境保护、资源节约等方面的城市科学发展问题的研究。对这些热点问题进行研究既能够拓宽城市经济学的应用领域，同时也能在实际中检验理论的正确和实践背景。

综上所述，城市经济学产生于全球城市化浪潮和城市经济发展中各种实际问题的不断涌现，它因问题而生，也因对问题的探究、解决，形成了一种专门学科，形成了基于应用目的的一种系统性的理论。它在国内外都属于一种需要不断研究完善的新颖学科，需要随着实践的发展而不断丰富与发展。

二、本著作的主要特点

综观中国城市经济理论的研究，目前已进入从实践中提炼观点到自主创新的新时期。本著作在国内外取得的理论研究成果基础上，基于中国国情的特殊性所带来的当代中国城市经济的特殊问题，侧重于从中国城市经济的丰富实践中凝练中国城市经济发展的一系列关键问题，进行深度研究，提出一揽子解决对策。倡行自主创新，"中国视角"。这表现在以下几方面：

一是以中国的实践经验检验西方城市经济经典理论，实践经典理论的中国模式，拓宽经典理论的适用范围，修正经典理论的限制因子，突破理论的时空局限性，发展经典理论的实践性，在经典理论中加入中国元素，以指导并推动中国城市经济的发展。

二是从中国城市经济发展实践中找到新规律、新理论。中国城市经济的发展，尤其是改革开放以后城市经济的迅速发展和中国城市经济的特殊性是本著作理论研究的沃土，作者在进行理论的提炼和创新时，进行了中国城市经济的今昔纵向对比和中外城市经济的横向对比等多方面、多维度的研究论证。

三是本著作中对城市经济问题的众多解决方案（对策、建议和措施），充分考虑了中国城市的"土壤"因素，并且是参考、过滤了国外学者的相应观点，重于结合中国实情提出来的，摒弃全盘照搬照抄的模式。

三、研究目的、内容和方法

（一）研究目的

本著述的研究愿景是将我国城市生产力各要素在空间上进行优化集聚和辐射扩散，以使城市经济更快、更好地发展。具体可表述为：将众多的城市经济问题进行系统排列，分别归置于城市经济的内部空间因素和外部空间经济之下，然后分析和解决之。

（二）研究思路和方法

本著作结合了两种国内学术流派的研究思路和方法，具有较为独特、严谨的理论、学术研究风格。

中国视角的现代城市经济问题研究

1. 研究思路

基于中国实际的城市经济问题的研究思路为：先阐述现代城市和现代城市经济的内涵，即我国现代城市经济问题的基础部分研究；再重点进行我国城市经济的内部空间经济问题研究，并按经济结构、经济要素、三大产业等序列排列进行研究；然后进行我国城市的外部空间经济问题研究，包括城市圈经济、城市枢纽经济等；城市竞争力是从各城市间的比较得到的；城市综合竞争力优劣则集中反映为聚集和扩散能力的强弱；最后对城市经济的考核问题进行研究。

2. 研究方法

本著作综合采用了两种国内学术流派的方法：在本著作的总体谋篇布局上，运用了近期国内学者的"集聚导向法"，即先城市经济的内部经济后外部经济，体现出"城市经济是一定空间内各种生产力要素的集聚经济"思想引导的研究方法。在具体的课题（章节）论述上运用"问题导向法"，讲现状有数据事实，找问题有比较、有依据，提对策建议合理可行。在研究方法上除应用抽象思维、规范与实证、动态的分析方法进行归纳与演绎外，在进行相应课题中的问题剖析时，注重从现实中寻找问题，分析问题，解决问题。

（三）研究内容

我们对改革开放至今我国城市化和城市经济运行中暴露出来的问题，并不回避，不避重就轻或轻描淡写，而是进行了全面深入的研析，最后得到了一些较为新颖的研究成果。

四、研究的意义

（一）理论意义

本著作建立了比较全面的中国城市经济学的学科体系理论架构，既有城市经济学基础理论认知性的介绍，又有对城市经济微观和宏观课题的阐述，将多个学科的理论原理有机地统一起来，扩充了城市经济学的内涵和外延。

（二）学术意义

本著作是一部集各种城市经济问题于一体的学术专著，可为城市经济问题学术的研究者们提供参考。本著作述行文朴实细致，娓娓道来，通俗易懂，也可作为高校相关专业城市经济学课程的参考书。

（三）实践意义

本著作对改革开放至今的中国现代城市经济发展过程中的实践问题都基本涉及，既包含微观实际问题，又包含宏观实际问题。除对城市经济问题中的相应概念、原理等涵义性内容进行认知性论述外,侧重于我国城市经济的实际现状分析,从现实中发现和剖析问题,并提供对策。

各章节内的课题问题剖析都能紧密联系实际,提供切实可行的解决方案,实践性、可操作性较强,大量篇幅属于应用经济学范畴,对我国各级行政区域制订短、中、长期社会经济发展计划,对于各级政府进行城市管理和对城市经济的考核评价,都具有较大的参考价值,为更好地发展我国的城市经济提供了比较科学的决策依据和理论指导。

目　录

中国视角的现代城市经济问题研究

第一章　现代城市

第一节　现代城市的起源和全球城市化浪潮

一、现代城市的起源

在我国古代文献中，"城"和"市"是两个概念。"城"是指有防卫围墙的地方，能扼守交通要冲，是具有防守职能的军事据点。《管子·度地》中说："内为之城，外为之廓。"《墨子·七患》中指出："城者，所以自守也"。"市"是指商品交换的地方。《周昌·学辞》指出："日中为市，致天下之事，聚天下之货，交易而退，各得其所。"最初的"市"是指在一定地域内固定的、集中商品交易的场所。随着社会经济的发展，"城"与"市"逐渐结合成一体。

现代城市在古代城市基础上发展起来，已不是原来那种简单的"城"与"市"的结合，而是要素繁多、结构复杂、功能齐全的综合体。通常提出的城市概念，一般是指现代城市的概念范畴。

确切地说，现代城市源于古代城市的"市"——商品交易高度集中之所在；因市场内外人口的集中、涌现而使得农副产品和工业产品集聚，造成了商业的繁荣和商业设施和民居、街道的扩建；大规模的工业化导致农村土地转变为工业（城市）用地，大量的农民转变为工业工人（城市居民）；工商业的集中，使城市的"城墙"成为摆设，城市不设防，与农村相隔的仅为城郊结合部。这种经济现象称为城市化。人类经济要素的集聚现象与社会经济的发展相伴相生，因而全球的城市化进程一直呈惯性增长。

二、全球城市化浪潮

城市化主要是指近代工业化以来城市蓬勃发展、城市人口较快增长的过程。它有两个标志性结果：一是已有古城的拓展和新兴城市的大量衍生；二是城市人口较农村人口增长幅度要快，即人类社会人口的城市化。

19 世纪,欧美国家的工业化广泛展开,城市化进程明显加快。据估计,1800 年前后,世界上大约只有 3% 左右的人居住在人口规模超过 5000 人(即够得上城市标准)的城市里。1800 年,第一个工业化国家英国的城市化水平仅为 19.4%。但至 19 世纪末,英国的城市化水平已提高到 67.6%。由于欧美国家的人口在世界总人口中所占的比率不大,世界总体的城市化水平提高不快。

世界城市化的历史到 20 世纪进入一个新的阶段:这是一个有越来越多的人变成城里人以及城里人在全部人口中所占的比率越来越大的时代,是一个城市转变的世纪,是全球社会从一个以乡村为主的社会向以城市为主的社会转变的世纪。

1900 年,世界城市化水平大约也就是 13%。到 1950 年,这一比率很快提高到 29%。到 1975 年,世界城市化水平已达到了 39%。世界城市的总人口从 1950 年的 7.3 亿,增加到 1975 年的 15.9 亿。同期,乡村人口从 17.94 亿增加到 24.76 亿。全世界的乡村人口增加了 38%,而城市人口则增长了 118%。随后,城市人口总量和城市化水平又有新的提高。1990 年,世界城市人口为 22.63 亿,约占总人口的 44%。到 2003 年,世界城市人口达到了 30.15 亿,占总人口的 49%。2011 年,世界城市人口为 35 亿左右,约占总人口的 50%。

而 20 世纪下半叶的世界城市化速度几乎是爆炸性的。世界城市人口在 20 世纪,特别是该世纪的下半叶快速增长的基本原因是发展中国家城市化的大发展。发展中国家的城市人口在世界城市总人口中所占的比率节节攀升。1950 年,这个比率仅为 39%,1960 年增至 45%,1970 年这一比率上升到将近一半,1990 年达到了 61%。

20 世纪初,发展中国家的城市化就出现了较快增长的势头。1900—1920 年,发展中国家的城市人口年增长率约为 1.3%~1.4%;1920—1930 年,增长的幅度达到每年 1.9%~2.1%。在这一时期,发展中国家城市人口的增长主要发生在拉丁美洲地区,其他地区发展中国家的城市发展并没有显示出比以前更快的速度。

但从二战后,发展中国家城市人口的增长速度是十分惊人的。从 1950 年到 1985 年,发展中国家的城市人口增长了 4 倍,年增长率高达 4.1%,城市化水平也以每年 2% 的速度上升。这种增长速度不仅史无前例,而且也远远高于欧美国家在社会经济相似的发展时期的城市化速度。在工业革命开始以后,发达国家有三四十年的城市化迅猛发展时期。在 1860—1900 年间,发达国家的城市人口年增长率为 2.4%,城市化水平则以每年 1.3% 的速度提高。此外,发达国家的城市化水平从 12% 上升到 32%,大约花了 100 年时间,而发展中国家只花了 50 年时间。把发达国家与发展中国家在 20 世纪下半叶的城市发展速度进行比较,也可以看出发展中国家较高的城市人口增长速度。以 1950 年至 1975 年为例。这一时期,发展中国家的城市人口从 2.87 亿增加到 8.38 亿,平均年增长率为 4.4%;而发达国家的城市人口从 4.44 亿增至 7.52 亿,年均增长率仅为 2.2%。即使拿发展中国家自身的城市人口与农村人口的发展进行比较,也可以看到城市人口较快的增长速度。据估计,从 1950 年至 1975 年,发展中国家城市人口的年均增长率约为农村人口年均增长率的 2.75 倍。[①]

第二节　现代城市的含义、特征与结构

一、现代城市的概念和特征

由于古今中外城市的差异,更由于城市本身的多质性和复杂性,对城市的概念人们往往从不同方面作出各种各样的诠释,归纳起来有以下几种观点:

·人口学的观点　认为城市是分布在一个地区的特定人口群体,它具有人口再生产的特殊社会经济条件和文化条件,这个群体被看做是国家总人口的一个组成部分。

·社会学的观点　认为城市是具有一定地理界域的社会组织形式,是人类社区的一种生活方式。

·地理学的观点　认为城市是发生于地表的普遍宏观现象,有一定空间组织、很强的区域性和综合性。城市是有中心性能的区域焦点,是从事第二、第三产业人群的集中居住地。

·城市建设学的观点　认为城市是空间和社会构成的整体,现代城市是一个复杂的建设工程综合体,是各种工程构筑物和各种管线系统的汇集地。

·城市生态学的观点　认为城市是以人类社会为主体,以地域空间和各种设施为环境的生态系统。

·城市系统论的观点　认为城市是一个在有限空间地域内各种经济市场相互交织在一起的网状系统。现代城市系统是一个经常处于非平衡状态的复杂有机体,是与周围地区不断进行交流的开放系统,是各个子系统协同发展、主要职能与多种功能相结合而和谐发展的整体。

城市实际上是一个复杂综合体。现代城市,是与农村相对的、有别于农村

---

① 　资料来源:俞金尧. 20 世纪发展中国家城市化历史反思[J]. 世界历史,2011 年第 3 期。

的一种社会实体,是以人为主体,是人口、活动、设施、物资、文化等高度集中并不断运转的有机整体。人、物、空间,构成城市的三要素。在这三个要素中,人是首要的。任何城市皆由人建造、由人管理并为人服务。高度集中是城市区别于农村的基本特征。具体表现为人口、设施、活动的高度集中,物资和文化的高度集中。开放运转是城市的基本条件。城市是由许多不同类型、不同性质、不同层次子系统所组成的复杂的大系统。现代生产社会化程度提高,科学技术日益发达,社会生活日益复杂,城市的开放性比以往更为突出,现代城市经常地、大量地与外界进行人口、人才、物资、能源、信息的交换。

从城市经济学角度可将城市定义为:城市是在一个有限地域内集中的经济实体、社会实体、物质实体相结合的有机体,是人类为了自己生存与发展的需要,经过创造性劳动加以利用和改造的物质环境,是社会生产劳动分工后产生的一种相对于乡村而言更人性化的社会载体,具有一定的空间、地域范围,是一定数量规模的人群以每个时代先进的生产方式和生活方式进行着社会活动,创造出比乡村更高的生产力,享受着更高质量生活的区域。城市是不同等级区域政治、经济、文化的中心,是经济区域发展的焦点,是发展新工业最便利和最经济的地点,是人类集聚最经济的形式。

二、现代城市的特征

城市是一个巨大的系统整体,其要素、结构、层次和功能都显现出它的复杂性与多样性。现代城市的基本特征表现在:

（一）要素的集约性

现代城市最基本的特征之一,就是构成它的相关要素即人口、经济、科技文化呈现出集约性。这种要素的集约性是城市存在和发展的基本条件,也是其发挥各项功能的基础。

1. 居民人口的集约

20世纪以来,由于工业现代化进程加快,科学技术飞速发展,农业机械化推广,劳动生产率大幅度提高,使大量的农业人口流入城市。另外,由于城市化进程加快,工业生产、科技发展、城市建设需要大量的劳动力,伴随生产发展和消费增长,城市第三产业加快发展,也吸引了大量的劳动力。城市人口集约化程度越来越高。

2. 经济发展的集约

现代城市是社会生产力和科学技术最发达的地方,它也使国民财富出现集约化。城市经济主要指工业、商业、交通运输等要素;城市社会主要指教育、科

技、文化等要素;城市市政主要指规划、建筑、供水、供电等要素,这些要素有机地结合在一起,呈现出高度的集约性。而在构成城市诸要素的系统中,管理运行机制也呈现出一种高速度化和集约化。

3.科技文化的集约

科技文化的集约性也称之为知识的集约性,它包括科学知识、技术知识、教育文化等方面的集约程度。现代生产专业化、科技发展综合化、社会发展城市化等,都需要科学技术知识。现代城市中的社会科学、自然科学、综合科学都在不断发展,高等院校以及各种有关设施大量增加。现代城市是的科技文化的集约地、科技成果的产生地、知识人才的开发地、各种信息知识的发源地。

4.政治机构的集约

由于交通便利、信息流畅、经济发达,城市集聚了作为国家机器的政治机构,成为一个区域的政治中心。

城市物质、能量、信息的集约特点,使现代城市成为一定地域经济社会的结构核、系统核与动因核。城市的集约性与农村的疏散性形成了差异,而这种差异迫使两者协同发展,向城乡一体化方向迈进。

(二)结构的开放性

现代城市是一定区域政治、经济、社会、文化、科技、信息的中心,它需要向这一区域辐射它的能量和信息;社会化大生产也要求搞专业化协作,与邻近地区搞经济技术联合。这些决定了现代城市系统整体结构具有开放性,要与周围的农村和城市进行物质、能量和信息的交流。城市失去开放性,就不能生存和发展。有了城市的开放系统,城市的新陈代谢功能就会旺盛,城市发展就会有蓬勃的生命力。

现代城市作为开放系统,与外界不断地交换着能量、物质与信息,输入粮食、蔬菜、水、燃料、日用品,同时输出文化的、精神的、物质的各种产品和废水、废气、废物等,这就产生城市系统的循环,以保障城市稳定有序状态。

(三)系统的复杂性

随着经济社会与科学技术的发展,现代城市日益成为一个多维度、多结构、多层次、多要素、多变量相互作用的复杂系统,而且这种复杂性还在日趋发展。现代城市整体系统的复杂性表现在:

1.城市要素与层次的复杂

现代城市要素是由不同性质、不同层次的分系统、子系统、微系统等所组成的复杂系统。

第一层次是城市政府领导层次。政府的领导层次是一个城市系统的社会核，它对整个城市系统的正常运转起着主导作用。

第二层次是城市三大分系统：经济管理系统、社会管理系统和市政管理系统。这三大分系统是城市管理的中间环节。

第三层次是分系统中的各子系统。如经济管理系统的工业系统、农业系统、服务系统等。

第四层次是子系统下面的许多行业部门组成的微系统。如工业子系统，按行业可分为冶金、机械、轻纺、化工、电子、食品等许多微系统。

2. 城市结构的复杂

现代城市的构成要素很多，要素结构质量、数量和排列方式表现出一种复杂的结构网络。各系统要素之间、各要素结构之间互相联系、互相作用、互相依存、互相制约。各要素结构之间随机动因很多，发展趋势呈现出多方向、多结果的非平衡、非线性运动方式。要素的多样性、结构的复杂性、结合方式的多因性、运动的非线性、结果的多向性，说明了现代城市系统结构的错综复杂。

3. 城市环境的复杂

从局部看，现代城市是一个相对独立的系统，从全局看，这一城市系统就变成了更大系统的子系统。对于现代城市子系统来说，更大区域范畴的系统则成为该子系统的现代城市环境了。环境对城市的产生、发展和未来有很大的影响。现代城市的结构、规模、功能、职能、性质与地位都与客观环境有密切关系。自然资源、经济技术资源、人口资源、社会历史背景以及政治条件都制约着城市的发展。从现代城市发展来看，环境对城市系统的影响越来越大。

（四）功能的综合性

现代城市系统不仅具有要素集约、系统开放、结构复杂等特征，而且其功能具有综合性和整体性。由于社会生产力高度发展和科学技术迅速进步，社会分工越来越细，经济结构、社会结构、市政结构越来越复杂，这使得现代城市功能呈现出综合性和整体性的特征。

现代城市的功能综合性和整体性，是经济社会发展引起城市结构复杂化的必然结果，同时也是城市自身发展的必然要求。这种功能的综合性和整体性能够使城市社会经济生活达到协调高效的发展，在国民经济发展中的作用与地位得到充分体现。

三、现代城市的结构

城市的结构,分为城市的内部结构和外部联系(也可称为"外部结构")两个方面。

（一）城市的内部结构

不同类型的城市有不同的城市内部结构。但一般说来,城市结构包括经济结构、政治结构、文化结构、职业结构、人口结构、生态环境结构等基本组成部分。

1. 经济结构

城市的经济结构是城市生产力结构和生产关系结构的统一体,主要包括所有制结构、生产结构、流通结构、分配结构和消费结构等方面,其中既有生产力问题,又有生产关系问题。

所有制结构是指各种所有制经济形式在城市经济体系中的地位、作用及其相互关系。所有制结构是否合理,主要是看它是否适合社会生产力的发展水平。

生产结构的主要内容大致有五项:(1)狭义的产业结构,专指工农业生产的各个行业,它属于生产结构的范围(广义的产业是把流通、分配、消费环节的各个行业包括在内,已超出了生产结构的范围,而涉及流通结构、分配结构、消费结构的领域)。(2)产品结构,实质上就是品种繁多的物质产品如何与复杂多变的社会需要(包括消费需要和生产需要)相适应的问题。产品结构合理不合理,主要看它与社会需要适应到什么程度。(3)技术结构,指在物质生产过程中各种技术要素(包括技术知识要素和技术装备要素)的组合形式、组合关系,以及技术要素与生产力其他要素的相互制约关系,中心问题是采用什么样的技术和技术装备能够取得最佳的经济效益。(4)固定资产投资结构,包括基本建设投资和更新改造投资两个部分,城市的固定资产投资结构是指城市中各种基本建设项目和更新改造项目的投资比例、投资规模及其资金构成状况;生产组织结构,主要是指各类生产企业之间分工协作的组合关系与协作形式。

流通环节是生产和消费之间不可缺少的"中介"环节,它直接关系到城市生产、工作和生活各个方面。城市的流通结构大致包括:城市流通系统与生产系统、消费系统的相互衔接,以及它们发展规模的比例关系;城市商业的所有制结构,即国有、集体、个体、中外合营商业的比例和相互关系;商业系统的组织结构,包括内贸与外贸、生产资料购销与消费品购销、批发商业与零售商业等系统的组织结构和相互关系;城市商业网点的布局等。

分配结构的主要内容包括以下三项：(1)积累与消费的比例关系，就是如何确定合理的积累率。积累率过高，会损害市民的消费利益，挫伤劳动者的积极性，破坏劳动力的再生产，使国民经济陷入恶性循环；积累率过低，消费基金增长过快，扩大再生产就不能正常进行，也会造成国民经济的混乱。积累基金的分配结构，包括生产性基本建设投资、企业更新改造投资和追加流动资金三个部分。消费基金的分配结构，大致包括个人消费基金，公共消费基金，国家机关、团体、企事业单位的行政开支三个部分。

消费结构是社会消费力与社会消费关系的统一。它大致包含三方面内容：社会消费力是消费者与消费资料、消费劳务的结合体，消费者是消费力的主体，消费资料、消费劳务是消费力的客体；社会生产力与社会消费力的关系；社会消费关系，它是指消费者与消费资料、消费劳务相结合的社会形式，或者说是消费者取得和占有消费资料、消费劳务的社会方式。

2. 职业结构

城市职业结构（又称就业结构）包括城市中劳动就业的社会形式和社会渠道、城市各行业的就业比例和劳动力构成以及劳动力的供求和劳动力的再生产等问题。这既是一个经济问题，又不完全是一个经济问题。说它是一个经济问题，是因为凡劳动就业，都要取得一定的经济收入，都以不同形式参与国民收入的分配、再分配；说它不完全是一个经济问题，是因为城市是一个相对完整的社会肌体，社会分工很复杂，城市就业人口不仅在经济行业中就业，而且在文化、政治行业及其他社会行业中就业。城市的就业问题，应从整个社会需要的角度去考虑，不能只在经济领域中去研究。从这个意义上说，它又是一个比经济问题更广泛的社会问题。

不同类型的城市，职业结构很不相同，也不应该相同。城市职业结构合理化的基本要求，就是与城市的性质和发展方向相适合。

3. 政治结构

政治结构属于上层建筑范畴。我国城市的政治结构包括两方面内容：一是各种政治组织的具体构成、互相关系以及它们与人民群众的关系；二是社会成员之间的各种政治关系。

(1)城市中的政治组织。我国城市中的政治组织，主要有执政的中国共产党组织，政治协商组织，工人阶级的各种群众组织（工会、共青团、妇联等）。在许多城市中，还有各种社团组织和商会、协会等。

(2)城市社会成员之间的政治关系。城市社会成员之间的政治关系是多种多样的。上述政治组织之间的关系以及它们与人民群众的关系，都是社会成员之间的政治关系。除此之外,还有两种重要的政治社会关系:一种是城市工人、农民和知识分子之间的关系,另一种是城市中各兄弟民族之间的关系。前者是在所有城市中都存在的,后者是在部分城市中存在的。这两种关系如果调节得不好,就很难说城市的政治结构合理。

4. 文化结构

这里的城市文化结构的主要内容包括:城市中从事各类精神产品的生产、传播、利用和储存社会行业的具体构成、发展规模,以及它们之间的相互衔接关系和比例关系;各种文化事业发展速度与社会需求的关系;各类文化设施的规模、配置和布局;文化指导机构的设置及其与各个文化事业单位的关系。

5. 人口结构

(1)常住人口规模结构,即控制城市常住人口的增长(包括自然增长和机械增长)以控制城市人口规模。任何城市都要根据国情执行国家相关的计划生育政策,控制人口的自然增长。对于城市人口的机械增长,根据不同城市的市情,分别采取措施,实现负增长、零增长或正增长。

(2)流动人口结构。任何城市,都有一定数量的流动人口。城市流动人口包括:1)"两栖人口",即农村人口脱离土地到城市从事其他经济活动,以农村为生活基地,以城镇为就业基地。2)"候鸟人口",即农村人口在一定时期内到城市从事季节性或临时性工作、亦工亦农或亦商亦农的人口。以上这两部分流动人口,对于推动城乡经济发展有着重要的作用。3)其他流动人口,包括商务人口、旅游人口、因公出差人口、探亲访友人口、求医治病人口、过境人口及短期逗留的其他人口。这些人口特别是商务、旅游人口,会使城市增加经济收入,促进城市商业、消费服务行业及其他有关行业发展,给城市居民增加就业机会;同时也加重城市资源(水、能源)、基础设施和公共生活服务设施的负荷,加重城市建设和管理的任务,形成一定的压力。城市政府需要采取相应的调节措施。

(3)人口自然构成,包括人口的性别结构、年龄结构等内容。人口自然构成属于整个社会结构的一部分,与许多社会问题密切相关。例如,在人口年龄结构互不相同的城市中,劳动就业、社会消费等需求很不相同;又如在某些产业结构比较狭窄的城市,如矿业城市中,往往会出现性别比例失常现象,带来许多社会问题,等等。诸如此类的问题,都是城市政府不能不认真研究和对待的。

(4)人口社会构成,包括人口的职业结构、文化结构、家庭结构、民族结构和宗教结构等内容。这些问题,有些与前述其他社会结构问题互相交叉,对于城市的生产、生活各个方面,都会产生直接的影响。

6. 生态环境结构

所谓生态环境,就是生命系统与环境系统的结合,人类活动与自然环境的

统一。城市生态环境结构的主要内容包括：城市自然资源构成及其合理开发、利用与保护的关系；城市人口规模与绿色植物的比例关系和园林绿化建设的合理布局；城市各种物质、能量输入和输出的平衡；城市污染源构成及其治理、控制等。城市生态环境结构合理化的基本要求是，实现社会生产系统、生活系统与自然生态系统的平衡，实现城市生态系统的良性循环，为城市创造一个净化、安全、美化的生存环境。

（二）城市的外部联系（也可称为"外部结构"）

任何一个城市，都与其他城市和农村存在着错综复杂的经济、政治、文化联系以及其他社会联系。没有这种联系，城市就不能生存和发展。它是城市社会的一个基本构成要素。城市的外部联系主要包括两个方面内容：

1. 城市与城市之间的关系

城市与城市之间的关系，实质上是个城市体系问题。从全国城市化发展要求来说，实现城市结构的合理化，不仅要实现单个城市内部结构的合理化，而且还要实现全国范围或一定区域内各个城市组合关系的合理化。单个城市的内部结构也只有与城市体系合理化的客观要求相适合，才能真正实现自身的合理化。

2. 城市与农村之间的关系

我国的城乡关系，是城市引导农村，城乡互助合作、互相服务，逐步缩小城乡差别的关系。城乡关系主要表现为：

（1）引导。城市引导乡村是城乡社会经济文化发展的客观要求和必然趋势。这种引导作用不受行政区划的限制，而是按照城乡经济文化发展的客观要求，建立城乡之间广泛、开放的联系，使城乡双方都能受益。不同类型、不同规模的城市，其引导作用互不相同，需要各显其长，分工协作，逐步形成以一批大中型城市为中心、以中小城镇为基础、多层次的网络型体系，以利于各类城市引导作用的和谐实现。

（2）互助。城市与农村的联系，并不是片面、单向的联系，而是互相帮助、互相促进的相向联系，是城市与农村之间吸引力与向心力的统一。城市应该"敞开城门"、"拆掉围墙"，促进城乡交流，促进城乡经济、文化的共同繁荣，逐步缩小城乡生产、生活水平的差距。

（3）服务。实现城乡关系合理化的关键，是城市主动为乡村服务。只有城市提供内容丰富、形式多样的服务活动，满足农村经济、文化发展需求，才能增强城市的吸引力，密切城乡关系。当然，这种服务不是无偿的，而是平等互相、互利互惠的，是充满活力的自愿行动。

中国视角的现代城市经济问题研究

第三节　现代城市的功能、地位与作用

一、现代城市的功能

城市的功能,包括所有城市的共同功能和不同城市的个体功能两个方面。

(一)城市的共同功能

1.人类社会活动基地的功能

城市作为人类社会活动基地的功能包括城市的承载体功能和城市的依托体功能。

(1)城市的承载体功能

城市这个承载体,包含自然物质承载体(土地、水源、其他自然资源)和人工物质承载体(各项基础设施)两个部分。这两个部分有机结合,是决定城市存在、制约城市发展的基本物质条件,同时也是城市整体的一个组成部分。承载体的基本功能是服务,即城市为自身的存在和发展服务,为城市的社会生产、社会生活服务。正确发挥这一功能,可以为城市创造一个净化、安全、美化的生存环境,为城市物质生产、精神生产的正常发展创造必要的基本条件,为城市全体市民创造良好的劳动条件和生活条件。任何城市的承载力都是有限度的,如果超出了它的"负荷极限",城市服务功能就会陷于紊乱,遭到破坏,而产生一系列的消极后果。

(2)城市的依托体功能

在城市中从事社会活动的,有多种多样的经济实体(企业及其他经济组织)、政治实体、文化实体和其他社会实体。它们错综复杂的社会活动,均以城市为依托。从这个角度来看,城市是一个依托体。依托体功能表现为吸引和排斥两个方面,是吸引力和排斥力的对立统一。它对于与城市性质相适应的各种社会实体,具有吸引力;对于与城市性质相抵触的社会实体,则具有排斥力。这与物理学的同性相斥、异性相吸规律相反。城市政府的重要任务之一是善于利用这种吸引力和排斥力,促进城市各项建设事业朝着与城市性质相适合的方向发展,更好地发挥城市的引导作用。为了增强城市的吸引力,除了要搞好基础设施建设外,还要搞好各项公共生活设施建设和城市服务工作,使城市不但有方便的生产、工作和生活条件,还有良好的社会秩序和社会风气;为有效地发挥排斥力的作用,城市必须有健全的法律和强有力的宏观控制,保证城市总体规

划贯彻执行,有效地制止有碍秩序、有损环境、有阻发展的现象。

2. 一定地区社会发展中心的功能

城市不仅是社会活动的一个承载体和依托体,而且是一个在社会发展中起主导作用的社会肌体。城市不论大小,不论其性质如何,都是一定地区社会经济文化发展的中心。城市的这种社会功能,是所有城市都具有的。不同的,只是不同城市中心作用有不同的特点、范围和强度而已。

(二)城市的个体功能

1. 不同类型的城市,有不同的功能

城市的类型,主要是根据城市的性质来划分的。城市的性质,体现一个城市在全国或某一地区的主要功能和作用,它受城市自身的自然条件、社会条件、历史条件的制约。

现代城市的类型多种多样,有经济中心城市、政治中心城市、文化中心城市、历史名城、风景旅游城市、港口城市、交通枢纽城市等。各种类型的城市,其主要功能各不相同。每个城市都要根据自己的具体"市情",正确确定城市的性质和发展战略,突出主要功能,发挥自身最大优势,而不能千篇一律,搞成一个模式。例如,政治中心城市要突出政治功能,而对经济等方面的功能有所压缩。旅游城市要减少乃至禁止有害环境的工业发展。即使同属工业城市,也要按照各自的资源、技术等条件,扬长避短,发展各具特色的工业。每个城市都应在全国丰富多彩的城市体系中,显示自己的特色和亮点,在城乡社会经济文化发展中发挥自己独特的作用。

2. 不同规模的城市,其功能也不同

城市规模一般依据城市的人口规模来确定。一般来说,城市规模愈大,它的功能也愈多。但城市的规模和功能并非总是机械地成正比。有些中小城市,特色显著,也会发挥很大的功能。例如桂林、杭州以风景名胜著称于世,是其他城市所不能比拟的。而有的大城市,如果它的人口规模过大,超过了城市的承载能力,结构又很不合理,其功能也会朝着相反的方向转化。

二、城市的地位与作用

城市的地位与作用可以概括为四个方面的中心,即经济的、政治的、文化教育的、科学技术的中心,其中最为重要的是经济中心。因为经济是城市的实体,是城市的主要内容。城市是经济的组织者,是经济的表现形式。

(一)城市是经济中心

城市是经济的中心,首先是指城市对组织经济、管理经济、发展经济的核心作用。特别是现代大城市,本身具有生产集中、技术先进、金融发达、交通便利、信息灵通、人才荟萃等有利条件,能够使一个地区的经济实力集中在城市。同时,这一区域的经济管理机关设在城市,使城市能够起到组织、管理和带动这一区域经济发展的作用。城市越大,这种作用也越大。世界上有些城市,其辐射范围是全国各地甚至超越国界。小城市辐射的地区不大,但它也是这个地区的经济中心,与大城市相比只有作用大小、辐射范围大小不同,而没有本质的差别。

城市的经济中心地位由多种因素构成,可以表现为多种形式。其中主要包括生产中心、流通中心、金融中心、信息中心、消费中心等。

1. 生产中心

这是经济中心最基本的组成部分,有时也称为工业中心。不同规模的城市都拥有这一地区雄厚的物质技术基础和强大的生产能力,是生产力集中的地方,能够为经济建设和人民生活提供大量的生产资料和生活资料。一般来说,城市越大集中程度越高,生产能力越强。

2. 流通中心

流通中心也称贸易中心。城市的贸易中心地位在经济活动中是极其重要的。一个城市往往是一定区域物资集散地和物资交流场所。城市自它诞生那一天起就具有物资交换的职能。但是在商品经济取代了自然经济的统治地位以后,城市才真正成为流通中心。一个城市不仅在城市内部组织商品交换,而且要担负一个广阔区域的商品交换。城市越大,贸易中心的作用也越大。任何一个国家,最大或较大的贸易公司、批发公司、经销公司都设在城市,它们为国家提供巨额的税收。城市流通中心的形成与发展,也是城市人民生活的需要。城市是人口密集的地方,消费量大,消费水平高,有着多种多样的需要。离开商业,城市人民就无法生活。城市流通中心的形成与发展,也是扩大再生产的需要。扩大再生产需要大量资金,只有通过商品交换活动,把产品销售出去,生产部门才能回收货币,积累资金。马克思曾指出:"商业依赖于城市的发展,而城市的发展也要以商业为条件,这是不言而喻的。"

3. 金融中心

这是经济中心的重要支柱,它与生产、流通紧密相连,起着调节货币流通、融通资金、稳定币值和物价、发展经济的重要作用。一般说来,城市都是一定地区的金融中心。城市越大,金融中心的作用也越大。尤其是大城市,资金雄厚,有力量通过信贷、直接投资、补偿贸易、无偿支援等形式将资金流向生产、流通部门或与其相关的地区,从而促进城市及其周围区域的经济发展。在我国,无论大小城市,都是不同层次的金融中心,对城市经济的发展和人民生活的提高有着十分重要的作用。

4.信息中心

信息是社会活动和经济活动的基本条件,没有信息,社会活动和经济活动就不能正常进行。城市的信息中心作用表现在城市是信息的重要源泉。城市是人类活动最集中的地方,每时每刻产生大量的信息并通过各种形式向不同方向传递,满足人们对于信息的各种要求,使得各种活动得以正常进行。城市的信息中心作用还表现在城市拥有大量高效率的信息传递手段。电话、电报、传真、广播、电视、报刊、网络,其中心或总部、分部几乎都在城市。它们可以最迅速、最准确地把信息传递出去,满足社会需要,为社会各个方面服务。城市的信息中心作用也表现在信息本身就是社会生产力的组成部分,能间接产生经济效益。城市是社会生产力集中的地方,与其相适应必然是信息中心。

5.消费中心

城市既是生产中心又是消费中心,具有消费力高、消费量大的消费者聚集群体以及对消费多种多样需求的特点。消费力高,不仅消费大量品种繁多的消费资料,而且也消费大量劳务;消费量大,城市人口集中、生产集中,有能力而且必须消费大量的消费资料和劳务;消费需求多种多样,城市人口结构、职业结构的复杂性决定了人们消费需要的多样性。生产决定消费,消费反作用于生产。如果没有消费,也就无需生产。只有消费量不断增长,才能促进生产的不断发展。同时,消费还起着制约生产发展方向的作用。符合人们消费需要的产品,生产才能发展,只有充分发挥消费对生产的反作用,才能保证扩大再生产。城市作为消费中心,是经济中心的重要组成部分。

(二)城市是政治中心

城市是地区的政治中心,首都是国家的政治中心,不同等级规模的城市是不同地区的政治中心。主要表现在:

1.城市是统治机关的所在地

城市诞生以来,历代统治阶级总是把自己的统治机关设在城市,以城市为基地,对全国或一定行政区域施行政治统治。马克思曾经指出:"随着城市的出现也就需要有行政机关、警察、赋税等等,一句话,就是需要有公共的政治机构,也就是说需要一般政治。"随着国家统治机关不断完善,不同层次的城市与不同等级的政权机构一致起来。或者说哪里有政权机构,哪里就有与它等级相适应的城市。我国首都北京是全国的政治中心。此外还有省会城市、地级城市、县级城市等,它们都是相应一定区域的政治中心。

2.城市是各种政治力量活动交往的主要场所

当今世界，无论是资本主义国家还社会主义国家，城市都是各种党派、组织的所在地及其活动、交往的主要场所。各种政治力量的争斗总是发生在城市，由城市向外传播其影响。政治形势的变化与发展总是首先在城市中表现出来。

城市是国家或地区的政治中心，过去是这样，现在是这样，直到国家与政党消亡以前始终这样。

（三）城市是文化中心

文化是一个外延很大的概念。广义的文化包括人类全部物质和精神活动及其成果。狭义的文化则仅指精神方面，即意识形态的文化，也就是指人类的精神活动及其成果。城市本身就是人类文化的一个组成部分，是人类文化的结晶。城市文化包括教育、科学技术、文学艺术、新闻出版、电视广播、卫生教育、文化娱乐、咨询服务等内容。

城市之所以成为文化中心，这是因为：第一，城市是生产、传播、应用、储存各种精神产品的主要基地。在这里，人才荟萃、科学发达、文化昌盛。一般说来，城市文化事业发展的规模、速度、水平总是与城市经济发展相一致的。当今社会，科学技术已成为生产力中关键性的因素，发达的经济取决于先进的科学技术，先进的科学技术取决于良好的教育。城市是出人才、出智慧、出科技成果的地方。第二，城市是文化设施集中的场所。一个国家或一个地区，重要的文化设施一般都设在城市或主要是设在城市。文化设施数量的多少、规模的大小、水平的高低、功能的强弱是文化发达程度的重要标志，也是城市发达程度的重要标志。不仅高等学校，而且科学研究机构、新闻出版机构、文化宫、博物馆、广播电台、电视台、体育馆、体育场都设在城市；大型图书馆、大型剧院、三级以上医院、优良的文化娱乐设施、优美的公园、门类齐全的咨询服务机构也几乎都在城市。就是中小城镇，也有着相应的文化设施。由于许多重大历史事件发生在城市，许多英雄人物和名人亦在城市，城市的革命纪念馆和各种文物很多。从城市美学角度来讲，不少城市本身就是人类创造的文化艺术作品。第三，城市是交流传播文化的最佳场所。城市是国家或地区的文化中心。不同层次的城市，形成不同等级的文化中心，构成国家的文化建设网络。各个城市有着与其他城市不同的文化优势，也有自己的不足，因此文化交流与传播，在城市之间、城市与乡村之间甚至国际之间进行着，它是人类活动的重要组成部分。城市有着雄厚的文化资源、智力资源和丰富多彩的文化设施，是乡村无法比拟的。人类依靠城市这个最佳活动场所，使文化活动成果得到充分的交流与传播，使它们成为人类共同的精神财富。

（四）城市是科技中心

科技创新是城市突出的功能需求，是一个城市的活力和动力源泉。经济与科技的发展从根本上来说是相互促进的，经济的强盛将为科技的发展提供资金、设施、人才等保障，而科技水平则是区域经济发展的核心竞争力，是一个城市实力的根本体现。当今社会，科学技术已成为生产力中关键性的因素，发达的经济取决于先进的科学技术。

城市是培养人才、开发智力资源、广泛交流和传播先进技术及管理经验的重要基地，在提升科技创新能力上有着巨大的优势。

城市是先进生产力的聚集地，是区域人才、技术、科研、设备以及科研交流集约化程度最高的城市。城市范围内拥有众多水平较高的高等院校、科研院所，有相当数量的科学工作者和专业技术人员，是新技术、新工艺、新设备、新产品的研制中心。相对来说，其技术、设备较为先进，高级人才较为充足，处于科技领先地位。

城市不仅具备众多的高校院所、工程技术中心、企业技术中心及各类企业孵化器，还拥有众多专业性的信息、法律、培训、评估、检测、认证等中介企业和咨询机构，提供全面、便捷的服务，开展科技创新活动，促使科技更好地与经济发展相结合。特别是在不断的交流合作过程中，社会的协作合力更强，优势更为突出。

城市在信息基础设施建设方面往往处于领先地位，同时其民间信息设备的普及面、民众对信息检索的能力、多样及时的信息通道等方面，都在某种程度上同样优于区域中非城市地方。特别是由于中心城市在区域中居于主导地位，政府、高等院校及科研院所同企业之间的信息交流相当广泛，信息网络相当活跃，商业会务、会展、交流会、论坛等较为频繁，这些优势条件有利于城市及时消化掌握最新的重大信息，使城市特别是中心城市成为信息交流和科学技术传播的集散地。

第二章　现代城市经济

第一节　城市经济概述

随着经济社会的发展,城市越来越成为各种要素的聚合点和先进生产力的源泉。现代城市经济,是一种以现代化工业、高新技术产业和发达第三产业为主导的经济形态。

一、城市经济的概念

城市经济是指由工业、商业等各种非农业经济部门聚集而成的地区经济。在城市经济中,人口、财富和经济活动在空间上具有集聚性,非农经济在整个经济活动中占支配地位,经济活动具有对外开放性。

(一)城市经济是市场经济

城市经济是从商品经济发展而来的,相比农村经济,拥有更多的市场经济特性。在市场经济条件下,企业是独立或相对独立的经济实体,政府不直接插手企业的具体经营。整个国民经济从总体上可以分为宏观经济和微观经济两个层面。在微观经济层面,企业实行自主经营、自负盈亏、自我发展;在宏观经济层面,政府要行使宏观调控市场的职能。城市经济作为整个社会主义市场经济的一个组成部分,从整体上来说属于宏观经济范畴。因此,城市政府应与其他政府一样,主要任务是实行宏观调控,主要职能是提供公共服务,其中包括进行市政建设和秩序维护,为企业经营和居民生活提供良好的条件和环境。

(二)城市经济是人本经济

所谓人本经济,不仅是指在经济的发展中要重视人的因素,要使经济的发展同人的发展相结合,人与自然相协调;而且还要在经济发展的同时,重视文化建设。城市是人口集聚的地方,发展经济的目的是为了改善人民群众的物质文化生活水平,城市居民对精神生活和自我意识相比农村居民有更高的要求与期

望。一些城市在经济发展过程中，只注意经济开发，不注意人的精神面貌建设，不注意环境的保护、文物的保护、建筑风格的保护，由此出现了许多不协调现象：马路修得再多、再宽，交通却越来越拥挤；楼房建得又高又大，整体看来却千篇一律；街道打扮得花花绿绿，但市民陋习不改，等等。所有这些都说明，一个城市如果只抓经济建设，而忽视精神文明建设和文化建设；只重视财力物力的增加，而忽视人的全面发展和道德风尚的营造，其结果很可能是经济建设上去了，但社会风气搞坏了。从长远看，城市经济也难以持久发展。因此，一个城市的经济是围绕着人的进步和发展、服务于人的生活和生产而展开的，促进城市居民不断增长的物质文化需求是城市经济发展的目的。

（三）城市经济是开放经济

这里的开放经济是指城市既要对外开放，也要对内开放。一个城市既要积极引进外资，或者走出国门参与国际竞争；同时也要对本国其他城市开放，实行平等、互利、合作、交流。如果倚仗着城市的地域、自然优势或其他优势，而对其他城市或地区闭关锁城，搞市场保护，既不利于全国统一市场体系的形成和平等竞争，也不利于自身所在城市的发展。从政治和军事上来说，通过修建城墙、修护城河，防止外来侵入；但是，从经济发展角度，则要打开城门，建立市场，内外开放，使"买卖兴隆达三江，财源茂盛通四海"。在市场经济条件下，城市行政区域不应成为经济交流与发展的篱笆。扩大对内对外开放，打破地区封锁、行业垄断，是发展城市市场经济的应有之义。

（四）城市经济是辐射经济

中心城市的地位与作用，可从辐射力和吸引力两方面来体现。城市制造的产品卖到哪里，它的辐射力就到达哪里；产品在更广的区域卖得越多且持续旺销，那么城市的辐射力就越强。城市的吸引力则恰好相反，如果哪个地区的人被吸引来本城来消费或投资，则城市的吸引力就到达哪里；如果更广的区域被吸引来的人流的消费和投资强度越大且持续不断，那么城市的吸引力就越大。现代城市的辐射力主要靠现代制造业来支撑，而吸引力则主要靠现代服务业来支撑。城市都是一定区域的政治、经济中心，城市经济的发展既要充分利用本地区的资源和市场，更要利用更大范围内的资源，带动更大范围内经济社会的协调发展。实际上，城市经济与地区经济的发展是互相依赖、互相促进的。如果两者相互脱节，甚至相互排斥，城市经济就难以发挥优势，地区经济也难以协调持续发展。

（五）城市经济是品牌经济

一个城市的经济必须有自己的品牌特色，即必须通过自己的品牌企业、品牌产品、品牌文化等，体现城市的个性。这是一个城市的软实力之所在，核心竞争力之所在，辐射力之所在，吸引力之所在。否则，就谈不上发挥城市优势，更谈不上城市的生命力和影响力。如果一个城市只搞"政绩工程"，却不能产出品牌产品、品牌企业、品牌文化等，这个城市的前途就值得忧虑。

二、城市经济的产生

城市经济是人类社会发展到一定阶段的产物，是社会分工和商品经济发展的产物。城市的商品经济属性，有悠久的历史，可以追溯到人类社会出现城市之日。城市是随着第二次社会大分工——农业与手工业的分离和商品交换的发展，引起城乡分离而产生的。城市经济的发展不仅受整个社会生产力水平和生产关系性质的制约，而且总是同城乡关系的变化联系在一起的。

人类社会第一次大分工，出现了原始的畜牧业和原始农业，使商品交换成为可能。人类社会第二次大分工，将手工业从农业中分离出来。手工业一旦和农业分离，它的产品从一开始就是商品，从此人类历史上出现了直接以交换为目的的生产，即商品生产。城市手工业者一开始就必然为交换而生产，但是他们也生产自己所需要的大部分东西；以交换为目的的生产，即商品生产，还只是在形成。因此，交换是有限的，市场是狭小的，生产方式是稳定的，地方和外界是隔绝的。有了商品生产和商品交换，就需要有交换的场所，即交换市场，在交易比较集中的地方出现了集镇，集镇进一步发展出现了古代城市。在古代社会，随着生产力的发展，手工业生产和商品交换越来越发达，但自给自足的自然经济始终处于统治地位，决定性的经济部门是农业而不是工业，商品经济仅仅处于从属、次要的地位，不可能成为社会的主要经济形态，这时城镇的商品经济只属于简单商品经济的范畴。由此可以看出，商品经济不一定出现在城市中，但城市经济一定是商品经济。

机器大工业的出现，使社会发生了深刻的变化，开始出现了现代化城市。机器大工业推动了工业化和城市化，加快了城市的形成和发展。众多的商品生产和商品经营企业高度集中于城市，大大地强化了城市的商品生产和商品交换职能。简单商品经济升华为发达的商品经济。商品经济关系，不但渗透到城市社会，而且渗透到城市以外的广大农村。市场机制对整个国民经济的运行，对社会资源的配置和有效利用，都发挥着基础的调节作用。市场调节成为社会资源配置的基础。商品经济关系成为社会经济的基本经济形态。城市经济上升为一个国家经济的重心，在国民经济中的地位和作用超过人类历史上的任何时期。

现代城市是一个有机的经济综合体。在现代城市中,经济发展是建立在高度社会化的大生产基础之上的,其分工发达,专业化程度高。在社会再生产过程中,任何一个企业的生存和发展都离不开其他企业的存在和支持,不仅需要工业部门之间、工业和商业部门之间的紧密配合和联系,还需要城市服务部门包括交通运输业、邮电通讯、金融业、信息业、城市公用事业及其他服务部门的配合和支撑,从而形成广泛的、错综复杂的有机整体。这个有机整体形成的前提和基础,是彼此都必须承认对方的物质利益,生产出来的产品主要用于交换。因此,这种联系是一种商品交换关系,是一种市场关系。

工业化推动了城市化,在一国的土地上形成了性质各异、规模不等、空间分布广泛的城市体系。城市体系是紧密联系的整体,而维系这个联系的正是经济的纽带,是广泛的、错综复杂的经济关系。因此,城市体系实际就是经济网络体系。城市之间通过经济网络传送经济信息,实行专业化协作生产,实现城市与城市、城市与地区、城市与农村、城市与国外的各种商品交换。经济网络体系,体现了一种空间市场体系。

现代城市特有的"极化效应"和"扩散效应",使它成为一定地域范围内经济活动的中心。城市不仅是一般商品生产和商品交换的中心,还是金融中心、科技中心、人才流动中心、信息中心、交通中心……但是,当我们舍去这些"中心"的具体形式时,这些中心所显露出来的无一例外都是商品生产(有形和无形商品生产)的中心和商品交换(有形和无形商品交换)的中心。城市就是各种市场的中心,城市经济中心的作用就是市场作用。

现代城市经济就其性质而言,就是高度发达的商品经济,即市场经济。发展区域经济,就要发展城市经济,充分发挥城市的经济中心作用,使城市成为国民经济前进的主要动力。市场化的程度越高,城市经济就越发达,城市经济中心作用就越强;但若市场化程度低,城市经济的发展和城市经济中心作用的发挥就会严重受阻。

三、城市经济的本质

城市经济,作为城市在现代化进程中表现出来的一种发达的经济形态,表现出以下几个本质特征:

1. 产业结构的高度化

农业社会的产业结构一般表现为一、二、三产的排序。进入工业社会以后,三大产业排序开始向二、三、一转变,而现代城市经济的产业构成已经演进为三、二、一产的排序,第二产业和第三产业在城市经济中占据绝对主导地位。城市经济具有更先进的科学技术、更高的生产效率、更快的发展速度，也更具有生机和活力，产业门类多样，结构呈现了复杂化和聚合化。

2. 经济要素的集约化

城市的发展源自产业、人口及物质流、资金流、信息流等各种要素在一定空间的高度集聚。城市经济是一种集约化、多元化、高效率的经济。集约经济是城市经济的重要特征，是相对于传统经济或农村自然经济的最大优势。

3. 经济社会的一体化

在城市经济构架中，经济与社会互为前提又互为结果，具有互动性和一体化的特征。经济发展不仅要依靠农业、工业、商贸等传统的一、二、三产业，同样要依靠教育产业、文化产业、卫生产业等一系列新兴的第三产业以及金融、保险、中介组织的发展。这些新兴产业的兴起，使经济与社会更加融合，这既是城市发展的需要，更是城市经济的重要组成部分。

4. 经济形态的现代化

城市汇集了人才、信息、资金等各种资源。城市经济始终处于经济发展的最前沿，是科技创新的源泉。城市是一个开放的系统，城市经济的发展与外部环境紧密相连，与外部各种要素的交流十分频繁，是开放型经济的窗口。城市经济同时要求以较小的环境资源成本谋求最大限度的发展，实现全面、协调、可持续发展，是高效率市场经济的示范。城市经济资源配置充分、公正、透明，呈现出高度市场化的特征。城市经济更直接地满足了多元化的市民需求，也可以说是一种民生经济。科技创新的源泉、开放型经济的窗口、高效率经济的示范以及市场化、民生化等特点，决定了城市经济是一种现代化的经济。

5. 发展载体的多元化

城市经济是一种与城市性质、城市地位、城市功能、城市规模紧密联系在一起的经济，城市经济最基本的依托、最主要的集聚地和承载体就是城市。不仅越来越多的经济活动和经济产业呈现出多元化的特征，并且社会、文化等活动也呈现出多元化的趋势。多元化，是每个城市经济发展的需要。每个城市都可以找到适合本城市经济发展的有效载体。

第三节　城市经济发展理论

一、城市经济发展的特征

美国布鲁金斯学会"全球都市观察"项目对全球表现最好和最差强人意的

200个大都市进行了排名,中国的上海居于首位,而美国的萨克拉门托接近垫底。从日本东京到埃及的亚历山大——200个大城市的经济总量占全球近一半,而人口仅为世界人口的七分之一,这些大城市对全球人口来说都是重要的经济单位组织。该项目研究成果显示,尽管2011年全球经济发展总体衰退,但对世界很多大城市言,2011年的确是个"大城市时刻",诸如丹麦、阿根廷、以色列和韩国等国家经济体在很大程度上显示了大城市经济体(哥本哈根、布宜诺斯艾利斯、特拉维夫和首尔)的发展方向。这些国家的国内生产总值的主要部分是其大城市贡献的。在各个地区,大城市在推动经济增长方面发挥了比它们本身所占比重更大的作用。主要原因是:2011年它们将重要的工业集团、基础设施和大量具备专业技术的工人结合在一起,从而推动创新、助推国际贸易并实现经济增长。

研究成果还显示,200个最大的都市区域按经济增长状况排名,显示了全球复苏的不平衡状况,大衰退反而加速了经济实力从西方向东方、从工业化国家向亚洲和南美的发展中国家转移。2011年,上海人均收入增长了将近10%,就业率增长5.8%,城市经济增长了9.8%,经济增长居于首位;第二、第三是沙特阿拉伯的利雅得和吉达,随后是土耳其的伊兹密尔。

城市经济发展并不是杂乱无章、毫无规律的,它有内在的运行机制与发展规律。我们可以通过对其中一些重要特征进行初步分析判断,找出城市经济发展中存在的规律性内容。

（一）主导产业高增长

城市经济发展的特征往往通过一些主导产业来体现。在现代社会里,住宅、汽车、电子通信以及其他消费品产业,以满足大众消费需求为目标,成为城市高增长的主导产业。这些产业呈现高级化趋势,其生产的产品所满足的不仅是少数特定阶层的需求,更是日益增长的大众需求。构成主导产业的基础,并不是满足特定阶层中少数人的需求,而应该是满足占社会多数人口的需求。例如,只有进入大众消费阶段,住宅、汽车、电子等产业才能真正成为拉动整个国民经济增长的支柱产业,它们的增长也才具备可持续性。满足大众消费这一特征,将会使增长具有扎实的基础。城市基础设施建设在改善居民的生活、工作环境的同时,也部分地提供着服务性消费的功能。机械、化工、钢铁、建材、煤炭、电力等产业属于生产中间产品的产业,它们的增长受制于上面提及的直接满足大众消费的产业的增长。高增长产业通常具有如下特点:

1. 需求导向

尽管从一定的时间长度衡量,消费、投资和出口构成了所谓的"最终需求",

但若将时间长度适当延长，从一个完整的经济循环过程观察，消费需求才具有"最终需求"的性质。因此，高增长产业不仅是生产需求导向，而且是消费需求导向，这样才具有高增长的可持续性。消费需求的数量增长是通过结构升级而实现的，需求导向集中表现在那些反映消费结构升级的产品类型上。反映消费结构升级的产品的性质、价值规模和交易方式，决定了相应的高增长产业的规模和持续长度。

2. 带动力强

基于体现消费需求的产品在产业链条上的位置，主导产业具有强大的带动力。这类产品由于处于产业链条的终端，其增长将会拉动整个产业链条的增长。同时，由于技术含量高、附加价值多、分工协作环节复杂，即所谓"迂回生产"过程较长，这类产业对其他行业的带动力也相应增加。随着工业化进程和科学技术的演进，较后出现的主导产业的带动力通常大于较前的主导产业，例如汽车产业的带动力要大于纺织产业的带动力。

3. 供给反应充分

积极而充分的市场供给应是主导产业发展的前提。当市场需求信号发出后，较小的进入障碍将大大缩短供给增长的周期。在市场发育不完全的环境中，产业进入的制度障碍经常是严重的问题。生产要素的组合方式对供给增长及其竞争力也有关键性影响。开放而日益扩展的市场，有助于提高主导产业生产要素的组合效率。

（二）经济发展周期性增长

城市经济遵循着复苏、繁荣、衰退、萧条等一般经济规律，同时由于城市各类要素的集聚性和消费的集聚性，经济发展呈现出螺旋式增长趋势。例如作为许多城市主导产业"龙头"的住宅、汽车等产业，具有相当长的增长周期。根据已经完成工业化的大国经验，当汽车产业进入大众消费阶段后，将保持长达20～30年的较快增长。我国正处在城市化的加速时期，有关研究显示，现有城市居民的居住水平提高和农村居民进入城市，将会拉动住宅产业至少20年的较快增长。由于住宅、汽车属于几十万元级的产品，其价值量远超过其他消费品，它们增长的长周期特性，将为今后相当长一个时期内国民经济的较快增长奠定最重要的基础。

（三）市场容量超大规模

我国有13亿人口。如此规模的人口进入工业化中期是史无前例的。仅算城市人口规模，也远远超过已实现工业化的许多国家。我国许多工农业传统产品的产量已位居世界前列，一些产品的科技含量也在国际上处于领先水平。与农村经济相比，城市经济呈现出一种超大规模的市场容量。这将成为一个重要的经济现象。当经济发展到相应阶段后，相对于中国的人口规模，城市经济中某种产品总量的"世界第一"只是一个起码的要求，而不是高的要求。这种"超大容量"的市场规模，至少有两个显著优点：一是依靠国内市场就可以成长起大规模企业；二是不仅成就一个大企业，若干个达到规模经济要求的大企业也可以并存于国内市场，形成有效竞争。在工业化历史上，美国作为大国，在许多行业中，企业规模和大企业的数量都超过了其他较小的国家。

（四）产业集聚现象明显

产业集聚是工业化进程中的普遍现象。在工业发达国家，竞争力强的产业通常采取集聚的方式。美国哈佛大学以研究竞争战略而著名的迈克尔·波特教授，在《国家竞争战略》一书中，通过对 10 个工业化国家的考察，认为一个国家的产业竞争力集中表现在这个国家内以集聚形态出现的产业上。城市经济体现了产业集聚效应。近些年来，产业集聚在我国发展迅速，特别是东南沿海的发达城市，产业集聚使诸多产业的成本大幅度降低，竞争力因此而得到显著提升。以珠江三角洲为例，在方圆 100 公里左右的范围内，彩电、计算机等产品的采购价格较其他地区低 20％左右，中国相关行业的领先企业大都在此设立了生产基地。在国民经济增长过程中，将会进入一个产业竞争力与产业集聚密切相关的阶段，某一具有较强竞争力的产业，将会具体体现于某个产业集聚的区域。这样的区域，既可能是某个产业具有传统优势的城市，更多的将是新创优势的城市。产业在区域间的转移和重组将会成为城市经济发展中的重要现象。这意味着，在某些产业具有传统优势的城市，如老工业基地，当相应产业出现发展机遇时，该地区未必能够分享这种机遇。而问题的关键在于城市能否形成与市场经济发展具有一致性的产业集聚条件。

（五）产业发展与城市发展的互动

在国民经济发展中，一批高增长产业快速成长，将会加快城市化进程，两者之间形成密切的互动关系。城市主导产业的一个显著特点是专业化分工程度的日趋深化。过去包容于一个企业内部的上下游生产环节，越来越多地分解在不同的企业之间。一个企业往往专注于产业链条中的一个环节，甚至是其中的一个部分。专业化分工深化后，产业链条的运转对城市现代服务业的依赖显著加强。从时间上计算，一个产品真正处于生产制造环节的时间只占少部分，大部分时间处在研发、采购、储存、运营、销售、售后服务等阶段。这一特点在技术

含量、附加价值较高的电子通信、汽车等适合在城市发展的行业，表现得更为突出。由于服务业大都依托于城市，新的高增长产业对城市服务业，特别是现代服务业的巨大需求，将为城市发展提供重要动力，从而形成产业发展与城市发展互动的局面。

充分理解和把握城市经济发展的上述特征，有利于理顺消费和生产的关系，促进全面建设小康社会目标的实现；有利于改善城市产业和整个经济结构，降低成本，提高效率；有利于城市经济和社会的可持续发展。城市发展的基本趋势不是重点发展某一类城市，而是若干个包含了大中小多种类型城市的城市带或城市圈的形成和扩展，大多数人口和资源将会集中于这些城市带或城市圈。与国际经验类似，我国沿海地区的几大城市圈和内地沿交通干线的若干城市带正在形成、完善和发展之中。

二、城市经济发展中存在的问题

城市经济的发展，也会出现通货膨胀、经济泡沫、重复建设等经济问题。而且，由于城市具有集散和放大效应，城市经济中出现的问题，往往会影响到整体区域经济的发展。对通货膨胀、经济泡沫、重复建设等问题，应在新的发展阶段和体制条件下，用市场经济的观点和方法，做出实事求是、"向前看"的判断和对策。

（一）通货膨胀与经济泡沫

与上个世纪 80 年代以前的历史阶段相比，现阶段城市经济的一个重要区别是供不应求的短缺经济已转变为总体上供求平衡和供过于求，某个时期、某些领域出现局部过剩的经济；另一个重要区别是市场体系初步形成，市场机制在资源配置中开始发挥基础性作用；第三个重要区别是生产要素总体上供给充分，当市场需求上升的信号发出后，供给方有能力作出较快反应。

市场经济中的泡沫是难以完全避免的，问题在于泡沫是何种性质的泡沫，是否处在可承受的范围之内。现阶段的经济发展中有两个因素是有利于抑制泡沫的：其一，我国正处在工业化中后期，实体经济增长的空间很大，与老牌工业化国家增长空间狭小、经济过热后易于出现严重泡沫的情况不同；其二，主导产业直接与城乡居民消费结构升级相关，具有满足大众消费的特征，这就减少了交易环节过多、最终实际需求不足而导致泡沫的风险。在这一基本判断的前提下，局部领域、部分时期出现较严重泡沫的情况是可能的，是必须警惕的。这些情况的出现，既源于纯粹的市场力量，也与不当的行政干预相关。例如，某些地方的"圈地"活动促使土地价格上升，并转化为房价上升；而土地交易中的非市场化、非透明化行为，乃至显而易见的权钱交易等腐败行为，则是推高房地产价格上升的主因。减少和消除这类泡沫，必须与相应的改革相配合。

（二）重复建设

首先要明确市场经济与重复建设的关系。市场上只有一个企业是垄断，一个以上才会有竞争，而一个以上就是重复。从这个意义上说，没有重复建设就没有市场竞争。即使在供过于求、生产能力过剩的情况下，新的生产能力的进入仍可能有其合理性。新的生产能力可以采用新的技术和工艺，生产出与已有产品具有显著差异的产品，如大屏幕背投彩电、等离子彩电、液晶彩电等与传统彩电有着显著区别的产品。在企业效率存在显著差异的情况下，产品类型一样，高效率企业仍有理由进入，因为它能以较低成本提供产品，并最终将低效率企业淘汰出局。因此，结构调整和升级、企业效率改进，在很大程度上是通过新的生产能力的进入而实现的。企业竞争力只有通过竞争方能获得。如果说重复建设可能引起某种浪费，也可以将其看成培育企业竞争力不能不支付的成本。

在我国现行体制背景下，有一种危害很大的"重复建设"。相对于"市场性重复建设"而言，这种重复建设可称为"行政性重复建设"，即受短期内出政绩的动机驱动，政府使用财政基金，或在政府主导下通过其直接控制的国有企业，进行不负长期或最终责任的重复性投资活动。这种"重复建设"的症结，不在于"重复建设"，而在于对投资活动不负长期或最终责任的"行政性"，这主要归咎于现阶段政府职能和投融资领域所存在的体制问题。不解决这些体制问题，不仅重复建设会造成比"市场性重复建设"更多的浪费，并且因为不重复建设而搞"垄断建设"则浪费更大。

（三）市场经济与政府调控

由于农村经济远离城市，更多地体现出自然状态；由于经济调控机构集中在城市，经济调控机构更对城市经济有所了解与掌握，从而更容易对经济中出现的问题采取调控措施。问题是城市政府对经济的调控以什么标准进行，是按照市场经济的要求来调控，还是按照政府自己的要求来调控。

在现阶段，政府拥有非常多的调控方法与手段。如果过多过频使用，或者力度、广度、深度失当，或者使用不合时机，或者为了政府自身利益使用，则城市经济发展就有可能回到计划经济模式，从而影响城市经济的发展。因此，对市场经济与宏观调控之间的掌控，是中央政府乃至城市政府应该重视的问题。

三、城市政府在经济发展中的作用

城市经济发展既需要政府发挥重要作用,也为政府发挥作用的内容和方式转变提供了机会。

（一）区分宏观调控与微观干预

当出现经济过热和严重的行政性重复建设时,采取项目审批、限制产量、关闭企业等措施,严格地说并不属于"宏观调控"手段,而是微观干预方式。如果这类微观干预采取"一刀切"的方式,可能在限制不负责任、违规的投资者和生产者的同时,也限制了负责任的投资者和生产者。意在约束重复建设的项目审批,从实际效果看,未必能够减少行政性重复建设。因为审批不能解决导致此类投资行为的体制问题,反而使通过审批的项目成为一种"稀缺资源",刺激地方争项目。在微观层面上,包括所谓"行业管理"层面上,城市政府管理的首要原则应当是创造和维护公平竞争的环境。如果由于体制问题,市场不能有效发挥作用,那也应当是有什么问题就解决什么问题,不宜"一刀切"。更重要的是,这个过程中采取的措施应当有助于而不是有悖于公平竞争环境的形成。确切意义上的宏观调整,主要是货币政策和财政政策的择机实施,目的是减小和熨平宏观经济波动,保持经济发展的稳定性和可持续性。

（二）改革政府投融资体制

如前所述,经济中的行政性重复建设、泡沫等问题,起因于现行体制下政府行为的不当。治本之策是按照市场经济的要求改革现有的政府投融资体制。改革政府投融资体制要解决诸多问题,首先是规范政府的投资领域,将政府投资明确限定在提供公共产品和公共服务的领域,此外的领域原则上不投资。政府机构改革和经济结构调整,为这项改革提供了诸多有利条件。城市政府应当抓住有利时机,使这一改革取得实质性突破。在改革取得大的进展以前,针对行政性重复建设中的突出问题,对国有投资范围做出行政性的限定是非常必要的。

（三）提高政府信息搜集、分析和服务的能力

在减少政府微观干预、改革政府投融资体制的同时,要增强政府的信息搜集、分析能力,并在此基础上加强对社会的信息服务。这是新形势下城市政府亟待加强并可能取得显著成效的一项职能。政府宏观调控和必要微观干预的前提,是充分获取信息。在逻辑上,政府在宏观经济、行业经济等层面,与企业相比具有信息优势。但经验表明,政府掌握的信息往往是不充分的,与企业相

比,有时也未必具备信息优势。提高搜集、分析信息能力,是城市政府改进经济管理能力的一项基础性的、非常重要却往往容易被忽视的工作。搜集、分析的信息,主要是那些对了解和把握宏观经济和结构变动有重要意义、对解决信息不充分而引起的突出问题有帮助、企业和个人经济决策需要但往往难以获取的信息,目标是建立城市政府比较优势领域内的信息优势。利用这种信息优势,首先可改进政府的决策质量,其次可向社会上的企业、其他机构以至个人提供信息服务,重点是与生产和投资预期相关的信息服务。

（四）规范微观经济层面的管理

对经济发展,要由"指令性管理"转变为"禁令性管理"。所谓"指令性管理",是指政府让做什么才能做什么,此外的都不能做;所谓"禁令性管理",则指政府规定什么不能做,此外的空间留给当事人自主选择。在经济转型的大背景下,城市政府管理方式的这一转变是基础性的,否则,经济转型不可能真正实现,而且很可能演变为一个严重扭曲的、低效率的、"坏的"市场经济。政府管理方式的这一转变,要以一个基本理念为基础,即在不断完善和发展市场经济的同时,相信市场,让市场充分地起作用。市场不是万能的,市场是有缺点的,但市场经济同样提供了纠正错误的机制。市场会有波动,但也有调整波动的机制。问题是要给市场以机会。"指令性管理"转为"禁令性管理"的另一个好处,是显著减少政府管理经济事务的数量。"不管什么",较"管什么"所涉及的事务量要少得多。这为政府精简机构、精干人员、提高效率创造了条件。

（五）关注产业发展带来的新问题

例如,汽车数量的快速增长,加剧了城市特别是大城市闹市区的拥挤;石油供给条件上的某些不确定性,使人们对汽车能源供应的可持续性怀有疑虑;环境污染压力可能随汽车数量增长而上升。从中长期看,这些问题都是可以解决的,而且在解决中可能赢得新的发展机遇,但如果对这些问题缺少足够的重视和解决对策,则可能使相关产业的发展受阻。例如,随着汽车大众消费时代的来临,有汽车大众消费的城市结构与没有汽车大众消费的城市结构是大不一样的。汽车数量的增加无疑会加大交通压力,另一方面也大大拓展了人们的活动空间,推动城市功能分工基础上的卫星城建设,使城市建设进入郊区城市化阶段。解决汽车数量增加后的交通拥挤问题,将为城市结构的升级提供契机,除了汽车需求的增加外,还将带动住宅、轨道交通等新增长点的发展,为城市经济发展提供非常重要的动力。

第四节　城市经济发展规律

现代城市经济是以高科技及其产业为支撑,以知识经济、信息经济、网络经济为主要内容,以经济全球化和创新为主要特征的经济。它是在传统经济的基础上发展而来,又是经济形态发生质变的有别于传统的新的经济形态。就它与传统经济紧密相连的一面而言,它依然遵循着一些传统的经济规律;就它有别于传统经济的一面而言,它又有着自身鲜明的个性和一些独特的发展规律。现代城市经济,在以下方面呈现自身特有的发展规律:

一、经济规模化

城市经济规模不断扩大是必然的,这种必然性是由于以下三种经济力量作用的结果。

(一)城市发展的内部衍生力

城市的产生都是从单一产业开始的,但每一个产业的发展必然要求相关产业的兴起和发展。即使在一个产业内部,一个行业的发展也需要相关行业发展起来。社会分工越细,一个产业、行业的发展对相关产业、行业的依赖程度也就越高。正是由于社会分工和产业发展的关联性,城市中每一个产业、每一个行业的发展都会成为城市规模扩张的增长点。而随着科学技术的进步,城市中新的产业、新的行业、新的产品层出不穷,这就使城市内部孕育出无穷无尽的规模成长衍生力。即使考虑某些行业及产品的淘汰、萎缩等因素,城市规模越来越大的趋势仍然不可逆转。

(二)城市市场的拉动力

城市是人群集聚的社区,是经济活动相对集中的场所,存在着形形色色的生产消费需求和生活消费需求。在市场经济条件下,经济活动的进行、各类需求的满足是通过市场交换关系完成的,这样必然使城市形成日益发达的市场体系。社会上的各种资源、各种生产要素要发挥作用,就必须融入市场体系之中进行组合、配置,使生产资源和要素资源源源不断地进入城市。其结果不管是形成新的经济能力,制造有形产品或无形产品,还是直接服务于居民,都将促进城市规模的扩大和城市经济的发展。

(三)经济效益的凝聚性

各种资源和生产要素进入城市不仅能找到"用武之地",重要的是在聚集程

度相对较高的城市中，还会获得较好的经济效益。有关文献研究表明：由于具有经济效益的凝聚性，"城市的发展成本与城市的规模成反比，城市的效率随着城市规模的扩大而提高，城市聚集财富的能力随着城市规模的扩大而加强，城市居民的年均收入随着城市的扩大而增加，城市物流、能源和交换随着城市规模的扩大而扩大"。当然，追逐规模扩张会引发不同程度的"城市综合征"。但城市规模继续扩大，仍将是许多城市在未来较长时期内不以人们意志为转移的一个规律。

二、功能纵横化

城市经济功能是指一个城市在不同的空间范围内具有的经济效能和发挥的经济作用，其构成包括聚集功能、生产功能、服务功能、创新功能、辐射功能等。综合考察城市经济的发展过程，城市经济功能经历了和正在经历着从单一功能到多元功能、从简单功能到复杂功能、从低级功能到高级功能以及能级从弱到强的演化过程，即经济功能不断地横向增多和纵深发展，是城市经济发展的又一客观规律。具体内容包括：

（一）功能种类的横向增多由产业链延伸促成

城市的每一种经济功能都需要一定的载体，这种载体就是城市的产业。当城市的某一产业形成规模时，就会产生相应的功能。而每一种产业的发展都不是孤立的，都会刺激带动相关产业的兴起和发展，新的产业形成规模又会产生新的功能，从而使城市经济功能横向扩展、种类增多，这就是城市功能种类由产业链延伸而增多的内在逻辑。例如，天津是具有多种经济功能的特大型城市，但它在近代的崛起主要以河运及港口为发端，经济功能通过开埠通商、发展河运而演进：由于交通集散功能增强，继而随着集散产品的增加，引起制造集聚，形成生产功能；随着现代工业规模的扩大，对服务业的需求激增，带动服务业兴起和强化；在发展过程中始终追求以先进技术提高生产效率、以先进的组织方式和管理手段提高管理效率，使创新功能应运而生，辐射功能日渐增强，最终成为我国北方多功能的重要经济中心。理论和实践都表明，产业实力是经济功能的基础，不断拓展产业链，把产业做大做强，是横向扩展经济功能种类的基本途径。

（二）创新是决定能级纵深提高的主导因素

城市的经济功能除横向扩展外，同时每一种功能还向纵深发展和增强能级，特别是对于由城市性质决定功能单一的城市，纵深发展固有功能和增强能级即成为城市政府现实的目标追求。功能纵深发展、能级不断提高的主导因素是什么？是创新。这是因为，第一，科技进步迅猛发展，产业结构、产品结构调整的节奏加快，如果不能及时创新各种产业载体，城市发展就会失去优势、降低能级。例如20世纪后半叶，美国城市第三产业蓬勃兴起，只有单一生产功能的城市底特律、巴尔的摩、克利夫兰等都出现了萧条现象，城市地位相对下降，而一些创新功能较强的城市，如飞机制造中心西雅图、宇航工业中心休斯敦、高科技研发中心硅谷的圣何塞等都显出勃勃生机。所以说，城市经济只有不断创新，才能优化结构，促进产业发展，达到功能升级增量的目的。第二，经济全球化和信息化的发展加剧了城市之间的竞争，一个城市要保持原有的优势和提升功能能级就必须提升原有功能，创造新的功能，即以观念创新、科技创新术、制度创新的成果，将先进的物质产品、生产技术、经营理念、管理方式等渗透和辐射到其他区域，才能保证城市经济功能不断加强。

（三）辐射功能体现了城市功能层次

城市功能层次指功能作用范围的大小。在世界范围内起作用的城市称为国际经济中心，在一国范围内起作用的是全国经济中心，在国内部分地区发挥作用的是区域经济中心。体现功能层次高低的标志，是城市对外部作用和影响的辐射功能大小。

传统的观点是把聚集功能和辐射功能合为一体称"聚散功能"，而就现代城市而言，聚和散的意义、目的各有不同。聚集是城市经济活动的起点而不是结果，仅仅是手段而不是目的；聚和散的内容及要素也不同，聚集的主要要素是原材料、初级产品、劳动力、原始初级信息；辐射的要素主要是制成品、深加工产品、专业人才、加工处理的综合信息，以及信贷资本、科技创新成果、经营管理的方式方法、城市文明理念等。城市政府应把聚集与辐射的功能区分开来，突出辐射功能的作用，把它作为体现城市功能层次的标志。在实践中，各国的许多城市也都强调提高城市的辐射力，通过向外辐射深加工产品、专业人才、资金、信息、创新成果、先进理念和城市文明观念等，确定自身在一定区域范围内的经济中心地位。

三、结构高级化

城市经济结构是一定历史阶段生产力和生产关系的总和，其内容主要包括城市产业结构、所有制结构、投资结构、就业结构和市场结构等。其中，城市产业结构是最基本的内容，是处于第一位的结构，因为产业结构决定着就业结构、投资结构，很大程度上影响着所有制结构和市场结构。因此，产业结构的变化最能反映城市经济的发展规律。

（一）城市产业的演进

城市产业的形成过程与社会生产力和社会分工的细化过程密切相关。在古代城市阶段，城市的形成与发展建立在农业基础之上，城市产业主要是为农业产品提供交换服务的商业和手工业，产业结构比较单一。而在近代城市阶段，工业化成为城市经济发展的主要动力，工业革命带来了规模巨大的制造业门类，产业结构日趋复杂，第二产业成为城市经济的支柱。到了现代城市阶段，大量非物质产品的产业迅速发展起来，并日益成为城市经济的主要成分。随着知识经济时代的到来，城市中"硬"的物质财富生产越来越让位于"软"的信息财富的生产，城市经济结构进入了以第三产业为主的新阶段。尽管世界各国的国情不同，发展城市经济的途径各异，但上述产业结构的演进规律却是相同相通的。

（二）第三产业的增长

第三产业的发展是第一、第二产业发展的保证，第三产业以其固有的功能为农业、工业、建筑业提供流通、金融、交通、通讯、信息等全方位全过程的服务，通过提高第一、第二产业的专业化、社会化和现代化水平，促进第一、第二产业的规模化、集聚化，从而保证它们的不断发展。

发展第三产业是提升城市功能的内在要求。通过庞大的高速运转的人流、物流、资金流和信息流所实现的聚散效应是城市功能的重要体现。只有第三产业的支撑，才会形成城市的聚集力和辐射力，使城市的经济功能得以提升。

发展第三产业是提高城市经济发展质量和竞争力的需要。第三产业一般具有耗能少、耗物少、污染小、吸附劳动力多和劳动附加值高等特点，因此，发展第三产业有利于提高经济效益和保护城市环境，从而提高城市经济发展质量和增强城市竞争力。

发展第三产业是满足居民需求、提高生活水平的有效途径。居民对全面发展和生活享受的需求，有些通过第一、第二产业的发展得到满足，但生活水平的提高、消费需求的多样化、文化品位的提高等则更多地依赖于第三产业的发展，特别是精神消费需求的满足全部要由第三产业承担。所以，只有繁荣和发展第三产业，才能满足城市居民日益增长的物质、文化消费需求，实现城市经济发展的根本宗旨。

四、主导经济(产业)特色化

(一)主导经济与主导产业

主导经济和主导产业是两个层次不同的概念。主导经济是针对城市的整体经济结构而言的,包括生产力结构和生产关系结构两方面的内容,是较高层次的概念,可以综合反映城市的经济性质和总体特征;而主导产业则针对城市的生产力结构而言,是低一层的概念,它反映的是城市中最有优势的产业门类。主导经济包含主导产业,主导产业是构成主导经济的基础。

主导经济(产业)的确定应该有其客观标准,主要的评价标准如表 2-1 所示。

表 2-1　城市主导产业的评价标准

序号	主导经济	主导产业
1	GDP 占全市的比重 30% 以上	GDP 占全市的比重 10% 以上
2	GDP 连续增速高于全市	GDP 连续增速高于全市
3	实现的财政收入占全市 33% 以上	创造利税达全市财政收入 10% 以上
4	财政收入的连续增幅高于全市	利税连续增速高于全市财政增速
5	吸纳劳动力占全市的 30% 以上	吸纳劳动力占全市 10% 以上
6	固定资产占全市 30% 以上	资产总额占全市 10% 以上
7	与其他经济门类相关系数大于 0.5	与其他产业相关系数大于 0.7

(二)主导经济(产业)特色化的理论依据

主导经济(产业)特色化是城市选择的结果和经济特点逐渐形成的结果。一个城市从产业开始,各种要素的集聚和规模的扩张便开始了,并且集聚和扩张一天也不会停止,这是城市经济发展的共同性。但是各种要素向哪些经济门类和产业集聚,城市要依靠哪些经济门类和产业扩张,各个城市不完全相同,这就导致城市主导经济(产业)的特殊性。城市主导经济(产业)形成有其必然性,其理论依据主要有:

第一是由城市自身条件决定的。各个城市之间相比,区位不同,周边环境不同,资源禀赋不同,发展基础不同,自身条件也千差万别,既有优势,也有劣势。有些优势条件有利于一些经济门类和产业的发展,形成特色;而某些劣势条件则会限制一些经济门类和产业的发展,甚至完全放弃。在长期的发展过程中,各个城市不断地扬长避短、有取有舍,最终确定城市的主导经济(产业)。

第二是社会分工和市场竞争的结果。科学技术的发展,社会生产力水平的

提高,使得劳动分工越来越细化,区域之间、城市之间的分工程度也在不断提高。在市场经济条件下,竞争法则成为社会分工的助推器,加剧了分工的深化。每一个城市为了经济的发展都有在社会分工中占据先机的愿望、占领更大市场的渴求,但最终的结果只能凭城市自身的主、客观条件取得社会分工的地位和市场份额。各个城市在长期发展过程中,不断地审时度势、趋利避害,找准自身的定位,形成被市场认可的主导经济门类和主导产业。

第三是经济利益的驱动。主导经济(产业)是集聚程度较高、规模较大的经济门类和产业。聚集效应原理表明,这种经济门类和产业一般具有较高的劳动生产率、较强的技术创新能力、较大的市场竞争力和较高的经济效益。经济利益的驱动将吸引各类生产要素进一步向该领域集中,形成更高的聚集程度,产生更强的聚集效应。这种"聚集波"连绵迭起,主导经济(产业)的作用越来越强,其特色也会越来越明显。

从实践发展来看,一些工业化程度较高的国外城市主导经济(产业)的特色比较鲜明,如德国展览名城汉诺威、印刷机械之城海德堡、荷兰港口城市鹿特丹、意大利服装名城米兰、瑞士钟表之都洛桑等,均以其独特的产业和经济门类的优势屹立于世界城市之林,而一些"全能城市"其昔日耀眼的光环将会渐渐退色。我国在城市化的历史大潮中也涌现出一批产业特色显著、功能个性鲜明的城市。这些城市凭借其主导经济(产业)的优势呈现出生机盎然的活力,为推动该区域的社会经济发展做出了贡献。当然,还有更多的城市至今没有形成主导经济(产业)特色,这也并不奇怪。因为城市的主导经济(产业)是在长期发展中形成的,在短期内形成亦不现实。但可以肯定地说,尽快形成主导经济(产业)特色,将有利于城市更快地成长。

五、发展方式可持续化

从目前情况看,城市经济的发展方式主要是"投入型发展",这种发展方式的基本特征是靠投入生产要素的增加实现经济发展的。其结果,一方面创造了大量财富,铸就了人类文明;另一方面造成了大量不可再生资源的减少和衰竭,导致生态环境恶化,酿成一起又一起危害人类健康和生存的"黑色灾难"。单就"投入型发展"与城市经济发展的关系来看,负面影响产生的矛盾至少有以下几点:一是城市迅速发展和工业资源日益短缺的矛盾;二是城市用水日益增长和清洁水资源短缺的矛盾;三是经济增长和能源供应紧缺的矛盾;四是城市建设和地面承载力加大而逐渐下沉的矛盾;五是经济发展的空间扩张和土地供给的矛盾;六是环境治理成本增加和经济效益提高的矛盾;七是环境恶化和改善投资环境的矛盾。这些矛盾对城市经济未来的发展都会产生制约作用,甚至走入发展的"死胡同"。

20 世纪 80 年代以后,一种新的发展观——可持续发展首先由一些发达国家提出,这种观念强调经济发展与生态环境的协调,主张在环境承载力的范围内依靠技术和管理等手段达到创造更多财富和发展经济的目的。走可持续发展的道路是延续地球文明的唯一出路,也就成为城市经济发展方式的唯一选择。城市经济的可持续发展体现在:

(一)城市工业逐渐向节约能源,深度加工方向转型

工业发展的基础是原材料,而许多作为加工对象的原材料资源是短缺的,如果工业成了"无米之炊",城市经济的发展必将受到影响。解决这一矛盾除开发可再生的替代资源外,最主要的是提高材料资源的加工深度,让有限的资源贡献更多的价值。可以预言,今后靠大量加工资源支撑城市发展的现象会越来越少,节约资源、使用替代材料、深度加工将是未来新型工业的发展之路。

(二)城市经济结构调整升级是城市发展的大战略

按照可持续发展关于经济与环境、资源、人口、社会协调发展的要求,城市经济结构调整永远不会停止。因为经济与环境、资源、人口、社会不协调的矛盾始终存在,所以任何国家、任何城市的经济结构调整都不是权宜之计。经济结构调整的方向最突出的,一是向第三产业注入相对较多的生产要素,使之在发展速度上超过第一、第二产业而占据主导地位,这样既能减轻环境污染的程度,又可在节约能源和减少资源消耗的前提下保持城市经济发展;二是淘汰、压缩污染环境的行业,加强环境产业的发展,为治理环境、提高环境质量创造条件;三是发展高科技含量的产业,为经济增长开辟新的渠道。

(三)技术进步作为经济发展的动力机制将日益强化

技术进步是通过不断改进劳动手段,采用新材料、新能源、新工艺,以同样的投入获得更多有效产出的过程,它是社会经济发展的动力。从城市经济可持续发展的角度看,它的作用不仅表现为节约要素的投入,增加产出,而且能减少对自然资源的依赖,有利于自然环境的休养生息。因此,未来城市经济的发展更加依靠科技进步,使城市经济的发展获得不竭的动力。

第五节　转变经济增长方式

一个国家和民族要实现振兴,除了社会稳定以外,还必须解决好"三位一

体"的问题,即内部体制问题、增长方式问题和外部环境问题。

现在的关键问题是选择什么样的经济增长方式。如果不能同时找到一个适合的方式,经济不可能长期稳定快速地发展,或者它虽然发展了,但会走更多的弯路,付出更大的代价。

要防止和克服一些领导干部在"政绩观"上存在的偏差,如自觉不自觉地更重视任期内经济增长的"量"、形象变化的"快"、对外影响的"大",而对基础性的工作热情不高,对事关长远的事用心不多,对见效慢的任务关注较少,等等。那种在错误发展观的支配下干出的所谓"政绩",往往是不科学的,是只注重眼前发展的。

在中央强调坚持"科学发展观"之时,同样要坚持科学的改革观。这几年国家及一些地方政府出台一些涉及社会和谐稳定的有关企业改革、土地征用、房屋拆迁、房改、医改、车改等改革措施,不少改革措施被一些集团利益,被一些人为因素所左右,许多改革方案政策措施锦上添花的多,雪中送炭的少。

一、高代价的增长

"改革是中国的第二次革命"。在中国经济向着民族振兴的目标大道上前进并取得快速发展之时,中国发现还要做更多的工作。其中最主要的问题,不在于 GDP 实现了多少、增长了多少个百分点,而是首先要回答"中国今后选择什么样的、适合国情的、合理的经济增长方式"的问题,即发展思路的革命问题。

现在的关键问题是选择什么样的增长方式。如果不能同时找到一个适合的方式,经济不可能长期、稳定、快速地发展,或者它虽然发展了,但会走更多的弯路,付出更大的代价。

在过去 30 多年改革开放的发展历程中,中国经济取得的成绩(年均 GDP 增长 9.5%)是令全世界瞩目和值得中国人骄傲的,但同样付出了现在的发达国家在发展初期曾付出过的惨重的资源、环境等成本代价。在经济增长方式方面,我国目前还存在着高投入、高消耗、高排放、不协调、难循环、低效率的突出问题,存在着严重的发展隐患。在投入方面,经济增长的"三驾马车"——投资、消费、净出口,在我国更多的是靠粗放的投资去拉动的。在能耗方面,"十一五"期间 GDP 平均增速达 11.2%,能源消费总量也增长了 37.8%,能源消费总量大、增长快的趋势在"十二五"期间仍难以扭转。我国单位 GDP 能源强度高,约为世界平均水平的 2 倍。2010 年我国经济总量与日本相当,但能源消费总量却约为日本的 4.5 倍;能源消费总量与美国相当,但 GDP 总量却约为美国的40%。尽管有国情和发展阶段特征、产业结构、资源禀赋等多方面原因,但也反映了我国经济发展中能源利用效率低、经济增长对资源依赖程度高、增长方式粗放的特点。这给国内资源保障、环境容量和能源安全也带来越来越大的压力。2010 年我国石油的对外依存度已超过 55％,煤炭产量达 32 亿吨原煤,已超出煤炭行业科学产能的供应能力,进一步扩大产能将对生态环境和生产安全带来严峻的挑战。高消耗换来了高增长,也带来了高排放和高污染的问题。

　　不协调的问题则更明显。经济增长的不协调体现在三个短板:一是农业的短板,农业基础薄弱,"三农"问题长期得不到有效解决;二是服务业的短板,中国现在服务业增加值占 GDP 的比重不仅低于世界平均水平的 66.4％,还低于低收入国家平均水平的 45％,影响了整个社会经济运行的效率,社会物流总成本比发达国家高出近 1 倍;三是行业中的短板,中国的传统产业、低技术含量和低附加值的产业仍占主导地位,许多关键的、高技术的设备都要依赖进口。除此之外,整个社会的发展也不协调,我国的经济增长与社会事业的发展、与人们的收入分配、与就业形势与人的全面发展、与体制的创新等都存在相对失衡的不协调问题。在改革开放初期,中国城市内部收入差距很小,20 世纪 70 年代后期,城市内部的基尼系数为 0.15 左右;2007 年第四次城乡住户收入调查,该年的全国基尼系数为 0.48 左右,城市内部的基尼系数为 0.36。最高的 10％的收入人群与最低的 10％的收入人群的收入比率,1988 年为 7.3,到 2007 年上升到 23。人民内部矛盾也在上升,从 1993 年到 2010 年,因为人民内部矛盾的群体性事件数量,每年按 17％左右的比例在增长,等等。中国当前的经济社会发展相对失衡的现象值得警惕。

　　循环经济是一种新的发展理念,一些发达国家现在走的正是这样一条"资源—产品—废弃物—再生资源"的闭环反馈式循环发展模式,而我国的能源利用率只有 33％,工业用水利用率为 55％,矿产资源总回收率为 30％,分别比国外先进水平低 10％、25％和 20％。

　　以上几个问题的集中,最后就体现到中国经济发展的低效率问题上来。我国当前全社会从业人员的劳动生产率只相当于美国的 1/46、德国的 1/32,资源产出率和土地利用率也都低于世界水平。

　　大量的事实证明,从整体上来看,尽管中国早在上世纪 80 年代末就明确提出并引导着人口资源的可持续发展,90 年代初也曾将实现经济增长方式的转变提上议事日程,但是我们的经济增长方式尚未实现根本性转变。这种粗放型的经济增长方式,尽管几乎所有的发达国家在工业化时期都经历过,但目前看来,中国却不得不面对改变经济增长方式的现实。

二、走出四大误区

一些地方官员在"科学发展观"精神的把握上，还存在着"先发展，再讲科学发展观，进行治污，然后调整产业"的思路，同时也存在着一些诸如"科学发展观是不是中国对未来发展的一种理想，而不是现实选择?"、"科学发展观的思路是不是要我们放慢发展速度?"等疑问，对此，要正确认识"科学发展观"，应该走出四大误区:

（一）把"科学发展观"看成是脱离实际的空想

从世界发展实践角度考察，西方发达国家在传统的工业经济时代并没有意识到要以人为本。全面、协调、可持续发展，是在步入后工业社会后，为解决工业经济所带来的生存和发展问题才提出来的。也就是说，中国的"科学发展观"构想，是发达国家后工业时代的高级形态的发展意识。于是就有人对此不以为然，甚至认为，作为后发国家，目前中国尚未实现工业化，提科学发展是一种脱离实际的空想。

这种观点的缺陷在于，他们忽略了重要的"历史环境"问题，就是今天我们正处在一个从工业文明走向知识文明以及由此形成的新全球化这样一个特殊的历史环境下，中国包括其他任何后发国家都不可能、也必须避免重蹈发达国家的覆辙，走"渐序"发展道路，而应该走后发型的"跨越"发展之路。"科学发展观"就是把高级形态的发展要求和低级形态的发展条件结合起来，为中国选择一条最佳的后发现代化道路，制定出更加科学的战略和决策，这是世界实践的必然趋势，也是中国现实发展的客观要求，是"必须实践"的现实问题，而不是"以后再说"的理想和所谓的"空想"。

（二）把"科学发展观"看成是要放慢发展速度

中央提出科学发展理念之时，也正是从去年以来我国经济出现的局部过热、投资增长过快等问题充分暴露的关键时刻，所以，社会上有一种观点认为，中央提"科学发展观"，其实就是为当前中国的宏观调控政策找一个理论依据，是有意放慢中国的经济增长速度，甚至有人认为是对经济发展的一种阻碍。

这显然是对"科学发展观"的一种狭隘的误解。固然，提出这一理念有对当前经济发展中出现投资增长过快，造成能源、资源紧张，环境压力过大等问题的总结，但绝不仅是如此，更多的是站在整个时代、整个世界的高度，在对世界现代化历程的考察，特别是在西方国家发展观的研究基础上，对我国过去多年快速发展的经验和教训的分析总结。如果不坚持科学的发展理念，按照目前这样

一种发展模式再继续下去,中国经济社会必将遭遇生存和发展的困境,到时候就更难解决。因此,"科学发展观"的新构想,不是要放慢发展、阻碍发展,而是用前瞻性的发展方法,来解决中国的过去、现在和未来发展中已出现或将出现的问题,是为了要发展得更快一些、更好一些。

（三）把"科学发展观"看成是否定过去的成绩

过去的 30 多年里,中国的经济、社会都取得了重大的进步,创造了世界奇迹,但也带来了不少问题,主要体现在工人下岗、农民失地、官员腐败、贫富差距拉大、资源枯竭、环境污染、社会不稳定等。那么,提出"科学发展观"新构想,是不是表示对过去发展成绩的否定呢？这绝对不是对过去成绩的否定,而是对市场行为的一种纠偏。因为,社会发展中出现的以上这些问题,是伴随着大发展、大进步而带来的问题,如果没有发展,也就没有这些问题,因此要正确认识和对待发展中的问题,而不能否定成绩。对于问题的解决,摆在中国面前的就是这样两条路:一是先解决问题再发展,二是在发展中解决问题,而我们所选择的,就是用科学的方法,在发展中解决过去在发展中出现的问题。而且,"科学发展观"与"邓小平理论"、"三个代表"思想都是一脉相承的,是对执政党过去思想、理论的总结和提升。

（四）把"全面"、"协调"、"统筹"看成是走"均衡"之路

中国理论界和政界过去存在一种看待发展的错误逻辑,认为中国走的是一条"均衡—不均衡—均衡"这样反复的发展道路,因此,现在提出"全面"、"协调"、"统筹"的理念,对区域之间、城乡之间、政治经济文化之间、人与自然社会之间的不协调进行调整,就是回到了"均衡"之路。

实际上,"均衡"与"不均衡"永远都不是分阶段存在的,而是同时存在的。中央的"科学发展观"显然不是要求先发达的城镇停止发展,等着中国农村的发展,不是要求东部地区暂停发展,等着中西部地区一起"均衡"发展,而是纠正过去一味追求 GDP 增长、一心发展城市的思路,使社会经济发展的各种要素按照系统发展的要求,保持科学的比例关系发展,从而达到一个最佳的发展效果。

三、树立正确政绩观

从理论上分析,"科学发展观"所蕴涵的就是高级形态和低级形态发展要求的统一,其出路在于坚持以信息化带动工业化,以工业化促进信息化,走一条科技含量高、经济效益好、资源消耗小、环境污染少、人力资源优势得到充分发挥的新型工业化路子。

但从实践来看，要落实科学发展观，用发达国家后工业时代的意识来对待和解决当前中国低级形态发展中的问题，还必须直面几大阻力因素。第一是人的因素。目前在中国总体上人的素质不高，人的优势难以得到充分发挥。第二是生产力本身的限制。因为中国尚未实现工业化，而科学发展也意味着发展过程中的选择甚至放弃，需要我们正确看待经济增长和经济发展的关系。第三是本身发展的不平衡性，尤其在"三农"问题、欠发达地区发展问题、公共领域建设问题、弱势群体扶持问题、自然资源的保护问题上，都不是一朝一夕所能解决的，所有这些都会对实际发展过程中贯彻科学发展理念形成阻力。

而最大的阻力，还是各级领导的"政绩观"问题。现在各级领导班子和大多数领导干部，"为官一任、造福一方"的意识强烈，追求政绩、创造政绩的愿望迫切。要防止和克服一些领导干部在政绩观上存在的偏差，如自觉不自觉地更重视任期内经济增长的量、形象变化的快、对外影响的大，而对基础性的工作热情不高，对事关长远的事用心不多，对见效慢的任务关注较少，等等。那种在错误发展观的支配下干出的所谓"政绩"，往往是不科学的，是只注重眼前发展的。

而如何使得干部的"政绩观"与"科学发展观"的要求相适应呢？当前需从速改革官员政绩考核指标，不能只盯着 GDP、投资增长等指标，要建立符合"科学发展观"要求的党政官员政绩考核指标体系，树立科学的"政绩观"。在市场经济条件下，政府的基本任务是消除"市场失灵"，保障社会适度公平，实现社会发展最大化（而不是资本利润最大化），让全体社会成员都能享受到经济发展的成果，并以此来设置考核指标，尤其要增加那些社会经济发展需要做而党、政官员不太愿意做的事，而对于那些官员很乐意去做的事，则一般不必考核，并参照联合国的人文发展系数的办法来判断地方政府的治理能力和业绩。这是从较深层次上采取改革措施，促进我国全面、协调和可持续发展。

四、进行科学的改革

实现科学发展新构想的过程，实际上也就是对过去发展理念、增长方式进行变革，尤其体现在中国在未来发展道路上的一系列改革之中。

在中央强调"坚持科学发展观"之后，同样要坚持科学的改革观。这几年国家及一些地方政府出台的一些涉及社会和谐稳定的有关企业改革、土地征用、房屋拆迁、房改、医改、车改等改革措施，倾斜性严重，不少改革措施被一些集团利益，被一些人为因素所左右，许多改革方案政策措施锦上添花的多，雪中送炭的少。往往由于一些改革政策的倾斜严重，利益调整不公平、不公开，造成新的不公平，甚至使一些人一夜暴富，使国有资产严重流失，从而引起群众的强烈不满,出现一些新的带有普遍性的群体的矛盾就在所难免,因而造成群众上访增多,社会潜伏着不稳定因素。

科学的改革观要求改革的政策措施要尽可能平稳,力度尽可能不要超过群众心理承受力太多。至少今后每一项改革政策出台,利益调整,考虑一定要更全面,一定要多层面大范围、宽领域地听取各种意见建议,尤其是各民主党派、群众团体、社会各界的意见,使出台的政策更完善,尽力做到公开、公正、公平,尽量减少倾斜度,这是从源头上减少矛盾和社会不稳定的根本之策。"以人为本"是要顺应广大群众日益增强的参与社会管理的愿望和要求,听取和尊重群众的意见建议。今后要改变由少数人定改革方案和政策措施、少数人得益的做法。这样才能在改革发展中减少出现更多新的社会问题,建设平安中国、平安城市,真正实现科学发展。

科学发展观的提出,对于城市经济社会未来的发展模式、发展思路,无疑具有根本性的变革意义。要按照科学发展观的要求,切实走出一条新型工业化道路,努力建设低投入、高产出,低消耗、少排放、能循环、可持续的国民经济和节约型社会。因此,必须做到:

(一)摒弃传统观念

传统的发展观,偏重于物质财富的增长而忽视人的全面发展,简单地把经济增长等同于经济发展而忽视经济社会的全面进步,相应地把 GDP 作为衡量一个国家或地区发展的单一标尺而忽视人文的、资源的、环境的指标,单纯地把自然界看做是人类生存和发展的索取对象而忽视自然界首先是人类赖以生存和发展的基础。

按照"科学发展观"的要求转变经济增长方式,必须辩证地认识物质财富的增长和人的全面发展的关系,转变重物轻人的发展观念。发展应该始终把提高人民的物质文化生活水平和健康水平作为出发点和归宿。符合"科学发展观"的经济增长方式,是以有利于而不是有损于人的全面发展为最高标准的增长方式。

必须辩证地认识经济增长和经济发展的关系,转变把增长简单地等同于发展的观念,也不能把发展简单地等同于增长。经济增长是经济发展的基础,没有经济增长谈不上经济发展,但增长并不一定带来相应的发展。国际经验表明,事实上存在着"没有发展的增长",甚至"负增长",即经济总量扩大了,但经济结构没有优化,经济增长的质量没有改善,国家的综合实力和人民生活的综合质量没有实质性提高,甚至在经济总量扩大的同时,结构恶化了,环境破坏了,人类生存和发展的条件下降了。符合科学发展观的经济增长方式,是速度

与结构、质量、效益相统一的增长方式。

必须辩证地认识人与自然的关系，转变单纯利用和征服自然的观念。应该认识到，破坏自然、掠夺自然，就是破坏自己、掠夺自己；要关注人，也要关注自然；要满足人的需要，也要维护自然的平衡；要关注人类当前的利益，也要关注人类未来的利益。在发展过程中不仅要尊重经济规律，更要倍加尊重自然规律，充分考虑资源和生态环境的承载能力。符合"科学发展观"的经济增长方式，是人与自然和谐、可持续发展的增长方式。

（二）完善核算体系

GDP 这一国民经济核算体系的建立，曾被称为"20 世纪最伟大的发明之一"。它是反映一个国家经济规模、经济实力的重要指标，GDP 又是国家制定宏观调控政策的重要依据，因此，对 GDP 的重要作用不能忽视。但现行 GDP 也有其局限性，它主要反映了一个国家（地区）一定时期经济增长的"产出"、"总量"和"量"，没有或不能很好地反映其"投入"（特别是资源成本和环境成本的代价）、"结构"（包括社会财富的分配结构）和"质"（包括产品和服务的质量、社会效益等）。在 GDP 核算存在种种缺陷的情况下，单纯地用 GDP 来评估一个地区的发展成果，考核领导班子的政绩，有失偏颇，容易导致一些地方不惜代价地片面追求增长速度，忽视结构、质量、效益，忽视生态建设和环境保护。

要完善 GDP，需要逐步建立绿色 GDP 的体系，在现有 GDP 的基础上，增加一些资源、环境、人文等因素，建立一套不仅包括物质文明，而且包括精神文明和政治文明在内的科学考核体系。

（三）调整经济结构

要切实巩固和加强农业的基础地位，解决农业"短板"问题，提高农民的收入。要改组、改造传统产业，积极发展高新技术产业和装备制造业，淘汰落后设备。要大力发展服务业，努力扭转服务业长期滞后的局面，提高服务业比重，增强服务业对其他产业的服务功能，充分发挥服务业在扩大就业中的作用。此外，还要遏制某些地区、某些行业盲目投资和低水平重复建设。

（四）发展循环经济

循环经济的原则是"减量化、再使用、可循环"。减量化是指在生产的投入端尽可能地消耗资源；再使用是指尽可能延长产品的使用周期；可循环是指最大限度地减少废弃物排放，力争做到排放无害化，实现资源的循环利用。以电解铝为例，生产 1 吨铝，要消耗 1500 度电。去年出口了 125 万吨铝，就相当于出口了接近 200 多亿度电。但是铝的再生性能好，受损率小，按一定的生命周期计算,目前铝制品的平均寿命是 15 年,按可再生 13～25 次计算,铝的平均寿命就可以达到 200～375 年,可以大大节约铝矾土的资源消耗。

(五)推进科技进步

将来的能源、资源问题,最根本的还要靠科技进步。以能源为例,现在能源的生产和生活消费主要是靠煤炭、原油、天然气等化石能源,这些不可再生资源都很有限。而太阳能是最清洁、最丰富的能源。据测算,地球上人类可利用的太阳能是化石能源的 3.5 万倍,然而太阳能的收集、储存、使用等技术问题还没有过关。解决能源问题的最终出路还是要靠科技。

经济增长方式的转变和体制创新是相互制约、相互影响的。没有体制的转变,经济增长方式就不可能得到根本的转变。

(六)强化企业管理

企业是经济活动的主体,也是转变经济增长方式的微观基础。推进经济增长方式的根本性转变,必须强化企业管理,加强企业成本管理和企业信息化建设,高度重视基础管理工作。

(七)引导合理消费

要提倡文明、健康、可持续的消费方式,要广泛开展节约型社会的宣传、教育和培训,增强全社会、全民族的资源忧患意识和节约意识。转变经济增长方式,归根到底要靠人。要加快实施人才强化战略,继续加强基础教育,提高高等教育质量,大力发展职业教育和继续教育,加快高科技能人才的培养。

第六节 中国特色的城市经济

我国城市经济既有一般城市经济的特征,同时又有自己的特殊性,正是这个特殊性,决定了它的中国特色。中国特色的城市经济,具有中国经济社会质的规定性。也就是说,中国特色的城市经济是由中国的基本国情、历史发展、中国社会主义经济制度和所处的社会发展阶段,以及国家由此而制定的经济体制改革的目标、发展战略和发展政策所规定的。中国特色的城市经济,既区别于西方的城市经济,也不同于传统意义的社会主义城市经济。

一、中国城市经济的发展历程

新中国建立前,由于帝国主义、封建主义和官僚资本主义三座大山的压迫,加之国内战争频繁,旧中国的城市经济发展十分缓慢,城市化水平极低,城市经济多年来处于低迷状态。新中国建立后,我国城市经济,伴随着城市化的发展大致分为以下四个阶段:

1950—1955 年 这是我国城市经济的工业化起步阶段。在一阶段里,我国主要是恢复国民经济,优先发展工业,城市对农民实行开放,大量农民入城,城镇人口迅速增加,1955 年达 8285 万人,年增长 523 万人,年均增长率为 7%。这个阶段城市经济的发展推动了"一五"计划的顺利完成,也初步推动了中国城市化进程,城镇化水平从 1949 年的 10.6% 上升到 13.48%。

1956—1965 年 这是我国城市经济大起大落的反复时期。在这段时期,城市经济发展经历了曲折的过程。1958—1959 年,超英、赶美,全民大办工业,大量农业劳动力流向城镇,工业化、城市化在脱离农业的基础上超高速发展,工业劳动力在 1957 年、1958 年间增加了 2.3 倍,我国城镇人口猛增 2000 余万人,城镇化水平由 13.5% 猛升到 19.7%。由于工作失误和三年自然灾害,1960 年国家调整时又将 2000 多万城镇人口下放回乡,同时大量精简工业,提高设镇标准,调整市政设置,全国城镇人口由最高峰的 1960 年的 13073 万人下降到 1962 年的 11659 万人,出现工业化失常时期的第一次逆城市化倾向。到 1965 年,城镇人口又恢复了 1960 年的超常水平,达 13045 万人,城市数量由 1961 年底增至 208 个,1965 年调整为 168 个,城市经济在城市发展政策的反反复复中曲折发展着。

1966—1978 年 这是我国城市经济濒临崩溃的停滞时期。由于十年动乱的影响,整个国民经济陷于崩溃的边缘,大批干部和知识青年上山下乡,城镇经济处于萎缩状态,城镇发展停滞不前,出现工业化停滞时期的第二次逆城市化倾向。1976 年城镇人口为 16341 万人,11 年间只增加了 3296 万人,城镇化率下降为 17.44%;到 1978 年年底,全国共设市 193 个。"文革"期间坚持"继续革命"的政治路线,政治挂帅,违背经济规律,我国的城市经济工作出现严重失误,城市经济甚至出现了倒退。

1978 年以后 这是我国城市经济体制改革逐步深化、城市经济高速发展的阶段。由于改革开放,我国城市化伴随着工业化、市场化得到迅猛而健康的发展。1978 年城镇人口为 17245 万人,占全国总人口 17.92%,而至 2011 年,城镇人口为 69079 万人,占全国总人口 51.27%。就城乡人口结构演变情况而言,改革开放以来,我国人口的城市化率增长极快,超过了中国历史上的任何时期,标志着我国实质性地从一个以乡村为主的社会向以城市为主的社会转变,从农业大国向工商业大国转变;我国仅用了 30 年的时间,就已达到目前全世界的城

市化率50％的水平。这是一种了不起的奇迹和成就。①

1978—1996年为城市数量快速增长的阶段。1978年年底,全国共设市193个,而至1996年年底增加到了668个,19年间增加了475个。

1997年以来,中国城市发展进入了数量上减少、规模却快速扩张的时期。从1997年的668个减少到2010年657个,共减少了11个。这期间,一些大城市掀起了撤市设区和大规模建设新区的热潮,由此导致全国大城市数量不断增加,中小城市呈萎缩状态。若按城市市辖区总人口计算,在全国地级及以上城市中,2008年50万人以上的大城市比2005年增加了11个,而中小城市减少了10个。2008年,我国共有地级及以上城市287个,其中,市辖区总人口在400万以上的超特大城市已达13个,200万～400万的超大城市达28个,100万～200万的特大城市有81个,50万～100万的大城市有110个。② 2010年为了适应城镇化、国家区域发展战略和综合配套改革试点要求,国家民政部调整了部分大中城市行政区划,进一步优化了中小城市格局,解决地方行政区划格局的突出问题。经国务院批准,审核报批了9件县级以上行政区划调整事项,减少了3个市辖区和3个县,新设立了1个市辖区、3个县级市,设市城市数量增加到657个。

截至2010年年底,全国共有省级行政区划单位34个(其中直辖市4个,省23个,自治区5个,特别行政区2个),地级行政区划单位333个(其中地级市283个,地区17个,自治州30个,盟3个),县级行政区划单位2856个(其中市辖区853个,县级市370个,县1461个,自治县117个,旗49个,自治旗3个,特区2个,林区1个),乡级行政区划单位40906个(其中区公所2个,镇19410个,乡13475,民族乡1096个,街道6923个)。③

同时,改革开放至今,每年中国设市城市经济GDP占国民经济GDP比重也在不断递增,城市经济对国民经济的贡献程度不断加大。《中国城市协调发展及综合实力研究报告》显示,2010年,我国287个地级及以上城市(不包括市辖县)实现地区生产总值25万亿元,按可比价格计算增长12.5％,约占全国经济总量的60％。

---

① 资料来源:中国城镇化人口数据源于国家统计局历年中国人口统计年鉴。作者在此处将人口城市化率与人口城镇化率视为同一概念,因为中国有很多镇想申报设市,而且中国的镇从人口数来看与国外一些中小城市相比较,即为市。剔除行政镇人口数,实际上我国设市的人口城市化率要低些。

② 资料来源:选自《2010城市蓝皮书·中国城市发展报告》中"加速转型中的中国城镇化与城市发展"一文,作者:魏后凯。

③ 资料来源:民政部《2010年社会服务发展统计报告》。

二、中国城市经济的发展动因

十一届三中全会以来,我国进入了一个以经济建设为中心、改革开放全新发展的历史时期。我国进行的一系列改革,包括农村经济体制改革、城市经济体制改革和实行对外开放,目的是要从根本上改变束缚我国生产力发展的传统经济体制,建立社会主义市场经济体制,这为城市经济创造了良好的发展环境,改革成为推动城市经济发展的直接动力。

(一)农村经济体制改革的成功为城市发展奠定了基础

十一届三中全会以后,我国农村推行的家庭联产承包责任制,给了农民生产经营的自主权,包括发展商品生产、进入市场流通的自主权。改革,解放了农村生产力,加速了农村经济市场化的进程,取得了明显的体制效益,为城市经济的发展奠定了基础。

改革开放以来,农产品生产快速增长,农产品商品率大大提高,推动了以农产品为原料的城市工业的发展,丰富了城市市场。农民收入和生活水平的提高,增加了农村对城市产品的购买力,推动了城市经济发展。随着农业生产的增长和食品短缺问题的缓解,大批农民从土地上解脱出来,自由地支配自己的劳动。进入城镇的劳动力在城镇务工、经商、从事服务业。特别是城市许多劳动强度大、工作环境艰苦或由于就业观念陈旧等原因城市人不愿问津的行业,包括建筑、市政工程、搬运、环卫、园林绿化、家务劳动等都离不开农民工的参与。进入城镇的农村劳动力,在城市经济发展中的城市建设、活跃商品市场、方便群众生活、缓解城市结构性劳动力不足的矛盾等方面都起了积极的作用。从农业转移出来的劳动力进入乡镇企业,促进了乡镇企业的发展。乡镇企业对城市经济发展的影响主要表现在,随着乡镇企业的发展,在聚集效应规律的作用下,其空间布局必然出现由分散到集中的过程,聚集经济、聚集人口,加速城市的形成和发展,扩大城市经济的空间范围和规模。

(二)城市经济体制改革是促进城市经济发展的巨大力量

1.经济运行机制的改革

我国城市体制改革是从经济运行机制改革起步,扩展到经济运行主体、重塑市场主体的全面改革。在经济运行机制改革方面,我国从价格体制改革入手,逐步扩大市场调节的比重,为各种商品市场的开放和发展、为市场体系的建立创造了必要的条件。改革开放以来我国的消费品商品市场实现了多种经济成分,包括外资进入我国的零售商业、多种经营方式、多条流通渠道和"城乡开

通"的改革,使我国消费品市场出现了前所未有的繁荣景象。推行土地使用制度和住房制度改革,发展了房地产市场。建立了生产资料市场,将生产资料纳入市场流通。我国设立了各种商业银行和非银行的金融机构,发行国债及投资公司债券、金融债券,允许一些企业发行债券和股票,向社会筹集资金。科技市场发展迅速,科技成果转化取得了可喜的进步。

2. 经济运行主体的改革

建立市场经济必须进行经济运行主体的改革,使它真正成为自主经营、自负盈亏、自我发展和自我约束的商品生产者和经营者。我国对国有企业的改革从实行放权让利、企业承包,到建立现代企业制度的改革经历了一个认识和发展过程。我们对国有企业改革进行了全面的部署,包括坚持以建立现代企业制度作为国有企业改革的方向,对国有大中型企业实行规范的公司制改革;对国有企业进行战略性的改组,抓大放小;放开搞活大量国有小型企业;把国有企业的改组、改造、加强管理结合起来、实行鼓励兼并、规范破产、下岗分流、减员增效和再就业工程;积极推进各项配套改革,建立国有资产管理、监督和运营机制,建立社会保障机制,建立城镇住房公积金,加快住房制度改革;等等。这些改革,使经济运行主体充满生机与活力。

3. 转变政府经济职能

转变政府经济职能、实行政企分开的改革,是重塑市场主体的关键。政府的经济职能从微观管理经济活动转向宏观管理经济活动,从直接管理转向间接管理,利用各种经济杠杆,包括价格、税收、信贷、利率等,来影响和调节社会经济活动,搞好规划、协调、监督、服务,精简政府机构。

(三)对外开放政策是加速城市经济发展的关键

对外开放是建设中国特色社会主义的一项基本国策,是发展社会主义市场经济的重要途径。邓小平同志明确指出:"任何一个国家要发展,孤立起来、闭关自守是不可能的,不加强国际交往,不引进发达国家的先进经验、先进科学技术和资金,是不可能的。"在对外开放方针的指引下,改革开放之初的 1980 年,我国就在深圳、厦门、珠海、汕头兴办了四个经济特区,进行利用国外资金、技术和管理经验的试验。特区的建立,为对外开放取得了宝贵的经验,取得了更大的成功。在经济特区取得初步成功的基础上,1984 年国家又相继开放了沿海14 个港口城市,1985 年又开放了长江三角洲、珠江三角洲、闽南的厦、漳、泉三角地区、辽东半岛、胶东半岛及河北、广西等省(自治区)的沿海县市,1988 年建立海南经济特区,1990 年开放上海浦东新区。到 1995 年年底,形成了包括经济特区、沿海开放城市和沿海开放市县,共 331 个市、县、土地面积 32 万平方公里,人口约 1.6 亿的沿海开放地带。尔后又开放沿江、沿边城市和全国各省省会及一些有条件的城市,基本形成了全方位的对外开放格局。我国成为世界上引进外资最多的国家之一。大量外资的进入,对弥补国内建设资金的不足,带动产业技术进步和管理水平的提高,促进经济增长,扩大就业,推动进出口都产生了相当积极的意义和作用。

三、中国城市经济发展的现状

(一)城市经济规模扩张,综合经济实力增强

在经济运行机制和运行主体改革的同时,国家又进行了扩大城市经济管理权限的改革,包括下放一大批原来的中央部属和省属的企业归所在城市负责统一管理,扩大 14 个沿海城市和省会城市的经济管理权限等的改革,增强了以城市为中心组织生产和流通的职能,扩大了城乡之间、城市之间,城市与区域的经济联系和交往,逐步形成以城市为中心的经济区。城市综合经济实力增强。改革开放以来,我国城市经济以大大高于全国经济的迅速发展,城市在国民经济中的地位和作用提升。

(二)城市建设突飞猛进

城市建设是城市地域范围内各种物质实体的建造活动,是为城市经济发展和居民生活提供物质条件的。城市建设的内容非常广泛。基础设施建设是城市建设的重要内容,是城市功能形成和发展的最基本条件,也是城市现代化的主要标志。在经济发达的国家和地区,以城市现代化为目标,特别重视城市的基础设施建设。

城市基础设施按使用功能区分,主要包括以下系统:能源动力系统,如供电、供热、供水、燃气等设施;交通设施系统,包括城市内部和连接城市对外交通的城市道路、铁路、公路、桥梁、港口机场等设施;城市供排水系统,包括供水、排水管网设施;通讯信息系统,包括邮政、电信、广播电视、电脑网络设施;环境保护系统,包括空气净化、水体净化、废弃物和垃圾的清运和无害化处理设施;城市园林绿化系统,包括公园、公共绿地等,以及城市减灾系统设施等。

改革开放以来,我国城市政府扭转了长期以来只重视经济建设,不重视城市基础设施建设,致使城市经济和城市基础设施建设脱节,"骨头"与"肉"比例失调的局面。随着我国经济的快速发展,政府加大了城市规划和城市建设的力度,城市建设水平大幅度提高,城市的生活环境和投资环境得到了明显的改善,促进了对外开放和城市经济社会的发展。

但是应该看到，由于我国原有城市基础设施十分落后，"欠账"情况严重，特别是随着我国城市化水平的提高，新兴城市不断涌现，原有城市用地规模和人口规模不断扩大，尽管城市基础设施发展很快，有的还是成几倍的增长，但城市基础设施不足的矛盾仍然比较突出，特别是城市供水、城市道路以及环境保护的设施，还远远满足不了城市经济发展和城镇居民生活质量提高的需要，许多城市都存在城市交通拥堵的现象，特别是城市生态环境恶化的状况还没有得到根本遏制。

（三）普遍提高了居民的生活质量

城镇居民收入水平有了比较大的提高，消费水平发生了巨大的变化。人们消费的选择性，在"衣、食"需求基本解决后，正逐步向以"舒适、健康、方便"为主的方向发展。城镇居民的住房条件发生了巨大变化。住房制度改革包括住房商品化、发展房地产市场、建立住房公积金、大力推动经济适用住房建设、发展住房金融等，推动了城镇住房建设的发展。

但从总体来看，我国城市经济的发展跟不上城市化的步伐，城市现代化滞后于城市化水平。我国城市经济发展不快的直接原因主要是受城市化水平较低的限制。城市的吸收能力弱，在根本上是受制于我国城市经济配套改革的不够深入，户籍制度改革未能实现突破，社会保障体系建设工作滞后，城市经济规划科学水平与世界相比有较大的差距，在调控流动人口数量规模和引导流动人口城市化方面工作不够深入，由此造成城市劳动力与农村劳动力结构性失衡。我国丰富的人力创造着世界上少见的低劳动产值，广阔的城市经济空间由于大量劳动力资源的闲置而未被有效地开发出来，许多城市的经济水平因此而停留在不高的层次上。

四、中国城市经济与区域经济发展

城市经济是一个开放的系统，它与区域经济有着千丝万缕的联系。一个城市是否正确处理了它自身经济发展与区域经济共同发展之间的关系，可以通过它对区域经济的牵动力、辐射力大小反映出来。

城市是构成一定区域的基本空间地域，是区域概念的下限，而上限可根据研究目标确定和变动。城市是区域的经济中心，而区域又是城市发展的基础，也是城市服务的对象，两者是相互依存、相互促进的。城市的兴起与发展与所在区域的自然条件、经济基础及其发展潜力密切相关；而区域经济发展水平的高低以及区域专业化的程度又往往取决于城市的发展，城市在推动区域发展的过程中自身也会得到发展。城市经济的生产效率高，其技术、资金、产品就会像

水从高处流向低处那样移向城市经济区域,促进和带动区域经济一同发展。而在一定区域内,由于城市与区域之间的相互作用,导致了城区分工,形成了各自的比较优势。处于分工体系之中的城市和区域不再是孤立、分散的个体,而是形成了一个地域经济系统,从而使由各基本要素构成的生产力主体得到了充分放大,产生了系统结合效应。这种效应必须使得区域内城市生产力对其子系统产生连锁影响,使系统中城市和区域共同发展。随着全球经济一体化进程的加快,城市与区域经济的联合与合作更为现实与迫切。

发挥城市经济对区域经济的引导和推动作用,就是要充分发挥城市的功能,对城市经济区域施行一定的影响、引导和推动。一般来说,城市对区域的引导和推动作用主要通过以下五个方面表现出来:一是城市自身生产和转口的商品向外运输的数量、品种、距离和范围;二是城市的市场条件和服务功能;三是资本输入输出的流通量;四是城市同外部地区的交通、通讯以及文化、科技的交流能力;五是城市对区域文化繁荣和人才培养起着基地作用,对区域内人们的生活方式起着引导作用。

"打铁先要本身硬"。城市要想在区域发展中起到引导和推动作用,根据区域经济实际搞好城市功能定位很重要。城市不能脱离其所在经济区域的现状和未来而盲目发展,那样城市的价值和作用就会受到削弱,城市的发展也就成了无源之水,无本之木。同样,城市也不能盲目依赖于区域的条件,因为城市往往"受益于区域",也"受制于区域"。城市必须把自己置身于区域经济的基础之上,依据区域整体环境和条件实事求是地确定自己的功能。

要注意区域内首位城市的发展,保证首位城市的用地规模和人口规模适度增长;加强首位城市的基础设施建设,提高其现代化水平,特别是交通、通讯、能源供应等要优先发展;以首位城市为龙头,带动区域内产业结构调整。

在着力发展首位城市经济的同时,按照市场经济规律和经济内在联系以及地理自然特点,突破行政区划界限。建立以中心城市和交通要道为依托的城市经济区域,是发挥城市经济引导和推动作用的重要措施。

加强基础设施的建设,缩短城市与区域的时空距离,方便区域间的联系;城市的产业政策要与区域政策有机结合,制定出符合区域发展实际的城市产业政策;建立跨省区、城市间多级经济体系,改变目前区域间单一的行政联系;组建区域规范、灵活、统一的大市场;组建区域共同体,统一协调区域发展规划,合理分配和利用资源,联手治理环境。

近年来,许多城市对在一个较大区域中的位置提出了种种宏伟设想。怎样使城市能在较大区域中脱颖而出呢?有两种城市发展理论可供借鉴:一种是

"比较资源吸引力"理论；另一种是"厂商控制力"理论。

"比较资源吸引力"理论认为，城市经济的兴衰、地位的升降，主要决定于这个城市对外部资源（人力、资金、物资、信息等）吸引能力和其他城市的比较。如果这个城市吸引资源的能力比另一个城市弱，资源就会流向另一个城市，这个城市就会衰落，另一个城市就会兴盛。比较资源吸引力是由政治中心的建立与迁移、重大工业项目的摆布与原有主导产业的兴衰、交通枢纽的形成和位移等多种因素决定的。19世纪以来，有两个相关的事实对人类生活产生了重要影响，这就是航海事业和国际贸易的发展。国际贸易的发展，使得一个城市可以在国际范围内吸引资源，而与航海事业相关的港口则成为国际资源的重要集散地。所以，19世纪以来，有港口的地方就会形成城市。港为城用，城以港兴。港口的辐射面越广，以港口为依托的城市就越发达。根据这一理论，一个城市要想成为大区域经济的中心，就必须提高自己的比较资源吸引力。

比较资源吸引力理论是强调通过资源集中的方式来提高城市的经济实力。这一理论不仅适合于过去的城市发展，也适合于今天正在发展的中小城市。而今天的特大城市，再扩大资源集中规模，就可能超出城市的承载能力，种种"城市病"就会突出起来。你能在上海再办几个大的钢铁、化工、建材企业吗？不说环境污染，巨大的物流就难以承受。

对于特大现代城市来说，"厂商控制力"理论是合适的。随着经济的发展，企业的金融、信息、会计、法律、技术开发、产品营销等逐渐从企业内部分离出来，在社会上成为独立的为厂商服务的机构。这些厂商服务机构在大城市集中起来，大城市通过这些厂商服务机构来为城市以外的工商业服务，也通过这些厂商服务机构来控制城市以外的工商业，进而控制城市以外的经济活动。这种对城市以外的厂商和经济活动的控制能力称为城市的厂商控制力。厂商控制力越强，这个城市的辐射力和吸引力就越强，这个城市的经济中心作用就越强。

厂商控制力有别于行政控制力。前者的作用没有区划界限，后者的作用只限于一定的行政区划之内；前者是自愿的、平等的、互利的，后者是强制的、自上而下的；前者是服务性的，后者是领导性的。经济中心不是行政力量能够造就的，它是市场运行的结果。现代城市不一定办那么多工厂，但必须把工厂的"头脑"集中起来。这些厂商服务业实际上就是工商企业的"头脑"。所谓中心城市就是上述服务机构高度集中的城市。城市当局的任务就是管理好这些厂商服务企业，为这些企业提供良好的环境，通过这些服务来发挥城市的经济中心作用。也正是这些企业才使城市成为中心城市。如果这个城市某一种服务业比较发达，就是某一种中心，例如，这个城市金融业比较集中，就可以称为金融中心。纽约之所以繁荣，是因为其厂商服务业很强大。香港之所以成为远东经济中心，也是因其厂商服务业强大。纽约和香港的工业不仅不强大、反而工业逐步向城市以外转移，形成"空心化"。这里不是反对城市搞工业，不是提倡工业"实心化"，而是认为，作为一个中心城市，厂商服务业比工业更为重要。

怎样提高一个城市的厂商控制力呢？人们会说，要有好的基础设施来吸引厂商服务业。例如，要有先进的信息基础设施，在国家甚至全球信息网络中，能处于支配地位。这是对的，但更为重要的是，不仅要有好的物质环境，更要有好的制度环境、法律环境和政策环境。从经济学上说，提高城市的厂商控制力的关键在于这个城市有比较低的交易成本。据经济学理论，当每单位商品交易成本高到一定程度时，该商品的交易市场就会停止活动。而交易成本低，交易就比较促成，交易量就会扩大，厂商服务业就可以发展起来。反过来，厂商服务业越发达，交易成本就越低。低交易成本和厂商服务业形成良性互动。

城市之所以形成是因为交易集中能够降低交易成本。而现代交易不仅是交易双方的事，需要种种中介（很多厂商服务机构也是中介）给予帮助，需要政府提供条件。中介的收费、政府的税收是交易成本的主要部分。更为重要的是，交易难易程度对交易成本起决定性作用。交易畅通无阻，交易成本就低；交易困难重重，成本就会很高。所以，交易成本的高低在很大程度上取决于城市的开放性，也就是取决于自由贸易程度。如果这个城市自设壁垒，各个交易环节关卡重重，交易成本就会很高，各种服务机构处境就很困难。城市，如果真的有"城"，那就没有"市"。城市想要成为经济中心，首先就得有开放思想，有自由贸易思想，并且按照自由贸易思想来进行全面的制度创新和科学管理。

第三章　现代城市经济结构与布局

第一节　城市经济结构的内涵

　　城市经济结构是城市各经济部门、社会再生产各个环节的组成和构造及其相互关系,它是国民经济结构的重要组成部分。城市经济结构是城市经济的基本结构,与社会经济结构一样,从不同的角度可以有不同的划分。通过对城市经济结构的横向剖析和纵向考察,可以看到随着人类社会的发展,生产力结构不断向高级化、多样化发展,并且对自然的物质性依赖逐渐减弱,人的智力因素在生产力发展中的作用逐渐增强。生产关系结构在宏观上不断向多元化发展,在微观上则呈现出多元混合趋势。城市经济结构是国民经济结构的主体组成部分,但不等于城市经济结构是国民经济结构简单的成比例缩放。国民经济结构是城市经济结构及其他经济结构关系综合组成的复杂整体,因此,在研究城市经济结构时,应从城市这一特殊的经济结构出发具体分析,不能简单套用国民经济结构的分析方法。

一、经济结构

　　经济结构是国民经济诸要素相互联系、相互作用的内在形式和方法,它包括国民经济由哪些要素组成,这些要素的性质和特点,国民经济诸要素的相互依赖和相互联系的方式以及它们的比例关系,等等。经济结构是一定阶段占主要地位的生产力和生产关系的总和,它构成社会的经济基础。

　　(一)生产力结构

　　1.产业结构

　　产业是指国民经济中各行各业按不同标准归类形成的集合。产业的含义较广泛,可以把宏观意义的经济部门和微观层次的经济细胞(企业)都包含在内。产业结构是指各产业之间量的比例及其相互结合、相互依存的关系,是社会分工和各种生产在时间和空间上配置形成的秩序和比例关系。随着现代经

济的发展,产业的涵义已经大大突破了物质生产领域,教育、体育、文化等国民经济生活的方方面面都已经纳入了产业的范畴。产业结构可以按不同的标准进行细分,如按生产部门、按产品使用、按经济功能、按生产要素等,其中比较重要的是三次产业划分法,把产生于工业化前期的农、林、水产、畜牧、捕猎、矿业等直接利用自然资源进行生产的部门归为第一产业,把主要产生于工业化时期包括门类繁多的工业制造行业称为第二产业,把金融、科技、服务业等其他产业部门称为第三产业。

2.部门结构

按照社会生产力的作用对象和作用方式的特点分为物质生产与非物质生产两大部门,进而把物质生产部门分为农业、工业、交通、建筑、服务等多种生产部门。按照各部门在经济发展中的地位,还可以进一步分主导部门、辅助部门。改革开放前,我国长期采用部门划分法来统计国民经济的各项指标,现在,部门划分法与产业划分法可以互补,它对于产业划分的具体化和城市经济的宏观管理具有十分重要的作用。

3.地区结构

按照社会生产力的空间布局,有沿海、内地两大经济地带的划分,也有城市经济与农村经济的划分,这纯粹是按生产力的地理空间划分的;如果按生产力在空间分布上不同的发展程度进一步划分,有发达地区、中等发达地区、不发达地区的划分。

4.技术结构

按照生产力构成各要素的技术构成特点分类,有劳动密集型、资本密集型、技术密集型之分。如果生产力的构成要素中劳动力的投入是主要的,经济结构属劳动密集型结构;如果生产力的构成要素中资本投入是主要的,经济结构属于资本密集型;如果技术投入已经成为生产力构成中的关键性部分,则经济结构属于技术密集型。

(二)生产关系结构

1.所有制结构

所有制是生产关系中的重要内容。所有制结构指的是城市经济中各种所有制形式的构成及其相互关系。在我国,主要指国有经济、集体所有经济、私营经济、个体经济、三资经济以及不同所有制混合而成的混合所有制经济等经济成分在城市经济中的比例及其相互关系。所有制是属于生产关系范畴的,各种所有制经济的特点和作用不同,其生存的经济环境也有较大的差异。因此,一定的社会生产力状况及生产力水平决定了所有制的结构状态,并且,所有制的结构状态也随着社会生产力条件的改善而不断改变。

2.投资结构

投资是一种经济行为,取决于经济体制、经济政策和经济环境,反映出资源在经济主体间的投入关系。投资结构是指不同投资来源之间以及投资在不同部门地区之间的比例及其相互关系。投资结构与投资效益之间有着密切的联系,投资结构合理、力度适当才能防止重复建设,促进城市经济的健康发展。这些比例不是固定不变的,科学合理的投资结构应该从客观实际出发,根据城市经济发展的战略目标、产业结构合理化、生产力布局合理化的要求加以确定。

二、城市经济结构

城市经济结构是城市生产力与生产关系综合作用形成的结构系统。二者的结合从不同的角度又可进行分类。现代城市不设防,将城市与郊区甚至与所在地区联系起来所形成的经济结构,实际上就是城市的宏观经济结构,它侧重于将单个城市放置于一定的外部空间加以考察,可分类为地区城市结构、城市群体结构、某一国家的城市结构、某一洲的城市结构、发展中国家和发达国家的城市结构、世界城市结构、某一国家同类规模城市结构。城市宏观经济结构之范畴有时等同于或略小于整个地区或一国的经济结构,又大于单个的城市内部的经济结构即微观经济结构。

(一)城市宏观经济结构

城市宏观经济结构指超出一城市范围的、以若干个相关联城市为整体的城市经济要素之间的相互关系和数量比例。从经济内容看,主要包括:

1.宏观产业结构

(1)三次产业结构

这种结构一般用三次产业从业人员的比重来表示,或用三次产业的产值构成来表示,即城市三次产业的产值和人员分别占全国三次产业产值和人员的比重。此指标可以用来辅助说明城市化水平,更重要的是用以分析城市三次产业各自在国民经济中的地位。

(2)第二产业,即工业部门结构

第二产业包括轻重工业结构和传统工业与新兴工业结构。在城市经济结构中工业特别是重工业的比重较大时,城市经济属于重型结构;在城市经济结构中商业、交通和其他服务的比重较大时,城市经济属于轻型结构。传统工业与新兴工业结构包括劳动密集型工业、资金密集型工业、技术密集型工业结构等。

（3）第三产业，即商业服务结构

一个城市的商业服务结构是指该城市商业服务人员或产值占其三个产业的从业人员或产值的比重，也包括城市商业服务业机构占全国城市全部商业服务业机构的比重。

2. 城市规模结构

城市规模指大中小城市个数比重、人口比重、产值比重等。城市规模与产业发展存在着大致对应的关系，即小城市的第一产业比重相对突出，中等城市第二产业的比重、大城市第三产业的比重相对突出。

3. 城市投资结构

城市投资结构包括大中小城市投资结构、轻重工业投资结构、基础部门和非基础部门投资结构、生产性和非生产性投资结构等。投资结构反映了一个国家或地区投资的倾向性。通过分析过去的投资结构，可以发现各种城市病存在的原因。通过调整未来的投资结构，可以收到改善城市结构、实现城市结构合理化的效果。

4. 城市群内部经济结构

城市群内部经济结构指单个城市的产值、人口、技术水平、企业、商品输出输入额占整个城市群的比重。研究城市群内部经济结构，有利于不断调整城市群内部的经济技术协作关系，使城市群整体经济效益达到最大化。通过分析比较各个城市的优势，取长补短。

5. 输出、输入结构

输出、输入结构包括各种主要商品在城市间的输出、输入结构；商品的进出口结构；中心城市市场在全国的地位和作用。

（二）城市微观经济结构

城市微观经济结构指单个城市内部的经济结构，即单个城市各经济要素之间的相互联系和数量关系。研究城市微观经济结构是研究城市宏观经济结构的基础。

1. 微观产业结构

城市是由多产业行业部门和企业组成的，每个产业部门从事着不同的或特有的经济活动，在城市经济发展中起着不同的作用，同时它们又相互依存、相互影响、相互交织，形成一个整体。

（1）第一、二、三产业结构与行业结构

第一、二、三产业结构与行业结构标志着该城市的技术经济水平，关系到城市的经济效益，决定着城市的人口结构、就业结构和布局结构、内向型类和外向型类结构。城市的内向型类结构指直接提供给本市的产品和劳务的生产,城市的外向型类结构直接提供给本市以外的产品和劳务的生产。内向型类是城市发展的基础,外向型类是城市发展的条件和动力。

（2）主导产业与非主导产业结构

主导产业是指在城市中比重较大、影响较广、前途较宽、优势较明显的产业,它既可以是物质生产部门,也可以是非物质生产部门。非主导产业包括辅助及次要的生产部门、公共服务部门和生活服务部门。主导产业决定着城市的专业化特色和发展方向,也决定着非主导产业的发展速度,在整个工业化时期和现代化初期,都必须十分重视城市内主导产业的发展。

2.企业结构

企业是城市的基本细胞,城市经济既取决于企业本身的活力,又取决于企业构成的经济整体的合理性。

（1）企业规模结构

企业规模结构指城市内大中小企业构成的量的比例和它们之间的联系。城市企业规模与城市的规模有密切联系,大城市内大型企业的人数和产值的比重就大。不能不分城市规模大小和负载能力强弱盲目地追求企业规模,随意兴建大型企业。

（2）企业组织结构

企业组织结构指不同类型的企业的数量比重、相互关系和结合方式,以及不同所有制企业的数量比重、不同隶属关系企业的数量比重。应减少中央直属企业的数量,增加城市政府通过行业协会统管的企业数量。

（3）企业技术结构

企业技术结构指不同技术程度、技术手段之间的相互关系和数量比例。考察技术结构的主要指标有:劳动者的技术装备指标,如人均固定资产值;技术现代程度指标,主要指先进技术装备的比重;生产社会化程度指标,如企业专业化系数、劳动者技术水平、职工平均技术等级和文化程度、技术人员比重等;产品技术含量指标,如产品的平均技术水平、高技术产品的比重。

3.设施结构

（1）主体设施与基础设施结构

主体设施是城市经济的主导因素,决定了城市经济的性质和规模,包括生产、贸易和金融设施等;基础设施是为主体设施和人民生活共同需要的设施,包括交通、邮电、环保、通信、供排水设施,可以用投资比例、人均设施拥有量来表示。主体与基础设施之间必须保持合理的比例。

（2）生产设施与生活设施结构

生产设施是从事生产和直接为生产服务的设施，如工厂；生活设施是为居民生活服务的设施，如住宅、医院等。

（3）生存设施与发展享乐设施结构

享乐设施结构主要是满足居民精神和社交方面需要的设施，如学校、电影院、艺术馆、游乐设施等。

4.城市市场结构

城市市场结构是城市市场主体和客体之间的相互关系，可分为城市产品市场结构和城市要素市场结构。城市产品市场结构又细分为消费资料市场结构与生产资料市场结构。城市要素市场结构可分为资金、劳动力、技术、信息、房地产等市场结构。城市产品结构是城市市场结构的重要内容，它是由林林总总的企业产品数量和产值比例以及相互关系构成的。还可按产品的用途和凝结在其中的劳动价值，把一切产品划分为初级产品、加工工业产品、高精尖产品之间的比例结构，中间产品与最终产品、军用品与民用品之间的比例结构等。除城市产品结构之外还有城市价格结构、进出口产品结构等。

5.城市投资结构

城市投资结构是指固定资产投资在城市经济各部门和各地区之间、不同的技术结构和投资方式之间以及各自内部的相互联系和比例关系。城市投资结构反映的是城市投资在城市各类产业部门之间的分配状况。在投资构成方面最重要的是外资与内资的比例与关系；在投资方向上，主要包括城市投资在三大产业之间、在生产性与非生产性部门之间、在文化教育科技等行业部门间的分配比例与关系等。

6.城市就业结构

城市就业结构是指城市各行业部门劳动力之间的比例及关系，它反映的是劳动力在各行业部门中的分布状况，受制于一个城市的劳动力结构和教育结构等。城市各行业部门的劳动力还可细分为年龄结构、素质结构、专业结构等。城市各行业部门对劳动的要求是不一样的，其吸纳劳动力的能力也有很大差异。城市就业结构反映着劳动力资源在各产业间的配置状况，同时也是城市各行业部门发展阶段和技术水平的一项重要指标。城市就业结构对城市经济的运行产生重要而直接的影响。

第二节　城市经济结构的优化

一、我国城市经济结构的现状

（一）我国宏观城市经济结构的特征

改革开放以来，我国的生产关系有了极大的改善，生产力水平有了显著提高，我国国民经济有了长足发展，经济结构也有了极大的变化。从反映经济结构的主要结构——产业结构来判断，不仅产业结构发生了相应变化，而且各产业的内部结构也有了明显变化。

首先，长期以来，粮食作为最基本的食物来源，在农业资源配置中居绝对优势。随着现代科技的发展，农业生产技术方法不断改善，尤其是农业生物工程技术、水肥条件和环境工程、设施农业等的广泛应用，极大地改善了农业种植业的生产条件和资源转化能力，粮食单位面积产量增加，从而可使更多的农田用于经济作物种植，使经济效益明显提高。同时，由于农业生产资源、技术设备、化学手段、生产设施、运输工具的改善，大大提高了农业劳动生产率，农村劳动力从农业生产中大量转移出来，进行农业多种经营。目前，林业、畜牧业、渔业生产比例逐年有所提高。其中，大量的荒山荒坡为植树造林、建造防护林、营造水源和水土保持、全面发展林业生产提供了必要的条件；广阔的海洋以及内河、湖泊，拥有发展水产业的自然条件；除了北方草原之外，南方广阔的草山草坡为发展畜牧业奠定了基础。因此，农业多种经营、全面发展已有了相当的基础，农业种植业结构发生了质的变化。

在农业种植业发展变化的同时，乡镇企业异军突起，农村流通网络普遍建立，基本改变了传统农业就是种养业的结构模式。为农业服务的工商业迅速发展起来。这一产业形式是农业与市场结合，实现以市场为导向、以农户为基础、以龙头企业或农户自主决策的合作社等中介组织为纽带，通过将农业再生产过程的产前、产中、产后各环节联结成一个产业系统，形成种养加、产供销、农工贸一体化的经济运行方式。

其次，从产值构成分析，在第二产业中重化工业仍然是最主要的生产部门；从效益分析，汽车工业、信息电子技术产业、其他高技术产业、轻纺工业等效益较好；而传统制造业，包括钢铁工业、原材料工业等效益趋减。其中，现在新兴技术产业发展迅速，计算机技术、先进制造技术、新材料技术、新能源技术、现代生物技术、光电子与激光技术、环境科学技术、海洋生物技术等产业比重日益增加，成为国民经济的新增长点。另外，利用现代技术对传统产业的嫁接改造，提升产业技术层次，实现产值利润的增长方面也具有广阔发展前景。

再次，第三产业比重日益上升，领域不断扩展，在国民经济发展中的重要性逐步提高。国家对今后一段时间第三产业的发展重点定位为：投资少、见效快、效益好、就业容量大、与经济发展和人民生活密切相关的行业，主要有商业、物资业、对外贸易业、金融业、保险业、旅游业、房地产业、仓储业、居民服务业、饮食业和文化卫生业；与科技相关的新兴行业，主要有咨询业，包括科技、法律、会计、审计等咨询业、信息业和各类技术服务；农村第三产业，主要是产前、产中、产后服务行业，为提高农民素质和生活质量的行业；对国民经济具有全局性、先导性影响的基础行业，主要包括交通运输、邮政通信、科学研究、教育事业和公共事业，等等。随着现代科技的不断发展，生产效率提高，劳动力从第一、二产业释放出来，逐步向第三产业转移。伴随着生活水平的提高，尤其是生活质量的提高，对商业服务的需求将日益增加，从而使第三产业比例逐步提高，恩格尔系数比较早地揭示了这一发展原理。生产社会化、专业化水平的提高也在一定程度上推动第三产业的发展。

据国家统计局 2010 年度国内生产总值（GDP）初步核实公告，2010 年国内生产总值现价总量为 401202 亿元，按不变价格计算的增长速度为 10.4%。其中，第一产业增加值为 40534 亿元，增长速度为 4.3%。第二产业增加值为 187581 亿元，增长速度为 12.4%。第三产业增加值为 173087 亿元，增长速度为 9.6%。产业结构中，第一产业占 10.1%，第二产业占 46.8%，第三产业占 43.1%。

从上述三大产业的演变情况并结合"十一五"期末的三产数据分析，目前我国的经济结构（含宏观城市经济结构）具有以下几个特征：

（1）三大产业的产值在国内生产总值中所占比重起伏明显，经历了第一产业产值逐步下降，第二、三产业产值比重逐步上升的变化，尤其是第三产业产值比重呈现逐步递增趋势。

（2）三大产业产值结构的比例层次仍然比较低，仅相当于工业化国家 19 世纪末 20 世纪初的结构水平，尤其与美国 19 世纪 80 年代、日本 20 世纪 30 年代的比值接近。

（3）三大产业劳动力就业中，第一产业比重大，第二、三产业比重轻，但总体趋势是，第一产业就业比例逐步下降，第二、三产业劳动力就业比重逐步上升。

（二）我国城市经济结构存在的问题

目前我国经济结构（含城市经济结构）不合理的问题主要表现在产业结构、地区结构、城乡结构、所有制结构、收入分配结构等多个方面，而最为突出的主要有：

1. 产业结构总体格局仍不合理

至"十一五"期末，我国的三大产业结构有所调整，但总体上调整进展缓慢。特征仍为两头小，中间过大，第三产业占比小于第二产业。第三产业增加值占国内生产总值的比重低于预期目标。而第二产业增长速度明显快于第一和第三产业，表明我国经济的现代化进程已处于工业化程度较高的阶段，但总体上仍呈现出层次欠高、技术水平较差、布局粗放的特征，其中最为欠缺的是高新高端技术、节能型技术，且装备配置严重不足，最终仍以高产值、高耗能、高排放产业的面目呈现。而农业的发展仍显滞后，农业现代化步履缓慢。第一产业的产值比重仍过高，而服务业还相当落后。

2. 工业结构与第一、二、三产业结构变动的一般规律仍有明显偏差

长期以来，我国的经济政策取向偏重于工业规模的扩大和总量的提高，忽视了产业素质特别是企业的市场竞争力的提高，经济发展的高速度主要依靠高积累、高投资支撑，由此造成了一系列的工业结构问题。第一，工业内部的生产结构不合理。现有生产供给结构不能适应国际国内市场需求的变化，一方面表现为低水平下的结构性、地区性生产过剩，另一方面又表现为企业低素质下的高消耗、高成本和低效益。第二，工业产业组织结构不合理。我国工业内部各种行业的一个普遍现象是分散程度较高，集中度较低。例如，据统计，2010年期间，中国所有的汽车制造厂加起来还不及美国一个中型汽车制造厂。我国有1600多家造纸厂、400多家啤酒厂、130多家洗衣机厂，可达到最小合理规模的分别只有8％、12％和7％。企业仍普遍追求"大而全"和"小而全"，大、中、小企业之间缺乏有效的分工合作，现有加工、制造能力未能得到有效的优化组合。例如在12万家机械企业中，有80％属于"全能型"企业，企业自制铸件和锻件的比重高达80％以上，而美国和日本的同类企业该比重仅占40％和15％左右。日本一个汽车制造厂就拥有上万家零部件协作企业，而我国最大的一汽集团和东汽集团的协作厂家尚不足200家。这种状况必然导致我国产业的资源利用效率低下，经济效益始终难以提高，经济运行中长期存在高消耗、低效益、高投入、低产出的恶性循环。第三，技术进步缓慢，科技进步在我国经济增长中的作用远远低于发达国家。第四，从工业行业外部来看，一些新兴支柱行业几乎都缺乏强大的相关行业支持，相对于高速度增长的行业需求，中国的金属材料与

建材、设备制造、大规模零部件生产以及电子产品的开发与生产能力均十分不足，其投入供给往往只能依靠国外。

3.地区发展不协调，产业结构趋同化

改革开放以来，随着经济的快速发展，综合国力不断增强，但与此同时，地区发展不平衡、不协调问题也日益突出，东南沿海地区与中、西部地区经济发展的差距仍在不断拉大。改革开放以来，由于改革开放程度的不同和经济结构的差异，从全国范围来说，人员、资金、技术等生产要素更多地流向东南沿海地区，中、西部地区的经济总量在全国经济中所占的比重不断下降，三大经济地带发展的差距在持续扩大。这虽然有其客观必然性，但长期的、较严重的经济发展不平衡不仅制约着国民经济整体素质的提高，而且带来了产品和生产要素市场的地区分割问题，影响了全国统一市场的形成，不利于经济和社会的协调发展。

在传统的计划经济体制下，各地方政府长期追求工业自成体系，因此重复投资、重复引进、重复生产的现象十分严重，最终导致各地区之间产业结构严重趋同，分工协作程度弱化。尽管东、中、西部的投资和经济技术环境存在很大差别，但在工业产品结构中，相似程度却很高。据有关部门测算，东部与中部地区结构的相似率为93.5%，中部与西部的相似率更高达97.9%。趋同化涉及的产业和产品众多，从初级产品到以家电为代表的机电产品，再到支柱产业，目前还有继续增加的趋势。同时这种工业结构趋同的问题在同一地区内部也普遍存在。

产业结构趋同化问题给中国经济发展带来了突出问题：一是低水平重复建设严重，造成低技术生产能力过剩、高技术含量产品的生产能力又十分不足；二是由于地方利益竞争的强化，为了保护地方经济，出现了不同程度的贸易与要素流动的壁垒，不仅扭曲了资源配置，降低了生产效率，而且不利于提高产业集中度和整体竞争能力；三是阻碍地区优势的发挥，加剧了地区之间的发展差距，并进一步恶化了生态环境。

4.城乡发展不协调，城镇化水平仍较低

目前中国的人均GDP已经达到中等收入国家水平，但是无论与同等发展水平的国家相比，还是从工业化进程的要求来看，中国的城镇化水平仍较低。城镇化水平较低，不仅影响了大量农业剩余劳动力更大规模地向非农产业转移，而且不利于扩大国内投资和消费需求，此外还加大了城乡居民生活水平的差距，不利于社会的稳定。

5.现行所有制结构还存在不合理和不完善的地方

改革开放以来，我国在推进国有经济改革的同时，积极引导和鼓励多种形

式的非国有经济成分发展,但功能错位的问题在某些领域仍然突出,政府承担着沉重的国有经济负债,陷入了巨大的社会风险逼迫之中,国有经济布局结构调整的任务仍很艰巨。与经济发展的要求相比,非公有制经济在市场准入、融资等方面仍然受到许多不公平和不平等待遇,非公有制经济的发展仍大有潜力可挖。另外,所有制结构在不同地区仍有明显的差异。

二、城市经济结构优化的意义

现代意义上的经济发展指从传统经济向现代经济、从不发达状态向发达状态转变过程中的经济发展。经济发展时代从时间上来看,它大约开始于 18 世纪中期的欧洲,其经济特征主要表现在:经济总量的大幅度增大;全要素生产率的大幅度提高;经济结构尤其是产业结构的急剧变革;社会结构和意识形态的迅速改变;世界经济更趋于一体化;绝大多数发展中国家的经济发展还远远落后于发达国家的水平。而在上述特征中,最引人注目的是经济总量的高增长率和经济结构的高变动率。据统计,发达国家在 18 世纪后期到 20 世纪初期间,GNP 大约增长了 15～30 倍;二战以后,主要国家的经济增长率年均也在 3% 左右。在经济总量大幅度增长的同时,各国的经济结构也发生了实质性变化。这主要表现为三大产业之间相对比重的迅速消长。在 19 世纪,发达国家第一产业产值的比重从 40% 降到 10% 以下,第二产业产值的比重则上升到 40%～50%,第三产业产值的比重也有一定程度的上升。而在 20 世纪,特别是二战以后,发达国家的经济结构变动除速度加快外,一个显著的特征就是第一产业和第二产业的产值比重一直在下降,第三产业的产值比重一直在上升。如美国,到 1983 年,三大产业产值的比重变化为 3：32：65;而到 1997 年则进一步变化为 1.7：22.2：76.1。在第三产业内部,比重上升最快的是与现代经济发展联系紧密的金融、保险、咨询、不动产、技术服务等行业,传统的第三产业如商业、餐饮业等则呈下降趋势。

对于现代经济发展所表现出来的经济总量的高增长率和经济结构的高变动率这两大基本特征,多数经济学家都看到了二者之间的历史联系。最早注意到经济总量增长与结构变动之间存在关联的是威廉·配第,但他所在的那个时代尚不能看到人均产值的高增长率与生产结构的高变换率之间的内在关系。真正对这种关系作出经验性总结的是英国经济学家克拉克。他在深入研究 20 多个国家各部门的投入与产出数据后,得出了经济总量增长与结构变动关系的经验性结论,这就是著名的"克拉克规律"。后来,美国经济学家库兹涅茨在继承克拉克研究成果的基础上,运用改进了的研究方法,对 57 个国家的原始资料

进行了处理,创立了"库兹涅茨法则"。再后来,钱纳里进一步使用了几个基本的回归方程式,对经济总量增长和结构变动之间的关系进行了新的研究,得出了一个具有一般意义的"标准产业结构"模型。总而言之,经济学家在总量增长与结构变动之间存在内在联系方面,观点较为一致。但是现代经济发展的本质到底是什么?经济学家在这个更为深刻、更有经济意义的问题上,则出现了较大分歧。

以库兹涅茨为代表的经济学家认为,现代经济发展在本质上是一个总量增长的过程,总量增长比结构变动更重要,结构变动是依附于总量增长的,因为只有总量的高增长率才导致了结构的高变动率,没有总量的足够变化就会严重限制结构变动的可能性。与此相反,以罗斯托为代表的经济学家则认为,现代经济发展本质上是一个结构变动的过程,它根植于现代技术所提供的生产函数的累积扩散之中,结构比总量更重要,离开了结构分析,就无法解释总量为什么会增长以及如何增长。

这场争论看起来意义不大,但实际上是很深刻的。因为它说明的不仅仅是该采取总量分析,还是结构分析来描述现代经济发展过程的问题,而且可以使得我们沿着这一线索寻找结构优化的历史性逻辑,从而引申出一个如何推进现代经济发展的实践问题。

经济发展从一定意义上说是一个总量概念,但它不仅仅如此,如果离开了结构分析,人们就难以正确解释经济总量增长的原因和途径。因而现代经济发展的本质要求应该是结构不断地优化。

1.总量与结构

总量与结构是宏观经济运行的两个重要方面,二者共同决定着宏观经济的运行态势及质量。它们之间存在着相互依赖的关系,其中总量是结构的基础,只有加快发展,不断扩大经济总量,才能为结构调整与优化提供雄厚的物质基础;而结构则是总量的必要条件,经济结构协调了,经济总量的扩大和经济质量的提高才能持续。但是,总量与结构往往出现不一致性。总量平衡了,结构并非协调,而结构协调了,总量也不一定立即就能达到平衡。所以,把总量与结构割裂开来进行研究,是不切实际的。从世界各国经济发展的历史来看,经济结构的变动一般通过两种基本方式来进行:一是由新增投资的边际推动所引起的结构变动;二是由传统产业的存量衰减而导致的结构变动。当一国结构变动以前一种方式为主时,宏观经济的总量变动与结构变动必然是同步相对称的;当结构变动以后一种方式为主时,宏观经济的总量变动与结构变动便出现程度不等的非对称性,且结构变动程度对经济运行的作用要大于总量的变动。目前主要发达国家经济结构的变动基本上是以后一种方式为主的,在这种情况下,经济调控的重心就必须移到调整与优化经济结构上。否则,总量的进一步增长将会缺乏后劲,速度也将放慢。

2.结构与速度

从结构与速度的关系看,速度问题一直是国民经济运行中的一个重要问题,没有一定的增长速度,人们的生活水平就难以不断提高。但是,速度的快慢、质量的高低以及持久性如何均要受到结构状况的制约。结构合理、比例协调、各种社会资源得到优化配置,就可以促使国民经济持续快速地增长;反之亦然。因此,要切实认识经济结构的重要性,必须从指导思想上消除单纯追求增长速度和扩张规模,忽视结构优化的片面性。经济学有一个著名的"木桶定律",是说木桶由众多木板条箍在一起而构成,但木桶的容量不是取决于最长的那块板条,而是取决于最短的那块板条,那些较长板条高出最短板条的部分即为无效部分。同理,经济结构失调状态下的经济增长,往往有相当一部分是无效增长。所以,脱离经济结构来研究发展速度,也是没有实质意义的。

3.技术创新

技术创新对总量增长的作用只有通过经济结构的关联效应才能实现。在现代经济发展时期,科学技术日新月异,创新对于经济总量的增长起着难以替代的作用。但是,新的引进只能在某个产业或某些产业,不可能在所有产业之间同时平均分布,因而技术创新也总是首先在某个特定产业出现后,通过各产业之间的关联效应向其他产业不断扩展,这样就会猛烈激发和推进经济结构发生变动,最终导致经济总量的大幅度增长。如果一国经济结构不合理,产业关联度较小甚至产业链条断裂,那么就会使技术创新扩散受阻,也就不可能对经济总量的增长产生较大的推动作用。

4.社会资源配置

经济结构在很大程度上决定了社会资源配置的效果,并最终制约着经济的可持续发展程度。现代经济发展时期的又一明显变化是经济发展的可持续性,能否实现经济的可持续发展,在很大程度上取决于社会资源的动员及其有效配置,而社会资源的配置效果又在相当程度上取决于经济结构的优化状态。如果一国经济结构比较合理,与技术进步和国内市场的需求相适应,则社会资源的配置就是高效的,就能保证经济总量的持续、快速增长。反之亦然。各国经济发展史表明,结构扭曲是多数落后国家不能实现经济可持续发展的主要原因之一。

结构调整与优化是现代经济发展本质要求的观点,不仅在理论上有充分依

据,而且从一些发达国家和新兴工业国的经济发展过程来看,也是符合历史事实的。这些国家的发展大致经历了三个阶段,即现代经济发展的准备阶段、高速增长阶段和稳定增长阶段。第一阶段(一般人均 GDP 在 300 美元左右)的基本特征是农业在国民经济中占有较大比重,工业正处于成长期,现代产业与传统产业并存的二元经济现象突出等。此阶段的主要目标是初步实现国家的工业化,使国民经济中工业的比重超过农业。因此,该阶段主要进行的是粗放式的外延扩大再生产,需要大量的人、财、物投入,故这时期的社会供给总量往往是短缺的,总量矛盾是经济发展中的主要矛盾,结构问题并非显得十分重要和紧迫。第二阶段(一般人均 GDP 在 300~2000 美元),农业比重有所下降,工业特别是制造业得到较快发展,比重迅速提高。这时,人们的需求结构也发生了重大变化,从以满足温饱为中心的必需品消费阶段向非必需品消费阶段转换,原有产业结构和产品结构等都难以适应迅速变化的需求结构,这就要求必须对包括产业和产品结构在内的经济结构进行实质性的大规模调整。因此,这个时期结构就取代总量而成为经济发展中的主要矛盾。在第三阶段(一般人均 GDP 在 2000 美元以上),农业的比重继续下降,工业内部的资金密集型和技术密集型的产业比重不断提高,第三产业尤其是现代服务业的比重增长得更快,人们的需求更加多样化和层次化。此时期,不少产业已经经历了几十年的发展,规模经济的效应已达到极限,再进一步扩张将会受到市场空间的阻碍,其产品也正在进入成熟期和衰退期,增长速度也开始放慢,甚至出现负增长。因此,这一时期经济发展的主要阻碍仍然是结构性矛盾,不及时调整和优化经济结构,就很难满足新的社会需求,最终使经济总量的进一步增长乏力。

总之,理论上,结构调整是推动经济发展的基本因素之一。从一定意义上说,经济发展是通过结构的规律性调整和转换而实现的。在结构调整中,通过技术进步、产业转换、体制和组织创新,一方面形成新的经济增长点,另一方面淘汰落后生产能力,从而为经济的进一步发展提供动力。结构调整具有显著的阶段性特征,一次大的经济结构调整,往往推动一个新的经济增长阶段的形成。

从各国经济运行的实际来看,结构调整与优化仍是经济不断走向高度化的最根本性问题。而改革开放以来,我国国民经济总量增长较快,但经济结构不合理的问题始终没有得到很好的解决。目前,我国已处于前述之第二或第三阶段,如果不加快调整和优化经济结构,就很难满足新的社会需求,如 2012 年度我国已出现经济总量的进一步增长乏力的困局,所以,经济结构的优化已成为当务之急。

三、城市经济结构优化的思路

城市经济结构是否合理的标志在于,城市经济能否得到快速发展。合理的城市经济结构能够比较充分和有效地利用人力、物力、财力和自然资源,让城市国民经济各部门能够协调发展,城市社会扩大再生产能够顺利进行,城市经济技术不断进步,劳动生产力不断提高,积累也快速发展,居民生活较快改善,城市经济在健康、正常的运行中实现经济效益、环境效益和社会效益的协调统一。

城市经济结构调整的主要任务是:优化产业结构,全面提高农业、工业、服务业的水平和效益;合理调整生产力布局,促进地区经济协调发展;逐步推进城镇化,努力实现城乡经济良性互动;着力改善基础设施和生态环境,实现可持续发展。

（一）加大产业结构调整的力度

1. 进一步巩固和加强农业的基础地位

首先,要高度重视保护和提高粮食生产能力,建设稳定的商品粮基地,建立符合我国国情和社会主义市场经济要求的粮食安全体系,确保粮食供求基本平衡。目前,我国出现的粮食总量供过于求只是阶段性的,整体上看,我国农业的基础还很脆弱,抗灾能力不强,因此,决不能忽视和放松粮食生产。其次,要采取有力措施,千方百计增加农民收入。这就要求一方面必须调整农业和农村经济结构,发展农业生产和农产品深加工,努力拓宽农民增收领域,加大政府对农业的支持和保护力度;另一方面要坚持按保护价敞开收购农民的余粮,实行优质优价;同时还要巩固农村税费改革成果,切实减轻农民负担。再次,要加快农村土地制度法制化建设,长期稳定以家庭承包经营为基础,统分结合的双层经营体制,并在此基础上,进一步深化农村其他方面的改革,建立和完善农业社会化服务体系,不断增加对农业的资产投入和信贷支持,改善农村的生产、生活和市场条件。

2. 加快工业结构优化升级

（1）大力发展装备工业

提高我国基础机械、产业专用机械等技术装备水平是适应市场变化、增强产业竞争力和市场开拓能力的关键。特别要强调的是,我国产品档次低、质量差的根本原因是技术装备落后,许多已成为主流装备的数控、柔性化的机电一体化设备,我们还不能制造。这不但直接影响各产业部门的竞争力,同时也严重制约着我国产业结构升级和未来的经济增长。因此,今后必须痛下决心,抓机电一体化设备的发展。

（2）加快发展电子信息、生物工程和新材料等高新技术产业

当前我国在生物工程、生物医药、新材料、新能源等领域的科技成果不断涌现，科技成果转化进程不断加快。大力发展这些高新技术产业，不仅会形成新的经济增长点，而且还能够为迎接技术突破奠定基础。目前，我国这些领域的产业正处在累积型技术创新的新阶段，产业规模不大，甚至还没有形成大规模工业化生产。因此，这些产业是中小型技术创新企业的领地。国家应在宏观上为这些产业的创新活动提供一个宽松的政策环境，逐渐形成激励技术创新、促进产业高度化的机制。

（3）用先进技术改造传统产业

在未来几十年内，我国仍需继续推进传统工业化过程，传统产业的改造仍将是结构优化和产业升级的重要内容。尽管高新技术产业对传统产业有着部分替代作用，但在大多数领域，新技术产业和传统产业之间是叠加和并存的关系。当然，这绝不等于说我国传统产业可以在现有技术水平和效率水平上存在和发展。我国传统产业中，有相当一部分是设备、工艺陈旧落后的老企业，这些企业的产品质量、技术档次与发达国家相比，有很大差距。因此，必须用先进技术对传统产业进行根本性的改造，使其重新焕发生机与活力。这应是我国产业结构优化升级的重要方面。

（4）应该把大力发展进口替代作为产业结构升级的重点战略来抓

我国每年进口的通用机械设备、专用机械重点设备、机电工业用零配件和元器件、纺织面料等产品多达1000多亿美元，这些产品都是国内的有效需求。为了把握市场需求的变化趋势，提高装备工业的现代化水平，发展高新技术产业和改造传统产业，应把进口替代作为调整与优化产业结构的突破口。发展进口替代的首要问题是努力吸收消化进口产品所含的技术，并把这些技术尽可能融入进口替代产品中去，以推动国产产品上质量、上档次。

3. 大力发展服务业，明显提高服务业在城市经济中的比重

总体上说，目前我国的服务业还比较落后。要按照"扩大总量、优化结构、拓宽领域、提高质量"的原则加快其发展。就现代服务业来讲，重点是要大力发展信息、金融、会计、咨询、法律服务等行业，不断提高服务水平和技术含量，以此带动服务业整体水平的提高。就传统服务来讲，要运用现代经营方式和服务技术进行改造，着重发展商贸流通、交通运输、市政服务等行业，推进连锁经营、物流配送、网上销售等组织形式和服务方式，提高服务质量和经营效益。此外，还必须加快服务业市场化、社会化步伐，打破行业垄断，放宽市场输入，引进竞争机制，鼓励企业优化重组。

（二）促进地区经济结构的协调

1. 加快西部大开发的步伐

西部大开发是一项艰巨的历史任务，既要有紧迫感，又要有长期奋斗的思想准备。要坚持从实际出发，积极进取，量力而行，统筹规划，科学论证，突出重点，分步实施，使西部地区基础设施和生态环境建设有突破性进展，西部开发有一个良好的开局。

（1）把非均衡协调发展作为西部开发的主导思想

西部地域辽阔，情况千差万别，发展不可能齐头并进，不能平均使用力量，当然也不能搞两极分化。因此，均衡发展理论和非均衡发展理论，对于指导我国区域经济都有局限性。非均衡协调发展理论能取非均衡理论讲究效率、重点突破和均衡发展理论注重协调之长，就是要求在西部大开发中，既要抓住重点、加快发展又要照顾全局，防止新的两极分化现象的出现。

（2）西部大开发要有新的战略思路

目前正在实施西部大开发战略，环境和条件都与计划经济时期大不相同，按照社会主义市场经济的要求，在西部大开发中必须遵循市场经济规律。随着经济体制改革的深化，我国经济格局已经发生了深刻变化，经济主体和投资主体已经多元化，政府的职能也进行了较大的调整，资金、技术、人才等生产要素的流动，不再完全由政府调配，而主要由市场机制来决定。因此，西部大开发，既要有国家的客观指导和必要的行政手段，但更重要的是要遵循市场经济的内在规律，依靠经济主体的自主活力。譬如，在人才流动上，长期以来存在着"孔雀东南飞"现象，要让人才往西部流动，仅靠强硬的行政命令是难以奏效的，而必须按市场经济规律要求，努力改善西部地区的投资和开发环境，尤其是软环境，采取各种措施吸引各类人才和技术。

（3）高度重视发挥政府在西部大开发中的重要作用

在强调市场经济规律办事的同时，还要高度重视发挥政府在西部大开发中的重要作用。西部大开发，当然要充分发挥市场机制的作用，走市场化开发之路。但是，纵观发达国家开发落后地区的历史经验，落后地区的开发不是一个单纯的市场行为，政府调节也一直起着重要作用。实际上在开发过程中，这二者缺一不可，关键是如何正确地把它们有机地结合起来。特别是在西部大开发的初期，更要注重发挥政府调节的推动作用。中央政府对西部的支持应集中在两个方面：一是通过增加资金和加大中央财政转移支付力度，加快西部地区基础设施建设的步伐，从根本上改变该地区的交通、电力、通信、科技、教育环境；二是给西部地区必要的政策优惠，增强该地区对于资金、人才、技术的吸引力，让西部的和到西部的人都"有财可发"。

(4)西部大开发的战略重点

一般而言,西部自然资源丰富,但仔细进行考察,有些资源是很缺乏的,如水资源、绿色资源等。因此,西部大开发的重点不能简单地讲要放在资源的开发上。根据西部地区的实际,从全国生产力布局、配置和所有要解决的问题以及经济全球化的大环境出发,西部大开发的战略应该是,以可供利用的资源为基础,沿着科技密集型和劳动密集型两个方向发展。以科技密集型为特征的高新技术产业是西部地区的亮点和希望,只有大力发展,才能尽快赶上或超过东部。另外,西部地区地域辽阔,农牧业人口多,自然条件差,贫困人口比重大,受教育程度低,乡镇企业不发达,城市就业压力大,因此,必须同时大力发展劳动密集型产业。根据条件,积极创办个体、私营、股份制、股份合作制等多种形式的企业,鼓励民间投资。在产业方向上,要大力发展农业及其加工副业,适度开发能源和矿产资源,积极发展优势产业和产品,在提高加工深度和附加值上下工夫,尽快使资源条件转化为经济优势。同时,要把保护生态环境放在极其重要的位置,保持经济的可持续发展。

2. 发挥中部地区的优势

东部、中部和西部本来就是一个整体,地理上具有自然连接性,经济上具有密切相关性,文化上具有传统的统一性。西部大开发,从整体上看,也是中部大发展的机遇,西部大开发需要与中部大发展一体考虑。因为中部地理位置承东启西,是东西互动的中轴;中部交通发达,是东西大流通的中枢;从经济联系看,中部又是西部的战略伙伴。所以,中部地区要充分利用区位优势和综合资源优势,加快发展步伐,努力提高工业化和城镇化水平。要以沿重要水陆交通干线地区为重点,积极培育新的经济增长点和经济带。要大力发展农业产业化经营,建设区域化、专业化、规模化的农产品商品生产及加工基地。加大用高新技术和先进适用技术改造传统产业的力度,逐步形成各具特色的有竞争力的产业。

3. 发挥东部沿海地区的带动作用

继续发挥东部沿海地区在全国经济发展中的带动作用,有条件的地方争取率先基本实现现代化。从具体运作来看,东部地区应加快产业结构优化升级,大力发展高新技术产业,进一步发展外向型经济,着力提高国际竞争力。因此,还要积极开拓国内市场,大力推进多种形式的地区经济技术合作,实现优势互补,支持中西部地区发展。

（三）积极稳妥地调整城乡二元经济结构

我国过去几十年推进工业化的特殊历史背景和体制政策环境,导致城市化进程明显地滞后于工业化进程,妨碍了生产社会化和市场化程度的提高。因此,调整城乡经济结构的重点是转移农村人口,不断提高城镇化水平。从我国实际看,随着农业生产力水平的提高和工业化进程的加快,推进城镇化的条件已成熟,因此,要抓住机遇不失时机地实施城镇化战略,走出一条符合我国国情的,大、中、小城市和小城镇协调发展的城镇化道路。

推进城镇化的重点是发展小城镇,同时要积极发展中小城市,完善区域性中心城市功能,发挥大城市的辐射带动作用,逐步形成合理的城镇体系。从三大经济地带来看,东部地区和中部的部分地区应提升县城和建制镇的规模和水平,完善其功能,使之成为农产品加工重地和集散中心。而西部和中部的落后地区,要有重点、有选择地发展人口相对集中的县城,统筹规划,因地制宜,逐步推进。

推进城镇化,并非人口的简单聚集,而是在经济发展和繁荣的条件下,人口和劳动力的自然转移。只有在农村经济发展水平、农民收入和生活水平大幅度提高的情况下,推进城镇化才能成为可能。因此,要把引导乡镇企业合理集聚、完善农村市场体系、发展农业产业化经营和社会化服务等与小城镇建设结合起来,推动农村劳动力向第二、三产业转移,并带动农村人口向城镇转移,逐步降低农村人口和农业劳动力的比重。

四、现代城市经济结构优化的原则

经济结构调整问题就是资源的重新配置问题。现代城市经济结构调整优化应坚持以下几条重要原则:

（一）以市场为导向

新一轮经济结构调整是在经济连年高速增长,在"十一五"期末开始的,是在经济发展由资源约束为主转变为以市场约束为主的新格局下进行的。所针对的问题主要是一些行业出现了严重的产能过剩。供给结构的调整只有适应市场,才能达到提高经济效益和经济增长质量的目的。当前市场需求发生了很大变化,结构调整就是要求适应市场需求的变化,使资源从供给过剩的领域转移到供给不足的领域,从低效的领域转移到高效的领域。适应市场需求变化的过程,也是培育新的经济增长点、创造新的需求的过程。

（二）以企业为主体

在高度集中的计划经济体制下,结构调整的主体是政府,哪些项目需要上,哪些企业需要关、停、并、转,主要通过政府的计划来安排。在社会主义市场经济体制下,企业已成为资源配置的主体,供求关系的变化引导着企业的投资方向,价格杠杆调节着企业生产的扩张和收缩,优胜劣汰决定了企业的生死存亡以及产业的兴衰进退。另一方面,政企关系也发生了深刻的变化,国有及国有控股企业已逐步从行政机关的附属物转变为自主经营的市场主体,生产经营的重大决策也相应从政府主管部门转到了企业。所有这些都说明,新一轮经济结构调整的主体必须由政府转向企业。当然,这绝不是可以放弃政府的管理,而是要求政府的职能要进行转变,从过去的直接管理转为间接的宏观调控。

(三)以科技创新为动力

传统理论认为,经济增长是有极限的,经济过度增长将导致资源枯竭、生态恶化,从而直接危及人类的生存和发展。现在,科技进步将人类的经济发展从主要依靠自然资源转向主要依靠智力资源,从主要依靠物质资本转向主要依靠人力资本,从以牺牲环境为代价转向高度重视对环境的保护。因此,科技进步使经济、社会、环境的协调发展进而使经济的可持续发展成为可能。在目前新技术革命条件下进行经济结构调整,决不能离开科技这第一推动力。无论是有选择地发展适合国情的高新技术产业,还是用新技术改造传统产业,都离不开科技创新的支撑作用。

把科技创新作为结构调整的动力需要正确处理两种关系:一是发展高新科技和产业与改造传统产业的关系。不能片面强调发展高新技术产业,忽视传统产业的改造。只有把二者结合起来,并用高新技术改造传统产业,开发适销对路的新产品,才能使传统产业重新焕发出生机。二是工业化与信息化的关系。我国目前正处于工业化的中期阶段,工业化的任务尚未完成,但与此同时信息化阶段已经到来,这与发达国家在完成工业化后才进入信息化阶段有所不同。这就要求我们一方面要抓紧实现工业化,另一方面要有选择地大力发展高新技术产业,不断推进国民经济和社会信息化,以信息化带动工业化,发挥后发优势,实现社会生产力的跨越式发展。

(四)注意发挥我国的资源特别是劳动力资源优势

我国是人力资源最丰富的国家,同时,沉重的人口压力和就业问题也使我们的发展面临严峻的挑战。因此,应把结构调整与解决就业问题结合起来,在大力发展资本密集型、技术密集型和知识密集型产业的同时,又要十分重视劳动密集型产业的发展。此外,在进行产业结构、城乡结构、所有制结构的调整时,应注意大力发展服务业,积极推进城镇经济的发展,尤其是要鼓励和发展非公有制经济,努力增加就业机会和就业岗位。

五、城市经济结构调整的关键

（一）正确处理发展与调整的关系

以发展带动调整,以产业升级带动低效率资源退出,通过调整形成新的发展动力。新一轮结构调整不能再延续"水多加面、面多加水"的做法,其特点是新的高增长产业的培育与低效率资源的退出并行。在调整中,如果缺少必要的增长速度,缺少高增长接替产业,以及由此带动的新的消费、投资和就业机会,结构调整将会遇到很大困难,在有些方面甚至根本调不动。另一方面,新一轮调整具有很大的可预见的结构升级潜力,只要调整的方针和措施得当,完全可以期待出现一批高增长产业,为化解存量调整中的矛盾提供空间。当出现由高增长产业带动的较快发展时机时,必须集中力量解决存量中的矛盾,而不能再将其后推,这一点应当成为新一轮调整与以往调整的重要区别。

（二）正确处理改革与调整的关系

以改革促进调整,使新一轮调整与进入世贸组织相呼应,成为促进体制转轨和制度建设的过程。结构性矛盾产生和长期积累的主要原因,是依然存在的与新的发展阶段不相适应的体制和政策。要在结构调整过程中下工夫,解决那些制约经济运行和发展的深层体制和政策难题,通过制度的"破"与"立",建立能够对经济结构自行动态调整的新机制。坚持资本、技术密集型与劳动密集型相结合。一方面,要抓住经济全球化带来的良好机遇,面对国际市场变化新趋势,采取有所取舍的政策,对发达国家已逐步退出,而城市又有比较明显的比较优势的产业和产品,用更先进的技术,进行全面改造和更新,同时采取资本、技术密集与劳动密集相结合的模式,用新的形象,在国际生产体系中实现接续,在新的国际分工中占据新的优势;另一方面,在城市自身工业发展新进程中,注意发挥资本、技术密集与劳动密集相结合的优点。

（三）正确处理政府、企业和市场的关系

以企业为主体,市场为基础,正确发挥政府在结构调整中的指导、规范、协调、服务职能,为结构调整提供制度保证。新一轮结构调整必须逐步实现调整主体和调整方式的转变,这对调整效果有着决定性的影响。以企业为主体,主要依托市场力量进行调整,并不是说无需体现国家意志,无需政府的宏观调控。但政府在结构调整中的主要职责,不再是直接调动社会资源或指挥企业贯彻政府意图,而是通过政策引导、制定法律法规、信息发布等来体现政府意志,创造

对结构调整至关重要、企业又无能为力的体制、法制和市场环境,让企业根据自身状况、所处行业、竞争形势作出决策。政府投资应主要集中于提供重要公共产品和服务的部门。对那些涉及国家安全、自然垄断或提供重要公共产品和服务等市场难以发挥作用的行业,必要时政府应进行干预。坚持以企业为主体。经济结构调整要以宏观战略取向为依据,但其工作基点必须立足于企业,落实在微观层面上。企业是构成产业的经济细胞,无论是生产结构或产品结构,企业组织结构的调整和优化不仅离不开对企业的调整,而且往往要通过改善企业内部结构和素质得到实现。经济结构战略性调整的真正活力,最终产生于企业之中。根据我国的现实情况,城市经济结构调整切入点可以从两个方面着手:一方面是以市场需求为导向,通过企业重组,做好存量调整;另一方面在政策上放手发挥企业主体作用。

(四)正确处理结构调整中经济、行政和法律手段之间的关系

结构调整中经济、行政、法律手段都要使用,基础是经济手段。行政手段在经济转轨时期仍需使用,但合理的使用边界很难掌握(这正是行政手段过度使用或滥用的原因之一)。因此,经济和行政手段都要在法律规范的范围内行事,做到有法可依。有利于结构调整的法律体系建设,既是当前规范调整的依据,也是建立自行调整机制的基础,应当特别引起重视。要坚持以市场为导向。在推进经济结构战略性调整中,充分发挥市场机制在结构调整和产业升级中的基础性导向作用,努力使社会生产适应国际、国内市场的需求变化,满足多层次、多方面的需要,是市场经济条件下结构调整的根本目的和基本取向,也是判断结构调整是否合理、是否优化的根本标准。无论是解决结构性短缺或消除结构性过剩,都要以市场机制为主要手段,实施资源的合理配置,使资源从过剩部位向短缺部位转移,从低效率部位向高效率部位转移,从劣势部位向优势部位转移。这些也都应以市场需求为准则。经济结构调整要有动态观念,应当随着市场的不断变化,不断对结构做适应性的调整和完善,通过对市场变化的研究和预测,制定结构调整的战略,筹划发展取向,使经济结构始终处于一种独具活力的状态之中。以更加积极的姿态参与国际竞争和合作,从更好地利用国内、国际两种资源的高度,全面考虑和部署城市经济调整的方向和重点,使城市经济结构更有利于在经济竞争中取得胜利。坚决取缔各种形式的市场垄断、市场封锁和地方保护主义。

(五)正确处理产业进入和退出的关系

既要重视消除"退出市场"的障碍,也要重视解决"进入市场"的困难。一方

面,不论是衰退产业的调整,过度重复建设后果的消化,还是低效率企业的淘汰,都需要有一个好的退出机制。退出障碍是低水平生产能力过剩、过度竞争和企业亏损居高不下的重要原因,是结构调整亟待解决的一大难题。要下大工夫消除退出障碍,使产业调整、企业重组和人员流动的外部环境得以根本改观。另一方面,必须克服某些领域和产业的"进入"困难。目前,在一些产业和服务领域仍然存在对非国有企业、行政性"条块"之外企业的进入壁垒,中小企业特别是高新技术中小企业的创业环境仍不宽松。培育新的高增长产业,促进高新技术企业的发展,前提是要改善创业环境,形成能有效动员社会力量创业和投资的机制,这就必须放松对市场准入的管制。除极少数必须要由国家专营的领域外,应拆除基于所有制、地区和行业等的进入壁垒,给各类合法企业以公平进入和竞争的机会。参照加入 WTO 的市场准入原则,允许外资进入的领域,首先应允许国内企业进入。

（六）正确处理结构调整与科技创新的关系

坚持以科技进步为支撑。当今,世界科学技术突飞猛进,科学技术已日益成为城市加快经济发展的决定性因素。城市经济结构战略性调整,必须紧紧把握住这一世界性潮流,把结构调整同科技进步紧紧结合起来,以科技创新为动力提升经济结构。结构调整要广泛采用高新技术和先进适用技术,进一步完善技术创新体系和技术创新机制,提高经济增长中的科技含量,推动城市经济朝着优质、高效方向发展。我国当前正处在工业化进程之中,又面临信息时代。因此,城市经济结构调整,必须紧贴时代要求,以新的战略思路,紧跟世界科学技术发展进程,优化与提升城市的产业。一方面,以现代先进技术改造和发展传统产业;另一方面,根据有所为有所不为的方针,有重点、有选择地发展高新技术和产业,使科技发展与结构调整互相促进,取得双赢。

第三节　城市产业集聚

一、城市产业集聚的现状

当今世界,全球化的活动空间和本地化的产业集聚相辅相成。一方面,交通与通信技术的迅猛发展、世界范围内贸易和投资自由化的成功推进,加速了生产要素、知识和信息的跨国界流动,减少了其运营的单位成本,使社会财富蕴藏在流动的空间之中。另一方面,各地争相吸引投资,争夺高附加值的经济活

动,区域竞争加剧,集群已经成为区域参与全球竞争的重要力量。国家和区域的竞争力表现为对各种流动财富的吸引力和利用这些财富创造新价值的能力,集群是在全球化与区域化交互作用下的参与竞争的骨干力量。越来越多的研究,报告了发达国家专业化集聚的发展实例,也发现了在发展中国家大量类似的集聚现象。在美国,有硅谷和128公路的微电子业群、纽约玛第森大街的广告业群、明尼阿波利斯的医学设备业群、克利夫兰的油漆和涂料业群、加利福尼亚的娱乐业群、西密歇根的办公家具业群、达尔顿的地毯业群、加利福尼亚的葡萄酒业群、马萨诸塞的制鞋业群等。在意大利,产业集群区集中程度很高,意大利70%以上的制造业、30%以上的就业、40%以上的出口量都是在专业化产业区域内实现的。根据意大利统计局的评判标准,全意大利专业集群地有199个,其中,纺织品集群地有69个、皮鞋和鞋27个、家具39个、机械32个、食品17个,还有金属制品集群地1个、化学制品集群地4个、造纸与印刷集群地6个、首饰集群地4个。在德国,有索林根的刀具业群、图特林根的外科器械业群、普福尔茨海姆的珠宝业群、斯图加特的机床业群、纽伦堡的制笔业群、韦热拉的光学仪器业群、雷姆沙伊德的工具制造业群、巴登—符腾堡的机械业群、德累斯顿附近的陶器业群。在法国,有巴黎森迪尔区的网络业群、布雷勒河谷的香水玻璃瓶业群等很多实例。在拉丁美洲的秘鲁、巴西、墨西哥、委内瑞拉、洪都拉斯、尼加拉瓜、牙买加等国,有几百个区域政府,大约15000个城市,几乎到处都有集群计划。在非洲,南非、肯尼亚、津巴布韦和坦桑尼亚等国也都有各类集群存在。在南非,集群的历史是从1990年才开始的,并且主要是由国家政府机构发动的,例如,1996年5月宣布的关于铝业集群的动议、2000年政府宣布的一项关于珠宝制造的动议。在东欧的一些国家,例如波兰、匈牙利、斯洛文尼亚等也发展了集群。在亚洲的中国、日本、韩国、巴基斯坦、印度尼西亚也有发达程度不同的专业化的集群。在印度,有旁遮普邦的路德海阿那的金属加工和纺织工业群、泰米尔纳德邦的提若普尔的棉针织业群、古吉拉特邦的苏拉特的钻石加工业群、卡纳达卡邦的班加罗尔的电子软件业群、北方邦的阿格拉的鞋业群。世界版图由于大量的集群存在,形成了色彩斑斓、块状明显的"经济马赛克",世界的财富大都是在这些块状区域内创造的。拥有美国硅谷的加利福尼亚州,其经济总量相当于各国经济总量排名的第11位。意大利每年出口的200多亿美元主要是由66个集群区提供的。印度约350个集群创造了印度制造业出口额的60%。在印度一个非常小的城镇卡尼巴德(Qianibad)的一个纺织集群所织造的毯子占印度全国产量的75%;在印度南部一个非常小的集群狄罗朴尔(Diropoor),每年产值1亿美元;阿格拉(Agra)鞋业集群每年生产的鞋价值

6000 万美元;鲁第海那(Ludhiana)的纺织集群生产 80％的毛织服装;班加罗尔是印度著名的"硅谷"。在印度农村地区还有大约 2000 个手工业集群,从事黄铜制品、纺织印染、皮革、陶器、有机制品、手工纸等产品的生产。泰米尔纳德邦的提若普尔有 7000 个中小企业,1999 年出口 6．5 亿美元的棉针织品到欧盟、日本和美国。

中国城市产业集聚现象在浙江、广东、福建、江苏、河北、河南、江西等很多省份都有出现,其中以浙江省和广东省的表现最为突出。浙江和广东两省对集群的发展十分重视,对集群现象的揭示和研究的也较多。而其他省份的例子也可以随手拈来。实际上类似集群的现象在我国的分布已经非常普遍,如河北唐山的钢铁业、福建晋江的鞋业、重庆的摩托车制造业、河北省清河县的羊绒加工业和文安县的木材加工业、河南省堰师市翟县的针织业、江西省万载县和湖南省浏阳市的花炮制造业等都呈集群状分布。珠江三角洲的 400 余个建制镇中,以产业集群为特征的专业镇占了四分之一。广东省电子信息产业和电气机械制造业在全省地位突出,这与珠江东岸的信息产业集群的发展(含广州、东莞、惠州、深圳等市的几十个镇,规模 3000 亿元以上),以及珠江西岸的电气机械产业集群的发展(含顺德、中山、南海、江门、珠海、广州等市的十几个镇,规模 1300 亿元)是密切相关的。广东的传统产业分散到上百个专业镇中,如南海西樵(纺织印染)、盐步(内衣)、石湾环城(童装)、张槎(针织)、中山沙溪(休闲装)、东莞虎门(服装生产和贸易)、大朗(服装)、云浮罗定(针织)、佛山石湾(陶瓷)、南海南庄(陶瓷)、云浮云城(石材)等。家具业集群分布在顺德伦教、龙江、乐从等几个镇。珠三角地区吸引的外国直接投资占全国 26％,重要原因是集群经济的发展,在电子信息产业、电气机械制造业和传统劳动密集型产业中形成了产业配套能力。目前,浙江 53 个区块产值占国内市场占有率 30％以上,很多都是浙江省乃至全国的专业生产加工出口基地。例如,占世界总产量 70％以上的防风打火机集中于温州的鹿城区和瓯海区,海宁的许村、许巷的装饰布占全国市场份额的 35％以上,永康的衡器产量占全国三分之二,等等。浙江有上万家民营企业获得了自营进出口权,近万家个私企业从事出口商品加工,产品销往世界五大洲的 150 个国家和地区。纺织工业的集群化发展的特征十分明显。根据中国纺织工业协会对沿海地区的调查,在江苏省江阴市、张家港市、常熟市,浙江省绍兴县、杭州市萧山区,广东省东莞市、开平市、中山市等产值超过 100 亿元的 10 个纺织基地市(县)中,纺织工业总产值占这 10 个市县工业总量的 38％,出口交货值占 36％,利税总额占 38％,从业人口占 45％。在 29 个纺织特色市(县)城(镇),纺织工业总产值占工业总量的 47％,出口交货值占 52％,利税总额占 45%，从业人口占 53%。这足以表明集群发展对于整个产业的重要意义。医药企业的发展也呈现出集群化的趋势。吉林省通化市是长白山麓只有 65 万人口的小城市，该市得益于长白山区丰富的药材资源，造就了通化东宝、修正、茂祥等一批成功企业和镇脑宁、天仙丸、斯达舒等大批名牌中成药，先后发展了 68 个以中药为主的生产企业，医药企业纳税占当地财政收入的 70%，通化医药实现的利润占吉林全省药业利润的近 80%。浙江省浙东南医药原料药及中间体出口加工基地，在不到 40 平方公里的区域内，自然集中了 50 多家企业，生产着全国 90% 的维生素 E 和相关中间体以及品种最多、产量最大的一系列抗癌药，有 10 个系列的原料药生产居全国领先地位。除此之外，湖南长沙浏阳生物医药园、北京经济技术开发区医药园、西安生物技术园、武汉葛店生物医药基地、浦东张江药谷等的发展也较为迅速。

二、城市产业集聚的形成机理

（一）原生、嵌入与突生机制

上述中国的这种区域性的产业集聚的过程和机制更是意味深长。在浙江，基本上是市场与产业互动的方式。先是在某个地方出现某个产品的集中生产，往往以一家一户为基本生产单位，几十家、几百家乃至更多家这样的生产单位集中在不大的区域内，所谓"一乡一品"、"一镇一品"。为了给这些产品找销路，便出现自发性的市场。市场出现和扩大后，促进了市场背后的生产发展，然后进一步推动市场的扩展。地摊式的市场形态发展到如此大的规模，在国际上是罕见的，但在中国特定的环境中，以一种非常自然的形式出现了。市场一旦形成并逐步成熟后，便会促成自己的合理秩序。在浙江绍兴的"中国轻纺城"，形成了高效率的通达全国各地的物流系统，其他地方的客户，经常宁愿绕路也要到"中国轻纺城"发货，因为这样才能更加快捷、可靠、便宜。义乌小商品市场也有这个特点。而在珠江三角洲，产业集聚有着多种机制。一种是加工贸易带动。以东莞的美能达打印机、复印机为例，先是来料加工，以后发现成本很低，总装厂也进来，并带来了更多的配套厂家。美能达在东莞的生产成本比在日本至少低 30%，人工成本仅为日本的十三分之一。在竞争压力下，美能达的主要竞争对手佳能、理光也陆续进入这一地区。另一种是内源型品牌企业带动。顺德的科龙、美的、格兰仕等名牌产品带动了一大批配套厂家的发展。科龙的冰箱、空调等的外部采购率达到 70% 以上。还有一种类型是 OEM、ODM 产品带动。顺德勒流镇的东菱公司，专为欧洲市场做小家电的贴牌生产，80% 以上的零部件就近采购。仅在勒流镇，与小家电相关的生产企业有四千多家。

最重要的是，不论在广东，还是在浙江，产业集聚事先都没有政府的计划和规划，没有事先的宏大设想，基本上是在市场力量的作用下形成的。不仅政府部门没有这种预见，就是当事人本身也没有这种主观意识，只是经过多年的发展后，回头一看发现出现了产业集聚现象。政府的积极作用，主要表现在顺势而为，创造好的外部环境。浙江几个成功的大市场，都是先有自发性市场出现，并达到相当规模，然后政府引导，加以规范和提高。政府作用除了积极的一面外，也有"不积极"、"消极"的一面，在有些市场自发出现的初期，当地政府部门认为"乱来"、"不规范"，曾经驱散、关闭，但总是关不了，以后被迫默认，再以后态度转为积极，承认、扶持、提高。在市场经济发育和发展过程中产业集聚形成的机制，是理解产业集聚现象的关键所在。

仅从上述视角来考察企业集聚现象是远远不够的。同样基于专业化产业区或企业集群的事实，可重新提出和深入分析块状经济的概念，并把民营经济（包括民营企业与个体工商户）围绕一定产业向一定区域集中、在集中的过程中产生一定的经济集聚—扩散效应和社会集聚—扩散效应的经济现象称为块状民营经济。正是因为具有经济集聚—扩散效应和社会集聚—扩散效应，块状民营经济才可以被视为中国社会经济发展的一种新战略思路。

"块状经济"，一般是指"乡村小工业的集聚"，或是"城市边缘的新兴产业群落的快速崛起"。前者如意大利北部地区、日本大田、德国巴登以及中国的浙江、珠江三角洲的个别地方（如顺德古镇灯饰、东莞厚街家具、虎门服装、长安电子等）；后者如美国西部的硅谷，印度班加罗尔，北爱尔兰，中国的东莞、苏州、昆山、台湾新竹等。

从发生发展的过程来看，在块状经济与民营经济发展之间存在着明显的甚至是直接的联系。目前，在中国各地出现的各种块状经济，实际上都在很大程度上与民营经济相关联。例如浙江乐清柳市镇的低压电器业、浙江诸暨大唐镇的袜业、浙江湖州织里镇的童装业、浙江钟管镇的生物化工产业、浙江桐庐分水镇的制笔业、广东惠州吉隆镇的女鞋业、广东东莞后街的家具业、山东寿光等地的出口创汇农业、青海循化县的羊绒业等，都是围绕某一特定产业集聚而成的块状经济，而支持这种块状经济的主体，则是民营企业和个体工商户。即使在原苏南模式下的苏、锡、常等地，随着乡镇企业改制工作的完成，民营经济迅速崛起，原来形成的块状区域经济获得了新的发展动力，并显示出强劲的发展活力，形成了新型的块状民营经济模式，典型的如吴江盛泽镇的丝绸业、七都镇的光电缆业以及太仓黄泾的加弹业等。正是基于这一点，我们可以直接用"块状民营经济"这个概念来描述块状经济现象。

从目前的发展状况看,构成块状民营经济的主要组成部分,是中小型的民营企业和个体工商户。对多数地方来说,块状民营经济是在民营经济本身发展的基础上出现的一种集聚经济,因此,不难理解,在像浙江、福建、广东等民营经济发展较快的地方,块状民营经济的发展也比较快。

关于块状民营经济的发生发展机理,作者认为除了原生与嵌入这两种类型的存在,还有"突生"机制,可用以解释浙江与广东的块状民营经济生成的不同机理。在许多地区,既没有可以为实际已经形成的块状民营经济直接利用的相关经济资源,没有长期形成的作为块状民营经济根基的民间技术准备,也不像广东的三来一补经济那样有可供嵌入的外部资源,但却在各种力量的作用下,就像"凭空"创造出来的一样产生了块状民营经济。而创新是其最本质的形成因素。

(二)集聚产业的主要形成模式

目前,我国集聚产业形成了五个主要模式(类型)。这些集聚在不同的背景下,走上了不同的发展道路,以不尽相同的方式加入到全球价值链的竞争之中。

1. 在农村或乡镇工业基础上的特色集群

依靠当地企业家精神和工商业传统,建立在农村或乡镇工业基础上的特色集群(在浙江称为专业化特色产业区),形成专业化小城镇。

例如像浙江温州的劳动密集型专业化产业区,在浙江可以找到百余个这样的例子。可以说,浙江的"集群化"和改革开放后的农村工业化同步发展。从1999年开始浙江外贸出口持续走强,集群无疑在参与全球价值链竞争中起了主要作用。

2. 在科技实业家创业基础上出现的高科技企业集群

在北京中关村的IT产业群中,新企业的衍生和中小企业的发展、企业家的成长和产业文化的变迁等现象十分明显。20世纪80年代具有中国特色的"电子一条街"的主要经验是,在计划外依靠企业在市场上搏击,企业从零开始,通过经营贸易和技术服务,或给外国公司做OEM和销售代理,获得原始积累,从而进入研究与开发领域。

3. 在本地"三来一补"基础上发展起来的中小企业集群

这种模式典型的例子为广东东莞的劳动密集型专业镇。改革开放之初,正当港台地区的制造业面临着劳动力和土地价格飞涨、成本上升的压力时,东莞以优惠的政策、丰富且廉价的劳动力和土地资源,以及邻近港澳、连接广深的区位优势,迅速发展成港台制造业的"工厂",进入全球价值链。清溪镇的PC集群就是在此基础上形成的,从1994年台资电脑生产厂进入开始,汇集了来自美国、日本等国家以及台湾、香港地区的 30 多家电脑企业。

4. 外资带来多个配套企业发展起来的集群

例如像北京亦庄的诺基亚星网工业园那样的技术密集型集群,是以北京首信诺基亚为龙头企业,吸引了包括 IBM 和长城计算机公司合资的北京金长科国际电子公司、三洋能源有限公司、台湾富士康等公司在内的 15 家配套企业入驻而形成的。未来几年该工业园将吸引超过 30 家全球和国内主要零部件供应商、服务供应商和研发机构。

5. 在改制后的公有企业基础上经过企业繁衍和集聚而形成的集群

例如在山东青岛的海尔、四川重庆的嘉陵摩托、辽宁营口的东北钢琴等集团附近,都有相关企业繁殖和衍生。这些企业的存在,又促进了它们的配套产业发展,并在相关行业企业的竞争中创新和升级。

三、城市产业集聚的优势

(一)产业集聚和产业集群

所谓产业集聚,简单地说,就是在一个适当大的区域范围内,生产某种产品的若干个同类企业,为这些企业配套的上下游企业,以及相关的城市服务业,高密度地聚集在一起。产业集聚与产业集群既有联系,又有一定的区别。产业集群是一组在地理上靠近的相互联系的公司和关联的机构,它们同处或相关于一个特定的产业领域,由于具有共性和互补性而联系在一起。产业集群具有专业化的特征,分析和描述这种现象时常常用"产业集群"或"企业集群"。产业集群侧重于观察分析集群中的纵横交织的行业联系,揭示相关产业的联系和合作,从而获得产业竞争优势的现象和机制。产业集群内的相关企业可能共存于某种特定产业(部门)内,又可能不仅如此,而且相邻于相关支撑产业。"企业集群"(local cluster of enterprises),侧重于观察分析集群中的企业地理集聚特征,其供应商、制造商、客商之间的企业联系和规模结构以及对竞争力的影响。"企业集群"一词揭示了相关企业及其支持性机构在一些地方靠近而集结成群,从而获得企业竞争优势的现象和机制。工业区位经济学家韦伯(A. Weber)在1909 年出版的《工业区位论》一书中,把区位因素分为区域因素和集聚因素。他认为,集聚因素可分为两个阶段,第一阶段仅通过企业自身的扩大而产生集聚优势,这是初级阶段;第二阶段是各个企业通过相互联系的组织而地方工业化,这是最重要的高级集聚阶段。显然,这种高级阶段的产业集聚就是我们所讨论的产业集群。因此可以看出,产业集聚属于动态的运行过程,产业集群则是静态结果。产业集群是特定的产业集聚现象,特定产业的集聚是产业集群形成和

发展的基础,但并非任何产业集聚都能发展成为一个产业集群。可以说,产业集群是一个类似于生物有机体系统的产业群落,它是企业自组织或有组织的综合体,而不是无组织的混合体。产业集聚,着重从产业发展过程讲;产业集群,着重从产业发展结果讲。集聚经济主要表现为产业集群内的企业所独享的规模经济、范围经济和外部经济。规模经济是指产业集群规模扩大,产量增加,使群内个别企业降低平均生产成本而获得的经济好处;范围经济是指区域内企业的多种产品和多样化的经营,以及若干企业横向、纵向联合生产,给企业带来的成本节约,它的重要前提是区域内多元化经营的企业实现资源共享;外部经济表现为三个方面:促进专业化投入和服务的发展、为有专业化技能的工人提供共享的市场、使公司从技术溢出中获益。城市的产业集聚发展存在这样一个现象,市场经济越发达、市场机制越健全的地方,集聚越健康。集群一般以中小企业为主,具有地理靠近性和部门专业化,以及社会文化同一性的特征,企业间具有一定的信任和积极的自组织,同时有地方政府的强力支持。我国聚群运行机制是本地多个企业共同构筑价值链,通过弹性专精的分工协作,形成地方生产系统,获得外部规模经济和外部范围经济以及集体效率,这一点与发达国家的集群相似。

(二)产业集聚的优势特点

1. 零部件供货商向多个主机厂供货,可以扩大规模,降低成本

如有的日本厂商认为在珠江三角洲地区采购成本可以降低30%。这是向单个主机厂供货时所达不到的。同时,分工深化,不仅主机厂,而且零部件厂,以及为其配套的次一级零部件厂,都有较高外部采购率,整个供应链上的企业更加集中于自己擅长的领域,有利于提高产品质量,提升技术和管理水平。综合来看,这种分工模式可以带来规模经济和分工细化双重好处。

2. 零部件和总装厂之间减少了由于资产专用性强而带来的合作风险

以某手机生产厂为例,其重要部件至少有三个供货商,各占70%、20%和10%的份额。主机厂在零部件供应商之间引入竞争,依据供货质量、及时性、价格等调整不同厂家的供货比例。而在单一供货商的情景下,则可能出现由于经济学上所说的机会主义倾向而引致的"要挟"行为。

3. 区域内的大量采购和销售有助于实现规模经济

例如,宁波的服装业吸引了国内外众多的纺织面料供货商到宁波设点销售,由于供货的批量大,成本相应降低。

4. 有利于技术、管理知识的交流和人力资源的培养与利用。

类似硅谷"酒馆谈话中的技术转移"现象,在产业集聚区也普遍存在。一家

企业采用了新的技术和管理方法,其他企业易于就近模仿。专业人才和熟练工人,不在某一家企业干了,可以方便地进入同类的另一家企业,存在着人才供给上的"外部性"。

5. 有利于专业性外部城市服务业和配套设施的发展

产业集聚所形成的规模经济性,使这些城市服务业或配套设施具备了经济上的合理性。例如,宁波 L 形的十公里左右的地域内,集中了一两千家服装企业,一年一度的服装节,受益面宽,等于做了一个集体大广告,积累了众多企业都可分享的无形资产;同时,如此多的企业也可以在经济上支持这种大型活动。又如,绍兴的生产力促进中心面向众多的纺织企业开展技术开发和服务,产生了显著的经济和社会效益,形成了"金昌现象"。地方政府也反映,当地形成产业集聚后,政府部门也积累了许多专业性的管理知识和技能。如绍兴市政府认为在为纺织面料特别是化纤面料生产企业服务方面,情况熟悉,得心应手。宁波市政府在促进服装业发展方面亦有同样感受。

四、城市产业集聚的缺陷

(一)我国的集群多以低成本为基础,而不是以创新为基础

这是指企业在低成本而很少在创新基础上形成生命共同体,个体、家庭企业小生产管理方式占有相当大的比重,专业化层次较低,技术熟练工人缺乏,技术水平不高,产品"低质跑量"比重较大,企业短期行为普遍,缺乏公益性产品开发服务和信息服务以及其他配套服务。仿制现象突出,诚信水平不高,金融担保体系尚未建立等问题也较普遍。同时集群所在地的行政管理中虽然普遍重视为产业集群创造条件,但仍然存在着铺摊子、比数量、地区分割等传统发展地区经济的封闭保守思想,妨碍了产业集群的提升和区域间专业分工的发展。近年来,我国企业依靠低成本参与竞争的问题日益突出。

(二)围绕着产业集群,缺乏完善的政策体系和健全的社会化服务体系

例如,我国的科技中介组织主要是依托地区和行业设立的,如每一个省、市都设有生产力促进中心,但在主要的专业化集群中没有设立相应的机构,没有将集群作为中小企业政策的重要载体和基本工具,导致科技中介机构与产业的脱节。又如,信用体系和担保体系也是在省市县三个层次建立,发挥的作用十分有限,如果依托集群建立这些服务体系,对于中小企业的扶持政策才能真正"落地"。由于缺乏必要的协调,产业上下游发展不平衡。如我国第一大建材产区珠江三角洲上下游产业脱节,呈游离状态。建材厂家对网络管理不力,中间

商过渡操纵市场,而生产企业眼界变窄。需要发展现代物流和电子商务,包括发展连锁经营和高级批发市场。据日本早稻田大学的一份研究报告,由于产业链各环节之间的条块割据,中国的建材行业和房地产商之间消耗着 26.8% 的流通成本。

（三）对产业网络和人脉（社会）网络共同发展、经济科技与社会协调发展的重要性认识不足

创新是社会过程,是在企业之间、人与人之间交流和互动的基础上产生的。在国内很多行业领域,社会信任水平低下对分工协作的深化造成了严重的阻碍。在我国企业信息化应用中资源浪费、信息孤岛现象十分严重。企业重视内部信息化建设,例如垂直联系的应用系统,如财务系统、ERP 系统等,但各种应用割裂,造成信息孤岛。显然,不可能每个企业都有自己的 IT 队伍,而且各自构建的基础架构资源很难在更广的范围内共享,各企业的应用服务不能很好地衔接。需要关联的终端设备、关联的基础架构平台,还需要专业化的 IT 厂商提供关联服务,以实现关联应用。虽然联想集团研制了关联应用的技术系统,但这些并不是一个企业能够独立完成的,也不是纯技术的问题,需要企业之间的联系和协作,包括计算、通信、家电等行业的企业开展积极的技术合作,需要集群的发展。在发展过程中,尽管集群可以产生外部规模经济,但"搭便车"形成的外部效应十分明显,如环境污染严重,可持续发展能力不足。

五、政府在城市产业集聚上的有所为有所不为

如何有效地促进城市产业集聚？当产业集聚与产业竞争力的关联度显著提高以后,对一个城市来说,如何促进当地的产业集聚就成为产业和整个经济发展的基本问题。对此,波特教授在《国家竞争优势》一文中提出的钻石理论,有一定参考价值。当然也仅仅是参考价值,这不仅因为该理论本身是不完善的,更重要的是中国的国情与波特教授研究过的国家国情有显著不同。在如何促进产业集聚问题上,政府扮演什么角色是首先要搞清楚的。有的地方学浙江发展"块状经济",由政府规定某个地方发展某个产品或产业,规定一些企业为另一些企业配套,用行政性办法人为"造市",这类做法就将事情搞歪了,丢掉了发展"块状经济"即产业集聚的精髓。政府最重要的职能是创造一个开放、公平竞争的市场环境,提供好公共服务,如果本事再大一点,可以做一些提升生产要素质量的工作,如培训、提供信息等,至于能够形成何种产业集聚,应该相信市场的力量。

产业聚集所形成的产业优势是城市竞争优势的重要组成部分。政府在制

定城市化发展战略中应当采取产业聚集的基本战略,培育和推动产业聚集,营造良性循环的文化生态环境,最终提升城市竞争力。

（一）政府要及时发现和识别正在形成中的城市产业群,为业已形成的产业群提供全方位的公共服务,积极推动和促进城市产业聚集

政府要注意和利用区域分工,依据自身优势和产业基础,鼓励对同一产业进行持续的资金和技术投入,培育和发展优势产业;运用财税政策,引导企业提高技术、扩大规模、推动产业升级;制定优惠政策,吸引国内外高技术、高管理、高增值企业来城市落户,促使影响城市竞争力的优秀企业脱颖而出,持续健康成长。这将使城市优势产业实现几何增长,从而实现城市经济的超常规发展和核心竞争力的不断提升。

（二）创造一种产业群文化,营造产业聚集氛围,培养企业文化认同,鼓励企业植根本地,不断延伸、扩大产业链条

文化认同是形成产业聚集效应的关键因素。聚集效应能否显现不但在于产业本身在空间上的整合,更在于文化上的认同。政府要尽快创造一种产业群文化,使企业认识到植根本地实施产业群发展战略的重要意义。

（三）政府要扩大对科技、教育等领域的投入,通过当地网络放大技术创新能力

按照学习型社会和学习型城市的要求,城市发展战略中应重视扶植地区性大学研究体系,发挥大学研究的知识外溢效应,促进高科技产业高速发展。城市政府要鼓励同一产业的企业组织起来,形成一个地区性网络,通过业务衔接、资源共享、经验交流等形式降低经营成本,提高整个产业的效率;在一种信息自由交流的体制下促使创新的出现,缩短科研成果的转化周期。

实践证明,产业聚集是城市竞争力提高的重要途径。作为发展中国家,中国的多数城市已经具备了一定的城市竞争力,但它们还难以同国际上的大城市全面竞争。只有把全球化和本地化结合起来,发展新的产业组织的城市才会取得城市发展的成功。因此,我们应高度重视并积极实施促进产业聚集的城市发展战略。

第四节　城市工业园区

一、工业园区的形成和发展

改革开放多年至今,我国城市工业化发展的地理格局以"世界工厂"的面貌展现在世人目前,形成了相互交叉重叠的两种产业空间:产业集群和工业园区。营造地方产业集群,促进工业园区健康发展,是走新型工业化道路,提高城市竞争力,应对全球化挑战的一种重要政策措施。

工业园区是指由城市政府或企业为实现工业发展目标而创立的特殊区位环境。第二次世界大战以来,各国制定了各种工业区域开发政策,建立了多种类型的特殊经济区域:免税区、出口加工区、自由贸易区、企业区、保税区、工业园、工业村、工业园地、科学园、技术园、研究园、技术城等。工业园(industrial park)是二战后一些发达国家为发展经济、改善城市布局,所采取的一种重要的园区建设方式,在日本称为"工业园地",在香港称为"工业村",在英国,则称为"企业区",主要设在衰退的内城地区。工业园区通过完整而周全的规划来建设适于工业实体进驻的区位环境,其目的在于吸引新工业的投资,缓解工业对中心城市的压力和对环境的污染,有利于解决城市内部居住区与工业区的混杂造成的社会与环境问题。另外,现代化的大型装配生产线需要大面积的平整土地,再加上能源价格的上涨等因素,使工业园区在市郊的高速公路旁迅速发展起来。工业园区是一种普遍采用的区域发展政策工具,是为企业提供的一种外部环境条件。

由于类型的多样,工业园区目前还没有一个统一的定义。联合国环境规划署(UNEP)认为,工业园区是在一大片的土地上聚集若干工业企业的区域。它具有如下特征:开发较大面积的土地;大面积的土地上有多个建筑物、工厂以及各种公共设施和娱乐设施;对常驻公司、土地利用率和建筑物类型实施限制;详细的区域规划对园区环境规定了执行标准和限制条件;为履行合同与协议、控制与适应公司进入园区、制定园区长期发展政策与计划等提供必要的管理条件。一般而言,工业园区是包含有若干类不同性质的工业企业的相对独立的区域,而这些相对集中的工业企业共同拥有对进入园区的企业提供必要的基础设施、服务、管理等的一个行政主管单位或公司。

从各国的实践看,大型流程型工业园区具有较强的生命力,如钢铁、石化等

产品。但随着现代交通和通信等技术的迅猛发展,许多地方的区位要素丧失了固有的垄断性,国际金融市场自由化降低了资本流通的障碍,标准化生产减少了对工人特殊技能的依赖。因此,城市和区域的竞争愈演愈烈,营建工业园区的风险性正在增加。在联合国工业发展组织的倡议下,发展中国家的工业园区需要注重内部产业联系的构建,争相把在全球流动着的生产要素留在本地。因此,重视推进产业的内在联系,构建产业集群的政策建议呼之欲出。

而我国数以万计的园区的形成有两种最初的缘由:一是外商投资的驱动。从 20 世纪 80 年代初经济特区建设开始,我国各级政府对园区建设表现出极大的积极性,希望通过吸引外资带动地方产业升级和结构优化。二是科研成果产业化的需求。我国高新技术产业开发区在除西藏、宁夏、青海以外的各省区纷纷建立起来。

工业园区也已成为加快我国制造业基地建设的重要载体。在我国工业化和城镇化进程中,各级各类城市规划区内的工业园区(开发区)已成为我国工业增长乃至国民经济增长的主要载体。各级地方政府在工业园区的规划建设中表现了极大的积极性,工业园区常常成为经济体制改革的实验场,由此形成了园区的一般发展模式:由上级政府批准,划出特定区域,再由政府组织专门领导班子,制定特殊发展政策,集中投入建设资金,然后大力招商引资。我国的各类开发区(工业园区)数量之大和分布之广,超出预料。我国的工业园称谓很多,有国家级、省级、市级、县级、乡级,甚至还有村一级的工业园,从工业园的性质和功能分,有出口加工区、自由贸易区、企业区、保税区、工业园、工业村、工业园地、科学园、技术园、研究园、技术城等。

中国开发区网的统计资料显示,2011 年 1—6 月,全国 90 个国家级经济技术开发区(以下简称国家级开发区,2010 年 11 月后新升级的国家级开发区尚未纳入统计)实现地区生产总值 15297.67 亿元人民币,工业增加值 10930.11 亿元,第三产业增加值 1634.73 亿元,其中工业增加值占到地区生产总值的 71.45%。

二、城市工业园区的优势

城市走新型工业化道路,关键问题是如何提高企业的竞争力,使企业在全球价值链的竞争中不断创新和学习,向高增值的价值链环节攀登。而促进产业集聚和工业园区的健康发展是实现新型工业化的重要途径。

(一)工业园区可以产生明显的外部规模效应

产业集聚所在区域一般都形成了实质性工业园区和与产业配套的专业化

市场,每天进出集聚区的原料和产品都达到了规模批量,所在区域的行政领导一般都为产业集聚优化使用土地资源、统一建设公用设施创造了条件,使单个企业降低生产和流通成本,企业很容易从集聚区获取技术和市场信息,有利于公共技术的推广和普及,使产业集聚表现出较明显的外部效应。从技术创新的角度看,集聚以多种不同的方法建立了非常有益于创新的环境。尽管信息与通讯技术(ICT)使远距离通信传输加快,在集聚中人与人之间面对面的交流和劳动力的流动,都使商业知识、金融知识和技术知识的流通得到改善,以刺激创新。随着创新的速率越来越快,集聚的重要性也越来越突出。从这个意义上说,集聚的主要功能是促进创新。与传统的产业分类相比,集聚的概念更宽,能够涵盖企业在技术、技能、信息、营销等方面的重要联系、互补性以及技术溢出,还能涵盖跨企业和跨产业的顾客需求。对于新企业的形成、创新的方向、高新技术的产生和发展来说,跨企业和跨产业的联系是最根本的,产业集群和工业园区正是为新企业、新产业发展提供了良好的外部环境。

(二)工业园区有利于大批中小企业向专业化、社会化发展,产生较强的内部规模效应

从产业组织的角度看,作为一种产业组织模式,中小企业集聚与以世界五百强巨型跨国公司为代表的大企业集团并驾齐驱。一方面,从上个世纪末到现在,企业重组与兼并活动一直在进行,乃至发展到现在的大企业强强联合。另一方面,20世纪70年代中期以来,由于新技术的影响,作为一种复苏的产业组织模式,中小企业集聚在国际上的发展势头十分强劲。由于集聚内同类生产企业的激烈竞争,使每个企业都面临降低成本和提高产品差异化的激烈竞争,这种压力促进了企业向专业化、社会化迈进,相当一批企业从彼此竞争的关系转变为上下游配套的伙伴关系,不仅降低了成本,而且促进了创新能力不断提高,改变了单个企业势单力薄、无力开发的被动局面,优胜劣汰机制促使集聚区形成内部规模效应,几乎在每个集聚区都产生了有较强影响力的骨干企业。仅以我国纺织产业集聚为例,江阴市的毛纺阳光集团、常熟市的波司登、雪中飞羽绒服和梦兰床上用品品牌、中山的马克·张高级女装品牌等在全国具有一定影响。

(三)工业园区促进了产业区域分工和新型产业基地的形成

由于社会化生产的推动,从一个集聚内的产品联盟、技术联盟扩展到地区间的产业联盟,直至在更大范围在相关产业间促进了产业链的形成和提高。以浙江省为例,20世纪80年中期在柯桥镇自发形成了"布街",1992年发展成"中

国轻纺城",可容纳 9000 多经营户,从业 3.5 万人,其中本地区 50%。专业市场拉动了周边的产业投资,首先发展起绍兴和萧山区域的织造业和印染业,成为全国最大的面料基地。面料基地又拉动了绍兴、萧山、桐乡的化纤业基地,使浙江省很快成为全国化纤产量第一大省。化纤基地又带动形成了马桥镇和杨汛桥镇的经编产业集群、大唐镇的袜业产业集聚、许林镇和余杭的布艺产业集聚。面料又带动了各类服装名镇产业集聚,以及新昌地区的纺织机械企业集聚,使浙江省出现了全国著名的绍兴县、萧山区、海宁市三个产业链较完整的纺织产业基地市(县),平湖、天台、嵊州、余杭四个纺织产业特色城,九个纺织产业特色镇。以它们为代表构成浙江省纺织工业的竞争优势,实现了改革开放以来跨越式发展的新局面。这些集群的发展在广东、江苏、山东、福建以及辽宁、河北等地都有相类似的过程。

(四)工业园区对地方经济社会发展和进步产生了较大的推动力

由于同类产品生产的集聚和专业市场对全国、对国外的影响力增强,带动了为制造业服务的第三产业的迅速发展,包括第三方物流,金融担保业,信息、技术、人才、管理、培训、外贸等市场中介及城市服务业。这些与制造业密切相关的第三产业的兴起,又大大提高了制造业的产业综合竞争力,同时扩大了产业集聚外贸出口能力以及吸引海内外资金、人才和技术的能力。从我国的实践来看,产业集聚对吸纳农村劳动力、发展非公有制经济、促进农村工业化和城镇化建设、促进当地经济和社会发展发挥了重要的作用。产业集聚与各大直辖市、省会城市、计划单列市大企业之间的互补关系越来越密切,为新时期城乡关系以及西部大开发提供了有一定普遍意义的经验。从区域或地方发展的角度,作为新型的地方发展模式,自下而上形成的中小企业集群正在挑战自上而下规划建立增长极的传统区域发展模式。在全球化的挑战下,那些没有形成产业集群的以低成本为基础的一般性工业园区,存在被成本更低的同类开发区所替代的危险。而如果在本地(包括工业园区内)建立产业集群,则不仅会使吸引来的工厂根植于本地,还会有很多新企业在本地繁衍和成长,从而使该地获得竞争优势。在产业的区位选择愈加灵活的当代,那些依赖本地产业集群而获得竞争力的中小企业,对区域经济发展的重要性甚至比具有多区位的大企业更大,因为它们趋向于在本地永续经营。

(五)工业园区可以集中治理污染,节约治理环境的成本

全球化进程的加速,为在世界上建立一种新的均衡、协调生产,同时考虑环境的空间格局提出了越来越紧迫的需求。研究表明,集聚可以为满足这个需求

提供一些方法，能够为和谐、持续的区域发展作出贡献。因此，集聚战略既是减少区域差异和消除贫穷的措施，又是应对环境污染和破坏的措施。从环境的角度看，把生态工业思想引入地方集聚的战略，有利于提高企业对所在地区长远发展目标的认同和责任心，利用严格的地方环保标准，促使本地企业采用环保技术和手段，加强环保的技术创新。在工业园区规划建设中，可以有意识地引导园区企业之间相互利用废料，建立起本地工业系统内物质—能量循环利用的网络。在形成本地对生态环境保护的基本共识的基础上，促进废料再生利用的信息交流，使企业或潜在的创业者能及时了解到相关技术信息和市场信息。在技术上，要求集聚成员共同参与到本地工业系统的长期优化过程中去。为此更需要加强本地企业之间、企业与研究机构之间，以及企业与政府之间的交流与合作。

三、工业园区的缺陷

（一）我国的工业园区基本上都是政府主导型，缺乏自主发展能力

政府利用特殊的政策手段兴建工业园区作为地区平衡发展的一种政策手段，曾经被广泛采用，但也存在一些弊端。首先，因为主管政府的级别不同，各园区所能享受的政策条件差异巨大，造成发展机会不平等。其次，政府过度依赖土地经营和优惠措施，对产业发展缺乏有效调控，在"条块分割"的体制下，工业园区出现诸如用地浪费、产业缺乏特色、企业之间缺乏联系和分工、园区内的专业化生产性城市服务业欠缺、无法形成有效的创新环境等问题。第三，工业园区发展评价指标片面，重视招商引资数量、产值、出口总额等数量指标，轻视内在竞争力、发展可持续性、创新能力等质量指标，从而进一步助长了由粗放型的开发区发展模式所导致的上述问题。目前处在"筑巢引凤"阶段的工业园区中，往往出现这样的情况：企业呈孤立状态，劳动分工微弱，交易费用高，企业间缺乏诚信；中介服务机构缺乏；人才缺乏，各类教育和培训滞后；知识流动和积累速度慢，创新文化不足；甚至管理机构缺乏远见；可能滋生官僚腐败，这些现象急需改变。

（二）市场竞争的加剧以及国际资本流动性的提高，给工业园区的建设带来了强大的国际竞争压力

一方面，工业园区构筑了结构调整和产业升级的平台，促进了各地招商引资工作，并以园区建设为契机，进一步转变政府职能，增强服务观念和提高服务水平。加入WTO有利于加快工业园区建设，提升产业发展水平，积极融入国

际分工。另一方面,工业园区遍地开花和投资风险大等问题,又成为我国工业化道路上的隐忧。加入WTO后,外资在国民经济中已经举足轻重而且还在快速增强。随着外资大量进入,为抢占吸引外资的制高点,各地建设和经营工业园区的竞争也将白热化,营建工业园区的风险也随之增加。而且,我国在新国际分工中处于受控制、被选择的地位,很多企业从事的是价值链的低增值环节。我国加入WTO后还受制于技术壁垒和绿色壁垒等非关税壁垒,一旦低成本优势丧失,会遇到残酷的产业转移和工业园区空洞化的危机。"分厂经济"①(branch plant economy)的负面影响也逐渐显现。

(1)由于我国市场体制不完善,对外汇和外贸有较严格的限制,吸引外资要采取优惠政策,需要付出很大成本;(2)本地供应商联系不够,而是要进口中间产品和机械设备,使工业园区变成"飞地",会恶化经常性账户平衡,带动不了本地经济发展;(3)跨国公司可能利用综合优势来垄断国内市场,抑制其他企业的创新;(4)通过跨国公司内部的国际交易进行转移作价(transfer pricing),抬高成本或压低利润,逃避国家利润汇出的政策限制而把利润转移到国外,使工业园区的税收受到损失;(5)许多技术人才宁愿在外企工作而不愿自己创业,跨国大型企业所在的区域往往出现本地创新不足的现象。在我国的很多地方,投放巨资于建设工业园区的硬设施,吸引了一些外国公司的工厂(生产活动),而缺乏研究与开发以及总部或分部功能,只提供了就业机会和增加了税收,对外国存在很大的依赖性。

(三)园区内企业之间缺乏必然的产业联系

建立开发区在物质环境上为产业群的成长提供了一个较好的空间,而我国开发区的实际情况是,同在一个园区内的企业之间的关系如同现代高楼公寓里的邻居,几乎可以不产生任何关系,园区管理机构偶有的促进企业交流的行为也只是浮于表面,无法促进企业和其他机构之间产生真正有实效的交互作用。开发区企业应利用地理上接近的便利条件,在知识、信息、技术、资金、人才的交流方面拓展渠道。因为产业集聚的目的不仅在于传统的集聚经济所带来的正向外部效应,更在于创造一个可以互动学习的厂商集聚区。只有在这样的基础上形成的区域优势,才能够在快速变化的全球化经济中,形成可以弹性调整组织结构、确立产品开发与制造过程的动态优势。

---

① 可参见:秦尊文,秦龚.论总部经济与分厂经济[J].江汉论坛 2006,5.本著述中分厂经济特指跨国公司在华设立的制造基地,以"分厂"企业组织方式,利用较低的生产成本和丰富的常规资源,赚取较高利润所形成的经济形态。

随着市场经济体制进一步完善,市场越来越充分发挥对资源配置的基础性作用,这为从体制上解决工业园区发展中所存在的问题提供了有效的途径和方法,同时也对在市场经济下如何建设工业园区提出了更高的要求。各级政府之间在发展工业园区问题上的争论焦点,实际上是政府内部利益分配和政绩指标问题,所以,自上而下地规范各级政府的行为,使工业园区之间能在规范、透明、平等的条件下,真正做到公平竞争,是促进工业企业合理流动、空间布局优化的关键。

四、工业园区的对策

产业集群和工业园区是新型工业化道路中提高城市竞争力的重要载体。进入城市的工业园区和产业集群需要互动发展。一方面,工业园区建设应理性化,开始寻找集聚的发展机制,以保证园区的永续经营和增强园区竞争力;另一方面,自下而上的产业集聚需要加强物质基础设施建设,有一定资金积累的集聚开始园区化,满足企业对可持续发展的需要。为了使我国创新性地根植于本地社会文化的产业集聚和建立在创新性产业集聚基础上的工业园区得到更快的发展,使以低成本为基础的产业集聚向创新性产业集聚升级,提出如下对策建议:

(一)明确发展定位

我国的产业集聚大部分是自发形成的,城市工业园区则主要是城市政府主导的。必须认真分析政府能做什么,如何进行公共干预。一方面要提高现有的经济基础;另一方面要把更多的相关企业和机构吸引到集聚中发展。要把干预的重点放在促进产业联系方面,至于发展什么,如何发展,则由企业自己去决定。利用地方集群的集聚优势吸引外商投资,建立本地供应链,促进本地产业链向高端扩张,是产业联系推动战略的核心。政府在产业联系促进政策的整体框架中只是牵线搭桥、提供服务的角色。政策的目标主体应该是本地产业界和跨国投资者。在我国工业化过程中,很多中小企业由于缺少资金雄厚的大企业支撑,主要依赖海外大客户的订单,在不了解市场信息、缺少技术研发投入的情况下很难抵抗市场的波动,这使得地方经济发展积累的财富常常在巨大的全球性经济波动中瞬间消失殆尽。中小企业的问题在于孤立和分离,因此主要不是如何帮助它们成为"小巨人",而是如何帮助它们与其他企业建立联系,形成集群,获得外部经济和集体效率。

1. 促进产业联系,提高企业交易效率

城市政府应通过市场化的方式发展中介机构和服务体系。同业公会,出口

代理商，生产力中心，技术信息中心，测量、标准、测试和质量控制中心，研究与开发实验室，集群发展机构等，这些合起来，会创造出一种支持企业创新和学习的良好商业环境。提供工业服务的很多机构和组织都需要政府的资助。对中小企业和创业的帮助不仅在要素的供给方面，更重要的是在提供市场需求信息方面，要帮助它们认识如何抓住机会、如何选择生产或服务于特色产品、如何参与劳动分工。

充分重视行业协会等中介组织的作用。目前在我国劳动密集型行业中，一些地方的行业协会已经发挥了很大的作用。但是在高科技领域中，行业协会所发挥的作用非常有限，尤其是 IT 专业协会在制订行业标准和发挥行业自律的功能方面很难发挥实际作用。随着产业环境逐渐成熟，各种专业协会，尤其是业界自发组织的行业协会，在地方产业发展中的作用会越来越显著。

应培育本地的企业家和有利于创业和创新的文化氛围。摆在城市政府面前的问题是，如何通过制度创新，帮助创业者向专业化发展，降低交易费用，促进企业间的劳动分工和提高企业竞争力，以及如何通过区域营销发展产业集群。在一些以大型国有企业为主的区域，要真正实现由计划经济向市场经济体制的转变和由粗放型经营向集约型经营的转变，同时大力发展非公有制经济，搞活当地经济，适度发展产业集群。例如，重庆的汽车、摩托车龙头企业通过兼并、资产重组，救活了不少亏损企业，城市就业压力得到了缓解。重庆汽车、摩托车产业的就业人数已达 40 多万。乡镇企业中生产汽车、摩托车部件的企业有数千个，促进了农村工业化。汽车、摩托车企业修建了一些希望小学、捐款给灾区、设立见义勇为基金和修建人民广场、投资各类体育比赛，促进了文化教育事业发展。在我国各地的区域发展中，应当不失时机地实施集群战略的公共政策。

2.加大对促进产业联系的三大公共要素的投入

产业联系的三大公共要素指基础设施、有技能的劳动力群体和信息服务。城市基础设施对工业空间布局的导向显著，城市政府应该承担起区域层次骨干网络的规划建设工作。要培养有技能的劳动力群体，需要公共投入教育培训基础设施。将公共投入转化为人力资本对地方经济持续发展具有深远意义。对于政府公共投入提供的三大基本要素——基础设施、劳动力培训和信息服务，企业的投资者和劳动者通常会以自己市场决策行为做出响应。尽管这种响应通常是被动过程，但响应的程度可以作为对政府投入效益的一个基本评价。而在各种交流、协商、合作促进活动中，城市政府则扮演的是主持人的角色，活动的主角是企业、专家、各种机构的负责人，同时也包括相关的市民和劳动者。

在工业园区的建设中,除了强调对外招商引资,还要进一步强调对内开放,并重视本地下一代具有竞争力企业的繁殖和衍生,而不是把工业园区的希望主要寄托在引进外资上。由于前述的体制性障碍所导致的发展政策的短期性使得本地长住居民对自己家园的责任感受到削弱,这是我们在走新型工业化道路中所必须正视的问题。应鼓励国内外相关企业协商、讨论,促进合作交流活动。特别是对于本地的中小企业来说,在与跨国投资者合作的过程中可以获得很多学习机会。如果政府能够以一种中立的权威机构为本地中小企业提供信誉评估,可以帮助中小企业跨越寻找合作伙伴的障碍,同时降低跨国公司在建立本地化供应体系过程中的搜索成本,鼓励跨国公司的生产本地化。

加强对专业性教育培训活动和机构的指导,提高学习能力,要把培训和教育作为走新型工业化道路的重要任务。集群政策应立足于调动地方发展的创新动力因素,创造就业机会,减少贫富差异,达到实现小康社会的目标。既要联系全球市场和融入外国资源,又要加强国内的创新和学习,建立工业能力。进一步加强创新和学习体系,要繁衍大量的多样化的高效的工业企业。城市政府在搜集、处理和提供一些有关地方经济发展的基础信息方面具有明显优势,在市场化的信息服务行业刚刚起步、规范性和专业性尚不能满足企业需求的情况下,城市政府可以充分发挥自身的信息资源优势,通过免费提供公共信息逐步扶持专业化的市场中介服务机构的成长。

(二)设计发展载体

十几年来,我国往往把高新技术产业片面地定义在那些生产高新技术产品的产业,即那些产品技术处于当代技术尖端的产业,例如信息技术、生物工程和新材料的产业,创新也往往定义为在高新技术领域的创新。基于这种认识,很多传统制造业的创新和高新技术的应用却没有受到充分重视。然而,我国进入世界贸易组织之后,不仅是高新技术产业,而且服装业、制鞋业、织袜业、玩具业等很多产业都将遇到更加激烈的国际竞争,集群战略向我国揭示了发展这些产业的企业集群、提高创新能力,具有特别重要的意义。

要充分认识产业集群的重要性,学习各国发展产业集群和实行集群政策的经验,总结浙江和广东等省发展产业集群的成功之处,除了必要的战略产业之外,减少对某些产业部门的偏爱,发展具有创新性的具有竞争优势的特色产业。在区域范围内以产业集群政策替代产业政策的实质是,以促进集群提高市场竞争力和可持续发展能力为目标,鼓励和限制政策以产业集群内的企业为对象,而不是在全国范围内实施"一刀切"的政策。支持在专业镇或专业化产业区中建立生产力促进中心、创新中心、科技开发中心、信息服务中心、网络中心、融资担保机构、行业协会、商会等中介服务组织，以及与大学和科研机构联系密切的成功经验进行推广。

浙江省建立"特色工业园区"的政策思路是，促使原来散、乱、小的工业企业集中到统一规划的工业区中，改善工业空间布局，优化企业之间生产协作流程，促进企业之间共享基础设施，加强生态环境保护。同时帮助企业扩大产品市场，包括兴建特色展览馆、发掘商品的本地文化内涵、推广地方品牌和改善商品交易市场设施等多种措施。这些经验是十分宝贵的，但是要因势利导，避免有可能出现的园区过多、过烂、严重浪费资源的情况。

（三）强化发展规划

新加坡政府从一开始就将裕廊确定为全面发展的综合型工业区，对其进行合理而妥善的规划。根据地理环境的不同，将靠近市区的东北部划为新兴工业和无污染工业区，重点发展电子、电器及技术密集型产业；沿海的西南部划为港口和重工业区；中部地区为轻工业和一般工业区；沿裕廊河两岸则规划为住宅区和各种生活设施。为充分发挥裕廊工业区的综合功能，新加坡政府于1969年9月在裕廊码头内设立自由贸易区，将裕廊工业区建成既是工业生产基地，同时也是转口贸易区的综合园区。在整体开发建设过程中，政府从一开始就特别关注环境保护问题，有计划地保留10%的土地用作建设公园和风景区。目前，该园区内已建成十多个公园，有世界著名的飞禽公园、中国式公园、森林公园等，使裕廊成为风光别致的工业区兼旅游区，被称为"花园工业镇"。可见，规划对于工业园区的发展具有重要意义。

在工业园区和产业集聚的规划建设中，有意识地引导园区企业之间相互利用废料，建立起本地工业系统内物质——能量循环利用的网络。在本地对生态环境保护共识的基础上，促进废料再生利用的信息交流。要求集群成员在技术上共同关心和参与到优化本地环境系统的工作中去。工业园区的目标不仅是提供投资环境以吸引外资，更重要的是为入园企业提供良好的经营环境，提升企业竞争力，带动本地供应商网络的发展，从而提升城市竞争力，为培养本地下一代有竞争力的企业做准备。根据城市产业集群要求而建设和经营工业园区，在企业间建构产业联系以获得园区的可持续发展。大力宣传产业集群的发展机制，使那种盲目投入巨额资金，不切实际发展所谓"硅谷"、"药谷"、"光谷"，片面建设硬件设施和营造区域形象的问题在一定程度上得到控制（当然从体制上解决问题不是宣传所能奏效的）。必须看到，创新动力并不能依靠大规模的硬件基础设施投入，能够激励创新的软环境往往不是依靠大量资金投入就能够形成的。

在推进工业园区发展的过程中，有两点需要特别重视：

第一，促进产业国际竞争力的提高。实践证明，通过集聚战略，有利于产业的发展，例如我国的电子信息业、生物制药业、光机电业等企业都有自然扎堆的特征。在我国的纺织、服装、日用品制造等劳动密集型产业，以及劳动密集型与技术密集型相结合的组装加工业领域，制造业活动具有物质成本优势，很多企业根据自己不同的技术能力，纷纷进入了全球价值链，已经使中国成为跨国公司控制之下的"世界工厂"。我国加入 WTO 后这一局势更趋明朗化。工业园区在注重引进跨国公司资金的同时，更要注重引进其研发机构、采购中心、销售中心乃至地区总部，积极争取和跨国公司合作设立研发机构，吸收国外先进技术和管理经验，促使外资企业落地生根。如在苏州的吴江开发区，华宇电脑、大同电子、台达电子、中华映营、美齐科技、全友电脑、华渊电机、国腾科技、亿光电子和亚旭电脑等台湾企业周边都有十几家配套厂，订单一到，就近配齐材料，投入生产。有些料件的配套生产企业甚至只隔一条马路，用周转箱就能把刚下线的配料运上装配线。借助产业集群，通过相关产业的横向拓展，继而扩展成关联度高的企业集群，形成了比较完整的产业链，可以大大提高产业竞争力。

第二，作为宏观政策贯彻实施的基本工具。从政策角度看，在区域范围内，需要以集群政策替代产业政策，以促进区域和产业竞争力的提高。这是因为产业政策在为重点发展产业提供更好的空间的同时，对市场的高度保护和资源配置上的倾斜可能有害于竞争。产业政策的直接目标是产业规模的扩张，而大企业是产业政策的最大受益者。由于创新能力和对市场变化的快速反应成为决定竞争力的主要因素，中小企业的作用不断得到提升。一个区域的繁荣决定于区内所有的产业而不是重点产业的生产率。没有低技术产业，只有低技术企业，竞争的成功不取决于产业，而是取决于企业对战略的选择，取决于在哪种产业上如何竞争。中小企业参与集群可以促进技术创新，获得竞争优势。工业园区和产业集群的政策含义是，以集群和园区为单位，实行系统的政策引导以及促进政策，可以促进市场竞争能力和可持续发展能力的提高。

第四章　现代城市产业

第一节　城市产业划分

　　产业是指生产具有相同性质产品的单位所组成的生产群体,或是具有同类社会经济职能的经济单位所组成的群体。产业是一个动态的生产群体或经济群体,即产业群体。在社会生产力发展的不同阶段,产业群体的组成和结构不尽相同,各类产业部门在产业群体中所占的比例也在发生着变化。有些产业部门,随着社会生产力水平的提高,科学技术的发展和广泛应用,在产业群体中所占的比重将会降低,甚至消亡;有些产业部门,由于社会分工的深化,将会产生、发展和壮大起来。

　　产业划分是对构成国民经济的各种活动按一定的标准进行分解和组合,以形成多层次产业门类的过程。产业划分是分析各产业部门的经济活动、部门之间的相互联系、比例关系和协调发展的基础,是国民经济管理的重要前提。由于研究目的和研究角度的不同,人们对产业的划分有不同的方法。迄今为止,影响最广泛的是费希尔和克拉克的"三次产业分类"法。

　　三次产业分类是英国经济学家费希尔在 1935 年出版的《安全与进步的冲突》一书中首先提出的。他认为,人类社会生产活动的发展经历了三个阶段:首先是初级生产阶段,在这个阶段上,生产活动以农业和畜牧业为主。其次是工业生产阶段,在这个阶段,生产活动主要是以工业大规模地迅速发展为标志,钢铁、纺织和其他制造业的商品生产为就业和投资创造了广泛的条件。第三阶段从 20 世纪开始,这时候大量的劳动力和资本从工农业流入了服务、娱乐、文化艺术、教育科学等经济活动中。费希尔根据人类社会生产活动发展的三个阶段,把国民经济的产业结构划分为相应的三次产业部门。英国经济学克拉克继承和发展了费希尔的理论,1940 年,克拉克在《经济进步的条件》一书中,按距离自然资源的远近对第一、第二、第三产业的理论作了进一步论述,建立起所谓的费希尔—克拉克产业分类及统计体系。具体地说,费希尔—克拉克体系由下述

三个基本概念组成：第一产业，包括农业、畜牧业、林业、渔业、采掘业等。第二产业，包括制造业、加工业、建筑业、能源工业等。第三产业，包括商业、金融及保险、运输通信业、服务业、其他公益事业和行政管理等各项事业。

总之，第一产业的特征是广义的农业；第二产业是广义的工业；而第三产业是广义的服务业。第一产业的产品基本上是直接从自然界取得的；第二产业的产品主要是通过对自然界直接取得的物质资料（农业产品和采掘业产品）以及对工业品原料进行加工而取得的。第一产业和第二产业都是有形物质财富的生产部门，第三产业则一般不直接创造物质资料，但却对第一、第二产业提供生产性作业或服务，满足人类的生产和生活的非物质需要。

三次产业分类法受到了各国的普遍重视，上世纪 50 年代后，三次产业的划分方法逐渐成为国际通用的国民经济结构重要的分类和统计方法。联合国经济统计基本上采用"三次产业分类法"。我国由于受到原苏联统计体系及一些传统理论的影响，在国民经济统计中曾长期使用五部门划分法，即将国民经济主要划分为农业、工业、建筑业、运输业、商业五个部门。然而，由于第三产业在国民经济中的作用日益增强，所占比重也迅速上升，我国这种五部门划分法在实际应用和理论上都存在着很大的局限性，到 1988 年我国也正式使用第一产业、第二产业、第三产业的统计指标。

产业的划分也并不是一成不变的。随着社会经济的发展，随着第三产业群体的膨胀，特别是现代信息、管理、决策、服务等部门已经成为经济和社会发展中不可缺少的组成部分，"三次产业划分"的方法已经不能充分地揭示世界新技术革命浪潮所导致的国民经济结构的变化，人们对产业的形成和发展有了新的认识。

一、基础产业与支柱产业

所谓基础产业是支撑一国或一地区经济运行的基础部门，它决定着工业、农业、商业等直接生产活动的发展水平。一个国家或地区的基础产业越发达，其经济运行就越顺畅、越有效，人民生活就越便利。一般而言，城市基础产业是经济社会活动的基础工业和基础设施。前者包括能源工业和基本原材料工业；后者包括交通运输、邮电通讯、港口、机场、桥梁等公共设施。从广义上来看，城市基础产业还应当包括一些提供无形产品或服务的部门，如科学、文化、教育、卫生、法律等部门。能源、原材料、交通、通信等基础产业犹如人体的血液循环系统，没有它们就不能启动成千上万的工厂，建立复杂的交换关系，保证城市供产销的社会再生产运动的正常运作。

基础产业在不同的历史时期具有不同的侧重点。在农业社会时期，种植业是基础产业；在工业社会时期，煤炭、钢铁、石油天然气等能源及原材料生产是城市基础产业的侧重点；而到了知识经济社会，教育则成为最重要的城市基础产业。知识经济是以"人"为中心的经济形态，在这种形态下教育不仅是一个产业，而且是经济得以持续增长的基础产业，是知识继承、传递、扩散和创新的主要途径。教育是生产高科技的产业，教育产业在现实生活中早就存在，尤其是高等教育已成为生产高科技的产业，对促进和推动社会经济的发展起了巨大的作用。诞生于1951年的美国"硅谷"科学工业园，1995年的收入高达850亿美元，其中62％的收入是由那些与斯坦福大学相关的人创造的。斯坦福大学创造了高新技术产业，对硅谷的发展起了举足轻重的作用。世界上各种类型的科学园区已达500多个，如波士顿128号公路技术园区、法兰西岛科学城、剑桥科学园、台湾新竹科学工业园等，它们都是与大学的高科技产业紧密结合在一起的，离开了大学，就不可能有这些科学园区。近几年，我国的高校高科技产业以每年30％的速度增长，全国已有十几家销售额过亿元、利润过千万元的高校科技企业，如北大方正、清华同方、东大阿派等。高校产业已开始逐渐成为一个推动经济增长的重要产业。在现代经济增长中，教育已成为一个国家尤其是发达国家增强城市竞争力的重要砝码。

至于支柱产业，则是在城市经济中占有较大比重，并且与较多的其他产业关系较为密切的产业。它的发展能够带动和影响其他产业的发展，因此对整个城市经济的发展有较大的影响，构成了城市经济的支柱。支柱产业不是一成不变的，在不同的发展阶段有不同的支柱产业。在农业社会中，支柱产业当然是农业，再细分一下，则对多数农业国来说种植业是支柱产业，也有的是以养殖业甚至捕捞业为是支柱产业的。在工业国中，例如美国，在相当长时期内汽车工业是城市产业的支柱，在韩国则是以冶金、石化等重工业为城市产业的支柱。进入20世纪90年代，我国城市的支柱产业主要是机械、汽车制造、电子、石油化工、冶金等。

二、传统产业与新兴产业

从城市产业的发展进程来看，有传统产业和新兴产业之分。从名称上就可以看出，这是一种相对的概念。这一时期是新兴产业，过了一段时期就会成为传统产业了。

所谓传统产业，目前通常是指食品加工、纺织服装、农林牧业、机械设备、汽车、冶金等产业部门。我国目前仍然是一个传统产业占主体地位的国家，传统

产业部门对我国经济发展及社会稳定极为重要。

在 20 世纪中叶以后,被称为"朝阳产业"的新兴高科技产业迅猛发展起来。所谓高科技产业就是技术含量高的产业。当代一般公认的新兴高技术产业有电子信息产业、生物产业、海洋产业、环保产业等。高技术产业生产率高、增长快、素质要求高,对整个经济起到带动作用。高技术产业发展迅速,其中有些产业如计算机和通信设备等增速远远超过整个经济的增长,但高技术产业在整个经济中的比重并不高。在发达国家中,城市高技术产业约占制造业的 25% ～ 30%,但制造业总体只占整个国民经济的 20% 左右。所以城市高技术产业约占整个国民经济的 5% ～ 6%。在发展中国家,如我国按经合组织确定的城市高技术产业种类来计算也只占制造业的 10% 左右,而制造业最多也就占整个国民经济的 30% 左右,因此城市高技术产业也就占国民经济的 3% 左右。但问题还不在于这个比例数上,主要还在前述的发展中国家的产业绝大部分没有自主知识产权,因此它们的所谓高技术产业实质上是为发达国家的相应产业配套的产业,承担其中的劳动密集部分。高技术产业尽管比重不算高,但却是一个国家实力的标志,因此各国各地区都很重视发展高技术产业。

在城市高技术产业加速发展的同时,传统产业仍构成城市经济的主体。例如美国《财富》杂志评出的 1998 年世界企业 500 强前 10 位中有 4 个汽车公司、1 个石油公司、4 个商贸公司,而电子电器产业只有 1 个通用电器公司(GE),而且前 3 名是三大汽车公司。因此,传统产业的健康发展关系到整个国民经济的发展,事关全局。历史上盛极一时的底特律、曼彻斯特等工业城市随着纺织、钢铁产业成为夕阳产业而衰落,亚洲四小龙的一些单纯利用成本优势发展的工业园在又一次产业转移到来时销声匿迹。在城市高新技术产业的带动下,用高新技术来改造传统产业是大趋势。曼彻斯特、底特律的前车之鉴使许多城市都在学习台湾新竹科技园,大力调整产业结构,发展高科技产业。

传统产业与高新技术产业融合的着眼点是提高城市产业的竞争力,或是重塑竞争平台基础,培养核心竞争力。传统产业融入高新技术产业的过程,实际上就是高新技术改造和优化传统产业的过程,就是不断采用新技术、使用新设备、增加产品技术含量的过程,也就是在更高起点上发挥传统产业优势的过程。传统产业在我国城市经济中占有主要比重和处于基础地位,并且由于国内市场大,传统产业在相当时期仍有很大发展余地。以山东为例,城市传统产业如纺织、建材、冶金、能源、食品、机械等占全部产业的比重达 81% 以上。比重如此之大的城市传统产业,在日趋激烈的市场竞争中,若不加快改造调整的步伐,后果将不堪设想。而要改造城市传统产业,其中一个主要的途径就是要提高传统产业现代技术的装备水平。山东省的生产要素在技术上的有机构成偏低,科学技术与经济发展紧密结合的运行机制尚未形成。目前我国科技进步在经济增长中的贡献,工业只有 40％左右,多数行业的技术装备水平落后于世界先进水平 20 年左右,不适应市场竞争的要求。特别是传统产业的技术改造形势严峻,设备陈旧、工艺老化现象普遍存在,削弱了企业产品更新换代的能力。因此,应用先进的技术改革传统产业,重视发展高技术的新兴产业,走"引进技术—消化吸收—开发创新"的路子,大力引进国际上的先进高新技术,提高产品生产的高科技含量和附加值,带动整个城市经济的发展。

三、信息与文化产业

在由工业经济向知识经济转化的过程中,城市产业的形态发生了根本性的转变。信息产业是知识经济初级阶段的主要智力产业形态,而文化产业则是知识经济高级阶段的主要智力产业形态。

上世纪 70 年代以来,在发达国家开始出现以信息技术革命为主要内容的工业化浪潮,信息产业成为 90 年代的主要特征,在更大的范围内、在更多方面影响人类的活动,提出新的挑战和机会。一般而言,目前发达国家信息部门的规模占国民生产总值(GNP)的 40％～65％,新兴工业化国家达 25％～40％,发展中国家在 25％以下。信息产业是指以现代信息技术对客观世界中各类信息进行采集、识别、转换、存贮、传输显示、模拟和再生产的一门知识密集型高科技新兴产业。简言之,信息产业是关于信息收集、处理、储存、传播服务的产业群体。信息产业包括服务业和设备制造业。服务业可分为通信业、网络业、声像业和咨询业,属于第三产业。制造业包括通信设备、计算机和声像设备制造,属于第二产业。全世界信息产业产值为 1.5 万亿美元左右,占全世界国民生产总值的约 5％。其中美国最高在 8％以上,但在近年来每年新增加的国民生产总值中约占 40％。

1977 年,美国经济学家 M.U. 波扎特首先提出四次产业的概念,提出了农业、工业、服务业和信息产业四分法,把信息产业从传统的第三产业中分出来。第三产业为"服务业",指的是为满足国民物质和文化需要提供服务的行业,如商业、公共卫生、体育、社会福利等。"信息产业"则是包括计算机产业、软件产业、信息处理产业、教育、出版、新闻、广播、通讯、广告等与信息有关的产业群体。美国 J. 奈斯比特 1982 年著有《大趋势——改变人类生活的十个方面》。他认为根据产业结构,可以将人类社会发展进程划分为农业社会,工业社会和后工业社会(信息社会),人类已经经历了农业社会,正处于工业社会阶段。随着科学技术与生产力的发展,将会进入信息社会的阶段。他还具体指出:1956年美国从事技术管理和事务工作的白领工人数量超过了蓝领工人,标志着美国从工业化社会步入了信息社会。而1957年第一颗人造卫星上天,标志着全球信息革命的开始。在未来的信息社会中,信息产业是城市的主体,它操纵、决定着第一、二、三产业,从而支配着整个社会的发展。一般说来,一个国家社会生产力发展水平越高,则第一、二产业在国民生产总值(GNP)中占的比重越小,第三产业占的比重越大。实践证明,当今世界信息产业在国民生产总值中所占比重呈迅速上升趋势,因而说明四分法在一定程度上能更加准确、全面地反映经济发展水平。

城市是网络经济活动的基本平台,网络技术的进步正在导致城市产业结构和产业管制方式的巨大变迁,网络经济缔造着新兴的信息产业。如今在美国,信息产业已经占到整个城市经济的1/3以上,而过去的主导产业汽车工业只占4%。近年来,汽车工业的年增长率是1.8%,而与网络经济有关的高新技术产业则高达28.6%。新产业的出现无疑给城市提供了发展契机。特别是电子商务的出现,有可能彻底打破传统商品交易的模式,一切与之相关的传统产业都将随之变更、整合,城市产业结构将重新调整,产业构成将被赋予新的内涵,产业档次也将上升到一个新水平。城市的功能将发生历史性变化。城市将从工业制造中心、商业贸易中心逐步转为信息流通中心、信息管理中心和信息服务中心。

信息产业在我国城市具有较大发展优势的行业热点中将扮演重要角色。1992年以来,我国城市的信息与通信技术支出以年约30%的速度增长。21世纪是以计算机和通信业为主的电子信息产业飞速发展的时代。具体地说,除了继续实施"金字系列"工程、数字化高清晰度电视等新一代数字消费类电子产品项目外,我国城市信息产业的快速发展有三个重点:一是为通信及各类机电一体化设备提高专用型集成电路;二是大力发展集成电路设计中心,为各种专用型电路提供设计服务;三是设计各种应用软件,为专用型电路配套形成系统,为各种专用设备的控制系统提供配套服务。同时,促进多媒体信息传输软硬件系统和信息传输网络的产业化进程,跟踪网络计算机的产业化动态。

在工业经济向知识经济过渡的过程中,文化产业是影响城市竞争力的关键因素。文化,对一个城市来说是软件,对一个国家来说是软国力。但作为产业,文化产业却是硬产业,对一个国家来说却是硬国力。未来城市的竞争力日益取决于文化产业的发展。所谓文化产业,即以文化资源作为资本投资,以现代管理机制为手段,以市场需求为导向,通过文化产品和文化服务满足社会需要,并

赢得经济效益和社会效益的一种新型行业。作为文化产业化的结晶,文化产业表现为一个庞大的产业群,包括娱乐、旅游、戏剧演出、广播、电影、电视、会展、设计策划、装饰、文学艺术、新闻传播、广告、出版、音像、信息咨询、体育业等。从世界范围看,文化已经形成和产生了一个大产业.在城市经济发展和城市竞争力的构建中发挥着越来越重要的作用和价值。

知识经济是大趋势。国际学界公认,以信息技术为核心的信息产业是知识经济时代的基础产业,它在整个知识经济的崛起过程中起着核心先导作用。但信息产业不是知识经济的终结和全部,而只是知识经济的开始或初始阶段。信息产业是知识经济的技术手段产业,文化产业作为满足人类精神和文化生活需要的产业,是知识经济的内容产业和高级阶段。正是基于这点,文化产业与信息产业一并被当做未来最赚钱、最有前途的朝阳产业,文化产业被一些专家称为信息产业之后的知识经济的第五产业群。文化产业越来越成为国民经济中重要门类之一,它不仅自己直接贡献经济效益,而且还有强大的拉动辐射效应。上海市以文化产业作为城市经济的新增长点,拉动上海经济腾飞和实现经济增长方式的转变。美国的体育业产值达到 700 亿美元,超过了石油工业,在各行业中居第 22 位;影视业产值超过了航天工业,出口创汇超过了一些传统产业;全国仅大的报业集团就达 170 多家。英国的艺术业年收入近 200 亿美元,相当于英国的汽车工业。《泰坦尼克号》一部电影就创造了超过 50 亿美元的巨额利润。

从我国城市发展变化可以看出,一些城市因地制宜,发挥自己的特色,大力兴办文化产业,迅速提升了城市竞争力。昆明"世博会"所提升的昆明城市的知名度以及带动相关产业的发展使昆明受益匪浅。上海浦东新区利用优势大力发展体育产业、演出娱乐业、会展产业、旅游业、文化中介产业、印刷发行产业等,把城市经济带入了全新的境界,使上海市成为中国最具竞争力的城市之一。《财富》杂志论坛的巨大成功、环太平洋经济论坛的国际影响、APEC 的世界瞩目、上海五国组织国家元首的年会、上海市长国际咨询会议、上海世博会,等等,在经济受益颇丰的同时也大大提升了上海市的国际知名度。

第二节　城市产业结构的内容

一、产业结构的含义

虽然,产业结构的理论渊源可以追溯到斯密、魁奈等古典经济学家,但这一

概念的意义及用法，直至上世纪 60 年代仍相当混乱。直到 70 年代初，在日本一些经济学家的极力倡导下，才逐渐把它们区分开来。

产业结构的含义是指各产业在其经济活动过程中形成的技术经济联系以及由此表现出来的一些比例关系。各个产业之间和产业内部在经济活动过程中有着广泛的、复杂的和密切的技术经济联系。如一般各产业都需要其他产业为自己提供产出，作为其生产要素的供给；与此同时，各产业的产出也必须由其他产业进行消费，再生产过程才能继续下去。因此，这种由各产业在再生产过程中形成的技术经济联系，是经济发展的一种内在规律，而由此表现出来的一些比例关系，则是这种内在规律的表象和反映。它通过对产业结构的历史、现状及未来的研究，寻找产业结构发展变化的一般趋势，分析产业间的比例关系，来为规划未来的产业结构提供理论依据。这里主要使用两类指标：一类是各产业的就业人数及其所占的比重以及各产业的资本额及所占的比重；另一类是各产业所创造的国民收入及其在全部国民收入中所占的比重。我国以前在产业结构的分析中，常用总产值指标，弊端较多。为了避免重复计算，在西方产业结构研究中，不使用总产值这个指标。为了克服总产值指标的弊端和与国际接轨，我国现在已开始使用国民生产总值、国内生产总值、国民收入等指标来分析产业结构。

由于产业结构是由各要素按照某一方式进行的有机联系，而不是各要素杂乱无章的简单堆积，所以，它表现有以下三大特性：

（一）产业结构的系统性

国家的经济活动构成了一个社会经济系统，而产业结构作为一个有机的整体，则是这个社会经济系统的一个重要的子系统。作为一个系统，其组成的要素之间必定存在着某种相互依赖和相互作用的关系。在产业结构这一系统中，这种相互依赖和相互作用的关系体现在结构内产业间的技术经济联系上。依据这种联系，各产业就组成了一个其整体的功能要大于各产业功能简单之和的结构系统。这就是产业结构的系统性。大家知道，轻工业的主要原料来自农业，农业的丰歉必然较大程度地影响到轻工业的发展，进而影响到整个工业的发展。由于各地的资源蕴藏状况和经济优劣不同而形成了地区间的分工协作关系，因此，一个地区的经济在发展过程中，需要大量的商品运入，同时，又需要大量的商品运出。如果没有与之相适应的交通运输设施，该地区经济发展的规模和速度必然受到制约。

产业结构是一个有机整体，决定了产业结构整体作用的关键因素并非结构中的最强因素，而是结构中的最弱因素。我们以企业微观生产中的一个实例就能很好地说明这个问题。比如某产品生产中经过的工序为车—铣—刨—磨,若各工序现有设备每天的生产能力为:车,1000件;铣,1200件;刨,1100件,磨,950件。那么,显而易见,这种产品每天最多生产出的成品件数不是1200件,而是950件。

(二)产业结构的层次性

结构是多种因素共同作用的结果。产业结构的形成与发展受工业经济结构、农业经济结构、商业经济结构、产业政策、市场消费结构、自然地理条件等多种因素的影响,这些错综复杂而又有规律运动的因素,形成了结构的层次性。我们都知道,在一个系统内,层次较低的子系统的运转应当始终围绕母系统的目标进行。子系统超越这一轨道的行为,将有碍于母系统目标的达成,甚至导致母系统的解体。

产业结构可分为三大层次:第一层次是三大产业结构,即第一次产业、第二次产业和第三产业之间的结构。第二层次是三大产业的内部结构,即第一产业的农、林、牧、副、渔业结构;第二产业的工业、建筑业结构;第三产业的商业、金融保险、交通运输业、邮电通讯业等的结构。第三层次是产业内的行业结构,如种植业结构、轻重工业结构、客运与货运结构等。在产业结构这一系统中,层次性的特征要求各产业的发展应当在国家经济发展的总目标下,不断追求整个产业结构的合理化和高级化。那种不顾总体目标而追求某一产业"一枝独秀"的发展方式,将给城市的产业结构带来严重的失衡,最终造成延缓经济发展的后果。

(三)产业结构的动态性

产业结构是由众多的要素组成的。各组成部分不是孤立的、静止的,而是始终运动变化的,这就决定了产业结构也具有动态性。在不同的历史时期,或同一历史时期的不同国家或地区,由于社会需求、生产水平和生产条件等方面的不同,产业结构的模式也就有所不同。

各产业的发展过程,要经历孕育起步、高速增长、成熟以及衰退等阶段,有着一定的产业发展周期,而整个产业结构的演进,就是在经济发展的不同阶段,依次有相应的产业作为主导产业,影响和带动着其他产业的发展,从而使整个产业结构的演进反映出一定的发展规律。强调产业结构的动态性并不是说它就没有相对的稳定性。一般地说,产业结构各组成要素的变化是一个渐进的过程,在一定时期内只可能是量变的阶段,而未发生质变,这时结构的实质尚未变化,产业结构也就具有相对稳定性。

二、城市产业结构的类型

此处的城市产业结构是就单个城市而言的,即前章所述的微观经济结构中的产业结构。它是指城市内部各种产业的构成及相互关系,是城市经济结构的重要组成部分和首要因素,城市产业结构与城市产业的组织结构、技术结构、产品结构等内容密切相联,可以从不同的角度作进一步的细分,有部分划分法、流程划分法、要素划分法、功能划分法等。城市经济结构划分的各种理论都自成一体,有其特定的含义和具体的针对性,但根据城市产业结构运动变化的规律,城市产业结构的下列划分可能更加切合当代城市经济运行的特征。

（一）城市一、二、三次产业结构

城市是社会分工和产业演进的产物,是三次产业更替表现得最为集中的地方,城市经济发展的阶段更是与三次产业的结构状况和变动趋势直接相联,因此,三次产业划分法对城市经济有着十分重要的意义。参照国际普遍标准,结合我国城市经济的实际情况,城市第一产业主要包括城市农业(含郊区和都市)、城市林业(含园艺栽培业等)、城郊畜牧业、渔业等;城市第二产业主要包括采掘业、制造业、建筑业,能源工业等;城市第三产业主要包括交通运输、邮电通讯、饮食、物资供销和仓储等流通部门,还包括金融、保险、信息咨询、公用设施、技术服务等为生产和生活服务的行业,以及教育、文化、广播电视、科研、卫生、体育和社会福利等为提高科学文化水平和居民素质的部门,广义上还包括国家机关、政党、社会团体和军警等为社会公共需要的部门。

（二）城市主导产业、基础产业、上层产业结构

这是根据城市部门及其活动特点划分的。主导产业部门指直接的物质产品生产部门及其活动。由工业部门构成主要结构部门,在城市产业结构演变中处于中心地位,其产品输出、输入的外向性程度的高低决定着城市经济的开放程度,它是城市经济实力的主要表现。基础产业部门指为直接物质产品生产提供共同条件的部门及其活动。基础产业部门由能源动力、道路交通、邮电通讯和环境卫生等系统构成。上层产业部门指为直接物质产品最终归宿提供实现条件和为城市经济活动提供秩序保证、发展条件的部门及活动。上层产业部门包括商业、劳务、体育娱乐、医疗保健、科技文教、金融保险、经济管理等系统。主导产业部门、基础产业部门、上层产业部门之间互为依托、相互作用、相互制约,构成了城市产业系统,产生了城市整体功能,成为城市发挥经济中心作用的内在依据。主导产业部门投资回收快、周期短、利润大,较容易引起投资者的热

情，而基础产业却因投资回收慢、周期长、投资风险大而易为人们所忽视，但是，城市主导产业部门的发展要求基础产业部门同步平衡发展，如果基础产业部门未能及时跟上主导产业部门的发展，就会形成制约主导产业部门的"瓶颈"。上层产业部门是主导产业部门创造的价值延伸和实现的必要条件，因此，上层产业部门也要随着主导产业部门的发展相应扩展。只有主导产业部门、基础产业部门与上层产业部门之间实现了协调统一，城市经济才能快速健康地发展。

（三）城市中心产业、配套产业、一般产业结构

这是根据各产业在城市经济的形成和发展中的不同作用划分的。城市中心产业，也可称之为城市优势产业、支柱产业、重点产业，是指在城市分工的前提下立足于城市自身优势形成的城市支柱性产业门类，其产品的生产和输出对城市经济的发展有重要影响。城市中心产业可能是一个产业门类，也可能是若干个产业门类。城市配套产业指围绕着城市中心产业兴起而发展的一些相关产业门类，其产品和劳务主要满足中心产业发展的需要，是城市中心产业某些生产环节的延伸，它是城市中心产业得到顺利发展的必要保障。城市一般产业主要是满足城市自身居民生活消费和提高居民物质文化生活质量而发展起来的产业门类，这些产业和行业是城市日常生活中不可或缺的，它的发达程度成为城市生活水平高低的重要尺度。

第三节　城市产业结构的演进

一、城市产业的形成过程

城市产业的形成过程与社会生产力的发展和社会分工的细化过程密切相联。社会分工是社会生产力发展的重要表现。社会分工引起城乡分离和城市的产生，随着社会分工的进一步扩大，城市的优势产业部门逐步形成；社会分工的细化带来城市市场的繁荣，城市市场的扩大为形成新的城市产业提供了条件，城市产业就是在社会分工的深化中不断发展的。在古代城市阶段，城市经济建立于农业基础之上，城市的发展与农业生产有着千丝万缕的联系，因此，城市产业主要是为农产品交换服务的商业和手工业，城市产业结构比较单一；在近代城市阶段，工业化成为城市经济发展的主要动力，工业革命带来了规模巨大、内容繁多的制造业门类，城市采掘业、能源工业、机器制造业等产业门类纷纷涌现，城市产业结构日趋复杂。到了现代城市阶段，伴随着现代工业的兴起，

大量服务性行业在城市中发展起来并日益占据城市经济活动的主要部分,工业在城市经济中的相对地位日益下降,城市产业结构发生了重大变化变化。近年来,当代城市产业发展又出现了新的势头,即随着社会分工的日益深化,城市不仅作为经济中心、社会中心的作用日益加强,而且其作为信息中心的作用也日益明显和突出。从整个社会发展看,"硬"的物质财富的生产有越来越让位于"软"的信息生产的趋势,从而导致以电子技术为代表的信息产业的兴盛即第四产业的兴起,这使得城市产业结构的变化跃上了一个新的台阶。随着社会分工的进一步细化,城市产业的内容将不断更新,空间产业、海洋产业、生物产业、宇航产业等高新技术产业必将成为未来城市产业中的核心产业。

一般来说,城市产业结构的形成表现为由以农业为主向以工业为主、进而向以服务业为主转变的阶段演进过程,农业、工业、服务业三大部门在城市经济中的地位是逐次更替的,从而形成了城市产业结构比较明显的三个阶段。但是,城市产业结构的这种阶段演进在空间上并不是截然分开的,城市产业在由低阶段向高阶段演进的过程中常常会出现空间上并存的情况,从而形成城市产业结构中一、二产业并重或二、三产业并重的特殊阶段,这是城市产业结构动态形成过程中的过渡阶段,是城市产业转换一般规律中的特殊表现形式。在正常情况下,工业化阶段后期的第三产业产值增长应该远远大于一、二产业产值的增长速度。之所以出现这种情况,是因为从以第二产业为主转变为以第三产业为主之间必然要经历一个很长的过渡期,这个过渡时期产业结构演变的一个重要特征就是二、三产业并重。我国改革开放后,许多沿海地区毗邻港澳,有接受国际产业结构调整与向外转移资金技术来发展工业的特殊区位优势和大好时机,充裕的劳动资源、土地资源和境外资金技术结合将产生巨大优势。一项调查表明,人均收入在2500~5000美元之间时,居民对物质产品的需求仍然大于对服务的需求,第三产业的发展不可能一下子猛增。当前我国绝大多数地区都还低于这个水平,所以不能指望第三产业会有突飞猛进的奇迹出现。在二、三产业并重的特殊阶段,如果过快地调低工业的比重,将影响城市经济的正常增长速度。

二、城市产业的演进规律

无论是发达城市还是发展中城市,产业结构发展有共同的演进规律,所不同的是由于国情差别,在演进分叉点上的具体实施手段不同,效果不同。这种共同的规律同时作用于城市产业结构,使城市产业结构的演化呈现出类似的规律性。产业结构演进的共同规律表现在:

（一）城市产业结构高度化规律

产业结构高度化是世界各国经济发展到一定阶段之后所出现的共同趋势，表现为，第一产业向第二、三产业升级演进，由劳动密集型产业占优势的阶段向资本和技术密集型占优势的阶段演进，由制造初级产品的产业优势向制造中间产品、最终产品的产业优势演进，它以产值的高度化、资产结构的高度化、技术结构的高度化、劳动力结构的高度化为特征。其转变的形式有二：一是横向高级化，即各产业趋向高增值化目标；二是纵向高级化，即产业结构总体迁升发生质变。产业结构只有总体高级化，才能促进总体高增值化。但在一定的产业结构状态下，产业系统的效益就取决于横向高级化，而横向高级化又促进纵向高级化。这就是为什么发展起来的城市会出现加速发展的势头的原因，这一原因的内核在于促进经济增长、社会进步的各种社会、技术手段日趋完善。

（二）城市产业结构扩散化规律

这是伴随产业高级化而出现的。由于产业发展的不平衡，使产业结构高级化发展存在着明显的时间和地域差异性，这是产业扩散化的动因。产业扩散有四个阶段：一是资源加工导向型产业扩散，由某一资源加工优势的地区向资源丰富的地区转移；二是消费组装导向型产业扩散，即拥有某种中高档品加工技术的地区，为便于占领市场而将产业转移到市场国或地区，产品用于本地消费或出口；三是消费加工导向型扩散；四是专利技术导向型扩散。产业扩散的目的是：稳定地占有资源供给，扩大占领市场，提高国内生产率，平衡国际贸易之争。产业扩散的方向也有明显的雷同，即先国内后国外，先向产业结构相似地区后向不同产业结构地区扩散；先向体制相似的地区扩散，后向不同地区扩散，其原因在于相似体制具有相似的机制，产业扩散比较容易。产业扩散的一个直接结果就是产业结构发展走向趋同化。随着产业结构的高级化和扩散化，将使越来越多地区的产业结构由分异为主走向趋同为主。通常，农矿业和初级加工业具有明显的地域分布，而高中技术产业的地域分异性很小。

（三）产业结构发展物耗趋低化规律

产业高级化发展的最大特征，是对原材料、能源、资源的依赖程度到一定时期后呈相对下降趋势。美国人均国民生产总值1950年达8000美元后，对钢材、水泥、纸张三种传统原材料的消耗明显下降，而对氨、氯、乙烯、铝的消费量急剧增加，到1970年，美国人均国民生产总值达19000美元后，对这四种现代原材料的消费量则日益下降。此外，在三次产业之后兴起的信息、知识等第四、第五产业对原材料的消费更小，这些产业的突出特点就是对软的技术或知识要素的依赖程度大大地超过了对物质要素的依赖程度。

三、城市产业结构的发展现状

城市产业结构是国民经济产业结构的一个子系统，因此，国民经济产业结构的总体态势对城市产业结构有重要影响。把国家产业结构与城市产业结构结合起来考察可以更为清楚地认识城市产业结构的现状及其在国民经济中的地位。

（一）我国城市产业结构调整取得的巨大成果

就城市经济与国民经济的比较和从就业情况来看，我国城市就业人员不仅占到了全国二、三产业就业人员的绝大部分，分别达到 70％和 50％以上，而且城市在第一产业中也提供了 30％以上的就业机会；从国内生产总值来看，我国城市二、三产业产值占据了全国二、三产业产值的绝大多数，分别达 70％和 80％以上，城市第一产业产值也占到了国内第一产业产值的 40％以上。这充分说明，我国城市经济已成为国民经济的重心，城市作为经济中心的职能得到了充分的发挥。

就城市国内生产总值的产业分布来看，我国城市第一产业的比重在不断下降，第二产业的比重稳中略升，第三产业的比重在上升，城市三大产业之间的结构变动方向基本符合我国产业结构调整的总体思路，与城市产业结构高度化的一般规律也基本吻合，反映出我国城市产业结构调整取得了阶段性成果。

我国城市产业结构的现状表明，城市工业在我国城市经济中有了很大的增长，城市的性质发生了根本的变化，即实现了由消费性城市向生产性城市的转变；与此同时，城市基础设施有了很大的改善。这一切也进一步说明，我国以农为主的国民经济结构已经从根本上发生了变化，城市经济占据了国民经济的主体地位，在城市经济的推动下，我国经济正在向工业化深化阶段迈进。

（二）我国城市产业结构的缺陷

1. 城市的产业结构还处于比较低级的阶段

我国城市三大产业的吸纳能力弱，第三产业还不发达，三大产业的劳动力结构还处于低度化阶段，与国际发达城市相比还有较大的差距。在国外发达城市产业结构中，第三产业吸纳劳动力都在 60％上，有的高达 85％以上，第一产业吸纳的劳动力一般在 2％以下，而我国三分之一以上的城市劳动力还滞留于第一、二产业中，即使是少量最发达的沿海城市和特区城市，其劳动力的产业结构距此仍有很大的差距。城市主要是作为非农生产的经济中心存在的，如果大

量的城市劳动力还滞留于第一、二产业之中的话,它表明城市的产业结构还处于比较低级的阶段。

2.我国城市产业结构在地区之间出现了"代差"

我国城市产业结构形态的地区差异较大,城市产业结构的演化出现了区域不平衡。我国城市产业地区发展不平衡现象比较突出,尤其是中西部城市与沿海城市之间的不平衡更为明显。在中西部内陆城市,37%~45%的劳动力还依靠着城市第一产业提供就业机会;而在沿海和特区城市,仅6%~10%的劳动力需要依赖第一产业。这充分说明,中西部城市还尚未完全进入工业化阶段,而沿海和特区城市已经迈进工业化阶段的后期。

3.城市产业结构"同构化"

我国城市产业结构的"同构化"是指在城市产业结构变动过程中不断出现和增强的城市间产业结构的高度相似趋势。这种产业结构相似性的增强使得经济资源配置效率低下,严重影响着经济发展。不过同时发展某种或某些产业,并不意味着产业结构的同构化。例如,各地区都发展农业和基础设施产业。农业是国民经济的基础,基础设施产业是直接为居民或一般生产提供产品和服务的产业,如交通运输、电力、邮电通讯、饮食服务、基础教育、医疗保健等。各地都应因地制宜、大力发展,而不应把这类产业列为同构化。对我国地区产业结构中的同构问题应作客观的分析,只有当各地区产业结构相似性使得经济资源配置效率低下,严重影响经济发展时,我们才称之为地区产业结构同构化。首先,这种现象使得各地区不能发挥各自的比较优势,降低了我国整体经济效益。各个地区不论资源禀赋条件有多大区别,产业结构基本相同,各地区的比较经济优势就无法发挥,资源的利用效益与效率必然降低,势必影响整体经济的发展速度,降低整体资源的利用效益与效率。其次,它引起了投资的分散和生产的分散,无法获得规模经济效益。特别是体现在高附加值的加工工业产品产量在区域上的分散化和在各地区产业结构上的高度相似。

4.城市产业结构"低度化"

长期以来,我国产业结构总体上具有低度化特征,在各地区产业结构调整中出现的同构化,对低度化状况有极大的加剧作用。产业结构低度化是一个较广泛的概念,不但包括第二产业的低度化,而且包括第一、三产业的低度化。三次产业的低度化内容和方面各不相同,都值得重视。一般地讲,产业结构低度化主要是指产业结构从低水平状态向高水平状态升级转化的动态过程中仍处于较低状态。具体来说,地区产业结构的低度化可以从以下几个层次理解:第一个层次,是指三次产业比例构成与其他地区相比处于较低水平,即第一产业和传统的工业及服务业在国民经济中所占比例大；第二个层次，是指具体三次产业内部各产业的比例与其他地区相比处于较低水平，产业的技术创新能力与国际竞争力较低，如第一产业内部现代高效农业与传统农业相比比例较低，第二产业内部技术密集型加工工业比重小，一般加工工业比重大，第三产业内部金融、保险、通讯等现代服务业比重小，传统商业、饮食服务业比重较大；第三个层次，是指从"产业链"来看，处于"产业链"末端高度加工产业比重小，处于"产业链"始端的产业所占比重较大，如农业结构中深加工产业比重小，种植业比重较大，工业结构中原材料及初加工产业比重较大等；第四个层次，是指产品层次，高端产品比重较小，比如计算机、通信产业中的大部分产品的核心高端部件（内存、CPU、硬盘、关键集成电路芯片等）的生产比重小，低端产品比重较大。此外，产业结构低度化还表现为产业集中度低，规模经济效益差，产业整体效益不高，高新技术的涌现和产业结构演进中发展、升级趋势不明显等。

产业结构低度化的特征主要表现在以下几个方面：（1）现代化水平低，即第一产业生产效率不高，传统种植业比重大，现代农业占的比重小；（2）产品高加工度化、高附加值化、高新技术化不明显，即以初级产品生产为中心转向以产品深度加工生产为中心过程缓慢，高附加值产品比重较低，技术进步对经济增长的贡献率不高。

产业结构的低度化对经济发展的进程有着极为重要的影响。首先，产业结构低度化容易使工农业发展链延伸中断，工农业之间发展不平衡。它不利于解决长期以来存在的农业基础薄弱、生产方式落后、劳动生产率低下以及城乡差别大等问题，使得农业不仅不能为工业提供充足的发展资料，而且成为工业发展的制约因素，不利于解决城乡失业问题的难度。其次，产业结构低度化也使工业内部各部门之间的发展链中断，不能促使加工业，以及能源、运输、信息等基础部门的协调发展，不利于解决生产能力不足和过剩并存，市场商品的积压和短缺并存的问题。再次，产业结构低度化不能促使引进的产业与原有产业结构之间发生并联与传导，阻碍技术发展和先进技术普遍推广使用，使产业素质得不到提高。最后，产业结构低度化还使国民经济发展中的经济结构进行的优化过程缓慢。

同构化与低度化的存在表明我国的城市产业结构是失调的。在产业调整中，同构化与低度化存在着密切的关系，一方面，同构化所表现出的高度相似过程总是伴随着明显的产业结构升级速度缓慢和大规模的低水平重复建设现象，而且同构化加剧了这种趋势，因为同构化意味着地区在追求利益时对地区优势的放弃和在产业发展轨迹上的偏离，所以，必然使产业结构的加速升级和宏观

产业结构目标的实现遇到阻碍,诱发低度化现象的出现;另一方面,同构化又与低度化不同。虽然同构化与低度化都体现了在宏观产业结构发展中地区产业结构上的动态变化趋势,但在这一趋势中同构化揭示的是产业结构在内容上的相似程度,而低度化揭示的则是产业结构在升级变化中的速度和水平状态。在同构化与低度化之间,同构化是主要方面,起着决定性作用。但总的来说,无论是同构化还是低度化都是产业结构失调的表现。

(三)影响城市产业结构失调的因素分析

影响城市产业结构合理化的因素很多,主要有:现有产业结构的状况、社会需求结构的变化、投资的数量及分布、自然资源的约束、技术进步、政策法令、现行价格、外部环境、城市本身所拥有的经济技术条件及其运用决策等,分析认识这些因素,对于调整与改造产业结构具有现实意义。

1.现有产业结构的状况

这一因素从两方面影响其产业结构的变化。一方面,城市产业结构改变所需的资金、物资都是在现有产业结构下直接或间接创造出来的。城市有无能力进行自我改造,取决于城市现有产业结构。另一方面,城市现有产业结构又对它自身的变化起阻碍作用。产业结构的改变会带来很多问题,如就业和劳动力富余或短缺、机器设备闲置所造成的浪费等,这些问题会对产业结构调整产生阻力。因此,待调整的产业规模大小会影响产业结构调整的难易。

2.社会需求的变化

社会需求的变化是城市产业结构变化的强大拉动力。某产业的收入需求弹性、未来市场的大小决定了它可能发展的规模。在正常的经济机制作用下,需求增长快的产业,它自身的发展也快。因此,在城市经济中所占的比重和所起的作用也将变大;相反,需求发展慢的产业,自身绝对规模可能变大,但在其城市经济中比重将下降,而需求下降的产业,其绝对规模也将缩小。产业结构的改变最终取决于需求结构,特别是消费结构的改变,人们需求的发展变化是社会经济发展的根本动力。

3.投资的数量及分布

投资的数量和分配对城市产业结构改变有着决定性的影响。不论是现有产业结构的调整,还是新兴产业的发展都离不开投资。投资不仅能提高固定资产数量、增加产值,而且能提高劳动生产率。这是因为投资往往伴随着新技术、新设备、新工艺的使用、新产品的投产。但是由于我们各方面欠账太多,因此,每年用于投资的人力、物力、财力不可能满足经济增长的需要。这是目前调整产业结构中的一个很大矛盾。

4. 自然资源的约束

城市的自然资源对其产业结构的约束作用仍然很大。在当今世界市场中，虽然资源对经济的约束作用越来越减弱，但是对于我们这样一个主要依靠自有资源发展经济的大国，交通运输紧张，资源对城市产业结构的约束仍是一个大问题。怎样充分利用资源是制定城市产业政策时必须认真考虑的。利用资源的关键在于合理性、有效性。不能盲目过量开发，要考虑长期效益和整体效益，要珍惜提高深加工度。

5. 技术进步

技术进步对城市产业结构变动的影响是多方面的。此处的技术进步是指能提高经济效益的手段、方法。技术进步对城市产业结构变动的影响主要表现在：第一，技术进步的不同会影响产业之间劳动生产率的相对变化。技术进步无疑能提高各产业的劳动生产率，但是由于技术进步程度不一，技术进步快的产业，劳动生产率相应提高快，技术进步慢的产业，劳动生产率提高慢。第二，技术进步可以降低原材料、能源消耗，使产品向薄、轻、小方向发展，从而减少对生产原材料产业、能源产业的依赖程度，使原材料、能源产业的比重相对下降。第三，技术进步能降低成本，引起价格下跌，这样就会促进需求弹性小的必需品生产的发展相对放慢。就是说用来满足居民需要的产业在该城市国民生产总值中的比重下降，生产奢侈品的产业所占比重上升。这一过程反映了人们生活水平的提高。第四，从长远看，技术进步能使一大批人从物质生产领域解放出来，去从事科学、艺术等创造性活动和社会服务活动，从而使第三产业发展加快，在社会经济活动中所占的份额越来越大。

6. 政策法令

产业政策及有关法令的正确与否对城市产业结构影响很大。因为城市的经济发展，既受市场的作用，又直接受国家的宏观调控和指导，城市产业结构调整不可能不考虑政策法令的约束。目前城市产业结构的不合理状况同过去经济政策指导上的失误，往往是有直接关联的。

7. 外部环境

外部环境对城市产业结构也有很大影响。城市是个开放型系统，是在不断与外部环境发生人、财、物、技术、文化、信息交流中存在和发展的。因此，必须把城市放在它所处的外部条件当中，根据环境对城市产业结构的客观要求制定产业政策。外部环境包括城市所在的地区（含广大农村）、国家和国际环境。一个城市在外部环境中的地位和作用，决定了本城市的主导产业及其发展方向，并带动相关产业以至整个城市的经济成长。

8.城市本身所拥有的经济技术条件及其运用决策

城市本身所拥有的经济技术条件及其运用决策,是直接影响城市产业结构合理化的重要因素。事实上,上面所谈到的诸因素,最终还要通过这个因素来发挥作用,无论是发展传统产业或新兴产业都不能离开经济技术条件。有的城市不根据自身的经济技术条件,追求热门,一哄而起,都搞电子产品。认为不能大干,就先小干,搞一条微型机生产线再说。但是,没有考虑到生产微型机,元器件从哪儿来,生产出来卖给谁,卖出去以后买主会不会用。现在不少计算机运用率不高,有的计算机大楼也没有全效使用,已经形成了浪费。发展新兴产业不能只管生产,不管销售和运用。这就是说一个新兴产业,要立得住,不只是卖产品的问题,生产、销售、服务、培训、软硬件的配合都需要解决好。对于领导来说,需要有技术远见,还要有正确的经济判断,要从技术经济等方面进行研究探索,才能正确地把握产业结构的变动趋势,从而做出科学的决策。

上述决定和影响城市产业结构的因素并不是全部因素,而且,这些因素都不是孤立存在的,是一个系统,它们相互作用的合力,影响着和决定着城市现有产业结构及其变化和发展。以上所说的各种因素不是固定不变的,都是动态的因素,要使产业结构合理化,就要善于及时把握这些动态因素并使之相互协调。

四、城市产业结构发展的趋势

在"十五"、"十一五"到"十二五"的中国社会经济发展规划纲要中,都提出了要重点加强农业、水利、交通、能源、通讯、科技、教育等部门,加强水利、能源、通讯等基础设施建设,重点开发电子信息、生物工程、新材料、新能源、航空航天海洋等产业,积极发展旅游信息、咨询技术服务、法律服务、会计服务等第三产业的重点行业,特别提出要大力发展信息产业,明确了以信息产业为主的产业发展思路。这种思路必然主导着未来产业群的选择方向,将会引起城市产业结构的一系列深刻变化,表现在:一是以现代技术特别是高新技术为主的基础机械和成套装备工业从总体上将替代以传统技术为主的水平低下的基础机械和成套设备工业,使城市机械化水平与世界先进水平接近,某些重点领域将赶上或超过世界先进水平;二是高新技术产业特别是电子信息工业必将迅速发展,占城市 GNP 的比重将不断提高,并向国民经济各个领域渗透;三是汽车、电话、家用电器及其他新兴消费品工业迅速发展,替代已经过时的传统消费品工业,满足居民消费需求不断升级的需要;四是与产业升级和高科技开发应用相关的第三产业以及随市场化改革而不断发展起来的新兴三产行业如信息、咨询、科技、金融、保险、房地产等必将迅速发展,在 GNP 中的比重也将有大的提升。

本世纪是知识经济的时代，国际高科技革命浪潮迭起。知识因素将成为世界经济增长的第一推动力，它标志着一个全新的经济时代的到来，对未来城市产业结构也必将产生深远的影响。在我国的城市产业结构中，信息和文化产业将日益发展，并成为三大产业后的第四和第五产业。

第三节　城市产业结构的优化

一、城市产业结构优化的含义

产业结构优化是指通过产业调整，使各产业实现协调发展，并满足社会不断增长的需求的过程。城市产业结构优化是一个相对的概念，它不是指产业结构水平的绝对高低，而是在城市经济效益最优的目标下，根据城市的地理环境、资源条件、经济发展阶段、科学技术水平、人口规模、城市经济关系等特点，通过对产业结构的调整，使之达到与上述条件相适应的各产业协调发展的状态。但从动态看，产业结构水平应是一个提高的过程。尽管各城市在发展阶段和时点上优化的内容不同，但一般而言，主要包含以下几个方面的内容和要求：

1. 产业结构合理化

要求在一定的经济发展的阶段上，根据消费需求和资源条件，理顺结构，使资源在产业间合理配置，有效利用。

2. 产业结构高度化

要求资源利用水平随着经济技术的进步不断突破原有界限，从而不断推进产业结构向朝阳产业的成长。代表现代产业技术水平的高效率产业部门比重不断增大，经济系统内部显示出巨大的持续创新能力。

产业结构合理化与产业结构高度化有着密切的联系。产业结合理化为产业结构高度化提供了基础，而产业结构高度化则推动产业结构在更高层次上实现合理化。产业结构合理化的着眼点主要是经济发展的近期利益，而产业结构高度化则更多地关注结构成长的未来，着眼于经济发展的长远利益。

3. 产业的均衡发展

要求产业部门间的协调均衡和稳定的发展，即从时间序列的产业波动性评价产业的均衡。产业的协调发展，是指产业部门、产业要素在产业发展中要协调一致。

4.产业发展的高效率

它要求各产业在发展过程中要做到速度、质量和效益的统一。特别是要以提高效益为主要目标。

二、城市产业结构优化的标志

城市产业结构优化在各个时期的内容是不同的,一般应主要包括产业结构的合理化与产业结构的高度化。合理化反映了产业的发展符合社会需要,产业间协调发展,实现经济的良性循环;高度化反映了产业结构的技术水平高、效益好。

分析产业结构优化的方法,目前国际上主要有比较法和影子价格法两种。

比较法是国外学者根据发达国家的历史资料和一定时期人均国民生产总值的不同,与发展中国家进行相应的对比,得出的结论是:随着现代经济的发展,在人均国民生产总值不断提高的情况下,产业部门结构按一定规律变化着。其变动总趋势是农业部门比重下降,工业部门和服务部门比重上升。但由于形成一定的产业结构是由多方面因素决定的,除自然、社会因素外,还有历史的因素,而两地的各种因素不可能完全相同,因此,此方法有一定的局限性。

影子价格法是用各产业部门的影子价格与其整体影子价格平均值的偏离程度来衡量产业结构是否合理,偏离越小,产业结构就越趋合理。影子价格不是现行价格,而是通过线性规划方法对有限资源进行最合理分配时所提出的一种计算价格,是反映某种资源合理利用的经济效果价格。按照西方经济学理论,当各种产品的边际产出相等时,就表明资源得到合理配置,各种产品供需平衡,产业部门结构达到最佳组合。

产业结构的优化是相对于城市的一定时间、地点、条件而言的,不是一成不变的。不同的城市,或者同一城市的不同时期,由于生产力和科学技术发展水平不同,人口和自然资源等条件不同,产业结构都会有不同。但是,产业结构作为一个客观运动的实体,在一定时间和条件下,它是否合理化也应有一个衡量的基本准则和稳定的标准。由于城市产业结构是多因素多层次构成的综合有机体,因此,衡量其优化的标准就不是某一个孤立的单个目标,而应是一个多项目标组合而成的标准系列。具体说来,大致有以下几个方面:

(一)经济、社会、环境和谐发展,力求取得最佳综合效益

综合效益是指经济效益、社会效益和环境效益的统一和协调。经济效益、社会效益、环境效益三者之间不是并列的,也不是等量齐观的。在一般情况下,经济效益处于主导地位,经济效益的优劣,决定着社会效益和环境效益的盛衰。

优化的城市产业结构必然带来最佳的经济效益,从而满足城市居民日益增长的物质和文化生活的需要。这是城市产业结构调整的根本目的,它体现了社会主义生产目的的要求。为了提高人们的衣、食、住、用、行的现代化水平,满足人民不断提高的物质和文化生活的需要,不仅要有经济基础,而且要有良好的社会效益和环境效益作保证。人是经济活动的主体,人的身体健康状态、精神心理状态和工作效率如何,很大程度上取决于所处的社会和自然条件。因此,经济、社会、环境综合的效益是衡量城市产业结构合理化的首要标志。

(二)一、二、三次产业及各产业内部基本比例关系协调,社会扩大再生产稳定顺畅进行

所谓协调是指城市各产业之间有较强的相互转换能力和在生产、分配、消费各个环节之间能和谐地运动。产业之间协调发展是由产业结构的整体性决定的。各个产业部门之间,在质上存在着互相依存、相互制约的关系;在量上是按一定比例组成的有机体。我们要发挥产业结构的整体效益,使各个产业之间在发展中相互创造条件,形成良性的经济互补关系,而不是消极的制约关系,达到一、二、三次产业协调发展、产业结构各个部门内部比例关系协调发展的目的,如郊区农、林、牧、副、渔业相互协调,工业内部的能源工业、原材料工业、加工工业相互协调,等等。只有各产业平衡、协调发展,才能有国民经济的持续稳定增长。

(三)各产业能及时提供社会所需要的产品或服务,具有敏感的应变能力

城市产业结构的应变能力是指它的适应性和竞争力,即各产业根据经济发展和市场的变化具有的一种自我调节功能。优化产业结构一定要适应市场需要,即能够及时提供市场所需要的产品或服务。优化的产业结构在市场上必然表现为较强的适应性和竞争能力。对产业结构起制约作用的因素能及时地、科学地作出变动性反应。制约城市产业结构的因素主要有城市的自然条件、资源条件、科学技术、社会需求结构等。由于这些因素处于不断的运动变化之中,产业结构也必须作相应的变动,只有这种变动是适时的、科学的、有预见性,才能推动城市经济发展。以日本以硅谷著称的九州为例,上世纪 60 年代它只是生产少量的电子产品;到 1970 年,日本电气公司和东芝电气公司把握了新技术革命的脉搏,大力发展集成电路工业;1975 年以来,在钢铁、化工等传统工业萧条不振的情况下,九州的集成电路工业却以年增长 39% 的惊人速度发展,其产值占全国同类产品的四分之一。与此形成鲜明对照的是,在第二次产业革命中崛

起的德国鲁尔区的钢铁工业、纺织工业、汽车工业曾红极一时,可是由于不善于把握新技术革命的挑战的机会,没有适时地调整产业结构,现在正逐步趋向衰落。

（四）能够充分有效地利用城市的人力、物力、技术和自然资源,发挥优势,扬长避短

合理的城市经济结构的重要标志之一就是能够真正发挥自己的综合优势。所谓优势,不是指某一个单项有利条件,而是多项有利因素的有机结合。如某个城市技术加工条件比较好,但资源保障并不好;或者拥有的资源相当丰富,而技术加工条件并不好;或者技术加工、资源保障等条件都比较好,而经营管理水平太差,使得高昂的生产费用影响着产品的价格和竞争力,那么,这项产品或产业也不可能成为这个城市的优势。自然资源对于城市经济发展十分重要,从某种意义上讲,它对城市产业结构有着决定性的意义。如煤炭城市的自然资源是煤炭,因而形成煤炭城市产业结构的物质基础是煤炭资源,它对产业结构有很大的制约。然而,自然资源一般都具有多用性,关键在于要善于利用它,还需要同其他因素结合,要把有限的资源合理利用起来,生产多种产品为城市居民和社会服务,同时也要从城市的未来发展着眼。因为有的资源,如煤炭,是可枯竭而不可再生的资源,因此,要善于搞综合开发利用,要由单纯的原材料生产向多层次加工发展,要有预见地在结构调整和优化上下工夫。

（五）城市与区域产业结构合理分工,相互协调

城市的产业结构,一般不是以仅仅满足城市自身消费的需要为目标,其产品往往是以有较好的市场（包括国际市场）前景和输出为目标的。构成城市之间、城市与区域之间交换的基础是分工,由分工引起的相互之间的商品交换和各方面的经济交往,必然引起城市之间,特别是城市与城市所在区域产业结构的变化。因此,城市和它所在的区域产业结构在分工的基础上是否合理,也是衡量城市产业结构合理化的一个标志。

城市产业结构与区域产业结构有着密切的关系。从生产力的布局来看,城市和区域本身就是一个相互联系的整体。城市虽然处于领导地位,但是与区域的经济发展不能相脱离,实际是一种"一荣俱荣、一损俱损"的关系。城市产业结构是受城市自身和城市经济依存的区域条件限制的,具备什么样的条件,有可能发展哪些产业,能发展到多大规模,都要遵循客观规律的要求。因此,城市产业结构的配置要与区域产业结构的配置相适应,不能只就城市本身考虑,而是要考虑城市和区域共同协调发展。只有这样才能有生产力布局和产业结构

的合理化，才能推动整个城市和地区生产力的发展和水平的提高。

上述衡量城市产业结构优化的五个主要标志，构成了既相互联系，又相互制约的有机的体系。衡量运用时不能简单化，要根据不同的条件、不同的情况，全面把握，区别对待。

三、城市产业结构优化的对策

（一）实施机制创新

首先，要完善市场机制，发挥市场机制的主导作用。我国加入 WTO 后，国际资本进入的障碍减少了，其进入速度将会加快。国际资本将凭借其资金、管理和人才等方面的优势，按市场经济规则和方法对现有的城市企业进行兼并和重组，这将使城市产业结构调整优化不再是靠采取行政性手段来进行，而是由市场来推动。城市产业结构的调整优化，实质上是资源在不同部门、不同产业之间的重新配置。资源的重新配置过程也就是产业结构的优化过程。因此，必须坚持以市场为导向，充分发挥市场机制的作用。这必须建立产权明晰、责权明确、政企分开、管理科学的现代企业制度，使企业真正成为市场的主体；尽快建立全国的统一市场，并完善和健全各类市场；加强法制建设，实行统一的竞争规则，建立健全宏观经济调控体系。只有这样，才能充分发挥市场对产业结构调整优化的主导作用。

其次，要建立健全金融机制，拓展多元化融资渠道。发展城市新兴产业面临的最大困难就是资金匮乏，因此必须建立健全金融机制，通过间接融资和直接融资两种渠道，扩大企业的资金来源。对于高新技术产业，国家除了要给予足够的财政资金保障以外，还应当赋予它们在资本市场上进行直接融资的权利。对于民营的高新技术企业，要突破体制约束，使它们能在股票证券市场上平等竞争，推进民营企业向高新技术产业化发展。间接融资仍然是重点产业和高新技术产业融资的主要形式，国家应允许和鼓励符合条件的企业在境外发行股票或直接发行债券，与国际市场接轨，更多地在境外筹集资金。

此外，国家还应鼓励商业银行加大对重点产业的贷款规模，积极地引进外资，增强企业的资金注入。

（二）实施技术创新，改造传统产业，促进产业结构升级

产业技术的进步一般可以通过以下途径实现：

一是技术引进，二是技术创新。技术引进可以解决资金匮乏和技术落后的问题，有利于改造传统产业，提高国内产业素质。技术创新可以增强我国产业

的国际竞争力。为此,必须进一步加大科技兴国战略的实施力度。

一是大胆采用对本国发展所需的高新技术,千方百计引进和推广。

二是对传统老产品进行技术改造,用新技术、新工艺进行"嫁接"。

三是依托我国现有的科技力量,彻底改革现有的科技管理体制,打破科研与生产分离的局面,鼓励科研院所、大专院校与企业进行技术合作,源源不断地输送新技术新成果到企业,推动科研成果转化为生产力。

四是不断完善企业内部组织体系和激励机制,鼓励企业增加技术开发和技术改造资金,为企业技术开发提供优惠贷款,推动企业的技术进步,增强企业的"造血"能力。

五是要进一步发展技术市场,尽快完善技术进步政策体系,激励技术人员大胆创新,多出成果。

(三)扶持和发展新兴产业,以产业结构升级带动产业结构调整优化

从我国目前来看,原来支持经济快速发展的一批增长点趋于平缓或衰弱,许多产品出现供大于求的格局。从经济全局看,通过进入新的发展潜力较大的产品和产业,开辟新的经济增长领域,直接实现产业结构升级,是调整城市产业结构的一种最为积极的方式。从近期看,有望成为城市经济快速增长领域的行业包括城市基础设施建设、居民住宅建筑业、家庭用小汽车、城市生产和生活服务业、与保护环境相关的制造业和服务产业,以及通信、计算机、生物工程和信息服务等新兴产业等。城市政府尤其需要高度重视信息技术及其相关产业的发展,学习发达国家的成功经验,加大面向全社会的信息基础设施的投资力度,在产业化领域加强竞争力度。

(四)支持技术先进、管理科学、质量效益好、竞争力强的大企业或集团,大力推进规模经济

我国产业的基本特征是规模小型化,产业集中度低,呈分散化格局。这就造成了企业利润率低、亏损面大、生产能力过剩、资源闲置浪费、产品开发落后、技术进步缓慢、缺乏与国际大企业竞争的能力等弊端。大部分大企业有较强的经济和科研实力。如北京的四通、联通、北大方正,上海的贝岭,山东的海尔集团,广东的中山威力、TCL 等都是我国的大企业,它们利用其人才、技术和资金优势,在引进、消化和吸收国际先进技术的基础上,研制开发出具有自主知识产权的系列产品,在国内外逐渐打开了市场,并在某些高新技术领域形成较大的影响力。因此,加快提高企业经营规模,加速产业集中,培育有竞争力的国际知名品牌,培育有国际竞争力的大企业,可以带动我国城市产业结构的优化升级。

（五）完善政府管理，加强国家对产业政策的引导

我国作为一个传统的农业国和人均资源较为贫乏的国家，推进产业结构的高级化要适应我国的经济发展状况和发展战略需要。政府要把工作重点从上项目、保速度，转变到推进产业结构调整方面上来，继续制定完善的产业政策体系，提出明确的发展规划、产业布局、规模标准、重点建设项目以及关键产品国产化的进度要求；要运用财政、信贷手段，解决那些投资风险大、技术升级周期长等市场难以调节的问题；建立多层次、全方位服务体系，做好服务工作，给产业结构调整创造一个宽松的外部环境。如中国许多农产品生产都没有国际竞争优势，政府要扶持一些具有区域性、特色性、带动性和辐射性强、科技含量高的农业产业，调整优化农业的产业结构，并把它作为推进农业现代化的重要手段。又如在制造业内部，在多年对外开放的过程中，中国沿海部分地区已显示出在低素质劳动力密集型制成品上的国际竞争优势，由于资本相对稀缺的状况短期内很难改变，只要保持劳动力市场的竞争性和跨区域的充分流动性，而国际市场环境不恶化，扩大劳动力密集型制成品的出口潜力还很大。加入世贸组织，有助于这类产业的发展。人为地压制这类产业的发展，将不仅不利于劳动力由第一产业流出，而且不利于城市国际竞争优势的发挥和总体资源配置效率的提高。此外，虽然制造业比重过高，工业品过剩，但城市的制造业规模还需要不断扩张，以便缩小中国人均制造业增加值与先进国家水平的差距。当然，在继续发展具有竞争优势的劳动力密集型制造业的同时，还要不断发展资本密集型和技术密集型制造业，促进制造业内部结构升级，并提高资本密集型和技术密集型制成品。

第四节　城市产业结构的升级

一、城市产业结构升级的含义

产业结构升级是指在产业结构优化过程中实现了由低级向高级的结构转换，也可以说产业结构升级是产业结构成长过程中的由量变到质变的飞跃。城市产业结构成长过程包含着不止一次的结构均衡—非均衡转换关系。从结构均衡要求出发，产业结构成长形态有三个不同层次：不合理的产业结构、合理的产业结构和最优的产业结构。产业结构是否合理或最优，关键在于产业间是否协调。所谓城市产业结构是指城市产业之间内在的有机联系形式。在这种联

系形式中，产业之间的相互作用会产生一种不同于各产业能力简单总和的整体能力。产业之间的相互配合越是协调，城市结构整体能力就越强，这种产业结构就是合理的。如果整体能力达到最大化，这时产业结构就是最优化。反之，结构关系不协调，结构整体能力就低，产业结构就是不合理的。据此，我们可以对城市产业结构成长的三个不同层次作如下界定：

（一）不合理产业结构的特征

1. 对外贸易不协调

由于国内缺乏必需的生活资料和生产资料的关键产业部门，其大量的生活、生产必需品依赖国外进口。在这种情况下，如果该国不能大量出口初级产品加以均衡，必然会负债累累。

2. 各个产业素质不协调

产业素质包括劳动力素质和管理水平等，它可以用比较劳动生产率指标来衡量。各产业素质不协调表现为各产业的比较劳动生产率数值分布的离散和无序。如果一个国家农业劳动力占社会总劳动力的极大部分，而农业产值占GNP 的比重却很小，农业比较劳动生产率就低，这就和其他产业形成了相当悬殊的差距，从而反映了该国产业素质不协调。

3. 产业结构内部比例不协调

这是由产业结构本身存在着不符合投入产出关系要求引起的，具体表现为每个生产部门内部生产要素之间、生产要素和产出量之间的比例不当。当某一产业部门内生产要素比例不当时，就会造成生产中资源闲置的状况，结果必然是单位产品成本提高，部门效益下降。

4. 最终产品结构和社会需求结构不协调

社会总需求包括消费需求和投资需求，在一定的经济发展水平下，这二者都有一个大体相对稳定的结构形态。当产业产出结构和社会需求等结构脱节时，表现为最终产品中有相当部分不为社会所需，同时又必然有许多产品满足不了社会需求，形成产品过剩和不足并存的局面。

5. 产业部门的增长速度不协调

在产业结构成长的过程中，产业部门的增长速度是不完全均匀的，但也不能差距过大。否则，必然造成再生产过程中的结构性时滞差。产业部门增长速度分布不均匀，表现为两个方面：一是高增长部门、减速增长部门和潜在增长部门之间增长速率差距过大，反映在"夕阳产业"和"朝阳产业"之间的连接和相交替不协调；二是这三类部门的比例不合理，在经济发展中则表现出经济增长的较大波动。

只要在产业结构中存在上述五种形态中的任何一种状态，便可认为这种产业结构是不合理的。

（二）合理产业结构的特征

1. 产业结构体系较完整，并能充分利用国际分工协作

随着世界经济的一体化发展，合理利用国际分工和协作是提高劳动生产率，促进经济发展的一条有效途径。当然，在和国际市场的联系中，既要获得国际分工的利益，又不能造成对国际市场的过分依赖。合理的产业结构应该和合理的外贸结构结合起来，充分发挥国内的优势，充分利用国际市场，不断扩大出口。

2. 各个产业部门协调发展，并具有较强的相互转换能力

这表现在各产业部门之间在质上互相依存、制约，在量上按一定比例组成，在生产、分配、交换、消费各个环节能和谐地运动。衡量产业结构是否协调，首先看三大产业是否相互适应。根据产业结构变动的一般规律，在以汽车、电子和石油化工为标志的技术结构中，工业发展速度应较多超过农业，服务业略超过工业；而在微电子为标志的技术结构中，服务业领先于工业和农业的速度应更快些。与此相适应，产业结构中三大产业呈如下的变化规律：工业比重略有上升，后保持稳定或略有下降；农业比重持续下降，然后基本稳定；服务业比重持续上升。其次看各个生产部门是否相互协调。这主要反映在能源、原材料和加工工业之间的相互关系上。从世界发达国家产业结构成长的经验看，能源、原材料工业，如电力、煤炭、钢铁等基础工业的发展，应先于加工工业。只有当基础工业达到适当规模以后，加工工业才成为重点发展对象。

3. 社会总供给和社会总需求大体处于均衡状态

各产业应能及时提供社会所需要的产品或服务，并有应变能力，最大限度地满足社会需求。所谓应变能力是指它的适应性和竞争力，即各产业根据经济发展和市场的变化具有一种自我调节的能力，保证生产和消费相适应、货币需求和货币供给相适应、劳动供给要和劳动需求相适应。因而，一国或一个地区在一定时期内生产和消费实现同步增长，物价基本稳定，经济稳定增长，就业比较充分，就意味着这个国家或地区总供给和总需求是均衡的，意味着产业结构处于比较合理的状态。

4. 产业结构和技术和生产力水平相适应

在不同的历史时期有不同的主导技术和主导产业，它们是技术和生产力发展的主要标志，也是经济增长最重要的动力。因此，衡量产业结构是否适应技术和生产力发展水平，首先要看它是否以主导技术和主导产业为核心。主导技

术与主导产业是不断更替的,而产业结构重心应随着主导技术和主导产业的更替不断转移。只有这样,产业结构才能始终同技术和生产力发展水平保持一致。

5.产业结构和自然资源相适应

在技术和生产力发展水平一定的条件下,由于自然结构不同,产业结构也会有所不同。一般来说,自然资源越是贫乏的城市,原材料开采和初级产品加工工业的发展越慢,在产业结构中的比重越小,因此,产业结构会表现出很强的外向型结构。不过,自然资源结构会受到价格结构的影响,当某种资源的国际价格长期稳定地保持较低水平时,通过进口会使资源贫乏的城市获得相当丰富的资源,较快地发展相应的工业。所以,调整产业结构时,不仅要考虑自然资源结构,也应注意市场资源供给条件的变化。

同时具备以上五种形态是合理产业结构的基本条件。合理产业结构从简单否定不合理产业结构为始点,到最优产业结构为终点,其间存在许多中间形态。越接近最优产业结构的形态,合理化程度就越高。因此,产业结构的成长有个不断使合理的产业结构优化的过程。

(三)最优产业结构的特征

1.最优产品供给结构

在市场经济条件下,产品需求强度可以根据每个消费者对产品的评价来测量。需求强度大的商品,对它的评价必然就高,反之就低。我们可以假定所有消费者对所有商品的评价都是已知的,从而求出社会对各种商品组合的每一种社会总评价之和。在生产资源耗费相同的情况下,在生产出来的各种产品结构中,社会评价最大的一种产品结构即为最优结构,因为它满足社会需求的强度最大。然而,每个消费者是按一个市价支付货币,而不是按自己的心理评价来付款的,因而实际上是无法获得每种产品的社会评价并计算出每组产品结构的社会总评价的。可见,产品供给结构的优劣是一个相对概念,评判产品结构优劣的方法,就是比较等量的生产资源消耗用于不同产品上所带来的社会效益的大小。只要知道某种产品供给结构的社会评价比其他产品供给结构的评价高就行了,不需要知道确切高多少,更不需要知道每种产品供给结构评价的绝对值是多少。但是,社会分配变化会直接引起社会需求结构变化,从而引起最优产品供给结构的变化,就是说有多少种分配方案就会有多少种最优产品供给结构。那么,和最佳配置方式相关联的那个最优产品供给结构具有何种前提条件呢?原则上讲,最佳配置方式有两个标准:一是在生产资源耗费相等的条件下,一国的国民收入中用于人民生活消费的数值达到长期最大化。这在实质上就

是要确定一个积累和消费最佳比例或最佳积累率。积累率的高低直接影响国民长期消费水平的高低。先从极端情况说，如果积累率为零，国民收入全部用于消费，从短期看人均消费水平是高的；但是长期看则因为没有积累，不能扩大再生产，至多只能维持简单再生产，所以人均消费水平不会提高，当人口增加时甚至会降低。若积累率从零逐步上升，人均消费水平就会因生产规模扩大和国民收入不断增长而逐步提高，此时，因积累率提高而一时减少的消费量会随着国民收入的增加而得到更多的补偿。这种情况会持续到某一个积累率提高点，超过这个积累率后，人均消费水平将不再提高，反而会逐步下降。原因在于国民收入增加促使消费水平提高的力量，无法弥补积累率增加使消费水平下降的力量，此时的积累率为最佳积累率。二是分配在社会成员之间合理。个人之间分配所得的比例，既不能贫富过于悬殊，导致两极分化，又不能绝对平均主义，失去生产效率，必须在两者之间选择一个合理区间，真正实行公平分配。因此，最优产品供给结构，是在收入绝对量服从最优积累率，收入相对公平而不失效率的条件下，同社会最大需求强度结构一致的产品供给结构。

2. 最优生产要素配置结构

在既定的生产要素价格体系下，生产同种等量产品时，运用不同生产要素组合的生产费用是不相同的，其中必有一种生产费用最低。因而，每种产品结构下都存在一种生产要素成本最低的生产要素配置结构。在最优产品供给结构下存在的使要素成本最低的生产要素配置结构，就是最优生产要素配置结构。

此时的生产要素的价格体系必须充分取决于供求关系，能够指示一个国家包括自然资源在内的各种生产要素的稀缺和丰裕程度。在这样的价格体系下，最优生产要素配量结构就能和该国生产要素的天然结构相一致，使丰富的生产资源得到最充分的利用，同时还能促进生产者研究替代稀缺资源的技术。

由此可见，最优产品供给结构和最优生产要素配置结构的统一，就是最优产业结构。

二、城市产业结构升级的表现形式

产业结构升级的核心是生产率的提高，包括原有部门生产率的提高和具有高生产率上升率特征的新兴产业的比重的提高。前者使产品成本下降和质量提高，而后者使供给和消费水平升级，而且只有生产率的提高才能保证出口结构随着生产结构的升级而随之升级。世界经济发展史告诉我们，生产率的提高主要表现在包括设备更新在内的主导产业的技术进步和高技术的产业化。

（一）主导产业的技术进步

在经济发展的不同阶段和不同的产业结构中,各产业的发展速度是不同的,有些产业发展得很快,有些产业发展得较慢,也有些产业则在不断地萎缩。显然,在特定经济时期和特定产业结构中,各产业所起的作用和所作的贡献是不一样的,其中,有一类对特定经济时期和特定产业结构贡献最大的产业就被称之为主导增长产业,简称主导产业。产业经济学理论和发达国家的经验都表明,国家或地区的经济增长往往是由一个或几个主导产业的高速发展带动起来的。通过主导产业所具有的较强的吸收新技术能力和高技术进步速度、高关联度、高技术渗透力,减少物资、能源消耗,提高加工程度,提高附加价值,带动整个产业结构的升级,并由此而获得较高的和持续的发展速度,满足不断增长的市场需求。主导产业能够带动经济发展的使命一旦完成,就会发生主导产业的更迭,而高速扩张产业的有序更替,就使得产业结构迈向更高的阶段。

主导产业是根据城市的具体实际情况确定的,一般来说,主导产业具有区别于其他产业的三个特征:

第一,主导产业导入了创新,并由此创造了新的市场需求。有些产业,创新并不一定创造新的市场需求。因此,对于这些产业,由于市场需求的原因,创新对促进产业发展的作用十分有限,使之不能对其他产业的发展起领头作用,所以这部分产业不能成为主导产业,例如现代产业结构中的纺织工业和食品工业等传统产业。而对于主导产业来说,创新不但为其导入了新的生产函数,加速了产业技术的进步,更重要的是还为其带来了新的市场需求,使其对整个产业结构具有引导作用,对其他产业的发展也具有巨大的带动作用。

第二,主导产业具有持续的高增长率。由于主导产业导入了新的生产函数,促进了产业的技术进步,并创造了新的市场需求,因此,主导产业可以获得较快的发展速度,表现出较高的产业增长率。在整个国民经济陷入衰退期时,主导产业仍可维持较高的扩张率。

第三,主导产业有突出的扩散效应。美国著名经济学家罗斯托认为,扩散效应是判定主导产业的关键。因为主导产业对经济发展和产业结构的主导作用是通过其扩散效应而表现的。罗斯托将产业的扩散效应分为三种:第一种是"回顾效应"。主导产业在高速增长阶段,根据其技术特点而对各种生产要素产生新的投入要求,从而刺激这些要素供给产业的发展。第二种是"前瞻效应"。这是指由于主导产业的发展而对新技术、新材料和新能源等产生的诱导作用。前瞻效应不但显示了主导产业对产业结构的"引路"作用,而且为在更大范围内进行经济活动提供了可能性。第三种是"旁侧效应"。旁侧效应常用来表示由于主导产业的发展而对其周围地区的经济影响。

随着经济活动的范围不断扩大和社会分工的进一步深化,由单个产业充当主导产业的角色来带动整个经济发展和产业结构演进几乎是不可能了,而是由一组产业形成一个"主导产业群"来带动经济发展和产业结构向高级演进。如由钢铁、电力、机械和化学等重化工业组成的主导产业群,就曾对许多国家和城市的重工业化起了主导的作用,起到了促进产业结构的升级。

(二)高新技术产业化

"高技术"(high technology)一词起源于美国。美国在20世纪50年代中期进入信息社会,由此出现"高技术"概念。目前各国对"高技术"有不同的用法,国际上还没有一个统一的定义。日本称"先端技术",加拿大称"战略技术",但比较多的人认为:高技术是以科学最新成就为基础的、处于当代科学技术前沿的、建立在综合科学研究基础上的技术。在中国,在征询了国内多名专家的意见后,所界定的"高技术"涵义是"高技术是建立在对于促进社会文明、增强国防实力起先导作用的新技术群上的"。同样,目前世界各国对"高技术产业"的概念,也有不同的认识。美国学者纳尔逊认为,"所谓高技术产业是指那些以大量投入研究与开发资金,以及迅速的技术进步为标志的产业"。戴曼斯叔认为,对高技术企业的定义,主要依据两大特点:一是专业技术人员比例高;二是销售收入中用于研究与开发的投资比例高。这两大特点又反映了一个共同的东西,即"知识密集",这是高技术产品的一个必要成分,也是技术继续创新的必需。近年来,有人提出用三项技术指数来定义:一是R&D经费占工业总销售额的比值(研究与开发经费密度);二是专业科技人数占总就业人数的比值(专业科技人员密度);三是使用年限在3年内的资本占总资本的比重(新资本率)。1986年我国制定了以7个领域、15个项目为主攻目标的高技术研究发展计划,即"863计划"。在这个计划中所提到的高技术产业概念,与发达国家的一般概念相近。1988年我国又制定了"火炬计划",在此计划中将"高技术产业"延伸为"高技术、新技术产业",即由狭义的、一般的高技术产业概念延伸为广义的、包括一切新技术领域的"高新技术产业"概念。"新技术"是指填补国内空白的技术,"新技术"不一定是"高技术"。

显然,主导产业的技术进步是对现有的产业而言的。而高新技术产业化是将高新技术迅速形成新的产业。技术含量高的产业得以快速增长,而传统产业则趋向相对萎缩。蓬勃兴起的高新技术,最终都应该转化成商品,以满足社会成员生产和生活的需要,这种转化就是高技术的产业化。目前,以微电子技术、计算机技术、新材料技术、信息技术、激光技术、航天技术、核技术、海洋技术和

生物工程技术等为中心的高技术产业群,正在全球范围内广泛地影响着经济的发展和改变着原来的产业结构。

高新技术产业是用当代尖端技术和新技术生产产品的产业群,与一般产业、传统产业有显著的不同特点:

(1)知识、技术、人才、资金高密集性。高新技术产业是建立在最新科学研究成果基础上的,并且是综合科学研究的结晶。因此,其发展必须聚集大量高级专门人才,凝聚众多的知识和先进技术,并以大量的投资作为保障。其中高智力的人才资源更为重要。

(2)不断创新、开拓性。高新技术不是对已有技术的重复和综合,而是在广泛运用多种现代科学技术成果基础上,通过不断的研究探索,发展新的知识领域,在技术上不断得到创新,并在社会上开拓出更多的就业门类。

(3)高附加价值、高增长性。高新技术产业的不断创新性,决定了其产品是为市场所需的高质量、高性能、低能耗的新型产品。可在较长一段时期保持其垄断地位,并可获得高额垄断利润,因此高技术产品一般都有较高的附加价值。产品生产中技术难度越大,创新程度越高,维持得越持久,获得的附加价值就越高、越持久。由于高新技术产业的产品附加价值高,必将会吸引更多的投资者,又因其技术进步率高,社会需求大,必然具有高增长率。

(4)高效益、强渗透性。高新技术产业的产品一旦开发成功,可具有很强的渗透性和扩散性。以某一高新技术为辐射源,可带动一批高新技术企业的发展。高新技术广泛渗入传统产业可促进产业结构、产品结构的升级换代,并渗入社会、经济、生活各个层面,从而产生巨大的经济效益和社会效益。如目前仅就广泛运用计算机这一个方面,美国 2 亿人就可以完成 40 亿人的工作量。

(5)高风险性。高新技术产品的研制与开发处于科学技术的前沿,所需投资大,而成功与否很难预料。因此,任何一项高新技术产品从构思、设计、开发到应用都含有很大的风险。据"欧洲经管会"的一份调查报告说,在欧美发达国家,高技术企业的平均成功率仅为 18%。

(6)时效性。高新技术的市场竞争激烈,时间效益特别突出,只有适时地向市场投放最新成果,才能取得最佳效益,否则时过境迁,也就意味着失败。

(7)战略性。高新技术是以科学技术表现的战略实力,在国家最高的军事、经济层次中,直接关系国家的经济、政治和军事地位,它是不容忽视的国家力量的组成部分,同时又是国家战略力量的标志之一。

三、城市产业结构升级的对策

产业结构升级是指产业由低层次向高层次的转换过程,它不仅包含产业产出总量的增长,而且还包含产业结构的高度化。产业结构升级对城市经济的健康、快速发展有重大意义:第一,产业结构升级使产业结构和需求结构相适应。产业结构和需求结构不相适应的根本原因是生产相对过剩,消费选择性的增强,不仅要求商品数量的满足,更要求质量档次的提高、花色品种的增加和商品服务消费的扩大。只有产业结构升级,使产业结构和需求结构相适应,才能解决生产相对过剩的问题。第二,产业结构升级和加快技术进步是相互促进的。一方面,加快技术进步能促进产业升级;另一方面,加快技术进步也要求产业结构调整和升级。第三,产业结构升级是提高国际竞争力的要求。随着经济的全球化,产业面临着日益激烈的国际竞争。它不仅存在于国内市场,也存在于国际市场。它不仅是商品数量的竞争,更重要的是技术、质量和效率的竞争。如果不实现产业结构升级,产品和企业的竞争力就不能提高,越来越多的产品会被迫退出国内外市场。第四,产业结构升级是国民经济持续、健康、快速发展的需要。如果不实现产业结构升级,产业结构和需求结构不相适应,生产相对过剩的问题就无法解决,国民经济也就难以持续快速地发展。

推动城市产业结构升级有许多方法途径,主要措施有:

(一)推进传统产业的技术升级和产业的更新换代

首先,传统产业在注入高新技术的内涵后仍会重新焕发出青春的活力,并非就是夕阳产业。所以在这个过程中,要重视产业的技术升级,接受现代科学技术和管理技术,并对其加以改进,使之符合本城市的产业和技术基础以及市场条件,这是产业持续发展的最重要条件。城市能在多大程度上具备自己的研究能力和开发能力并不重要,重要的是它应具备足够的能力从世界上已有的科学技术中选择恰当的内容,并应用于本城市的实践之中,使本城市产业的技术迅速升级。其次,要使企业成为技术开发的中心。虽然大量的研究成果是从大学和研究院所研究成功的,但大学和研究院所的研究成果由于缺乏转换为社会生产力的必要机制和条件,往往只能将研究成果束之高阁;而要加快研究成果转化为生产力的步伐,必须使企业成为技术开发的中心。再次,要解决好企业技术改造、技术创新的资金问题。企业进行技术改造和技术创新,需要大量的资金进行初试、中试和大批量生产以及市场推广,因此,要在价格、税率、利率、关税等各方面给企业技术改造和技术创新以资金上的支持。

（二）正确处理产业升级和产业补短的关系

发展中国家在工业化阶段，既面临着产业升级的压力，同时又有产业补短的要求。一方面，工业化国家产业的不断进化，使得发展中国家为实现赶超目标不得不以更快的速度实现产业升级，否则，发展中国家就可能永远处于落后地位而无法翻身；另一方面，发展中国家为实现产业发展，必然会选择一些主导产业或战略产业实行倾斜发展或不均衡发展，从而带来一些产业发展较快，一些产业发展较慢的问题。为此，就不断要求进行产业补短，以使失衡了的产业结构恢复平衡。在中国，农业的基础地位还很脆弱，农业靠天吃饭的局面短期内还不会改变，第三产业和基础设施、基础工业也相对滞后。因此，在加快产业升级的同时，还要切实加强农业，继续加强基础设施和基础工业，鼓励和引导第三产业加快发展。

（三）选择好城市主导产业

主导产业是在产业结构中处于带头地位的产业，它在很大程度上决定了该城市的产业结构未来的发展方向和模式。需求、生产、就业、资源、进出口、发展目标等因素都会对重点产业的选择产生影响，从而导致产业升级缓慢和社会资源的大量浪费。因此，为了更好地实现产业升级，应很好地考虑主导产业的选择：一要考虑产业发展对社会资源的吸纳程度；二要考虑产业发展与市场经济成熟状况的关联程度；三要考虑产业发展对其他关联产业的支持程度；四要考虑产业自身规模及其总产值占国民总收入的比重。总之，主导产业选择连接着城市产业发展的现状和未来，对城市产业升级具有至关重要的意义。

（四）建立产业升级的保障机制

产业升级保障机制能够保证资源充足，在各部门合理分配资源，并能提高资源的利用效率，使人民得到最好的福利。城市产业升级保障机制主要包括合理的经济体制、优秀的企业家群体、科学的经济发展战略和产业政策等内容。其中最重要的是要建立起能够促进产业升级的经济体制，包括合理的所有制结构、有活力的企业、合理的企业组织结构、竞争性市场体制和优胜劣汰机制、合理的投融资体制和企业购并行为。值得注意的是，一个好的产业升级保障机制能够弥补所有产业结构的缺陷，一个差的保障机制则会限制甚至扼杀原有产业结构的优点。

四、城市产业结构优化与升级之间的关系

产业结构成长的过程经历了不合理的产业结构、合理的产业结构和最优产

业结构三个不同层次的状态。从不合理产业结构到合理产业结构的转化过程，称为产业结构合理化。从合理产业结构向最优产业结构的趋近过程，称之为产业结构优化。而产业结构升级则是实现合理产业结构转换为最优产业结构。

首先，从静态看，产业结构优化包括产业结构合理化，是产业结构升级的基础。只有先实行优化，最后才能实现升级。产业结构升级是目标，产业结构优化则是经常性的工作。

其次，从动态看，产业结构优化和产业结构升级是相互渗透、互为作用的。要实现产业结构升级，不仅必须先进行产业结构优化，而且产业结构成长水平越高，其升级程度也越高。产业结构优化是通过不断调整，使各产业实现协调发展，并满足社会不断增长的需求的过程。实际上，这一过程也是产业结构向升级发展的成长过程。

产业结构从简单否定不合理产业结构为始点，到最优产业结构为终点，其间存在许多中间形态。其中越接近最优产业结构的形态，合理化程度就越高。因此，产业结构的升级有个不断使合理的产业结构优化的过程。人们总是希望产业结构永远处于最优状态，但实现情况不能如愿。低程度的合理产业结构和不合理产业结构经常存在，产业结构优化就是不断地进行调节，在这个过程中，产业结构本身得以发展和提高。因此，在经济发展到一定阶段，可以根据实际情况，确定产业结构调整的重点。在产业结构严重不合理、国民经济瓶颈制约严重、结构矛盾加剧的情况下，产业结构调整的重点是合理化问题；而在产业结构内部矛盾相对缓和、产业结构不适应收入提高而引起的需求结构变动的情况下，产业结构调整的重点则是优化问题，应提高产业结构转换能力，促进产业结构适应需求结构的变动。在产业结构调整过程中，要把合理化和优化结合起来，以产业结构合理化促进产业结构优化，以产业结构优化带动产业结构合理化，在产业结构合理化过程中实现产业结构优化，在产业结构优化进程中实现产业结构合理化的调整，只有这样，才能最终实现产业结构的升级。

第五节　城市主导产业的培育

一、城市主导产业的构成

主导产业是指在国民经济中占有重要战略地位的产业。从产业发展上讲，它对国民经济其他产业的影响程度通常都较大，同时受到国民经济其他产业的

影响也较大。因此,这些产业的发展直接或间接地影响着经济的发展。以主导产业战略整合产业优势资源就是要形成城市的产业高地。产业高地的核心是"高",即商品或服务高质量、高技术性能,对市场的强影响力和独特的竞争力,并且还表现为较大的规模扩张力。

一个专业化部门要成为城市主导产业,必须具备下述四个条件:(1)有较高的区位商,一般应在2以上,产品主要销往城市外区域。如果是第三产业,则主要业务是为城市外区域服务(如旅游业,游客主要是外地客人)。(2)在城市生产总值中占有较大比重,因而能够在一定程度上主导城市经济发展。有的部门,如某种手工艺产品,其产品尽管有80%以上是供城市外区域消费的,区位商很高,但这种行业在本地产业中所占比重很小,则不能在城市经济发展中起主导作用。(3)与城市较多的产业部门存在生产或非生产的联系,包括城市产业部门大量为其提供投入物,或者其产品是城市其他产业的重要投入物等。相反,如果该产业的产品孤立供应城市外区域,与城市产业完全没有投入产出联系,则很难称得上是真正意义的主导产业。(4)主导产业应该是有发展前途的兴旺产业,符合生产技术的发展和市场需求变化的潮流,有良好的经济前景。

主导产业不同于通常所称的支柱产业。虽然两者在内涵上存在共性,即都在城市产业结构中占据相当的比重,对城市经济的发展起着至关重要的作用,但两者存在一定区别。其差异表现在:(1)主导产业具有动态性的特点,而支柱产业则是静态的概念。主导产业要实现其对区域经济的导向性,必须具有较高的产业关联度,如前后关联,即主导产业与需要自己产品的产业的关联;后向关联,即主导产业与向自己提供生产资料的产业的关联;横向关联,即主导产业与其他与之分工协作的经济部门的关联。主导产业通过这些关联链条,发挥扩散效应,将自己的产业优势传递到各相关产业,带动整个城市经济的全面发展。支柱产业强调的是在一定时期内,在城市产业系统中,该产业的产值比重较大,具举足轻重的作用,但不强调其导向性和关联性作用,对未来的城市或产业整体变动方向和态势的影响没有主导产业那么大。(2)两者在内在属性方面各有侧重。主导产业必须具有技术上的先进性,从而可以不断创新,发挥带动作用;必须具有阶段性,随着经济发展而转换。支柱产业的产出在区域总产出中占有很大比例,是因为支柱产业在投资数量上具有优势,但它不一定具有很强的技术先进性,也不一定具有分层次的、不断增强的市场前景和比较优势。从外延上看,主导产业与支柱产业不是重叠的关系,而是一种交叉的关系。主导产业可以发展成为支柱产业,但支柱产业不一定是主导产业。

主导产业作为一个城市国民经济的核心对整个经济增长起着带动作用。

在经济运行和产业建设中,主导产业由于其所处的特殊位置和自身固有的特点,使它在一个城市中往往率先进入技术创新和制度创新,比其他产业具有较高的经济增长率和劳动生产率。主导产业由于其处于生产联系链条中的关键环节,在一个城市的产业建设中,对其他产业部门具有很强的直接或间接的经济技术联系,其发展往往能带动一大批产业的形成和发展。主导产业的这种作用可以称之为产业的连锁效应。这一效应通常分为三种类型:一种是向前连锁效应,指某一产业的发展诱导出新产业的崛起;一种是向后连锁效应,它表明一个产业的发展对于为自身投入生产资料的各部门的影响;再一种是横向连锁效应,指一个产业的发展对其所在的地区经济结构和发展的影响。

一个城市的主导产业也是确立该城市的产业结构依据之一。一个城市选准了主导产业并估算出其发展的规模和速度,就可以相应地确定整个城市的产业结构。这大体可以分为三个层面:第一层面是为主导产业提供产量服务的产业;第二层面是对主导产业的产品或者是利用其制造出来的废水、废渣、废气进行初加工、再加工、深度加工及其他由主导产业而衍生出来诸产业;第三层面是为当地居民提供一般日常消费品的产业。值得注意的是,城市的优势产品、主导产业并不一定只有一个,很可能是两个或两个以上,这就需要我们对这些产业进行排序,确立一个先后顺序,这样有利于实现整个城市产业结构的优化。

透过产业经济学的理论和世界工业化国家的发展经验可以看出,一个城市的经济增长往往是由数个主导产业部门的高度发展带动起来的。这方面成功的例子很多。从国际范围来看,有代表性的主要有芬兰、日本、韩国等。它们都是从本国的实际情况出发,通过在一定时期内重点树立和发展主导产业,从而带动了其他相关产业的迅速发展。

二战后,日本运用适当的城市产业政策和积极的协调措施,以电力工业、石油加工工业、石化工业、钢铁工业、造船业、汽车工业、家用电器业、高技术产业等为主导产业群,在不同的时期采用不同的主导产业,并使经济实现了高速增长,成为世界经济强国。从日本走过的工业化道路看,其遵循了城市产业结构的演进规律,走过的是一条"轻工业化—重工业化—高加工度化—高附加值化"的产业结构不断演化的过程。日本城市主导产业的发展替换也促进了日本产业结构的优化和演进。二战后日本为促进城市经济的恢复发展,确立了以钢铁工业、造船业、电力工业、石油工业为主导产业,而到了经济有了一定发展基础后,又以汽车工业、家用电器业、高技术产业为主导产业,实现了主导产业的替代,为日本城市经济实力的增加和产业结构的优化奠定了基础。但是进入上世纪80年代以来,由于国际国内市场形势的变化,日本的城市主导产业部门经历了近三四十年的发展,开始进入衰退期。为此日本提出了调整城市产业结构的设想:减少资源能源高的消耗型工业,集中发展耗能少、知识密集的农业。在此基础上,确立了以微电子产业、新材料产业、生物工程产业、机械电子装置产业、光学、机械产业等节能型产业作为主导产业。

二、选择城市主导产业的原则

总体上说,确立城市主导产业必须遵循"有所为、不所不为","但求所在、不求所有"等市场经济体制条件下的城市经济运行原则。所谓"有所为、有所不为"是指符合城市优势的产业"为之",不符合城市优势的产业则"不为之"。所谓"但求所在、不求所有"是指要能充分利用城市优势的产业,即使归外部经济主体所有,也鼓励其在本城市发展。此外,还应该遵循"但求所有、不求所在",这是指凡是不符合本城市优势,不适合在本城市发展的产业,如果本城市的经济主体有投资意向,就应该到拥有该产业发展优势的城市去投资,而不必非在本城市建设不可。

选择城市主导产业的具体原则,主要有以下五个方面:

(一)应选择能充分发挥城市优势的产业部门

城市优势是由历史和现实的各种因素所决定、本城市拥有的、相对稳定的有利条件。城市主导产业若能建立在优势之上,则能产生投入省、见效大、乃至事半功倍的效果,尤其能保障长期稳定的发展。如果选择不具备城市优势的产业作为主导产业,虽然也能给城市经济带来一时的发展,但这种发展往往投入量大,困难和障碍较多,事倍功半,不容易长久高效发展。随着其他优势城市相应专业化产业的发展,本城市的相同产业很可能在竞争中失利。

特色产业持续创新与升级,从而获得城市竞争优势,取决于以下四方面的条件:生产要素条件;需求条件;相关支撑产业;厂商的结构、战略与竞争。这四个决定因素形成一个"菱形构架"的系统,构成稳固的整体竞争力。生产要素条件构成了竞争力的基础;需求条件和相关支撑产业形成支撑竞争力的两翼;厂商的结构、战略与竞争行为构成主导产业竞争力的直接体现。

一个城市可能有几个方面的优势,必须确立主次,充分发挥最大的优势及最有利于建立竞争性产业的优势。当已确定围绕发挥某一方面优势来发展产业后,由于一种优势可以有多种途径加以发挥,还需进一步研究在该优势基础上,重点向什么方向发展才最有利于取得成功。在选择产业方向上也有多样性,也应权衡利弊,选择最有利于发挥优势、形成长期竞争力和高效益的产业。如某城市海洋资源有明显的优势,而利用海洋资源可以发展水产业、海洋旅游、

港口、海洋开发、海洋化工等诸多方面,究竟选择哪方面为重点,如何摆正各方面的位置和相互关系,都是值得研究的。这就需要考虑现有的及可能达到的配套条件,如现有的基础设施条件、人才条件、资源条件、政策环境等。因为只有这些条件较为完善的产业,才能使城市优势得到最好的发挥。此外,在考虑产业方向时,还应重视对国内外现实的和未来的竞争对手的分析,如对竞争态势的预测,竞争可能对本城市产业发展造成的影响等。如果城市外区域所确定的主导产业与本城市相同,而对方又有较强的实力和长远潜力,就应适当回避或采取相应的措施。这些都是在决策时必须慎重考虑的问题。

(二)选择可对城市发展目标作出最大贡献的产业部门

各城市的具体情况千差万别,尽管从长期来说,都是为了达到经济现代化和提高人民收入水平的目标,但中、短期内的具体目标及其重点是不会完全相同的。城市发展目标可以是以下多方面:(1)提高国内生产总值或人均国内生产总值;(2)提高居民的实际收入水平;(3)增加就业;(4)提高技术水平、产业层次产品档次,等等。这些目标虽然是一致的,但不同产业对不同目标的作用仍是各不相同的。因而必须加以选择。例如,有的产业可以对提高人均国内生产总值有很大的作用,但由于利润率较低,对居民实际收入的提高作用有限,如果一个城市将提高居民收入作为主要目标,就不宜选择;有的城市过剩劳动力的就业压力很大,为保持社会稳定,应将解决就业问题作为主要目标,就应尽量选择那些利用相同投入可创造最多就业机会的部门(多为劳动密集型产业),同时也可发挥本城市的劳动力优势。至于那些经济高度发达城市,历史上产业多头并进发展,已出现产业拥挤、环境恶化现象,则应将产业升级、提高技术竞争力、发展知识经济作为主要目标,就应选择高科技产业为主导产业,而将一般制造业转移出去。

(三)选择能够与本城市其他产业构成紧密联系,关联度大的产业

城市主导产业必须能够担当起对本城市经济的导向和带动作用。这种联系越广泛、密切,则专业化部门的发展就越有可能通过乘数效应的作用带动整个城市发展。反之,有的部门即使产值和区位商均高,但如果与其他经济部门联系很少,也不可能起到主导专业化产业的应有作用。如果说主导产业本身的生产是直接贡献,则其生产经营所构成的导向和带动作用就是间接贡献,主要表现在:(1)技术的先进性及其与城市其他产业的技术联系。如果这两者都较强,就可通过该产业先进技术在本城市的示范和传播作用,带动本城市产业整体的技术进步。(2)在当地购进生产要素的数量。如果主导产业的生产需要在

本城市购入大量的生产要素,如各种零配件、原材料、能源和大量的产前产后服务,则实际体现了为主导产业以其强大的需求拉动了本城市企业的供给,促进了本城市经济的发展。(3)该产业的产出物可作为本城市企业投入物的数量。如果主导产业生产的产品是优质并且低成本的,同时大量提供给本城市企业作为生产经营的投入物,则主导产业的产品竞争力越强,越有利于通过供给推动本城市经济的发展。(4)该产业的利润转化为在本城市的投资的数量大小。如果主导产业具有良好的发展态势,其积累的利润也大量地转化为在本城市的投资,扩大本企业的规模和增加相关企业的数量,不断通过投资进行创新活动,推动该产业的技术改造,也将大大增强其对本城市产业的带动作用。

需要指出的是,当某产业既能发挥城市优势,又具有较高的产业关联度时,无疑该产业可以考虑被选作城市的主导产业。但如果城市主导产业的关联度与发挥城市优势并不一致的时候,也就是说关联度高的主导产业并不一定是本城市具有优势的产业,而具有优势的产业也不一定具有较高的产业关联度。在这种情况下,应该首先考虑选择具有能发挥城市优势的产业。其原因有三:(1)产业的关联度是由客观的技术经济条件所决定的,关联度高的产业数目较固定、有限的,如果各地都选择关联系数高的产业作为城市主导产业,势必造成重复建设。(2)城市主导产业的带动作用应当主要体现在技术的扩散和传递上,其中间投入产出的关联度可以低一些,但只要能充分发挥城市优势,仍然可以选择为城市主导产业。(3)城市内产业间的关联度的计算容易忽视两个问题:一是忽视区际产业间的联系,二是城市产业结构只是全国产业结构的组成部分,区域范围较小,区域内产业结构越简单,出现产业的"断层"和"缺陷"的可能性就越大,这使区域内产业间关联度的计算难以反映产业间的真实关系。因此,一般说来,关联度指标只能作为城市主导产业选择的参考指标,在该指标与城市优势指标相违背的情况下,应以城市优势指标为主。

(四)要将全局利益最大化作为确立主导产业的主要目标

各城市在确立主导产业时,除了考虑本城市利益外,必须以上一级大区域的整体利益为主要目标。实践中常常会遇到局部利益与整体利益相矛盾的情况。如某些新兴产业或赢利水平高的产业,各城市都十分积极地要求发展,但如果因此而造成重复建设,生产过剩余,恶性竞争,会使整体受到损失,最终也会导致各局部利益的损失。这时必须在国家或上级政府的调控下,由各城市充分协调,统筹兼顾,形成合理的产业分工和规划,以保证整体利益的实现。同时,在考虑产业布局时,往往出现局部区域和个别投资者的利益与城市整体利益相矛盾的状况,即前者实现利益最大化的方案,可能不利于城市整体利益最大化，这时应按区域整体利益最大化的要求确定方案。例如，某大城市需重点发展 A、B 两个大型产业，甲、乙、丙三个小城市都积极要求将其中一个作为该小城市的主导产业。经过具体论证，如果 A、B 两产业分别建在三个小城市，每万元投资的利润如表 4-1 所示。

表 4-1　A、B 两产业在不同城市的每万元利润　　　　　　单位：元

利润 投资项目	城市 甲	乙	丙
A	1050	1020	980
B	980	800	840

显然，城市对 A、B 两个产业来说，利润都是最大，但两个产业如果都由甲城市发展，无论从甲城市的基础设施负担还是多区域协调发展角度来说都是不合适的，即一个城市只能投资一个产业。如果选择将 A 产业由甲城市发展，则 B 产业宜由丙城市发展，这一方案对甲城市以及对 A 产业的投资者来说都是最有利的。但从大区域的总体利益出发，却应将 A 产业由乙城市发展，而 B 产业由甲城市发展。后一种方案虽然对甲城市不是最优的，但对全局却是最优方案。甲城市在选择主导产业时，应以全局利益为重。

（五）主导产业应尽可能避开城市短缺因素的制约，或使之得到最有效作用

一个城市拥有多方面优势，但不可能样样都得到充分发挥，原因就在于存在一些限制性因素，如自然资源（土地、矿产、水等）、能源、运输能力，某些原材料等。这些要素有些是不可移入、不可再生的，有些是短期内供应不可能扩大的。在选择城市主导产业时，应尽可能避开或少用这些限制性因素，如能源缺乏的城市避免发展高能耗产业、土地缺乏的城市避免发展大量占用土地的产业等。同时，在确立产业构成时，应考虑能够最大限度地利用这些限制资源，生产那些耗用同等数量稀缺资源可以形成更多的价值增值的产品。

三、城市主导产业的选择

根据发达国家和新兴工业化国家的经验，主导产业选择的标准和各产业可能形成的规模与产业技术经济特性相关，结合国际竞争的环境和我国具体的国情，本世纪前一二十年，城市选择的主导产业多为机械产业、信息产业、石化产业、汽车产业、建筑产业。

（一）机械产业

机械制造业具备主导产业需求弹性高、需要规模大、产业关联度高、带动性强等一般特征，是处于工业化阶段的大国的经济增长中心。美国一家研究机构对 61 个国家进行的研究数据表明："机械的集聚是国家生产力增长率的主要决定因素。"机械工业是整个工业技术素质提高的前提和保证，国民经济建设的现代化程度和国民经济发展的"质量优势"取决于机械装备的性能、质量、效率和更新程度。日本 20 世纪六七十年代的高加工度化主要是以机械工业为核心带动起来的，世界各国的经验表明机械设备制造业是工业化中后期经济发展的主导部门。同时，机械制造是吸收各种技术成果最敏锐、最广泛的领域之一，其比重的上升本身就意味着产业结构的高级化，因此，发展机械工业是提高整个工业装备水平和技术，推动产业结构转换升级的最重要切入点。

但是，与工业化发达国家相比，我国机械工业仍然存在较大差距。首先，组织结构分散、生产集中度低。机械工业是规模经济效益最为显著的产业，但我国长期未能建立起大批量集中生产体制，未能按经济规模组织生产，"散乱"状况十分突出，导致企业规模小、生产集中度低，难以同国外大企业抗衡。

根据目前机械工业发展中存在的上述问题与差距，今后必须从以下几个方面入手来促进我国机械工业的进一步发展。一是要调整产业组织机构，使机械产业集中度有较大提高。要鼓励联合、兼并和破产，实现资源优化配置，推进产业战略性重组，重点加强和培育具有一定国际竞争力的大型企业集团。二是重点加强机械工业的技术进步，提高企业技术创新能力。要把制约机械工业发展的重要基础机械和基础件以及影响国民经济全局的重大技术装备作为振兴重点，依次带动整个机械工业结构优化。当前应重点抓好数控机床和大型火力发电设备的开发。三是扩大政府采购规模，为装备制造业发展提供市场空间。要比照一些国家的做法，优先采购我国自己制造的技术装备；实行原产地原则，诱导外商对我国急需的关键技术装备进行直接投资；在国内创造一个政府采购公平竞争的市场环境，使政府采购成为促进公平竞争的手段；把技术性能作为技术装备采购的重要指标。四是规范秩序，优化市场环境。要加强重要产品的目录和许可证管理，建立统一、开放、规范的机械产品市场，避免重复建设、低价倾销、恶性竞争，为企业发展创造良好的外部环境。五是健全信息系统，强化市场反应机制。要建立和完善大行业信息系统工作体系的框架，充分利用社会中介组织搜集行业信息的有利条件，逐步建立起高效、快速、准确的信息传递和反馈网络，提高行业管理和决策水平，支持企业建立市场快速反应信息系统，增强市场快速反应能力。

(二)电子信息产业

这里所指的电子信息产业既包括以电子技术功能为特征的产品的生产、使用和服务，也包括利用各种电子技术及其产品进行信息生产与采集、存储、加工处理、开发利用、传输与扩散服务。电子信息产业是当代高技术产业群中最活跃、渗透力最强的产业，是以现代技术为基础的新兴产业。随着数字信息技术的发展，电子信息产业已在国民经济技术进步中起到主导作用，其技术进步的速度远远超过其他部门。由于电子产品和电子技术广泛应用于生产、科研、国防、管理、广播宣传、社会生活各个领域，需求增长的前景十分广阔。一方面，国民经济各部门的技术进步为应用电子新产品提供了广阔的需求空间；另一方面，国民经济信息化步伐的加快对通讯电子产品产生新的更大的需求，而耐用消费品在农村市场的普及也将为消费类电子产品提供广阔的市场。

由信息技术的高附加值特点和节约效应以及电子产品革新迅速和应用广泛的特点所决定，电子信息产业将成为带动我国产业技术结构升级的龙头。电子信息产业本身是高技术产业，是高附加值、发展迅速的知识技术集约型产业，同时电子技术渗透力极强，它与传统工业相结合所产生的融合技术如机械电子、航空电子、汽车电子等，将使工业产品的性能大幅度提高。电子信息技术在各个部门的广泛应用，对提高各部门的劳动生产率、产品技术性能和质量、降低能源和原材料消耗和产品成本、实现产业结构的高度化都有重要意义。因此，在未来很长一段时期，电子信息产业将是我国极为重要的主导产业。

但是，目前我国电子信息产业与发达国家的差距仍然比较大。表现在：一是电子工业绝对值比重仍然较低，其增加值占国内生产总值的比重仍低于世界平均水平；二是消费类电子产品比重过高，投资类电子产品、消费类电子产品、元器件类电子产品间的比例，中国为 33.1：33.2：33.7，美国为 68：11.5：20.5，日本为 61.9：14：24.1；三是关键性电子产品的生产技术和产品开发落后，我国在大规模集成电路技术方面比国外总体水平差 3 代，目前生产的集成电路芯片中大规模集成电路芯片的产量不到 30%，集成电路芯片产量在国内市场的占有率只有 20%～25%，70%依赖进口，大规模集成电路技术的落后严重制约着我国电子工业的发展；四是网络和数字化率很低，大体相当于美国 20 世纪 70 年代中期的水平。

要发展和振兴电子信息产业，首先要加强重点领域的投入。重点发展大规模集成电路、新型元器件、计算机及软件、有线电视及数字音响、航空及交通电子产品、节能电子产品等，实现电子工业向新一代产品的过渡。二是要实现产业组织结构升级。在实施规模化、组织化调整成就的基础上，进一步推进企业兼并和规模经营转型。通过实施扶持大集团、大公司战略,在项目安排、科技开发、技术改造、资金筹集、人才分配和股份制改造方面给予支持,力争使规模经济明显提高。三是要提高自主开发和技术创新能力。近期要重点做好微型计算机、数字电视、移动交换机、片式元器件、网络互联与新人设备等产品的开发与创新。四是在投资和技术引进方面,要把引进重点转移到发展高新技术和国内发展相对落后的大规模集成电路、新型电子元器件、有良好前景的软件业和网络产品上来。具体地说,可包括集成电路、光电子器件、电力电子器件、敏感元件和传感器、片式元器件、计算机软件工程、数字移动通信、大容量光纤通信、综合业务数字网、电子系统工程等。

（三）石化产业

石油化工产业是为经济建设和人民生活提供各种基本原材料的产业,因它具有不断高涨的市场需求和对国民经济成长具有较高的带动作用而成为我国当前乃至今后很长一段时期的主导产业。从技术角度来看,石油化工已属于成熟产业,其发展方向是生产规模进一步大型化,但对我国来说,石油化工产业仍是一个新兴产业。

但是,我国的石化工业与世界先进水平相比,仍有较大的差距。在生产规模方面,目前我国炼油厂的规模偏小。在技术水平方面,我国石化产业生产设备主要依赖国外引进,消化吸收不足。我国多数炼油装置技术老化,深加工度不足,轻油率回收率低,物料综合利用率低,能耗物耗偏高。在产品结构方面,工业发达国家大型石化企业的产品品种近几千种,而我国只有 1800 种,国外合成纤维差别率为 30%～40%,而我国只有 10%,汽油产品无铅化、低铅化的差距还很大,高标号汽油比例偏低。

振兴和发展石化产业,一是要进一步深化改革,在企业组织结构上,培育石油、石化集团和海洋石油总公司,使之成为拥有著名品牌和自主知识产权、主业突出、具有国际竞争力的大型企业集团;二是加快落后企业的关、停、并、转,促进中小企业向"专、精、特、新"的方向发展,提高与大企业的配套能力,提高产业集中度,生产能力布局逐步趋于合理;三是改善产品结构,开发生产高附加值产品,形成综合竞争优势,提高产品的科技含量;四是加大石化产业技术进步的力度,通过技术创新,逐步形成我国石化产业的核心技术,使石化生产技术达到或接近国际先进水平,实现高新技术对传统石化产业的改造和提升。

（四）汽车产业

汽车产业是既能体现主导产业的选择标准,又最能说明一国工业发展水平

的少数产业之一。首先,作为主导产业,汽车产业具有较高的产业关联度。汽车产业的发展直接推动着钢铁、有色金属、石化、玻璃、电子等许多产业的发展。其次,汽车工业是技术进步最快的产业之一。汽车产业被称做"最大的技术储藏库",能有力地带动相关产业的技术进步和产品升级换代。再次,汽车工业可提供大量的就业机会。在美国,超过七分之一的工人从事汽车制造业及相关产业的工作,汽车及其关联产业提供了 1400 万人的就业岗位。总之,汽车工业作为主导产业,直接关系到国民经济的产业结构、运输结构、外贸结构、就业结构和消费结构,因此,发达国家和新兴工业化国家几乎都把汽车产业作为工业化加速以至成熟时期的主导产业。

随着国民经济的稳步增长、个人收入水平的提高,在我国汽车进入家庭已逐渐变成现实,而近来公路建设的迅猛发展,也刺激了汽车业的进步。但是,我国与美国等发达国家相比,汽车产业发展的差距还相当大。我国汽车工业总产值占全国工业总产值的比重仍很低。加入 WTO 后,我国汽车工业已逐步融入到全球经济一体化的浪潮之中,汽车工业有了很大发展,但参与国际竞争的实力显著不足。今后一个时期仍是我国汽车工业发展最为关键的时期,要实现汽车工业整体素质的提高,实现汽车工业在整个国民经济中主导作用的充分发挥。

首先,要加快结构调整。要通过产品结构调整,实现由以载重汽车为主向以轿车为主转变;通过组织结构调整,实现由分散重复建设向规模经济、专业化协作和大集团转变;通过技术结构调整,实现由引进技术为主向自主开发为主转变;通过产业结构调整,实现以生产整机为主到整机、零部件共同发展转变。一是要鼓励企业间通过兼并、联合,实现产业组织结构合理化,加速汽车工业组织向规模化转型。要重点支持、鼓励大型汽车集团通过兼并、合并、控股、参股的方式成为跨地区的企业集团,同时也鼓励企业间进行不同形式的联合与合作。国家通过优先安排国家的政策性贷款、减免税、发行股票和债券、减免债务等优惠政策,使部分企业集团能够迅速成长为具有专业化分工的总装及发动机生产基地,能自主开发整机产品,拥有高起点、专业化、大批量零部件生产配套体系,实现产品系列化和规模经济,形成一定的国际竞争力。二是要大力发展汽车零部件企业。在投资时要改变重整机、轻零部件的做法,使零部件与主机的投资比达到 1:1。在对外合资合作中,在零部件生产方面应放宽条件,给予优惠政策,吸引国外先进的零部件生产厂家来华投资建厂。三是要加速形成自主开发能力。要加大国家和企业对研究开发的投入,加速建立企业技术开发中心。国家在贷款、税收、进出口等政策方面要给予优惠,鼓励产学研联合,对某些重大项目进行合作研究开发。当前主要是要重点开发能够与国际市场产品竞争的、高质量的换代产品及相关的电子产品、新兴材料和机械产品。在合作开发中加大我国自主完成的工作量,加大轿车车身开发力度,缩短轻型车辆的生产周期,加大电子技术零部件的采用比重等。

其次,仍要大力鼓励汽车消费,做大汽车市场。我国拥有世界上最多的人口,拥有大国市场优势,我国市场不仅大,而且呈现出显著的多层次性。随着人们收入水平的提高,对汽车的消费需求越来越大。但长期以来,我国限制性的消费政策仍严重影响了国内汽车消费市场的扩大,从而直接影响了汽车产业的发展壮大。必须进一步调整消费政策,鼓励汽车消费,做大汽车市场。首先必须取消各种名目的不合理税费,国家应尽快出台费改税政策,统一税目,增加政策透明度,同时,根据排量大小实行差别消费税率,继续维持汽车燃油税取代公路建设资金养路费和其他税费政策。其次,取消各地方政府针对其他地区汽车进入的各种限制政策,地方政府机关用车进入全国政府采购系统;减少税费项目,简化征收税费手续,在清理现有税费项目基础上,将收费权集中在国家和省一级政府手中,并建立统收统支制度。规范税费管理。

最后,改革汽车工业的政府管理体制。长期以来,汽车工业管理体制存在着严重的条块分割,政出多门、交错管理、交叉领导。除中央政府设立的单独管理部门外,还有对应部委的垂直管理,以及与之相交叉的横向管理及地方政府管理。政府管理体制的紊乱,导致了重复建设、重复投资、市场分割及大而全、小而全的组织结构问题,限制了汽车企业发展,阻碍了跨省、跨区域间企业重组,妨碍了汽车市场和工业的统一,弱化了国家对汽车工业整体投资和管理力度。此外,政府过多地介入到企业和市场中,以行政手段替代、"侵蚀"了企业和市场机制的发挥。长期以来,政府基本上管理着整个汽车产业的投资与生产,行政手段替代了市场价格机制,实行严格的市场准入限制,严格限制民间资本的准入。因此,我国汽车工业管理体制必须和国际标准接轨,实现政府、企业和市场的效率组合。遵循市场原则和透明度原则,政府退出企业生产和研发的决策,重点维护外部竞争环境,并实行行政管理统一化,转化管理机制。

四、城市主导产业的培育发展

要通过实施不平衡战略推进城市经济的加速发展,关键是如何有效地培育主导产业部门。根据我国目前的实际,主要应注重以下方面:

（一）通过政府对主导产业的扶持，创造有利于主导产业成长的良好环境

对于已确定为优先发展的主导产业，政府应在财政上、政策上和基础设施建设等方面加以扶持。在财政上，除了必要时可以由财政直接投资（或以财政投资为主筹集社会资本）建立导向性的企业外，更多地可以通过财政贴息、财政补贴等方式，扶持民营企业向主导产业投资。在政策上，应为民营企业提供宽松的发展环境，必要时给予融资、税收、土地划拨、人才调动等方面的优惠条件，使主导产业能够以最低的成本、最短的时间得到所需要的生产要素。政府应尽可能为区域主导产业创造良好的基础设施条件，如必要的道路、水、能源、通信、市政建设、环境优化等，使民营企业在对主导产业进行投资生产时，可以完全或在最大限度上省却基础设施方面的负担，从而创造良好的经济效益。

（二）大力扶植以主导产业为中心的创业投资，促进主导产业的不断升级和竞争力的提高

城市主导产业要取得源源不断的强劲动力，必须不断在产品、技术、产业组织等方面进行创新，使之在国内乃至国际市场上保持同行业的领先地位和竞争优势。停步不前就意味着倒退、失败和破产。因此，必须持续不断地鼓励围绕主导产业的创业投资，不断地以具有竞争力的新产品占领市场。

创业投资是把资金投向蕴藏着失败风险的高科技及其产品的研究开发领域，旨在促使高科技成果尽快商业化，以取得高资本收益的一种投资行为。创业投资从其起源上看是为了支持那些前景较好的新兴产业而设立的。其投资对象主要是那些新兴高科技企业。由于高科技企业大都是由科研人员以科技成果投入为主创办的，处于创业阶段，研究与生产都没有走上规范化，技术创新资金不足，缺乏管理与市场开发的理论与实践。而且这些企业因其处于创业初期，规模小而且不具备上市资格，无法通过发行股票的方式筹资；又由于其信用程度低且无资产可抵押，使它难以获得银行的信贷资金和通过发行债券融资。即使处于该时期的企业能通过某种方式获得信贷资金，也会因其处于创业初期而导致企业还本付息的负担过重，影响企业发展。对新兴高科技企业来说，创业投资是以股权方式提供的无成本资金，顺应了该类企业的发展需求。在美国硅谷模式等成功案例中，企业投资都发挥了极其重要的作用。创业投资者看重的是投资对象潜在的技术潜力和市场潜力。尽管创业投资的风险很高，但其一旦成功，则资本利润率极高，即所谓高风险高收益。美国上世纪 90 年代创业风险投资平均收益率高达 30%～60%。

创业投资最直接的受益者首先是高科技中小企业。高科技中小企业由于创业风险较小，产品具有较好的市场前景，可以在金融市场上广泛融资，获取进一步发展所需要的资金支持，发展为高科技大企业，高科技大企业的形成又会促进其上下游企业的产生与发展。成功的高科技企业的高额利润又会产生示范效应，从而推动高科技在经济领域技术扩散的广度与深度，最终形成以某一高科技为核心的高科技企业群。显然，一个区域的主导产业如果能够形成这样的高科技企业群，必然会具有长期增长的强劲动力和竞争力。

（三）不断用新的技术和管理方式改造主导产业的生产能力，保持产业在技术和成本上的领先地位

在当今的市场竞争中，技术和成本是取胜与否的关键。要使城市主导产业有强大的生命力，必须不断进行产业的技术创新和管理创新，使主导产业的素质、品质、性能和成本都具有较强的竞争力。用科技武装主导产业，可以概括为四个方面：(1)科技的研究与发展，即研究出高新技术原理或设计思想等，此为科学研究阶段；(2)科技产品的应用开发，在单个企业得到应用，即把科技或设计思想转化为产品，或者说科技的产品化，此为技术创新阶段；(3)先进技术和先进设备运用于生产过程，批量生产出高品质低成本的产品，并提高生产效率，保证企业的经济效益，此为技术产业化阶段；(4)将科技成果或发明在转化为产品的基础上，进一步扩大生产，形成规模经济，并带动相关技术的产品化，从而具有较大的市场竞争优势，最终成为国民经济一个分支产业的扩散过程，或者向传统产业的渗透过程。它强调和突出了在更大范围内对生产要素进行合理配置与优化组合，此为技术扩散阶段。目前，高新科技产业化已成为时代发展的趋势，区域间的角逐日益加剧。因而，如何保持主导产业的技术领先，必须成为区域经济发展的首要问题。

用新的管理方式降低产品的成本，是保持产业竞争力的又一关键。采用先进的管理方式的目的，一是减少管理费用和财务费用，尤其是减少非生产性人员，加快资金的周转；二是杜绝不合格产品，提高优质产品率；三是减少生产中的活劳动消耗，提高工时利用率，加强对人员的管理。技术和管理都是生产力的重要因素，区域的主导产业必须不断聚集国内外最先进的要素，才能始终保持强劲的发展势头。

（四）构筑城市专业化产品有效增值的价值链和生产系统，以提高整体竞争力

城市产业的成功在于构筑价值链。价值链即创造价值的一系列不同而又

相关的经济活动的总和，包括基本增值活动（从购入原材料开始，经过生产活动，直到售后服务的生产经营环节）和支撑增值活动（生产性和非生产性的开发和管理环节）。这些价值活动可以在企业内部进行；也可以充分利用企业的外部能力（其他企业的能力）来进行；可以在本城市进行，也可以跨城市甚至跨国进行。在全球化市场中，取得竞争优势需要的重要资源越来越多，合作战略变得与竞争战略同等重要。为此，从企业来说，要分析所需物资或信息是生产还是购买，选择本企业在价值链上应处的战略环节，与其他企业进行各种形式的合作。政府应当建立解决纠纷的良好机制，并为公司提供联系渠道。这就是说，地方政府的重要任务是推进联系的建立，具体合作伙伴的选择由企业自主决策。国家和区域的发展，应是从附加值低的活动（如简单装配业）向附加值高的活动（如研究与开发和营销等）升级的过程。

（五）以体制创新构筑主导产业发展的强大动力

对我国而言，深入市场化改革，增强市场在合理配置资源和产业发展的利益机制上的动力作用十分重要。确定城市主导产业的前提就是其符合市场需求的导向，具有较强的市场化动力，在市场交换和竞争中能获得较大的利益份额。因而，市场化程度越高，对主导产业的发展越有利。我国改革开放以来，不少城市由于市场化的先发效应，导致了主导产业的加速发展，优势越来越明显，这方面的例子是不胜枚举的。要加快以公有制为主体，多种所有制经济的发展，注重通过非国有制，尤其是非公有制经济的发展，培育主导产业的新增长点。遵循"放心、放胆、放宽、放活、放开"的"五放"原则，大力促进民营经济的发展：一是放宽其生产经营范围和经营方式；二是放宽从业人员的范围，特别是鼓励国有企业下岗人员进入个体、私营经济行列；三是要放宽登记条件，简化注册手续，偏远、贫困地区可以先放开、后规范；四是对新办的个体、私营企业，可以实行一定期限的税收优惠；五是对领取营业执照的个体、私营企业，可以比照国有企业享受国家和地方政府制定的一切优惠政策；六是提高个体、私营企业的政治待遇；七是依法保护个体、私营企业的资产所有权和经营权；八是设立个体、私营经济示范区；九是清理各种乱收费行为。

第五章　现代城市的生产要素

第一节　城市的土地要素

土地是人类生存、发展最基本的物质条件,有着巨大的不可替代的功能。土地为人类活动提供场所,为城市建设提供地基和空间。城市的一切活动都离不开土地,都需要土地这个载体。

土地作为一种自然资源,不能再生,土地还有不能移动的特性,一旦利用于社会生产,既是生产过程的重要物质条件,又是生产关系的物质基础。土地归谁所有,归谁使用,构成了社会生产关系的主要内容。

一、城市发展的新要求

城市化的推进、城市经济的发展,对城市土地提出了新的要求,表现在:

1. 城市用地要增加

从全国来说,随着城市化进程的加速和城市化水平的提高,全国的城市用地必然要增加,这是不言而喻的。从每一个城市来说,城市发展和建设必然要求增加城市土地,以满足城市发展对土地的需要。对城市土地的冻结和刚性限制是不行的,也是不现实的,不仅不符合我国整个国家的发展要求,而且在经济上是一种倒退。问题在于如何增加土地的合理性和科学性,以及增加城市土地的途径。城市如何增加城市土地,是使城市不断向外扩张,还是采取其他更合理的方法,则是需要研究和解决的。例如,北京可以通过以老城区为中心向外不断扩张,来实现城市规模的扩大;也可以通过卫星城和周边小城镇市的建设,来达到北京总规模的扩大。

2. 用地效率要提高

城市人口要增加,但我国的土地是有限的,特别是耕地越来越紧张,所以从客观上必须提高城市的土地利用效率。现在城市土地存在四个矛盾:一是城市发展受到有限的土地的限制,特别是耕地的限制;二是城市用地必须增加,人均用地要提高，但城市人口增长过快；三是城市的公共用地，特别是绿地和森林，必须增加，而城市的建筑密度已很高，其或达饱和状态，改造和填充的余地较小；四是高效利用土地需要提高容积率和建筑高度，但为了城市的整体发展和城市的形象，不能盲目提高城市的容积率。提高效率关键是合理的布局和规划，减少土地的浪费。城市规划不仅是经济问题、技术问题，同样是一门艺术。土地的效率或土地的价值量是从市中心向外递降的，即市中心的土地价值量或土地价格最高，然后依次向外递减。但递降的速度在不断下降。

3. 用地结构要调整

经济发展和结构调整、特别是产业结构、居民结构、就业结构的调整和变化，居民提高生活质量的需要，城市社会和居民的安全需要，以及城市与国内和国外的广泛联系和交往等一系列城市的变化必然引起用地结构的变化和调整，使经济结构与用地结构相互协调，以适应城市经济社会的发展。城市是一个艺术品，城市的规划人员和设计人员同样是艺术家，而土地是构制这一艺术品的基本材料。

4. 城市绿地要增加

各城市的基本功能是一样的，但是城市的核心功能或主要功能却因城市而异、因时期而别。在工业化时期，城市的主要功能是生产，特别是工业生产，形成城市建设的工业中心论。城市的工厂建设和其他机构设置，及相应的工人和人员都是为工业服务的。到了信息化时代，城市服务业是产业中心，城市服务业成为核心产业，因此城市发展转变为以人为中心，以人的全面发展为中心。人的工作、学习和生活是全面的、现实的，以人为中心实际上是以人的生活质量为中心，所以环境和文化建设被提高到中心的地位。城市扩大绿地和文化设施建设，发展公共空间和保证公共用地成为城市发展和建设的重要原则、信息化时代城市发展的必然趋势，形成城市发展的链条或程序，即知识经济（信息化）—城市发展—城市现代化—生活质量—全面发展，城市土地使用需要适应这一链条。

随着城市化速度进一步加快，城市社会经济环境进一步改善，房地产投资与需求新的增长，对土地的需求也将持续增加。在土地供应方面，土地调控力度将进一步加大，农用地转为建设用地将会受到严格控制，建设占用农用地的指标压缩，这种供求矛盾客观上会带动土地价格的上涨。

二、土地的征用

国家为了公共利益需要，可以依照法律规定对集体所有土地实行征用。征

用土地,对城市来说,是指把城市郊区农业用地变成城市用地,即改变土地使用方向,改变了土地所有制性质。征用土地应当由用地单位支付补偿费。按照《国家建设征用土地条例》规定,征用耕地(菜地)补偿标准,为该耕地年产值的 3～6 倍。而年产值按被征用前三年平均产值和国家规定价格计算。青苗补偿费和地上房屋、水井、树木等附着物补偿费标准,授权各省、自治区、直辖市人民政府制订。

为了妥善安排被征地单位的生产和群众生活,用地单位还应付给安置补助费。对被征用土地上的农业户人口做出妥善安置。

土地的征用必须由市人民政府统一进行,经统一开发后,由建设单位有偿使用。

三、土地的储备

土地储备,是指土地储备机构通过收回、收购、置换、征用等各种方法取得大规模的土地,并进行储存,待开发整理后在适当的时机以一定的方式释出,以供应和调控城市各类建设用地需求第一系列行为的总称。

土地储备的起因主要有三种:一是在城市化快速推进过程中,为了缓解各类用地的压力,抑制地价过快上涨;二是为了城市产业结构调整,优化土地利用结构,提高土地利用率;三是为政府社会福利制度的推行提供用地。

目前土地储备制度已成为我国许多地方政府调控土地市场的重要手段。政府通过制订和实施土地储备计划来干预土地市场,使之向政府预期的方向发展。

目前,我国城市土地资源配置正处于一个从无偿、无限期、无流动使用向有偿、有限期、有流动使用转化的阶段,城市政府在经营土地的过程中出现了土地一级供应量失控、土地市场化程度不高、土地储备难以大规模推广等多方面的问题。为了促进城市的可持续发展,优化城市经营土地机制,实现高效经营城市土地势在必行。

各地进行土地储备的实践表明,城市通过土地储备垄断城市土地一级市场,通过招标拍卖有计划地出让土地是实现政府收益最大化的有效途径。

坚持政府主导型的土地储备动作模式,通过统一征地、统一收购、统一储备、统一出让、统一地价管理,垄断土地一级市场,割断原划拨土地使用者、集体土地使用者和用地者之间的联系,从而实现对土地出让权的垄断。

四、土地的开发

城市土地应实行统一开发。通过开发,为各项事业发展提供建筑用地。土

地实行统一开发,有利于城市规划实施和提高土地利用率;有利于节约建设资金,缩短建设周期;有利于建设单位集中力量搞好生产和工作。

土地是一种稀缺性资源,土地的价值在于吸附的物化劳动。城市土地的劳动投入的高密度决定了城市土地价值的不断提升,在同一块土地上因追回劳动形成的价值即级差地租是城市土地财富产生的主要源泉。以上海浦东金茂大厦为例,其所处的地块,在上世纪90年代初的地价仅几百万元,而和金茂大厦相临、面积相近的环球金融中心所在地块,因土地熟化程度和配套大环境的改观,在几年之后的出让价格上涨了十几倍。

配套熟化土地,实行精细化出让土地可采取以下措施:

1. 开发整理已储备土地

根据城市规划和建设用地的要求,对农用地通过开发使用生地变成熟地,使其达到建设所需的"三通一平"或"五通一平"状态。对原城市用地通过整理进行拆迁、归并和平整,达到改善城市生态环境和增加有效利用面积的效果。

2. 遵循价值规律有步骤地投入土地

土地投放的数量会直接影响土地的价格和商品房的价格,而商品房的价格又会影响房地产市场的发展和城乡居民的购房承受能力。为此政府部门在操作过程中必须有机地结合行政手段和经济手段,在做好制定全市商品房销售指导价的前提下,按价格规律的要求确定投放土地数量,当商品房价格偏高时,应加大土地投放量。

3. 小区、街坊级出让土地

与大规模储备降低土地开发成本相对应,对小区级、街坊级小幅地块出让将比大宗出让土地获得更大的收益。小区级、街坊级地块出让前可以更明确用地性质、建筑面积和容积率,各项配套设施应更完善到位,对于项目开发的市场前景可以做出较为准确的预测,在降低开发商开发风险的同时也提升了地块的价值,促使地块出让时产生最大收益。

五、土地的经营

城市土地是有价值的。资本主义地租有绝对地租和级差地租两种基本形式。在我国,级差地租仍然存在。因为级差地租的产生同土地所有制无关,主要是由于土地所处的位置和土地质量等条件形成的。

农村的土地归集体经济组织所有,所有权和使用权是统一的,级差地租归集体经济组织占有。而城市土地属于国家所有,归各单位和个人使用,土地所有权和使用权是分离的。因此,土地使用者应向土地所有者缴纳地租。城市土地的级差地租应归国家所有。

　　城市土地实行有偿使用，也就是要向使用土地的单位和个人收取土地使用费。由于不同的城市和同一城市内的不同地段所投入的物化劳动量有大小，因此，城市土地的价值不尽相同。大中城市土地价值要比小城镇高，市中心区要比郊区高。城市土地位置的优劣，与在土地上投入的劳动量成正比。各地应按照城市所处位置、城市规模和具体条件，分成若干等级，按市中心区、近郊区和远郊区等不同地段，研究划分土地管理和土地使用费的收取标准。

　　土地使用费包括土地租用、土地开发和养护所需的费用。土地使用费按单位面积（平方米）计价，按季或按年征收。所有用地单位一律按当年实际占用面积缴纳，由土地管理部门统一收取。

　　城市土地经营的措施和办法有：

　　（一）垄断经营土地一级市场，实行经营性出让土地

　　政府垄断经营土地，培育土地一级市场可以很好地解决土地多占少用、占而不用的问题同时，有利于按城市规划调整用地结构，以形成企业公平竞争的环境。在投资决策分散化、投资主体多元化的条件下，可以确保土地收益收归政府，保证城市基础设施建设的资金来源。

　　1. 垄断经营土地一级市场

　　政府通过垄断土地一级市场，掌握对土地实物总量供应的绝对控制，特别是刚化对土地增量的控制并强化相应的控制手段，加强对存量土地的调控和闲置土地的监管。严禁任何未经土地一级拍卖和招标竞价的土地加价转让或出售。

　　2. 将土地行政性出让变为经营性出让

　　将行政性出让产生的"隐性地租"经过市场竞价后，再以地价收益的形式收归政府财政。土地供应的行政审批应变为拍卖或招标出让。行政制定的标准地价或公示地价，应被市场竞争取代，即开放式的高度集权，公平化的政府垄断。

　　（二）明确经营城市土地主体，实行市场运作

　　经营城市土地，不仅要建立市场化经营新机制，同时还要强化政府的宏观调控职能。实施经营城市土地以后，政府应着重于研究制定城市发展战略和政策法规，实施宏观指导、监督和协调的重要职能，特别是在政策措施的研究制定上，政府应强化调控力度，建立和完善经营城市土地的政策支持体系，并加强监督检查，以使城市土地的市场化经营尽快走上法制化、规范化的发展轨道。

（三）规模储备，逐步熟化土地

配套熟化土地要"三管齐下"：一是分批次办理农用地转用、土地征用手续，加快对原城市建设用地的征、收、购、换，实现大规模土地储备；二是编制区域范围内土地的控制性详细规划和城市形象设计，运用城市设计的方法提高区域空间质量和艺术水平，形成规划图则和文本，塑造新的城市形象；三是编制技术性基础设施施工图设计，实施技术性基础设施配套建设，实现土地统一配套。

（四）招标拍卖，显化土地价值

除国家机关、部队、基础设施和公益设施等用地依法实行划拨外，其他经营性项目应当一律通过拍卖或招标的形式出让。招标拍卖的具体做法是由城市土地管理部门组织土地招标、拍卖或项目拍卖，并依法办理土地使用手续和法定证件。土地拍卖出让金存放于土地经营收益专户管理，用于城市基础设施建设和土地开发。加强土地经营的监管审计，从严核算土地经营的成本和收益，避免土地经营所得收益流失和腐败行为发生，确保土地经营健康发展。

（五）联合办公，实行一站式服务

由城市政府所设立的经营运作实体会同有关部门，按照"规范管理、强化服务、开拓创新"的方针和"合法、公开、公正、及时"的原则，由经营运作实体设立联合办公机构，实现依法办理各项手续的一站式服务。

根据规定，城市土地使用权出让最高年限按下列用途确定：居住用地 70 年；工业用地 50 年；教育、科技、文化、卫生、体育用地 50 年；商业、旅游、娱乐用地 40 年；综合或者其他用地 50 年。

六、土地的整理

21 世纪中国城市将迅速发展，并引起城市规模、经济结构、城市功能、城市形态、城市与区域关系等的深刻变化，这必然会对城市用地提出新的要求，如增加城市用地、提高用地效率等。为了解决城市发展与土地供应之间的矛盾，既保证城市发展对用地的需要，又有利于保护耕地节约用地，借鉴国外的经验，开展城市土地整理势在必行，成为城市发展的重要内容。

（一）土地整理的意义

1. 城市布局调整的需要

城市空间布局是一个动态过程，它不是一成不变、一劳永逸的。城市布局的调整往往出于两方面的需要：一是现有的土地利用和布局存在明显的不合理，出现严重的浪费土地现象，这主要是规划和设计所引起的问题；二是随着城

市整体环境及自身经济社会的发展,以及城市功能和形态的变化,原来大致合理的布局,渐显不合理和不适应,需要进行调整和改变。如一些大城市由单中心向多中心过渡,大力开发卫星城和功能完善的居民区等,引起了空间布局的巨变。以上两个方面要加以区别。但无论是哪一种布局调整都会引发对土地整理的需要。

2.城市不断发展的需要

虽然城市的发展必然要求扩大城市的面积和土地的用量,但是城市发展与土地增加往往不是同一比例的,也不是完全按人平均增加用地的。这是因为,首先是各城市的用地基础的差异很大。有的城市的人均用地超过 120 多平方米或更多,有的不到 80 平方米,甚至更少。也就是说,土地的潜力各城市是很不相同的;第二是不同类型、不同规模的城市对土地的需要和用地的结构各不相同,按一般规律城市规模越大,城市的人均用地就越高,而不是相反。不能依靠增加建筑密度、提高容积率来节约大城市的用地。城市类型的变化引起城市用地结构的变化,更是显而易见的。第三是城市发展的因素,特别是城市新增的产业或扩大的产业,其用地结构和需要量是不同的。发展第三产业不仅用地量明显低于第二产业,而且用地区位要求也不同于第二产业。

3.城市用地技术的需要

一般来说,增加城市发展所需要土地主要通过两种途径:一是通过农业用地转化为城市土地来满足城市发展的需要;二是通过城市自身的土地挖潜来满足对土地的需要。对一个城市来说两者同等重要。但是,这两者都与城市的用地技术密切有关。应该说,随着科学技术的发展,特别是材料工业和建筑技术的进步,城市的土地利用强度越来越高。例如用地越来越紧凑,容积率不断增高,地下空间得到充分利用,等等。城市土地从平面利用发展到立体利用。土地利用不仅要满足经济社会发展的需要,而且要体现国家民族的文化内涵,显示时代的特征、城市的特色和风格。从一定意义上说,城市的发展过程也就是土地的调整过程,是土地的再利用过程。土地是不可再生的资源,但土地是可以不断利用、反复使用的。土地是不会消失的资源。土地的价值不仅在于利用的强度,也在于利用的频度。与此同时,随着国际、国内经济关系的变化,土地的共享性不断提高,土地的独占性有所下降,而城市土地价格与土地的共享度有密切的联系,共享度愈高,土地的价值就愈高。我们称之为共享价值,或共享价格。国际化大城市的土地共享度是世界范围的。

4.转轨时期的特殊需要

中国城市正处于从计划经济向市场经济的转轨时期。经济的转轨总是处

于转轨的前沿,即领先的地位,而包括结构调整、土地整理在内的土地运营机制的转轨,却是比较滞后的。但不管如何滞后最终必须改革,必须实施转轨。土地整理是城市从计划经济向市场经济转轨过程中的一个不可缺少的环节和过程,是城市土地使用制度改革的物质内容和经济实质,也是增加土地供应的有效手段。

5. 提高土地质量的需要

土地整理既是增加土地供应量的途径,同时是提高土地质量的手段。城市土地质量与耕地、林地的质量不同,城市的土地质量主要表现为利用效率或经济质量。而利用效率,除了土地的一系列自然特性,如区位、地质、水分等因素外,还决定于一系列社会经济因素,其中最主要的是科学的配置、发展的和谐及外部的经济或不经济等。对一个城市来说,重要的是城市土地的整体利用效率和产出率。它是城市土地质量最重要的标志。

(二)土地整理的原则

1. 强化城市规划

土地整理要以城市规划为指导。按规划进行土地整理,成为实施城市规划的重要手段。因此,城市规划要科学、合理、切实可行,具有法律效力,不能轻易改动。同时,城市规划要与土地利用规划、区域规划相协调,从总体上对土地资源进行合理配置、整合、开发和利用。

2. 实施市场经济

土地整理虽然需要政府的规划、计划和指导,但它仍然是一种经济行为和经济活动,因此,土地整理要在政府的控制和指导下,通过市场,特别是土地市场来实现。在这一过程中,政府财政可以给予一定的支持和参与,但是不能变成纯粹的政府行为,更不由政府来包揽一切。在政府的指导、规划和控制下,使企业成为土地整理的主体,实现土地市场和资本市场的融合,通过资本市场进行融资,并对土地整理进行投入,开展土地经营,获得经营收入,实现良性循环。

3. 坚持循序渐进

土地整理是一个过程,它应同城市发展过程相互配合和协调,或同步前进。要根据城市发展的战略、需要和步骤而逐步推进。不能求之过急,变成一次性运动和突击性行为。所以,第一,土地整理既要适应当前和相当长的一段时间城市发展的需要,又要考虑城市的长远发展。既不能急功近利,又不能脱离实际,好高骛远;第二,土地整理与土地市场相结合。土地整理为土地市场提供"产品",通过土地市场实现"产品"的价值,实现地尽其力;第三,注意保护文物古迹和历史街区,及有保护价值的民居民宅。发展与改造相结合,开发与保护相协调,以求得城市整体的和谐发展。

4.降低整理成本

土地整理是一项经济活动,而不是一项单纯的公益活动,因此必须讲究投入产出,进行经济核算,必须使经济效益、社会效益与环境效益统一。同时,城市建设是百年大计,许多城市建筑关系到城市的物质基础,经常是要保存几十年、上百年,甚至几个世纪的,所以,土地整理应具有长期性和稳定性,要能维持一个相对比较长的时间。土地整理的一次性投入需要经过很长时间才能回收,如果决策失误,就会造成很大的损失。我们看到有的城市,由于城市规模和城市建筑缺乏科学的规划和设计,一个建筑物今天刚建成,明天就不合时宜,不得不加以拆除,造成极大的浪费。

第二节 城市的人口要素

人口是城市发展中最积极的因素之一,人口的数量、质量、结构和空间分布的变动引导了城市的形态、结构和功能的变动,对城市的可持续发展有深刻的影响。

一、城市人口问题

(一)人口自然增长和机械增长给大中城市带来较大压力

从统计资料来看,我国城市人口(尤其是大中城市的人口)自然增长率不高,自1990年以来市镇人口自然增长率就低于10‰,远低于世界人口自然增长率(12.7‰)。有些大城市,如上海、北京的自然增长率甚至为负。但由于人口基数大,人口的绝对自然增长仍然不低。同时改革开放以来,随着对人口流动的限制减弱,城市人口的机械增长率大为提高。据统计,1949至2011年,中国城市人口从5765万人发展到69079万人,增长了11.98倍;城市人口占全国总人口的比重从10.64%发展到51.27%,增长了4.82倍。人口的迅速增长固然拉动了城市的投资、消费,为城市提供了充足的劳动力,但对中国而言,人口增长的负面效应却更令人担忧。其主要表现在城市居民就业压力增大、社会保障不堪重负、犯罪问题增多、住房紧张、土地短缺、交通拥挤、三废排放增大日益突出的问题等,城市资源、环境承载力受到严峻挑战。

(二)城市人口整体素质有待提高,两极分化趋势加大

一方面,城镇人口的低生育率会影响未来全国人口整体素质的提高,同时

城市现有人口的整体素质也有待提高。据统计,2003 年我国国家机关及国有企事业单位的专业技术人员总数为 3062.2 万,相当于 0.65 个韩国,一个加拿大的人口。但却只占职工总人数的 22.9％,仅占全国人口的 2.08％。此外,人力资源本身的可持续发展还面临诸多问题。如人力资源缺乏与浪费并存;人力资源质量下滑与专业要求提高并存;人力资源结构失调与断层并存;人才教育与培训相互错位与重复的问题等。

另一方面,尽管城市化水平较高的地区对于吸引人才、提高城市人口的科学文化素质有着重要的优势,但是城市化水平的提高也可能带来大量农村剩余人口的涌入,从而降低整体人口文化素质,使得整个城市表现出不平衡的两极性:一极是较高文化素质的知识分子群体;另一极是素质较低的农村转移剩余劳动力人口群体。素质不同所引致的发展价值观就不同。高素质的群体更注重环境、资源、人力等的可持续发展;素质较低的群体则可能更注重自身的生存发展问题,而对城市社会的整体可持续发展却无力关注。

(三)城市老龄化问题严重

伴随人口生育的严格控制和年龄结构的转型,人口老化问题已不可避免。我国人口老龄化问题将比世界上其他国家来得急速,老龄化的水平将会更高(见表 5-1)。

表 5-1　60 岁以上老年人口占全国总人口比重

指标	2005 年	2006 年	2007 年	2008 年	2009 年	2010 年
60 岁以上人口比重(％)	11.03	11.3	11.6	12	12.5	13.3

资料来源:民政部发布的《2010 年社会服务发展统计报告》。

根据第六次全国人口普查数据,2010 年全国 60 岁及以上老年人口 17765 万人,占总人口的 13.26％,其中 65 岁及以上人口 11883 万人,占总人口的 8.9％。60 岁以上老年人口占全国总人口比重从 2005 年的 11.03％逐年递增。预计到 2040 年 60 岁以上老年人口将达 2.5 亿以上,占总人口的 23.79％,60 岁以上的人口是 20 多岁人口的 2～3 倍,一对夫妇要负担两对老人和一个孩子。人口年龄结构的这种严重不平衡,会广泛地改变我们的生活和文化。老年人增加意味着各种形式的社会保障、社会开支、退休金和医疗费用增加,意味着越来越少的就业人口为越来越多的老人提供支出。例如,1978 年我国的退休金总额为 17.3 亿元,2000 年用于老龄人口的开支占工资总额的 20.6％,到 2030 年将达工资总额的 48％。这些都会给社会、经济、文化发展带来许多问题,或者成为重要的发展问题。

（四）城市人口流动加速，剩余劳动力的转移与利用问题亟待引导和解决

市场经济体制令劳动力这一重要的生产要素得以解除禁锢，实现合理流动，劳动力市场亦从隐形转为显形，人力资源开始按市场规律予以调节。同时由于农业生产力水平的提高，相当一部分农民得以挣脱土地的束缚而另寻就业途径。这种现象利于人才流动，利于农村剩余劳动力向城市转移。在这种自由流动和自由竞争中，会产生一批优秀人才或优秀企业家。但这一过程也会产生不少问题，需要加强管理并予以解决，否则也会有损于可持续发展。流动人口既为当地城市创造了物质财富而成为其经济活动中不可缺少的有机体，又为本已不堪重负的城市环境和资源带来更大的包袱，也给城市管理、计划生育、社会治安造成隐患。同时这批人又往往免于纳税，不用承担城市可持续发展的义务从而增加了城市可持续发展的难度。

与此同时，剩余劳动力人口问题也不容忽视。有报道说，我国显性失业和隐性失业率达20％，这是全世界绝无仅有的剩余劳动力大军，或失业大军。这是我国又一种特有的新的人口现象。发达国家在发展工业化的过程中，工业化伴随城市化，大量劳动力向城市转移，曾经出现过农村劳动力过剩，城市劳动力缺乏，但不曾出现过城市和农村同时劳力过剩的现象。城市和农村同时劳力过剩是我国人口问题面临的双重挑战。

（五）城市政府、企业、居民的发展价值观的统一问题

目前人们对可持续发展已经有了共识。在政府、企业和个人的共同作用下，我国城市总体上已朝可持续发展的方向迈进了一步。但也应看到，在发展过程中，问题也不少。首先，城市政府负担沉重，一方面政府自身的改革和调整尚未到位，存在冗员众多，效率低下，财政困难等问题；另一方面经济改革的深入进行也要求政府对社会保障、公用事业、生态保护等承担起重任。此外，在政府行为的连贯性、科学性、严肃性方面也存在着一系列问题。这样，负荷过重的政府能否真正担当起推动可持续发展的主力军角色，人们还要拭目以待。其次，企业和居民的福利最大化行为必然使得其对可持续发展持消极态度。人们固然会在认识上达到统一，但在当前的发展问题尚未解决或经济矛盾激化之际，对未来子孙后代的发展也就无暇顾及。这就导致在发展过程中政府、企业、居民三者很难做到真正意义上的统一，也就不可避免地会出现一些不和谐的问题，在宏观上则表现为不协调的现象。

二、城市人口的发展

实施可持续发展要以人为本,这已成为各界的共识。为了解决城市人口的数量、质量、老龄化、剩余人口等问题,城市人口发展需要注意如下几点:

(一)城市人口的适度发展

人口的适度发展是指人口的规模或数量以某一国或区域的经济、自然资源、生态环境、社会发展等多项标准来衡量是否适宜。城市人口规模的发展有其自身规律,在发展过程中具有自我形成、自我组织的条件,并且由于人口和经济潜力等因素的存在使之必然存在自组织行为。那么,这种自组织行为能否自动达到人口的适度规模呢?

城市人口规模在长期过程中发展规律的一般情形为:在城市化初期,城市人口急剧增加,人口规模呈指数形式迅速膨胀;当城市发展演化到一定阶段,原来相对宽松的种种环境及内部约束不断被强化,从而不可忽略地对城市人口规模发展起制约、限制作用,促使城市人口增长趋于平缓,并在一定阶段稳定在一定水平;但由于城市系统的非平衡开放性,无论是从自身发展的要求还是从外部环境不断变化的需求来讲,城市人口规模都不可能长期稳定在一个恒定水平,它必须要在增长还是衰退之间做出抉择。不断变强的环境需求,尤其是经济需求会促使城市人口规模再度增长。如上海随着浦东的开发,在城市人口扩张上已掀起了又一轮热潮。但该市的人口问题并未显出特别突出的矛盾。

一个城市的人口规模是否适度并无一个确定的答案。城市人口规模应当与城市的其他构成要素相互协调,只有这样,城市才能健康发展。人口规模过大只是我国目前在城市发展中遇到的诸多问题和困难(如交通问题、社会治安问题、土地资源短缺问题等)的表层原因,深层原因是城市各构成要素之间的不协调,城市管理的低效率和政策、体制方面的不配套。因此,解决或缓解上述城市发展中诸问题的基本出发点应当是进行调整,通过调整来增加各要素之间的协调性,绝不能只单纯用控制人口规模的手段来解决城市的人口问题。

(二)城市人口素质的提高

从总体上来看,尽管城镇人口的低生育率会影响我国人口整体素质的提高,但通过大力发展贫困落后地区的妇幼保健和教育事业,可以促进人口的优生优育和素质的改善,再通过引导和鼓励人口的流动来解决城市人口供应问题,而不宜主张依靠扩大城市育龄妇女的生育率来克服人口质量上的"逆淘汰"现象。

对于城市本身人口素质不高问题,最重要的一点是要进行人力资源的管理与开发,在这一过程中,建立学习型组织是最为有效的途径之一。人力管理与开发各系统、各组织间建立学习型组织,可以加强相互交流,加速人力市场体系的建设,加大人力资源开发的力度。目前我国中低层人力资源占绝对数量,且呈板块状态。通过开发与市场调节,通过有组织地学习使各层次人力资源按市场需求优化发展,提高质量,有助于解决当前人力资源数量有余而质量不足的矛盾。

人力资源是个复杂的结构系统,它的形成与发展是一个不断衰退、不断更新与不断生长的动态过程。这种特点决定了对它需要一种全面、系统与连续的开发工程,才能取得最佳效果。这就要求政府、企业和个人及社会性组织全面统一协调,在整个城市体系内营造学习氛围,创立知识共享机制。首先是要对把学习引入工作达成共识,采取措施促进各级政府、各部门、各企业间的相互交流与学习。其次是要拆除部门"藩篱",模糊部门界限,强化协作意识,公务员间、企业员工之间自觉"知识共享"。第三是要为农村转移到城市的剩余劳动力、下岗职工与富余职工建立学习型组织,进行职业开发与转移,从而解决因人口流动造成的学习空缺和中断,弥补结构性失业的知识不足问题,避免人力资源的积压、转移、流动及其产生的浪费,同时也树立其可持续发展的价值观。

（三）城市人口结构的合理化

在人口可持续发展中,人口结构因素具有举足轻重的作用。合理的人口结构是实现人口可持续发展的条件之一。就人口自然结构来说,老龄化问题固然严重,但由于科技进步的强大作用和老年人口预期生产能力的延长,不会对社会造成较大的背负。且相对于老龄化问题,人口总量的增加依然是我国实现可持续发展的严重桎梏,因此不宜因恐惧人口老龄化而放松地人口生育的控制。

在城乡人口结构方面主要是人口城市化问题。由于城市与乡村在经济文化社会生活等方面差异较大,生育率高低也差别很大。更由于城市流动人口管理跟不上,到城市打工的农村育龄人口借机多生育者也屡见不鲜。城乡分治的结果只会加剧人口二元结构。城乡紧密联合控制人口生育仍不能松懈。

此外,城市人口的空间分布优化更是不容忽视。人口空间分布需适应产业结构、规划建设、土地利用、房地产、交通等方面的需要。就土地利用而言,大城市的土地效率比中等城市大得多,更是远远大于小城镇。这就是说小城镇大地域、大范围战略不仅浪费了资源而且也破坏着环境。因而,中小城市的人口空间分布重点要落在集中上,避免多占、滥用土地。大城市的人口空间分布则应放在城市圈层功能分区重新定位、土地置换、交通延展、第二产业向外迁移等所带动的人口扩散方面。

城市人口结构的合理化还包括人口社会经济结构的合理化。这一点十分重要。主要目的有三：其一是解决生产年龄人口与就业手段、就业结构的冲突，防止在劳动力过剩情况下生产年龄人口激增、未来生产年龄大幅度下降的压力，在控制人口增长的基础上，加快就业战略重点向多种经营为主、工商业为主、第三产业为主的转移；其二是解决人口老龄化对养老保障事业的冲击，建立起社养、家养、自养"三位一体"的养老保障体系；其三是解决人口分布与产业结构、生产力布局的关系问题，需要根据各城市人口数量多、素质相对差的状况，将过剩劳动力转移到以第三产业为主的原则，各地的生产力布局应根据具体情况，在劳动密集、资金密集、技术密集型结构中做出合理选择。

（四）注重人口的全面性战略发展

把提高人口素质与改善人口结构和分布等方面的内容提到战略的高度。目前各地的城市对人口迁移、老年人口、优生优育、调节人口的产业结构和职业结构以及教育程度结构等，采取了一些政策措施，但往往存在政出多门，自成一体现象，从而在客观上形成了与解决人口问题密切联系的诸方面工作的脱节，形成人口战略在理解和执行过程中的不完整性。这就要求把人口可持续发展看作一项系统工程，进行人口管理、人力资源发展等全方位的制度创新。而这些均有赖于政府、企业、社区、居民的共同努力。

（五）关注人口可持续发展问题的解决

解决城市的可持续发展问题还要从根源上入手，人口问题的主要根源是人口发展不适应经济、社会的发展。人类社会的发展是经济发展和人口发展的统一，人口发展又是经济发展和社会发展的出发点和落脚点。人口发展应与资源环境、经济、社会的发展相互协调一致。诸如发展环保、节能产业，实现劳动就业与资源保护、环境治理的良性循环；加强文化、教育及城市服务业等劳动密集型第三产业的发展，既可带动消费模式转化和促进经济较快发展，又易缓解失业压力和保障社会的稳定；以社会发展、社会分配、社会公正、利益均衡等为基本内容，把经济效益与社会公正取得合理的平衡，作为提高支撑可持续发展的稳定能力，等等。城市人口的可持续发展，要以城市政府为主体，以企业、居民、社区等非政府组织积极参与共同推动的多元化、多层面的演进。

第三节　城市的科技要素

在实施城市化的战略中,如何依靠科技进步,走出一条有自己特色的、有利于加速城市现代化进程的城市发展之路,是一个非常值得重视和迫切需要研究的问题。

世界城市化的进程表明,科技进步与城市经济有着密切的关联,即科技进步引发产业革命,推动新兴城市发展,加速城市化进程。每当新技术革命推动世界经济进入新一轮高速增长时期,必然会在经济增长最快的地区迅速形成一批颇具规模和实力的新兴城市,少数规模大、力量强的中心城市,在巨大的集聚和辐射效应下,发展成为有国际性影响力的世界城市。上世纪中后期以来,以电子、通信和计算机技术为核心的新科技革命兴起,信息经济时代的宣告来临,现代城市发展和全球城市化进程因此也产生了一些新特点:一是以知识经济为主导的创新型经济加快取代并改造传统的制造业,成为现代城市特别是大城市的主导产业;二是城市空间组织从工业经济时代的中心地等级结构向网络结构过渡;三是城市服务业向大城市的高度集聚;四是制造业专门化、基地化,传统制造业向城市边缘的专业化制造基地或中小城市迁移;五是高速公路沿线的高新技术产业带迅速发展。上述表明,以信息化、网络化为代表的世界新科技革命对各国的城市发展模式乃至城市化进程也产生了重大影响。发达国家城市形态出现由"向城市中心集聚"转而"自城市中心向外扩散"变化,形成了形态多样的跨国城市体系、核心—边缘城市体系、网络化城市体系和大都市连绵区等。这些城市体系的形成,有的是现代科技革命的直接产物,有的则是以新科技革命为后盾。

科技要素在现代城市发展中的重要地位和巨大作用,表现为:(1)科技要素能够激发城市其他要素能量与作用的有效释放和发挥,实现有限要素资源的最佳组合与高效利用,满足人类社会不断增长的生产与生活需求;(2)科技要素能有效提升人口、土地和管理等城市其他要素的品位和素质,实现人与社会、自然的和谐发展;(3)科技要素决定城市产业发展方向与经济发展质量,推动产业创新和产业革命,使城市始终成为全社会最有经济竞争力的地方;(4)科技要素更新了现代城市建设与管理的方式和理念,不断创造出新的文化、新的理念和新的管理,充分体现出城市是现代文明与进步的先导者;(5)科技要素促进城市功能完善和个性特色展现,形成千姿百态、个性鲜明而又优势交融的现代城市发展之路。

一、城市科技要素现状

在我国改革开放 30 多年来的城市化进程中,科技要素在推动产业、人口等要素集聚和城市建设发展等方面,提供了强大的支撑作用,并出现了一些新的积极的发展动向:(1)科技要素的吸纳主体出现明显位移。农村工业作为科技要素吸纳主体的地位逐渐下降,城市重新成为吸纳、重组科技要素的主体。(2)新兴产业出现依托城市集聚发展的良好态势。目前浙江全省已经形成了以杭州高新技术开发区为龙头,以十多个省级高新技术产业园为骨干的"一区多园"高新技术产业发展格局。(3)城市作为科技要素生成源的功能开始上升。随着城市规模和城市科技教育事业的迅速发展,人才向城市流动的趋势加快,出现了科技要素、企业创新机构进一步向城市集聚的新格局。(4)科技要素有效配置的基础条件得到较快改善。随着交通、通信条件的改善,特别是以因特网为平台的信息高速公路的发展,极大地改变了时空条件,科技要素集聚和更快、更便捷地发挥作用的基础条件进一步加强。

与此同时,科技要素的自身发展和在推进城市化方面还存在不少问题:(1)城市,特别是大中城市的科技资源还比较短缺,中小城市的科技传播力量弱;(2)科技产业化能力还比较弱,产业化规模较小;(3)城市科技设施体系不健全,公共科技设施薄弱;(4)城市公共管理依靠科技力量弱,城市的现代化功能不够强;(5)科技要素在推进城市化过程中的黏合、提升作用尚未有效发挥,没有相应形成一个有远见的对科技要素配置与作用发挥的空间架构。

二、城市科技的创新重点

按照"科学技术工作必须面向经济建设,经济建设必须依靠科学技术"的方针,城市政府应以增强产业核心竞争力为目标,大力推进技术创新,完善技术创新体系,健全技术创新机制,促进高新技术产业化,加快传统产业改造和升级,推动经济结构调整,全面提高城市经济的整体素质。

(一)电子信息产业技术的创新重点

城市电子信息产业技术创新的重点为:开发以数字通信设备、接入网设备为重点的网络及通信技术产品;开发以软件、信息系统为主的计算机软硬件产品;开发以光有源与光无源器件、光通信设备为主的光电子、光通信产品;开发以数字化、智能化、网络化音视频产品为主的信息家电产品;开发以集成电路、片式元器件为主的微电子产品;开发以高档磁性材料、单晶硅材料、光纤预制棒、压电材料、声表材料等功能材料为重点的新型信息材料。关键技术是应用

软件技术，微电子及光电子技术，数字、网络及通信技术。

（二）机械工业技术的创新重点

城市机械工业技术的创新重点为：发展高档豪华大客车、专用车和大排量摩托车及新型发动机，开发为轿车、微型车、重型车配套的关键零部件及大型汽车模具；开发城市污水处理成套设备、工业废水处理成套设备、城市生活垃圾焚烧及综合利用成套设备、大型空分成套设备、发电与输变电成套设备、冷热源与通风成套设备、新型纺织成套装备、制药化工用成套设备、高档印刷及包装成套设备；开发工厂化农业成套设备；开发以设计智能化、加工过程柔性化和整体管理集成化为特征的智能集成制造系统；开发加工中心、数控机床及专用成套加工设备；开发高精度轴承、高温高压特种泵阀、智能低压电器等机械基础件；发展出口特种船舶。关键技术是光机电一体化技术、优化设计与集成制造技术、激光加工及先进热加工技术。

（三）化学工业技术的创新重点

城市化学工业技术的创新重点为：开发氟化工材料、有机硅材料、新型工程塑料和密封材料；开发高效低毒、安全的化学和生物农药新品种，以及农药新剂型；开发高效催化剂、各类新型助剂、高档颜料、染料、涂料和农药、医药中间体；开发生物化工、食品添加剂、饲料添加剂、电子化学品、造纸化学品、工业表面活性剂、信息材料等新领域精细化工产品。关键技术是新型催化及合成技术、精密分离提纯技术、生物化工技术。

（四）医药工业技术的创新重点

城市医药工业技术的创新重点为：开发医治心脑血管疾病、恶性肿瘤、神经系统 疾病、消化系统疾病、老年病及抗感染的新药；开发生物工程药品；开发控释、缓释等新型制剂；实行中成药二次开发；开发新型医疗器械和医用材料。关键技术是新型制剂及辅料技术，基因工程技术，中药提取纯化技术，新型医疗器械制造技术。

（五）纺织工业技术的创新重点

城市纺织工业技术的创新重点为：开发功能性纤维、差别化纤维、复合型纤维、多种纤维混纺纱线及面料；开发大豆蛋白纤维技术；开发以土工合成材料、汽车用纺织品、高档黏合衬、高性能多功能过滤材料为重点的产业用纺织品；开发高保真、数字式喷射印花丝绸产品；开发高档真丝复合丝及面料。关键技术是化纤仿真、天然纤维开发及织物后整理技术，多种纤维混纺交织复合印染技术，产业用织物和复合织物制造技术。

（六）轻工业技术的创新重点

城市轻工业技术的创新重点为：开发食品新产品和海洋生物制品；开发食品保鲜、保藏和增进食品风味的新型酶制剂；开发工业技术配套用纸、特种纸及高档纸板；开发新型的洗涤用品；开发节能高效电光源产品和高性能电池；开发智能化、节能型、环保型家用电器新产品，发展模糊控制技术、变频技术，开发家用电器中的各种传感器关键部件；开发具有防水、防油、防污功能的高档服装革，具有阻燃性、耐光性的汽车坐垫革等汽车工业用革，高档家具装饰用革；开发新型农用塑料、包装塑料、建筑塑料和工业及工程塑料制品。关键技术是食品加工保鲜技术，以表面涂装为核心的表面处理技术，新型助剂的开发和应用技术。

（七）建材工业技术的创新重点

城市建材工业技术的创新重点为：开发特种水泥、商品混凝土外加剂；开发以混凝土砌块、高强度轻质墙板等为重点的新型墙体材料；开发以塑料管及配套管件、建筑涂料、防水材料、建筑用硅酮结构胶为重点的新型化学建材；开发以建筑卫生陶瓷、以五金配件、竹木制品为重点的新型装饰装修材料；开发以玻璃纤维、特种陶瓷、高强度玻璃钢、特种玻璃为重点的无机非金属新材料。关键技术是新型墙体材料和混凝土添加剂生产技术。

（八）冶金工业技术的创新重点

城市冶金工业技术的创新重点为：开发电子引线框架铜带、水箱铜带、变压器用铜带、超长冷凝管、内螺纹高效节能管；开发低合金钢、合金钢和稀土材料、金属功能材料、新型耐火材料及硅材料；开发高纯金属和高精度金属箔；开发铜锌物料鼓风炉炼铜锌分离技术。关键技术是炉外精炼技术。

（九）共性的关键技术

城市共性的关键技术包括：清洁生产及环保技术；纳米材料的应用技术；新型节能降耗及可再生资源利用技术；自动控制技术。

三、城市技术创新的措施

（一）以抓方式转变为切入点，加强对技术创新的指导和协调

以创新的观念、创新的管理方式推动技术创新工作开展。实现技术创新运行机制从政府推动、政策扶持为主向政府引导、企业自主创新转变；技术创新管理从常规管理向符合国际惯例转变；技术创新方式从以抓项目为主向抓项目、

抓体系建设并举转变。制定并实施符合本城市发展实际的技术创新规划。着力改善技术创新的外部环境,深化审批制度改革,建立技术创新信息发布制度,适时向全社会发布技术创新信息,引导社会投资方向和创新行为。制定有利于技术创新的地方性政策法规,特别是建立健全适应WTO要求和产业技术发展方向的工作规范。完善知识产权保护制度,维护专利权人的合法权益。

（二）以抓专项实施为手段,强化技术创新的引导和示范

围绕高新技术产业化和关系城市产业发展的关键技术,抓好国家级重点技术创新项目和省市级重点技术创新专项滚动计划（即新材料专项、产学研联合专项、引进技术消化吸收创新专项、工业信息化专项、先进适用技术专项、工业可持续发展专项）。通过对若干个重点技术创新专项的实施,在具有比较优势行业和企业中形成新的竞争优势,在这些领域的技术水平、产业化程度等方面走在前列。编制实施国家级重点新产品试产计划、省市级重点高新技术产品试制试产计划,在重点领域和重点行业开发一批具有自主知识产权和国际竞争力的产品。

（三）以抓技术中心为基点,加快技术创新体系建设

建立和完善以企业为中心的技术创新体系及运行机制,重点抓好国家级、省市级企业技术中心建设。以重点企业为依托,建立若干行业技术创新基地,形成以企业为主体、高等院校和科研机构广泛参与、利益共享和风险共担的产学研一体化运行机制。大力发展技术创新的各类中介机构和服务体系,建设面向行业和中小企业的技术服务中心。鼓励各类中介服务机构举办技术创新专题活动。

（四）以抓多渠道投入为着力点,加大技术创新的政策扶持

加大财政、税收、金融对技术创新的支持力度。对有利于产业优化升级的关键技术、共性技术推广应用的重点技术创新项目,政府在资金上给予重点扶持。鼓励企业加快设备折旧,建立以企业为主体的技术创新投入机制,运用税收政策,鼓励企业增加技术创新投入。稳步提高企业研究开发投入占销售收入的比重。拓宽融资渠道,逐步建立中小企业技术创新融资担保制度。引导社会资本投入技术创新,加快形成以社会资本为主体的风险投资体系。

（五）以抓技术合作和交流为主要内容,优化技术创新资源配置

在技术创新各领域进一步加强合作与交流,特别是加强区域性技术创新合作,加大与国内外技术创新机构的交流,重点选择若干领域加强和国际著名创新机构的合作。积极吸引跨国公司来所在城市创办研究机构或创新中心。鼓

励企业与跨国公司、国内外科研机构和高等院校合作建立各类技术开发中心；鼓励企业通过技术贸易与国外企业建立"动态联盟"等方式，开展国际技术创新合作；鼓励有实力的企业到发达国家建立研究开发中心，充分利用国外创新资源，提高技术创新的国际化程度。

第四节　城市的资金要素

资金是经济发展的基础。城市政府要建立有利于各类企业筹集资金、满足多种投资需求和富有效率的资本市场体系；完善以市场为主导的产品创新机制，形成价格发现和风险管理并举、股票融资与债券融资相协调的资本市场产品结构；培育诚实守信、运作规范、治理机制健全的上市公司和市场中介群体，强化市场主体约束和优胜劣汰机制；健全职责定位明确、风险控制有效、协调配合到位的市场监管体制，切实保护投资者合法权益。

一、发展资本市场

发展资本市场是一项重要的战略任务，有利于完善社会主义市场经济体制，更大限度地发挥资本市场优化资源配置的功能，将社会资金有效转化为长期投资；有利于国有经济的结构调整和战略性改组，加快非国有经济发展；有利于提高直接融资比例，完善金融市场结构，提高金融市场效率，维护金融安全。

我国的资本市场是伴随着经济体制改革的进程逐步发展起来的。由于建立初期改革不配套和制度设计上的局限，城市资本市场还存在一些深层次问题和结构性矛盾，制约了市场功能的有效发挥。这些问题是资本市场发展中遇到的问题，也只有在发展中逐步加以解决。

（一）完善相关政策，促进资本市场稳定发展

资本市场的稳定发展需要相应的政策引导和支持。应采取切实措施，改变部分上市公司重上市、轻转制、重筹资、轻回报的状况，提高上市公司的整体质量，为投资者提供分享经济增长成果、增加财富的机会。

鼓励合规资金入市。继续大力发展证券投资基金。支持保险资金以多种方式直接投资资本市场，逐步提高社会保障基金、企业补充养老基金、商业保险资金等投入资本市场的资金比例。要培养一批诚信、守法、专业的机构投资者，使基金管理公司和保险公司为主的机构投资者成为资本市场的主导力量。

积极稳妥解决股权分置问题。规范上市公司非流通股份的转让行为，防止

国有资产流失。要稳步解决目前上市公司股份中尚不能上市流通股份的流通问题。在解决这一问题时要尊重市场规律,有利于市场的稳定和发展,切实保护投资者特别是公众投资者的合法权益。

（二）健全资本市场体系,丰富证券投资品种

建立多层次股票市场体系。在统筹考虑资本市场的合理布局和功能定位的基础上,逐步建立满足不同类型企业融资需求的多层次资本市场体系,研究提出相应的证券发行上市条件并建立配套的公司选择机制。要继续规范和发展主板市场,逐步改善主板市场上市公司结构。分步推进创业板市场建设,完善风险投资机制,拓展中小企业融资渠道。积极探索和完善统一监管下的股份转让制度。

积极稳妥发展债券市场。在严格控制风险的基础上,鼓励符合条件的企业通过发行公司债券筹集资金,改变债券融资发展相对滞后的状况,丰富债券市场品种,促进资本市场协调发展。制定和完善公司债券发行、交易、信息披露、信用评级等规章制度,建立健全资产抵押、信用担保等偿债保障机制。逐步建立集中监管、统一互联的债券市场。

稳步发展期货市场。在严格控制风险的前提下,逐步推出为大宗商品生产者和消费者提供发现价格和套期保值功能的商品期货品种。

建立以市场为主导的品种创新机制。研究开发与股票和债券相关的新品种及其衍生产品。加大风险较低的固定收益类证券产品的开发力度,为投资者提供储蓄替代型证券投资品种。积极探索并开发资产证券化品种。

（三）提高上市公司质量,推进上市公司规范运作

提高上市公司质量。上市公司的质量是证券市场投资价值的源泉。上市公司董事和高级管理人员要把股东利益最大化和不断提高赢利水平作为工作的出发点和落脚点。要进一步完善股票发行管理体制,推行证券发行上市保荐制度,支持竞争力强、运作规范、效益良好的公司发行上市,从源头上提高上市公司质量。鼓励已上市公司进行以市场为主导的、有利于公司持续发展的并购重组。进一步完善再融资政策,支持优质上市公司利用资本市场加快发展,做优做强。

规范上市公司运作。完善上市公司法人治理结构,按照现代企业制度要求,真正形成权力机构、决策机构、监督机构和经营管理者之间的制衡机制。强化董事和高管人员的诚信责任,进一步完善独立董事制度。规范控股股东行为,对损害上市公司和中小股东利益的控股股东进行责任追究。强化上市公司

及其他信息披露义务人的责任,切实保证信息披露的真实性、准确性、完整性和及时性。建立健全上市公司高管人员的激励约束机制。

完善市场退出机制。要采取有效措施,结合多层次市场体系建设,进一步完善市场退出机制。在实现上市公司优胜劣汰的同时,建立对退市公司高管人员失职的责任追究机制,切实保护投资者的合法权益。

（四）促进资本市场中介服务机构规范发展

把证券、期货公司建设成为具有竞争力的现代金融企业。根据审慎监管原则,健全证券、期货公司的市场准入制度。督促证券、期货公司完善治理结构,规范其股东行为,强化董事会和经理人员的诚信责任。改革证券、期货客户交易结算资金管理制度,研究健全客户交易结算资金存管机制。严禁挪用客户资产,切实维护投资者合法权益。证券、期货公司要完善内控机制,加强对分支机构的集中统一管理。完善以净资本为核心的风险监控指标体系,督促证券、期货公司实施稳健的财务政策。鼓励证券、期货公司通过兼并重组、优化整合做优做强。建立健全证券、期货公司市场退出机制。

加强对其他中介服务机构的管理。规范发展证券期货投资咨询机构、证券资信评级机构,加强对会计师事务所、律师事务所和资产评估机构的管理,提高中介机构的专业化服务水平。

（五）加强法制和诚信建设,提高资本市场监管水平

健全资本市场法规体系,加强诚信建设。按照大力发展资本市场的总体部署,健全有利于资本市场稳定发展和投资者权益保护的法规体系。要清理阻碍市场发展的行政法规、地方性法规、部门规章以及政策性文件,为大力发展资本市场创建良好的法制环境。要按照健全现代市场经济社会信用体系的要求,制定资本市场诚信准则,维护诚信秩序,对严重违法违规、严重失信的机构和个人坚决实施市场禁入措施。

推进依法行政,加强资本市场监管。按照深化行政审批制度改革和贯彻实施《行政许可法》的要求,提高执法人员的自身素质和执法水平。树立与时俱进的监管理念,建立健全与资本市场发展阶段相适应的监管方式,完善监管手段,提高监管效率。进一步充实监管力量,整合监管资源,培养一支政治素质和专业素质过硬的监管队伍。通过实施有效的市场监管,努力提高市场的公正性、透明度和效率,降低市场系统风险,保障市场参与者的合法权益。

发挥行业自律和舆论监督作用。要发挥证券期货交易所、登记结算公司、证券期货业协会、律师、会计师、资产评估等行业协会的自律管理作用。要引导

和加强新闻媒体对证券期货市场的宣传和监督。

（六）加强协调配合，防范和化解市场风险

营造良好的资本市场发展环境。资本市场的风险防范关系到国家的金融安全和国民经济的健康发展。各地区、各部门都要关心和支持资本市场的规范发展，在出台涉及资本市场的政策措施时，要充分考虑资本市场的敏感性、复杂性和特殊性，并建立信息共享、沟通便捷、职责明确的协调配合机制，为市场稳定发展创造良好的环境和条件。

共同防范和化解市场风险。要切实履行《公司法》等有关法律法规规定的职责，采取有效措施防止和及时纠正发起人虚假出资、大股东或实际控制人侵占上市公司资产的行为；各地区和有关主管部门要依法加强对退市公司的管理，确保退市工作平稳顺利。对有重大经营风险必须退出资本市场或采取其他行政处置措施的证券、期货公司，地方人民政府、金融监管部门以及公安、司法等部门要加强协调配合，按照法律法规和有关政策规定，采取积极有效措施做好风险处置工作。建立应对资本市场突发事件的快速反应机制和防范化解风险的长效机制。

严厉打击证券期货市场违法活动。各地区要贯彻落实国务院关于整顿和规范市场经济秩序的有关精神，严格禁止本地区非法发行证券、非法设立证券期货经营机构、非法代理证券期货买卖、非法或变相设立证券期货交易场所及其他证券期货违法活动。财政、公安、审计、工商等政府部门和国有资产监督管理机构要加强协调配合，加大打击力度，维护资本市场秩序。

二、改革城市投融资体制

改革开放以来，国家对原有的投融资体制进行了一系列改革，打破了传统的计划经济体制下高度集中的投资管理模式，初步形成了投资主体多元化、资金来源多渠道、投资方式多样化、项目建设市场化的新格局。

投资体制改革的目标是：改革城市政府对企业投资的管理制度，按照"谁投资、谁决策、谁收益、谁承担风险"的原则，落实企业投资自主权；合理界定政府投资职能，提高投资决策的科学化、民主化水平，建立投资决策责任追究制度；进一步拓宽项目融资渠道，发展多种融资方式；培育规范的投资中介服务组织，加强行业自律，促进公平竞争；健全投资宏观调控体系，改进调控方式，完善调控手段；加快投资领域的立法进程；加强投资监管，维护规范的投资和建设市场秩序。通过深化改革和扩大开放，最终建立起市场引导投资、企业自主决策、银行独立审贷、融资方式多样、中介服务规范、宏观调控有效的新型投资体制。

（一）转变政府管理职能，确立企业的投资主体地位

1.改革项目审批制度，落实企业投资自主权

彻底改革现行不分投资主体、不分资金来源、不分项目性质，一律按投资规模大小分别由各级政府及有关部门审批的企业投资管理办法。对于企业不使用政府投资建设的项目，一律不再实行审批制，区别不同情况实行核准制和备案制。其中，政府仅对重大项目和限制类项目从维护社会公共利益角度进行核准，其他项目无论规模大小，均改为备案制，项目的市场前景、经济效益、资金来源和产品技术方案等均由企业自主决策、自担风险，并依法办理环境保护、土地使用、资源利用、安全生产、城市规划等许可手续和减免税确认手续。对于企业使用政府补助、转贷、贴息投资建设的项目，政府只审批资金申请报告。各地区、各部门要相应改进管理办法，规范管理行为，不得以任何名义截留下放给企业的投资决策权利。

2.规范政府核准制

要严格限定实行政府核准制的范围，并根据变化的情况适时调整。《政府核准的投资项目目录》（以下简称《目录》）由国务院投资主管部门会同有关部门研究提出，报国务院批准后实施。未经国务院批准，各地区、各部门不得擅自增减《目录》规定的范围。

企业投资建设实行核准制的项目，仅需向政府提交项目申请报告，不再经过批准项目建议书、可行性研究报告和开工报告的程序。政府对企业提交的项目申请报告，主要从维护经济安全、合理开发利用资源、保护生态环境、优化重大布局、保障公共利益、防止出现垄断等方面进行核准。对于外商投资项目，政府还要从市场准入、资本项目管理等方面进行核准。政府有关部门要制定严格规范的核准制度，明确核准的范围、内容、申报程序和办理时限，并向社会公布，提高办事效率，增强透明度。

3.健全备案制

对于《目录》以外的企业投资项目，实行备案制，除国家另有规定外，由企业按照属地原则向地方政府投资主管部门备案。备案制的具体实施办法由省级人民政府自行制定。国务院投资主管部门要对备案工作加强指导和监督，防止以备案的名义变相审批。

4.扩大大型企业集团的投资决策权

基本建立现代企业制度的特大型企业集团，投资建设《目录》内的项目，可以按项目单独申报核准，也可编制中长期发展建设规划，规划经国务院或国务院投资主管部门批准后，规划中属于《目录》内的项目不再另行申报核准，只需办理备案手续。企业集团要及时向国务院有关部门报告规划执行和项目建设情况。

5. 鼓励社会投资

放宽社会资本的投资领域,允许社会资本进入法律法规未禁入的基础设施、公用事业及其他行业和领域。逐步理顺公共产品价格,通过注入资本金、贷款贴息、税收优惠等措施,鼓励和引导社会资本以独资、合资、合作、联营、项目融资等方式,参与经营性的公益事业、基础设施项目建设。对于涉及国家垄断资源开发利用、需要统一规划布局的项目,政府在确定建设规划后,可向社会公开招标选定项目业主。鼓励和支持有条件的各种所有制企业进行境外投资。

6. 拓宽企业投资项目的融资渠道

允许各类企业以股权融资方式筹集投资资金,逐步建立起多种募集方式相互补充的多层次资本市场。经国务院投资主管部门和证券监管机构批准,选择一些收益稳定的基础设施项目进行试点,通过公开发行股票、可转换债券等方式筹集建设资金。在严格防范风险的前提下,改革企业债券发行管理制度,扩大企业债券发行规模,增加企业债券品种。按照市场化原则改进和完善银行的固定资产贷款审批和相应的风险管理制度,运用银团贷款、融资租赁、项目融资、财务顾问等多种业务方式,支持项目建设。允许各种所有制企业按照有关规定申请使用国外贷款。制定相关法规,组织建立中小企业融资和信用担保体系,鼓励银行和各类合格担保机构对项目融资的担保方式进行研究创新,采取多种形式增强担保机构资本实力,推动设立中小企业投资公司,建立和完善创业投资机制。规范发展各类投资基金。鼓励和促进保险资金间接投资基础设施和重点建设工程项目。

7. 规范企业投资行为

各类企业都应严格遵守国土资源、环境保护、安全生产、城市规划等法律法规,严格执行产业政策和行业准入标准,不得投资建设国家禁止发展的项目;应诚信守法,维护公共利益,确保工程质量,提高投资效益。国有和国有控股企业应按照国有资产管理体制改革和现代企业制度的要求,建立和完善国有资产出资人制度、投资风险约束机制、科学民主的投资决策制度和重大投资责任追究制度。严格执行投资项目的法人责任制、资本金制、招标投标制、工程监理制和合同管理制。

(二)完善政府投资体制,规范政府投资行为

1. 合理界定政府投资范围

政府投资主要用于关系国家安全和市场不能有效配置资源的经济和社会

领域,包括加强公益性和公共基础设施建设,保护和改善生态环境,促进欠发达地区的经济和社会发展,推进科技进步和高新技术产业化。能够由社会投资建设的项目,尽可能利用社会资金建设。合理划分中央政府与地方政府的投资事权。中央政府投资除本级政权等建设外,主要安排跨地区、跨流域以及对经济和社会发展全局有重大影响的项目。

2.健全政府投资项目决策机制

进一步完善和坚持科学的决策规则和程序,提高政府投资项目决策的科学化、民主化水平;政府投资项目一般都要经过符合资质要求的咨询中介机构的评估论证,咨询评估要引入竞争机制,并制定合理的竞争规则;特别重大的项目还应实行专家评议制度;逐步实行政府投资项目公示制度,广泛听取各方面的意见和建议。

3.规范政府投资资金管理

编制政府投资的中长期规划和年度计划,统筹安排、合理使用各类政府投资资金,包括预算内投资、各类专项建设基金、统借国外贷款等。政府投资资金按项目安排,根据资金来源、项目性质和调控需要,可分别采取直接投资、资本金注入、投资补助、转贷和贷款贴息等方式。以资本金注入方式投入的,要确定出资人代表。要针对不同的资金类型和资金运用方式,确定相应的管理办法,逐步实现政府投资的决策程序和资金管理的科学化、制度化和规范化。

4.简化和规范政府投资项目审批程序,合理划分审批权限

按照项目性质、资金来源和事权划分,合理确定中央政府与地方政府之间、国务院投资主管部门与有关部门之间的项目审批权限。对于政府投资项目,采用直接投资和资本金注入方式的,从投资决策角度只审批项目建议书和可行性研究报告,除特殊情况外不再审批开工报告,同时应严格政府投资项目的初步设计、概算审批工作;采用投资补助、转贷和贷款贴息方式的,只审批资金申请报告。具体的权限划分和审批程序由国务院投资主管部门会同有关方面研究制定,报国务院批准后颁布实施。

5.加强政府投资项目管理,改进建设实施方式

规范政府投资项目的建设标准,并根据情况变化及时修订完善。按项目建设进度下达投资资金计划。加强政府投资项目的中介服务管理,对咨询评估、招标代理等中介机构实行资质管理,提高中介服务质量。对非经营性政府投资项目加快推行"代建制",即通过招标等方式,选择专业化的项目管理单位负责建设实施,严格控制项目投资、质量和工期,竣工验收后移交给使用单位。增强投资风险意识,建立和完善政府投资项目的风险管理机制。

6.引入市场机制,充分发挥政府投资的效益

各级城市政府要创造条件,利用特许经营、投资补助等多种方式,吸引社会资本参与有合理回报和一定投资回收能力的公益事业和公共基础设施项目建设。对于具有垄断性的项目,试行特许经营,通过业主招标制度,开展公平竞争,保护公众利益。已经建成的政府投资项目,具备条件的经过批准可以依法转让产权或经营权,以回收的资金滚动投资于社会公益等各类基础设施建设。

(三)加强和改善投资的宏观调控

1.完善投资宏观调控体系

国家发展和改革委员会要在国务院领导下会同有关部门,按照职责分工,密切配合、相互协作、有效运转、依法监督,调控全社会的投资活动,保持合理投资规模,优化投资结构,提高投资效益,促进国民经济持续快速协调健康发展和社会全面进步。

2.改进投资宏观调控方式

综合运用经济的、法律的和必要的行政手段,对全社会投资进行以间接调控方式为主的有效调控。国务院有关部门要依据国民经济和社会发展中长期规划,编制教育、科技、卫生、交通、能源、农业、林业、水利、生态建设、环境保护、战略资源开发等重要领域的发展建设规划,包括必要的专项发展建设规划,明确发展的指导思想、战略目标、总体布局和主要建设项目等。按照规定程序批准的发展建设规划是投资决策的重要依据。各级政府及其有关部门要努力提高政府投资效益,引导社会投资。制定并适时调整国家固定资产投资指导目录、外商投资产业指导目录,明确国家鼓励、限制和禁止投资的项目。建立投资信息发布制度,及时发布政府对投资的调控目标、主要调控政策、重点行业投资状况和发展趋势等信息,引导全社会投资活动。建立科学的行业准入制度,规范重点行业的环保标准、安全标准、能耗水耗标准和产品技术、质量标准,防止低水平重复建设。

3.协调投资宏观调控手段

根据国民经济和社会发展要求以及宏观调控需要,合理确定政府投资规模,保持国家对全社会投资的积极引导和有效调控。灵活运用投资补助、贴息、价格、利率、税收等多种手段,引导社会投资,优化投资的产业结构和地区结构。适时制定和调整信贷政策,引导中长期贷款的总量和投向。严格和规范土地使用制度,充分发挥土地供应对社会投资的调控和引导作用。

4.加强和改进投资信息统计工作

加强投资统计工作,改革和完善投资统计制度,进一步及时、准确、全面地

反映全社会固定资产存量和投资的运行态势,并建立各类信息共享机制,为投资宏观调控提供科学依据。建立投资风险预警和防范体系,加强对宏观经济和投资运行的监测分析。

(五)加强和改进投资的监督管理

1.建立和完善政府投资监管体系

建立政府投资责任追究制度,工程咨询、投资项目决策、设计、施工、监理等部门和单位,都应有相应的责任约束,对不遵守法律法规给国家造成重大损失的,要依法追究有关责任人的行政和法律责任。完善政府投资制衡机制,投资主管部门、财政主管部门以及有关部门,要依据职能分工,对政府投资的管理进行相互监督。审计机关要依法全面履行职责,进一步加强对政府投资项目的审计监督,提高政府投资管理水平和投资效益。完善重大项目稽查制度,建立政府投资项目后评价制度,对政府投资项目进行全过程监管。建立政府投资项目的社会监督机制,鼓励公众和新闻媒体对政府投资项目进行监督。

2.建立健全协同配合的企业投资监管体系

国土资源、环境保护、城市规划、质量监督、银行监管、证券监管、外汇管理、工商管理、安全生产监管等部门,要依法加强对企业投资活动的监管,凡不符合法律法规和国家政策规定的,不得办理相关许可手续。在建设过程中不遵守有关法律法规的,有关部门要责令其及时改正,并依法严肃处理。各级政府投资主管部门要加强对企业投资项目的事中和事后监督检查,对于不符合产业政策和行业准入标准的项目,以及不按规定履行相应核准或许可手续而擅自开工建设的项目,要责令其停止建设,并依法追究有关企业和人员的责任。审计机关依法对国有企业的投资进行审计监督,促进国有资产保值增值。建立企业投资诚信制度,对于在项目申报和建设过程中提供虚假信息、违反法律法规的,要予以惩处,并公开披露,在一定时间内限制其投资建设活动。

3.加强对投资中介服务机构的监管

各类投资中介服务机构均须与政府部门脱钩,坚持诚信原则,加强自我约束,为投资者提供高质量、多样化的中介服务。鼓励各种投资中介服务机构采取合伙制、股份制等多种形式改组改造。健全和完善投资中介服务机构的行业协会,确立法律规范、政府监督、行业自律的行业管理体制。打破地区封锁和行业垄断,建立公开、公平、公正的投资中介服务市场,强化投资中介服务机构的法律责任。

4.完善法律法规,依法监督管理

建立健全与投资有关的法律法规,依法保护投资者的合法权益,维护投资

主体公平、有序竞争,投资要素合理流动、市场发挥配置资源的基础性作用的市场环境,规范各类投资主体的投资行为和政府的投资管理活动。认真贯彻实施有关法律法规,严格财经纪律,堵塞管理漏洞,降低建设成本,提高投资效益。加强执法检查,培育和维护规范的建设市场秩序。

第五节　城市的信息要素

一、城市信息资源的作用

信息资源是指信息的生产、分配、交流(流通)、消费过程。它除信息内容本身外,还包括与其紧密相连的信息设备、信息人员、信息系统、信息网络等。以往我国只把物质、能源当做资源,把信息当做一般的"消息",自邓小平同志"开发信息资源,服务四化建设"题词公开发表后,人们对"信息"的认识发生了质的飞跃,认识到信息也是一种宝贵的战略资源,它与物质、能源一起成为当今社会发展的三大战略资源。

(一)信息对生产要素起优化作用

信息可通过优化生产要素,引导生产要素的合理有效配置,在促进生产力系统运行的有序度等方面发挥功能作用。(1)信息通过与劳动力相互作用,增加其他生产要素的信息含量,从而提高生产力系统的素质水平和利用效率。增加了信息含量的生产要素一旦进入生产过程,一是可以缩短劳动者对客体的认识及熟练过程,使生产要素以较快、较准的状态进入生产运行系统,从生产过程的时效上表现与发挥生产力的功能;二是可增强生产的有序性与安全系数,带来机会收益;三是可引发对生产过程、生产工具、操作方法和工艺技术的技术革新与发明创造。(2)信息通过与领导相互作用,导向生产要素的最优组合,从而提高生产力。信息对领导者的导向功能主要有:一是引导领导者注意力的转移,把注意力放到新的工作上去;二是引导领导判断形势,从而作出正确的决策;三是引导领导决策的制定。决策方案的形成过程,是领导对信息进行综合处理的过程,也是信息充分发挥导向功能的过程。(3)信息通过与生产管理者的相互作用,增强管理者与管理对象的可知性和透明度,从而提高生产力系统运行的有序度。生产力系统是由多个生产要素构成的整体,而生产是通过一系列生产要素的信息来运行的、准确的信息有利于管理者把握生产运行的尺度,使生产正常、有序、高效地进行。

（二）信息对资源起补充作用

物质、能源、人力和资金构成社会的基本资源，而信息的发展对这些社会的基本资源起到补充作用。（1）信息可大大节约社会经济活动中各项资源的使用和消耗。谁生产的产品体积越小、重量越轻、质量越高，谁就能占领市场。由于大量信息的运用，新型产品不但更轻、更小、更坚固，更易于维修，而且大大节约了人力、物力和资金的消耗。（2）智能机器人的使用，使人力资源得到补充和替代。以高度信息化、智能化的机器人装配线为龙头，汽车公司的无人车间源源不断地生产出大量的汽车。由于人力的节省还使汽车的成本大大降低；高度信息化的数据资料库，使人们按按键盘就可查到全国乃至全世界的有关资料，省去了在浩瀚文献中查找资料的时间，从而大大节约人力资源。（3）信息还可以替代资本，从而使资金更方便、更快、更有效地为社会经济建设服务。电子货币的出现，以信息卡为载体的信用信息使现代社会经济活动由货物交换方式演变成信息交换方式；电子转账出现，把货物流和票据流的资金运动变为信息流的运动，不但大大减少了在途运输资金的麻烦，而且加快了资金周转速度，提高资金利用率，从而解决社会经济建设中资金不足的矛盾。

（三）信息对财富起增值作用

信息不但对生产要素起优化作用和对社会资源起补充作用，而且可直接创造财富，对社会财富起增值作用。（1）信息可使非资源转化为资源，投入相应的信息会使其产生价值或价值增值。呆滞的资本得到资本需求的信息就会变为赢利的投资。（2）直接出售信息产品和信息服务，可创造财富。在美国、日本等信息业发达的国家，信息服务业和信息产品制造出的直接收入惊人。据统计，美国信息销售额 1982 年为 2370 亿美元，1985 年为 4000 亿美元，1988 年为 4700 亿美元，2000 年为 1 万亿美元。（3）信息可缩短流通时间，从而创造财富。电报和电话所起的作用就是加快信息传递速度，缩短信息流动的时间，提高工作效率，从而达到创造财富的目的。通过信息和信息技术缩短流通时间给我们带来财富的例子很多，如通讯、电话、联机检索、电视会议等一系列先进技术设备使信息流动时间由过去以周、日计算缩短为现在以分、秒计算，从而大大加快了财富的增值过程。（4）信息可扩大增值空间，从而创造财富。由于信息技术具有很强的辐射能力，使现代经济活动在更广阔的空间进行，从而创造财富。因此，在信息化不断提高的今天，财富的增值空间不再局限于某一自然地域或某一国家和地区，而是扩大到全球若干个国家和地区，甚至扩展到宇宙空间。

总之，信息经济是"低能耗"的经济。在工业经济中，国内生产总值（GDP）

的增长与能源、原材料的增长是同步的,而在信息经济中,单位 GDP 所耗能源却下降,美国、日本等国近年来国民经济生产总值在增长,而能耗却减少了。我国是人均自然资源劣势的国家,特别是能源较为短缺,要把经济建设搞好,就必须加快发展信息产业。

二、发展信息产业的内容

开发信息资源,就必须把信息经济问题作为一个产业部门来看待,即从国家的宏观和应用角度来考虑。因此,必须大力发展信息产业。信息产业是关于信息收集、处理、传播、服务的产业群体。信息产业,包括信息服务业和信息技术业。前者对国民经济的发展有倍增器和黏合胶的作用,后者则具有先导性和渗透的作用。它的渗透和扩散,对传统产业能起改造的作用。

(一)用信息产业改进传统技术

从信息技术的先导性来看,它的作用并不仅仅是新的技术产业之一,它同其他产业的关系是具有驱动意义的车头和车厢的关系。由于信息存在的普遍性,决定了每项信息技术的生产都存在着渗透到各种社会生产活动中去的可能性。这项技术的发展及其应用的过程,就是它的渗透过程。这种渗透的规模达到一定程度就标志着信息技术的兴起和飞跃,这种渗透水平也就反映了信息技术对国民经济发展趋势的先导作用的大小。信息技术的发展还可以起到促进传统产业的改造与升级的作用。如大规模集成电路与机床组装在一起可以制成自动数据机床;微型电脑与传统的自动化技术组装在一起,可以制成机器人,等等。总之,信息技术与信息产业可以使传统产业重新获得生机和活力,信息产业可带动传统产业的发展。

(二)用信息产业促进其他高技术产业的形成和发展

本世纪以来,人类在信息、新材料、新能源、生物、空间、海洋等 6 大高技术领域中取得了重大突破和进展,其中信息技术的飞跃发展尤其突出,差不多每一个 10 年都有与信息技术有关的影响深远的新技术出现。如上世纪 40 年代以前的电话、电报、载波机、无线电广播和通信。40 年代后的晶体管、计算机、雷达、激光集成电路、微处理机、卫星通信、光纤通信、移动通信、智能计算机、综合业务数字网等等。70 年代以后,发达国家高技术产业在信息业的驱动下产值增长出现了飞跃。1971—1986 年间,西欧高技术产业总产值由 50 亿美元上升到 2000 亿美元,增长了 40 倍;美国由 90 亿美元上升到 4100 亿美元,增长了 45.5 倍,日本由 30 亿美元上升到 3200 亿美元,增长了 106.7 倍。进入 90 年代,全球的信息产业发展更快。1990 的世界信息业产值已达 1489 亿美元,1995 年世界信息业产值达到 8500 亿美元,1996 年增至 1 万亿美元,超过汽车工业和钢铁工业,成为最大的产业。目前,全球每年约有 3000 亿美元的信息技术产品在进行国际贸易,美国占全球信息产品贸易额的三分之一以上,其软件开发和服务占国际市场的 60%。微电子技术是当代信息技术的基础。现在,美国最大的制造行业不是钢铁工业、飞机工业或汽车工业,而是微电子工业。后者从业人员有 240 万人,是汽车工业从业人员的 30 倍,飞机工业的 5 倍,钢铁工业的 9 倍。以微电子、计算机、多媒体、光纤为一族的高技术及其产业群,在全球建设信息高速公路浪潮中已经显示出诱人的市场前景和长远的经济社会效益。这促使美国政府调整多年来一贯支持基础研究和大科技项目的政策取向,中止了已建成 24 公里加速隧道的超导对撞击项目,大幅度削减了颇为壮观的空间站的建设常规,放弃了显赫一时的"星球大战"计划,转而高度重视和投入具有更高战略价值的信息高速公路建设。

(三)用信息产业推动国民经济的整体发展

影响经济增长的因素,主要是生产数量的增加、劳动力数量的增加、信息的增长以及科技进步 4 个方面。而信息则是其中最活跃、最积极的因素,对其他 3 个因素有着重要的制约或促进作用。信息业是市场经济发展的基础产业,对一个国家和地区的经济起飞具有全局性和先导性的作用。我们邻近的几个国家和地区在经济起飞期间信息发展与国民生产总值 GNP 值之间的相关性,充分说明了这一点。日本在起飞期 GNP 年均增长 10% 左右,信息业年增长均为 16%;新加坡在起飞期 GNP 年均增长 10% 左右,信息业年增均为 15%;我国台湾地区在起飞期 GNF 年均增长 9%,信息业增长 18%;我国 1988 年 GNP 增长 10.9%,信息业增长为 17%;1992 年 GNP 增长 12.8%,信息业增长超过 25%。可见,信息业增长在一定程度上反映出这个国家和地区经济增长的情况,这是已经为我国及其他国家和地区经济发展的实践所证明了的。因此,我们必须把信息产业作为经济发展的新起点。

(四)满足社会日益高涨的信息需求

现代信息处于爆炸的时代,文献量呈指数增长,社会的信息量在迅速增加。据不完全统计,当今社会,全球每年大约产生 100 万份发明专利、450 万篇科技文献、1 亿 2 千万册各类出版物以及数以万计的公私机构文件和资料。这些文件和资料每 2~3 年就会翻一番。各类信息系统内部以及地区之间、国际之间昼夜不停的信息传递也达到难以统计的程度。面对如此巨大且日益膨胀的信

息量,没有足够的计算机系统和通信网络的支持和处理是不可思议的。信息逐渐社会化和产业化是当今社会发展的潮流与趋势,也是当今社会的特征之一。信息对社会各个领域的渗透日益明显,几乎到了处处存在信息、事事离不开信息的地步。大型企业的生存和发展,在竞争中立于不败之地,不得不掌握与其命运相关的有关信息。随着经济的发展,信息在企业中更为重要,这是因为:一方面各种新技术、新设备、新材料不断产生,同时这些新技术、新设备、新材料又被广泛地用于新产品的开发和应用上,不了解这些信息,企业就不能用最新的科学技术、最先进的设备生产出最新的产品,企业就不能注入新的活力;另一方面市场经济要求企业的生命越来越和市场连在一起,这就要求企业加强对市场的调查研究,随时了解市场行情,把握市场变化的信息,生产出适销对路的产品。只有这样,企业才能适应复杂多变的市场环境,企业才能生存、才能发展。

信息产业和信息技术的影响超过了历史上任何一次技术革命,它不仅影响着物质产品的生产过程,而且影响了信息和知识型产品的生产过程;它不仅影响到各国经济的发展,而且对各国的政治、军事、社会发展等产生了越来越大的影响。

三、发展信息产业的对策

开发信息资源,主要是指发掘信息来源、开拓信息渠道、建立信息库存、加速信息流通等,从而为政府、企业、民众的各类活动服务。开发信息产业,就是国家必须从产业的角度来考虑和规划信息业的发展,并且以现代信息技术为依托,使信息资源的开发和管理逐步走向产业化。

目前,影响信息资源开发和信息产业发展的因素主要有:一是观念因素,包括民众的信息意识、信息资源战略观念,以及开发信息资源的知识与技术等。二是技术因素。以数字技术革命为基础的电子计算机技术与现代通信技术及其相互融合的革命性变化,不仅使信息资源开发发生了质的飞跃,而且通过这一途径给人们的工作、学习和生活带来了史无前例的影响。三是法规因素。信息资源的开发和信息产业的发展,必须有一套有效的监督机制使它得以良性的发展。四是体制因素。建立现代的市场经济体制,克服传统的计划经济体制,使信息商品化、信息单位企业化,形成一套完善的信息市场运行机制。五是政策因素。信息资源开发和信息产业的发展要在国家宏观调控下,有计划、有步骤地进行,切忌盲目地发展。

（一）提高全民的信息意识

提高全民信息意识是开发信息资源和发展信息产业的前提和基础。当前必须加强信息知识的宣传，普及信息的基本知识，更新人们的传统观念，认识到信息在社会发展中的重要作用。由于信息商品的特殊性，信息产业的发展能加速市场机制的成熟度，促进普通商品市场和其他专业要素市场的进一步发展和完善。缺少了信息产业发展的市场经济是不完全的、不成熟的。

（二）增加对信息基础设施的投入

质量是信息资源开发和信息产业发展的生命。目前造成我国信息产品质量差的主要原因之一就是我国信息产品生产的基础设施资金不足，设备陈旧，信息处理手段落后。如信息资源的收集大多数与信息需求部门分离，盲目性比较大；信息加工手段中人工剪贴、转抄仍占一定的比重；信息传输未从根本上摆脱非电子化的传统模式；信息发布方式中现场报告会和印刷媒体传播仍占一定的比重；等等。因此，国家要从战略高度出发，加大对信息资源开发的投资力度，更新信息行业陈旧的基础设施，提高信息产品的质量，更好地满足广大用户的需求。

（三）加快信息的立法

抓紧制定与完善有关的法律法规是优化我国信息管理的重要保证。首先，要加快制定我国的信息法，在国家信息法规的原则下，制定有关信息交易、服务规范、违约处罚、收费标准、获取有关信息合法权益等内容的法律法规，保证各法规之间相互衔接，形成严密的管理网络；其次，要抓紧对过时的、不适宜当前信息发展需要的法规进行清理，凡是不利于信息资源开发、信息产业发展的，要尽快修订或废止。

（四）完善信息市场的运行机制

我国信息资源开发和信息产业发展迟缓的重要根源之一在于我国信息市场运行机制（即供求机制、价格机制、竞争机制）尚未完全形成。为此，在供求机制上，应提高社会信息化程度，加强学科领域和产业部门之间的横向联系，改变信息生产、消费中计划经济的成分，消除旧体制残存的障碍壁垒，使信息商品供求弹性变小，强化供求机制对信息市场的作用。在价格机制上，应加快信息价值的确定研究，根据信息商品的特点和特型指标评价预测，或由信息商品在实际应用中取得的经济效益来确定。在竞争机制上，要使各类信息机构并存互补、互相竞争、优胜劣汰，对那些基础好的信息机构来说，也能增强其危机感，加快改革的步伐，挖掘潜力，改进工作。

第六章　现代城市农业

第一节　城市农业的概念

城市农业,除了具有农业的一般含义外,还有着其特定的空间含义和经济含义,这表现为城市农业在内涵和外延上的规定性。

一、城市农业的内涵

(一)以城市地域为基本依托

城市农业是农业经济与城市经济多重整合的结果,这种整合在地域上首先是从城市边缘开始的,然后向市内和市外扩散,因此,城乡结合地带是城市农业最基本的地理依托,这也是城市农业区别于一般乡村农业显著特征。城乡结合地带之所以成为城市农业的地理依托,主要是由其特殊的地理优势决定的。城乡结合部一头连着广大的农村,一头连着广大的城市,这为萌生一种独特的生产方式提供了经济的和地理的条件。因为依托于城市,城乡结合地带在交通、技术和机具等设施应用方面比一般农村地区具有更多的便利;因为连接着农村,城乡结合地带在资本、土地、人力等方面的投入比城市有更多的余地。城乡结合地带这一独特的地理优势使得将城市经济的企业化生产方式引入农业生产成为可能,并使农业经济活动渗透到城市内部成为可能。城市农业以城市地域为基本依托,在行政意义上是指隶属于城市行政管辖的郊区、郊县;在地理意义上是指包括城市内部零星农用地块在内的城市近郊和远郊地带;在经济意义上,城市农业是指受城市经济圈强力辐射的外围农业生产活动及其总和。

(二)以城市市场为基本指向

城市农业的第二个特点就是其经济活动的指向性和商品性,即以城市需求为生产经营的基本导向。以满足城市需求作为生产导向在其他农业生产区域中也存在,但只有在城市农业生产中这一导向才具有主导性和主体性,这是由

城市农业生产所处的地理优势和经济优势决定的。城市是多种非农经济活动的集中地,聚居着大量的非农从业人员,是资本、享乐和需要的集中地。城市的基本生活需要必须由城市外郊的农业生产加以保障,从而形成规模庞大的城市农产品需求。城市农业地处城乡结合地带,距离城市消费市场十分近便,为城市而生产是城市农业信息最灵、成本最省、效益最大的必然选择。利用距离近便和交通运输较为发达的优势,城市郊区的农民可以直接将生产出来的农副产品运入城市进行交换,并可以取得较高的收益。城市农业生产者生产的产品除极少数留给自己消费外,绝大部分是提供出售的,这体现了城市农业开放式、商品性的特点。城市农产品市场需求是城市农业生产的基本指挥棒,城市农产品需求的变化会引起城市农业生产的相应变化。比如,近年来,城市居民在审美、礼仪、休闲方面的需求日益增大,农业生产相应地衍生出以花卉、草坪、园林产品供给为主的城市观赏农业,这充分体现出城市农业以城市市场需求为基本指向的特点。

(三)以附值经济为基本内容

附值农业经济与一般种养业经济的区别在于其高效益和高附加值,这种高效益、高附加值的农副产品生产和加工、销售活动构成了城市农业经济的基本内容。城市农业产品的高附加值和城市农业经济的高效益源于以下原因:一是级差收益。城市农业经济依托城乡结合地带的优越地理位置,可以获得较大的级差收益。生产同一农副产品,即使是在土地肥力完全相同的条件下,由于距离中心城市的远近不同,也可以取得不等额的收益。级差收益的产生主要是由交通条件优势及其所导致的成本优势决定的。城市近郊农业生产的农副产品,运往城市的成本较小,时间较短,售价高,省时省工,效益自然高。二是技术优势。城市农业依托城市地域,更易于接受城市现代技术的辐射,在采用先进技术、引进先进机械、兴建基本设施方面比一般乡村具有更多的便利条件。城市农业在提高现代化、机械化水平和提高生产效率方面具有独特的优势,这使城市农业开发新产品、延长生产链的附值行为成为可能,通过保鲜、加工、精炼等附值行为,可以大大增加城市农业原始产品的技术含量和资本含量,从而使城市农副业产品的原始价值得以成倍地增值。三是市场优势。城市农业依托城市市场,服务城市市场,在市场信息的获取、市场行情的把握方面具有独特优势,从而使城市农业生产的市场风险减少,市场交易成本降低,市场价值实现率提高,无形中已使城市农业产品的价值得以增加。综上所述,我们可以对城市农业下一个比较全面的定义,即城市农业是指以城市地域空间为基本的地理依托、以城市市场需要为基本的生产指向、以附值经济活动为基本的生产内容的经济活动的总称。

二、城市农业的外延

事物的内涵决定其外延,城市农业内涵所界定的城市农业的范围有:

(一)城市郊区的农业活动

城市郊区的农业活动包括在城市管辖范围内郊区、郊县的所有农业活动。在路旁、庭院、果园、农场种植水果蔬菜,养殖家禽家畜,在池塘、江河、水库种植水生植物和养鱼等均属此列。城市郊区的农业活动基本上可分为种植业活动和养殖业活动。种植业活动是提供植物性食品的经济活动,包括基本粮棉的种植、鲜活应时蔬菜的种植、果木花木的种植活动等。养殖业活动是提供动物性食品的活动,包括各种肉禽的养殖和加工活动。这些活动的共同特点是,依托于城市地域,以城市市场为生产导向并具有附值性。对于包括中国在内的广大城市化水平不高的发展中国家来说,城市仍是大规模工业制造业生产的集中地,城市农业活动的主要部分还存在于城市边缘的郊区。

(二)城市市区的农业行为

城市市区的农业活动包括城市市区内规划设置的农用地块上的农业活动、城市居民庭院里农业活动。城市内各种花卉以至花果、蔬菜、果品的栽培,城市居民利用休闲时间,以锻炼身体和净化小气候为目的在住宅庭院内的草木种养,公园园艺种植以及在国有土地上种树、植草、养花等有益于城市生态、环境保护的活动及其相关的技术和设备配套服务活动等,均属城市市区的农业行为。据报道,世界各国城市家庭中有25%～75%利用空闲时间种植瓜果。莫斯科则有65%左右的家庭重视发展城市农业。城市市区的农业活动仍然具有依托于城市地域、以城市市场需求为导向的基本特点。因受其土地和空间的限制较大,因而其对技术的要求更高。城市市区农业行为的附值性更为明显,但此时的“价值”不直接表现为经济价值,而表现为生态价值和环境价值,但这些价值都可以在农业活动的苗圃护养、技术服务、设备保障等各具体环节换算成直接的经济效益。市区农业行为的市场需求是一种高层次需求,它以生活富足、闲暇增多为必要前提。在欧美等发达国家,城市化水平很高,工业制造业向城市边缘地区转移,城市内部出现大片绿地,加上城市居民收入水平提高和闲暇时间增多,市区农业行为十分流行,表现为蓬勃兴盛的“花园城市”运动、“插花型”农业生产等。

三、城市农业的结构与功能

(一)城市农业的结构

城市农业结构是指城郊地域上各类农副产品生产活动之间的比例关系,包括空间结构和体制结构关系,主要通过各类产品的产量、产值、从业人员之间的比例得以反映。结构决定功能,结构影响效益。城市农业结构是城市农业生产力和生产关系的重要内容,对于城市农业生产的供应能力和供应水平有重要意义。在统计上,依据生产内容的不同,城市农业结构划分为农、林、牧、副、渔五大类;在操作中,依据生产组织方式的不同,城市农业结构分为种植业和养殖业两类,前者以生产植物性蔬菜瓜果林木为主,后者以生产动物性肉禽蛋奶为主;依据经济联系方式和紧密程度,城市农业还可以分为种养业、加工业、销售业等。

新中国成立以前,我国以自给自足的小农经济为主,商品经济很不发达,城市生活所需物资的征集、产品的调运主要是靠超经济手段实现的,城市未能形成适应城市需要的农业产业结构。新中国成立后近 30 年的计划经济时期,城市农业生产与城市需要之间在计划机制下实现了对接,城市农业在计划指导下迅速发展,副食品和蔬菜产供销体系初步形成,城市农业向城市提供了大量的农副产品和工业原料,及时保证了城市生活、生产的需要。但是,计划经济体制下的城市农业生产排斥商品经济,片面强调服务和供应功能,产业结构僵化单一,农民生产积极性低下,劳动生产率很低。实行市场经济体制以后,市场成为配置城市农业资源的基础性手段,价格杠杆和成本约束成为城市农业结构的基本制约因素,成本最小和利润最大激励了农民的生产积极性,以城市市场需求为导向的城市农业产业结构基本形成。

在市场经济条件下,城市市场需求是城市农业生产永远的指挥棒。近年来,由于城市居民收入水平和生活消费水平的提高,对各类消费品的需求由"数量型"、"普及型"逐步向"质量型"、"提高型"转化,这也使城市农业的产业结构面临着不断调整的压力和动力,产业结构也随之出现了新的特点,一大批衍生农业和综合性农业应运而生,花卉业、草坪业等观赏农业方兴未艾。

(二)城市农业的功能

1. 满足城市多层次需求的"基地"

城市农业立足于服务城市市场,适应城市需要,生产定位十分明确。从这个意义上说,城市农业是作为城市市场的农业"基地"而存在的。城市居民所需

要的大量笨重的、易腐的鲜、活、嫩的菜、鱼、肉类、乳制品类以及其他即时性消费的副食产品,绝大部分都是由城市农业生产提供的。目前,在许多城市的"菜篮子工程"规划中,城市郊区的许多地块甚至已经被城市政府明确划归为城市蔬菜和瓜果的生产供应基地,承担着城市基本生活需求的保障任务。与工业生产主要受经济规律制约不同,农业生产受自然规律与经济规律的双重制约。农副产品的生长受自然气候的影响很大,在较长时期内,交通条件的改善和农业技术的提高程度远远达不到使农业生产力完全摆脱自然规律制约的水平。在这种情况下,我国大部分城市仍必须以郊区农业为基地,外地农产品只能调剂城市农业需求的总量余缺而无法取代城市农业的地位和功能。

2. 实现农产品保值增值的"跳板"

由于城市农副产品需求的集中性和规律性的特点与由自然规律和经济规律决定的农业生产供给之间有着时间和空间上的巨大差距,农产品的价值实现面临着巨大的风险,农产品"多了难、少了难,不多不少难上难"的口头禅就深刻地反映了这一点。为此,农副产品的供应与需求之间需要有一个具有时间和空间调蓄功能的缓冲地带。城市郊区作为城乡结合部位,邻近城市市场,信息灵通,是农副产品时间和空间调蓄功能最强的地带。通过大力发展城市仓储业,建立高标准的农产品仓库,将全国各地大量的农产品储存起来,根据市场需要适时出售,可以收到农产品保值和稳定城市市场的双重效果。此外,城市还具有发展农产品加工业的优越条件。由于毗邻城市市场,技术设备有保障,城市组织农产品加工生产成本小,风险小,预期利润率高。另一方面,城市连接着广大的农村,广阔的农村腹地内大量的农产品构成了一个几乎是无限供给的原料市场和劳动力市场,因此,在我国基础设施建设水平没有根本改变的情况下,城市郊区在农产品深加工业和精加工业方面具有的优势是其他地区无法比拟的。蓬勃发展的城市农业加工业是实现农产品加工增值的"跳板"。原料形态的农产品是农业劳动结合自然气候作用形成的,其中只包括少量的农业劳动投入和资本投入,因而只具有一般价值;农产品经过包装、提炼、附加、混合、化合等工序,资本和技术含量大大增加,其价值含量也会成倍地增加,农产品的抗市场风险能力会大大增强,其市场价值实现率也会得到提高,因此,城市农业特别是城市农产品加工业是农产品实现保值、增值最好的"跳板"。

3. 连接城乡一体化发展的"纽带"

在发展中国家普遍存在城乡二元经济的条件下,城市农业是连接城乡一体化发展的重要桥梁和纽带。首先,城市农业易于将工业化、企业化的生产手段、组织方式和经营理念引入到农业生产中,这是城乡工农融合发展的最佳途径,也是实现农业现代化的重要途径。城市农业以市场化和商品化为基本特征,具有土地、资本和劳动力方面的优势,在引入城市先进技术、设备和管理体制方面的障碍也比较少,这使得城市农业走工厂化、规模化和商品化的高产、优质、高效农业之路成为可能。近年来,城市农业以城市市场为导向,依托城市技术优势,适时将工业技术、设备、组织管理方式以及经营理念引入到农业生产经营中,在推动区域农业产业化、实现城乡工农滚动发展的进程中取得了巨大的成果,城市区域范围内兴起了一大批农业村工业,它们已经成为连接城乡一体发展的重要纽带。其次,城市农业是城市工业化成果反哺农业的示范区和扩散区。由于城市与乡村、工业与农业之间长期处于二元割裂的封闭运行状态,二者之间的经济势能差距太大,城市工业化成果的扩散缺乏一个有效的空间传导机制和辐射网络,城市农业则为构建城乡共同发展的传导机制找到空间上和时间上的支撑点。城市农业依托于城市及其边缘地域的城乡结合部位,在城市技术成果引用、推广方面具有独特优势;城市农业以附值农业为主,技术和资本追加的空间大,市场联系广,经营行为关联效应强,因此,城市农业成为城市工业化成果传导扩散效应很强的产业附着体,对于广大农村地区的农业生产具有强大的导向作用。近年来,沿海大中城市大力发展城市农业,在城乡滚动一体发展方面迈出了可喜的步伐,其作为城乡经济的"纽带"作用日益明显。

第二节　初级阶段的城郊农业

一、城郊农业的基本含义

城郊农业是依托于城市郊区、以满足城市需要为导向、以蔬菜和鲜活农副食品生产为主要内容的区域性农业经济。在学界"城郊农业"的提法始于20世纪80年代中期。当时,农业生产普遍忽视大中城市郊区农业与一般农区农业的区别,要求大中城市郊区农业与一般农区农业一样以粮食生产为主,忽视了副食品生产,造成一些城市农业供应当地的能力不足,从外地调拨又遇到了种种困难和限制,因而严重影响了城市的副食品供应。城郊农业概念的提出强调郊区保市区供应、提高副食品自给率等内容,突出了城郊农业对城市生活的供应基地功能。从生产内容的特点来看,城郊农业是城市农业的初级阶段,在这一阶段,城市农业生产以满足城市农副产品等基本需要为主,以土地、劳动投入为主,生产方式基本上是粗放型的。由于我国城市化水平比较低,当前大部分

地区的城市农业都还处于城郊农业的初级形态之中。

城郊农业是商品经济的产物,是随着商品经济的发展尤其是城市商品经济的发展而逐步形成并稳定下来的。在位于城乡结合部位的地区形成城郊农业经济具有客观必然性,这是由这一特定区域的市场需求与生产供给两股强大的力量交融而决定的。首先,城市对农副产品具有稳定、集中、持续的市场需求,这是城郊农业经济形成的根本原因。城市是大量非农产业和非农人员的集中地,他们具有较高的消费水平和庞大的购买能力,从而形成一个巨大的农副产品消费市场。城市消费需求不仅庞大,而且具有集中和连续的特点。因为城市的人口十分集中,而且人在食品消费方面的基本需求是由其生物性、规律性的本能决定的,这种需求的弹性较小,这使得城市农副产品的市场需求具有稳定性。此外,人口的集中性决定了消费的集中性和规模性,在一定的生产力水平条件下,大规模的采购活动有其成本约束,它必然要求产品的生产地和供应地离城市消费地越近越好,于是鲜活产品的生产任务责无旁贷地落在郊区农业的头上。其次,城市郊区在交通运输、信息、技术方面的独特优势是城郊农业经济形成的基础条件。具有规模性、持续性、集中性的城市市场需求为城郊商品农业提供了根本性的条件,但商品生产的顺利进行还必须依据一定的基础性条件才有可能。城郊由于毗邻城乡的独特地理优势,在交通运输成本、市场信息获取、技术设备引进方面具有一般乡村无法比拟的天然优势,使城郊农业以规模化、现代化的组织形式生产满足城市具有持续性、集中性的副产品需求成为可能。

目前,我国的大部分城郊农业仅限于行政范围内的郊区农业,但随着全国城乡交通条件的改善和农业产业化步伐的加快,城市对郊区农业的依赖性会逐步减弱,而城郊农业的范围也将日益突破行政地域而演变为一个经济地理概念。城郊农业兼有经济功能及绿化调节生态平衡的多种功能,在我国城市经济中有着重要的地位。城郊农业是我国城市"菜篮子工程"、"米袋子工程"的主要承载体,同时又是市区工业扩散和房地产开发最广阔的腹地。城郊农业的发展可为城市轻工业提供原料和广阔的市场,还可以为城市非农产业提供丰富的劳动力和必要的资金积累。城郊毗邻城市,依托城市,同时又联系着广阔的农村地区,具有城市与乡村经济的综合优势。城郊农业有来自城市的巨大社会需求和强大的工业支援,有发达的交通信息网络和雄厚的科技管理力量,有丰富的人力和物力依托,有得天独厚的级差收益等,在社会主义市场经济条件下,城郊农业经济的综合优势将得到充分发挥,从而使城郊地区完全有可能在农业现代化和乡村城市化进程中成为先锋队和排头兵。

二、城郊农业发展的现状与问题

自改革开放、特别是推行社会主义市场经济体制以来,我国城郊农业取得了长足发展,城郊农业在结构、总量、效益等多方面都取得了令人瞩目的成就,"菜篮子"产品的极大丰富,为改善城乡居民质量奠定了坚实的基础,其中,肉、蛋、水产品和蔬菜的人均占有量已达到或超过世界平均水平。城市绿化是城市林业的重要工作内容,近年来城市林业得到各地城市的高度重视,在城市绿化方面也取得了可喜的成绩。城市农业在取得巨大成绩的同时,也暴露出一些发展中的问题,表现在:

(一)增长粗放,产出效益明显偏低

我国农业的高投入和低效益在世界上都是罕见的。就城市农业来说,这种状况并未得到根本性的改观。城市农业的粗放型增长仍然十分明显,表现在:城市农业劳动力要素粗放投入,整体效益低下。我国城市农业的劳动力文化程度指数、劳动力耕地负担系数、农业资金报酬率、亩均生产性投入、耕地综合产出率、农业增加值比率、农产品变现率、农产品加工增值率、全员劳动生产率等指标都远远低于世界农业发展的平均水平,总体上处于粗放型的增长阶段。城市农业生产的技术含量很小,机械化水平低。我国城市地区的农业科技普及推广缓慢,农民科技意识差,每年六七千项科技成果中有三分之二得不到推广。农业增长中科技进步贡献率仅为34%,而在比较发达的国家中,农业增产的科技进步贡献率都在60%以上。我国城市现有土地中中低产地占40%以上,灌溉水利用率不足50%,化肥利用率不足30%。城郊农业的机械化水平比一般农区高,但仍处于较低水平,除少数地区外,大部分地区农民耕作活动"三弯腰"的传统方式未得到改观,水稻机械化收割率不足6%,玉米不足2%,并且存在着投入不足、机具老化、报废严重、农机配套服务体系不全等严重问题,关键是适用农机具的研制生产十分滞后。城市农业生产的结构效益低下。我国城市农业供给远远不能适应城市需求由温饱型向质量型的转变,总体来说还停留于"养活城市"阶段,农产品优质率很低,名特优产品生产未能形成规模,农产品的深加工和精加工水平总体较低,农产品市场上"木材卖方、水果卖筐"的初级供应局面尚未改变。畜牧业在发达国家农业中占50%左右的比重,而在我国城市,畜牧业比重不足20%。城市林业发展速度也远远低于城市总体发展的需要。

(二)依赖投入,"石油农业"弊病显露

我国人多地少,对粮食产量有很高的期望值。我国城市地区人均耕地为

1.10 亩,市区人均耕地为 0.85 亩,其中超大城市人均耕地只有 0.25 亩。在一定的生物规律下,提高和维持农业产量对化肥的依赖性很大。在过去多年时间里,我国长期靠化肥的投入来维持农业高产量,农资化肥消耗长期处于高投入、低产出、低品质、低效益中运行。城市农业由于人多地少,矛盾更突出,再加上机械化、交通和资金方面的便利条件,更是大规模地施用化肥。有的地方错误地把大量施用化肥和农药理解为农业技术密集和资本密集的标志,施用化肥农药更是变本加厉,但施用化肥的效率却十分低下。我国占化肥用量 80% 以上的氮肥利用率不到 30%,三分之二以上被淋溶到江河湖泊或挥发到空气中污染大气。我国的化肥总量及单位土地面积上的施用量超出了世界平均水平的 1 倍,宝贵的化肥转变为土壤中重金属污染源,大气、水体、土壤污染造成蔬菜、粮食、畜禽、肉类、水产品污染,污染食品通过食物链不断在人体内残留,给人类健康带来威胁。与此同时,我国还是世界上生产和使用农药最多的国家之一。全国有 1000 多家农药厂,生产 250 多个农药品种、500 多个制剂约 3000 多个产品,年产原药 24 万吨,可加工成药 70 多万吨。农药的大量生产利用,在防治农业有害生物、确保高产的同时,也给环境和生态系统带来消极的影响,对土壤、大气、水体、农副产品造成了严重污染,益虫农药的大量生产利用,在防治农业有害生物、确保高产的同时,也给环境和生态系统带来消极的影响,对土壤、大气、水体、农副产品造成了严重污染,益虫被大量杀伤,害虫产生抗药性。靠大量有害化学物质投入来支撑人类生活和生存的石油农业并不代表文明的进步,相反,石油农业是缺乏效率和资源配置失误的病态表现。由于过量使用化肥和农药,再加上城市工业污染,我国农业生产的环境污染十分严重。全国城市空气中二氧化碳含量为 110 毫克/立方米,是国际卫生标准的 2 倍;水质污染也十分严重,全国 80% 以上的城市河流受到污染,有的河流汞、铬、铅、酸和农药成分的含量超过标准几倍、十几倍。近年来,受工业三废污染的农田达 666 万公顷,每年减产粮食 100 亿公斤;全国工业固体垃圾累计总量超过 66 亿吨,共占用农用土地 4 万公顷;受酸雨危害的农田超过 266 公顷,每年经济损失达 20 多亿元。过量使用化肥农药使农业资源处于掠夺性过度消耗的状态,农产品的使用价值一再降低,"甜瓜不甜"、"苦瓜不苦"的现象十分普遍,不少农副产品失去往日人们记忆中的品质和味道,营养成分大大下降,"石油农业"正实实在在地威胁着我国城市居民生活的质量。

(三)调控不足,无序竞争十分突出

当前的城市农业生产中,普遍存在着"重规划、轻管理"、"重目标、轻过程"、"重生产、轻市场"的现象,政府的宏观和中观协调功能发挥得很不明显,市场无序竞争现象十分普遍。农业受环境生命规律与社会经济规律的双重影响,而农作物的环境生命规律却受到环境、气候等多种因素的影响,具有较大的不确定性,要求农业决策者不间断地跟踪农业生物的生长过程并作出相应的反应。但是,城市农业部门在制定有关农业政策时,往往只从本地综合经济的需要出发制定农业生产的规模和产值指标,较少重视农业生产过程中的管理、协调、保障和风险防治工作。在农业生产大丰收之后,市场环节又不能及时跟上,卖粮难、入库难现象时有发生。这很容易造成农业生产的大起大落。政府调控乏力导致的市场无序还表现在有形市场的无序上。许多城市的农贸市场存在着市外市,价外价,路边、楼下小商小贩趁风而聚,价格变幻莫测,令消费者难以捉摸。

三、城郊农业发展的趋势与对策

城郊农业是城市农业的初级阶段,其主要功能在于满足城市居民对农副产品的基本生活需求。随着城市社会经济的发展,城市居民的收入水平进一步提高,消费层次也会不断提升,城郊农业必然要向高级阶段的多功能"都市型农业"方向发展,这是世界农业发展的总体趋势。但是,受现实整体生产力水平的限制,我国大部分地区的城市农业还处于城郊农业的初级阶段,在迈向都市化农业之前还有很长一段路需要踏踏实实走好,因此,当前我国城市农业发展应该立足于实际,着眼于未来,努力克服城郊农业发展中的问题,进一步推进城郊农业的现代化和产业化,为"都市农业"做好物质准备和技术准备。

(一)发展综合农业科技,发展集约型可持续农业

集约型增长是针对"粗放型增长"提出来的,它要求农业经济的增长由主要依靠资源的投入为主转向主要依靠农业科技和生产管理为主。持续农业是针对石油农业的弊病而提出来的,也称为有机农业、生态农业、低投入农业、生物农业,强调农业增长由以破坏生态环境为代价转向以协调自然生态关系为基础。走集约型增长之路是农业现代化的必然选择,走可持续发展之路是城郊农业实现更新换代的根本大计,集约型增长与可持续发展二者相互联系、相互依托,没有农业经济的集约增长,可持续发展就会失去基本的动力;没有农业发展的可持续思路,集约增长会在石油农业的道路上越走越窄。集约型可持续发展之路充分重视科技投入对于经济增长的决定性作用,但同时在科技投入的方式选择、综合效益方面提出了更高的要求,强调集约型技术与环保型技术并重。因此,走集约型的可持续发展之路是当前我国城市农业发展的正确选择,它要求大力发展集约型持续农业科学技术。

集约型持续农业科技体系是农业生产领域内集约型与环保型的完美结合,

在实践中,它要求将两类指向略有区别的农业技术结合起来,综合发展,综合使用。针对我国人多地少、农业劳动效率低、水资源紧缺、资源浪费等问题,当前城市农业综合技术开发尤其需要注意以下内容:运用传统与现代技术,发展节时型农业;因地制宜,努力提高单位土地的年产量或生物产量,发展节地型农业技术;生物节水与工程节水相结合,发展节水型农技;坚持有机利用与无机利用相结合,生态循环与人工投入并重,提高肥料利用效率及能量利用率,发展节能型农业技术;农机、农艺结合,在积极推进适度规模经营基础上推广农业机械应用,提高劳动生产率,以发展节工、节能并重型的农业技术。

(二)加快组织制度创新,走市场化与产业化之路

当前城郊农业市场化、产业化的重点是,在农户与市场之间建设具有法人资格的市场经营主体,如龙头企业、专业合作社等,与农户以联购联销、联购包销、资金入股等多种方式结成利益共同体,以提高农业组织化程度和专业化程度。要通过建立专业化服务组织,提供各种服务,帮助农民减少投资的风险,节约非生产性投入。当前,除了组建新的农业产业化龙头企业外,积极引导大型工商企业"伸脚下田"进入农业产业化领域也是一条重要途径。城市政府应充分发挥大型工商企业在信息获取与宏观调控能力方面的优势,通过举办科技研讨会、信息发布会、招标会等交流活动,为企业提供高新技术项目。在引导工商企业进入城市农业生产领域时,要结合本地资源实际,放眼国际、国内市场,寻找契机,努力使封闭、传统的农业转变为开放型、市场化农业,在信贷、税收、国内外融资方面,给予必要的政策优惠,为企业提供宽松的环境。

此外,城郊农业的产业化还必须培育市场、规范市场,推进购销制度改革,引导组织化的农民以法人身份进入市场、进入城市,克服无序市场对农户利益的冲击,保持农户从流通领域中谋取农业后续效益,并为农户建立准确、完备的市场信息反馈系统,实现农户投资决策的科学化。

(三)加快市县城市化步伐,合理疏导剩余劳动力

转移剩余劳动力是城市农业由粗放型增长方式向集约型增长方式转变的必要条件。从我国城市农业劳动力分布的实际出发,加快市县城市化步伐是建立高效合理的劳动力流转机制的现实选择。首先,要加强市辖县规模建设,形成完备的城市功能以催生更多的非农产业并吸收更多的非农劳动力。针对大城市人口已近饱和的现状,应从改革农转非户籍制度入手,加大基础设施和基础工业建设。在小城市和小县城的规模扩大中吸收劳动力。我国城市所辖县城多属小城镇,城市功能远未形成,有巨大的潜力可挖。另一方面,我国市县经

济有一定的基础,有一定的技术和人才优势,处于大城市辐射地域之内,在此基础上发展比在乡镇基础上发展更具有现实可行性,其吸收非农人员的数量规模也远非小乡镇可比。要在市带县、县改市的城市化进程中,把我国众多的市辖小县发展成为功能完备的中等城市,并重点发展农资企业,以区域城市工业经济反哺农业,从而在我国城乡二元经济中建立起协调互动发展的模式。其次,要大力加强城市地区农业劳动力的跨地区组织化输出工作,主要是由输出地政府组织专门的劳务公司加强与接收地的协调,促进劳动力的高效流动,实现地区间劳动力的交流和互补。欠发达地区应该增强"借地育才"的观念,通过各种途径与发达地区合作,加强对输出人员的技能和素质教育,大力引导有一技之长的外出打工者携资带艺返乡创业。城市政府之间应该加强对口扶持和协作,联手制定有效措施,使大批的农业剩余劳动力在输出和流动的过程中得到技能、素质方面的全面锻炼,并在一定期限内引其回乡充任本地非农经济的带动人和开拓者,在减少务农人数的同时带动更多的农业劳动力向非农经济转移,此即"曲线非农化"过程。

(四)加强农业保护调控,增强农业抵抗风险能力

农业具有天然的弱质性,城市农业也不例外。农业生产是利用生物的生命过程进行的生产,由于受特殊生物特性与生命运动规律的制约及其他因素的影响,农业对土壤、水利、气候及生态环境等自然条件的依赖性较大,资金周转慢,直接经济效益小,供给的稳定性差,但同时社会对农业产品的需求弹性却较小,因而农业生产者所承担的市场与自然的双重风险都较大。总体而言,现阶段投资于农业的土地、资金与劳动力等资源一般难以得到平均利润和平均劳动报酬,其比较利益远远低于非农业部门。此外,农业生产条件改善的投资大、时间长、涉及面广,带有公共利用的性质,个别农业生产经营者难以承担或不愿承担。针对城市农业的特殊重要性和特殊弱质性,政府应对城市农业实施必要的扶持和保护措施,其主要内容包括:一是对主要农副产品的保护;二是耕地资源保护,防止耕地滥占滥用;三是农业气象探测环境和农业基础设施保护和维修,提高为农业生产服务的水平;四是农业科研成果和科研人才保护,包括改变农业大专院校招生的"冷门"状态,防止科研人员"跳出农门",要通过各种倾斜性措施吸引更多的人才从事农业基础研究和科技开发。

对城郊农业的保护必须与有效的调控结合起来。城郊农业的市场化并不意味着完全不管,菜篮子工程也不是一个放任自流的工程,针对农业生产"多不得、少不得、早不得、晚不得、贵不得、贱不得"的弱质特点,对于城郊农业总供给量要管、种植面积要管、菜价也要管。农业调控的基本思路应是产销结合,发挥

市场机制的作用,但要看到农业生产受自然因素及需求弹性方面特殊性的影响,不能完全地任由市场机制自发调节。调控应以防止农业生产积极性下降、确保人民营养健康、食物结构合理为目标,从市场入手,要加强农副产品的有形市场和无形市场建设,在时间和空间上对农副产品的流通进行合理的规划和输导,防止恶性的无序竞争,防止菜贱伤农引起价格大起大落。此外,农业调控还应该向生产领域延伸,以生产基础为龙头,生产加工销售、农工商一条龙,或者以经营环节为龙头,把生产基地与农村专业户组织起来,或者以批发市场为中心环节,把生产与城市零售网点联系起来,形成扶植生产又搞活流通的高效率的管理系统,真正解决好小生产与大市场之间的矛盾,逐步向大生产、合作经营迈进。

第三节　高级阶段的都市农业

一、都市农业的含义

(一)都市农业的提出

都市农业(urban agriculture)概念出现于城市农业发展的高级阶段,指以资本和技术投入为主,知识化、高集约化、多功能型的综合高效农业。都市农业更加突出农业的休闲功能、文化功能和经济功能,是对原有城郊农业副食品生产基地功能的提升和拓展。1935 年,日本学者青鹿四郎在《农业经济地理》中首先提出都市农业的术语。20 世纪五六十年代,都市农业问题受到更多的美国经济学家的重视,与此同时,都市农业的实践迅速展开。日本为制止工业化造成的农业生产滑坡,提出了建设多功能都市农业的构想,并实行立法保障,经过多年的努力开拓,终于保持占东京都 5.4% 面积的农田,建成了具有镶嵌式特点的绿岛农业和兴建大批以农业高科技产业为特色的新型都市农业。新加坡政府在城市化和经济起飞过程中大力倡导花园城市运动,有计划地推进城乡一体化和特色园林建设,并资助创建兼具观赏休闲和出口创汇功能的十大高科技农业园区,建成了具有可供观赏旅游特色的都市农业体系。1977 年,美国农业经济学家艾伦·尼斯在《日本农业模式》一文中明确提出了都市农业的概念,都市农业正式成为一种经济理论流行于国际经济学界。

生态环境的恶化是都市农业兴起的诱发因素:一是人类破坏了原有的环境,或生态人口条件发生了变化,被破坏的环境不适于人类居住和休息,必须加

以改善;二是人类需要向高层次增长,原有的环境不能满足人类需要,依靠人工作用于植物的农业行为来改善居住环境和休憩环境显得必要而且经济。概言之,都市农业的提出源于人类对环境有效需求的形成。

首先,都市农业源于城市居民对环境的无弹性需要即生存需要。工业革命之前的商业、运输业以及工业革命之后的服务业,与工业革命本身一起对以森林为主的绿地生态系统产生巨大的破坏作用。以动力机器为特征的现代工业导致了更大数量级的森林毁损,动力机器所需要的燃料直接或间接地需要大量木材,伐木业具有了前所未有的规模。现代意义的林业就是以工业规模的毁林开始的。与此同时,现代工业导致城市人口集中、工业生产及交通运输集中和广播通讯集中,环境受到破坏,烟尘废气、污水、噪声、射线过度,恶劣的环境威胁都市居民的生存,这使得都市植物的边际效用大大提高,相应的,都市内的农业行为之边际效用也不断提高。城市农业对于全面改善城市环境具有不可替代的作用,它之所以成为需求日增的公共产品,正因为它关系到人们的生存与工作、健康与寿命,因此,越来越多的公民不仅同意而且要求把公共开支的一部分用于城市农业。

其次,都市农业源起于城市居民对环境的有弹性需要即生活需要。休闲设施的都市农业需求是在个人收入增长和消费结构发生变化之后才发生的,这种变化使得对都市农业服务的需求价格上升,同时使得都市农业供给价格下降到城市经济发展实力及居民购买能力可以承受的水平,这时,都市农业就具有了市场竞争能力。除个人可支配收入增长之外,都市农业需求上升与人们闲暇时间的增多的关系最密切。社会中的闲暇时间是指除了满足社会中的个体生理需要、种族延续需要以及社会延续需要之外的可供人类完成特定行为的时间,闲暇行为主要指文化行为,而不是指生理行为或经济行为。闲暇行为的增多对城市环境提出了除生存之外的更高要求,即文化内涵、教育内涵和休闲内涵方面的要求。

(二)都市农业的意义

首先,都市农业对传统的城郊型农业的生产功能进行了全面提升。都市农业反映了工业化、城市化和农业现代化高度发展以后人类对新时代农业形态的探索,预示着人类的农业生产进入一个新的发展阶段。都市农业致力于利用人类一切科技文明,增加农业生产利用资本的密集度,它以农业工厂化生产为重要内容,在很大程度上克服地域上的分散性对农业的制约,大大提高农业生产的经济效益并缩短它与工业生产之间的差距。都市农业更注重人类创造潜力的发挥,它借助各种技术和工业化手段去释放农业内部巨大的生产潜力,从而实现对传统农业生产功能的全面提升。都市农业的出现意味着人类农业生产力的根本变革,代表着人类农业生产发展进步的指向。

其次,都市农业对传统的城郊型农业的生产功能进行了全面的拓展。都市农业开发出农业生产功能之外的生态、生活和文化、休闲等多种功能,从而使人类的生活质量迈上一个新台阶。农业的生产、生态、文化和休闲等功能本来就客观存在,但是对它们的认识有一个客观的过程,在解决温饱问题之前,农业在生产功能之外的其他综合功能长期得不到重视,只有到了都市农业阶段,在基本生存需要得到满足之后,人类才可能利用一部分农业土地和设施来有意识地施展和开发农业的这些功能。都市农业通过农业技术革新和经营理念变革改变植物的性能,开发出动植物满足传统营养需求,之外其他需求的多种功能,包括生态功能、文化功能、教育功能、休闲功能、医疗功能。都市农业所发挥的多种功能能够产生巨大的经济效益、生态效益和社会效益,它使农业在满足人类多种需要的同时将人类生活质量提高到一个全新水平。

(三)都市农业的特点

1. 都市农业是多功能型农业

生产功能是都市农业的基本功能。都市农业的生产功能较之传统城郊农业的副食品供应基地功能更强大、更经济,它是对传统城郊农业生产功能的全面提升。都市农业利用综合性、前沿性的农业科学技术组织工厂化、规模化、有序化的生产,按照人类的需要对植物的生长规律和品质性能实施变革性的影响,大大减少了农业生产对自然气候的依赖,将农业生产供给的有效性提高到一个全新的水平,从而使农业生产"靠天吃饭"的现象得到根本性的改变。例如,韩国遗传工程研究所的研究人员在 1994 年研制出一种不染病毒、形体如花生米大小、产量比一般品种高 100 倍的马铃薯新品种,非常适合于在都市车间内实现工厂化批量生产,使之可以根据需要随时出现在市场上,从而大大改变了传统农副产品供给周期的束缚。以精细化、规模化和工厂化生产为特点的都市农业具有城郊农业无可比拟的强大的生产供应功能,它使得农副产品的生产供应速度更快、品质更高、品种更全。强大的副食品生产供应功能是都市农业的基本功能,只有在此基础上才能拓展和延伸都市农业的其他功能。

生态功能是都市农业的突出功能。除了高品质的农副产品外,林木花卉等非食用性植物也是都市农业生产的重要内容,都市农业通过大量生产这种非食用性的动植物对人类的生存环境发挥巨大的生态功能。林木具有吸附粉尘、烟灰的功能,可以净化大气,增加太阳辐照度。树木浓荫的街道,1.5 米高处的空气含尘量可比没有树木的街道低 50% 左右。巧夺天工的行道树木不仅可以改善城市空气湿度,还可以为行人及道路遮阴。通过空气的流动,林木对于城市中的非林区域进行温度和湿度调节。植被可以吸附某些有害气体,并在光合作用的过程中改善空气质量;植被同时具有明显的隔声、消声作用,30米宽的林带可减噪音～8分贝,配置适当的植被可作为"天然消声器";此外,植被还可在一定程度上恢复地表土壤及微生物对生态循环的贡献,可以保护城市,减少水土流失和风沙寒流的危害。一些对有害气体敏感的植物还能起到指示作用,提醒人们及时采取措施,防止有关的污染危及人类。都市农业生产大量非食用性动植物,能够取得生态经济效益,使人类的生产、生活与自然环境达到完善和谐的境界。

文化综合功能是都市农业的重要功能。都市农业可以提供赏心悦目的林木花卉,并赋予其深刻的文化内涵,人们可以在都市农业圈中重新体验农业文明、教育子孙后代并使身心获得极大的愉悦。都市农业能保持和改善生态环境、净化空气、涵养水源、调节气候,在生活环境、人文环境方面调节身心、协调人与自然的关系,使人们可以在城市环境中寻找到被工业文明挤占的自然乐趣。都市农业以现代科技文明提供优美如画的生产和生活环境,使人们享受到医疗、保健、文化、教育和休闲娱乐等方面的多种效用,从而表现出其多功能的突出特点。

2. 都市农业是高集约化农业

资本技术的高度集约化是都市农业的突出特点,发达国家都市农业的有机构成甚至高过工业。日本东京、大阪的农业基本实现栽培园艺化、基地设施现代化、操作机械化,甚至开始出现机器人下农田劳动、电脑进入农家的趋势。大阪地区设施园艺每亩投资达2000万日元。荷兰海牙周边农村50％为温室,这些温室具有自动喷灌系统和气候控制设备,并且有计算机控制温度,先期投入十分巨大。都市农业以工厂化生产大大提高了资本和技术的密集程度,是资本、设施、科技高度密集并在生产经营方式上高度企业化、规模化、市场化的农业。在都市农业生产的每一个具体环节中都蕴含着较高的资本和技术含量,对从业人员的素质要求也比城郊农业要高得多,所提供的产品具有附加值高、技术含量重、无污染、市场价值高等突出特点,其经济产出的效益更是城郊农业无法相提并论的。

3. 都市农业是知识化农业

知识化是都市农业在知识经济条件下所表现出来的显著特征。都市农业的知识化表现在三个方面:一是都市农业生产主要依靠知识、智力投入,即依靠尖端的科技知识、先进的管理知识、快捷的信息知识来支撑,知识要素最大限度

地替代了传统农业生产中广大耕地、众多劳动力以及大量矿产资源等生产要素。二是农业科研和技术人员成为农业生产力中最活跃、最宝贵并起决定性的因素。与之相伴,信息技术的广泛应用使广大农民的科技意识和科技知识也得到迅速的提高。三是都市农业收益分配向知识要素贡献倾斜。在都市农业经济中,简单劳动力的使用率和报酬率降到了最低限度,知识型劳动者成为都市农业生产的主体。这是因为,都市农业产品的开发、生产、销售等每一环节都离不开知识型、智力型人才的主体作用,因此,按知识要素贡献大小分配是其必然选择和突出特征。

（四）都市农业的形态

从世界范围来看,都市农业正处于初始阶段。由于各国的经济基础不同,都市农业的发展起点各异,在功能导向和技术选择等方面又各有侧重,从而形成世界都市农业不同的综合形态。都市农业的形态主要有两大类:

1. 城市精细化农业

精细化农业是一种优质、高效、稳定的精细化、规范化生产方式,是都市农业综合形态的表现之一。精细化农业以国内外市场需求为导向,以技术、资本、设备对农业的高渗透和高密集为特征,以生产有竞争能力的高档次、高品质、高产量、高效率、高收益的农产品及其加工品为内容。精细化农业是一种内涵性的开发性农业,是社会生产力发展到一定阶段的产物,其实施要求有一定的条件,即足够的商品需求市场、开放的经营环境和经营机制、雄厚的资金物质技术和人才、良好的信息技术咨询和社会服务体系等。精细化农业以成片的集约化、设施化、工厂化的现代化温室为典型特征,在荷兰、日本、以色列表现得最为典型。

2. 城市休闲农业

体验农业、观赏农业、旅游农业、风光农业。欢乐农业等多种称谓是从不同角度对休闲农业的描述。休闲是人们闲情所致,休闲的方式更是多种多样,当人们的休闲需求与都市农业的休闲功能联系在一起时,休闲农业的经济行为便无处不在。风光农业则通过增加投入和施以改造,将农业生产与旅游相结合,吸引游客前来休闲娱乐,包括农作物过程利用型,如利用果树开花季节为游客开放。观赏农业侧重为市场提供美的环境,以动植物的观赏满足人们的精神享受,例如花卉、树木盆景、观赏鱼类、鸟类、虫类和驯化动物等,还包括用于美化市容、点缀装饰公园、街景,美化庭院、房间,为人们创造一个美观舒适、秀丽典雅的工作和生活环境等农业经济活动。体验农业侧重通过农事活动达到满足人们消遣需要的目的。如在城市乡村利用当地有利的自然条件,开辟活动场所,提供生产设施,招徕顾客以增加收入。一般的活动内容有游览、风景、林间狩猎、水面垂钓以及从事采摘收获农作物果实等能引起游客兴趣的农事活动。

二、现代都市农业的发展现状

(一)世界都市农业发展现状及趋势

1.世界都市农业发展概况

自二战以来,以高技术含量的精细化农业为支撑、以休闲观赏性综合农业为载体的都市农业在世界范围内蓬勃兴起,发展至今,都市农业在西欧发达国家已经渐成潮流。在荷兰、以色列、日本等国家,都市地区有成片的现代化温室,设施化、工厂化、集约化农业特别发达,一套不受旱涝气候等外部环境影响、能像工厂那样有计划地生产农作物的都市农业生产体系基本形成。在地中海北岸欧洲各国的城市化地区,企业或农民在许多大城市的郊区建立了蔬菜生产工厂,规模化、基地化、专业化农业十分发达,大片的蔬菜和水果带一望无际。世界都市农业的发展主要体现在都市多功能休闲农业方面。奥地利首都维也纳是森林化的城市,城市林业特别发达,人均占绿地面积近70平方米。维也纳市区的西部和南部都是苍翠欲滴的森林,多瑙河沿河两岸林木葱茏,花草繁茂,四季飘香,加上大小1000多处公园,市区内处处林木苍翠,绿草如茵,景色宜人。建筑上的垂直与多品种、多层次的立体绿化有机结合,别具一格的各种植物造型与精美的艺术雕塑作品融为一体,给人以美的享受。波兰首都华沙市的观赏农业特别发达,城内处处是公园。华沙人每年坚持不懈地植树、种草、栽花,绿化面积已达14.4余万公顷。从市区到郊区有大小公园70余处,市区内所有街道两旁绿树成荫,街头草坪连片,人均占有绿地面积达90平方米,在世界各国首都中名列首位。澳大利亚的堪培拉市的花卉产业特别发达,是最早闻名于世的花园城市。该市绿化面积占城市总面积的60%,人均占有绿地面积为70.5平方米,机关、学校、商店、居民住宅区均以高大的合欢树、桉树以及蔷薇、仙人掌作篱笆,一年四季花木葱茏,空气清新,水源丰富,是具有田园风光的现代化花园城市。新加坡的多功能现代化农业也十分发达,最具特色的是其发达的观赏性鸟类养护业。新加坡不惜以寸金之地用于绿化,提倡人民大养鸟类,市民可以看翠绿流云,听百鸟鸣奏,心灵和精神都得到了陶冶。

花卉产业是都市农业的标志性产业,世界都市农业的发展状况可从世界花卉产业发展格局中窥之一斑。花卉产业是融观赏性花草林木的生产、销售和消费为一体的新兴农业,它是城市农业基本副食品生产功能全面提升和广泛拓展的产物,满足的是高层次城市需求,是城市农业中科技含量、文化含量和资本含

量都很高的部分,代表着都市农业发展的新方向。花卉作为商品被大规模生产是在二战以后。据不完全统计,全世界花卉栽培面积已达 22.3 万公顷,其中亚太地区花卉栽培面积最大,达 13.4 万公顷,其次是欧洲,栽培面积有 4 万公顷。花卉栽培面积比较大的 10 个国家依次是:中国、印度、日本、美国、荷兰、意大利、泰国、英国、德国和墨西哥。由于各地区花卉的科研、生产、流通和消费水平不同,花卉业发展的水平差别很大,发达国家仍占有绝对的优势和地位。花卉出口创汇额比较高的 10 个国家依次是:荷兰、哥伦比亚、丹麦、以色列、意大利、哥斯达黎加、比利时、美国、泰国、肯尼亚。

2. 世界都市农业发展趋势

首先,都市农业发展呈现地域特色化趋势。都市农业产品具有高技术含量、高文化含量和高资本含量的特点,附加值高,市场价值也高,其消费市场的形成需要以一定的经济基础和文化背景为依托。在一定时期内,都市农业产品的消费市场是有限的,都市农业产品的竞争也日趋激烈,因此,世界各国都十分强调依托自然资源禀赋和技术优势创造特色产品,都市农业的发展因此而呈现出地域特色化趋势。在花卉产业的发展中,各国的地域特色化表现得十分明显。荷兰凭借其悠久的花卉发展历史,逐渐在花卉种苗、球根、鲜切花、自动生产方面占有绝对优势,尤其是以郁金香为代表的球根花卉已成为荷兰都市农业的象征。美国由于国内市场需求增大,地域辽阔,在草花及花坛植物育种及生产方面走在世界前列,同时在盆花、观叶植物方面也处于领先地位。日本凭借"精致农业"的基础,在育种和栽培上占有绝对优势,对花卉的生产、储运、销售能做到标准化管理,形成优质优价的市场特点。

其次,都市农业发展出现国际化趋势,外向型、创汇型的"空运农业"十分发达。都市农业是城市农业发展的高级阶段,其提供的高层次农产品之消费需求与经济发展程度有着直接关系,因此,只有发达地区才具有发展都市农业所必备的资金、技术和市场基础。以花卉产业为例,世界花卉的生产和消费市场主要在欧共体、美国、日本三个发达地区和国家,其进口的花卉总量占世界花卉贸易的 99%,其中欧共体占主导地位,达 80%,美国占 13%,日本占 6%。但是,经济的国际化趋势及地域比较成本的差异使得都市农业的发展出现产业链条国际化的趋势。20 世纪 90 年代以前,世界花卉及高科技农业的生产地与消费地重合,主要集中在欧美及日本等经济发达的国家和地区。在此之后,都市农业的消费与生产环节逐渐分离,都市农业生产出现了由高成本的发达地区向低成本的发展中地区转移的地域分离和分工趋势。如今花卉生产已经开始向气候条件优越、土地和劳动力等生产成本低的地区和国家转移,哥伦比亚、津巴布

韦、肯尼亚以及东南亚等国家和地区，纷纷加入了花卉产业的行列或与发达国家的农业企业合作建设起大批的高科技农产品基地，许多国家在农业生产基地兴建农用机场，农产品一出基地就上飞机运向世界各地，从而形成"空运农业"的壮观景象，它反映出世界都市农业的产业化链条在国际地域范围内不断延伸和渗透的趋势

3. 世界都市农业发展的启示

世界都市农业动态发展过程及趋势，对都市农业发展至少有两点启示。

启示一：都市农业是一个经济概念，不是一个地理概念。许多学者将都市农业界定为一个地理概念，将农业经济行为限定于城市市区之内或市区与郊区之间的狭小地域内的城市居民休闲性、体验性农业活动，忽视了都市农业的产业化本质。世界都市农业的发展历史与趋势表明，都市农业是城市农业发展的高级阶段，是在城市需求的牵引下城市资本、工业技术和工业生产方式向农业生产领域渗透并引致农业生产功能全面提升和广泛拓展的高级阶段，它归根到底是一个经济概念而不是地理概念。

启示二：不发达国家也可以发展都市农业。都市农业的生产需要以雄厚的资本和技术作为生产基础，都市农业产品的消费需要以一定的收入基准和文化背景作为市场基础，因此，一般情况下，都市农业只能出现在发达国家或地区。但是，在都市农业的消费市场短期内变动不大的情况下，都市农业的生产活动却可能因为投资成本约束出现向欠发达地区转移的可能。发达国家生产的高成本是不可逆转的，为了保持价格上的优势，一些发达国家正在寻求与生产成本低的国家进行合作经营，以求在世界农产品市场竞争中立于不败之地。目前，荷兰、美国、日本的一些花卉公司已经在哥伦比亚、危地马拉、巴西、印度、马来西亚及中国等地建立大型花卉和其他农产品生产基地，不发达国家完全可以抓住这一有利时机，将世界都市农业产业链条接过来延伸下去。

(二) 我国都市农业发展现状及问题

1. 发展概况

我国是一个发展中国家，城市农业以满足城市基本需求为主。但是，在交通发达、信息通畅、资金充裕、科技雄厚且市场广大的东南沿海部分都市圈域内，高科技农业、休闲观赏农业及其支撑的花卉产业等都市农业形态得到了初步发展。在苏南、广东等地，通过引进外资和技术等途径，精细化的工厂式农业有所发展，建成了大批创汇型、空运型的名特优农副食品生产基地；在上海、山东等地高技术化、规模化的蔬菜大棚得到了广泛发展。广东东莞市农业引进外资工作成效显著，农业渐成外资投资热点。珠海、大连是全国绿化的典型城市。

尤其是大连市在进行城市建设之初,新建、扩建城市绿地 1656 万平方米,铺栽草坪 220.6 万平方米,植树 30.6 万株,栽花 767.5 株,从而使得大连市的绿化覆盖率远远高于全国平均水平,成为令人赏心悦目的花园城市。广州市大力发展观赏水族产业,成为我国观赏鱼类及水族器材最大的集散地。同国际潮流相一致,花卉产业也是我国都市农业令人瞩目的经济亮点。许多大中城市投资兴建花卉批发市场。全国已有花卉批发市场 700 多个,其中日交易额在百万元以上的有上海的曹安花市、精文花市,北京的亮马桥花市,广州的岭南花市,规模较大的花卉生产基地有成都三圣乡花市、云南斗南花市、广东顺德市陈村花市等。草坪业是花卉产业的一个重要分支,近年来在我国也取得了巨大的发展。珠江三角洲种草有气候优势,一年可以种六造,每平方米价格在 0.8~7.0 元之间,一亩地一年可收草皮 4000 多万元。中山市的小榄镇,有 2500 多万户种植草皮,加上一些园林绿化工程公司的草场院,目前面积达 5000 多亩,成为广东最大的地毯草生产基地,每年种草产值有 400 多万元,除供应本省市外,产品还销往湖南、江西、福建、广西等地。与之相应的草坪机械、排涝和维护等营业额也有较大增加。

2.存在的问题

从总体上看,我国都市农业生产尚处于高速低效的数量扩张型起步阶段,资源优势远未转化为产业优势,与国外先进水平差距甚大,发展中暴露出不少问题,表现在:

科技含量低,资源粗放投入,经济效益差。以花卉业为例,荷兰花卉种植面积为 7000 多公顷,不足我国的十分之一,但切花、盆花出口量分别占到世界总出口量的 59% 和 48%。而我国单位面积的产值仅仅是荷兰的 1.7%、以色列的 5.9%、哥伦比亚的 7.7%。由于投入不足,科研滞后,我国花卉品种日趋老化,许多原产我国的花卉品种流到外国后经培育发展出优良品种,我们反过来要花大量外汇引进。

盲目建设,贪大求全,资源浪费严重。有的地方超越经济规律和本地实际,把发展高科技农业区、建设花卉批发市场等当做地方形象工程来抓,贪大求全,一哄而上,缺乏有效的规划和布局。从 1996 年起,我国引进洋温室掀起了高潮,每公顷价五六百元,比一般的日光温室高 8 倍,且营运成本很高。在其他一些地区,城市市区投资兴建的大片高科技农产品开发市场需求小,长期处于亏损状态。经营落后,信息不灵,恶性竞争严重。许多地区经济作物的生产处于独家独户的家庭经营状态,设施十分简单,盲目随大流,交易方式也十分落后,即使是高科技的农业企业也存在着重生产、轻开发和轻市场的现象。

在花卉等观赏产品市场上,市场的商品集散功能、市场信息引导功能、调节余缺功能和调节价格功能都很弱,市场交易行为的规范化程度很低,农户之间、企业之间以及农户与企业之间的恶性竞争十分严重。由于结构重复,替代性小,许多高科技、高资本投入生产的高科技农产品市场低档次重复,秩序混乱,基本上是农村集贸市场的水平,严重影响到高科技农业的投资回收,再生产规模的扩大也受到限制。

三、都市农业的发展对策

目前,我国城市农业总体上处于城郊型阶段,生产仍以满足基本的城市农副食品需求为主,短期内这种状况不会有根本改观。但是,在我国某些城市地区,在某些农业形态和产业上已经具备了发展都市农业所需要的市场、技术、交通和资源条件。为了适应国际都市农业的潮流、推动我国城市农业由城郊型向都市型的转变,大力发展我国的都市农业是必然选择。

(一)增加投入,构建都市农业科技支持体系

1. 构建渗透型农业科技体系

渗透型的农业增长要求从农业生产的初始投入起到最终产品进入消费止,整个农业生产全程的各环节、不同侧面全面地、多元化地导入各种科技成果,提高科技进步的贡献率。渗透型农业科技是提高农业综合生产力的科技,并不局限于农业生产领域,还包括育种科学、营养科学、土壤学、环境生物学、种养殖生物技术、水利工程技术、机械工程技术和产品质量监测技术、动植物防疫灭病技术等综合技术和关联技术。渗透型的农业科技是一种引进创新型科技,它要求依托科技整体进步与发展,使之经过组合重整,运用于农业生产领域中来。包括动植物新品种培育繁殖、动植物饲养、栽培高技术应用,通过设施农业使农生产向工厂化迈进。渗透型的农业生产综合技术将在农业的现代化、集约化进程中作出最大的贡献,并全面体现在农业生产有效供给量、自然产出率、劳动生产率、农产品品种品质的全面提高及经济资源的充分利用和保护上来。

2. 构建环保型农业科技体系

持续农业是都市农业的重要内涵,在科技上它要求大力发展环保型农业科技,即优化农业生产与环境资源之间关系的高新技术。一是资源优化利用型科技,通过提高投入的有效性,促进资源再生,以及通过技术应用变废为宝。二是资源连续利用型科技,主要在于修复因过度索取而对自然资源造成的损害,防止污染的侵害,改善农业生态环境。三是石油产品替代型科学技术,用生物防治来取代部分化学农药使用;用植物纤维替代塑胶化纤产品;用生物菌肥、生物

农药替代化肥和化合农药；充分利用地热、光能、风能以减少矿质燃料投入；利用一些农艺技术如倒茬、嫁接等，减少农药使用量，尽量缓解资源紧缺，避免对生态环境的破坏。四是清洁无害的环保型生产技术，现代微生物技术、无土栽培合成营养液技术以及果树、蔬菜、粮食作物脱毒快繁技术，对人类所需的营养进行周期短、产量高、无公害的工业化生产，利用生物途径与工程改良技术，生产高效低毒、低残留、少公害新农药，生产出安全、卫生、营养的绿色食品。

（二）加强规划，大力发展花卉园林产业

花卉园林产业是都市农业的支柱产业。由于经济实力的提高以及特大洪水的发生，近年内植树造林、保护环境的需求和供给都有巨大的增加，花卉园林产业发展面临着新的机遇。目前，世界鲜花市场销售额每年以超过 10％ 的速度在递增，欧洲人年均花卉消费 100 美元，而中国年人均消费不足 2 枝，市场潜力巨大。草坪业在西方国家是个大产业，美国草坪业及附加的机械、排涝、维护等营业额达 50 亿美元，是支柱产业之一。我国草坪业的市场前景也很广阔，近年来，城市绿地面积以每年上万公顷的速度增加，对绿化草坪的需求日益增加。随着开放的深入，全国大中城市无不将城市绿化作为改善生态环境、吸引外部投资的重要举措，未来园林绿化市场广阔。今后几年内，我国城市每年需要上亿棵绿化林木，公路绿化的需求也将日益增大，城市绿化林木供不应求。

我国具有发展花卉园林产业的多种优势，一是品种资源优势。月季、菊花、兰花、牡丹、水仙、百合等均原产于我国。世界上共有 800 种杜鹃花，我国就占有 600 种。国外常见栽培的金茶花仅 5 种，我国却多达 195 种。二是生态资源优势。我国地域辽阔，地跨热带、亚热带、温带多个气候带，地形、降雨、光照、土质差异大，利于发展多形态的花卉园林业。三是文化资源优势。我国被称为世界园林之母，花卉园林文化源远流长，爱护花草树木蔚然成风，十分有利于形成花卉园林产业大发展的社会文化氛围。为了发展我国的花卉园林产业，各政府部门应该加强规划，合理布局，防止一哄而上的盲目建设，积极组织市场与基地、市场与科研单位的联合。要在发展特色花卉园林产品的基础上，积极通过各种政策措施鼓励我国的花卉园林产品向国际市场迈进，努力走出一条外向型、创汇型、高效益的都市农业之路。

（三）因地制宜，积极发展休闲观赏农业

休闲观赏农业是都市多功能综合农业的主要表现形态之一，主要指围绕着大中城市开展的，能为游客增加奇趣、异趣、野趣、土趣、乐趣并拥有观赏、参与、习技、健身、阅历等综合休闲功能的农业。休闲观赏农业为都市中紧张的人们开辟了一片接近自然、体验农业的乐土，它可以成为传统农业新的经济增长点，促进农业与旅游业的结合，形成"农游一体"的交叉产业，从而具有休闲、观赏、教育、体验等多种功能。休闲观赏农业开拓了农业和土地利用新模式，它使我国传统的农业结构得以改观，并使传统的农业向休闲综合功能拓展。闲暇时间及闲暇行为的增多使我国的休闲观赏农业具有良好的市场前景。我国基本上实行了五天工作制，随着社会进一步发展，闲暇时间还将进一步增加，其中一个重要原因就是老龄人口的增多及老龄社会的来临。老龄人口比重的上升意味着非生产人员的增加及社会总体闲暇时间的增加，同时伴随的是休闲需求的增加。无论是旅游、观光还是垂钓、健身甚至居室憩息，休闲观赏农业以其独特的休娱功能已经渗透到社会休闲行为的方方面面，在日益高涨的国际休闲浪潮中，我国的休闲观赏农业必将获得巨大的发展。目前，全国许多城市开展了农业观光旅游，上海的浦东地区、武汉的郊区、广东的珠江三角洲等兴起了"农业大观园"、"观光果园"、"芒果园"、"百菜园"、"蘑菇园"、"无土栽培园"、"少儿农社"、"农林大世界"等形式各异的休闲观赏农业。但从总体上看，我国可供游客观、赏、习、品、乐的休闲观赏农业并不发达。为此，我国都市农业在今后的发展中应该大力发展具有综合功能的休闲观赏农业，这需要：

建立观赏农业开发研究机构，提供完整配套的社会服务。要在我国现有农业科研院所中设立综合农业研究开发机构，研究其中的发展规律，提供有关生产、销售、出口、科研、育种、引进及交流新品种、新技术的有效服务，并研究制定扶持和发展观赏农业生产的政策措施。

因地制宜地建立生产基地，努力创造有特色的观赏农业产品和服务。开辟鱼塘垂钓，建立度假村，开发农村特色休闲产品，对于城乡结合的城郊来说更具有得天独厚的优势。大中城市郊区发展休闲观赏农业应立足于本地的生态资源优势和旅游资源优势，加强规划，加大投入，有重点地开发休闲娱乐农业产品，在现有基础上逐步建立起独具特色的、现代化的休闲观赏农业生产基地。

引进与开发相结合，自然与文化相结合，不断更新农艺品种。在开发设置新项目时，要结合自然规律长远构思，调整作物品种，延长接待期；要结合农业景观引入雕塑、碑刻、绘画、诗歌等艺术形式以增加休闲观赏农业的文化内涵；要进一步拓展观光农业的内涵，可开展养生农业，进行食疗、药疗、神疗，搞活农业休闲娱乐活动项目，如休闲农庄、旅游农业等。

第七章　现代城市工业

工业在城市经济的形成发展中具有举足轻重的作用,工业化和城市化互为表里、相互促进,构成了近代城市经济发展史上的基调和主脉。在世界经济逐步迈向知识经济大门的时候,工业经济的发展出现了一些新的特点,在全球范围表现出一种大调整、大重组、大转移的趋势。方兴未艾的新技术革命为工业经济提供了一个反思和提高的大好机会,在全球工业进行调整和创新的主旋律下,我国的城市工业也进入了一个升级换代的关键时期。

第一节　城市工业概述

一、工业化与城市化

（一）工业及工业化

工业是包括制造业、采掘业、建筑业等广泛行业门类在内的社会物质生产部门,它以自然物质资源及其初成品为原料加工生产各种各样的制成品。因此,我们所称的工业主要是指工业制造业。城市经济的发展与工业化过程密不可分。发展经济学的观点认为,工业化是以经济重心由初级产品向制造业转移为特征的、大工业在国民经济中发展并达到占统治地位的过程,即在一国经济结构中由农业占统治地位向工业占统治地位转变。工业化使一个国家由落后的农业国转变为先进的工业国。有一套完整的指标体系可以用来衡量一国的工业化水平,其中主要有,工业产值占国民经济的比重、工业劳动力占社会劳动力总人数的比重、工业自身物质技术装备的水平、农业生产的工业技术装备水平和生产效率以及人均国民收入水平等。

发达国家的工业化进程大致经历了三个阶段,并且在每个阶段都表现出了不同的历史特征。工业化进程的第一个阶段是劳动密集型的轻工业化阶段,即以轻工业为主的阶段。世界主要资本主义国家的大工业首先是从轻纺工业的发展开始起步的。从工业发展史上看,在工业化的初期,轻工业的规模远远大于重工业而占主导地位。在轻工业化阶段,工业生产主要以劳动力的密集投入为主,生产方式以初级原料的生产、加工、组装为主,生产工艺比较简单,对设备及资金和技术投入的依赖性都较弱,因而轻工业的发展速度也较快。工业化进程的第二个阶段是资金和资源密集型的重工业化阶段,即由以轻工业发展为中心转向以重工业发展为中心。社会再生产和扩大再生产要求重化工业优先发展,工业发展规模的日益扩大使得机器设备、能源、化工等工业基础投资品的市场需求日益扩大,在社会需求的牵引下,为扩大工业再生产奠定物质基础的重工业应运而生,重工业的规模逐步扩大并最终超过轻工业的比重而在工业结构中占主导地位。重工业化阶段以大规模的资金投入和资源投入为主,对技术要求高,以钢铁、石油化工、煤炭、冶金等原材料初成品为主,是现代工业生产的基础性扩张阶段。工业化进程的第三个阶段是技术密集型的高度化阶段,即工业发展的技术集约化和结构高度化阶段。在高度化阶段,以技术密集为特征的高科技工业蓬勃兴起并广泛渗透到各门各类的工业生产活动之中,所有的工业部门都尽可能地采用最高和最新的生产工艺和生产技术,科学技术成为工业竞争实力的重要依托。

(二)工业化进程中的城市化

城市化是指国内人口由分散的农村向固定的城市集中的过程,这一过程主要表现为人口由农村地区迁往城市地区,农业劳动力由第一产业向非农产业转移的历史过程。一般说来,城市化与工业化之间是互为因果、互为表里的,城市化与工业化两者之间存在着螺旋式上升的关系,其中任何一方的发展变化都会引起对方的显著变化。18世纪中叶的资本主义工业革命首先是在封建主义的手工业城市或商业城市里发生的,城市为工业革命提供了必备的土壤。同时,工业革命打破了社会生产力长期呆滞的局面,钢铁、纺织、机械等近代工业迅速发展,带动了一大批近代工业城市的兴起。工业革命的大发展第一次大规模地把农村人口吸引到城市,大大推进了世界城市化的进程。在19世纪中叶的工业革命之初,西欧的城市人口比重约为10%,随着资本主义工业化进程的加快,资本主义的城市化进程也并驾齐驱,同步发展起来,到上世纪30年代,主要资本主义国家基本实现了工业化,城市人口比重也超过了40%。二战以后,资本主义工业经济急剧发展,工业化在更大规模和更大范围内扩展和渗透,城市化步伐也突飞猛进,到上世纪70年代,日本、美国及西欧主要资本主义国家的城市人口已经超过65%。与此同时,南亚地区的城市人口比重为21%,非洲地区的城市人口比重为22%,这与这些国家和地区工业化起步晚、工业化水平低有直接关联。

中国的工业化进程略快于世界一般发展中国家。新中国成立以后，新政府以计划经济体制集中有限的人力、物力加速发展工业，尤其是重工业，使社会主义中国在较短的时间内改变了一穷二白的状况，形成了较为完备的工业体系。改革开放以来，工业发展战略出现了由备战型向市场型的积极变化，工业内部"重重轻轻"的结构状况有所改观，轻工业得到了巨大发展，消费品市场货源充裕，工业产值在 GDP 中的比重迅速超过 50％。但是，由于工业化实施战略的差异，我国的城市化进程并未与工业化进程同步前进。新中国成立初期，为了尽快走上工业化的道路，我国在经济水平极低的条件下选择了重工业超前发展的战略，并实行了人为的城乡隔离制度，使得新中国成立 30 年内农业人口的非农转化速度滞后于工业化进程。

世界及中国的工业化、城市化发展史表明，工业化与城市化之间的互为因果、相互促进是需要一定社会经济条件的，不同的社会经济体制对二者的关联互动进程有着不同的影响。僵化的计划经济体制会割裂两者之间的联系，而灵活的市场经济体制则会对工业化和城市化之间的良性互动发挥催化和润滑作用。

二、知识经济与城市工业

自 1996 年以来，知识经济作为一个崭新的概念由国外引入国内，在经济理论界引起了热烈的讨论。很多人有一种模糊的认识，即既然知识经济以信息和知识等无形投入为主，那么以资源和资金投入为主并生产有形产品的工业制造业必然会进入无所作为的迟暮之年。有人甚至认为，继续强调工业制造业的重要性会阻碍我们进入知识经济的步伐，为此，国家与城市的经济政策都应该注重知识和技术的生产引进，唯有如此才能不落后于知识经济时代，如此等等。这些观点曲解了工业制造业与知识经济的内在联系，也脱离了我国的具体国情，在理论上和实践上都十分有害。

目前，我国尚不具备进入知识经济时代的条件。衡量是否进入知识经济时代的标准有如下几类：一是知识经济时代的人均 GDP 值应达到或接近 5000 美元，这样才有知识经济自发萌芽的条件；同时，社会知识化要达到一定的水平，比如成人文盲率低于 13％，受高等教育者占同龄人的比率不低于 29％等。另一种标准强调要具有比较强的知识和技术创新能力。如果只是引进国外的高技术项目，自己不拥有知识产权的话，则永远无法进入知识经济时代。还有一种标准以全球经济一体化及信息技术的迅速发展为条件，其中信息技术及产业化是知识经济的先导及决定因素。就我国目前的实际情况来看，无论对照哪一

种标准,我国都尚未达到知识经济时代水平。

由于现阶段社会经济实际水平所限,我国尚不能接受知识产业过快发展对我国社会经济造成的强大的负面效应。知识产业的发展有双重效应,以信息产业为例,一方面,信息技术的发展使信息成本成倍下降,发展中国家可以用较少的支出购买和安装许多世界上比较先进的计算机网络设备,使用较为成熟的软件系统,在使用信息技术的起跑线上与发达国家站在一起。同时,由于信息技术水平的提高和扩散速度的加快,也为发展中国家对传统产业进行技术改造创造了条件。另一方面,信息产业的发展也将对就业和分配产生重大影响。信息产业创造的就业机会只有对受过高等教育并属于信息技术领域的工程技术人员有意义,而发展中国家教育水平本来就低,信息产业内的合格人员更少,再加之信息产业的上岗能力不是短期就能培训出来的,因此,信息产业的发展对于缓解就业压力不会产生大的影响,对发展中国家而言,信息产业的发展甚至会对社会就业问题产生负面的影响。信息产业超速发展可能带来的负面效应还有:它对两极分化的分配格局有强化作用。社会财富过快向信息产业集中,在经济上无可争辩的同时,也会带来两极分化加速的社会问题。此外,信息产业的过快发展对于现阶段我国的城乡二元割裂状态也有一种外在的强化作用,使城乡发展的差距进一步拉大。互联网络把世界的大中城市结为一体,用更快捷的信息技术相互沟通,知识密集的城市经济的发展有可能成倍地增长。而劳动密集、文化落后的广大农村则由于种种原因不能与城市同步搭上信息产业的快车,在经济发展的序列中很可能又一次落伍。从某种意义上说,脱离现实基础的知识产业甚至会对我国的二元经济结构状态起到外在的强化作用。

在相当长的时期内,我国对于发展知识产业的现实需求远远不如发展工业制造业和服务产业的现实需求强烈。知识经济虽然以知识和信息为主,但必须建立在相应的自然资源和资金之上,知识经济的兴起并非是以工业制造业的衰落为代价,恰恰相反,知识经济的大厦必须建立在工业经济充分发展的基础之上,知识经济的发展也将进一步提高工业经济水平,促进工业经济在更高水平上发展。改革开放以来,中国的制造业发展较快,也一直是吸纳就业人员的主要渠道,但由于宏观方面的原因,近年来制造业作为一个整体的相对比较优势在下降,主要表现在总物价水平不断变化上,即制造业的价格指数的增长速度明显放慢甚至于出现负增长。但是,这并不意味着我国工业制造业的末日来临,而是对工业制造业提出了更高的要求。目前及今后相当一段时间内,就业压力将是我国经济发展过程中的一个突出问题,这要求我国经济的发展在提高经济增长质量的同时必须兼顾就业问题,故此,发展信息产业等知识产业的同时决不能忽视对那些吸纳劳动力有重要作用的传统产业部门,特别是对一个国家和地区工业化、城市化进程起决定性作用的工业制造业的重视。

从知识经济发展的必要条件和我国的现实出发,盲目提倡知识经济是不可取的,从实际出发,提高技术水平,逐步完成工业化,在实现工业化的进程中积累资金、知识进而逐步发展知识经济,才是我国全面纵深地实现工业化的根本之途。

三、城市工业发展的走势

(一)纵切面:降中趋稳

降中趋稳是我国城市工业发展在时间纵切面上表现出来的趋势,这一趋势将体现在两个较为明显的阶段上。

从"十二五"开始的5~10年是我国城市工业稳中趋降的调整阶段。在这一阶段,由于世界经济增长的总体速度将放慢,中国经济的增长也将受到一定的影响。世界各国特别是大国经济特征明显的中国,在外需不足的情况下,扩大内需、走内需为主的道路成为较长时期内经济政策的必然选择。但近年来中国各项改革措施出台比较集中,国有企业改革、教育体制改革、医疗体制改革、社会保障体制改革等,推行这些重大的社会经济改革措施已消耗了较多的缓冲资金,耗费了大量改革积累,居民收入和支出预期的不确定因素将大大增加,居民消费需求尤其是农村居民的消费需求将进入一个较长的"平台期",消费结构的变化也不会太大,对工业制造业产品需求的力度在短期内也不会有太大的变化。又由于以前大量重复建设的影响,特别是大量的投资份额实际上在"十一五"的后两年投资于大规模的基础设施,其回收周期又较长,城市工业制造业将主要以结构调整为主,制造业的生产能力大幅度扩张显然不大可能。今后制造业发展的总体趋势是在 GDP 比重中平稳下降。

未来 5~10 年是城市工业升中趋稳的提高阶段。经过大规模基础设施投资后,制造业发展的宏观环境将会有明显的改善,同时,基础设施领域的投资需要将渐趋平稳,用于工业制造业的投资将大幅增加,城市工业发展的资金环境也将大为改善。另一方面,在经过若干年的发展后,新旧体制间的摩擦将逐渐减小,社会公众与各项改革措施的磨合程度也逐渐提高,改革对消费的不利影响逐步消失,改革的正向效应逐渐发挥,全国居民消费将冲出消费需求增长的"平台期",走向持续增长,居民的支出预期也将趋于稳定,家用汽车等大宗高档耐用消费品将全面进入城镇居民家庭。另外,随着电力、电网、通讯、公路等农村基础设施的改善,农村的消费环境将有较大的变化,农用机械、农用车辆、彩电、冰箱、洗衣机、VCD、电话等高档家用电器也将大规模地、普及化地进入农村千家万户,这将对经历结构调整之后的城市制造业形成强有力的需求牵引,制造业发展速度将逐步加快,在 GDP 中所占比重也将有所上升。同时,中国加入世贸组织后,工业企业获得国外较先进的技术和设备的渠道更为简便,加上中国多年来一系列"科技兴国"举措的后发效应开始显现,中国制造业的技术竞争力将得到大幅提高,中国工业的劳动力成本优势仍将继续存在。在我国本身巨大的工业品需求市场的拉动下,中国仍居于世界制造业的中心。这一阶段,技术和人才在城市工业发展中的作用将更为明显,市场竞争也会比较激烈,企业重组也不会停止。城市工业在经历满足国内工业品需求尤其是满足农村工业品需求的较快发展阶段后,由于城乡居民收入水平的大幅提高,对服务性产品的需求将显著增加,社会居民的消费结构也将发生较大变化,城市居民消费需求将逐步进入更高层次。工业产值在 GDP 中的比例将逐步稳定下来并略有下降,但此时的工业尤其是城市工业的结构将比较合理,企业组织结构将趋于科学,制造业的整体素质将有明显提高,科研开发能力和产业竞争能力也将达到一个全新的水平,我国部分城市的大型工业企业将有望跻身于世界特大企业之列而保持较为长久的竞争优势。

（二）横断面:"退二进三"

"退二进三"是城市工业"降中趋稳"的发展趋势在产业横断面上所表现出来的趋势,具体说来,"退二进三"有两个层次的表现:

其一,近期内城市工业制造业的发展呈现出一种服务化经营趋势。这种趋势主要表现在,现代工业企业十分注重以服务优势进行有形产品的营销创新,从而导致现代制造业的经营活动不断向服务领域延伸。美国著名的制造业巨头通用电气公司近年来大力拓展服务领域,通过为用户服务增加利润,服务经营在其利润来源中的比重直线上升,已经超过了 20%。工业制造业的服务化经营趋势是一个必然,这是因为,高科技的发展与应用对企业的生产经营产生了巨大的冲击。从生产过程来看,这要求企业在生产组织、内部控制等方面不断创新;从经营来看,它要求企业营销实现从观念到实践的创新,其中最为重要的是为用户提供更多、更好的服务。为用户使用产品提供全面的、可靠的保障,这对于全面开发产品功能、充分发挥产品的效用十分必要。现代市场理论认为,企业的市场竞争力并不唯一体现在企业的有形产品上,服务与内部后勤、市场与外部后勤及市场营销一样属于企业的基本活动,服务并对企业产品的营销发生直接的影响,对企业的市场竞争实力起着越来越重要的作用。因此,当今世界大多数企业在技术创新的同时,也十分重视以服务为主的营销创新,通过为

用户提供优质全面的服务来提高企业竞争力,这正成为现代工业制造业发展的普遍潮流。在市场发展进入供过于求的阶段,在有形的工业制造业产品进入微利时代之后,服务化经营是企业适应消费需求发展的要求,通过服务来延伸企业产品的功能,提高企业的赢利水平,壮大企业的市场竞争能力并最终求得市场生存发展的必然需要。工业制造业是典型的第二产业,产品的售后服务业是典型的第三产业,城市工业的服务化经营趋势是第二产业向第三产业渗透的表现形式,是"退二进三"的第一层含义。

其二,从长期看,城市经济发展的重心将由第二产业退转至第三产业。伴随着城市工业向服务产业的渗透,服务业产值在城市经济中的比重将逐步提高,城市经济增长的重心将逐步由第二产业转移至第三产业,这也是世界产业结构演变的一般规律在城市中观经济形态上的必然反映。随着生产力的发展和技术的进步,第三产业的发展将逐步超过第一、第二产业并形成以第三产业为主体的产业结构,城市,特别是大城市、中心城市的产业布局也将出现"退二进三"的趋势,工业,尤其是有污染的重工业将大批地从城市中心区域向城区外部转移,城市中心区域将主要以商贸、文教等生活型服务产业为主。城市经济重心的转移与城市工业产业比较优势的丧失紧密相关。由生产的特点所决定,城市工业的发展往往需要大面积的厂房和仓库等,但随着城市居民集中程度的提高,城市的土地价格将日益攀升,城市工业企业的生产成本也将逐渐增加,与之相比,第三产业和某些轻型工业企业单位空间创造的价值要更高一些,竞争优势更为明显。为了提高城市空间的利用效率,往往将工业企业迁出市区,代之以商业用、生活用的高楼大厦,或者是改建成花园绿地以改善城市环境,提高居民的城市生活质量。城市经济发展中的"退二进三"必须建立在一定的物质技术基础之上,它要求信息技术的发展,城乡交通条件的改善,城市周边地区通讯、供水、供电等基础设施的改善为之提供必要的物质基础,只有这些现实条件具备之后,城市经济发展的"退二进三"才有可能。

第二节　城市工业现状

城市与工业相伴而生,是工业化进程的主要载体,城市工业构成了一国工业经济的主体部分。在我国,虽然有乡镇工业的异军突起,但无论是在规模、产值和对国民经济的影响力上,城市工业仍是我国工业的主力军。

一、城市工业发展的宏观背景

上世纪 90 年代中期以来,我国的宏观经济态势发生了根本性的变化,工业品的大量生产导致市场供应相对过剩,卖方市场被买方市场所代替,短缺经济彻底结束,居民生活方式和政府经济干预方式发生了重大转变,工业企业发展面临着全新的经济环境,但新矛盾、新问题层出不穷,我国工业经济进入了一个新时代。这主要表现在:

(一)工业增长的动力机制转向

在短缺经济时代,中国经济增长具有储蓄—投资推动的显著特点,即由高储蓄率支撑高投资,高投资推动增长。20 世纪 70 年代末以来,中国绝大多数年份的资本形成率(投资率)超过 35%,有的年份高达 40% 以上。有关统计资料显示,近 30 多年来,最终消费对经济增长的贡献份额趋于下降,而投资需求的贡献份额却直线上升。消费对经济增长贡献率的相对减弱可从居民消费与储蓄的行为得到解释。随着收入的提高,居民储蓄的增长率均远高于消费品总额年增长率。由于居民最终消费不足,中国工业增长必须依靠投资、出口和政府支出所提供的需求空间。

但是国内需求结构在近年来也发生着巨大的变化。体制改革的深入使公款消费、集团消费的比重相对减少。改革的阵痛阶段使居民生活未来不确定性因素有所增强,收入增长预期也陷入悲观,个人消费行为更趋于谨慎。此外,由于国有银行商业化改革有效地限制了信贷扩张的任意性,加之打击非法、违规金融活动力度的增强,使得企业的盲目投资行为受到了外在的制约。市场需求特别是最终消费需求成为工业增长最显著的制约因素,我国工业必须在市场需求的约束下开拓新的增长空间,这是一个无可回避的课题,它同时也意味着,我国工业产业的增长动力机制已由过去的投资驱动型转向市场牵引型。

工业增长动力机制的转型是一个重大的改变,它对我国工业发展产生了深刻的影响,其中最主要的表现是工业企业的约束因素发生了由资金约束向效益约束的根本性转变。在短缺经济时代,企业生产是由投资驱动的,只要能从银行或财政预算中争取到资金,企业生产就能够维持下去,因此,资金是一种稀缺的并且有着很高边际收益的资源,所有的投资几乎都可以作为工业生产的推进剂而发挥应有的效用。在这种情况下,债务不是负担,而是工业生产和扩大再生产的充分必要条件。在过剩经济条件下,资金虽然仍是一种稀缺资源,但由于整个市场空间的缩小,企业生产经营面临的不确定性因素增多,并不是每一笔投资都能充分燃烧,企业投资的预期收益在逐步降低,资金的边际收益已经

明显下降,在这种情况下,投资只是维持企业生产的必要条件而不是充分条件,企业生存发展的主要约束因素不是资金稀缺,而是效益制约,在企业效益及其所决定的资金使用效率得不到充分保证的情况下,债务可能转化为影响企业生产的包袱。目前,我国企业中普遍存在着一种奇特现象,一方面企业千方百计地向银行要求贷款,寻求银行的贷款支持,另一方面又不断地强调企业贷款包袱的沉重,大造舆论要求免除银行债务负担,减轻企业的财务包袱。这充分说明,效益约束正在取代资金约束,而我国的广大企业却仍然停留于短缺经济时代的投资、融资思维方式上,仍然抱着获取无偿资金的供给的强烈愿望。实际上,我国目前的资金供给约束已经大大缓解,银行可用于贷款的资金比较充裕,只是由于银行自我约束机制的形成,银行的决策行为趋于谨慎而表现出一种"惜贷"现象。资金供求关系中存在的真正问题不是供给不足,而是资金的利用效率不高,企业不能提供充分可信的理由来表明资金能够获得有效的利用,特别是产品是否能在已经饱和的市场上开拓新的空间、资金能否有回报的不确定性因素大大增加了,这导致"银行有钱不出、企业缺钱贷不到"的两难境地。高负债率的背景下,工业的发展必须要有较好的经济效益和良好的发展前景作保证,这样企业才能健康地发展下去。可是,目前中国制造业的现实却是一方面经济效益低下,另一方面又是负债率居高不下,企业发展停留于简单再生产水平,无力开拓新产品,产品质量无法提高,创新能力严重不足,这样就使制造业的发展背负着沉重的历史包袱。从严格意义上讲,目前的资金短缺并不是真正的供不应求,而是资金利用效率低下导致的相对"资金过剩"在工业增长机制转型过程中的扭曲反映。

（二）工业企业的竞争机制转向

在相对过剩的客观环境中,一些企业的竞争胜利正是以另一些企业的竞争失利为代价的,一些企业的产品成本和产品价格下降,增大了市场占有的份额,意味着另一些企业成本、价格偏高而被挤出市场;一些企业通过产品更新,更好地满足了顾客的需要,意味着另一些企业因产品陈旧而失去了顾客的青睐;一些企业实现了技术创新,开拓出了新的增长空间,意味着另一些企业因技术相对落后而承受被淘汰的压力,所有这一切,都是由过剩经济的特点决定的。在低迷的价格水平上,企业之间的成本竞争非常激烈,许多生产厂家大力压缩生产成本,降低边际利润,在市场竞争中争相降价,在促销手段上不断翻新,导致工业企业的平均利润率不断下降。一些优势企业在提高产品质量和服务水平以及技术创新和产品升级上投入了更大的力量,获得了更强的竞争优势。但是,在生产能力过剩、市场容量有限的条件下,一些企业的壮大和大规模扩张,

往往意味着更多企业面临更大的生存压力以至陷入停产、半停产的困境。

工业企业竞争机制的转变引起了厂家经营观念的相应改变，工业生产由强调"比较优势"的协调发展观念逐步向强调"竞争优势"的优胜劣汰观念转变。比较优势的竞争观念认为，竞争优势实际上是比较优势，只有尽可能发挥各国和各地区的比较优势，才是最有效率的。所以，发达国家和地区（城市）乃至先进的企业主要应该发展技术密集型和资本密集型的高技术产业，经济落后的发展中国家和次发达地区（城市）乃至后进企业应该主要靠发挥劳动力成本低廉的比较优势，发展技术水平相对较低的劳动密集型产业，这样的分工是经济规律使然，对一国经济的内外协调都有好处。竞争优势的观念认为，比较优势不等于竞争优势，竞争优势可以突破比较优势限制，而且在现实中比较优势只有通过竞争优势才能显示和发挥出来，所以，竞争优势比比较优势更具有战略意义。比较优势最终归结为一个国家或一个地区（城市）的资源禀赋，它强调城市之间、产业之间、企业之间互补的合理性，在竞争策略上主张各个城市、各个企业的"扬长避短"；而竞争优势则主要强调了国家间、地区（城市）间、企业间产业竞争和产业替代的因果关系，在竞争策略上主张城市产业之间、同类企业之间可取而代之的"优胜劣汰"。告别短缺经济之后，一个明显的趋势是，对于各地区以至整个中国的工业经济发展，自然资源比较优势的重要性相对下降了，各个地区、各个城市乃至各个企业都很难主要依靠自然资源、劳动力资源开发来实现经济现代化，特别是在中国工业经济对外开放的步伐越来越大的时候，增强民族产业的国际竞争力成为人们普遍的共识，人们在承认工业发展应该扬长避短、避免重复建设、避免"小而全"、"大而全"浪费资源的同时，也开始感受到"优胜劣汰"时代的真正到来，破产观念对于许多企业来说已经不再遥远和模糊。

在残酷的竞争中，一些企业逐渐认识到，在买方市场形成的情况下，价格竞争只是市场竞争的初级手段，形成与竞争对手的价格差别十分重要，在现有同类竞争实力上的创新才是企业长久的制胜之道。而形成企业竞争实力差别的基本途径不外乎有两个，一是以雄厚的技术实力为基础的产品创新实现差别化，但这往往是少数行业领先企业的专利，对于大多数制造企业来说是可望而不可即的，因此，虽然质量创新是企业制胜致远的根本之道，但由于质量创新对于资金投入依赖较大、周期较长，质量创新制胜只有少数效益较好、实力较为雄厚的行业龙头企业如青岛海尔等才能做到，大多企业"质量制胜"的口号喊得很响，但真正有所大动作的为数不多；二是经营的差别化，加强在经营服务上的手段创新成为现阶段大多数企业困中求生的必然选择。在过去的几年里，"企业形象设计"(CI 战略)风行一时,每一个企业在制定竞争战略的时候,都力求在现有产品质量水平的基础上以服务优势来取得胜利,可以说,近年来同类工业产品的服务战也到了白热化程度,这充分说明,短缺经济时代,工业企业的竞争机制正由单一的价格竞争向价格与质量、服务相结合的综合创新竞争转变。

买方市场在我国的形成是经济体制改革取得伟大进展的体现,它标志着困扰我国人民几十年短缺经济时代的终结,但是,过剩经济时代的来临带给不同经济主体的感受是不一样的。作为消费者,市场供应更加丰富,产品种类更加齐全,服务质量日益提高,日常生活更加方便;而作为生产者,工人、企业特别是工业制造业企业所承受的压力却越来越大,企业管理必须更加严格,工人工作必须更加投入,即使在这种情况下,企业也随时面临市场危机,下岗失业随时威胁着每一个产业工人。但是,无论过剩经济带给生产者的现实痛苦有多大,短缺经济基础的终结都是中国工业经济史上的一个新的里程碑,与短缺经济的终结伴之而起的是市场竞争环境的真正确立,它带给中国工业经济的积极影响是深刻的,一些在短缺经济条件下千难万难的问题迎刃而解,劳动力的流动日趋频繁,劳动人事制度逐步改革,地区封锁被迫打破,以龙头企业为中心的企业网络逐渐形成;分配机制发生重大变革,人才价值受到越来越高的评价;单一的所有制格局被打破,多种经济成分并存得到更为广泛的认同;科技产业化有了更强的动力和压力,产品更新换代的速度明显加快;产业垄断的格局被逐个打破,最顽固的独占者也不得不降低产业进入壁垒的冲击。总之,短缺经济的终结使中国经济越来越充满生机和活力,创新机制逐渐形成和强化,中国工业现代化的挑战与机遇并存。

二、城市工业发展的主要障碍

城市工业企业是我国工业经济的主体,由于种种原因,我国工业发展的众多问题主要集中在城市工业发展上。效益问题是目前城市工业发展的最大障碍,但工业效益只是工业结构的直接表现。结构与效益紧密联系,结构决定效益,效益取决于结构,合理的结构是形成优质效益的必要前提,在目前城市工业效益困境的诸多原因中,结构问题是主要的制约因素,因此,城市工业的效益问题实质上可归结为城市工业的结构问题。它主要表现在:

(一)城市工业经济的地区结构问题

城市工业经济的地区结构问题主要表现是,中西部地区工业增长缓慢,东南沿海新兴工业发达地区城市发展迅速,地区差距不断扩大。1985 年全国第二次工业普查时,我国东部工业的总产值为 5044.98 亿元,中部工业总产值为

2322.23亿元,西部工业总产值为1081.58亿元,东、中、西三大地区的工业产值之比为59.81：27.53：12.82。20世纪80年代中期以来,地区经济的非均衡发展强化了地区发展的差距,中西部工业经济增长缓慢,东南沿海城市和地区则加速发展,到1995年第三次全国工业普查时,东部地区工业产值为60654.61亿元,中部地区的工业产值为21884.46亿元,西部地区的产值为9354.66亿元,三大地带的产值之比为66.01：23.81：10.18。无论从产值、规模和效益上看,东、中、西三大地带的城市工业之间差距每年都在扩大。城市工业经济以区位优势强、经济基础好的东部地区优先发展有利于发挥地区优势并形成地区分工的合理格局。但是,当城市工业发展的地区差距过大时,区域与城市之间的经济协调就会被打破,城市工业的整体效益就会受到影响。近年来,城市工业效益不断下降,城市工业的区域结构失衡是重要因素之一。

(二)城市工业经济的行业结构问题

从我国城市工业的内部结构来看,轻重工业各自的内部结构比较突出,发展很不平衡。从轻重工业的比重来看,1985年,二者之比为45.23：54.77,1990年,二者之比为46.96：53.04,1995年,二者之比为43.39：56.60,轻重工业之间的结构变动不大。但在轻工业内部,需求弹性较大、加工层次较低的以农产品为原料轻工业下降幅度比较大,而需求弹性较大、加工层次较高的非农产品为原料的轻工业发展过快,1985—1995年,前者下降了4.39个百分点,后者则上升了4.63个百分点。而在重工业内部,这种矛盾趋向相反,主要表现为加工工业与基础工业的矛盾,即重工业中的加工工业高速扩张而基础工业发展滞后,原料工业(包括能源、电力)的供给不能适应加工工业的需求。也就是说,我国城市加工工业与基础工业之间的矛盾依然存在。

(三)城市工业经济的所有制结构问题

自1985年到1995年,国有制在工业产业内的份额大幅度下降,由72.9%下降到47.1%;集体工业行业分布与国有企业大致相同,即在轻工业领域收缩,在重工业领域有所扩大;非公有制成分除了在轻工和化纤等领域发展较快外,在基础产业的发展十分缓慢,非公有制工业的发展仍然十分薄弱。但总体来看,城市工业的所有制结构虽然发生了积极的变化,公有制份额过重、非公有制企业发展不足的问题仍然存在,在国有制企业的行业分布上表现得更为明显。国有制企业的行业分布面过广、战线过长,这是我国城市工业所有制结构中的突出问题。由于战线过长,国家财政政策无力提供相应的资金。事实上,从上世纪80年代中期起,随着财政、金融体制改革和"拨改贷"政策的出台,国家已经在相当大的程度上放弃了对原有的国有企业的再投入。近些年来,国有企业的更新改造和技术革新、企业的改建和扩建、企业产品结构的调整以及由于相互拖欠等原因造成的流动资金大量增加,基本上都是依靠商业银行的贷款来筹集的。目前,大部分国有企业的资产负债率都较高,部分企业已经资不抵债。随着经济管理体制改革的发展,政府对国有企业的管理也越来越力不从心,从90 年代中期开始不得不"抓大放小",事实上正在逐步放弃对小型企业的实际管理。

(四)城市工业经济的技术结构问题

城市工业在高速扩张和比重上升的过程中,工艺水平和技术体系没有相应升级,技术密集型产业的发展及其比重的提高相当缓慢,它导致我国城市工业企业的技术装备落后,新增设备对进口的依赖程度较大。随着国际竞争的日益加剧,国内产品结构不断升级,设备更新速度加快,而新增装备尤其是新增的大型成套装备大部分靠进口。从国际上制造业结构演进的趋势看,技术集约度较高的机电产业比重是不断上升的,而我国的机械、运输设备、电气设备、仪器仪表、电子通讯设备等机电产业在工业净产值中的比重增长速度十分缓慢,不仅远远低于美、日等发达国家,与马来西亚、印度等国相比也有差距,技术集约程度低是我国工业结构中存在的一个突出问题。除此之外,城市工业的技术结构问题还表现在技术水平的所有制差异上。由于国有工业中很大一部分集中于基础工业,加之一般加工工业也分散了不少生产能力,导致在技术密集度较高的机电产业中国有工业相对比重明显低于非国有企业。国有工业中技术密集型产业的比重过低,不仅影响了国有工业本身的竞争水平和发展前景,不利于工业制造业技术集约化的发展和工业结构的高度化,而且使国有工业不能对城市工业结构的升级起到应有的主导作用和带动作用,从而有可能导致技术密集型产业的发展受制于国外企业,使民族工业的成长和城市经济竞争实力的提高受到阻碍和威胁。

我国城市工业企业技术密集度偏低、技术结构水平偏低是多种原因造成的,其中,技改投资不足是重要原因。我国城市工业技术改造与基本建设投资不成比例,重外延扩张、轻内涵提高的状况没有得到根本的改变。虽然技改投入总量在增长,但增长幅度在降低,此外,技术引进策略失误对这种状况也有外在强化作用。我国的技术引进中,成套设备引进与软件技术引进不配套,技术引进与自主开发也有脱节现象,较高的技术引进费用没有相应的研究开发经费作配套,技术引进后的消化吸收不力,技术创新受阻。技术引进策略的失误还带来了重复引进、对外商优惠过度,导致许多技术被外商控制的恶果。

当然，从根本上说，城市工业技术结构水平低下的根本原因还在于企业技术创新和技术进步机制的缺乏，企业追求技术进步的宏观管理体制尚未理顺，为此，必须进一步深化改革，建立起企业自主创新的技术进步机制并营造这种机制有效运行的体制环境，这是提高我国城市工业技术结构水平的当务之急。

第三节　城市工业创新

改革的实质是创新，创新的内容是改革，以改革促创新，以创新促改革，两者相辅相成，是一个问题的两个方面。在过剩的经济条件下，我国城市工业特别是城市国有工业企业发展所面临的结构和效益问题，必须依靠改革创新。

一、城市工业创新的理论与实证

（一）城市工业创新理论

1. 工业创新概念

工业企业的基本活动是围绕着工业产品和服务的不断创新而展开的，创新是工业发展的前提，工业经济的每一步发展都伴随着内容丰富、形式多样的创新活动，因此，工业创新自工业产生之日起就无处不在，但真正从理论上开始探讨工业创新问题是在 20 世纪初。1912 年，美籍奥地利经济学家约瑟夫·熊彼特(Joseph A. Schumpeter)在其出版的《经济发展理论》一书中首次提出了"创新"的概念，认为企业的"创新"，就是实现生产要素和生产条件的一种前所未有的新组合，并将这种新组合引入生产系统，或是建立一种新的"生产功能"。只有引入到生产实践中、并能对原有的生产体系和方式产生震荡效应的发现和发明活动才是"创新"。熊彼特所定义的创新活动实际上包括了五种基本形式：一是制造新的产品，即产品创新，创造消费者尚不熟知的产品，或者赋予已有产品一种新的特征和属性；二是采用新的生产方法，即生产工艺创新，在有关制造部门中使用尚未通过经验检验的方法，它还包括以新的商业方式来处理某种产品即一般而言的营销创新；三是开辟新市场，即某一制造部门进入以前不曾涉足的市场或者开辟出以前并不存在的市场新领域；四是获得新材料或供应源，不论这种来源是已经存在的还是第一次创造出来的；五是实现新的产业组织形态，如造成一种垄断地位或是打破一种垄断地位。企业围绕这五个方面展开的创新活动具有一个共同的特征，即强烈的利润动机和潜在的赢利前景。在企业创新活动中，必须区别发明与创新两个有密切联系的概念。熊彼特认为，发明

是一个技术概念，一种新的发明只有被运用到经济活动中去时，才是一种创新，企业家的职能就是把发明引入生产系统，创新是发明的第一次商业应用。熊彼特创新理论把商品经济中的企业竞争机制升华为企业创新机制，将企业家作为企业创新的主体，突出强调了企业家在运用新的技术、发明、理念创造新生产力的过程中的重要作用。英国经济学家弗雷曼（C. Freeman）提出了与熊彼特相似的创新理论，他指出的工业创新包括新产品的营销或新工艺第一次商业化应用所涉及的各种技术、设计、制造、管理和商业活动。归结起来，经济学家所指的工业创新活动涉及工业产品的生产、流通和交换诸环节，创新内容主要包括产品创新、技术创新、制度创新、组织创新、市场创新、服务创新等。

2.工业创新动力

创新是企业发展的动力，但创新活动本身也有一个动力源泉问题。企业之所以创新，主要源于以下激励因素：第一是市场的变化，它是企业创新的外部因素。市场的变化包括竞争的变化、需求的变化以及资本市场的变化。正如国外学者所描述的那样，当前企业的生存环境呈现出一种"超竞争"（hypercompetition）态势，变化不断加快，竞争日趋激烈，市场商情变化万千，优胜劣汰、适者生存的竞争规律挤占了企业每一个可以逃避的空间。这一切都要求企业必须不断地创新，开创新的需求、开拓新的市场，否则就会被无情地淘汰。需求的变化是市场变化的一个重要方面。市场是由需求和供给两方面造成的，企业作为市场中的供方，必须满足市场的需求。企业通过创新，一方面满足潜在的市场需求，另一方面满足市场的现实需求，各厂商为了争夺有限的市场，不断根据消费者的要求调整自己的战略，进行企业业务流程的重组，以适应不断变化的市场需求。资本市场的变化也能诱发管理创新。据调查，在各工业国中，美国的资本市场结构最适于诱发创新。一方面，美国的风险投资机制比较完善，有发展前途的高科技小型企业可以寻求风险投资基金的支持。硅谷的大部分高科技公司的发展在一定程度上归功于风险投资的支持。同时，资本市场的变化也为企业的扩张创造机会，企业可以通过股票交易的方式收购价值被低估的公司，直接实现低成本的扩张而不必依传统的内部积累。企业创新的第二个激励因素是内部资源的效率约束。企业的资源是有限的，如何创造性地利用有限的资源谋求企业的发展是每一个管理者都面临的问题，其中主要是成本问题。企业成本除了原材料、管理费用、制造费用、工人工资外，还包括质量成本、时间成本、货币时间价值等机会成本，不断降低成本是企业提高利润率的永恒主题。企业在成本约束和效率约束下，不得不进行一系列的生产工艺和管理方式的创新，当代企业竞争中涌现出来的许多新的管理方法都是企业的成本压力和效率压力逼出来的,反过来,这些创新活动又大大地降低了企业的成本,提高了企业的利润,如"适时管理"(just in time)就是为了减少库存、降低成本和提高效率提出来的新的管理理念,我国邯郸钢铁公司的"成本倒逼法"也是为了降低生产成本而提出的一种全新的生产管理方式。企业创新的第三个激励因素是科技发展的推动。现代科技的飞速发展使新产品的不断创新开发成为可能。与传统的产品和技术相比,高科技及其产品的生命周期更短,一种产品数十年不变地占领市场已经成为历史,黑白电视占领世界市场 20 年左右,代之而起的传统彩电不到几年时间就大量积压,超平面、大屏幕、数字化的彩电已成时尚,而当这种彩电在世界范围内方兴未艾时,重量轻、画面平、能耗省的等离子体彩电又开始悄悄地瞄准世界市场。科学技术及其产品长江后浪推前浪地不断创新,构成了企业生命的过程。另一方面,科技的发展也直接为企业创新提供了理论支持。如机器的使用加强了专业化的趋势,系统论和控制论的产生促进了现代管理理论的出现,信息技术的引入则直接改变了整个企业管理的模式,虚拟企业、柔性管理等新的经营模式使企业管理进入了一个全新的发展阶段。

(二)工业创新效应

工业创新有一种倍增效应,即对企业原有的生产能力、技术水平、竞争实力有巨大的提升和放大作用。创新使小企业不断成长,与此同时,墨守成规的大企业则不断衰落。据统计,上世纪 50 年代《财富》杂志的 500 家最大公司中有近一半在 90 年代已经消失,但仍有一些能够不断创新的巨人公司不但保住了自己的地位,而且还在激烈的竞争中有所发展,通用电气公司就是一例。通用电气公司的创始人是大发明家爱迪生,其产生之初就具有强烈的创新意识,在百多年间,通用电气公司一直走在企业创新的前列。1900 年,通用电气建立了自己的实验室,开创了大公司主导基础研究的历史,并与贝尔实验室一起成为美国最重要的发明基地。20 世纪 30 年代,通用电气公司创建了美国最早的公司大学——通用电气管理学院,并且首创了"工作淘汰制",定期将不同层次和部门的职员集中在一起,找出工作中的不足并淘汰不能胜任的雇员。五六十年代,它首创了"全面质量管理"(TQM)的概念,创造了新的质量管理模式。80 年代,在企业重组的浪潮中,它将在行业中不能领先的部门剥离出去,将经营重点放在能在市场上占主导地位的方向上。通用电气公司、德尔计算机公司由小至大、长盛不衰的秘诀在于创新,正是创新的倍增效应和放大效应使得许许多多不起眼的小企业在竞争中异军突起,倡导市场潮流。

二、城市工业创新的思路与对策

目前,我国的城市工业尤其是城市国有工业陷入重重困境之中,这是无可回避的事实,要使城市工业摆脱困境,实现重振,改革创新是唯一的出路。城市工业改革自上世纪 80 年代中期就已经开始,经过多年的探索,现已基本摸清问题的症结,改革将随着各项重大措施的出台而逐渐深入到攻坚阶段。在推动解决城市工业改革这一重大难题的过程中,要特别注意借鉴国际工业创新的成功经验,以宏观改革促微观创新,以微观创新促宏观改革,努力通过切实有效的改革创新举措使我国的城市工业企业的结构、效益、技术等诸多现实问题得到圆满解决,为我国工业制造业在新世纪的再次腾飞打下坚实的物质和技术基础。

（一）地区协调,产业协同

区域之间经济发展差距过大割裂了城市之间的经济联系,造成城市经济总体结构失调、发展后劲不足,严重影响到我国工业产业整体竞争能力的提高。为此国家宏观政策应在缩小城市工业差距、协调地区发展方面有所侧重。缩小差距首先要缩小区域城市之间经济发展的政策差距,加大向内地城市工业经济发展的投入,其具体内容包括:加速区域上的全方位开放,通过扩大中西部城市的开放程度带动广大中西部地区工业经济的发展。加快内地城市体制改革和市场经济的发展,寻找能把内地资源、人才和资金最大限度地诱发和动员起来搞工业的压力机制和诱导机制。在计划、金融、财政、税收等方面,应制定阻止区域不同城市之间差距扩大的政策。为建立中西部城市工业化进程,中央政府应该加大向中西部交通、通讯、市场建设等基础设施方面的投资。其次,强化市场经济,促进各地区、各城市之间依托比较优势发展工业,实现区域城市工业之间的合理分工。由于市场不完善,我国目前还存在不利于各区域城市合理分工的因素。要协调国家产业政策与区域政策之间的关系,减少政策之间的摩擦,鼓励中西部资源开采型城市向资源加工型城市转换;在改革主要农副产品购销体制,在中西部各级城市建立能够发挥资源优势的资源加工型工业及轻纺工业,东部沿海的此类工业可以逐步向中西部城市转移;要发挥各种成分的投资主体和下游部门投资主体的积极性,努力建立起跨地区的以产业联系为纽带的投资体制,协调东中西三类城市之间上下游工业部门之间的关系,促进三类城市工业的合理分工。再次,要加强内地城市与东部城市工业企业之间的联系,鼓励技术先进、实力雄厚的东部企业向中西部城市工业企业输出技术、资金和人才,建立起合理的业务分工合作联系、互利互惠,共同发展。

产业协同是指产业之间及产业内部行业之间的协调发展。城市工业产业协同的一个重要内容是处理好知识产业与工业产业发展的关系,努力利用知识经济提升工业制造的竞争力。工业经济是知识经济的必经阶段,针对目前我国经济发展所处的阶段,跨越工业经济时代将出现一系列经济和社会问题,但是,我们也不能仅仅停留于工业经济时代,面对世界经济的新环境,城市必须加快工业发展步伐,积极利用知识经济提升工业制造业的竞争能力,努力实现工业经济与知识经济的协调发展,为下一步迈进知识经济时代创造必要的资本、人才和技术条件。深化改革、加快制造业内部结构调整是城市工业产业协同的主要内容。结构升级是结构调整的重要任务,城市工业内部结构的调整要适应国际经济科技结构调整的潮流,加快技术创新和科技产业化、国际化。城市工业结构调整要推动城市之间和城市内部工业企业之间的兼并、重组和联合,努力促成一批市场前景好、技术潜力大的行业门类迅速发展壮大,而对于一些有公害、有污染的夕阳企业,则要通过兼并、转产、破产等手段逐步化解其存量资产甚至最终将其淘汰出局。此外,提高产业集中度,也是城市工业产业结构调整不可缺少的内容之一。要破除地方保护主义和部门保护主义,以经济利益为纽带,鼓励跨地区、跨行业的企业整合,倡导行业、企业适度集中,追求行业规模经济,提高城市基础设施的利用效率,努力解决我国城市工业布局小而全、大而全的低度重复问题。

(二)组织优化,管理优化

企业组织制度的优化是城市工业制度创新的重要内容。当前,城市工业组织制度的最大弊病在于,国有制(国有独资或国有控股企业)在城市工业中战线过长,介入行业过多,以至于国家投资分散,效益难以保障,产权模糊、政企不分、权钱交易等现象十分严重,大量国有资产沉淀下来仍难以盘活,为此,以国家行政控制为主的城市工业企业组织制度必须作出继续进行相应的改革和创新。当前,应该区别情况,对城市工业行业进行全面现代企业制度的深入改造。对于一般竞争性行业如饮料、食品、纺织、服装、家具、文体用品、化纤、塑料、非金属矿物制品业、金属制品业等,这些行业发展空间比较广阔,但影响范围十分有限,行业进入条件不高,技术含量相对较低,具有明显的劳动密集型特征。在市场经济条件下,尤其是在市场经济发展的初期,企业之间的竞争十分激烈,很容易陷入低水平过度竞争的窘境。对于这些行业中的国有制企业,要加大组织制度改造的力度,在保证国有资产尽可能不流失的前提下,通过引入其他资金或整体出售等多种形式,把大部分国有独资或国有控股企业改制为国有参股或非国有企业。对于那些由于种种原因不宜改制的企业,应稳步地全面推向市场,逐步削弱国家投资,利用市场竞争来决定其具体的企业组织形式和规模。

对于冶炼、机械、设备制造、医药、化工、石油加工等行业,由于其资金和技术密集型特点,进入门槛高,竞争性较强,国民经济中涉及范围广,影响程度深,在体制转轨时期仍保持国有制在其中的控制力很有必要,但从长远来看,这些企业迟早是要以非国有制为主,所以,这些行业的企业应该逐步降低国有资本占比。对于资源性行业、垄断性行业和某些特殊行业,由于其具有基础性、公共性、连续性和整个性等特点,国家必须保持绝对的控制力,为此,这部分行业企业的大部分应该保持国有独资有限责任公司形态,以国家为唯一的出资主体。

　　企业管理制度的优化是城市工业制度创新的核心内容。在现代企业制度成为城市工业普遍的组织制度时,建立完善的企业法人治理结构成为管理创新的主要内容。一是要明确厘清股东会、董事会、监事会和经理等企业组织机构各自的职责和权限,形成决策、执行和监督三个层面的企业治理架构。要切实保证董事会的集体决策权,防止出现董事长替代董事会的现象,真正做到集体决策。二是健全企业生产责任制,强化市场约束尤其是商品市场和资本市场的约束。要通过建立起包括测量系统、评价系统、反馈系统、激励系统相联系的考核机构评价体系,对企业经营人员进行严格的任职评估,以市场利润指标形成对经营人员的硬约束。三是强化企业的外部监督约束机制。借鉴德国"公司外董事会"监督机构的成功经验,我国城市大中型工业企业应该建立由企业主管部门代表,银行家代表,企业家代表,经济学家、律师、工人代表等组成的体系外的社会中介监督机构,可以防止行政主管部门直接的行政干预,还可以发挥企业与政府之间的协调和缓冲作用。四是积极探索改制条件下民主管理的有效形式。应针对权利股份化后的新特点,结合改革中"劳动股"的有效探索,努力通过内部持股组织开展民主管理。五是适时引入国内外先进的管理方式,积极提高企业的管理效益。目前,国内外出现的先进管理方式有柔性管理、适时管理和危机管理。柔性管理的核心是实现物质资源、人力资源、信息资源、结构资源和过程资源等企业资源的柔性运作,使企业的各种资源能够适应环境的快速变化,相互替代,相互支持,使企业的灵活性得到提高;适时管理主张生产线的各道工序只在必要的时间、按必要的数量生产必要的产品,以达到尽量减少库存、降低成本、提高效率的目的;危机管理通过平时大量的专业培训、组织学习、交流合作,提高员工面对危机的适应能力,以应付各种突变环境所进行的规划决策、动态调整等活动,其目的是将危机带来的损失降低到最低限度。

　　(三)企业自动,政府推动,集团带动

　　工业技术创新需要有完备高效的技术进步体制。适应社会主义市场经济体制和集约型经济增长方式的企业技术创新机制的标志是,企业技术管理体制

基本理顺,企业逐步成为技术进步的主体,技术市场基本形成并规范运行,产学研联合、科技与经济结合的机制基本形成,保障和支持企业技术进步的重要法规基本健全。为此,推动我国城市工业的技术创新须从以下三方面入手:

企业自动,建立健全企业技术进步的自我激励机制。当前,我国城市工业企业技术开发力度很不够,主要表现在大中城市中拥有技术开发机构的工业企业比重下降,平均每家企业拥有的开发机构个数也在逐渐降低,城市工业企业的技术开发经费支出占产品销售收入的比重下降。企业技术开发力度的减弱影响到工业企业的产品开发与市场竞争能力以及它们的生存与发展能力,并在整体上影响我国工业企业的技术水平与技术进步。要增强企业的科技开发能力,除了政府科技投入体制改革和技术引进策略优化等外部条件的改善外,建立健全企业科技投入的自我激励机制是根本途径。工业企业要真正确立起技术创新的观念,在企业技术创新问题上要有超前意识和忧患意识,努力处理好企业长远发展与眼前利益分配的关系;要教育职工激发其技术改造和技术创新的热情,通过内部股等方式筹集起专项资金用于企业长远技术开发;在年度企业留利中,要逐步增加公积金比例用于企业技术创新。各级企业要通过自加压力的舆论环境和增加投入的财务倾斜使企业确实成为科技投入的主体,力争使各个企业尤其是大中型企业都拥有一个以上的科技开发机构。此外,企业要加强对职工的培训,努力提高企业职工的技术水平和企业技术人员的数量比例;企业尤其是大中型企业要建立起流动、开放、竞争的用人机制,重用并善用各种人才,努力通过少数科技人才的创新活动带动企业创新的整体水平。

政府推动,充分发挥各级政府在企业技术进步中的引导作用。在城市工业技术进步中,政府的管理、协调、引导和服务功能十分重要,各级政府科技推动工作的主要内容有:一是科学制定规划,及时出台政策,加强研产学联合,促进高新技术产业化和工业结构优化升级。政府要制定有关鼓励措施,引导有实力的大企业与科研机构整建制地合并或渗透,充分调动和利用社会资源,利用现有基础,以大中型企业为重点,联合高校和科研单位建立一批高新技术成果的中试基地;建立计划与市场相结合的科技成果转化推广机制。二是制定或创制相关法规,培育发展技术市场,并规范技术市场的交易行为。城市一级的政府要特别注重培育国际技术市场,推进国外高新技术的引进消化和创新,要瞄准国际先进适用技术和设备,组织有关中介机构或专家进行详细考察,为企业提供技术市场的最新信息,必要时可以推荐或直接组织本市有关企业引进适用高新技术对传统产业领域进行改造。三是政府要切实加大科技投入,建立多层次、全方位的技术创新投入体系。各级政府的财政性科技投入应高于其他投入增长速度，鼓励和引导企业增加科技投资，使企业逐步成为技术创新的投资主体。政府在引导金融部门积极向企业创新业务倾斜，财政也要拿出一定资金用于科技风险投资。可以尝试由政府成立中小企业投资担保机构，重点扶持中小企业技术创新和技术改造工作。四是加强科教基础设施建设，加强人才培养。各级政府要切实改善科技人员的工作和生活条件，完善规范科技进步奖励制度，加大对技术创新的奖励力度，花大力气、花大本钱鼓励和吸引国内外、市内外科技人才。发达国家之所以能在科技研究和发展高新科技产业方面居于领先地位，是多年来发展教育、科技的结果，因此，各级政府必须立足于长远，提高对科技和教育的重视程度，把"科教兴国"百年大计落到实处。

集团带动，充分发挥企业集团在技术进步中的龙头作用。企业集团是以产权为纽带的多个企业联合体，由于其特殊的产权联系方式，企业集团在技术创新活动中比一般企业更具优势，从而也具有更为广泛的社会经济效应。首先，企业集团的技术创新活动有一种自催化效应。多法人的治理结构及其与市场环境的相互渗透作用在整体处于平衡状态的企业集团内部形成了一些非平衡的技术区域，企业集团的经济组织形式以其独具特色的制度优势为技术创新营造了适宜的生成环境，对于内部的技术创新成果和外部的技术竞争，企业集团可以凭借自身在资金、技术、管理、市场、营销渠道、商标等无形资产方面的优势，调集充足的资源对市场前景广阔的创新项目给予支持，而灵活的产权机制也使企业集团能够及时出售成熟的技术企业，增加对创新企业的资本投入，提高他们在集团中的地位，使具有巨大市场潜力的创新项目成为集团新的核心业务，这时，企业集团将进入一个新的技术轨道，自动完成企业蜕变过程，顺利实现产业结构调整和产业升级。其次，企业集团的技术创新活动扩散成本低、收益范围广。以产权为主要联结纽带的企业集团有效地清除了技术交易过程中的各种障碍，尤其在具有环形持股或交叉持股结构的企业集团内部，股权的高度内部化会使成员企业采用新技术所产生的经营收益和资本增值收益转化为企业集团的巨额股权收益，从而使集团内部的技术具有一种公共物品的特征，扩大了技术应用范围，降低了技术扩散成本，增加了社会福利。企业集团还可以通过多角化经营、国际化经营和纵向一体化生产体系将集团创新技术推广到极为广阔的市场领域。第三，企业集团的技术创新可以降低风险。技术创新活动的时滞、不确定性和巨额投入使创新过程自始至终都充满了风险，但企业集团可以采用组合投资策略，同时对多个技术创新项目进行风险投资，用成功项目的收益来抵消失败项目的投资损失，以获得整体投资收益的最大化和投资风险的最小化。一般来说，超过 10 个项目的投资组合可以有效回避技术创新的投资风险,这样大规模的组合投资单个企业几无可能。第四,企业集团的技术创新活动具有一种技术导向效应。当一个主导技术确定了技术系统中的核心地位后,技术创新活动将表现出强烈的路径依赖。在技术扩散远程中,企业集团可以凭借自身在资金、技术和管理等方面的雄厚实力,利用经济系统内部技术扩散过程之先发优势迅速垄断一些新技术领域,并将技术发展引入对自己有利的技术轨道,这时候,集团在客观上发挥了一种技术导向作用,引导和规范了同行业的其他企业的进一步创新行为。第五,企业集团的技术创新活动具有显著的协同整合效应。现代科技使产品及其生产过程的复杂程度达到了一个空前的水平,它使每一个专业生产企业的创新活动都无法与集团内部其他创新者完全割裂开来,在不同程度上受到互补技术的制约。企业集团内部的专业化分工促进了集团技术创新的协同与联合,通过对集团总部所属的研究开发机构创新活动进行规划和管理,可以减少不必要的重复或近似重复的研究开发活动,集团的联合开发使技术开发成本大大降低。

由上可知企业集团由于其特殊的组织形式,其技术创新活动有着一般企业无可替代的社会经济效应,为此,以企业集团为龙头推进我国城市工业的技术创新是必然的选择。由于政府"抓大放小"战略的实施,我国各大中城市都出现了一批规模不等的企业集团,各级政府应该推行工业创新的系统工程,每年选取几家企业集团重点推进,借鉴海尔集团建立博士后流动站的做法,重点抓好企业集团建立技术开发中心的工作,努力通过企业集团技术创新的示范效应带动工业创新的整体水平。

第八章 现代城市服务业

　　服务产业包罗万象,在当今社会,任何经济活动和社会活动都离不开服务领域,发展服务产业已是当今世界面临的共同课题。社会的发展和进步,不仅需要生产的专业化,也需要服务活动的专业化,特别是在人类经济发展进入后工业阶段的时候,通过第三产业的发展来推动城市经济的发展,已成为经济发展的基本特征,在发展态势上,作为第三产业的服务产业正处一个方兴未艾的旺盛时期。

第一节　城市服务业概述

一、服务业与城市发展

（一）服务产业的形成过程

　　服务业是第三产业的同义语,其涉及的领域十分广泛,内容也十分庞杂。城市服务业主要包括商业流通业、金融业、房地产业、公共事业等面向消费者和生产者提供有形服务产品和无形服务产品的行业。城市第三产业是在人类社会分工发展的基础上随着城市发展的历史而逐渐形成的。在城市形成的初期阶段即农业型城市阶段,手工业生产的规模不大,手工业者与农业和农村的联系十分紧密,手工业劳动者可以同时参与农业劳动或者与农业劳动者之间进行直接的商品交换,因此,城市经济活动对商业及其他服务活动的需求不大,这时候的城市服务业很不发达。随着工业化进程的加快及工业生产规模化和专业化程度的提高,城市化的步伐日益加快,城市的规模和数量急剧膨胀,城市及城市居民与农村及农业活动日益隔绝,非农经济占据了城市经济的主导地位,城市作为工业生产活动的集中地和非农人口消费活动的集中地的属性日益明显。生产和消费规模的扩大产生了各式各样的生产服务需求和生活服务需求,以商业和流通业为主、为城市工业生产和生活消费提供各类服务的城市服务产业随之日益发达起来。到了后工业化后期阶段,工业制造业和农业产业对城市经济的贡献率越来越小,城市第三产业作为经济增长的骨干地位日益明显。

(二)服务业的发展演化

城市服务业的发展是社会分工的产物,同时也是社会分工发达程度的标志。在工业化和城市化阶段,城市服务业是作为一个服务和配套的行业而发展的,对城市工业具有很强的依赖性;而当城市发展进入工业化后期阶段时,城市服务业开始作为一个独立的第三产业走上自我发展的高级阶段,这表现为城市服务业由自发发展状态走向第三产业的自觉发展状态,它最直接地体现在城市服务业内容的演变和深化过程之中。在城市发展的初期,服务业的内容仅仅包括衣、食、住、行等简单的商业流通活动。随着城市工业的发展,为生产服务的广告、运输、批发、零售、金融、房地产等活动日益增多,与此同时,为生活消费服务的活动内容也因为人们生活消费需求的不断提高而日益丰富,旅游、文化、娱乐等内容都纷纷出现于服务行业领域中。随着城市生产需求和生活需求的不断细化,服务行业的内容每天都在翻新,它成为一个包罗万象的产业;以至于第三产业或服务产业在国民经济统计上成为一个产业划分的“大筐”,除了传统农业和工业制造业之外的所有经济活动都被称为第三产业或服务产业,只要不宜归于农业或工业制造业的行业门类,在统计上都归入服务产业的“大筐”之中,甚至于政府、警察、军队等国家机关也被归入这个内容繁杂的“产业筐”之中。

作为第三产业的服务业,其演化的趋势是第四产业和第五产业等后续产业的独立化。第三产业是一个动态的历史的概念,其庞杂的行业经济内容并具有同一产业的特征,它是一个暂时的过程。随着知识经济时代的来临,第三产业在不断发展和深化,其中以无形的智力投入为主形成的特殊服务行业如信息产业和文化产业等,因其特殊的渗透性和自我增值性,与传统的有形服务产业产生日益强烈的离心趋向,其作为一个后续产业的独立特征也日益增强,因此,第三产业在发展深化的基础上孕育着第四产业(信息产业)和第五产业(文化产业)的因子。在上世纪90年代,随着计算机产业和通讯产业在国民经济活动中支柱地位的确立,信息产业因为其对整个经济巨大的提升和渗透功能而显示出其作为一个独立产业的鲜明特征,在不少发达国家,信息产业独立于传统服务产业而作为新兴的第四产业已经得到了理论界和实业界人士的广泛认同。信息产业是知识经济的初级形态,在信息产业高度发达的基础之上,知识经济进入一个崭新的阶段,教育、科研、文艺、媒介等文化活动的产业潜力被日益发达的信息技术全面激活,以高智力投入、高增值为特征的文化产业脱离传统的服务产业而独立成为第五产业也是大势所趋。次产业是一个经济历史的概念,新产业会无止境地次第兴起,因此,随着经济发展的不断深化,第三产业中的许多

无形服务部分都将独立出来成为新的产业,如信息产业和文化产业等。

二、服务业与城市功能

（一）服务产业与城市经济功能

城市是政治、经济、文化集中的空间,具有多元化的功能,但城市首先是地域经济活动的集中地,经济功能是城市的基本功能。服务产业同城市经济的发展密切相关,影响和制约着城市经济的实力,对于城市经济功能的发挥有着重要的作用。首先,服务产业的发展影响城市发展的走向和后劲。对服务产业来说,尽管多数领域并不能直接地创造出物质产品,但发达的服务产业却可以为物质生产创造充分的条件,影响和制约着物质生产领域的发展,从而影响整个城市经济发展的走向和后劲。其次,城市经济整体功能的发挥深受服务产业的影响和制约。城市经济是一个系统,合理的产业结构会产生出巨大的系统效益,服务产业作为第三产业是城市整体功能发挥的重要条件,落后的城市服务产业会严重影响其他产业经济活动的质量和效率,进而影响城市的整体经济功能。第三,服务产业的比重制约着城市的经济结构。服务产业所占的比重,不仅直接影响产业结构的关系,而且也成为衡量产业结构合理化程度以及高度化程度的直观尺度。多年来,国外发达国家服务产业一般都占到 GDP 的 60％以上,而我国服务产业的比重近些年来平均在 35％左右,这一反差在许多国际经济统计表中直接成为我国经济发展水平落后的标志。第四,城市经济流通和经济辐射功能的发挥离不开发达的服务产业。城市经济具有集聚性和开放性特征,在内部经济流通的基础上,城市经济还需通过发达的流通网络使商品、技术和信息向四周广大的农村地域辐射,这是城市经济发挥中心作用和带动作用的前提。城市的聚集度和辐射面与城市服务业尤其是商业流通服务的发达程度成正比。现代城市无论规模大小,其集聚、流通和辐射的功能都是存在的,但在辐射面和集聚度方面却有很大的差别,一个决定性的因素就是城市服务产业的发展程度不同,城市的流通效率有很大的差异。总之,服务产业是城市经济功能存在和发展的重要基础,它是城市经济运行在空间上的延伸和展开,并因此而成为城市经济发展水平的重要标尺。

（二）服务业与城市政治功能

城市具有很强的政治功能,这是由国家政权机关在城市集结并集中发挥对城市及周围广大地域的社会管理职能决定的。城市服务产业的发展对于城市社会管理机关发挥管理职能有着十分重要的意义。首先,庞大的统治人群需要有发达完善的服务产品维持基本存续。集结在城市内庞大的统治机关和统治人群是非生产性的机构和人群，它们大多不能提供直接可用于交换的商品或服务，因而是一个具有特殊社会身份的消费性人群，它们形成了对生活消费品和生活服务较为集中的需求，并且是娱乐、自尊、成就等较高层次社会服务需求的集中代表，如果没有较为完善的服务产业提供足够的品位和规模的服务产品，统治人群的基本存续就会出现问题，政治功能的有效发挥也受到影响。其次，国家机关提供的服务需要借助一般的服务行业行为得以最大限度地实现。现代政府的服务职能是其政治职能的必要延伸，是为保证政府政治职能的实现而衍生出来的，在西方国家，政府行为本身就归入服务产业的行业门类之中。随着社会民主政治的进步，现代政治过程体现为一种"取信于民"的服务过程，在不触犯统治阶级根本利益的前提下，政府的政治职能行为更多地转向引导、协调和服务等温和形式。现代政府日益强烈的服务趋向与其他服务行业行为之间具有很强的渗透性，引导、协调和服务等职能行为都不是由政府本身来完成的，它必须借助于大量社会中介机构及其服务行业才能实现，而这一切都是由服务产业提供的必不可少的服务内容来保证的。

（三）服务业与城市文化功能

城市具有很强的文化功能是由于文化机构及文化人群在城市的集结以及文化生产、传播活动在城市的集中形成的。服务产业在文化功能的完善和发挥中具有特殊的作用。在文化发展的初级阶段，文化功能主要体现为一种政治功能，文化活动也主要是作为社会少数统治阶层的政治工具而存在的。随着社会的进步，文化内在的经济功能和社会服务功能被激发出来，文化行为中的很大一部分内容融入到为城市生产和生活需求而服务的服务行业行为之中。从另一方面讲，文化活动也只有在融入以大众化的城市生产和生活服务为取向的服务产业之中时，文化功能的真正内涵即经济功能和社会功能才得以全面凸显和充分发挥。文化融入服务产业是文化经济功能觉醒的开始，也是文化的产业意识觉醒的开始。文化产业化是以经济活动中文化含量的增加以及文化活动中经济取向的增强为标志的，这一进程直观地体现为文化服务行为对产业的渗透，也就是说，文化的产业化过程主要是以服务产业为载体进行的，文化服务业为文化产业提供了最初级的存在形式，也为文化产业自觉为独立的第五产业奠定了必要的社会物质基础，因此可以说，正是社会化、大众化的服务产业激发了文化活动的内在潜能，并使文化活动逐渐走向产业化的道路。服务产业成为文化功能全面觉醒和文化潜力充分释放的触发器。

随着现代大中城市制造业相对衰弱和第三产业的兴起，大中城市生产对象

已从有形产品变为无形产品,即从生产分配工业产品转变为生产分配知识、技术和人才。未来的大城市是技术创造中心,它的功能是决策管理和经营技术,是医疗中心、大学、研究中心、信息咨询和国际经济服务的根据地,这使城市的功能发生了变化,即由传统的生产功能成为组织管理中心、文化中心、高水平的服务和优雅环境的提供者,要完成这一功能的转变,服务产业在其中起着决定性的作用。

三、服务业与城市形象

(一)服务业与城市生活环境

现代城市的发展越来越注重城市的生活环境和生活质量,而城市生活环境恶化所引发的垃圾、污染、拥挤等城市问题和社会问题已经使人们对城市生活质量普遍丧失信心,而要使这一切有所改变,必须依靠发达完善的城市服务产业。城市生活质量是由于经济、环境和文化等社会指标综合评估得出的评判,城市生活环境与城市居民日常生活的衣食住行密切相关,它是城市生活质量中的直接而重要的影响因素,城市生活环境的改善与经济水平的提高并不经常一致。在现实生活中,有许多城市经济十分发达,但在人文环境和生活环境方面发展却不能与之同步,以至于人们常常得出某某城市只适于赚钱而不适于居住的结论;相反,一些经济并不十分发达的城市,因为其优美的城市风景、和谐的人际关系、便捷轻松的生活氛围而赢得了"生活型城市"的美称。城市生活环境的改善是一个复杂的系统工程,它需要有大规模的工程建设,但更多的是需要内容繁杂、细致入微的生活服务行为。在城市生活中,社会成员离不开服务产业,它不仅保证人们生存的基本需要,而且可以满足不同层次人们的物质和文化的需要。服务产业由于其活动范围的特殊性与城市的生活环境紧密相连,这使得服务产业的发展程度直接影响城市的生活环境,而在城市生活环境的改善过程中,服务产业也必须发挥主力军的作用。城市的旅游环境也同样受到其他服务业的严重影响。旅游业是现代服务产业的重要组成部分,同时,旅游业的发展还需要一系列相关服务行业的配套,从而形成城市的旅游环境。旅游环境并不是一成不变的,在现有的历史文化资源和自然风景资源的基础上,通过大力引进现代高新科技、拓展经营思路发展各具特色和有文化创意的服务行业,就可以创造出更多的现代人文旅游资源,并可借助这一资源去带动城市旅游经济以至整个城市经济的发展。

在人类经济进入后工业时代的时候,工业布局出现一种逆城市化的现象,城市作为工业化生产基地的功能日益衰减,代之而起的是科技、商贸、金融为主的轻型综合型城市,城市的生活功能日益增强,在这种趋势下,对城市生活环境的重视程度会日渐超过对生产效益的关注。近年来,许多国家兴起了规模浩大的"花园城市"运动,反映出现代都市人对城市生活环境的关注,良好的生活环境是现代城市的巨大财富,它可以提高城市的整体形象,扩大城市的知名度和影响力,甚至可以由此形成一个城市独有的特色,成为一个城市无穷的财富。城市服务产业因其在城市生活环境营造方面的特殊作用而面临着巨大的发展机遇。

(二)服务业与城市投资环境

投资环境是一个集合概念,它包括了一切与投资行为有关的条件,良好的投资环境对于吸引外来投资有十分重要的意义。有许多城市,为了吸引外资规定了许多优惠措施,也修建了不少的楼堂馆所和基本设施等硬件设施,但由于管理、服务等无形建设未能及时跟上,并未能收到"筑巢引凤"的预期效果。城市服务产业的发展对城市投资环境的形成有重要的影响,表现在:第一,城市服务产业影响对投资的吸引力。良好的城市基础设施、方便的交通通讯、优雅的生活环境、高质量的配套服务,对投资者将产生巨大吸引力,相反,如果管理、服务等"软环境"不佳,即使有其他硬件优势,在选择竞争中也会处于不利的地位。第二,城市服务产业水平影响投资的数量。外来投资数量的确定,同投资环境有很大关系,在全面开放的今天,优惠政策本身的吸引度会日益降低,而市场潜力和无形的服务和管理所起的作用则越来越大。我国沿海城市的外来投资之所以大大高于内地,除了政策方面的差异之外,在服务产业发展水平上的差别是一个重要原因。第三,城市服务产业影响投资结构和走向。良好的、完善的服务产业可以降低投资成本,提高投资的使用效益,促使投资结构的优化,并有利于加强对投资的引导,使其同城市的整体战略更好地结合起来。因此,发展城市服务产业不仅仅是完善城市的服务功能,服务产业本身就是财富和效益。此外,服务产业足够的发展程度还是城市和地区经济国际化的前提。开放型的现代经济具有明显的国际化倾向,一国或一城经济走向国际化是必然的趋势,而国际化的发展与服务产业的发展是紧密相连的,没有服务产业的高度发展,参与国际化难以想象的。服务产业是一个世界性的课题,其发展和运行有着通行的国际性规则,只有按其规则发展,才能与国际市场接轨,才能稳步走向世界。

城市形象是城市的无形财富,要想留住人才、吸收投资,城市必须具备有优美的自然环境、发达的商业服务网络、便捷的交通通讯、安全稳定的社会秩序和奋发向上的城市文化,形成舒适的人居环境,而这一切的取得时时处处都离不开城市形象的生力军。

第二节　城市金融产业

一、城市金融发展

(一)城市金融与城市经济

现代城市的经济运行是物质运动和价值运动的高度统一。城市经济的价值运动表现为一种符号即货币的运动,城市金融业就是以货币运动为经营业务的行业,具体包括了货币流通和回笼、存款的吸收和提取、贷款的发放和回收、投资资金的筹集等一切与货币流通有关的业务。

在现代城市经济的发展中,城市金融业的发展发挥着巨大的作用。表现在:一是促进社会积累转化为社会投资,推动城市经济不断发展。社会的进步、再生产的进行必须建立在既有积累的基础之上,但是,仅有积累还是不够,还必须运用有效的经济机制及时将社会积累转化为社会投资,而城市金融制度所提供的正是一种将社会积累转化为投资的经济机制。城市金融机构通过存款和储蓄业务将广大城市居民和团体的闲散资金吸纳成规模资金,并通过贷款和投资等业务操作及时将储蓄转化为投资以满足社会扩大再生产的需要。二是加速经济资源的流通,提高经济资源的配置效率。实物的计划配置受到时间、空间、信息等多重因素的影响,资源配置的效率极其低下;以市场化为基本特征的城市金融业在信息、技术和机制方面具有计划配置无可比拟的优越性,它能够敏锐地把握市场供求状况,及时调节资金余缺,通过资金融通将经济资源以电子运动的速度配置到最能发挥效率的地方去,从而使城市经济运行效率得以大大提高。三是调控城市中观经济运行,熨平城市经济波动。货币政策是市场经济条件下国家和地区开展经济调控的主要手段之一。金融手段可以促进产业结构和产品结构的调整,对产品有市场、经营管理好、经济效益高的企业给予更多的筹资便利,有助其滚动发展;对于不符合国家产业政策的企业,可以通过金融紧缩断绝其资金来路,推动企业发展的优胜劣汰,从而有力地配合国家产业结构调整战略的实施。另一方面,城市经济运行在中观形态上表现宏观经济的景气状态,国家针对宏观经济景气状态实施货币调控政策,其最终实现也必然要通过中观形态的城市金融机构和城市经济运行来落实,高利率的城市金融业对于落实国家货币调控政策、平抑中观形态的城市经济波动具有重要作用。

（二）城市金融的改革发展

新中国成立后，在没收官僚资本银行、改造民族资本私人钱庄的基础上建立了中国人民银行及农村信用合作社，标志着新中国金融体制的确立。但是，在长期的计划经济体制下，中国人民银行身兼数职，高度集中信贷业务，统存统贷，信贷资金运营的范围十分狭窄，银行实际上成为国家财政的钱袋子，"钱随物走"、"钱随计划走"，城市金融业主要是实施国家经济计划的转账支付中心，基本上没有正常的金融业务活动。改革开放以来，城市金融改革的步伐不断加快，我国的城市金融体系已经初步形成，表现在：

城市金融机构走向多元化。目前，我国已经形成了以中国人民银行为核心，商业银行和政策性银行为主体，各种金融机构并存，分业经营，相互合作的格局。在一些大中型城市，既有中国人民银行的分支行，也有中国银行、建设银行、农业银行、工商银行等商业银行的分行，还有国家开发银行、农业发展银行、进出口银行等政策性银行的分支机构。交通银行、中信实业银行、中国光大银行、深圳发展银行等全国性的股份制商业银行的分支机构也不时进驻。除银行机构外，保险公司、小额贷款公司、租赁公司、财务公司、证券公司、基金公司、信托投资公司等各类非银行金融机构也大量出现在城市中。

城市金融工具走向现代化。改革以来，城市金融业务工具和金融技术工具不断翻新，至今已经形成具有现代水平的金融信用体系。目前，我国货币市场的金融业务工具有商业票据、短期公债、银行承兑汇票、可转让大额定期存单、回购协议等，资本市场的金融业务工具有股票、公司债券及中长期公债等。由于金融业的发展，城市金融市场体系初步形成，货币市场、资本市场、外汇市场、黄金市场等金融市场交易活动十分活跃。与此同时，我国金融技术工具也取得长足进步，信用卡和电子转账等新型支付工具被广泛应用。

城市金融市场走向规范化。金融立法取得重大成就，《中国人民银行法》、《商业银行法》、《保险法》、《票据法》、《证券法》等金融行业法律相继颁布实施，标志着我国金融法律体系基本框架已经形成，中央银行的金融监管水平也逐步提高，金融秩序进一步好转。

二、城市金融创新

（一）城市金融创新的动力

金融创新是指金融领域内部通过各种要素的重新组合和创造性变革所创造或引进的新事物。城市金融创新是指城市金融业为适应经济不断发展的需要而对金融机构设置、金融业务品种、金融工具及金融制度安排所进行的创造性变革和开发活动。城市金融创新的主体是城市业务机和城市管理机构,它们是金融创新活动的策划者、发动者和维护者。城市金融创新的本质是金融业的创造性变革和开发行为,它可以为宏观层次的金融改革和深化创造条件或提供经验。

外部竞争是城市金融创新的内在动力。从上世纪 50 年代开始,西方金融领域出现了一系列重大而引人注目的新事物,广泛采用的新技术不断形成新市场,层出不穷的新工具、新交易和新服务浪潮般地冲击着金融领域。金融创新革新了传统的金融业务活动,模糊了各类金融机构之间的界限,改变了金融业的结构和总量,大大加剧了金融业的竞争,给世界金融业带来了全面而深刻的变化。近年来,随着信息技术的发展,金融创新出现新的趋势,网络金融蓬勃发展,虚拟银行已成为现实。1995 年以来,发达国家和地区的银行纷纷上网,从自动提款机到无人银行和电话银行、银行业的自动化技术不断翻新,金融界掀起一阵阵网络银行的风潮。在美国,目前已有 400 家金融机构推出了网络业务。特别值得注意的是,1995 年 10 月,美国诞生了安全第一网络银行,这是第一家虚拟银行,没有地址,只有网址,营业厅就是电脑屏幕主页画面,所有交易都在互联网络上进行,员工一共只有 10 人,成立一年之后的交易额就达 1.4 亿美元。虚拟银行的出现给金融业带来了新的机遇,也充满了挑战,如何在新的信息网络技术上实现金融领域的业务创新在考验着所有的传统银行。面对世界金融业高潮迭起的创新浪潮,我国的城市各类金融机构只有奋起直追,大胆变革,不断在金融制度、金融工具和金融服务方面推陈出新,才能立于不败之地。

(二)城市金融创新的内容

借鉴国际金融创新经验,结合我国金融发展实际,城市金融创新的主要内容包括:

1.城市金融业务创新

城市金融的传统业务包括负债、资产、中间业务三大类。目前,具有代表性的银行负债业务创新类型有:大额可转让定期存单(CDS)、可转让支付命令账户(NOW)、自动转账服务(ATS)、货币市场存款账户(MMDA)、协定账户(NA)、清扫账户(sweep account)、股金汇票账户(SDA)、个人退休金账户(I-RAs)、货币市场存单(MMC)等。比较流行的银行资产业务创新形式有:消费信贷(一次性偿还、分期偿还)、住宅放款(固定利率抵押放款、可调整的抵押放款)、银团贷款(期限贷款、循环信贷)、平行贷款、分享股权贷款、组合性贷款(MCF)等。比较典型的银行中间业务创新形式有:证券投资信托、动产和不动产信托、公益信托、养老信托、货币债权信托、还有集贸易与金融为一体的租赁业务,包括金融性租赁、经营性租赁、杠杆性租赁、双重租赁等。清算业务是中间业务的一部分,在传统的支票、信用卡等工具和票据、联行清算等手段的基础上,新的形式不断涌现,如零售信用卡、银行系统信用卡、借方信用卡、存储信用卡及电子转账结算系统、国际资金调拨系统等。目前,我国城市金融机构的负债业务比较发达,形成了较为完备的居民储种系列,居民储蓄存款的规模也越来越大,但在主动负债业务方面略有不足;在资产业务方面,创新不够,实际应用的贷款种类偏少。贷款中风险资产较多,资产使用效益不高;在中间业务方面,许多与国际接轨的金融形式没有得到有效的推广,一定程度上影响了我国金融业务的整体水平。

2. 城市金融市场创新

城市金融市场可以分成不同的类型:按交易的对象分,可以分为资金市场、外汇市场、黄金市场;按交易偿还期分,可以分为货币市场(一年之内)、资本市场(一年之上);按交易方式分,可以分为直接金融市场、间接金融市场;按交易功能分,可以分为资金发行市场(筹集和创造资金)、资金流通市场(资金分配和流通);按交割期限分,可以分为现货市场、期货市场。通常所指的金融市场是指货币市场和资本市场。金融市场创新主要是指在货币市场和资本市场的交易方式和交易工具方面的创新。前者主要有同业拆借、票据贴现、银行短期贷款、短期证券以及后来出现的多种货币贷款、背对背贷款(B—B—L)、浮动利率债券(FRN)、票据发行便利(NIFs)、远期利率协议(FRAs)等交易方式和工具;后者主要有银行中长期贷款、债券、股票及随后兴起的远期合约、期货合约、互换期权、商品派生债券、指数货币期权凭证、弹性远期合约等的交易工具和方式。由于我国城市之间的经济水平差别较大,各个城市在金融市场工具创新方面的水平很不一样,上海、深圳、广州等东南沿海的发达城市在金融市场的工具创新方面走在全国前列,许多国际流行的金融工具已经投入使用。

3. 城市金融制度创新

就中观形态的城市而言,金融制度一般包括金融组织制度和金融监管制度。城市金融制度的创新主要表现在新的金融组织不断出现及新的金融监管措施和法规不断出台。城市金融组织创新首先表现在非银行的金融机构迅速崛起,保险公司、养老基金、住宅金融机构、金融公司、信用合作社、投资基金、邮政金融机构等新的金融组织形式不断出现在城市经济生活中。此外,跨国性银行机构的急剧发展、综合性银行的不断出现以及银行本身的同质化趋势,都是城市金融业在适应经济发展中出现的组织创新趋势。城市金融监管制度受制于一个国家的宏观金融监管制度,但也可以根据本城市的具体情况创造出更为有效的金融监管制度。受利率自由化、银行业务综合化和同质化、金融市场的自由化和国际化的影响,以行政手段为主的金融管制逐步松动,代之而起的是结合市场手段和中介手段的金融监管制度。随着新的金融工具的不断出现,新的金融风险也不断产生,客观上呼唤着金融监管制度适应金融创新业务的发展,实现自身内容的不断创新,并在此基础上与国际金融监管接轨或合作,共同防范宏观金融风险。

三、城市金融创新的对策

总体来说,我国金融创新的整体水平与国际金融创新水平相差很大,吸纳性创新多、原创性创新少、负债类业务创新多、资产类业务创新少。制约我国金融创新水平提高的原因有:创新主体缺位、创新动机偏差、创新环境缺乏以及金融创新所依赖的技术支撑力量薄弱等。其中,金融创新主体缺位是制约我国金融创新水平的关键因素。国家在金融监管方面基本上是"一刀切"的政策,统一管制,较少注意到地区经济条件和金融环境的个性差异,导致各个地区(城市)的创新动力不足。针对这种现状,应以重塑金融创新主体为先,通过制定有效的、有区别的鼓励和引导措施促进我国不同经济地区和不同经济主体的金融创新活动。

确立以城市尤其是沿海发达的大中城市为金融创新的主体,这是适合我国国情的金融创新之路。我国的市场经济发展首先在经济特区和沿海城市开始,特区和沿海城市率先打破传统体制束缚,金融管制相对较松,金融市场比较活跃,金融市场竞争适度,国际金融活动往来比较频繁,这些都为沿海城市的金融创新提供了良好的外部环境。沿海地区在我国改革中充当开路先锋的角色,先富起来的经济条件和滚动发展的动机使金融机构有了创新投入的物质基础和利益冲动,因此,我国金融业务和金融工具的创新可以而且也应该首先在沿海经济特区和发达城市产生,然后再逐步推广。要根据沿海经济发展的实际,鼓励和引导相结合,给予沿海经济特区和发达城市更多金融自主权,通过各种有效的激励措施促使沿海发达城市成为我国金融创新的开路先锋,并借此带动我国整体金融创新水平。

四、城市金融风险的防范

金融风险是指资金运作过程发生损失的可能性,城市金融风险是指城市货币资金在城市内或城市之间的筹集和运用中发生损失的可能性,它本质上是一种区域性的中观金融风险,具体表现为城市金融机构的信用风险、利率风险、汇率风险、金融风潮等。从理论上讲:只要存在着货币资金运动,发生金融风险的可能性就会存在。作为一种中观形态的金融风险,城市金融风险的成因更为复杂,它可能是城市微观金融风险的共振和放大,也可能是国内外宏观金融风险的分解和缩影。

国内外宏观经济风险在城市区域范围的具体化形成城市金融风险。在当代经济一体化的条件下,城市金融业务早已冲出城市范围走向全国甚至走向世界,城市货币资本与城市外部经济活动的联系日益密切,它在给城市经济带来活力的同时,也使城市经济运行对外部经济形势的依赖性增大,外部金融风险的传递也变得更为迅猛,城市和企业所负担的义务和承担的风险逐渐加大。城市外部的宏观金融风险有:一是国际政治经济大环境产生的金融风险。国际经济中贸易赤字的不确定性、石油和非石油初级产品价格的不确定性、汇率变动的不确定性以及国际债务的不确定性,是引发各种金融风险的导火索。例如,由泰国泰铢贬值引发的亚洲金融危机,一个月内迅速波及亚洲十余个国家无数城市的金融业务,并进而引发了全球性一定时期内的金融动荡和经济萧条。此外,在政治方面,一国政治形势的动荡也会影响某一特定国家的债权损失,由此引发连锁反应,也会影响到世界金融的稳定。二是国内宏观经济形势产生的金融风险。由于国家宏观经济政策的失误,投资规模过大,财政赤字过大,全国性通货膨胀的兴起等,都会造成城市经济运行的外部金融风险。城市金融活动直接表现为货币资金在城市之内或城市之间的筹集和运用,外部宏观金融风险正是借助城市货币资金的外向运动而迅速传导进城市金融体系之中并立即对城市经济运行形成影响。

城市微观经济主体的金融风险行为共振和放大成为城市金融风险。在现代经济生活中,资金是经济活动的"第一推动力",任何经济主体行为都离不开资金的筹集或运用。城市居民、企业和城市政府部门是微观金融活动的主体,由于现代经济生活中的种种不确定性因素,他们的金融行为中隐藏着种种资金损失的可能性,它主要包括两类:一是个人投资风险。随着储蓄的增多、可供选择的金融工具日益丰富,家庭理财出现多种可能性,由于业务知识、文化水平不同,风险的偏好也不相同,不同的理财方式会产生程度不同的微观金融风险,而最终发生在他们身上的金融损失也不相同。二是企业金融风险。企业在筹集和运用资金的过程中所涉及的风险,都是企业金融风险。企业是城市经济活动的主体:经济联系广,个体行为的社会波及面大,因此,企业金融风险具有很强的连带效应,这使它成为城市金融风险的主体构成部分。一般来说,分散的、单个的城市微观金融风险不会影响到城市整体金融运行，但是，由于个体行为之间的从众效应以及经济主体行为之间的关联效应，现代金融生活中的微观金融风险有一种潜在的共振和放大机制，但在某些社会因素的综合作用下，城市微观金融风险可能共振放大为影响城市经济运行的城市金融风险。

以上提到的都是城市金融的"内生性"风险，即由金融体系内正常业务本身所决定的无法消除的风险。城市金融风险还有一个重要来源，那就是"外生性"风险，即由城市金融体系正常业务之外的灰黑色金融行为所产生的金融风险。灰黑色金融行为是指不为政府监督控制、不为各类统计报表所反映、也不纳税的金融活动，即隐蔽的，不公开的黑幕金融行为。"灰色"是指一些尚未取得合法生存、发展的资格但又无明确法律法规加以禁止的金融活动，如非正规的期货交易、私自大量买卖外汇和经营金银饰、倒卖国库券、私自集资、擅自发行内部股票、私自拆借等。"黑色"是指完全违背现有法规的金融活动，如消费性高利贷、公款放高利贷、骗取银行贷款放高利贷、地下银行诈骗、诈骗性炒汇、套汇、逃汇、黄金走私、金银品诈骗、盗采金银矿、公款炒股、贷款炒股、场外交易、联手操作、炒卖认购证、买卖假币、利用假汇票和信用证套取资金、贷款回扣、炒白条等。稳定的金融秩序要由稳定的货币政策来保证，而灰黑色金融活动游离于市场和行政两类手段之外，它使得货币当局采取的货币政策得到反向力量的抵消，货币政策效果不能到位，金融市场变化的无序性加剧，从而很容易酿成城市金融风潮，影响社会秩序的稳定。因此，城市微观经济主体的灰黑色金融行为是城市金融风险的巨大风险源。

虽然，城市金融风险由可能性变成现实性、造成损失的程度、发生频率的高低是由城市内外的一系列不确定因素所决定的，但是只要不确定因素存在，金融风险的产生就是必然的。因此，加强城市金融风险管理、防范城市金融风险是一个永恒的话题，这需要从以下方面入手：

一是加强业务规范，健全金融法制，防范和规避城市金融的内生性风险。由于金融运作的特殊性，金融风险的发生具有必然性，在这个大前提下，城市金融活动不能消除这种可能性，但可以通过一系列规范化的业务行为防范或规避这种可能性。金融业务的规范化既能维护交易双方的利益，同时又利于避免金融活动中可能发生的收益损失。目前，我国金融业务的规范化水平与国际业务还有差距，在风险管理方面的制度尚不健全，违规操作比较严重。市场经济是世界一体化的经济，加强金融业务规范化的重要内容是要将国内金融业务调整到与国际规范一致的水平上来，在技术上和制度上尽快实现与国际规范的接轨。金融业务规范化的另一个重要内容是金融制度的法律化。目前，我国金融

机构尤其是城市金融分支机构的上下左右关系都是靠内部制度来明确的,制度的规定随意性大,因人因事会表现出较大的弹性,为此,应尽可能以严肃的刚性的金融法律来取代有弹性的金融制度,以法律的严密性、可操作性和硬性约束来解决金融业务规范化的问题,将金融风险的防范和规则行为上升到法规的高度来操作。

二是体制与机制并举,打击与宣传结合,防范和化解城市金融的外生性风险。作为一种外生性的风险行为,从根源上讲,灰黑色金融行为的产生是由于我国金融体制改革的不深入以及金融资源配置机制的不完善造成的。目前,计划金融与市场金融双轨并存的管理体制并没有得到根本的改变,由此决定的行政与市场机制双轨之间的价格差成为灰黑色金融滋生的温床。由于利益的驱动,计划内的外汇、资金等金融资源存在着向市场转移的内在冲动,从而为灰黑色金融行为的产生提供了条件。灰黑色金融行为产生的另一个原因是金融法制普及不力,金融违法打击力度不够。我国城市市民文化素质水平普遍较高,但决不能据此认为市民具有当然的金融法制常识,事实上,我国许多灰黑色金融活动就是建立在城市市民金融法制知识空白的基础之上,许多拙劣的金融诈骗案只要具有常识性的金融法制素养就不会发生。为此,金融体制改革还要进一步理顺金融资源价格体系,变行政手段为市场手段来控制资金的流向,要通过推进金融资源市场化,最大限度地将各种金融资源都纳入金融市场的法制管理轨道上来,从而在根本上消除灰黑色金融行为产生的金融资源空间。此外,打击金融违法要与金融法制宣传相结合,打防结合,在加大查处和打击各种违法金融行为的同时,还要加大金融法制知识的普及,要通过教育、媒体等手段使城市居民懂得普及性的现代金融知识,这是杜绝灰黑色金融的一道无形防线。

第三节　城市房地产业

一、房地产业与城市经济

房地产业是从事房地产开发、经营(买卖、租赁、抵押、信托)管理以及房屋维修、装饰等经济实体所组成的行业,它具有生产、经营和服务的多重职能。房地产业的具体从业内容有:土地的开发和再开发,房屋的设计建设和改造,房屋的维修、装潢和管理;土地使用权的有偿出让、转让;房屋所有权的买卖、房屋使用权的租赁;房地产的信托、抵押贷款以及由此而形成的房地产市场交易等。

房地产业与城市经济有着密切的关系,表现在两方面:

首先,房地产业是城市经济建设的先头产业和启动产业,房地产业的发展会极大地促进城市经济的发展。土地是劳动者生活、生产的立足场所,厂房、商店、写字楼等都以一定的建筑物为依托,而城市道路等公用设施也依附于一定的土地空间,城市的各种生产经营活动都与房地产相关,市民生活方面的衣食起居也大多是在室内完成的,这是一种弹性很小的基本需求,因此,不管是城市企业的生产投资还是城市居民的生活投资,都必须以房地产开发和基础设施建设为起点,房地产业在城市经济发展中必须先行一步,这使得房地产业成为城市经济规划中的先头产业。另一方面,房地产业有很强的关联效应,房地产业的发展可以极大地带动其他产业的发展。房地产业的发展不仅直接带动了建筑、建材行业的发展;同时也为钢铁、玻璃、建筑附属设施(电梯、空调等)提供了巨大的市场,可以说,房地产业的兴衰有着巨大的联动效应。据世界银行提供的数学模型,每投入 100 元的住房资金,可创造相关产业 170~220 元的需求,每销售 100 元的住宅,可带动 130~150 元的其他商品销售。韩国、印度等国的经验测算,投入 100 万元的房地产资金,可以提供 175 个社会就业机会。这使得房地产业成为城市经济发展的启动型产业。

其次,城市经济与房地产业之间相互影响,城市经济的发展水平反过来也会影响房地产业的发展水平。房地产开发既是房地产产品的生产过程,也是土地、资本和劳动的消耗过程。房地产开发既向社会提供可供使用的土地和房屋,也需从现实生活中获取必要的生产资料、生活资料和劳动力,而在一定时期内社会可提供资源数是由当时的城市经济发展水平决定的,落后的城市经济发展水平反过来会制约房地产业的发展。因此,城市经济发展水平与房地产发展之间是正比例的关系,经济发展水平高可以为房地产业的发展创造条件,而在经济发展水平较低的城市,房地产业的大规模发展则会受到更多的限制。

二、我国城市房地产业的发展历程

回顾改革开放以来我国房地产市场的发展变化,大致可分为以下 5 个时期:

(一)初步形成时期(1978—1991 年)

1978 年之前的二十多年中,我国几乎没有房地产市场,没有房地产业,只有建筑业。1978—1991 年,随着住房制度改革和土地使用制度改革的启动与推进,房屋和土地既是产品和资源,又是商品和资产的认识由浅入深,房地产价值逐渐显化,房地产市场初步形成。

1. 住房制度改革的启动与推进

改革开放之前，城镇住房主要由国家投资建设。建好的住房不出售，主要是通过职工所在单位，按照工龄、职务、学历等打分排队进行分配。对于分配后的住房，只收取象征性的、近乎无偿使用的低租金。这种住房制度通常被概括为"国家统包住房投资建设，以实物形式向职工分配并近乎无偿使用的福利性住房制度"。这种制度有很大的弊端，带来了城镇住房的稀缺。到 1978 年，城镇人均居住面积由 1949 年的 4.5 平方米下降到了 3.6 平方米，缺房户 869 万户，占当时城镇总户数的 47.5%。

住房制度改革的实践，始于 1979 年，从新建住房全价出售起步。1979—1991 年，住房制度改革经历了三个阶段：第一阶段，公房出售试点。1979 年，国家城建总局决定试行把新建住房以土建成本价向居民出售，选择了西安、南宁、柳州、桂林、梧州 5 个城市进行试点。到 1981 年，全国有 23 个省、自治区、直辖市的 60 多个城市，以及部分县镇开展了这种新建住房出售工作。1982 年 4 月，国家建委、国家城建总局选择郑州、常州、四平、沙市 4 个城市进行新建住房补贴出售试点。在总结经验的基础上，城乡建设环境保护部在 1984 年 10 月向国务院提出了《关于扩大城市公有住宅补贴出售试点的报告》。到 1985 年底，全国共有 27 个省、自治区、直辖市的 160 个设市城市和 300 个县镇开展了补贴出售公房的试点，共出售住房 1092 万平方米。第二阶段，提租补贴试点。到 1986 年初新建公房补贴出售的改革因受到广泛批评而停止。在总结试点城市经验的基础上，以 1988 年第一次全国住房制度改革工作会议为标志，形成了以提租补贴为核心的第一个全国性的住房制度改革方案。截至 1990 年，全国共 12 个城市、13 个县镇和一批企业出台了以提租补贴为主要内容的房改方案。第三阶段，住房制度改革全面起步。1991 年 6 月，国务院发布了《关于继续积极稳妥地推进城镇住房制度改革的通知》，提出了分步提租、交纳租赁保证金、新房新制度、集资合作建房、出售公房等多种形式推进住房制度改革的思路。同年 10 月，召开了第二次全国住房制度改革工作会议，提出了"多提少补"或小步提租不补贴的租金改革原则，指出房改"贵在起步"。同年 11 月，国务院办公厅转发了国务院住房制度改革领导小组《关于全面推进城镇住房制度改革的意见》，明确了住房制度改革的指导思想和根本目的。

2. 土地使用制度改革的启动与推进

影响房地产市场发展的土地领域的改革，主要是城镇国有土地使用制度改革。改革开放之前，我国采取行政划拨方式即"行政划拨，无偿、无限期、无流动的土地使用制度"，把城镇国有土地无偿、无限期地分配给单位和个人使用，不

允许土地使用权作为一项财产权利流转。完全排斥地租规律、市场机制对土地利用的调节作用,致使土地在经济发展中不能更好地发挥作用,特别是人们都想占好地、多占地,导致土地大量浪费,城市基础设施建设投资不能通过其带来的土地增值得到回收,政府被戏称为"捧着金饭碗讨饭吃",导致城市基础设施和城市面貌长期落后。

改革的具体措施和步骤为:

第一,收取场地使用费或土地使用费。对土地实行有偿使用开始于向中外合营企业收取场地使用费。1981 年 11 月,广东省五届人大常委会通过《深圳经济特区土地管理暂行规定》,自 1982 年 1 月 1 日起,深圳经济特区按照土地不同等级向土地使用者收取不同标准的土地使用费。从 1984 年起,抚顺、广州等一些城市也先后推行。1988 年 9 月,国务院发布《城镇土地使用税暂行条例》,规定自 1988 年 11 月 1 日起,向城市、县城、建制镇、工矿区范围内使用土地的单位和个人征收土地使用税,各地制定的土地使用费办法同时停止执行。但是,《城镇土地使用税暂行条例》不影响各地依法制定的对外商投资企业和外国企业在华机构用地计收土地使用费办法的执行。

第二,开展土地使用权有偿出让和转让试点。1987 年下半年,深圳经济特区大胆尝试把单一行政划拨分配土地变为协议、招标、拍卖出让等多种分配方式,把土地使用权由不能流转变为可以转让。其中,1987 年 9 月 9 日,率先采取协议方式,成功出让了一宗国有土地的使用权;9 月 26 日首次采取招标方式,12 月 1 日首次采取拍卖方式,各出让了一宗国有土地的使用权。这就大大创新了土地使用制度,将土地使用制度改革推向了一个新阶段。随后,珠海、福州、海口、广州、厦门、上海等城市也开展了土地使用权出让和转让试点。

第三,制定地方性的土地使用权有偿出让和转让法规。为了使土地使用权有偿出让和转让活动有法可依,1987 年 11 月,上海市人民政府率先发布了《上海市土地使用权有偿转让办法》。12 月,含有土地使用权有偿出让和转让规定的《深圳经济特区土地管理条例》获广东省人大常委会通过。1988 年,海口、厦门、广州、天津等地相继发布了土地使用权有偿出让和转让的有关办法或规定。

第四,修改宪法和土地管理法。1988 年 4 月,七届全国人大第一次会议通过了宪法修正案,规定任何组织或者个人不得侵占、买卖或者以其他形式非法转让土地,土地的使用权可以依照法律的规定转让。同年 12 月,《土地管理法》也作了相应修改,并规定"国家依法实行国有土地有偿使用制度"。这为土地使用制度改革的全面推进和深入发展提供了法律保障。

第五,制定全国性的土地使用权有偿出让和转让法规。1990 年 5 月,国务院发布了《城镇国有土地使用权出让和转让暂行条例》,对土地使用权出让、转让、出租、抵押、终止以及划拨土地使用权等问题作了明确规定。同时还发布了《外商投资开发经营成片土地暂行管理办法》,允许外商从事土地成片开发经营活动。这就使土地使用权有偿出让和转让的法规更趋完善,并构造出了有中国特色的土地市场基本框架。

3. 房地产市场初步形成

1987年10月,中共十三大报告首次提出了建立房地产市场,确立了房地产市场的地位和作用,促进了房地产市场的发展。1988年3月,七届全国人大第一次会议上《政府工作报告》提出:"结合住房制度的改革,发展房地产市场,实行土地使用权的有偿转让。"两个报告促进了房地产市场的发展。

商品房建设、销售、购买以及存量房买卖和租赁活动不断出现,逐步形成了新建商品房买卖和存量房买卖、租赁市场;政府有偿出让土地使用权并允许土地使用权转让的一系列政策和改革,使土地使用权出让和转让市场开始形成。1987年7月,经武汉市人民政府批准,武汉市房地产交易市场正式开业。这个市场被称为是全国大城市中开办的第一家市一级的房地产经营场所。到1988年上半年,全国成立了近200个房地产交易所、交易市场或交易中心。

1989年下半年开始,房地产市场进入低潮;1990年下半年至1991年上半年,逐渐恢复;1991年下半年开始,随着全国政治稳定、社会稳定、经济形势好转,迅速回升。1991年末,房地产业各项经营指标接近1988年的水平。从总的情况看,这个时期的房地产市场仍处于发育阶段,市场功能还不健全,市场机制还不完善,交易行为还不规范,市场管理还很薄弱。

(二)房地产过热时期(1992—1993年)

1992年下半年至1993年上半年,我国许多地区骤然掀起了房地产热潮,房地产开发公司急剧增加,房地产开发投资高速增长,以炒地皮、炒项目为主的房地产市场异常活跃,在部分地区,主要是海南、广西北海,房地产开发出现过热,形成了较严重的房地产泡沫。

1. "房地产热"的形成和表现

1992年春邓小平发表视察南方重要讲话,同年10月党的十四大明确我国经济体制改革的目标是建立社会主义市场经济体制。同年11月,国务院发出《关于发展房地产业若干问题的通知》,首次勾画出了房地产市场体系框架:房地产一级市场即土地使用权的出让,房地产二级市场即土地使用权出让后的房地产开发经营,房地产三级市场即投入使用后的房地产交易,以及抵押、租赁等多种经营方式;提出了一系列推动房地产业发展的政策措施,包括进一步深化土地使用制度改革、继续深化城镇住房制度改革、完善房地产开发的投资管理、正确引导外商对房地产的投资、建立和培育完善的房地产市场体系等。

在改革开放新高潮的大环境中,房地产价格放开,许多政府审批权力下放,金融机构开始大量发放房地产开发贷款,土地开发和出让规模迅速扩大,1992年开始出现了"房地产热"。(1)房地产开发公司急剧增加。1992年底,全国共有房地产开发公司12000多家,是1991年底的3倍。大量的房地产开发公司集中在沿海,广东、海南、上海、江苏的房地产开发公司占全国房地产开发公司总数的44%。(2)房地产开发高速增长。1992年,全国完成房地产开发投资731亿元,比上年增长117%;开发土地面积2.334万公顷,比上年增长175%;新开工商品房屋面积11460万平方米,比上年增长78.1%。(3)房地产市场十分活跃,价格大幅上涨。1992年,销售商品房屋面积4288.86万平方米,比上年增长40.4%。商品房屋平均销售价格1050.03元/平方米,比上年上涨30.93%。(4)土地出让大幅度增长,1992年全国共出让土地2.2万公顷,是1991年前出让土地总量的11倍。

1993年1—6月,全国房地产开发在1992年高速增长的基础上继续高速增长,房地产开发公司从1992年的12000多家增加到近20000家,房地产开发投资比1992年同期增长143.5%,新开工商品房屋面积比1992年同期增长136%。另外,1992年房地产业发展中心主要在珠江三角洲地区,1993年开始北移,形成沿海、沿江到内陆开放城市的多元化格局。

2.房地产过热的危害和治理

1992—1993年房地产开发投资过热,不仅加剧了钢材、水泥、木材等建筑材料的供需矛盾,带动了其价格较猛上涨,而且由于挤占了过多的建设资金,致使一些国家重点建设项目资金不足。内地资金纷纷流向沿海地区的房地产市场,沿海地区的房地产价格猛涨,不断高涨的房地产价格又加速了外部资金的流入,最终导致国民经济发展严重失衡。

1993年6月,中央召开经济工作会议,作出了对经济进行宏观调控的决定,中共中央、国务院还下发《关于当前经济情况和加强宏观调控的意见》,采取16项加强和改善宏观调控的措施。中央明确针对房地产提出,对于挪用资金参与炒房地产的企业要减少以至停止贷款,对各类房地产开发经营机构进行一次全面检查,抓紧制定房地产增值税和有关税收政策,严格执行财政部《关于国有土地使用权有偿使用收入征收管理的暂行办法》,购地后一年内投入的开发资金不足购地费25%的要收回土地,金融机构和土地管理部门一律不得开办开发经营房地产的公司,房地产开发投资必须纳入固定资产投资计划,高档宾馆、写字

楼、度假村等要下决心停缓建,等等。

1993年下半年以后,随着宏观调控各项措施的落实,全国房地产开发的增长速度明显放缓。从1993年1—6月房地产开发投资比1992年同期增长143.5%,而全年比1992年增长124.9%来看,下半年房地产开发投资有明显回落。1993年全国商品房屋平均价格比1992年上涨21.94%,比1992年的上涨率30.93%回落了近9个百分点。到1993年底,海南、北海等房地产过热地区,房地产泡沫破裂,出现了一片萧条的惨状。

1993年11月,党的十四届三中全会通过《中共中央关于建立社会主义市场经济体制若干问题的决定》,提出要规范和发展房地产市场,实行土地使用权有偿有限期出让制度,对商业性用地使用权的出让,要改变协议批租方式,实行招标、拍卖。同时加强土地二级市场的管理,建立正常的土地使用权价格的市场形成机制。通过开征和调整房地产税费等措施,防止在房地产交易中获取暴利和国家收益的流失;控制高档房屋和高消费游乐设施的过快增长;加快城镇住房制度改革,控制住房用地价格,促进住房商品化和住房建设的发展。

3. 房地产过热后的反思

房地产过热对国民经济造成了一定影响,给部分房地产市场参与者造成了经济损失,但也反映出住房商品化、社会化、市场化的巨大发展潜力,以及对房地产市场进行有效引导的必要性。

许多房地产开发商进入海南,着眼点不是瞄准社会需求而是热衷于炒作,企图通过倒地皮、卖项目、炒楼花,在击鼓传花式的炒作过程中牟取暴利。当炒作的链条断裂后,遗留下来的是资金沉淀、债务纠缠、工程停工、土地闲置。1998年底,海南省共有被圈占而长期闲置的建设用地23788.5公顷;长期无人问津的积压空置商品房455.76万平方米;停缓建工程603宗,原规划报建面积1631万平方米;积压房地产占压的资金有一半以上是金融资产,其中工、农、中、建4家国有商业银行在海南积压房地产上的资金有430多亿元,如果再加上非国有商业银行的其他金融机构、其他企业的投资、施工企业的垫资、材料款以及预交的购房款等,估计占压的资金有800多亿元。

1999年7月国务院批准了《处置海南积压房地产试点方案》,2002年10月批准了《处置海南省积压房地产补充方案》。在运用国家给予的行政确权、税收优惠、返还土地出让金、核发换地权益书等政策措施下,到2006年用了近8年的时间才基本消除了泡沫经济时期留下的隐患。通过总结,人们从痛苦的教训中清醒过来,认识到坚持以消费需求为中心是保持房地产业持续健康发展的根本保证;要坚持以消费需求为中心,必须注重面向民生、面向未来,把这"两个面向"作为房地产开发的出发点和立足点。

（三）市场调整时期（1994—1997 年）

1994 年继续 1993 年下半年的宏观调控。1995—1997 年仍然实施适度从紧的财政政策和货币政策。但从 1996 年开始，经济已由短缺转变为相对过剩，产品卖不出去，企业停产，工人下岗；1997 年又遇亚洲金融风暴。随着整个经济出现"通货紧缩"，房地产市场进入了低潮。

1. 房地产市场的变化

1994 年 1 月，国务院发出《关于继续加强固定资产投资宏观调控的通知》，并派调查组分赴各地监督检查贯彻落实情况。这些政策措施，使固定资产投资规模得到了一定控制，全年固定资产投资总额比上年增长 30.4%，增幅比上年回落 31.4%，投资结构有了一定改善，投资效益也好于上年。1994 年全国房地产开发建设投资完成 1608 亿元，比 1993 年增长 41.3%，明显低于 1993 年的 124.9%。

1995 年 5 月，国务院发出《关于严格控制高档房地产开发项目的通知》。随着经济由热转冷，房地产市场也沉寂下来，商品房和商品住宅的价格迅速回落，并由高于 GDP 增长的状况转变为低于 GDP 增长的状况。全国房地产开发企业的土地转让收入、商品房销售收入的增长率大幅下滑，营业利润出现负增长，整个房地产开发行业处于亏损状态，商品房销售形势也处于低迷状态（见图 8-1 和表 8-1）。

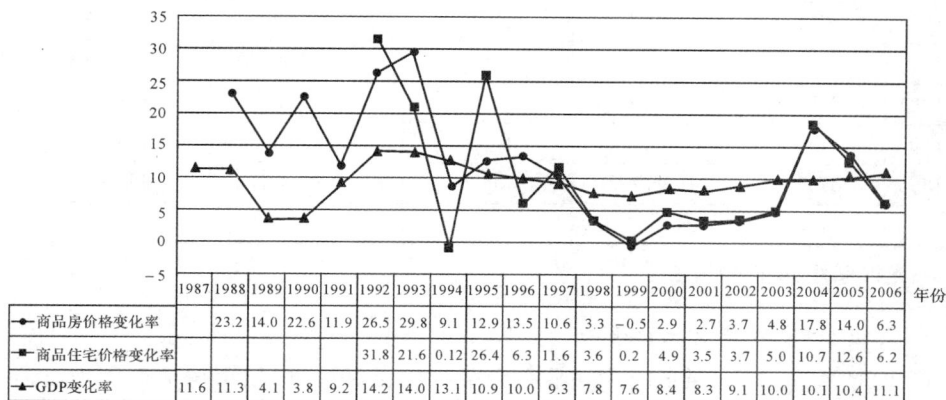

年份	1987	1988	1989	1990	1991	1992	1993	1994	1995	1996	1997	1998	1999	2000	2001	2002	2003	2004	2005	2006
商品房价格变化率		23.2	14.0	22.6	11.9	26.5	29.8	9.1	12.9	13.5	10.6	3.3	-0.5	2.9	2.7	3.7	4.8	17.8	14.0	6.3
商品住宅价格变化率						31.8	21.6	0.12	26.4	6.3	11.6	3.6	0.2	4.9	3.5	3.7	5.0	10.7	12.6	6.2
GDP变化率	11.6	11.3	4.1	3.8	9.2	14.2	14.0	13.1	10.9	10.0	9.3	7.8	7.6	8.4	8.3	9.1	10.0	10.1	10.4	11.1

资料来源：根据历年《中国统计年鉴》的数据计算得出。

图 8-1 商品房、商品住宅的价格变化及其与 GDP 增长的比较

表 8-1　1994—1997 年全国房地产开发企业（单位）经营情况

年份	土地转让收入	增长率	商品房销售收入	增长率	营业利润	增长率
1994	959357	14.31％	10184950	17.92％	1674350	7.38％
1995	1943981	102.63％	12582817	23.54％	1434087	−14.35％
1996	1203378	−38.10％	15337647	21.89％	179805	−87.46％
1997	1032847	−14.17％	17552061	14.44％	−103462	−157.54％

数据来源：《中国统计年鉴—2007》，中国统计出版社 2007 年版。

受到房地产市场萧条的影响，全国房地产投资和住房建设投资也增长缓慢，1995 年的住房建设投资和 1997 年的房地产投资分别比上年有所下降。新建住宅面积也增长缓慢，其中 1994 年新建住宅面积为 3.57 亿平方米，比 1991年的 1.93 亿平方米增加 1.64 亿平方米；而 1997 年新建住宅面积仅为 4.05 亿平方米，只比 1994 年增加 0.48 亿平方米（见表 8-2）。从商品住宅销售面积和新建住宅面积的对比关系看，商品住宅占新建住宅的比例不高，1991—1997 年商品住宅销售面积占新建住宅面积的比例均未超过 20％，说明当时的住房供应仍以国家和单位建设为主，房地产市场仍有巨大的发展潜力。

表 8-2　1991—1997 年全国房地产投资及住房建设情况

年份	房地产投资（亿元）	住宅建设投资（亿元）	新建住宅面积（万 m²）	商品房销售面积（万 m²）	商品住宅销售面积（万 m²）
1991	336	313.9	19300	3025.46	2745.17
1992	731	355.5	24000	4288.86	3812.21
1993	1938	550	30700	6687.91	6035.19
1994	2554	1287.3	35700	7230.35	6118.03
1995	3152	1052.8	37500	7905.94	6787.03
1996	3247	1636	39400	7900.41	6896.46
1997	3178	2150.9	40500	9010.17	7864.30

数据来源：历年《中国统计年鉴》。

2. 出台《城市房地产管理法》

1994 年 7 月，八届全国人大常委会第八次会议通过《城市房地产管理法》，自 1995 年 1 月 1 日起施行。

《城市房地产管理法》明确了房地产开发用地、房地产开发、房地产交易、房地产权属登记管理等法律规定。特别是规定国家要实行五项制度：(1)国家依法实行国有土地有偿、有限期使用制度。(2)国家实行房地产价格评估制度。

(3)国家实行房地产成交价格申报制度。(4)国家实行房地产价格评估人员资格认证制度。(5)国家实行土地使用权和房屋所有权登记发证制度。该法首次对房地产中介服务机构的构成、设立条件和资格认证等制度作了规定。此后,根据《城市房地产管理法》,我国房地产方面的行政法规、部门规章、规范性文件等加快制定和完善,房地产法规体系逐步形成和健全。例如,1994—1997 年,建设部发布了《城市房地产开发管理暂行办法》、《城市商品房预售管理办法》、《城市房地产转让管理规定》、《城市房屋租赁管理办法》、《城市房地产抵押管理办法》、《城市房地产中介服务管理规定》,会同人事部发布了《房地产估价师执业资格制度暂行规定》、《房地产估价师执业资格考试实施办法》,并会同中国人民银行发布了《关于加强与银行贷款业务相关的房地产抵押和评估管理工作的通知》,国家工商行政管理局发布了《房地产广告发布暂行规定》等。

3.住房制度改革的深化

为了贯彻落实《中共中央关于建立社会主义市场经济体制若干问题的决定》,深化城镇住房制度改革,促进住房商品化和住房建设的发展,1994 年 7 月,国务院发布《关于深化城镇住房制度改革的决定》(以下简称《决定》),确定房改的根本目的是:建立与社会主义市场经济体制相适应的新的城镇住房制度,实现住房商品化、社会化;加快住房建设,改善居住条件,满足城镇居民不断增长的住房需求。房改的基本内容可概括为"三改四建",提出住房制度改革要坚持配套、分阶段推进。近期的任务是:全面推行住房公积金制度,积极推进租金改革,稳步出售公有住房,大力发展房地产交易市场和社会化的房屋维修、管理市场,加快经济适用住房建设,到 20 世纪末初步建立起新的城镇住房制度,使城镇居民住房达到小康水平。

《决定》强调"加快住房建设和推进城镇住房制度改革是各级人民政府的重要职责"。首次提出建立以中低收入家庭为对象、具有社会保障性质的经济适用住房供应体系和以高收入家庭为对象的商品房供应体系。在住房资金方面,首次提出全面推行住房公积金制度;发展住房金融和住房保险,建立政策性和商业性并存的住房信贷体系。在公有住房出售方面,提出向高收入职工家庭出售公有住房实行市场价,向中低收入职工家庭出售公有住房实行成本价。在住房建设方面,提出加快经济适用住房的开发建设,房地产开发公司每年的建房总量中经济适用住房要占 20% 以上,鼓励集资合作建房,继续发展住房合作社,加快城镇危旧住房改造。

根据《决定》,1994 年 12 月,建设部、国务院住房制度改革领导小组、财政部发布了《城镇经济适用住房建设管理办法》。为推动房改,加快城市住宅建设及解危、解困等,1995 年 1 月,国务院住房制度改革领导小组提出国家安居工程实施方案,国家安居工程从 1995 年开始实施,国家安居工程住房直接以成本价向中低收入家庭出售,并优先出售给无房户、危房户和住房困难户,不售给高收入家庭。1995 年 3 月,建设部还发布了《实施国家安居工程的意见》。

(四)培育新的经济增长点时期(1998—2002 年)

从 1998 年开始,随着把住宅业培养成为新的经济增长点的制度改革,以及各项政策措施的出台和贯彻落实,我国房地产市场和房地产业进入了新的发展时期。这个时期,全国城镇停止了住房实物分配,各项搞活住房二级市场的税费减免等优惠政策纷纷出台,住房建设加快,住房金融快速发展,住房二级市场开始活跃。

1. 培育住宅业成为新的经济增长点

1996 年,为应对我国经济出现的不景气,开始提出和寻找新的经济增长点。1997 年 9 月,党的十五大报告提出积极培育新的经济增长点。1998 年 7 月,国务院下发《关于进一步深化城镇住房制度改革加快住房建设的通知》,明确提出"促使住宅业成为新的经济增长点"。

1998 年 4 月,中国人民银行下发《关于加大住房信贷投入,支持住房建设与消费的通知》,指出"为促进城镇住房制度改革,把住宅业培育为新的经济增长点,中国人民银行决定进一步加大住房信贷投入,支持住房建设和消费。"要求:一要提高对住房信贷重要性的认识;二要加大住房信贷投入;三要扩大住房信贷业务范围;四要大力促进住房消费;五要积极支持普通住房建设;六要促进空置商品房的销售。规定"从 1998 年开始,人民银行对各商业银行住房(包括建房与购房)自营贷款实行指导性计划管理。只要借款人符合贷款条件,商业银行均可在资产负债比例要求的范围内发放住房贷款"。

1998 年是房改取得关键性突破的一年。该年 7 月,为促使住宅业成为新的经济增长点,国务院发布《关于进一步深化城镇住房制度改革加快住房建设的通知》,宣布从 1998 年下半年开始停止住房实物分配,逐步实行住房分配货币化。提出的深化房改的指导思想是:稳步推进住房商品化、社会化,逐步建立适应社会主义市场经济体制和我国国情的城镇住房新制度;加快住房建设,促使住宅业成为新的经济增长点,不断满足城镇居民日益增长的住房需求。深化房改的目标是:停止住房实物分配,逐步实行住房分配货币化;建立和完善以经济适用住房为主的多层次城镇住房供应体系;发展住房金融,培育和规范住房交易市场。

为了配合国家房改,有效启动房地产市场,积极培育新的经济增长点,1999 年 7 月,财政部、国家税务总局发出《关于调整房地产市场若干税收政策的通知》,规定对个人购买并居住超过一年的普通住宅,销售时免征营业税;个人购

买自用普通住宅,暂减半征收契税;对居民个人拥有的普通住宅,在其转让时暂免征收土地增值税。1999 年 12 月,财政部、国家税务总局、建设部发出《关于个人出售住房所得征收个人所得税有关问题的通知》,为鼓励个人换购住房,规定对出售自有住房并拟在现住房出售后 1 年内按市场价重新购房的纳税人,其出售现住房所应缴纳的个人所得税,视其重新购房的价值可全部或部分予以免税。

2.住房建设和房地产市场的发展

培育住宅业成为新的经济增长点的政策措施实施后,全国城镇住房建设取得了迅速发展。1997 年全国城镇房屋竣工面积为 62490.19 万平方米,2002 年达到 93018.27 万平方米,增长 48.85%。同时,商品房竣工面积增长更加迅速,1997 年全国商品房竣工面积为 15819.7 万平方米,2002 年达到 34975.75 万平方米,增长 121.09%。商品房竣工面积占城镇房屋竣工总面积的比例也由 1997 年 25.32%上升到 2002 年的 37.6%。1997—2002 年,全国商品房新开工面积和施工面积增长更加明显(见表 8-3 和图 8-2)。

表 8-3 1997—2002 年全国房地产投资及住房建设情况 单位:万平方米

年份	1997	1998	1999	2000	2001	2002
商品房竣工面积	15819.70	17566.60	21410.83	25104.86	29867.36	34975.75
城镇房屋竣工总面积	62490.19	70166.13	79646.07	80507.92	85278.88	93018.27
占比	25.32%	25.04%	26.88%	31.18%	35.02%	37.60%

数据来源:《中国统计年鉴》。

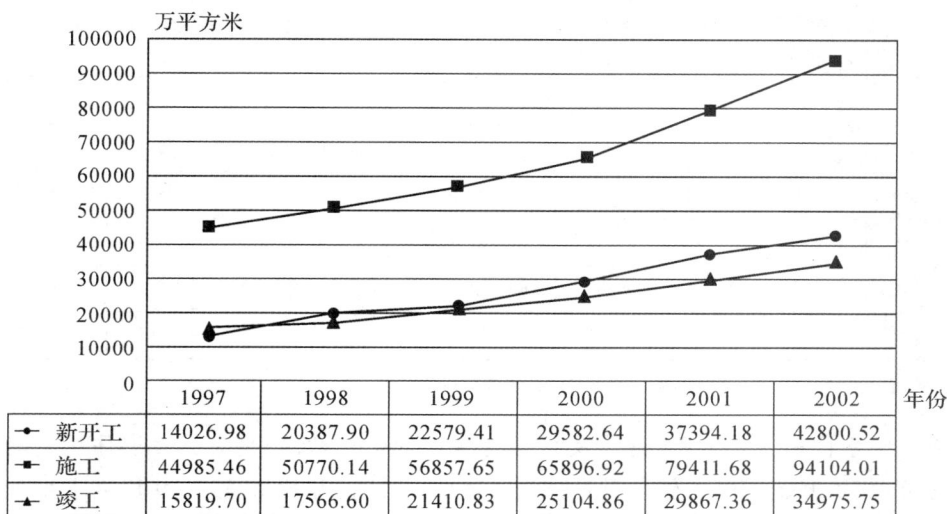

年份	1997	1998	1999	2000	2001	2002
新开工	14026.98	20387.90	22579.41	29582.64	37394.18	42800.52
施工	44985.46	50770.14	56857.65	65896.92	79411.68	94104.01
竣工	15819.70	17566.60	21410.83	25104.86	29867.36	34975.75

图 8-2 1997—2002 年全国商品房新开工、施工、竣工面积情况

经济适用住房和廉租住房建设也得到了迅速发展。自1998年下半年开始,国家下达了三批经济适用住房建设计划,总建筑面积2.1亿平方米,投资规模1703亿元。当年经济适用住房实际开工项目4967个,施工面积1.33亿平方米。到2000年,全国经济适用住房竣工面积已经超过1.1亿平方米,占同期商品住宅竣工面积的20.1%。根据建设部公布的资料,截至2002年年底,35个大中城市中,近一半的城市已经制定了廉租住房工作实施意见,落实了资金来源,建立了廉租住房供应对象档案和申请、审批制度。2002年年底以前,北京市进行了5次廉租住房摇号配租,998户家庭主要以租金补贴方式获得配租资格。廉租住房家庭的人均住房使用面积从配租前的2.2平方米/人增加到10.7平方米/人。截至2003年1月,上海市有3623户家庭落实了廉租住房房源。

随着住房金融制度的建立和实施,个人购房占住房需求的比例不断增长。2000年个人购买商品住宅1.32亿平方米,占商品住宅销售面积的87.51%,而2002年1—11月个人购买商品住宅的比例达到94.3%。个人购房成为住房市场需求的主力,也带动了个人住房信贷的快速发展。四大国有商业银行个人住房贷款余额从1998年开始都经历了快速增长过程(见表8-4)。到2001年年底,全国商业性和公积金个人住房贷款余额合计已达6398亿元,是1997年年底的33倍,并首次超过房地产开发贷款余额,占整个消费贷款余额的86%。这表明房地产信贷结构发生了重大变化。

表8-4　四大国有商业银行个人住房借贷增长情况

年份	商业银行新增贷款额(亿元)	增长率	商业银行贷款余额(亿元)	增长率	公积金新增贷款额(亿元)	增长率	公积金贷款余额(亿元)	增长率
1997			190					
1998	324		514	170.53%	107		156	
1999	746	130.25%	1260	145.14%	158	47.66%	283	81.41%
2000	1934	159.25%	3306	162.38%	231	46.20%	517	82.69%
2001	2255	16.60%	5568	68.42%	398	72.29%	830	60.54%
2002/11			7339	31.81%			1125	35.54%

资料来源:刘洪玉、张红:《房地产业与社会经济》,清华大学出版社2006年版,第23页。

停止住房实物分配,逐步实行住房分配货币化,特别是大力发展住房金融等,改变了城镇居民的住房消费观念,加快了住房商品化进程,使住房需求得到释放,房地产市场规模迅速扩大。个人购买逐渐取代团体购买,个人成为商品房市场的主体。1997 年商品住宅销售面积为 7864.3 万平方米,2002 年达到 23702.31 万平方米,增长超过 2 倍。1997 年商品住宅销售额为 1407.56 亿元, 2002 年达到 4957.85 亿元,增长超过 2.5 倍(见表 8-5)。

表 8-5　1997—2002 年全国商品房销售情况

年　份	1997	1998	1999	2000	2001	2002
商品房屋销售面积(万平方米)	9010.17	12185.30	14556.53	18637.13	22411.90	26808.29
住宅	7864.30	10827.10	12997.87	16570.28	19938.75	23702.31
别墅、高档公寓	254.25	345.30	435.74	640.72	878.19	1241.26
经济适用房屋	1211.85	1666.50	2701.31	3760.07	4021.47	4003.61
办公楼	341.43	400.60	403.43	436.98	502.57	538.92
商业营业用房	634.06	810.80	1003.17	1399.31	1696.15	2218.58
其他	170.38	146.80	152.06	230.56	274.44	348.47
商品房屋销售额(万元)	17994763	25133027	29878734	39354423	48627517	60323413
住宅	14075553	20068676	24137347	3228606	40211543	49578501

资料来源:《中国统计年鉴》。

(四)宏观调控时期(2003 年至今)

2003 年以后,房地产投资快速增长,房地产价格大幅上涨,住房供应结构不合理矛盾突出,房地产市场秩序比较混乱,政府频繁出台了许多政策措施对房地产市场进行调控。从 2003 年下半年开始,政府从严把土地、信贷两个闸门入手控制房地产投资过快增长。从 2005 年开始,政府强调做好供需双向调节,着力采取有关政策措施稳定房价。从 2007 年下半年开始,宏观调控的着重点转向大力建立健全城市廉租住房制度,改进和规范经济适用住房制度,进一步采取有关政策措施抑制房地产价格过快上涨。

1. 新一轮宏观调控的启动

新一轮房地产市场宏观调控,是从 2003 年开始为防止经济过热展开的,主要是对过快增长的固定资产投资进行控制,进而控制房地产投资过快增长。 2003 年年初,我国出现了经济过热迹象。当房地产业界仍处在把住宅业培育成为新的经济增长点的氛围中时,2003 年 6 月,中国人民银行发出了《关于进一步加强房地产信贷业务管理的通知》(银发〔2003〕121 号,以下简称 121 号文),加强房地产开发贷款管理,严格控制土地储备贷款的发放,规范建筑施工企业流动资金贷款用途,加强个人住房贷款管理等。

121号文对房地产业界的触动很大，导致了一些房地产开发企业资金链断裂，被认为是2003年对房地产市场影响最大且当时广受争议的文件。为此，2003年8月，国务院发布《关于促进房地产市场持续健康发展的通知》（国发〔2003〕18号，以下简称18号文），要求充分认识房地产市场持续健康发展的重要意义，提出房地产业已经成为国民经济的支柱产业，指出促进房地产市场持续健康发展是保持国民经济持续快速健康发展的有力措施，对符合条件的房地产开发企业和房地产项目要继续加大信贷支持力度。18号文同时也关注"房地产价格和投资增长过快"，要求"坚持加强宏观调控，努力实现房地产市场总量基本平衡，结构基本合理，价格基本稳定"。

18号文的内容很全面，总的基调是发展房地产市场和房地产业，几乎没有提出实质性的控制房地产价格和投资过快增长的政策措施，反映出政府当时对房地产市场发展的矛盾心态——既害怕房地产价格和投资增长过快，又希望继续拉动经济增长。121号文和18号文标志着政府新一轮宏观调控的启动，并努力寻求可行有效的措施。

2. 控制房地产投资过快增长

2003年下半年和2004年上半年，全国范围内较明显地出现了投资过热，开发区圈占土地热，钢材、水泥等建筑材料价格过快上涨，煤、电、油、运全面紧张等经济过热现象。房地产业关联度高、带动力强，房地产开发投资过快增长产生了对钢材、水泥等建筑材料的大量需求，带动了其价格上涨。2003年全国房地产开发投资比2002年增长30.33%（见表8-6），是前次宏观调控以来增速最快的一年。政府为防止经济过热，着力控制固定资产投资过快增长，进而采取了控制土地供应、加强信贷管理、提高投资门槛、严格项目审批、控制拆迁规模等一系列政策措施，控制房地产投资过快增长。

表8-6　2000—2007年房地产开发投资及其增长情况

年份	2000	2001	2002	2003	2004	2005	2006	2007
房地产开发投资额（亿元）	4984.1	6344.1	7790.9	10153.8	13158.3	15909.2	19422.9	25279.7
同比增长（%）	24.47	27.29	22.81	30.33	29.59	20.91	22.09	30.15

数据来源：《中国统计年鉴—2007》数据和2007年国家统计局统计快报数据。

（1）建立健全土地调控政策

为了贯彻落实18号文精神，2003年9月，国土资源部发出《关于加强土地供应管理促进房地产市场持续健康发展的通知》，要求各地充分发挥土地供应对房地产市场的调控作用,切实加强对房地产开发土地供应的调控,进一步完善房地产开发土地供应政策,加大对房地产开发用地监管力度。2004 年 3 月,国土资源部、监察部发出《关于继续开展经营性土地使用权招标拍卖挂牌出让情况执法监察工作的通知》,要求各地"在 2004 年 8 月 31 日前将历史遗留问题界定并处理完毕。8 月 31 日后,不得再以历史遗留问题为由采用协议方式出让经营性土地使用权"。此举被业内称为"831 大限"。4 月,国务院办公厅发出《关于深入开展土地市场治理整顿严格土地管理的紧急通知》,要求切实落实最严格的耕地保护制度。2006 年 5 月,国土资源部发出《关于当前进一步从严土地管理的紧急通知》,要求充分发挥土地供应的调控作用,从严审批各类非农建设用地,确保房地产调控的土地政策落到实处,严肃查处违法违规用地。8 月,国务院发布《关于加强土地调控有关问题的通知》。11 月,财政部、国土资源部、中国人民银行发出《关于调整新增建设用地土地有偿使用费政策等问题的通知》,将新增建设用地土地有偿使用费提高一倍。

(2)加强信贷管理

2004 年 8 月,中国银监会发布《商业银行房地产贷款风险管理指引》,对土地储备贷款、房地产开发贷款、个人住房贷款、商业用房贷款等四类房地产贷款的风险管理作了详细规范,并规定商业银行对申请贷款的房地产开发企业,应要求其开发项目资本金比例不低于 35%(121 号文规定的是 30%)。2007 年 9 月,中国人民银行、中国银监会发出《关于加强商业性房地产信贷管理的通知》,重申 121 号文和《商业银行房地产贷款风险管理指引》的有关规定,并将 121 号文的"加强房地产开发贷款管理"改为"严格房地产开发贷款管理"。

(3)提高国内企业投资门槛

为了加强宏观调控,2004 年 4 月,国务院发布《关于调整部分行业固定资产投资项目资本金比例的通知》,将房地产开发项目(不含经济适用房项目)资本金比例由 20%及以上提高到 35%及以上,在 121 号文规定的 30%基础上进一步提高。2006 年 6 月,国务院办公厅转发发改委等部门《关于加强固定资产投资调控从严控制新开工项目意见》,要求必须采取有力措施,加强固定资产投资控制,从严控制新开工项目,遏制固定资产投资过快增长的势头。2007 年 11 月,国务院办公厅又发出《关于加强和规范新开工项目管理的通知》,指出要切实从源头上把好项目开工建设关。

(4)限制海外热钱进入商品房流通领域

2007 年 10 月,国家发展改革委、商务部发布《外商投资产业指导目录(2007 年修订)》,对 2004 年 11 月发布的《外商投资产业指导目录(2004 年修订)》在房地产方面作了三点修订：在鼓励外商投资产业目录中删除了"普通住宅的开发建设"；在限制外商投资产业目录中增加了"房地产二级市场交易及房地产中介或经纪公司"；在限制外商投资产业目录中删除了"大型主题公园的建设、经营"。另外，在限制外商投资产业目录中仍保留了"土地成片开发（限于合资、合作）"、"高档宾馆、别墅、高档写字楼和国际会展中心的建设、经营"。这些措施有利于控制房地产投资过热、优化住房供应结构，有利于防止外商进行房地产投机和炒作而造成市场混乱。

此外，2004 年 6 月，国务院办公厅发出《关于控制城镇房屋拆迁规模严格拆迁管理的通知》，要求认真落实中央宏观调控政策措施，合理确定拆迁规模和建设规模，确保 2004 年全国房屋拆迁总量比 2003 年有明显减少，凡拆迁矛盾和纠纷比较集中的地区，除保证经济适用住房和廉租住房项目等之外，一律停止拆迁。8 月，建设部等四部门发出《关于贯彻〈国务院办公厅关于控制城镇房屋拆迁规模严格拆迁管理的通知〉的通知》。从此，拆迁规模得到较大控制，2004 年和 2005 年全国城镇房屋拆迁面积同比分别下降 13.59% 和 40%，2006 年上半年同比下降 15%。2007 年 1 月，国家税务总局发出《关于房地产开发企业土地增值税清算管理有关问题的通知》，将 1993 年出台的土地增值税从"预征"变为"清算"，即开始实行实质性征收。

3. 稳定和抑制住房价格

停止住房实物分配以后，住房价格一直是社会普遍关注的问题，住房价格上涨过快直接影响城镇居民家庭住房条件的改善，影响金融安全和社会稳定，甚至影响整个国民经济的健康运行。2003 年以后，上海、杭州、南京等少数几个城市的房价呈现快速攀升的趋势，涨幅居全国前列。之后，全国其他主要城市的房价也开始快速上涨。2004 年全国新建商品房价格同比上涨 15.02%，其中商品住宅价格同比上涨 15.99%（见表 8-7）。相比前几年 3%～5% 的涨幅，房价上涨明显过快。当时住房价格上涨过快虽然是局部性和结构性问题，但如不及时加以控制或处理不当，有可能演变为全局性问题。

表 8-7　2000—2007 年商品房价格及其上涨情况

年　份	2000	2001	2002	2003	2004	2005	2006	2007
商品房屋销售均价（元/m²）	2112	2170	2250	2359	2778	3168	3367	3885
同比增长	3.36%	2.75%	3.71%	4.86%	15.02%	16.72%	6.29%	15.40%
商品住宅销售均价（元/m²）	1948	2017	2092	2197	2608	2937	3119	3665
同比增长	4.90%	3.51%	3.72%	5.05%	15.99%	15.24%	6.21%	17.48%

数据来源：《中国统计年鉴—2007》数据和 2007 年国家统计局统计快报数据。

　　2003 年 8 月,国务院就关注房地产价格上涨过快,提出努力实现房地产价格基本稳定,努力使住房价格与大多数居民家庭的住房支付能力相适应。但2005 年之前的房地产市场调控,由于着重于控制房地产投资过快增长,其稳定房价的成效不大。在这种背景下,房地产市场调控由单向的供应调节转向"供需双向调节",以稳定住房价格为主。

　　2005 年 3 月,中国人民银行发出《关于调整商业银行住房信贷政策和超额准备金存款的通知》,取消住房贷款优惠政策,调控开始偏向需求方面。同月,国务院办公厅下发《关于切实稳定住房价格的通知》,认识到一些地方住房价格上涨过快,影响了经济和社会的稳定发展,提出了抑制住房价格过快上涨的八项措施(简称"国八条"),将稳定住房价格提到政治高度,要求地方各级政府切实负起稳定住房价格的责任,采取有效措施抑制住房价格过快上涨。对住房价格上涨过快,控制措施不力的地区,要追究有关负责人的责任。

　　"国八条"提出的措施过于原则,并要求不能造成当地房地产市场大起大落,使得地方在采取措施时有所顾虑,抑制住房价格的效果不明显。2005 年 4 月,国务院常务会议强调,必须把解决房地产投资规模和价格上升幅度过大的问题,作为当前加强宏观调控的一个突出任务。会议提出,当前加强房地产市场引导和调控要采取八项措施(简称"新国八条")。"新国八条"的正式文件形式是国务院办公厅随后于 5 月 9 日下发的《国务院办公厅转发建设部等部门关于做好稳定住房价格工作意见的通知》。该《通知》要求做好供需双向调节,遏制投机性炒房,控制投资性购房,鼓励普通商品住房和经济适用住房建设,合理引导住房消费,促进住房价格的基本稳定和房地产业的健康发展。建设部等七部门在《关于做好稳定住房价格工作的意见》中提出了八条意见,取消了培育新的经济增长点时期出台的一些搞活房地产市场的优惠政策,并提出了一些严厉的政策措施,包括对个人购买住房不足 2 年转手交易的全额征收营业税,禁止期房转让即禁止"炒楼花",实行实名制购房。5 月 27 日,国家税务总局、财政部、建设部发出《关于加强房地产税收管理的通知》,细化了建设部等部门《关于做好稳定住房价格工作的意见》。10 月,国家税务总局发出《关于实施房地产税收一体化管理若干问题的通知》,强调对二手房交易征收个人所得税。

　　2005 年以稳定住房价格为主的房地产市场调控,曾导致当年下半年较短一段时期内房地产交易量迅速萎缩,供求双方处于观望和僵持状态,房价上涨过快的势头得到一定抑制。但房价上涨过快的问题没有得到有效解决,并很快出现反弹。2005 年,全国新建商品房价格同比上涨 16.72%,超过了 2004 年;其中商品住宅价格同比上涨 15.24%,比 2004 年略有下降。特别是 2006 年年初,深圳、北京、广州等城市房价大幅度上涨,中低收入人群难以承受,增加了社会不稳定因素。依然上涨的房价进一步成为社会关注的焦点。

针对少数大城市房价上涨过快、住房供应结构不合理矛盾突出、房地产市场秩序比较混乱等问题,2006年5月国务院常务会议强调进一步搞好房地产市场引导和调控,根据当前存在的问题,进一步采取有针对性的六项措施(简称"国六条")。"国六条"的正式文件形式是国务院办公厅随后于5月24日下发的《国务院办公厅转发建设部等部门关于调整住房供应结构稳定住房价格意见的通知》(国办发〔2006〕37号)。该《通知》要求各地区特别是城市人民政府切实负起责任,把调整住房供应结构、控制住房价格过快上涨纳入经济社会发展工作的目标责任制。

为贯彻落实"国六条",相关部门陆续发出通知,从税收政策、信贷政策、市场监管等方面加大房地产市场调控力度。2006年5月,国家税务总局发出《关于加强住房营业税征收管理有关问题的通知》;中国人民银行发出《关于调整住房信贷政策有关事宜的通知》,贯彻落实国办发〔2006〕37号文关于个人住房按揭贷款首付款比例不得低于30%的规定。2007年9月,中国人民银行、中国银监会发出《关于加强商业性房地产信贷管理的通知》,对已利用贷款购买住房、又申请购买第二套(含)以上住房的,贷款首付款比例不得低于40%;12月,发出《关于加强商业性房地产信贷管理的补充通知》,明确了以户为单位的第二套住房认定标准。2006年7月,建设部等三部门发出《关于进一步整顿规范房地产交易秩序的通知》。

2006年7月,建设部等六部门发布《关于规范房地产市场外资准入和管理的意见》,规定只有外商投资企业才能购买非自用房地产。同年8月,商务部办公厅下发《关于贯彻落实〈关于规范房地产市场外资准入和管理的通知〉有关问题的通知》,就所涉及的外商投资企业审批和管理问题予以明确。同年9月,国家外汇管理局、建设部发布《关于规范房地产市场外汇管理有关问题的通知》,就所涉及的外汇管理问题予以明确。2007年同年6月,商务部、国家外汇管理局发布《关于进一步加强、规范外商直接投资房地产业审批和监管的通知》,加强了外商投资房地产企业的审批和监管。同年10月,国家发展改革委、商务部发布《外商投资产业指导目录(2007年修订)》,新增对外商投资房地产二级市场交易及房地产中介或经纪公司的限制,有助于缓解房地产投资过热和房价上涨过快的压力。

为了实现"遏制房价过快上涨"的目标,中央政府又分别于2010年1月、4月、9月,2011年1月、7月,2013年3月等,连续密集出台加强和改善房地产市

场的调控政策,实行了限购、限贷、限价和行政问责等调控措施,商品房价格过快上涨的势头得到了遏制。

4.加大住房保障制度建设

早在1998年,《国务院关于进一步深化城镇住房制度改革加快住房建设的通知》就明确提出:"最低收入家庭租赁由政府或单位提供的廉租住房。"此后虽然三番五次强调,但由于种种原因,廉租住房制度建设一直未落到实处。2007年8月,国务院发布《关于解决城市低收入家庭住房困难的若干意见》(以下简称24号文),指出"住房问题是重要的民生问题",要切实加大解决城市低收入家庭住房困难工作力度,把解决城市低收入家庭住房困难作为政府公共服务的一项重要职责,加快建立健全以廉租住房制度为重点、多渠道解决城市低收入家庭住房困难的政策体系。明确规定地方各级人民政府要切实落实廉租住房保障资金,把解决城市低收入家庭住房困难的"有关工作情况,纳入对城市人民政府的政绩考核之中","对工作不落实、措施不到位的地区,要通报批评,限期整改,并追究有关领导责任"。

2007年10月,中共十七大报告指出"居民住房"是关系群众切身利益的问题,并把它列为在看到成绩的同时也要清醒地认识到的突出问题,提出必须在经济发展的基础上,努力使全体人民"住有所居","健全廉租住房制度,加快解决城市低收入家庭住房困难"。11月19日,国务院总理温家宝在新加坡发表讲话说:"如果提起人民生活,我最为关注的是住房问题。"十七大报告和温家宝总理的讲话,进一步转变了地方政府GDP挂帅的观念,随着政绩导向的变化,各级政府普遍开始着力保障和改善民生。

24号文被认为是房地产市场宏观调控重心的转移,标志着政府开始把抑制房地产价格过快上涨与解决城市低收入家庭住房困难区分开来。对于高档商品住房,认识到主要靠市场调节,对其供应和价格等进行必要的调控,主要是考虑我国人口多、土地少的基本国情,以及防止利用房地产进行炒作造成市场混乱和出现房地产价格泡沫影响金融安全以至整个国民经济的健康运行。根据24号文要求,解决城市低收入家庭住房困难的配套政策陆续出台。其中,2007年10月,财政部印发了《廉租住房保障资金管理办法》。11月,建设部等九部门发布了《廉租住房保障办法》,建设部等七部门发布了《经济适用住房管理办法》。

根据24号文,2007年各地普遍开展了低收入家庭住房状况调查,逐步建立了低收入家庭住房档案。绝大多数城市进一步建立健全了廉租住房制度,改进和规范了经济适用住房制度,廉租住房保障资金逐步得到落实,廉租住房和经济适用住房建设用地的供应有了保证。截至 2007 年 11 月底,全国累计投入的廉租住房资金为 154 亿元。其中,2007 年 1 至 11 月就投入了 83.2 亿元,超过了 2006 年以前累计投入资金总额的 70.8 亿元。通过政府新建、收购、改建等多个渠道,2007 年廉租住房房源也得到很大程度的增加。

三、城市房地产业发展的障碍

在我国的房地产业取得巨大成绩的同时,也暴露出许多深层次的问题,突出表现在:土地批租过程中寻租活动猖獗,土地流转过程中投机行为严重,土地投资开发的规模过大、结构失调。浪费严重,商品房价格过高,大量闲置,普通百姓的住房问题迟迟未能得到解决。这些问题的产生是由房地产业发展中的一些深层障碍因素引起的。

(一)行政与市场并存的体制障碍

改革以前,我国是行政化的城市土地产权制度,土地使用权以行政划拨方式由土地使用者获得,与之相应,城市住宅产权由政府所有,以福利形式通过行政手段分配给职工。改革开始以后,地产市场在计划体制和行政干预的夹缝中逐渐形成,地产领域的大量政府行为获得了市场化的形式,但其行政配置的属性基本没变,即使在进入 20 世纪 90 年代以后,土地的行政划拨制度和土地批租制度并存。房地产业双轨并存调控体制的负面作用表现在:

其一,房地产领域买卖租金的寻租活动与囤积居奇的投机活动盛行。由于土地的行政划拨与市场配置之间存在着巨额的利差,地产领域的各种寻租活动闻风而至,致使政府地产部门的腐败行为屡禁不止,非法批拨国有土地的案件有增无减,而且数额越来越大。其原因在于:对于土地需求者而言,在划拨土地与市场交易之间存在着一定的差价,只要这个差价大于它与管理者私下交易的成本,寻租者就存在着通过寻租活动获取租金差价的动机;对于房地产管理者来说,以行政手段进行房地产产权安排和重新分配的过程本身就隐含着大量增进自身收益的机会,因而也有通过设租活动来获取租金的动机。设租动机也是近年来土地开发规模过度膨胀的重要动因。另一方面,由于土地的稀缺性特点,地产具有保值增值的功效,而人们的土地需求又在不断上涨,在这种情况下,地产成为投资者看好的场所。但是,由于行政划拨制的存在,土地使用权价格未全部进入房产交易价格,客观上就形成了房产投机的空间,只要得到了划拨土地,也就得到了一种垄断权,这种垄断还可以通过交易继续获取租金,从而使房产热由理性的投资热演变为一种非理性甚至非法的投机热,房地产领域的经济:竞争秩序被一种扭曲的"寻租秩序"所替代,少部分有背景、"有办法"的投

机分子操纵房地产市场,价格的暴涨暴跌难以避免,由此造成了房地产领域剧烈的波动性和风险性。

其二,房地产领域产生了政府垄断行为并影响地产流通的正常秩序。双轨体制下,房地产市场是一个非完全竞争的市场,政府的过度参与造成了房地产市场的垄断性,影响了市场竞争功能的发挥,表现在,一是土地使用权的一级市场由政府垄断;二是公有住宅由政府垄断定向出售和出租,消费者无权选择;三是土地征用价格、土地使用权出让价格及出租价格、公有住宅出售和租赁价格由政府作为供给方单独决定而非供求双方共同决定,房地产价格的确定具有较大的随意性。在地产价格双轨并存的体制下;行政划拨和福利供给控制了大量的地产和房产,它使得真正进入市场领域的房地产十分有限,房地产市场机制的作用范围变得十分狭窄,市场体系也很不完整。目前,我国城市土地批租的一级市场作用范围仍限于增量土地和少量存量土地,且主要以协议方式进行,拍卖和招标市场发育不足;房、地混合的二级市场也只在部分经济特区和沿海开放城市发展,而在内陆城市则很不发达。在房地产市场双重配置体制下,国家正式认可和开放的房地产市场交易与灰色交易并存。灰色交易市场是指那些受政府管制的房地产在非公开的场合或以非市场的形式进行交易形成的市场,较突出的现象是公房私租和内部划拨。灰色交易游离于国家对房地产市场的宏观调控之外,受到一些非市场因素的干扰较大,交易行为极不规范,由此导致房地产市场秩序的混乱,并进一步模糊了房地产产权关系。

（二）供给与需求脱节的机制障碍

房地产市场的形成是房地产供给与需求动态均衡的结果,如果只有供给而没有需求,房地产市场就不可能形成,房地产业也不可能有进一步的发展,反之亦然。形成房地产市场的供给和需求必须是有效供给和有效需求,就目前而言,房地产市场上的短缺与过剩并存,房地产的供给和需求都不能称之为是有效的,其供给机制与需求机构尚处于一种双层隔离的磨合阶段。

就房地产的供给而言,由于地产市场的放开,土地使用权的流转加快,房地产开发商大量介入,商品化的楼宇和住宅地建筑了很多,但这些房地产的供给很难称得上是有效供给。判断有效供给的标准主要是看供给行为是否是按市场需求来进行的。在我国房地产的供给中,市场机制并没有起主要作用,相反,一些非市场因素却成了房地产热的直接原因。在许多城市,政府把房地产开发当做一项政绩来抓,在市场行为中掺杂了许多政治因素。目前的房地产开发中,住房资源的动用、建设住房的多少,在很大程度上不是由市场调节,也不是由房地产商决定,而是由政府意志决定。这特别表现在安居工程建设上,完全

由城市政府制订计划,指定承建单位,供给房改资金和信贷资金,并且由政府有步骤地组织实施。在市场机制不能发挥配置房产资源的情况下,房地产商的利润主要不是靠过硬的质量、严格的成本核算和优良的服务来取得,而是靠土地、税费、贷款等含金量政策来实现,房地产经营的市场风险和质量风险全部转移到政府和消费者身上,这种房地产供给是一种无法满足真实市场需求的无效供给。

就房地产的需求而言,我国房地产市场的有效需求机制并没有形成。有效需求是有支付能力的市场需求。目前房地产市场需求的无效性主要表现在:一是新旧体制的摩擦空间隐藏了房地产业相当部分的市场需求。在土地的行政划拨制度与土地批租制度并存的情况下,两种制度的摩擦空间为房地产市场的部分有效需求提供了一种非市场的满足渠道,通过非市场的等、靠、要或非法的寻租活动,可以购得或者预期购得一种低于市场价格的房地产品,从而使得房地产市场上的部分有效需求被隐藏甚至被消化。例如,"新房新制度、旧房旧制度"的摩擦空间就十分大:由于新房的价格比较高,尚未分房者大多是经济和政治地位弱小的阶层,他们没有买新房的能力;而对已经分到福利房的人来说,他们大多是经济和政治地位比较强大的既得利益集团,他们即使有能力购房也不愿出钱购房,从而出现"有钱的不买房、没钱的想买房"的市场尴尬,在这种情况下,房产市场上的大量有效需求被这种制度摩擦空间给隐藏和消化了;二是房地产价格上涨速度远远超过国民收入增长的速度,它使居民对房地产的需求表现为一种无支付能力的无效。改革开放以来,房地产价格的增长率一直处在20%以上,而国民收入的增长却一直在10%左右,不等速的增长状况维持至今形成了居民收入难以跳跃的房产价格平台。当前,我国大中城市房价与居民家庭年收入之比平均为10:1,大大超过国际普遍水平。

我国房地产业供求机制失衡,有一个重要原因是市场中介组织及其服务参与活动效率不高。在市场供给与需求出现一定的缺口之时,如果有发达的中介组织和高效率的中介服务参与的话,市场供求失衡的状况就会有很大的改变,在房地产市场上更是如此。房地产交易是不动产的权利交易,涉及的法律问题相当复杂;不动产涉及的数额十分巨大,因而交易的风险性也很大,房地产交易的决策需要较长时间的考虑、说服、验证和比较;不动产不能移动,供求双方之间信息不对称的状况更加突出,在这种情况下,房地产中介服务的效率和质量对于房地产交易的形成有特别重要的意义。目前,我国房地产中介组织的发展很不规范,管理混乱,小、散、滥的各类房地产中介组织遍地开花,一张桌子、半间屋就可以成立一个房地产信息公司,房地产经纪人的非法竞争和违法收费行为严重,服务效率和服务质量也大打折扣。由于缺乏专业性、规模性的房地产中介组织,无法提供房地产入市者所急需的信息服务、法律服务和金融服务等配套服务,这使得房地产市场上很大一部分潜在的有效需求被遮掩了,迟迟无法转化为房地产市场的现实需求。

四、城市房地产业发展的对策

城市化和城市现代化水平的提高,城市社会生活质量的提高,都需要城市土地的开发和再开发,房地产业在现代化城市建设及城市土地的开发中不仅是主体产业,而且是基础性、先导性产业。中国经济的高速发展、全国范围内的旧城改造、国家安居工程的实施以及外商投资房地产力度的加大,为我国房地产业的发展提供了广阔的市场前景,开放和发展是房地产业的大势所趋。当前,应针对房地产业发展中的突出问题制定切实有效的措施,进一步推进城市房地产的开放与发展。

(一)培育和规范城市地产市场

当前,我国国有土地的产权关系十分模糊。首先是城市土地的所有权主体并没明确,中央与地方的土地财产权关系界定不清。上下级政府之间的权利之争进一步使产权关系模糊。其次是不同形式取得的土地产权内容差别较大,不规范的交易行为使产权关系变得十分混乱。城市大量存在的以行政划拨方式取得的土地产权残缺、没有转让权,使用期限不明确,但此类土地事实上也广泛地参与了现实的土地产权交易,从而导致城市土地使用者和所有者及其相互之间的关系变得十分模糊。模糊产权关系下的市场与行政双轨之间存在着更大的租金空间,它必然导致形形色色的土地寻租活动的产生。解决目前城市土地产权模糊问题的思路之一是,推行中央与地方政府间分级、分类所有的土地所有制,其具体思路是:中央政府拥有城市非经营性用地,通过各级土地行政部门作为其体的产权主体负责政府机构、公共事业及其他非经营性用地的行政征用、划拨和管理,此类土地的流转受到严格的控制,在用途和使用权主体上有严格的限制,批准权一律上收中央,地方土地行政部门只有执行权;城市政府拥有城市经营性土地的产权,成立归属于地方财政部门的独立的地产公司,在相关法律的规定下,采用市场化手段经营土地的批租和零租,最大限度地提高经营性土地的经济效益。经营性用地与非经营性用地的划定工作由城市土地管理部门会同地方规划部门、城建部门及其他部门按年召开土地综合会议敲定土地供给计划及两类用地的总盘子,两类土地之间不能直接转换而必须经过年度土地综合会议。

城市土地产权的分级分类所有制为理顺城市土地管理体制提供了条件。从总体来看,城市土地配置主要作用于两种不同效能和用途之间,一种是作用于非经营性公共型产品或服务的再生产,如城市绿地和政府机构用地;另一种是作用于经营性产权型产品和服务的再生产,如各类企业的用地。经营性用地以利润最大化为主要目标,城市土地以生产要素的形式介入生产,因而选择市场机制配置经营性用地是有效的。非经营性用地主体以公共利益最大化为主要目标,主体行为强烈的外部性使得用地主体无法以市场形式把全部潜在收益内部化,从而使得非经营性用地主体缺乏以相同价格支付具有相同级差地租的能力,市场价格机制失灵,以行政手段配置非经营性用地显得更为理性。市场与行政两种机制因为各自的特点和优势构成了城市土地有效配置的两大基本手段,城市土地在不同效能和用途间均衡配置以实现城市经济、社会和生产综合效益的最大化为终极目标,这一目标的实现内在要求市场与行政两种配置手段实现协调运作。科学界定市场与行政手段在土地配置中的范围和内容是两者协调运作的核心内容,如果行政划拨与市场配置之间没有明确的标准、范围和内容的话,那么行政与市场双轨之间就必然会产生巨额的"租金",为此,要按照城市土地分级、分类所有的原则对两类土地的产权权属关系作出相应的改革和梳理,并把行政划拨与市场配置两类手段严格限定于相应的土地类别之中。

目前城市土地配置中,行政干预过度、市场机制不足是普遍问题。土地作为经济资源配置的最终目的是发展城市生产力,因而城市土地资源配置的手段选择必须注重配置效率,保证城市的每块土地都能动态地与劳动、资本进行最优配置,从而达到每块土地产出的最大化。国内外的经验表明,市场机制是土地资源配置效率最佳的机制,因此,加强市场机制在土地资源配置中的作用成为改革和完善土地管理体制的重要内容。地价机制是市场机制在土地资源配置中的具体表现形式,培育和完善地价机制成为城市土地市场机制建设的重要内容。我国培育地价机制的目的是,运用市场竞争机制和价格机制,通过市场公平交易,将城市中的土地资源配置到其最合适的经济活动中去,或者说,使每一块城市土地都得到与其利用潜力相适应的资本和劳动。

建立土地的市场配置机制必须防范和治理土地投机。在市场交易形成地价的过程中,存在着交易主体买进土地等待时机再卖出土地的投机诱发因素和市场条件,因此,处理土地投机问题是培育地价机制的一个重要的问题。土地投机导致地价暴涨暴跌,不利于土地收益的公平分配,特别是在经济高速发展的时候,投资扩大,土地需求增加,城市土地供给在短期内缺乏弹性,土地供不应求,地价迅速上涨,此时如果再出现买进土地待机抛售的投机行为的话,土地供给与需求的差距就会进一步拉大,从而必然导致地价的非正常上涨,这不利于形成地价机制优化配置城市土地资源。因此,在城市地价机制建设的过程中,要特别注重防止和消除土地投机现象,将土地购买与土地使用结合起来规范地产市场。防止土地投机的主要措施是建立土地交易税制度和土地闲置制度。前者是对土地出售、出租、转租等流转环节施以税收管理制度,根据土地市场上的供求状况,随时调节税率,以交易税率来控制引导土地交易量,防止土地价格猛涨引致土地投机。后者主要对城市闲置土地征收惩罚性的高额土地闲置税,以防止土地投机者囤积土地,控制土地供给和需求,从而操纵地价影响土地的合理配置。

（二）努力规范城市房产市场

房地产市场的活跃以供给和需求的均衡与磨合为前提在目前城市房产市场供求失衡的情况下,规范城市房产市场需要从供求和需求两个方面作双管齐下的努力。

首先,规范房地产开发行为,调节房产供给结构,增加城市住房的有效供给。其一,规范房地产企业。房地产供给最终是由房地产开发企业及其行为决定的,因此,规范房地产开发企业及其开发行为是调节房地产供给的基础性工作,其主要内容有建立开发商淘汰制。开发企业过多必然引发恶性竞争、粗制滥造、哄抬地价、乱上项目、破坏规划,这也是近几年来住房质量低劣、事故迭出、社会反映强烈的根源。为此,要大力推行房地产企业的资质审查,实行严格的开发商淘汰制。房地产企业制度的构建可以选择现代公司制度,通过建立一批公司制企业以适应房地产业作为一个规模较大部门而需要大量筹集资本的要求,并能够转换企业经营机制,规范房地产交易活动。也可以选择个人业主制、合同制、合作制等多种企业组织,使之在不动产投资、开发、经营、管理和服务等领域实行企业化经营,带动房地产产权的合理流动。其二,调节房地产业经营方向,增加经济适用住房的供给。目前,我国的住房需求主要来自于广大的中低收入阶层,这是一个巨大的市场,但是,当前的房地产开发商往往更热衷于高投资、高档次、高回报的豪华型住宅建设,远远地超出了广大中低收入者的承受能力,沉淀了大量资金,而且也影响了城市居民住宅条件的合理改善。为此,要调整房地产发展的整体思路,从政策引导、金融扶持和税费区别、投资行为控制等多方面入手,将房地产开发商的投资行为引向面向广大中低收入阶层的经济适用住房开发领域,从整体上增加房地产业供给的有效性。其三,克服成本倒置,清理合理税费,切实降低房价,这是增加现有住房有效供给的核心内容。我国城市现有的大量闲置住房过高的房价是由于房地产开发中的"成本倒

置"形成的。由于地产资源配置的非规范性,各种税费收取的随意性,房价构成中间接成本过大,从而导致了房价的成本倒置。治理房价倒置需要多方面综合治理,但清除不合理税费无疑是降低房价的重要措施。为此,要坚决把供电负荷费、供管网补偿费、煤气工程费、通信工程费、小区配套缺口统筹费、教育设施配套费以及其他行政性、集资性摊派等不合理的、重复收取的、过高收取的费用清除或降下来,只有将房价与居民年均家庭收入之比控制在 1∶6 左右的国际普遍水平之内,增强房产供给的有效性才有可能。此外,对于已经出售的公房要积极创造条件上市,并要重视培育住宅租赁市场,促进存量房地产的产权流动,这是增加房地产有效供给的重要内容。

其次,积极推进配套的住房制度改革,适时引进城市居民消费结构,大力刺激城市居民对住房的有效需求。其一是加强引导,培养个人及住户的住宅支付能力和住宅投资意识,造就新型的住宅投资主体。通过舆论宣传宣告福利制度的完结,并使社会公众确立一种观念,个人直接进入房地产市场不只是一般的住宅消费者,同时也是置业和财产保值、增值的目的需要,"心动才能行动",观念解放是引致居民住宅需求的前提。其二,加快住宅制度转换.全面放开住宅市场,大力推进住宅的市场化。推进住宅的市场化,住宅使用权和私有产权主要从市场取得,按照体现住宅价值和反映供求关系的市场价进行租赁和买卖,住宅价格由市场机制决定,居民根据自己的支付能力和效用最大化原则自行选择房租水平或购置房产,从而使消费者成为一个可以自主决策、自主选择、自担风险和利益的消费行为主体与住宅投资主体。为此,要确定废除福利供给的具体时间表,尽快将住宅补贴由暗补改为明补,再进一步进入货币工资。在通货膨胀压力较小的时期,是加速住宅实物分配转变为货币分配的最好时机。当前我国的通胀压力较小,正是大力推进货币分房的大好时机,同时,加大货币分房力度也是拉动国内需求的重要途径。其三,完善房地产投资体制,培育新型的房地产投资主体。除城市基础设施或政策性的救济房,政府不应介入房地产投资;除了房地产开发商,一般的企业和单位也不要直接投资房地产,政府和企业应把这部分钱用于货币分房制度的推行,用于增加劳动者的购房实力方面。

(三)抓好城市房地产市场的综合配套改革

健全房地产金融体制、培育城市房地产金融组织、创建房地产金融工具,这是培育城市房地产中介组织、提高其参与效率的重要内容,其主要内容包括:其一,发展房地产商业性金融组织,建立房地产信托机构,组建房地产合作性金融组织和政府性金融组织。形成房地产资金来源的多样化并促进房地产金融市场的适度竞争。为此,可以在商业性保险公司设置房地产抵押保险部,从事房地产抵押保险业务；可以由当地建设银行、信托投资公司等作为发起人向社会发行股票筹建房地产投资基金；也可由政府创办或出资成立合作性金融组织，按照投资者、组织成员与政府共同受益的规则运作，组织结构上按照股份公司模式，在内部管理和税收待遇方面按合作社的原则来确立；还可以由政府组建房地产政策性金融组织，承担政策性金融业务，支持房地产业的发展。其二，应结合国际金融市场上的融资方式证券化趋势，围绕房地产证券化，大力开展房地产金融工具创新，包括房地产债券、房地产股票、房地产基金券，不断扩大房地产债券的规模，不断推进房地产企业上市的速度，不断完善现有的住房公积金，规范和使用好现有的房地产金融工具。

　　房地产中介组织在城市房地产市场的形成与繁荣中起着十分重要的作用，当前，适应房地产业大发展的需要，针对房地产中介领域内的突出问题狠抓综合治理，在培育和发展房地产中介组织的同时不断提高其中介活动的规范化水平。首先，要制定科学的发展规划，严格审批制度，不断优化中介组织的构成结构。发展无规划、资格审批把关不严是房地产中介组织小、散、滥盲目发展的直接原因，为此，各地有关部门要根据本市房地产发展的实际需要确定出房地产中介组织的总体数量规模，按照公司法等法规严格审查中介组织执业资格，对不符合条件的要坚决取缔。同时，要根据房地产长远发展的实际需要确立合理的组织结构，重点发展房地产金融、房地产法律、房地产信息方面的综合性中介组织，对于紧缺类、风险类的房地产中介组织还应采取必要的鼓励措施。其次，要围绕房地产业的发展，健全现有的房地产法律法规体系，为规范房地产市场提供完备的法律依据。在现有《土地管理法》、《城市房地产管理法》、《物业法》的基础上，要借鉴国外的成功经验，制订一系列相关的配套法律，包括《房地产证券法》、《房地产交易法》《住宅银行法》、《房地产保险法》、《房地产投资信托基金管理办法》等，真正使房地产市场的管理做到有法可依。

第四节　现代城市市场

　　市场是商品交换的场所以及商品交换的总和，同时，市场还意味着一种资源配置方式，即社会资源的取得通过市场交换得到满足。市场与流通过程是从两个不同的角度来考察的同一经济范畴。市场是横向上对流通过程的考察，流通过程所反映的是商品如何从生产向消费领域运动的纵向过程，它的起点是生产过程的结束，终点是消费的开始，而市场所显示的是商品在运动过程中作为

一切买、卖者的流通当事人所表现的经济关系,因此,市场是与流通过程总体范畴一致的全部交换关系的总和。市场表现为城市流通过程的横断面,市场活动囊括着城市流通过程的全部经济内容。

一、城市市场的结构与功能

(一)市场与城市

城市市场是指存在于城市这一特殊空间中的商品交换关系的总和,同时,它也包括城市社会资源通过市场方式得以配置的市场体制和市场运行机制。城市经济本质上是市场经济;商品生产者通过商品交换发生关系和联系。商品交换关系的总和是商品流通,其实现场所和组织形式就是市场。城市是随着市场的发展,越来越多的人群和越来越多的商品交换活动开始在这里聚集时开始出现的。市场使人口及社会活动得以集中,集中可以降低降低流通费用,便于资本的积累和利用,城市生产的规模在市场扩大的基础上得以不断地扩大。市场孕育了城市,城市反过来为市场提供了相应的客观物质条件。城市是市场的空间存在形式,而市场则是城市的主要内容,可以说,城市与市场有着天然的联系天然的联系,是密不可分的,从城市演化史上看,城市本身就是一个市场,没有市场,就没有城市,也就谈不上商品经济的发展。

(二)城市市场的结构

城市市场结构,指由城市经济中各类市场、市场关系之间以及内部各个构成要素之间相互比例关系形成的有机整体。城市市场不仅表现为一种有形的交换场所,更重要的是它作为一种资源的配置手段对城市经济发生影响。纷繁复杂的城市市场活动,表现为一定的市场主体按一定的市场规则并以一定的市场客体为内容进行行交易活动。因此,城市市场结构是一种包含市场主体,市场客体和市场规则的立体结构。

1.城市市场主体结构

城市市场主体结构是参与城市市场活动的各类主体之间的比例及其相互关系。现代城市市场活动中,作为一般的市场主体,它们在社会经济生活中都有自己特殊的利益,都是为了一定的经济利益参与市场活动的,商品交换关系是它们之间最基本的联系,这些市场主体包括:

•居民 城市居民既是商品和服务的消费者,又是劳动者,还是资本等生产要素的所有者。作为劳动者要考虑自己的劳动力与谁交换,交换多少,获得尽可能多的劳动收入。作为资本等要素的所有者要考虑如何回避市场风险及收益的最大化。作为消费者要在市场上购买商品和服务，考虑的是使有限的货币达到效用的最大化。城市居民正是以这三种身份参与市场并与其他市场主体发生广泛的联系。

• 企业　企业是以营利为目的组织起来向社会提供商品和服务的经济单位，是独立的商品生产者和经营者，是城市市场最基本的主体。企业要向社会提供商品和服务，就必须作为买者参与市场以获得必要的生产要素组织生产。企业生产出产品或服务时，必须把产品或服务销售出去才能补偿自己的成本消耗，为此，企业必须作为卖者参与到市场活动中。企业作为市场主体最基本的要求是自主决策、自负盈亏。

• 政府　政府本身不是经济组织，但具有重要的经济职能，政府主要是通过作为国有资产的所有者、集团消费者、公共物品的提供者、经济生活的调控者等身份表现出来的。政府要代表全民把经营权让渡出去并获取国有资产的收入；政府要在商品和服务市场购买一般商品和服务，以维护政府机构的运转；政府还要组织公共物品生产以向社会提供服务。政府作为国有资产所有者、集团消费者和公共物品提供者在市场活动时，是一般的市场主体，同样要遵循效益最大化等市场规则并受市场价值规律的左右。

2. 城市市场客体结构

城市市场客体，是城市市场交换活动所针对的对象，它体现着一定的经济关系，是各种经济利益关系的物质承担者。城市市场客体结构研究的是城市市场中不同交易对象之间的比例关系和相互作用关系。

（1）要素市场

要素市场是指各种生产要素的交换场地和交易活动所反映的经济关系。生产要素是指进行物质生产和非物质生产所必须具备的因素或条件，其基本内容包括劳动者、劳动对象和生产资料。随着社会生产的不断发展，原先内在于劳动力和生产资料中的一些因素分离出来，如经营管理、科技、信息等成为可以单独交换、相对独立的要素，所以生产要素的外延会随着社会经济生活的复杂化而不断扩展。

1）资金市场

资金市场是社会经济主体间相互融通资金的场所及其交换关系的总和。现代市场经济中，资金是"万能的黏合剂"，资金市场是启动商品市场和其他各种生产要素市场的第一推动力。资金市场在生产要素市场中处于中枢和轴心地位，一切经济往来都要通过资金作媒介来实现，发达的资金市场有利于筹集和利用社会闲散资金，有利于加速资金周转，对于优化资源配置、调整产业结构有重要的作用。

2）劳动力市场

劳动力市场是劳务或劳动力商品交换场所及交换关系的总和。劳动力是人的劳动能力即体力和智力的总和，劳动力作为交换客体具有特殊性，即它只是劳动力使用权的转移，劳动力始终属于劳动者自由支配。劳动力的商品属性在现货市场经济中逐渐得到广泛的认同，开放劳动力市场是发展社会主义市场经济的客观要求，它有利于充分调动劳动者的积极性，人尽其才，使劳动力发挥最大的效能，也利于深化企业制度的改革。

3）企业家市场

随着现代城市经济的发展，劳动力中比较特殊的一部分——企业家的才能对于生产的独特作用日益显现出来，这使得企业家才能的拥有者——企业家从一般劳动力中相对独立出来，形成了相对独立的企业家市场，但其本质上还是劳动力市场的一部分。

4）技术市场

技术市场是进行技术成果有偿转让的场所及其交换关系的总和。技术成果耗费了一定的社会必要劳动时间，具有十分重要的使用价值，在现代市场经济条件下，技术成果都是商品，按其具体的交换内容分为技术开发、技术转让、技术咨询、技术服务等交换活动形式。技术对于生产的重要作用已经为经济发展历史所证明，技术市场联结科技与生产，沟通技术商品供求，使技术商品得以普遍推广和运用，促进着技术成果迅速转化为现实生产力。

5）信息市场

信息市场是进行信息有偿转让的场所及交换关系的总和。市场经济条件下，信息尤其是经济信息作为生产要素也变成了商品，有用的信息必须通过市场才能迅速而有效地传递到企业和国民经济的各个部门、各个领域发挥作用。信息市场虽不为购买者提供用于生产的物质条件，但可为生产者提供丰富的市场供求信息、技术信息、政策信息、业务信息，它可以使生产者在原有的物质生产条件下取得更大的经营成果，或者是避免可能发生的巨大损失，从而使生产者直接或间接地受益而实现其使用价值。

6）房地产市场

房地产市场是房屋所有权和土地使用权等产权交换的场所及交换关系。市场经济条件下，房地产采取商品形式，必须同其他生产要素一样进入市场流通有偿使用，才能真正发挥房地产在人民生产和国民经济中的重要作用。房地产市场的兴起有利于搞活房地产业，使之成为国民经济支柱产业之一，也有利

于土地和房产资源的有效配置。

7)企业产权市场

企业产权市场是把企业作为商品交换或转让的市场及交换关系。现代市场经济条件下,企业作为多种生产要素有机结合的整体也可以作为商品进入市场进行买卖。企业产权市场的产生是市场结构合理和市场体系发育成熟的重要标志,企业产权市场能够实现企业重新组合和资源的优化配置,同时可以使劣势企业获得新生的机会。企业产权市场在国外已经十分发达,在我国,随着企业产权改革的不断深入,企业兼并、重组等活动日益普遍,企业产权市场必将逐步发育成熟起来。

(2)商品市场

1)消费资料市场

消费资料市场也叫生活资料市场,是买卖用于家庭和个人直接消费的商品、服务的场所及交换关系的总和。消费资料是用来满足人们生存、发展和享受等需要的物品和服务的总称,是社会最终需求和最终供给的焦点,与广大劳动人民的生活密切相关,是种类最为庞杂、内容最为丰富的市场。社会主义生产的目的就是不断满足人民的物质和文化生活需要,因而城市消费品市场是最为普遍、最为重要的市场。

2)生产资料市场

生产资料市场是人们从事生产活动所必需的一切物质条件,包括劳动资料和劳动条件,它是在最初的生产要素基础上形成的中间产品,用于进一步的生产,主要指机器、设备、工具、中间原料、动力、辅助材料等。生产资料市场与生产要素市场有部分重合,但在严格意义上是有区别的,生产要素是用于生产最基础、最起码的各种物质条件,而生产资料则是在各种生产要素结合的基础上形成的用于进一步生产的物质条件,它多表现为生产要素与最终生活消费品之间的中间产品形态。生产资料市场生产者之间的流通直接属于生产过程,是直接生产过程的组成部分,生产资料市场的商品一般价值高,经营的技术性、专业性较强,交易关系相对稳定,而且大多为大宗交易。

(三)城市市场的规则

市场规则是由一系列市场法律制度组成的有机整体,市场法律制度的结构和水平构成了我国市场发育水平的重要标志。在我国,市场规则主要由两个层面的内容构成:

一是市场的体制性规则,是指确认以市场方式作为国民经济运行和管理的基本模式的政策、法律和制度的总和。在最高层次上,它体现为宪法有关条文

的论述,也包括党和政府确定的有关经济运行模式和管理方式的基本方针、路线和政策。市场体制规则是市场规则的宏观构架,它是市场规则得以进一步发育完善的基础。

二是市场的机制性规则,是指确认市场经济的基本规律得以实现的条件、手段的各种法律和制度,它为市场各个基本要素间的相互作用、相互结合提供赖以践行的基本规则,包括所有经济法规。市场机制是指市场配置资源时所表现出来的运动过程和运动方式,它包括价格机制、供求机制、竞争机制等实现手段。因此,市场的机制性规则既包括规范市场主体方面的法规,如有关企业法规制度、有关消费者的法律制度、有关政府调控的法律制度等,还包括规范市场手段的法律制度,如价格法律制度、竞争法律制度、流通法律制度、合同法律制度等。

三、城市市场的功能

(一)城市市场对于城市生产具有调节功能

城市市场对于城市经济活动的调节功能主要是通过市场自动有效地配置资源而实现的。城市市场能够通过价格信号及时地反映出某种社会资源的供求状况、某类社会生产和需求的变化情况。当某种生产供过于求时,市场反映出的是价格疲软、利润率降低,继续生产变得无利可图;反之,当生产供不应求时,市场反映出的是适销对路、价格上扬,继续生产有利可图。城市市场正是通过这种价格机制和供求机制发挥出对城市生产的调节功能,从而使得城市经济活动的主体可以通过价格的涨落安排生产和消费,调整各种生产要素组合,避免重复和无效益的生产。城市市场对社会信息网络的互通性强、反馈量大、速度快、质量高、准确及时,城市市场信息是国家宏观调控政策重要依据。

(二)城市市场对于居民消费具有引导功能

城市市场对居民消费的引导功能是一种诱致性和示范性引导。现代城市居民的消费结构中有相当部分是弹性很大的非基本性消费,如文化、娱乐等服务性消费、没有市场的引诱和示范作用,消费者潜在的消费需求是不会被激发出来的。现代城市市场提供着越来越多的新产品,这些新产品通过广告效应、示范效应等市场推销策略不断地引诱消费者的消费需要,从而使潜在的消费需求不断地转化成现实的消费需求。并使消费者的消费结构随市场供应水平的提高不断得以改善。

(三)城市市场对于经济活动具有刺激功能

城市市场对于生产企业技术进步和管理改善有内在的激励功能。现代市场上,企业产品价值的实现程度取决于市场交换价值,只有不断改进企业的生产技术,提高产品的科技含量,才能最大限度地降低个别劳动时间;不仅如此,城市市场竞争还外在地促使企业在经营管理上提高档次,学会充分利用各种资源,改进产品结构,有效配置生产要素,不断降低活劳动消耗,最大限度地提高劳动生产率和各项工作效率。现代城市市场以等价交换、公平竞争、效率至上等原则冲击着封闭、保守、狭隘的小生产意识,改变着人们的生活方式和思想观念,促进人的积极性和创造性得以充分地激发出来。

(四)城市市场对于城市经济具有辐射功能

城市市场交通便利、行业齐全、服务配套,具有交易集中、社会化服务水平较高等优点,这使得城市市场成为商品主要集散地和商品流通中心。城市生产出的大量产品除满足自身需要外要大量地通过市场转移和扩散出去,同时,要经过市场吸引和组织各种生产资源以满足城市自身的生产和生活的需要,城市经济这种聚集、扩散功能使得城市市场对周围地区具有一种市场辐射功能,它使城市市场能够不断扩大容量和范围,全方位、多层次、不等距向外辐射,从而形成生产与消费间、本市与周围间、国内与国际间各条流通渠道的立体交织、在城市市场的辐射下,城市周围地区往往得以优先开始城市化进程,从而在城市周围出现更多的城镇,形成城市圈经济。

二、城市市场的现状与优化

(一)城市市场现状

以1984年《中共中央关于经济体制改革的决定》为标志,我国以市场为取向的改革思路相继被正式写入党的纲领性文件和国家宪法,一系列市场化的改革措施陆续出台;城市市场体系建设也有了重要进展,劳动力市场、技术信息市场、金融证券市场、房地产市场等都从无到有、从小到大、从地下到公开地发展起来;国家对市场价格的管制进一步放开,商品价格改革基本完成,产品价格基本上由企业自主定价。我国许多设施简陋、临时性的马路市场、季节性市场已发展到有固定场所的综合性商场,许多以零售市场为主、地产地销为主的区域性市场发展到批发市场和零售市场相结合的统一大市场。在多种特大型综合商社、多功能商场迅速发展的同时,各种方便群众的连锁店、平价商场纷纷涌现,各种适应现代社会生活快节奏、便利消费者的流通形式如直销、邮购、电话电视定购、导购、送货上门、网购等都已经广泛流行开来。

与此同时,市场法制建设取得了突破性进展,经济法法律体系已基本建立

形成。市场主体法如《公司法》、《合伙企业法》、《个人独资企业法》、《企业破产法》和一系列的外商投资企业法;市场管理法如《合同法》、《反不正当竞争法》、《产品质量法》、《消费者权益保护法》、《商标法》、《专利法》;行业管理法如《统计法》、《会计法》、《审计法》和金融财税法等法律相继出台,使我国的市场建设走上了有法可依的规范化道路。

但是,我国城市市场体系建设无论从数量上还是质量上看,都不能满足生产发展和人民生活的需要,表现在:主体结构方面,企业特别是国有企业还未能真正地成为平等的市场主体,政府作为一般市场主体的行为不够规范,出现某种角色错位现象;客体结构方面,市场门类不全、结构不合理、市场秩序混乱、假冒伪劣等问题比较突出,某些物资紧张造成的非市场化分配方式仍然存在,生产要素市场发育不全;市场运行机制和宏观经济管理方面还不配套,企业还不能根据市场变化和宏观调控措施作出灵敏的反应,市场经济、法律、行政等各种调节手段不能很好地协调运用,市场服务管理系统不够完备,不能满足管理市场经济活动的需要;城市市场设施虽然有了很大的发展,但市场运行的环境有待进一步改善,等等。

(二)城市市场体系布局

在空间布局上,形成以城市市场为中心、以多元化的流通组织和规范化的商品交易市场体系构建的具有连通性和规模效益的商品流通网络体系为纽带、以高效运行和现代化程度不断提升的物流系统为支撑的现代市场体系,建设以城市市场为中心的多层次、开放性、网络化、布局合理的市场空间体系。

1. 大都市和中心城市

在大都市和中心城市建设形成汇集中外商品、承载多种市场形式与多样化市场交易主体的全国性商业中心。大型都市和以各省会城市(或副省级城市)要加快中心城市消费品市场建设步伐,在基本形成商业布局结构合理,商业经营服务功能完善的基础上,进一步增强和完善大都市和中心城市的市场交易功能和带动功能,不断拓展新型商品交易形式和经营空间,引进和汇集国内外名品、精品,丰富大都市和中心城市的市场,提高大都市和中心城市的市场吸引力和集聚力,使之成为汇集中外商品的、功能比较完善的商业中心。具体任务是:加强大都市与中心城市的商业规划和布局调整,全面推进城市内部中心商业区、区域商业中心、社区商业中心和郊区城镇商业和专业特色街的建设,形成布局合理、功能完善、层次分明、业态多样、体系完善的零售终端市场,成为既引导、满足不同层次消费,又创造、扩大多样化消费的消费中心;积极吸引中外大型商业集团、大型生产制造企业的采购和销售总部、跨国公司的采购分销中心,强化和完善各种商业服务设施和功能,使大都市和中心城市成为国内外知名品牌商品展示、交易、分拨的中枢;完善大都市与中心城市的商品交易市场体系与功能,积极促进和引导现有商品交易市场的升级和规范化调整,在稳步发展期货市场的同时,加快具有现代交易形式与手段的各类新型商品交易市场体系的建设与发展,围绕大都市和中心城市形成农产品中心批发市场体系、具有专业特色的、多样化的工业品与大宗生产资料批发市场体系,进一步大都市和中心城市的商品集散能力与辐射能力。

2. 中型城市

中型城市在建设区域性的商品交易中心与集散枢纽。各区域经济中心城市和具有一定规模的中型城市,应针对本地区经济发展水平和经济结构,加快地区市场体系建设的步伐,形成区域内商品流通的中心,提升市场吸引力和在区域内的辐射力,成为带动城市内部及周边地区消费水平不断提高、促进和加快消费需求结构调整的先导与动力。加快区域中心城市内部零售终端市场的建设,以中心商业区、社区商业中心龙头,以多样化零售经营形式与多元化商业企业为主体,形成布局合理、功能完善、业态多样的零售终端市场,成为带动区域中心城市及其周边地区消费需求发展的区域中心市场。通过加大对内开放的力度,吸引国内大型流通企业和大型生产制造企业设立采购和销售的地区性分支机构,发展和完善具有区域特色的、专业化的各种商品交易市场,促进本地市场与其他地区市场和全国市场的连通和交流,逐步形成一批布局合理的、具有一定辐射范围和市场影响力的区域性商品集散枢纽。

3. 小城镇和新兴市镇

在小城镇和新兴市镇形成城乡商品汇集与交流的集散中心,加快城乡市场的融合,着力辐射农村市场。加快小城镇建设和大城市周边卫星城镇建设,是我国城市化发展的重点,这就为拓展消费品市场发展空间,特别是拓展农村市场的发展空间提供了巨大的发展机遇。小城镇和新兴市镇消费品市场发展的重点是:依托小城镇和新兴市镇的建设,加大商业流通设施的开发建设力度,积极培育多元化的商品经营主体和多样化的商品经营形式;采取多种政策和措施,鼓励和吸引国内外流通主体向小城镇和新兴城镇延伸经营网络,以促进小城镇和新兴市镇的商业网点建设和市场的繁荣;除利用小城镇和新兴市镇的商业网点加强对农村市场的辐射之外,逐步以组织化、网络化的市场形式,替代农村传统的、定期或不定期的集贸市场形式,从实际出发,建设符合农村实际,又能够满足农民消费需求的消费终端市场;有选择、有重点地兴建一些服务于当地农产品交易与集散需要的交易市场或批发市场,形成当地农产品的汇集中心，促进本地农产品更快、更具规模效益地进入大中城市等销地市场。

（三）城市市场结构优化

健全合理的城市市场结构应具备这样一些特点：它是在国家宏观调控下的、充分发挥价值规律作用的市场体系，它是包括各种市场在内的完整的开放性的市场体系，它是垄断与竞争相结合的市场体系，它是有利于城市东西南北全方位市场沟通并能够不断提高城市中转辐射力、不断实现城市市场容量和范围自我扩散的市场体系。城市结构是一项系统工程，结合我国的实际，当前优化城市市场结构、促进城市市场体系建设应从以下方面入手：

1. 深化市场体制改革，构造健全的城市市场主体结构

其一，深化产权改革，推进政企分开，使国有企业成为真正的市场主体。当前的市场主体结构中，企业与政府在市场活动中平等的主体地位远未确立，突出表现在部分国有企业在进入市场时带有浓厚的行政保护色彩，形成了政企不分、政府角色错位的情况，这就使政府、企业与普通居民之间平等的市场交换关系严重扭曲，有限的社会资源在超越市场之外的行政权力支配下产生了非市场化的"溢出"，市场价值规律不能正常发挥优化资源配置的作用。而解决这一问题的唯一出路就在于深化企业产权改革，促进政企分开。企业成为市场主体的首要条件是拥有对企业资产完整的产权，企业拥有完整的产权才能自主决策、自负盈亏，为此，要按照中央着眼于搞好整个国有经济的战略，国有企业要按照战略性改组的要求从大量一般性竞争领域退出，把企业的产权完整地还给企业，使之成为真正的市场主体，与其他企业处于平等的竞争基点之上。对于关键领域和重点行业的国有企业，也要按照现代公司制要求改组为由国有资产控股的现代公司，构造适应市场竞争的内部机制。同时，政府对国有资产的管理也要按市场规则规范地进行，要把大量政府对微观企业的监督管理职能分散给各类社会中介组织，以此促进政企之间的职责分开，从而为构造健全的市场主体创造一个良好的外部环境。

其二，大力推进城市福利制度的货币化，促使城市居民真正成为城市消费市场的主体。由于长期的计划经济体制，我国城市的福利政策十分完善，城市生活体系长期建立在非商品化、非市场化的框架上，城市居民的非市场化消费行为十分普遍，城市住房、水电煤气、医疗保险、文化教育等产品长期由国家包下来或由政府企业直接提供大量补贴，城市居民远未完全纳入市场主体之列，城市居民的许多消费行为被排斥在商品和市场之外。此外，城市生活体系主要由企事业单位提供，企业办社会、企业办市场的现象十分严重，这很容易造成城市的行政保护性市场，对于城市的健康发育极为不利。为此，必须大力推进城

市生活体系的市场化,其主要内容是推进城市福利的货币化。要逐步把职工的生活福利项目如住房、医疗、教育等推向社会、改变企业办社会的问题;逐步取消各类补贴,公共产品直接与市场接轨,使多种经济成分介入公共产品的生产行列;要加快城市保障制度的完善,为开放城市公共产品市场提供有力的保障,从而推动城市居民的各项消费行为完全地纳入城市市场体系之中。

2. 积极开拓新的消费增长点,促进城市市场客体结构的合理化变动

首先,要大力培育要素市场,促进城市生产要素市场的完善。一切生产要素都进入市场是市场经济体制的本质要求,这也是培育和完善城市市场体系的重要内容,城市是社会生产最为集中的地方,也是对生产要素需要最为集中的地方,大力培育各类生产要素市场对于节约城市生产的成本、提高城市生产效率有十分重要的意义。目前。我国城市的生产要素市场已经发育成形,但规范程度远远不够,远不能满足国民经济发展的需要,尤其是证券市场、技术市场和信息市场还刚刚处于起步阶段,对此,应该放宽政策,大胆试验,及时规范。在城市生产要素市场的建设中,特别要重视多层次劳动力市场的建设,尤其是企业家市场的发育和完善。要充分认识到企业家才能作为一种特殊的生产要素对于城市经济发展的重要意义,从完善对企业家的激励约束机制入手,健全并规范企业家的年薪制,通过企业家市场鼓励企业对人力资本进行投资,促使一大批优秀的现代企业家脱颖而出。

其次,要积极开拓新的消费增长点,促进城市消费市场结构的完善。随着社会经济的发展,城市居民的消费需求结构不断变化,客观上需要城市市场体系作出相应的变化以提供更多适销、适用的商品和服务。比如,随着城市闲暇时间增多,城市休闲群落形成,相应的,花卉市场、宠物市场等观赏商品市场就应该纳入城市市场体系的建设之中;再如,随着城市流动人口增多,城乡消费水平拉大,相应的,城市旧货市场的现实需求也渐渐增大,城乡旧货市场的发展也应该纳入城市市场的有机体系之中加以规划和管理。合理的城市市场结构必须充分、及时地反映城市消费的最新动向并迅速作出相应的优化变动,同时,健全的市场结构还应该积极极地创造新的消费热点,不断形成新的消费市场,唯有如此,城市市场才能保持源源不断的生机和活力。

3. 加快城市市场法规体系的升级换代,不断完善市场经济的市场规则体系

从总体上看,我国市场经济的体制性规则已经基本定型,建立社会主义市场经济体制的大政方针通过党和国家一系列路线方针政策得以确立,并且已经写进党纲,载入国家宪法,市场经济的体制性框架作为党和国家的基本路线将长期保持下去。但就我国市场的机制性规则建设来说,还处于初级的发育阶

段,市场经济的各项法律制度还不够成熟。城市市场法规中有相当一部分体制转轨过程中出台的临时性、应急性措施,具有明显的过渡性特点,法规之间的连贯性、协调性较差,还未形成完备的城市市场法规体系。随着城市市场的不断成熟,出现了许多新情况,城市市场法规的滞后性逐渐显现出来,为此,加快城市市场法规的"升级换代"显得日益迫切。城市市场立法中,要特别注意市场调控方面的法制建设,要通过制定健全的法律制度把政府的各类市场行为纳入法制化和规范化的轨道;要密切关注城市经济活动中出现的新情况和新问题,如高科技欺诈、制假贩假等行为,消费品安全、产品责任、反暴利、消费信贷等,使市场法规建设有一定的超前性预见性。此外,完善市场法制,还必须适应各地经济发展的不同水平,通过消除地方封锁与部门垄断建立和健全商品市场法规体系,同时,法规建设还要与提高执法部门和人员的素质相结合,依法行政,确保城市市场经济的正常运转。

4. 打破行政封锁,加强城市协作,促进形成全国统一的市场体系

城市是社会经济活动的纽带,经济联系区域范围不同的全国性和地区性中心城市、乡村集镇组成的城市体系已经把全国经济联系起来,把国内市场和世界市场联系起来,客观上要求城市的分工冲破地域限制。城市经济在分工的基础上走向协作是普遍规律,我们强调城市市场的重要性,但城市市场的发展必须建立在全国统一开放的大市场基础之上才有发展前途。建立全国统一开放的市场是社会化大生产的客观要求,是发展市场经济的必要条件,只有建立起全国统一开放的市场,才能使各种生产要素在更大范围内畅通无阻地流向效益最大的地方,从而实现资源的优化配置;只有建立起全国统一开放的市场,才能使城市企业和部门在更大范围内及时准确地获得市场信息,根据市场需要及时调整城市产品结构、城市企业结构、城市产业结构。为此,要认真清理和取缔各地城市间各类关卡,实现城市间、地区间、行业间的市场开放;要加强城市间的经济协作,互通有无,化对抗为合作,坚决反对和制止地方保护主义和行政性部门的行业垄断,促进城市间商贸业务交叉和横向联合,利益均沾,同时也要按不同的城市优势形成合理的垂直性分工,提高城市市场的专业化水平,尽量避免低水平的恶性竞争。

5. 防范市场风险,规范市场秩序,确保城市市场安全有序

市场风险是影响城市市场健康发育的最大障碍,防范化解市场风险是城市市场体系建设的重要内容。市场安全有序的标准是公平、高效和稳定。目前,防范市场风险、保持市场稳定有序的主要措施有:(1)建立和健全市场风险基金制度,全国和地方副食品风险调节基金已形成了相当的规模,在此基础上,应该

进一步明确职责,健全制度,科学管理,积极扩大风险基金的规模和种类,力争使城市市场中有关国计民生的重要商品都建立起完备的市场风险基金制度,这是防范市场风险、增强政府宏观调控能力的重要保障。(2)要建立重要商品的市场调控体系,通过保护价、最高限价、指导价、市场价格管理方式,稳定价格,促进竞争,对粮油产品、菜篮子产品、重要工业消费品实施有力调控,在确保人民基本生活需要的基础上,满足人民日益增长的物质需要。(3)大力加强市场管理和社会监督的力度,坚决打击不正当竞争行为。要积极发展各类市场中介组织,重点是行业协会、同业公会、商会等市场自律性组织,发展直接为市场交易活动服务的经纪行、拍卖行、典当行及各种市场所需的咨询和信息服务机构、结算中心、配送中心、仲裁机构等,要弱化行政部门色彩,强化市场服务和沟通监督功能,从而形成保证市场稳定有序的有生力量。

6.加快城市市场的培育发展。

随着市场经济体制不断完善,经济结构调整步伐不断加快,城市政府应充分发挥流通的先导性作用,大力推进各种新型流通组织与经营方式发展,整合全社会的流通资源,发挥商业资本的规模效应,逐步提升商品流通领域的组织化和规模化程度,以组织化和规模化促进网络化流通体系的建设,构建现代市场的流通网络体系。

快速推进以连锁商业为核心、以多种现代零售业态经营形式为主体的商品零售终端网络体系。结合现代零售业发展的国际经验,通过合理规划和布局,加快发展包括超级市场、大型综合超市、便利店、仓储式商场、专业店、专卖店、大百货等在内的各种现代零售商业的经营形式,以适应我国日益提升的消费水平和多样化的消费需求,形成定位清晰、布局合理、各具特色的零售终端市场,以改变传统的以百货商店、个体商户、集贸市场为主体的零售市场格局。继续大力推进连锁经营组织向更大范围、更深层次发展和延伸,确立连锁经营组织在流通业中的主体地位。不仅要通过引入多元化投资主体、直接融资、加快国有流通资本退出来等途径实现连锁规模的快速扩张,形成具有较强竞争实力大型连锁企业;而且要鼓励优势连锁企业、批发企业以及优势生产企业采取加盟、特许等方式发展连锁经营,以吸收和整合众多分散经营、传统小型流通主体。利用连锁经营这一现代流通组织方式,将多元化经营主体、多样化零售业态经营形式编织成为适应市场经济体制运行要求的现代商品零售终端市场网络体系。

促进各类批发企业加快经营转型和服务功能延伸,鼓励大型、优势工商企业的采购分销组织的发展,逐步形成大宗商品的采购分销渠道网络体系。随着商品流通市场化程度的不断提高和市场竞争日趋激烈,传统的批发经营组织与经营形式的地位不断趋于下降,新型批发组织和工商企业的采购分销组织正在成为商品流通渠道的主导力量。一方面,要促进各类批发企业加快经营转型,采用总经销、总代理等多种新型批发经营形式,实现经营模式的转型;同时促进批发企业引入配送、流通加工、采购服务等多样化的服务功能,与上、下游企业形成更为紧密的联合和合作,形成更为通畅、高效的商品流通渠道体系,开拓新的市场发展空间。另一方面,要鼓励大型、优势工商企业的采购分销组织发展,以减少流通环节,加快商品流通速度,形成更高流通效率的新型采购分销渠道网络。

加快电子商务等新型商业模式应用,促进物流配送网络体系的发展 适应现代信息技术和现代流通发展的要求,加快以电子商务为基础的多种新型商业模式的应用,开拓市场发展的新空间;在促进工商企业内部物流管理水平提高的基础上,促进工商企业物流服务所社会化,为物流市场的发展提供必要的需求基础,加速学形成以第三方物流配送中心、大型连锁企业内部配送中心和产销一体化经营企业专业配送中心为主体的物流配送网络体系,构建网络化的现代市场流通体系。

规范与整合现有商品交易市场,加快发展具有现代商品交易手段与交易服务功能的新型商品交易市场,形成以专业批发市场为骨干、以城乡集贸市场、集群式商品交易市场为支撑的商品交易市场体系。随着我国社会主义市场经济体制的逐步完善和商品流通市场化、现代化、组织化程度的不断,传统的、摊位式的商品交易市场在流通中的主体地位将会逐步弱化,但仍将在农产品、小商品及部分劳动密集型工业品的流通中、在支撑中小企业和创业者发展等方面继续发挥"衔接产需、引导消费、解决就业、促进市场经济发展的积极作用。因此,从长远的眼光来看,除对商品交易市场中各种扰乱经济秩序的不规范行为要进行严厉的整治之外,对商品交易市场这种传统的业态要采取妥善引导、逐步改造、规范管理、调整提高的方针,最终方向是大力推进商品交易市场的现代化,按照现代流通方式加快市场的整顿、调整、改造和提高,实现城市商品交易市场业态的全面提升。

商品交易市场发展与建设的重点是在规范化和标准化的基础上,合理规划商品交易市场的布局与分工,发展和培育多种现代商品交易经营形式,强化交易服务功能,形成以专业批发市场为骨干、以城乡集贸市场、集群式商品交易市场为支撑、各种新型商品交易组织为补充的商品交易市场体系。其主要任务:重点发展与规范食品农产品批发市场,形成以中心批发市场为龙头,区域性批

发市场为骨干,产地初级批发市场为基础的食品农产品批发市场网络体系。工业品批发市场和生产资料市场要在规范整合的基础上,重点推进市场交易形式与经营方式的创新,强化市场的交易服务功能。加强商业网点发展规划,形成合理的商业网点布局,逐步解决不同类型、不同地区之间商业网点发展不尽平衡的问题,合理引导商业网点设施的投资方向。

结合市场发展的空间布局与国家基础设施的发展规划,在借鉴发达国家物流基础设施发展经验的基础上,尽快制定满足市场物流运作要求的物流设施发展规划,围绕大都市和中心城市、交通枢纽等商品集散枢纽着手建设一批大型的、具有多样化物流服务功能和现代物流运作设施的物流基地或园区;与此同时,鼓励市场主体对传统的物流设施进行更新改造,延伸物流服务功能,形成一批专业化的物流配送中心。以提高水平流通企业的信息化水平为基础,加快市场信息物流平台的建设,促进市场的信息流通速度,从而提高市场的运作效率和促进交易规模的持续扩展。

三、城市市场的辐射

（一）城市市场的内向辐射

1. 商圈与辐射

商圈也叫商势圈或购买圈,它是指特定的流通企业吸引顾客的所及范围或地域。商圈是以流通企业为中心,向四周扩散,构成一定的辐射范围所形成的。商圈实质上是某一流通企业的市场辐射圈的实体部分。商圈包括三部分:核心商圈、次级商圈和边缘商圈。核心商圈一般包括某一企业顾客总数的 60% 左右,是最靠近流通企业的区域,顾客在人口中所占的比重最高,每个顾客的平均购货额也最高,并且很少同其他流通企业的商圈发生重叠。次级商圈一般包含市场顾客的 25% 左右,是位于核心商圈外围的商圈,顾客较为分散,光顾率也较低。边缘商圈包含其余部分的顾客,这类顾客往往是分散的、次要的。边缘商圈位于次级商圈之外围,属于流通企业的弱市场辐射圈,在边缘商圈内来市场购物的人比例更低。商圈不一定都是规则的同心圆模式,可以有各种不同的形状。

影响商圈规模和形态的因素是多种多样的,主要归纳为企业外部环境因素和企业内部因素。影响商圈规模和形状的外部因素主要有:社会家庭与人口因素、区域经济状况、经济基础状况、距离、交通状况、城市规划、零售企业聚集状况及商业区的形成、配套服务行业分布等。影响商圈规模和形状的企业内部因素主要有:企业的经营规模、经营品种、售卖方式、业态类型、经营水平、信誉度、知名度等。一般来说,在特定的企业内部和外部条件制约下,流通企业的市场商圈及市场辐射的范围是确定的,特定的商圈注定企业规模的发展有一定的极限。如果流通企业的经营规模超过了一定商圈的制约,就难以取得规模效益,并会出现规模效益递减的情况。但是,如果采取相应的商圈战略,改变流通企业所处的内外部环境,则可以扩大流通企业的商圈,增强流通企业的市场辐射范围。商圈战略的主要内容有促销战略、关系营销战略、顾客满意(CS)战略、企业形象战略(CIS)、零售吸引力战略、商业环境艺术设计战略、商场现代化战略等。实施商圈战略可以改变影响流通企业商圈形成中的某些关键性变量,从而提高固定顾客率和市场占有率,打牢企业根基,扩大企业的商圈,使企业的市场辐射能力得以放大。

城市市场是由一个个流通企业的经济活动组成的,城市市场的辐射范围是城市各个流通企业商圈的集合,换言之,城市流通企业的商圈是构成城市市场辐射的基本辐射源,因此,要改变城市市场的辐射范围,必须从改变一个个具体流通企业的商圈大小人手。

2. 网络与辐射

单个流通企业的商圈是互不重叠的,故而会留下许多市场空隙,这会影响到整个城市市场辐射的有效范围,造成潜在商业利润的丧失,唯有借助一定的商业网络才能使单个流通企业的商圈边缘联结起来,从而形成城市市场绵密的辐射圈。网络的密集度有一个最佳的标准,那就是使商业流通企业的边际利润趋于零,此时,城市商圈弥合为城市市场的强辐射片区,城市所有现实的和潜在的顾客都处于流通企业的市场辐射之下,商业营销已将任何可能的商业利润点滴不漏地囊括于内,商业流通的规模效益达到了最佳状态。商圈弥合是城市流通网络构筑最佳规模的标志,也是城市市场辐射强度的标准尺度,超过这一规模,流通企业间必然会形成过度竞争,商圈就会缩小,市场辐射能力不仅不会增强,反而会趋于下降,城市商业网络的规模效益也会递减。市场的有效辐射区取决于城市流通企业的商圈规模及其网络的合理密集程度。为使城市市场辐射范围达到最佳状态,需要应用商圈理论对城市零售商业网点的布局作出合理调整。

(1)改善零售网点的规模结构

网点规模一般与服务半径成正比,网点规模越大,吸引顾客的能力越强,从而有利于延长其服务半径,扩大其市场辐射范围,但是,网点规模并非越大越好。流通网点的商圈之大小与网点有效服务范围内的居民购买力是一致的,因此,流通网点的规模应保持在与网点有效服务范围下居民购买力相适应的限度

之内,超越这一范围,流通网点的购买圈是虚拟的,其市场辐射的有效半径也会大大缩小。

(2)调整网点经营的范围与性质

一般说来,经营日用消费品如方便食品的零售网点,其服务半径比较小,而经营价值较贵重的商品如家电、黄金饰品的零售网点,其服务半径比较大。商圈的大小与服务半径是成正比的,因此,衡量一个地区的网点是否过密集不能纯粹以商业网点的数量来定论,如果商业网点的服务半径短小且相互隔离,则应考虑设置一些服务半径较长死亡零售网点将市场空隙予以弥合。

(3)提高网点经营管理水平及其形象

一个营销手段高超、经营管理水平高、形象好的零售网点,可吸引许多顾客的光临,赢得很高的知名度和美誉度,从而可以大大延长其服务半径,企业的商圈得以壮大,市场的辐射范围也会随之伸延。因此,零售企业的布局要树立营销的新观念,它包括:树立以消费者需求为中心、科学地组织其营销活动的现代市场营销观念;重视市场调研,运用市场细分原理和商圈理论确定自己的目标市场,以此创造自己的经营特色;或以华丽的装潢、齐全的商品来吸引广大的顾客群,或以商品规格的齐全和自助式的便利来拓展市场,或以专而全的产品形象来争夺市场。

(二)城市市场的外向辐射

城市经济是一种开放性、网络性的经济。城市内部的商品交换以及城乡之间、城市之间、国内国际市场之间的商品联系决定了城市经济的开放性。城市经济是以商品生产、商品流通为主体的。因此,不仅在城市内部各行业、各单位之间存在着种种经济关系,而且同外部各地区、各部门也有着种种的经济联系。所以,城市经济是一种网络。网络性体现着城市经济的融通性、交流性、辐射性,更体现着城市经济的中心作用和枢纽作用。城市以其巨大的辐射力和吸引力吸引周围地区促进社会再生产的网络联系和良性循环。合理的经济网络同城市的中心作用是分不开的。城市网络是一个有机体系,它可以是以城市为中心的商品流通网、信息交流网、技术开发网、专业化协作网等。

1.城乡辐射

城市市场的城乡辐射是指城市市场的商品流通与广大乡村地区所发生的密切、有效的经济联系,它表现为城市市场上的商品在乡村市场上占有、渗透以及乡村经济资源向城市的反向回流。我国是典型的二元经济结构,城市经济与农村经济间长期存在着"剪刀差"价格下单向不等价的物资流动,这使得我国城乡间的差距日益拉大,这已经成为国民经济可持续发展的现实障碍。为此,开

发农村消费市场、扩大城乡资源的双向流动已经刻不容缓，而增强城市市场对农村市场的有效辐射就是其中一项重要内容。

城乡市场辐射的内容十分广泛，方式多种多样。在生产资料市场方面，尤为迫切的是结合当前农业产业化的进程，大力开发农村技术市场、农用机具市场、高效清洁的农药化肥市场等，积极为我国农村的工业化、现代化和农业生产的机械化提供物质和技术保障。在生活资料方面，结合我国广大贫困地区的实际，应着力开拓城市旧货市场，从较低层次起步扩大城市市场对农村地区的辐射和反哺。

旧货市场是专门组织旧货流通的场所，它能够促进社会财富的节约，提高资源的利用率。城市旧货市场的建立有利于启动农村市场，增强城市市场辐射，还可以繁荣地区经济，增加社会就业。旧货市场的建立还可以盘活城市企业资产，促进新产品的销售，推动生产发展，加速技术革新。随着体制改革步伐加快，产品结构和产业结构调整中形成了巨大的积压物资，在相当长的时期内，我国将保持大量的积压产品，这为旧货市场发展提供了丰富货源。此外，我国经济发展不平衡，消费层次具多样化特征，广大农村地区、尤其是老少边穷地区的旧货需求市场日益扩大，这为发展旧货市场提供了广阔空间。然而，受传统思想观念的影响，我国长期对"二手货"的旧货业缺乏正确认识，旧货市场极不完备，加之管理欠缺，旧货的收购和转卖很不规范，所以大多数旧货宁愿积压报废也未能形成市场，造成了城市商品资源的极大浪费。

针对此种情况，城市旧货市场的发展首先应该从加大宣传力度入手，转变消费观念，增强广大居民的商品利用意识，对旧货市场进行广泛的宣传，确立旧货消费利国利民的市场观念，让广大消费者了解、认识旧货市场的优越性，从而培植起良好的消费环境。其次，要树立良好的企业形象和职业道德，科学合理地设置旧货市场网点，按降低交易费用、低成本运行的要求走连锁经营之路。再次，要完善发展旧货市场相应的配套制度，要加快制定旧货交易的定价标准制度和质量责任制度，要通过培训等途径大力普及旧货质量鉴别知识、旧货市场营销知识和经济核算等方面的知识及国家有关法律，使旧货交易逐步走向正规化、规范化的道路。最后，要积极构建旧货信息、运输、收售网络，疏通旧货流通渠道，畅通的流通渠道是市场发展的一个重要条件，也是城市旧货市场得以外向辐射的一个重要前提。我国城市旧货市场必须走大流通的道路，为实现旧货在城乡间甚至在全国范围内的合理流动，必须积极组建信息网络、运输网络和收售网络，以推动旧货市场更好、更快地发展。要利用先进的通讯技术，利用广播、电视、报纸等广告媒体在城镇与乡村之间、经济发达地区与落后地区之间建立信息网络,加强信息沟通,促进旧货大区域和小范围的流通。要利用社会及行业的运输能力实现旧货中跨省、跨地区的流通。要根据我国的具体情况,既要发展有形的旧货市场,又要开展灵活多样的无形市场,形成较稳定的收售网络。

2. 城际辐射

城市市场的城际辐射是指城市市场之间的相互联系和补充。城市市场是按地域划分的市场,城市市场是多个有形市场和多种市场要素共同组成的市场体系,地域市场的主要特点是综合性。在生产结构高度雷同的城市之间,市场的互补性不大,城际间的市场辐射变得不必要或不可能,因此,城市间的资源禀赋差异和生产特色是城际辐射的基础和前提。我国地域辽阔,城市众多,各地的自然资源和社会资源千差万别,城市之间的差别也十分明显,尤其在东西部城市之间、沿海内陆城市之间,资源禀赋的差异十分突出,要素报酬率也存在着较大的差距,这为我国城市之间尤其是东西部、沿海内地城市之间的市场互补提供了基础。

城市间市场辐射的主要组织形式应该是建立在城市支柱产业基础上的专业市场。城市支柱产业是区域分工和当地比较优势运用、聚集、发挥的结果,专业市场是城市支柱产业优势形式、发展、扩散的一种有效形式,城市支柱产业是专业市场的基本生产点,因此,专业市场本身也必须建立在区域分工和特色的基础上,在充分发展自己的支柱产业的基础上创建起富有特色、辐射力强的专业市场。如浙江义乌市的中国小商品城、绍兴市的中国轻纺城、永康市的中国科技五金城、磐安市的香菇市场等,都与当地的小百货产业、轻纺业、五金业和经济作物栽植业等支柱产业密切相连。专业市场的生成有其特殊的规律,对此,政府应当从以下方面考虑扶持城市专业市场的发展:首先要加强对专业市场建设的总体规划,统一布局,对新建的专业市场加强可行性分析和研究。要在突出规模的基础上着重综合性、配套性和服务设施的多功能化,要在已有市场的知名度、影响力和辐射力基础上更新改造,促使市场升级。其次,在专业市场企业化、集团化、聚集化和产业化的过程中,应加强引导和管理,鼓励专业市场之间的有序竞争。再次,要加快产业结构、业态和企业结构的升级,实现经济增长方式的两个转变,这是实现专业市场升级的前提和基础,并有助于推动专业市场发展的两个转变,进一步增强城市专业市场的辐射力。

3. 海外辐射

城市市场的海外辐射是指城市市场与海外市场之间发生广泛而密切的联系,突出表现在城市商品的对外贸易活动方面。当今世界经济是一体化的经济,地区与地区之间、国内城市与国外城市之间的经济联系日益密切。与此同时,我国对外开放的步伐日益加快,外向型经济的各项政策十分宽松,客观上为我国城市市场的海外辐射提供了有利的内外环境。为此,必须进一步扩大城市商业流通的开放程度,大力发展国际性城市大市场,建设国际化大都市,使我国城市市场辐射范围由国内扩散到海外。

首先,要注重城市的区域特色,着力创建一批国际性城市大市场。在特区、沿海和沿江开放的大中城市,交通通讯基础设施较好,信息灵通,技术设备先进,地理条件优越,应该充分利用这些地理优势和营销环境,着力扶持一批现代化的大中型零售企业,发展外向型零售企业,构造一个内外市场对接的环形经济圈。在区域大城市和交通枢纽地区,要建立起一批特大型和高档次的购物中心、超级市场、经营大厦,形成面向区域的世界商业中心和辐射网络。在沿边、沿疆开放城市,有一定的地理条件和边贸经验,对此应该按边境贸易特点大力发展对外易货贸易和补偿贸易或来料加工等。对于广大内陆和西部地区的城市,虽然有地缘、资金和信息技术方面的缺陷,但只要立足自身优势,也可以建立起国际性的大市场,关键是要创造出拳头产品打入国际市场。我国中西部城市资源十分丰富,不少自然资源和人文资源是世界上独一无二的,具备生产名、优、特产品的天然优势。比如,中西部有的城市旅游资源丰富,可以开拓国际化的大旅游市场;有的城市稀有矿产资源丰富,可以开拓特优矿产品出口市场;有的城市所在地区某项农林产品特别出色,可以在深加工和精加工的基础上开拓土特产品出口市场;有的城市的一些产品如酒类、副食、调料等具有突出的民族风格和鲜明的地域特色,许多产品可以直接打进市场。创建国际性城市大市场要注意按国际惯例和国际规则来操作,遵循高起点、标准化和国际化的要求,按照WTO的基本贸易原则,尽快实现与国际水平接轨。

其次,要大力发展对外经贸,着力建设一批国际化的大都市。经济活动国际化是国际大都市的基本特征,一个城市经济活动由国内延伸到国外,资源配置和产品销售在世界范围内进行就可以把城市经济辐射延伸至国外。对外经贸是国际大都市形成和发展的强大推动力,发达的对外经济贸易可以充分发挥优势,弥补自身在资本技术等生产要素方面的缺口,以保证本市经济的持续发展,反过来,国际大都市形成后的信息和技术优势也有利于将城市市场辐射力迅速地扩散到国际市场去。国际大都市建设的基本目标应该是:高外贸依存度、高外资利用度,把对外经贸经济放在城市经济的重要位置。推进我国城市经济国际化的战略对策是:一是更新经济国际化的发展战略,坚持可持续之路,稳步推进国际化进程;二是要抓紧培植经济活动国际化的主体,创建一批有国

际竞争实力的跨国公司,抓好大型集团的国际化经营,这是国际经济发展的主要企业组织形式,是推进城市经济国际化、一体化的主导力量;三是要抓好高新技术及其产业化的龙头企业建设,促成一批高技术企业群体,把内贸与外贸统一起来,避免内外贸脱节、内外市场割裂的状况;四是要广泛采用国际标准和国外先进标准,尽快实现与国际标准化的接轨。

三、城市市场的发展战略

(一)梯度发展战略

因地制宜,分类指导,推动市场实现从东部向西部、从城市到农村的梯度发展,促进全国统一市场的形成。在我国经济发展中,存在较大的地区差距和城乡差距,反映在市场上,东部地区与中西部地区之间、城市市场与农村市场之间也存在较大的发展差距。因此,加快市场发展必须针对这一现实,遵循因地制宜、分类指导的原则,有重点、有区别地采取针对性政策措施,推动不同地区、区域市场的发展,不断缩小市场的地区差距和城乡差距,促进全国统一市场的形成。

以东部城市市场发展为龙头,重点促进中西部城市市场发展,形成东、中、西部城市市场之间形成合理的发展梯度。东部城市经济发展速度快,经济总量规模较大,市场较为发达,东部城市是我国市场发展的最重要的组成部分,并一定程度上引领着我国市场的发展方向。中、西部城市的经济发展水平相对落后于东部地区,但随着经济结构调整步伐的加快和国家开发西部政策措施的落实,中、西部城市经济发展将逐步进入相对快速的发展的阶段,这为中、西部地区市场的快速发展提供可能与条件。因此,应针对东、中、西部地区水平市场的发展水平与趋势,选择不同的发展与建设重点。

鼓励东部城市市场创新,探索市场规范化发展的新途径,促进东部地区市场发展水平向世界先进水平靠拢。作为中国市场发展的先导地区,东部城市市场发展的重点是求新,即在现有市场发展水平的基础上,提供学习和借鉴发达国家市场发展的经验,对市场的经营模式、市场形式、组织方式、管理手段、流通设施等进行创新,并在此基础上探索适应市场经济体制不断完善的市场管理规范,不断提供市场经营管理的规范化水平,形成以现代流通组织为主体、以多样化的现代商品流通方式为主导的现代市场格局,使得东部地区市场的发展水平逐步向发达国家靠拢。重点创新和发展多样化的新型商品流通形式,包括多样化零售经营业态,现代化的商品交易市场、以供应链为基础的采购配送网络、以电子商务为基础的新型商品交易方式等。加快现代流通组织的发展,逐渐改变

市场以分散的、个体经营商户为主的组织结构。对现有流通企业和市场组织进行全面的公司化改造,加快建立现代企业制度;引导和鼓励私营、个体流通主体逐步向私营企业转化,形成规范化的市场经营主体;鼓励市场主体之间的兼并、重组和联合,加快培育大型流通主体;加快连锁经营的发展,特别是要提高特许、加盟等连锁经营方式,提高市场的组织化、规模化程度;积极探索适应我国社会主义市场经济体制不断完善要求的市场管理规范,加快市场地方性法律法规和行业规范的建设,逐步推进市场的规范化。科学、合理地制定市场的发展规划,为合理引导和吸引国内外商业资本的进入与运作,为各种商品零售、批发经营形式实现均衡发展,创造良好的市场发展环境。

对于中、西部市场建设与发展,在加快对外开放的同时,积极主动地加大对内开放的力度,加大招商引资的力度,以多种方式吸引国内外资本进入中西部地区市场,参与各种市场设施、商业网点、物流配送设施的建设与经营。采取传统业态方式与新兴商业经营形式并举的发展模式,针对中、西部地区市场仍落后于东部的现实,不盲目发展新兴零售业态。围绕中、西部的资源优势,重点发展一批以集散当地资源性产品为主的专业批发市场,通过引入东部地区的投资主体转化经营主体、吸引大型企业跨区域采购、与主要销地市场与企业建立长期合作联盟等多种形式,构建东、中、西部地区市场之间的互通联动关系,促进中、西部的资源性产品走向全国市场,乃至国际市场。

(二)加快发展战略

1. 优化城市内部商业布局,充分发挥各层次商业的协同作用,促进城市市场继续保持快速发展

围绕城市消费中心建设,以发展特色、增强城市商业功能为重点,全面推进城市的市级商业中心、区域商业中心、居住区商业和郊区城镇商业、专业特色商业街区的规划和建设,根据优化商业布局的需要,推进商业布局的战略调整,形成城市内部各具特色的商业区,充分发挥不同层次商业的协同作用。

重点开发完善市级商业中心,以提高集聚程度、推进经营结构调整、开拓延伸新的经营服务功能为目标,进一步完善市级商业中心的经营服务功能,增强繁荣繁华气氛,创造都市商业氛围。合理布局大中型城市内部的区域商业中心,形成具有一定商业特色、功能相对完善、能够带动和辐射区域氛围内消费需求升级的消费中心。

大力发展居住区商业,方便、密集的消费终端市场。居住区商业的建设重点,一是改造、提升传统社区小型商业网点,引入便利店、便利超市等新型零售经营方式,增强社区服务功能;二是加快新建社区商业设施配套,规划建设一批

集购物、餐饮、社区服务、休闲等多种功能集成的新型社区商业群落,提高新型社区的生活消费质量;三是加快沿街、沿路等分散新型零售网点的改造,鼓励其进入大型连锁企业的特许经营网络,规范经营方式,提高经营管理水平,为消费者提供快速便利的商业服务。

2.以小城镇为依托开拓农村市场,加快农产品与工业消费品双向流通通道建设步伐

依托小城镇和新兴市镇的建设,加大商业流通设施的开发建设力度,积极培育多元化的商品经营主体和多样化的商品经营形式;采取多种政策和措施,鼓励和吸引国内外流通主体向小城镇和新兴城镇延伸经营网络,以促进小城镇和新兴市镇的商业网点建设和市场的繁荣;除利用小城镇和新兴市镇的商业网点加强对农村市场的辐射之外,逐步以组织化、网络化的市场形式,替代农村传统的、定期或不定期的集贸市场形式,从实际出发,建设符合农村实际、又能够满足农民消费需求的消费终端市场。有选择、有重点地兴建一些服务于当地农产品交易与集散需要的交易市场或批发市场,形成当地农产品的汇集中心,促进本地农产品更快、更具规模效益地进入大中城市等销地市场。

(三)重点建设战略

城市商品流通基础设施建设的重点是:

1.加强重要商品储备体系建设,构建国家储备与商业储备相结合的新型商品储备体系

根据粮食、棉花、食用油、食糖、化肥、农药、石油等重要商品资源与消费情况、结构,进一步加强储备库规划与建设,保持适度储备规模,增强政府宏观调控能力,为保障市场供应和应付突发事件、重大自然灾害等创造必要的物资条件。根据国家储备库布局规划和储备水平,建立分级储备制度,逐步形成中央储备、地方储备及商业储备相结合的储备制度。引导重要商品经营主体建立必要的商业储备,国家可以采取必要的政策措施鼓励经营主体投资储备设施,商业储备的方式可以采取经营主体建立储备、联合储备等多种方式。

2.结合市场布局规划、国家及各地基础设施发展规划,布局和构建社会化物流配送体系

以运输枢纽、中心城市和大型中心批发市场等商品集散枢纽为依托,开发建设一批物流基地或园区;以区域批发市场和产地初级批发市场为基础开发建设一批物流配送中心,形成物流配送网络体系。加强粮食流通通道建设,有利于保障粮食供需衔接和流通通畅。加大对食品农产品批发市场物流配送设施的投入,建设服务于冷藏和低温农产品仓储、运输为主的冷链配送系统、以农产

品加工分拣包装为主要功能的物流配送系统。在促进工商企业内部物流管理水平提高的基础上，促进工商企业物流服务所社会化，为物流市场的发展提供必要的需求基础，加速学形成以第三方物流配送中心、大型连锁企业内部配送中心和产销一体化经营企业专业配送中心为主体的物流配送网络体系，构建网络化的现代市场流通体系。

3. 提高市场体系的信息化应用水平，促进电子商务与市场信息平台的建设

构筑市场的信息服务网络体系随着现代信息技术的发展及其在市场领域日益广泛的应用，市场的现代化趋势日益明显，也在相当程度上提升了市场的有机构成。要顺应国际商业现代化的要求，加快市场现代化设施建设，重点促进各种现代信息技术在市场领域的应用，加快电子商务和信息平台的建设，开拓市场发展的新空间。在重点科研计划中加大对市场与流通领域信息技术应用方面的研究和开发力度，鼓励和扶持企业运用信息技术改进商品交易和运营手段，如利用技改资金鼓励流通企业和制造企业进行物流信息系统建设、引入各种先进的管理软件和系统等；扶持上下游企业之间信息交流和信息共享的网络建设和管理创新。

4. 加强商业网点规划，合理引导投资，促进商业网点均衡发展

为改变我国商业网点传统落后的面貌、避免大型商业设施盲目发展、促进各种形式的商业网点的均衡发展，城市政府必须加快制定和落实本地区的商业网点发展规划，为投资主体提供明确的市场导向，并为政府的相关支持政策提供必要的政策依据。从加强引导和重点发展领域来看，以下商业网点的建设应当得到各级政府的高度重视：

采取贴息贷款等多种积极措施，支持社区零售网点如便利店、小型专业商店等的改造和开发，以满足居民日常便利性消费需求，增强社区服务功能。

合理规划大型集群式的商业中心和休闲购物中心，以市场化投资和运作发展满足新型休闲消费的商业服务功能设施。

以政府投资和市场主体投资相结合的方式，加快农产品中心批发市场的建设，进行"农改超"试点或示范，建设规范化、现代化的经营设施。

（四）市场开放战略

事实上，世界上其他 WTO 成员国都不同程度地存在市场的准入限制，通过相关的国内法律、法规和规划，规范市场的发展，变相限制国外资本的进入。如美国通过地区的土地开发计划限制店铺的开设，通过反不正当竞争条款限制超大型店铺的发展；日本先是通过著名的"大店法"，后又制定了《大店选址法》、《新城市规划法》、《中心市街地活性化法》来规范大型店铺的开设。除法律法规

之外,一些国家还建立了地方审议制度,对城市的商业网点设施建设进行审议。我国也应借鉴国外的经验,从国情出发,尽早研究相关的法律和制度,研究并充分利用 WTO 的相关规则,以促进我国市场的有序开放。

第六节　城市市政服务业

一、市政服务业与城市经济发展

（一）市政服务的内容与作用

城市市政服务业,即城市市政公用设施服务业,是以城市公用设施为依托、为城市生产和城市生活创造共同条件而提供服务的行业。其基本内容包括市政公用设施建设、管理、维护等,其中,市政公用设施建设是基础性的内容。它主要包括以下几个系统:

1.城市交通设施系统

城市交通设施系统主要指城市内部的交通系统。包括城市中各级交通道路和快速道路、各种桥梁和隧道、地下、高架轻轨铁路。停车场、站、自动步道、缆车和架空索道、轮渡码头、专用便道以及相关的路灯、信号灯、标志牌等设施。

2.城市能源动力系统

城市能源动力系统包括集中供热、供气(煤气、天然气、石油液化气、工业余气等)、供电的生产和输配设施。

3.城市给排水系统

城市给排水系统包括城市供给水的取水、输水、净水设施,配给水管网,排水管网,污水处理厂等设施。

4.城市园林绿地系统

城市园林绿地系统包括公园、植物园、林带、公共绿地、街心花园、草坪、苗圃、风景区以及建筑群落、广场中的花草树木植被等。

5.城市市容卫生系统

城市市容卫生系统包括城市雕塑和标志性构筑物,固定的标语、广告牌,街道清洁设施,垃圾的清运和无害化处理等设施。

6.城市安全防灾系统

城市安全防灾系统包括防火、防洪、排毒、防风、防沙、防地震、防滑坡等工程设施,以及人民防空等工程设施。

市政服务的内容十分复杂，各门各类都有着不可替代的特殊作用，同时，市政服务各业相互之间形成紧密的系统，在城市大系统内发挥着强大的综合作用，表现在：

其一，市政公用设施是城市得以形成的基本标志，也是城市生活质量的重要尺度。城市之所以成为城市，主要是它高度聚集了人口、资本、科学技术、非农产业等；另一个重要的标志就是它具有完备的市政公用设施，这是城市与乡村的区别之处。城市在形成之后，要实现可持续的自我发展，还必须有赖于市政公用设施的增长和完善，因此，市政公用设施是城市生存与发展的基础。另一方面，市政公用设施还给城市居民提供巨大方便，发达的交通、便捷的公用设施服务、美丽宜人的城市环境成为生活质量的重要尺度，没有与城市经济水平相配套的市政公用设施服务业，一个城市给人留下的印象就会大打折扣。

其二，市政公用设施是城市健康高效运行不可缺少的物质条件。城市作为生产力高度聚集的地方，人与物质资料的多方流动，生产生活的社会化和持续运行的每一个环节都离不开市政公用设施服务，它的任何一个环节出了问题，比如说交通堵塞、暂时性的断水或停气等，都会给城市居民造成极大的不便，而且会程度不同地影响到城市的经济效益。越是发达的城市，对于市政公用设施服务业的服务能力和完善程度的要求就会越高。当前，我国许多城市的社会经济水平迟迟得不到有效改善，其中一个重要的原因就是市政公用设施建设形成的经济发展的"瓶颈"没有突破。

其三，市政公用设施服务业的建设能够大幅推动城市经济的增长。据世界银行的世界发展报告称，基础设施能力与经济产业是同步增长的，基础设施存量增长一个百分点，GDP就相应增长一个百分点；对世界银行用于基础建设贷款部分的效益评估也显示，这些基础设施的平均收益率达16％，其中城市公用设施服务项目的收益率达到25％左右的高水平，可见，作为城市基础设施的重要组成部分，市政公用设施建设是城市经济的一个诱人的增长点，它对于拉动城市经济需求、刺激城市经济整体增长有着不可替代的巨大作用。

（二）市政服务业的产业特征

在由服务型行业向独立产业发展的过程中，市政服务业表现出如下突出的特征：

首先，市政服务业是群体性、交叉性和复合型的产业。市政公用设施服务业不仅设施量大、服务面广，而且包含了多种行业，其中的每一项都可以独立经营并成为行业，例如供水、供热、供气、供电和垃圾处理等。市政公用设施服务业的发展受到城市规划等人为因素的作用特别大，特定时期的主观努力，可以将许多门类的市政公用设施共同发展起来,从而形成一个多种专业和多个子行业的群体型产业部门。所有的市政公用设施都需要经建造而形成,但在建成之后还需要长期的运营才能实现其价值,因此它属于建筑业与服务业的交叉产业。能源动力等市政设施具有工业性质,直接构成某些工业企业的生产成本,从而与工业生产形成交叉;邮政又与交通和信息相交叉;道路及市容环卫等市政设施具有一般服务业的性质;而园林、雕塑等作为建设技术与文化艺术的融合又具有文化产业的性质,因此,在市政公用设施服务业的运营过程中,它表现出交叉型和复合型的特点。

其次,市政服务业是高投资、长周期和低风险的产业。市政公用设施建设的规模一般比较大,初期建设需要巨额的资金投入,在建成之后也不可能像住房、楼宇等商品一样一次性出售以实现其价值,而是要通过长期的运营、管理、维护才能逐步回收投资并逐渐实现其商品价值和服务城市社会的使用价值。

同时,市政公用设施服务作为城市居民的生命线工程,其建设和运营都在政府的直接监督和管理之下,所以除遭遇不可预见的地震灾害等自然风险或战争动乱等政治风险外,在经济上几乎没有市场风险,属稳赚不亏的产业。

(三)市政服务业的现状与机遇

在我国,城市市政服务最初是与公益型、事业型的基础设施服务混合在一起的,在新中国成立后前 30 年的计划经济体制下,城市市政公用设施的建设与运营、投资与补偿都是由政府一手包办的。改革开放使城市市政服务业发生了巨大的变化,市政服务业逐渐由纯粹公益型向部分的企业型转轨并形成了目前双轨并存的局面,市政服务业产业化步伐不断加快,大部分行业如供水、供热、供气、供电等已在政府监管下实现了企业化经营。市政建设资金也已由单一的政府投资向多元化方向发展。我国城市市政建设已经形成了中央、地方、企业、个人、外商等多元化、多层次的投资体制,城市市政建设的飞速发展使我国城市经济效益、社会效益和环境效益均有大幅提高。

但是,与国外相比,我国的市政服务水平还有很大的差距,表现在城市生活垃圾处理率、家庭人均供用水、生活燃料气化率、污水处理率等方面。差距即挑战,同时,也是市政服务产业发展的机遇。根据中央制定的经济社会发展目标,我国将在 21 世纪中叶达到等发达国家水平,城市必须先行,城市市政服务建设尤其需要率先实现现代化,这一宏伟目标的逐渐实现必然为城市市政服务业的发展创造历史机遇,给国内外的投资者带来良好的投资机遇。

二、政府采购与市政服务业发展

（一）政府采购的国际经验

政府采购也称公共采购，是指一国政府及其他受政府控制的企事业单位，为实现政府职能和公共利益，以招标为主要方式从国内外市场统一采购以获得价廉物优的货物、工程或服务的行为。政府采购的范围包括：政府消费品（党政机关的日常公共用品、劳务服务等）和政府投资品（由政府提供的公共工程或能源、交通、环保、安居工程等公共基础设施）。政府采购是将市场竞争机制和财政支出管理有机结合起来，利用商业管理办法来管理政府公共支出的一种基本手段。

在国外，政府采购已有上百年的历史，英国、美国、新加坡等国形成了一套完整的管理系统和办法。英国早在1782年就设立了文具公用局，负责购买政府部门办公用品和投资建设项目，并规定了政府采购程序和规章制度。美国在1861年颁布了《联邦采购条例》，其后又制定了《采购工作守则》、《联邦采购政府司法案》等法规。此外，国外还形成了一整套行之有效的制度，如招标制度、作业标准化制度、供应商评审制度、审计监察制度和交货追查制度等，有效地保证了政府采购的健康运行。新加坡则制定《政府采购法案》，还设立了政府采购裁决法庭，负责处理违反法案规定的投标争议。在西方，政府采购通常占到国民生产总值的10%～15%。据欧盟预测，政府采购的金额占成员国国内生产总值的15%，发展中国家的比例更高。在西方许多国家，每年的财政预算会出台一揽子政府采购计划，用以指导经济社会发展，这在战后随凯恩斯主义的出现而顺理成章。

从国外经验看，政府采购的积极作用主要表现在：

其一，有利于节约政府财政资金，提高政府资金使用效益。据国外经验，实行政府采购一般可以达到5%～8%的资金节约率，由于政府采购支出总额十分庞大，这一节约率通常可为政府节省成百上千亿的资金。另一方面，政府采购也使政府财政管理从价值形态延伸到实物形态，大大提高了资金的使用效率，并诱致了其他资源的合理配置。

其二，有利于贯彻国家的财政政策、货币政策、产业政策和保护民族工业。政府采购行为是国家财政政策、货币政策和产业政策的直接践行者，政府采购的种类、数量和规模直接体现着政府的财政、货币和产业政策导向，从而成为政府经济政策的风向标。在政府采购中，实行政策保护和倾斜可以达到促进国家重点行业发展的目的。在政府采购某一产品时，可以实行定点采购，或者也可

以运用国际管理中"外汇平衡、国家安全、环境保护"等理由限制或禁止外国企业进入国内某些产业领域,从而起到保护和扶持民族企业的作用。

其三,有利于遏制政府财政支出行为中的腐败。政府采购的明显优点在于,招投标程序高度透明,公开招标置政府采购于社会监督之下,建立起内部制约、外部审计和商家投诉相结合的监督机制,增加了政府政务工作的透明度,维护了采购过程的平等竞争,充分体现了公开、公平、公正的原则,从而保护了政府采购的质量和效益,提高了财政资金的使用效益,有效地遏制了采购中的各种腐败现象。

其四,有利于促进企业的良性发展。政府采购对竞标厂家的经济实力、信誉、售后服务等作了严格的规定,能够参与政府采购、实现竞价中标或竞价定点,对企业取得其应有的经济效益、树立自身的良好形象、扩大产品广告效应、提高企业产品的美誉度和知名度等都会产生积极的影响。英美等发达国家的许多大牌公司都是政府采购的积极追逐者,它们通过政府采购中的竞标、不仅可获得大笔订单,还可以借机做一次无形的广告宣传;确立企业产品对政府与公众长盛不衰的影响力。

（二）政府采购的国内实践

在我国,政府采购制度正处于完善阶段,中央和地方对政府采购都在进行探索,政府采购正在成为经济舞台上的重要角色。深圳、上海、北京、重庆等城市对政府采购的尝试较早。1999年1月,中央国家机关政府采购试点工作正式启动,国务院机关事务管理局第一次面向社会分开招标采购计算机及相关设备75台,中央国家机关政府采购向公开、公平、公正的目标迈出了重要的一步,它标志着政府采购已得到中央政府的认可。《中华人民共和国政府采购法》由第九届全国人民代表大会常务委员会于2002年6月29日通过,自2003年1月1日起开始施行。政府采购法是针对政府采购的专门性法规。政府采购在我国的实践中表现出积极的作用,它改变了我国传统的按单位分配资金的"自行购置、分散管理"的粗放型管理方式,强化了财政支出预算的约束力,防止了重复购置,节约了财政开支,提高了资金的使用效率。从统计结果来看,实行公开招标后的政府采购所花费的资金平均比预算资金节省10%以上,按此推算,我国每年7000亿元的政府采购额,一年则可以节约近700亿元以上的财政资金。进一步推进政府采购制度对于宏观经济和中观经济都有重要意义。由于我国政府采购额占当年国内生产总值的10%以上,数额十分巨大,可以说是国内最大的集团消费者,因此,政府采购是扩大内需的一个重要手段,对经济增长的影响十分显著,在政府其他经济政策的配合下,可以通过扩大或缩小政府采购规模,实现宏观调控,影响经济发展的速度,从而促进国民经济持续快速发展。此外,政府采购是国际潮流,开放政府采购市场是国际贸易一体化的通行做法,加快政府采购制度的发展也是我国经济融入世界经济潮流的大势所趋。

(三)推进政府采购制度,加快城市市政建设

目前,我国大部分城市的政府采购试点多限于公务用车,定点维修,办公设备及接待服务等方面,属于政府消费品的采购比较多,而对公共工程、市政公用设施等政府投资品的采购尚无普遍施行,这表明政府采购制度还停留在外围层次上,未触及到我国政府财政支出管理制度的核心,这是因为:在我国的财政支出中,全国性的基础建设投资和各个地区(城市)的基础建设投资占了财政支出的绝大部分,政府投资品支出涉及比政府消费品支出庞大得多的巨额资金的拨付、流转。然而,由于政府投资品的支出仍然沿用计划体制下行政权力运作的上报下批程序,在运转过程中存在着大量的腐败诱发因素,各个环节的暗箱操作导致了层出不穷的"工程腐败"现象,国家财政每年都会遭受"制度性损耗",财政投资的总体效益因此而大打折扣,因此,政府财政资金中用于投资品支出的部分对竞争机制和效率机制的要求更为迫切,制度改革的预期成效也更为显著。在我国的基础工程投资项目中,城市市政公用设施投资又占了主要部分,全国600多个城市每年用于市政公用设施建设的财政资金数量相当庞大,资金规模越大,制度改革的潜在收益就越大,新制度的效率空间就越大。因此,及时将政府采购制度推进到包括市政公用设施建设在内的政府投资品采购,这是政府采购制度深入和完善的必然趋势,也是规范政府投资品支出的现实需要。

在政府采购制度的深入推进过程中,需要及时解决前进中的突出问题,积极借鉴国际成功经验,不断使我国的政府采购制度走向规范化。主要的工作是:一是改革相应的财政支出管理方式,市政工程投资由财政按预算或采购合同直接向供货商或开发商拨付,从而将过去层层拨付、层层扣留的资金流转环节简化,消除腐败隐患,这需要在项目审批制度、预算制度和会计制度方面作相应的改革。二是抓好政府采购制度改革的依法执行上。要严格遵照《政府采购法》,政府采购的运作要全面依照政府采购法所确定的原则、适用范围、招投标运作、供应商资格审核、评委会管理、财务处理、法律责任等法律规范,以适应未来开放政府采购市场、参与国际竞争的需要。三是坚持公平、公开、公正原则,继续推进财政支出管理制度的改革。目前,财政部门既负责审批,又负责采购,权力过于集中,很容易产生新的腐败,为此,政府采购制度应在实践中继续改革和完善。财政部门作为政府采购的管理机构,其工作重点应逐步转向制定采购政策和法规的细则、编制预算和拨付、采购管理、监督和仲裁,并应让公证、监

察、新闻等部门和单位也参与到政府采购和监督中来,借以保证政府采购制度公平、公开、公正和合法原则的真正实现。

三、融资改革与市政服务业发展

(一)市政融资的基本形式

市政公用设施建设需要集中性地投入大量的资金,单一的政府投资渠道已经不足以满足日益扩大的城市市政公用设施建设的需要,在城市市政建设的实践中,已经摸索出了如下融资渠道:

1.银行贷款方式

由项目承建公司向国内外银行直接借债并逐年还本付息。由于市政公用设施建设具有周期长、数额大、利润回收慢等特征,与商业银行贷款业务的流动性原则有矛盾,所以,国内提供市政公用设施贷款的一般是政策性银行,少量有实力的商业银行也逐渐涉及市政基建贷款业务。国外贷款投资市政公用设施领域近年发展迅速。

2.融资合作方式

通过项目公司与国内外其他公司合资、合作等投资方式引进国内外资金。例如,南昌供水有限公司与中法水务投资公司合作经营"南昌双港供水有限公司",法方投入 542 万美元,占项目资本总额的 50%,中方以双港水厂资产量重新评估人股 500 多万美元,也占 50%,双方协定,在各自投入的股金中一半作为资本金,另一半作为股东贷款,合作期限为 28 年,资金回报率分期计算,5 年内为 10%~15%,5 年后为 18%。通过这种方式,使供水工程所需要的大笔资金在短期内迅速到位,保证了工程的顺利建设并很快进入利润回收期。

3.自营收入再投资

主要是城市市政部门将已建市政公用设施使用中收取的各种费用的一部分提留用于新的市政公用设施项目的再投资,如已建的高速公路的过路费、大型桥梁的通过费等,这部分费用在补偿先期投资后,赢利部分应该按一定的比例提取作为市政公用设施再投资的资金储备。

近年来市政基础建设投资多元化的重要表现是,建设资金总量中国内贷款、利用外资、自筹资金等非政府投资逐渐增加并占据了主要地位。

(二)市政融资的手段创新

城市市政公用设施是国民经济基础设施在城市中的具体化和系统化,它是为物质生产和人民生活提供一般条件的公共设施,是城市赖以生存和发展的基

础,城市市政公用设施必须与城市其他设施的形成与发展保持协调。一般说来,由于城市市政公用设施项目的建设规模大、周期长,它必须有个超前量以适应城市经济社会的发展。然而,我国的城市基础设施建设由于一直以财政支出为依靠,长期投资不足,因而严重滞后于其他设施的建设,给居民生活带来不便,更影响了城市的发展。要迅速使这种落后状况得到改观,就必须开拓政策性投资以外的融资渠道。项目融资作为建设项目资金筹集的众多融资方式中的一种独特方式,在国际上已经非常盛行,对城市市政公用设施建设有独特的优势,因此,应把项目融资作为城市市政融资手段创新的重要内容。目前,对于我国城市市政公用设施建设比较适用的项目融资方式有:

1. BOT 方式

BOT(build operate transfer)即建设—经营—接受方式,它是城市政府利用外国或本国私人资本建设市政公用设施的一种方式。在我国,由于私人资本规模较小,实力不足以承担大型项目,所以 BOT 大多着眼于外国资本。基本做法是,由政府确定市政建设项目向外国投资者招标,由投资者投入股本组成项目公司并负责筹资建设该项目,建成后允许投资者经营一定的期限以便收回投资并得到合理的利润,期满后,投资者须完整地、无偿地把该项目资产移交给当地政府。我国北京的京通快速公路、广东的沙角电厂、广西的来宾电厂二期工程等都利用 BOT 方式顺利完成了工程建设。由于 BOT 方式利用的主要是非政府资金(必要时,政府也可参股,但不谋求经营权),有助于避免城市政府大举借债带来的债务膨胀问题,大大减轻了政府的财政负担和主权债务,使政府财政资金的使用具更大的灵活性。此外,BOT 方式具有正向的联动效应,在引进先进建设技术和成熟的市政设施管理经验方面有积极的意义。利用 BOT 方式搞市政设施建设,可以吸引国际上资本实力雄厚、筹资能力强、技术先进、在同类项目建设和经营方面富有经验的大集团加盟城市市政工程建设,他们的参与可以促进国内学习先进技术和管理经验,可以迅速建成达到国际水准的市政设施项目,不仅可以解决我国城市经济发展的瓶颈问题,而且可以带动一批相关产业的发展。

当然,BOT 方式也有其局限性,主要表现在:采用 BOT 方式的市政工程项目一般涉及的资金数量巨大,期限也较长,项目的选定和评估自然是费时费力,在谈判签约时所涉及的经济、金融、法律、技术方面的问题也十分复杂,对决策者的相关知识要求很高。在我国目前的政策环境下,BOT 项目的审批还存在着权限和法律方面的许多问题需要解决,因此,对于城市自力更生能够建设的市政公用设施项目不必盲目推崇 BOT 方式,在项目选定时更要慎重,决不能草率行事,一哄而上。

2. TOT 方式

TOT(transfer operate transfer)即移交—经营—移交方式,指中方将已经建成投产运营的市政公用设施项目有偿移交给外方进行经营,中方凭借移交设施项目所得的未来若干年的收益(现金流量)用于新的基础设施项目建设。当经营期届满时,外方再将项目无偿移交给中方。这种融资方式与 BOT 融资方式的最大区别在于避开了 Build(建设)中所存在的较高的风险和大量矛盾,为国外投资者提供了一条快速进入中国基础设施经营市场的捷径,立即投资立即收益,中外双方比较容易达成一致。

TOT 融资对于城市市政设施项目建设的积极意义在于:首先,有助于盘活市政公用设施建设中的存量资产,能够在短期内为更大规模的市政基础建设提供更多的资金来源。这对要在短时期内使城市市政设施建设水平有较大提高的中国来说,具有迫切的现实意义。其次,通过 TOT 融资方式可以为已建成的项目引进先进的经营管理,它在市政基础设施领域引入了竞争机制,有助于加速我国基础设施领域市场化的步伐,也是有序地向国际市场开放基础设施建设和经营市场的适当形式。第三,TOT 操作相对简便,副作用小。TOT 不需要人民币的完全可自由兑换,不需要以投资融资配套改革为前提条件,它将基础设施建设市场与开放基础设施经营市场、基础设施装备市场分割开来,使得问题尽量简单化,分散技术风险,避免受制于人。此外,TOT 只涉及市政基础设施项目的经营权的转让,不存在产权、股权的让渡,可以避免不必要的争执和纠纷,也不存在外商对中国基础设施的控制问题,不会威胁国家安全。

TOT 融资方式能够使谈判双方迅速找到利益结合点,具有其独特的优势,在我国已经有成功的实践。据《华商时报》1994 年 7 月 5 日报道,山东省交通投资开发公司与外商独资的天津天瑞公司达成协议,将烟台至威海全封闭四车道一级汽车专用公路的经营权出让给天瑞公司 30 年,天瑞公司一次性付给山东省交通投资开发公司 12 亿元,30 年后天瑞公司再将该公路无偿移交给山东省政府。山东省交通投资开发公司得到这笔资金后将再投资于公路建设。从而加快了山东省基础建设资金的周转。

3. ABS 方式

ABS(asset backed securitization)是以项目所属的资产为支撑的证券化融资方式。它以项目所拥有的资产为基础,以项目资产可以带来预期收益为保证,通过在资本市场发行债券来募集资金的一种项目融资方式。与其他项目融资方式相比,ABS 有一个显著的特点,即它是通过证券市场发行债券筹集资金。

ABS的运作过程如下：

第一步，组建一个特别用途公司SPC（special purpose corporation）。该机构可以是一个信托投资公司、信用担保公司、投资保险公司或其他独立法人。该机构应能获得权威性资信评估机构的较高级别的资信等级（AAA级或AA级），从而能够进入高档投资证券市场发行债券募集资金。第二步，特别用途公司（SPC）寻找可以进行资产证券化的对象，原则上，项目所依附的资产只要在未来一定时期内能带来稳定的现金收入，则都可以进行ABS融资，但一般选择未来现金流量比较稳定、可靠、风险较小的项目资产。第三步，以合同、协议方式将原始权益人所拥有的项目资金的未来现金收入之权利转让给特别用途公司。第四步，特别用途公司直接在资本市场发行债券募集资金，或者经过特别用途公司的信用担保，由其他机构组织发行债券，并将募集所得的资金用于项目建设。第五步，特别用途公司通过项目资产的现金流入量，分期清偿债权人的债券本息。

ABS方式所涉及的机构较少，从而最大限度地减少了酬金、差价等中间费用。通过证券市场筹集资金，操作比较规范，有高质量的专业咨询机构参与，从而筹资的成功率比较高。同时，由于证券还本付息的资金来源于项目资产的未来现金收入，便于证券投资风险的现实度量和预测，证券投资者的投资风险比较分散，因而能够很快吸引投资者。目前，我国城市许多公用设施项目的经营具有一定的垄断性，所以收入稳定，预期回报率高，投资风险较小。这些项目素质优良，通过成熟的项目融资改组技巧即可将项目资产的未来现金流量转化成高质量的证券投资对象，这是ABS方式的理想选择目标。通过引用ABS方式，我们可以在较短的时间内以较低的成本用规范化的手段在国际证券市场筹集资金，以加速我国城市市政公用基础设施建设。

第七节　现代城市信息业

1991年，美国企业在计算机和通讯设备方面的销售收入第一次超过了机械工业，这标志着信息产业作为经济社会的主导产业已经崛起。到了上世纪90年代后期，美国政府表示，美国公司办公经费的50%都被用于信息技术产品或与计算机和通讯相关的服务，美国5000家软件公司对经济的贡献率超过了世界最大的500家企业，信息产业为美国提供了大约50%的社会工作岗位。信息产业的崛起使世界经济进入了一个全新的时代——信息经济时代，信息产业成

为城市经济中的新兴主导产业,并使城市经济的运行呈现出新的特点,城市经济的发展也面临着新的问题。

一、城市信息产业概述

(一)信息及信息技术

信息通称消息,信息论中的信息指用符号传送给被接受者所不知的客观内容,包括文字、语音、数据、符号等。广义的信息被认为是物质的一种基本属性,是物质存在方式和运动规律与特点的表现形式。信息技术是处理信息的手段和方法。人类处理信息,最根本的是靠生理器官和功能。眼、耳、鼻、舌、身等各种生理感觉器官是收集信息的门户,神经系统是信息传递的渠道,大脑则是记忆信息的器官,语言的出现是人类信息交流的最初步骤。发送、传输、接收信息的活动古已有之,可以追溯到原始社会的结绳记事。有组织的信息活动在人类进人文明社会的初期就已经存在。我国是世界上最早建立信息传递系统的国家之一,据历史记载,早在3000多年前的商朝,我国就有骑马或乘车通风报信的驲传制度和驿传制度,这是较早的有组织的信息传输方法。西周时期,为防备敌人入侵,边防线上间隔一定距离设一座烽燧台,采用烽燧作为边防告急的信号,白天放烟(一般以狼粪为燃料,故又称狼烟),夜间举火。并设有上至太守,下至都尉、燧长等职的官吏。山东省的烟台市就是因为明朝时在那里设置狼烟台而得名的。在漫长的封建社会时期,以畜力传递信息的驿传制度逐渐普遍,明朝有大小驿站1036处,小驿站有马5~10匹,大驿站有马30~80匹,在驿站内设有馆舍供专职的驿传人员休息。此外,信鸽传书也是古代信息传输活动的手段之一。

信息处理手段的第一次飞跃是文字的产生和应用。纸张的产生和印刷术的进步,使人类在信息的存储方面有了重大的突破。正是由于文字的产生,人类能够以信息方式有效地积累经验,形成对自然界以及人类自身知识的理解,这是人类社会得以飞速发展的必要条件。工业革命在物质和能量的使用方面开创了一个全新的时代,在信息处理方面也出现了机械计算机和手摇计算机。电的发明和使用使人类在信息的加工与传递上发明了一系列的新技术。有线电报、无线电报、电话、穿孔卡片等文字和语音信息传递技术也相继问世,人类信息处理进入了机械与电气时代。20世纪中叶,人类生产的社会化程度空前提高,人类在信息处理方面也进入了一个全新的阶段,一大批现代技术得以发明和广泛应用,其中,最为核心的是高密度存储和加工信息的电子计算机技术以及远距离、大容量、高速度传输信息的现代通信技术。

现代信息技术通常指在计算机与通信技术支持下用以采集、存储、处理、传递、显示包括声音、图像、文字和数据在内有各种信息的一系列现代化技术,它是 20 世纪 70 年代以来随着微电技术、计算机技术和通信技术发展形成的一个全新的、用以开发和利术用信息资源的高新科技群。计算机技术、通信技术与传感技术是现代信息技术中最基本、最精华的部分,此外,还有信息存储技术、信息显示技术、信息复印技术、声像技术、视听技术以及人工智能等技术。信息技术的发展表现出三大趋势:一是信息加工和处理与信息研究向着自动化和智能化方向发展,包括文字自动处理、标引、分类,机器翻译以及各类专家系统和智能系统等。二是信息检索与存取向高速化与计算机化方向发展,表现为各类计算机信息检索与网络高速发展。三是各类信息技术的综合化与一体化,各类信息技术尤其是计算机技术和通信技术互相渗透结合,推动着信息技术现代化向空前的高度发展。

(二)信息产业化进程

信息革命的发展过程是人类脑力不断解放的过程,信息机器的发展不仅使人类获取信息的手段发生了根本变革,更重要的是,它改变了人类加工处理信息的手段,大大扩展了人类的活动空间和时间。19 世纪末到 20 世纪初,放射线和电子的发现及以后提出的相对论、量子论、基因学说等科技理论,完成了人类历史上的第三次科学革命,这次科技革命诱发了以原子能、电子计算机和空间技术的发展和利用为标志的第三次技术革命,并最终导致了信息革命。信息革命为信息的产业化创造了技术条件,人类对信息的要求形成了信息产业化的市场动因,但信息产业化进程的真正开始是在计算机发明以后,并表现为一种阶段演进过程。

上世纪 40—60 年代,是信息产业初步确立阶段。1946 年,美国宾夕法尼亚大学制造出了世界上第一台电子计算机,为人类开启了信息时代的大门。1947年,美国贝尔实验室创造了世界上第一只晶体管并在 1956 年制造了第一台晶体管计算机。两年后,美国得州仪器公司(Texas Instruments Co.)宣布建成世界上第一个集成电路生产线,标志着集成电路走向工业化生产的阶段。1962年,第一台集成电路电子计算机问世。通讯产业化进程也在这一阶段开始。20世纪 50 年代,微波信道和同轴电缆作为新的传输手段进入了通信系统。1960年,出现了 8 个双向平行波道,每个波道有 2200 条话路的微波通讯系统。同年,美国发明了红宝石激光器。1965 年,美国生产了第一台程控电话交换机。随着数字通讯技术、计算机技术、光纤通信技术和数字微波通讯技术的发展,通讯技术进入了一个新纪元。1957 年,世界主要发达国家的电子信息产业总产值

约为 120 亿美元,其中美国占了 75%,整个欧洲占 20%。到了 60 年代,由于需求的增长,世界电子信息产业开始加快发展,为了满足国内的需求,美国在加速发展国内电子信息产业的同时,还在东南亚地区设立了生产基地。

上世纪 70—80 年代是信息产业快速发展阶段。1971 年,英国特尔公司研制出了世界上第一个微处理器,70 年代,大规模集成电路计算机出现,实现了电子计算机的微型化,为计算机的普及奠定了基础。微电子技术的广泛运用,大大降低了电子计算机的制造成本,为智能化信息机器的大规模应用打通了道路。电子信息产品大量进入各种生产设备和家用电器,促进了各行各业的信息化。在通讯业中,光纤通讯在 70 年代逐步发展,它与微电子技术、电子计算机、程控电话、卫星通信等技术共同发展和相互促进,大大推动了数字通信和计算机网络的发展。同时,因特网的出现带来了网络革命,为信息产业的发展提供了更大空间。1980 年,仅美国、日本、西欧的电子信息产业产值就高达 3020 亿美元,超过了钢铁、纺织工业的产值。1974—1982 年,世界电子信息产业平均每年的增长速度高达 20% 以上,与此同时,发达国家在发展自己的电子信息产业的同时,也增加了对拉美和亚洲发展中国家电子信息产业的投资,促进了这些地区信息化的发展。70 年代末,发展中国家电子信息产业占世界比重从无到有已经接近 5%,东南亚几个国家和地区电子信息产业的年平均增长速度达到 20%。

上世纪 90 年代以来,是信息产业飞速发展的阶段。全球信息产业的发展进一步加速,信息产业的增长率为其他产业的两倍,信息产业的发展呈现出软化的趋势,表现在软件产业和信息服务业,包括信息咨询服务、系统集成服务、网络服务等成为信息产业的主导,硬件有效发挥作用必须依赖于与之相配套的软件。1993 年,世界信息产业的产值构成中,软件产业和信息服务产业已升至56%。随着信息产品价格的不断下降和人们信息需求的不断增强,信息服务已深入人们生活的每一个角落,电脑、通讯设备与消费类电子产品相互融合已成为大的趋势,家用电脑、音频、视频传播产业得以迅速发展。1995 年,全球电视机拥有量已突破 12 亿台,有线电视近 2 亿户。在发达国家,电脑、电视等信息产品的普及率更高,1995 年美国的微机普及率达 40%,有线电视普及率达70%,德国的微机普及率达 20%,有线电视普及率达 51%。

信息的产业化进程有着十分重大的经济意义和社会意义。信息产业的形成和发展,是工业化经济向信息化经济转变的核心内容。信息产业在其发展过程中,通过与传统产业相互渗透融合,可以改进传统技术,并促进传统产业的改造与升级。信息产业凭借其自身强大的生命力,通过不断发展,已从传统的第

二、第三产业中迅速独立出来，并猛烈地冲击着原有产业结构，成为具有自身特点的第四产业。总之，信息产业的发展成为国民经济取得发展的动力和扩大规模的基石，信息产业的发展水平已经成为社会与经济现代化的重要标志。

（三）信息产业的含义

对于信息产业的概念，由于其自身的独特性，世界上尚无统一的说法。美国学者波拉特在研究宏观信息经济问题时，以信息活动的产品和服务是否在市场上直接出售为判定标准，将信息产业分为第一信息部门和第二信息部分。第一信息部门是指向市场提供信息产品和信息服务的企业，包括八个主要产业：生产知识和具有发明性质的产业；信息交流和通信产业；金融、保险等风险产业；市场信息业、宣传业、调查业；信息处理和传递服务业；信息商品业；教育业；用于信息交流的建筑设施业。第二信息部门包括公共官方机构的大部分和私人企业内的管理部门的全部，即只向本单位、本组织提供信息服务的信息部门。目前，在美国比较流行的信息产业是在美国商务部资助下的信息经济研究项目中提出的定义，它认为信息产业是信息产品和服务的生产、处理、流通并为其提供一切资源的活动。按美国对信息产业的划分，第一信息部门包括了8大类，116小类：知识生产和发明业、信息分配和通信业管理业、调查和协调业、信息处理和传递业、信息产品制造业、与信息市场有关的政府活动、信息基础设施业。第二信息部门是组织机构内部的信息活动，其中有5大类属于信息产业，包括知识的生产者、知识的分配者、市场调查和协调者、信息处理者、信息机器工作者。

日本的信息产业有狭义与广义两种。狭义的信息产业是指以电子计算机为中心，生产该类机器的硬件并提供服务，开发计算机程序和软件的行业。广义的信息产业定义为一切为各种信息的生产、采集、加工、存储、流通、传播与服务等有关的产业。由两大产业群组成：一是信息技术产业，包括信息机器产业、软件产业、信息媒介产业；二是信息商品化产业，包括报道产业、出版产业、数据库产业、咨询产业、代理人产业、教育产业、文化产业等。

我国对信息产业的研究起步较晚，但通过借鉴国外最新理论成果或联系本国实际也产生了很多不同的观点。信息经济学家乌家培认为，狭义的信息产业指直接或间接地与电子计算机有关的生产部门，包括计算机研究开发、制造及为其生产和使用提供服务的行业，如计算机中心、软件公司等。广义的信息产业则指一切与收集、存贮、检索、组织、加工、传递信息有关的部门，如出版、印刷、新闻、广播、通讯、图书、情报、银行等部门。国内学者文戈认为，信息产业是一种用自有资本或国家投入的生产资金，经过一定的劳动过程生产可以在市场

上交换的信息商品,以及用自己的信息产品向社会提供商品性服务并以这种经营活动赢得利润进行扩大再生产的经济实体。他认为,信息产业属于经济基础范畴,国家机器部门以及某些直接与之相适应的社会意识形态等上层建筑不属于信息商品经营活动为主旨的信息产业的范畴;信息产业是一种商品生产性企业,靠国家拨款方式投入的公共事业资金进行信息活动的公益性事业部门不属于信息产业范畴;信息产业从事的是与物质生产相对应的信息生产,进行物质生产的部门不属于信息产业的范围;信息产业要向社会提供信息服务,隶属于事业或企业、为事业或企业内部服务而不在市场上从事信息商品经营活动的信息部门不属于信息产业的范围;信息产业必须根据自己的经营范围向顾客提供所需要的信息,不能提供信息却挂着信息产业招牌从事物质商品交易活动的部门不属于信息产业范围。

综上可知,国内外学者对信息产业的定义分歧很大,信息产业、信息业、信息服务业、情报产业等概念的泛化和混同趋向十分明显。在讨论中,许多学者把智力活动与信息活动等同起来,因而把内容极为广泛的精神生产活动与信息活动等同,以至于把教育、文化、意识形态等智力行业也划入信息产业,我们认为这有失偏颇。信息产业归根到底是一种手段产业,它是信息处理手段和方法的商品化、工业化、规模化形成的,信息产业不能代替信息内容本身的生产,信息内容本身的生产属于含义更为广泛的智力产业。信息产业的内涵的界定不清是导致外延含混的根本原因,因此,要准确理解信息产业的基本含义,有必要从内涵与外延两个方面对信息产业作深入考察。

从内涵上讲,信息产业是利用信息技术进行信息活动达到产业规模的历史阶段形成的特殊产业。因此,信息技术运用的商品化、工业化、规模化是衡量某类信息活动是否归属信息产业的首要标准。尽管收集信息、传播信息的活动早已存在,但由于信息技术水平的限制,远未能形成产业规模。只有到了现代,由于大量现代信息技术的发明和应用,推动了一大批新兴企业群的兴起,从而形成一个全新的产业——信息产业。由此可见,信息产业的核心是现代信息技术,信息产业就是由一系列现代信息技术的商品化、工业化、规模化生产形成的。

从外延上讲,利用信息技术进行的商品化、工业化、规模化的信息活动大致包括信息技术产品制造业(信息技术产业)和信息内容提供服务业(信息服务产业)两大部分。由于信息技术的不断更新,信息产业的外延也会不断扩展,但就现阶段来讲,达到商品化、工业化、规模化的信息技术主要是计算机技术和通信技术,因此,电子计算机产业和电子通信产业是现代信息产业的主要载体。随

着信息技术的不断发展,新的信息技术,如传感技术、视听技术、声像技术、人工智能技术等现代信息技术会以大量高新企业兴起的形式加入到信息产业中来。具体来说,信息技术产业是世界贸易组织(WTO)信息技术协议(ITA)中规定的电脑、电脑零部件、半导体、电信器材等。目前,信息技术产业正从单一制造向硬件制造、软件生产、应用与信息服务诸业并举的电子信息产业方向发展。信息服务业则包括数据库服务、软件服务、网络服务、系统集成服务等行业。按照我国现代产业部门的分类,信息产业的外延大致覆盖了相当于电子产业、邮电通信业、信息咨询服务业等所包的范围。

信息产业是一个动态的、多层次的、融合了其他产业的大产业,它集信息技术的研究和应用、信息资源的开发和利用于一体,涉及信息活动中信息的采集、加工、传递、应用等多个环节,既包括制造业,又包括服务业,被称为是一个"液态的混合体"。与其他行业相比,信息产业中的各行各业具有高度的专门化特点,并且随着技术的不断发展,还会出现许多新兴行业。例如随着网络技术的发展,出现了希尔康等专门制造笔记本用网络设备的公司。同时,在信息产业内部,各行各业又相互融合渗透。如电脑业和电信业,原本是相互独立发展的,但近年来随着数据通讯与声音传送网络的一体化趋势,电脑与电信的关联越来越紧密,电话网、互联网、电视网三网合一是必然趋势,信息产业也必然在这种分化、渗透、融合的趋势中得到飞跃发展。

（四）信息产业形成的条件

信息产业的形成是人类社会发展到一定阶段的必然产物。科学技术的进步带来了社会化大生产的发展,劳动工具、劳动对象、劳动分工和劳动过程日益复杂化,使信息的数量急速地膨胀起来,同时社会系统的运转也越来越依赖于信息的不断流通将各个生产、生活部门有机地联系、组织起来。而现代信息技术的发展使信息资源在生产实践中的开发利用成为可能,从而促使信息劳动者的社会分工专门化。

1. 信息成为现代社会重要的战略资源

社会生产和经济活动必然包含资源的转换。信息作为事物运动的状态和方式以及关于这些状态和方式的广义知识,通过一系列的流通、加工、贮存和转换过程作用于信宿时,可以为人类创造出更多更好的物质财富和精神财富。信息的开发利用自古就有,古人"结绳记事"实质上就是用"结绳"来存贮和传递信息。但信息的开发利用最初并不像物质和能源的开发利用那样普遍和广泛,信息往往依附于物质资源和能源资源,并借助于物质资源和能源资源的开发利用而发挥作用,人们对信息的产生、流动和利用并没有形成独立的认识,因此,对信息的利用也非常有限,信息最初并不能成为具有重要生产价值的资源。信息资源化,是伴随着社会化大生产和现代社会经济的发展而成为现实的。现代社会的生产、生活为信息的产生、传递、存贮和积累提供无尽的源泉,劳动工具、劳动对象、劳动分工和劳动过程越来越复杂,社会系统的联系、组织、运转也越来越依赖于信息在各个部门地不断流通。因此,进入现代社会以来,各种形态的信息以突飞猛进的速度增长并迅速地积累起来,很快就达到了非常庞大的信息量。据统计,上世纪40年代以来所产生和累积的信息量超过了在这之前人类有史以来的所有信息量之和。这样,自上世纪五六十年代以来,人们在生产实践中便逐渐认识到,资源不仅有各种物质形态,也包括情报、知识、经验、技术等非物质的信息形态。信息是知识的来源、思维的材料、控制的基础、管理的保证和抉择的依据。物质和能量往往是有形的、直观的,而信息是无形的、抽象的。物质、能量和信息,已经成为现代社会经济与技术发展的三大支柱资源。

2. 现代信息技术的发展为信息资源的开发利用创造了条件

信息技术是人们开发、采集、传输、控制和处理信息的手段,现代信息技术的核心是计算机技术和通讯技术。1946年,世界上第一台计算机 ENIAC 在美国研制成功,迄今为止,计算机的发展已经经历了四代。第一代计算机以电子管为元件(40年代至50年代),第二代计算机以晶体管为元件(50年代末到60年代中期),第三代计算机使用集成电路(60年代后期至70年代前期),第四代计算机使用大规模集成电路(70年代后期开始)。计算机的体积在不断的减小,计算机的信息处理速度、功能和性能/价格比却有了极大地提高。著名的摩尔定律告诉我们:计算机芯片的集成度和运算能力每18个月增长一倍,计算机的应用也已经从最初的用于大型科技、工业、军事等项目的计算,发展到应用于过程控制、管理等非数值计算领域,进而应用于各社会学科和社会各行业,并且进入了个人家庭、实现了计算机的社会化。

与信息处理密切相关的通信技术同样取得了惊人的成就,全球通信网络正以几何级数增长,电报、电话、移动通信等已经成为人们工作、生活不可缺少的通信手段。当代数字通讯、光缆传输和卫星通讯等技术的发展已经使世界各地的人们能够非常方便地随时交流与沟通。计算机技术与通信技术相结合形成的因特网(internet)是人类通信手段的突破,因特网上的人们可能远隔天涯,但他们之间的交流却如近在咫尺,人类的家园成为了名副其实的"地球村"。

电报、电话、卫星通讯、电子计算机和计算机网络等一系列现代信息技术和信息手段为信息的广泛应用提供了前所未有的技术基础和条件。计算机技术与通信技术相结合,不仅能解决信息的高速传递问题,而且由电脑代替人脑,进而解决了信息的感受、储存、加工和处理等问题。它不仅能像一般机器那样代替人的体力劳动,而且能代替人的部分脑力劳动,并且迅速、准确,大大提高了人们处理、利用信息的能力。1952年,世界上第一台计算机被用于预测艾森豪威尔在总统竞选中将获胜,在美国电视上成为轰动一时的事件。这是人类第一次将计算机应用于调查统计,并且产生了重要的影响。正是有了计算机,调查统计的理论才能应用到实践中,使人们对信息进行有效的处理和利用。

信息技术本身的产业化也成为信息产业的重要组成部分,从信息产业的发展历史来看,最早人们将计算机产业和信息媒介产业称为信息产业,后来随着人们认识水平的提高而逐步扩展到广义的信息生产、处理等领域。因此,可以说信息产业的形成和发展是信息技术转化为社会生产力的结果。

（五）信息产业的形成及其标志

现代信息产业形成始于从上世纪50年代,以现代科学技术,特别是以电子信息技术为先导的新的产业革命。五六十年代"冷战"时期,为社会需求服务的科学和军事研究不但导致了对科技信息迅速增长的需要,而且为人类社会带来了一系列革命性的新技术突破。1957年,苏联发射了第一颗人造地球卫星,标志着全球性信息革命的开始,其意义不仅在于它带来了航天技术的突破,更重要的是它开启了全球卫星通讯的时代。从60年代开始,由于微电子技术和计算机技术的发展,信息产业开始进入高速发展期,西方工业发达国家对这些新技术的使用越来越广泛,超越了科学、技术和军事自身的需要范围。对信息和信息技术具有历史意义和最有影响的延伸应用是发生在70年代的信息技术在金融服务系统的应用。它使许多过去传统的工业公司开始开拓以信息技术为手段、以加工和提供信息为主要生产活动、以开发各种有关信息技术和生产各种相关信息设备为主要产品、以实现各种信息服务为目的新兴产业,于是信息产业应运而生。

人类开发利用信息资源的劳动古已有之,只有经过漫长的生产力发展过程,人们采集、处理、加工、利用信息资源的能力达到了一定的水平,信息产业才能够逐渐在国民经济中占据重要的位置,成为与传统的工业、农业、服务业相区别的新型产业。信息产业形成的标志主要有以下几个方面:

1. 信息产业部门独立化

信息产业部门独立化,即信息产业的经济活动不再从属、依附于第一、二、三产业,而是从后者中独立、分化出来,形成自成体系的独立产业。只有当信息产业的经济活动过程从其他产业的相应过程中分离出来,并且信息产业人员职业化,专门从事信息产业生产,信息产业劳动成果以区别于其他产业劳动成果

的形式独立存在时,信息产业才能作为一个独立的经济部门,从而形成一个产业。这是信息产业形成的第一个标志,也是任何一个产业形成的标志之一。由此可见,把握信息产业形成的标志,首要的是要区分信息产业仅仅是处于附属地位的信息产业活动,还是处于独立的信息产业的地位。

2. 信息产业部门门类比较齐全

信息产业部门门类比较齐全,就是从工农业中独立化出来的下只是个别信息产业行业,而是构成一个门类繁多、业种齐全的信息产业群体。

信息产业作为一个大系统,是由一系列子系统即分支信息产业行业构成的。如果社会上独立化的只有个别信息产业行业,那就不足以构成信息产业这个大系统。当然,信息产业部门门类比较齐全,这只是一个历史的概念,具有相对性。很多信息产业分支部门早已存在,构成信息产业的"传统产业";不少信息产业分支部门,或是在现代才出现,或是由传统行业发展起来,但在内涵和外延上都有别于"传统行业",构成信息产业的"新兴行业",比如软件开发业、系统集成业。因此,把握信息产业形成的另一个标志,就是要区分信息产业的个别行业与门类齐全的信息产业整体。一般可以认为,当信息工业与信息服务业已经独立出来以后,信息产业的门类就较为齐全了。

3. 信息产业劳动具有职业性、有偿性

信息产业劳动具有职业性,就是信息产业的人员劳动已由为自己服务,或为企业、公司内部无偿使用转化为外部有偿使用。职业性劳动,是人们所从事的以谋生为目的的专门性劳动。职业性劳动,一是具有专门性,劳动者固定地而不是偶然地从事某种工作上;二是具有收益性或有偿性,劳动者劳动以谋生为目的,必须获得收益或补偿,不能以义务劳动或免费服务的形式存在。

4. 现代信息技术的核心技术基本产业化、自主化

信息技术的发展势必带动信息技术产业化的兴起,这是一种历史的必然性。信息技术产业化是生产力发展的客观要求,信息作为现实生产力的重要因素,必然要通过信息技术产业化大规模地转化成社会生产力。信息技术的革命,使社会政治、经济、军事、文化、生活等各个领域都发生巨大的变化,尤其是信息技术产业的发展,带来明显的经济效益和社会效益。在这社会经济利益的驱使下,各国竞相掌握信息技术并努力实现信息技术的产业化、商品化。

以计算机技术为核心的信息技术产业,不仅与机器制造业一样,可以解放人的体力劳动,而且更重要的是能广泛地促进人的脑力劳动的解放。信息技术产业化,还为全球经济一体化创造了有利的条件。随着信息技术及其产业化的实现,信息技术设备将会迅速推广应用,信息的服务行业也会迅速增多。有关

市场的各种信息能够超越个人和国家的信息网络,在更广阔的范围内以世界的规模有效集中起来,公司企业之间的贸易往来,将突破传统的国家市场,孕育出崭新的全球市场结构。特别是大规模国际通信,使信息系统实力雄厚的巨型企业,能够把国内、国际的活动有效地结合在一起。

所以,只有在现代信息技术的核心技术基本产业化,如计算机技术产业化后形成计算机产业,对社会、政治、经济、军事、文化、生活等各个领域都产生巨大的作用和深刻的影响之后,信息产业才有可能真正地从其他产业中分离出来,成为一个独立的产业。另一方面,现代信息技术的产业化还是信息产业演进的重要组成部分和重要特征。这是因为,高速分化、创新与发展的信息技术在经过产业化后形成一个个新兴的信息产业子行业,充实了信息产业的基础,完善了信息产业的内容,促使信息产业向合理化、高级化方向发展。

信息技术的核心技术基本自主化是指引进的技术只有被消化、吸收并创新之后才具有自主的知识产权,才能不受制于人,才有可能形成独立的民族信息产业。这是因为信息技术更新很快,没有技术的自主产权只能在市场竞争中处于劣势和被动。当基于新一代技术的产品出来以后,如果我们既没有自主化,又不能与新技术的拥有者进行合作,那么,我们基于旧技术的产品在市场上只能面临被淘汰的命运。从技术转移上看,科技领域的关键技术、尖端技术的转移越来越少了。我们应当看到,由于日本在第二次世界大战后大量购买技术专利,利用"后发者优势",取得了极大的成功,导致以美国为首的一些发达国家对于采取这种引进模式的国家已普遍采取警惕的态度。加上由于先进的信息技术产业化后能带来高昂的附加值和巨额的经济效益,所以发达国家自己研究开发出来的先进信息技术,不会轻易地转让给发展中国家,它们需要的是发展中国家的市场,需要发展中国家成为这些先进信息技术产品的消费者。当然,发达国家对发展中国家虽然也有一些技术转让,但它们对转让技术中的一些关键技术设置种种障碍,使发展中国家无法掌握其关键技术,以此达到其竞争中的优势地位。因此,独立的民族信息产业的形成必须拥有自主化的技术做保证。

在信息产业形成的四个标志中,现代信息技术的核心技术基本产业化、自主化是其核心标志。几十年来,信息产业的发展远远快于其他产业。目前,信息产业已成为当今发达工业国家众多产业中最活跃、最有生命力的先导性产业。它是现代化经济形成和发展的支柱。信息产业的发展水平,已经成为衡量一个国家经济发展水平和综合国力的重要标志。随着信息化社会的来临,它的发展将对国民经济的产业结构、就业结构、技术结构、劳动力结构、劳动的内容将产生重要的影响,将决定整个经济的走向。

（六）信息产业兴起的意义

1.信息产业的形成促进了社会生产力的发展

无论是人类的几次社会大分工,还是产业革命,其源泉都是由于科学技术的发展促进了劳动对象或者劳动工具发生了质的变革,并由此引起整个社会的生产力水平、生产体系的飞跃。社会生产力的发展,必然促进社会分工进一步的发展,而社会分工的发展又带来生产力的发展和新型产业的形成,这是产业革命发生、发展的客观规律。信息产业的产生也不例外,它和历史上的产业革命一样,也需要通过社会生产力达到一定水平来推动。据联合国教科文组织统计:上世纪 80 年代以来,全世界每年发表各种论文约 500 万篇,平均每年登记专利有 30 万件,每年出版图书 50 万种。此外,每天通过报刊、广播电视、电话、电报等各种渠道还传递着大量的信息。人们把如此巨量的信息出现称为"信息爆炸",它标志着信息已经作为独立的劳动对象出现在经济领域中。现代社会正在从以开发、加工和消耗原材料为基础的工业社会,向以生产、加工、传播、利用信息为中心并以信息作指导社会前进动力的信息社会转变,信息已经渗透到社会生活的每一个角落,人们所有的活动都离不开信息。面对日趋增多的信息,人们的天赋信息功能已不适应生产力发展的要求,因此,迫切需要将信息产业独立出来,以提高人们处理信息的能力,适应社会经济发展的需要。同时,在世界新技术革命的推动下,以计算机和通信技术为代表的现代信息处理工具获得了广泛应用,为信息产业的形成和发展创造了必要条件。因此,对信息资源进行开发和利用的全部活动构成了社会劳动分工中的一个独立的行业,并直接为生产和消费信息的活动提供服务。

2.信息产业的形成有利于建立合理的产业结构系统观念

信息产业是从第三产业及部分第二产业中分化出来的,因此,信息产业的存在和发展以第三产业的发展为前提,以第一、第二产业的发展为基础。随着社会经济的发展,第三产业群体的膨胀,简单地按照"三次产业划分"的方法,将信息产业归入第三产业已经不能充分地揭示世界新技术革命浪潮所导致的国民经济结构的变化,不能体现信息产业的地位和作用,不利于信息产业的发展。只有将信息产业作为新兴的独立产业群体进行考察和统计,才能够建立合理的产业结构系统观念,促进信息产业在国民经济中的作用的发挥。

3.信息产业的形成有利于优化产业结构

现代经济发展史表明,一个国家经济发展的过程不仅体现为国民生产总值和人均国民收入的增长,而且伴随着产业经济发展规模和产业结构的演变,信息产业的形成和发展在这个过程中起着极大的推动作用。在信息时代,国民经

济的发展水平不再以拥有多少物质产品来衡量,而是以拥有多少信息资源和人才量来衡量,产业结构由劳动密集型和资金与资源密集型向知识与技术密集型过渡是经济结构不断优化的规律。信息产业是新兴的知识与技术密集型产业,是世界各国发展现代化经济所必需发展的先导产业,大力发展信息产业,提高信息产业在国民经济中的比重,才能优化产业结构,带动一系列传统产业部门的改造,促进新的产业部门的出现,使得各种产业部门协调发展。

4. 信息产业的形成是实现社会生产集约化的重要条件

在现代社会化大生产中,集约型生产成为经济发展的主要途径,即在生产中不再单纯依靠增加生产要素的数量,而主要依靠提高生产要素的质量,提高社会财富中知识和技术的含量并充分发挥知识和技术的作用来发展经济。为了改善生产的物质条件,必须采用新材料、新技术和新工艺,这就要求把更多的科学技术成果应用到生产中去。信息产业可以充当科技与生产之间的有效联系纽带,它的发展必将促进科学研究、技术开发、产品设计、可行性研究等部门对生产活动形成更加广泛而深入的影响,把物质生产和知识生产有效地结合起来,大幅度地提高产品的知识含量和附加值,提高劳动生产率和经济集约化程度。

5. 信息产业的形成有利于完善市场经济体制

信息与市场于市场经济有着天然的联系。信息是发挥市场资源配置基础型作用的基本手段。市场机制的核心是竞争,市场竞争要求供需双方得到的信息都是比较完整的,假如供给方得到的信息是完整的,而消费方是不完整的,就容易造成供方垄断,引起抬价;反之,若消费方得到的信息是完整的,而供方不完整,就易造成产品不能适销对路。当然,在现实情况下,信息的获取不可能绝对完整,但信息流愈畅通,市场机制的作用就愈能发挥。由此可见信息对市场经济的重要性。在市场经济条件下,从微观活动来看,企业只有根据国内外的市场需求信息组织生产和经营,才能在激烈竞争中求生存、求发展。从宏观方面来看,信息既是政府制定宏观调控政策的依据,又是重要的调控手段之一。政府必须获取信息、掌握信息、分析信息,并通过信息发布来引导经济活动走向良性发展,以避免经济发展的盲目性。

另外,在市场经济条件下,经济结构的多元化必然导致信息量的增多。尤其是横向流通信息量的增加,使企业、个人自身获取信息的局限性问题更加突出,而且,人们对信息时效性的要求越来越高,并希望获取信息的成本尽可能低。这些都只有专业化的信息部门,运用先进的信息技术,才有可能实现。

因此,大力发展信息产业,为全社会提供先进的信息技术和高质量的信息服务,是政府与企业决策科学化的重要保证,是加速建立和完善市场经济体制的重要手段。

(七)信息是生产力系统中独立的软要素

生产力是人们改造自然、征服自然的能力,在人类社会发展的过程中,生产力的发展是推动社会进步的决定因素。传统的生产力理论把社会生产力分解为两个(劳动者、劳动工具)或三个(劳动者、劳动工具、劳动对象)要素的组合,只是对生产力作了孤立静止的考察。现代理论认为,生产力是一个系统,是诸多要素在多层次结构上的有机结合,并且作为现代社会生产的基础性资源之一的信息也是社会生产力的构成要素。生产力发展的初级阶段,生产力要素的构成和联系都是比较简单的,生产力也不能构成严格意义上的系统,在生产力发展的高级阶段,生产工具发生了革命性的变化,新的工具的出现要求劳动者具有更高的科学技术水平和劳动技能,同时劳动对象的范围和主体也发生了巨大变化,这时生产力诸要素之间的联系日益严密和广泛,生产力也就成为一个复杂的系统,信息作为生产力系统中联系各个独立要素的纽带,其地位和作用也日益显著。

首先,从生产过程来分析。在生产力要素中,劳动者、劳动工具、劳动对象都是有形的实体,是硬件要素,各自独立存在。在生产过程中,仅有这些硬件并不能形成实际的生产力,而只是一种潜在的生产力。只有当同时具备"软件",如决策、计划、组织程序、工艺流程、市场需求等各种不同形态的信息,才能把各自独立的人、机器、材料组合起来,形成一种现实的生产力。因此,人类在进行生产活动时,既要具备劳动者,劳动工具、劳动对象这些基本的条件,同时还必须具备一定量的信息,并通过信息的不断流通把它们有机地组合起来,成为现实的生产力。生产劳动的过程越是复杂,它所需要的信息量就越大,信息作为生产力系统中的一个要素的作用也就越突出。

其次,从管理的角度来分析。在社会化大生产条件下,科学的管理也是生产力系统中一个重要的组成部分。在生产过程中,对劳动者、劳动工具和劳动对象进行有效的管理,不仅形成了现实的生产力,更重要的是使生产力实体要素进行最佳配比和组合,作用得到充分的发挥,从而使各个充分发挥作用的要素组织起来的生产力,功效得到放大。管理过程实际上就是信息的处理过程,管理人员通过对生产过程的信息的收集、加工、传递、利用等一系列的处理过程,来促使资源的合理配置和流通。管理同时又是信息反馈的过程,生产过程中的信息反馈是一个连续不断的过程,并形成一个反馈信息流。管理是否有效,关系在于有灵敏、准确的信息反馈,反馈信息系统便成为发挥管理功能的关键。

再次，从生产力系统各要素的成长结构来分析，无论是劳动者、劳动工具或劳动对象，在构成生产力要素的过程中，都要不断地创造信息、应用信息。

从信息与劳动者的关系来看，具有一定生产经验、劳动技能和知识的劳动者是构成生产力的主体。任何劳动者在整个劳动的过程中都要不断地接受和处理信息，提高智力水平，才能成为现实的劳动力，否则就不是生产力所要求的那种劳动力。信息所构成的智力与体力一样，是创造劳动产品的前提，劳动者之所以是生产力中最革命的、能动的因素，关键在于劳动者能够不断与外交环境交换信息，提高自身的智力水平，从而发展社会生产力。

从信息与劳动工具之间的关系来看，生产力反映的是人与自然的关系，劳动工具正是正是着重关系的联系者，反映了人类控制自然的程度和能力。人是劳动工具的创造者，但是，人们在创造任何一种生产工具是，除具备一定的物质条件外，还必须具备一定的信息条件。劳动工具正是人类运用信息发明创造的，因此劳动工具是物化的智力产品，实际上也是物化的信息产品，它的形成凝结了大量的信息。人们不能随心所欲创造工具，而要受到人类社会发展所达到的物力、智力的限制，更主要的是信息量和信息力的限制。

从信息与劳动对象的关系来看，人们在生产过程中，只有掌握和利用各种信息，才能开发和利用劳动对象。在现代社会里，只有不断收集、掌握各种劳动对象的信息，才能有目的地扩大劳动对象的范围和用途，促进潜在生产力的转化，并且随着人们对信息处理利用能力的提高，信息自身也成为劳动者的劳动对象。

当今世界，以信息技术为代表的高新技术革命正在推动着社会生产力的巨大发展，对产业结构，劳动方式，生活方式和思维方式都已发生了深刻的影响。这无疑证明，信息作为现代生产力系统中的一个独立的要素，已经成为现代新兴产业发展的一个核心和动力，也逐步开始以信息生产力为中心的总体生产力系统的结构。

二、信息产业与城市经济运行

（一）当代信息产业的发展

1.世界信息产业发展状况

"信息技术"（IT）自 20 世纪 70 年代以来在美国持续发展，如今已经成为美国第一大产业。美国电子协会等机构进行的一项调查表明，美国信息行业的营业额高达上万亿美元，美国的信息产业已成为国内最大的产业，其重要性排在建筑业、食品加工业和汽车制造业之前。过去，美国经济的风向标是通用、福特和克莱斯勒三大汽车公司，在信息技术和信息产业大发展的今天，对美国经济起主导作用的是高技术信息产业，微软、英特尔等信息企业已经取代了三大汽车公司主导美国经济的地位。信息技术企业成为美国投资者的首选目标，信息产业因此成为制造世界级巨富的黄金产业，世界信息产业的巨子微软公司拥有上百名亿万巨富，几乎成了"富翁俱乐部"。

在信息技术领域，美国目前占有极大的优势。因特网是美国首先建设的，英特尔、康柏、惠普和苹果等公司都是具有世界影响的大公司，微软公司和网景公司是世界上具有统治地位的软件公司，世界上约有 85％ 的计算机是遵照WINTEL 标准制造的。计算机硬件业是信息产业的基础，美国十分重视计算机硬件的研究与开发，主要集中研制和生产计算机心脏部分，包括计算机的中央微处理器芯片、存储器和高速显示处理模块。英特尔公司在这方面占主导地位，英特尔公司于加利福尼亚州圣克拉拉市、2012 年 3 月 7 日宣布——为应对云中数据流量的快速增长，推出创下多项新纪录的英特尔® 至强® 处理器E5-2600/1600产品家族。这些全新处理器具备领先的性能、最佳的数据中心性能功耗比、突破性的 I/O 创新技术和可信赖的硬件级安全特性，能够支持 IT进行高效扩展。目前，美国是世界上计算机软件最发达的国家，它有比较健全的保护软件知识产权的法规，给软件产业的发展提供了良好的环境；美国是计算机操作系统软件的诞生地，从计算机终端到磁盘操作系统，一直到现在的视窗 98，都已被世界各国广泛采用。强本的软件开发和研制能力使得美国的软件市场规模高达 1000 亿～1200 亿美元，推动着硬件产业的快速发展，并对电信、交通运输、制造及金融业产生了巨大的影响。信息技术及信息产业动摇了传统商业交易的基础，改变了人们的消费方式，相继问世的信息产品及服务提高了美国人的生活水平，增强了美国的经济实力和竞争力。

信息产业意识的觉醒是一个世界潮流。以色列是一个面积不大的中东军事强国，近几年来，以色列政府开始利用本地大量人才与技术来使自己摆脱一个孤立的军事国家的形象，在信息产业方面迈开了很大的步伐。以色列政府发展信息产业的思路主要是通过许多补贴、减免赋税和其他措施来鼓励更多国外信息公司的投资。美国的许多公司已把工厂和研究开发场地建在以色列，这些公司包括英特尔公司、摩托罗拉公司、微软公司和国际商用机器公司。大量外国公司的入驻使以色列的电子工业水平上了一个新台阶。

印度是一个与我国国情相仿、经济水平尚不及我国的发展中国家，但在信息产业方面，印度却独辟蹊径，走在了发展中国家前列。据世界银行的一项调查表明，美国销售商已把印度看成外购的首选目的地。国际观察人士认为，印

度将在世界软件市场确立其领先地位，1997 年 3 月微软公司总裁比尔·盖茨访问印度时指出，印度将成为 21 世纪的软件超级大国。印度软件业获得成功的主要原因是，它有仅次于美国的第二大英语科技人才储备库以及先进的高等教育体制。另外，印度软件开发的成本低，质量高，可靠性强，交货快。未来 10 年里，印度将加强引进外资，加强与国外大公司的合作，力争发展成为全球性的软件研究与开发中心。

2.世界数字城市的建设和发展

数字城市的最终目标是通过信息技术来提升城市竞争力，推进健康城市的行程，使生活在城市中的市民感受到宜居、安全、便捷。从最早提出概念开始，数字城市建设经过了四个阶段，即网络基础设施建设阶段、城市政府与企业内部信息化建设阶段、城市政府与企业之间的互联网连接阶段，以及智能交通、智能建筑、数字社区、智能卡系统等深层次应用的建设阶段。再进一步就是通过传感器进一步实现从家庭到楼宇到城市的各个位置之间的广泛的互通互联阶段。这就是基于物联网的数字城市了。也就是说，数字城市的城市政府为老百姓的日常服务的大部分将通过网络来进行。目前，发达国家已经经历了前三个阶段，正在走向第四阶段。

3.我国信息产业发展状况

中国的信息技术产业正在从单一制造业向硬件制造、软件生产、应用与信息服务诸领域齐头并进的现代电子信息产业方面发展。

（1）中国计算机生产始于上世纪 80 年代初期，一直保持着较高的增长速度。在硬件方面，我国 PC 制造业已逐渐成熟起来，联想、长城、方正、同方、浪潮等国内品牌已经具有较强的市场竞争力，国外品牌垄断的局面被打破。微机产品高速更新的特点及我国劳动成本优势使得国产品牌与国外品牌竞争成为可能。中国 PC 品牌以丰富的大生产经验、完善的营销服务体系取得了令人瞩目的成绩。在软件制作与系统工程方面，经过一批企业的艰苦开拓，中国软件业已在外国众多公司的强大压力下站稳了脚跟。中国计算机业已经从过去单一的制造业与应用业发展成为制造、软件、销售、维护服务、信息服务等多层次、专业化的产业结构，一批优秀的高科技企业在竞争中脱颖而出。

（2）中国的电信业近年来取得了长足的发展。上世纪 90 年代以来，中国电信高速增长，电信领域的国有资产迅速增值。电话普及率是世界上花费时间最短的国家。在数据通讯网络建设方面取得了长足进步。目前，我国基本完成了人工网向自动网、模拟网向数字网的转变。大部分省市区建设大容量、高速率、高可靠性能的光纤传输系统，综合业务数字网（ISDN）投入使用。我国公用数字数据网的开通,为银行、证券、外商驻华机构、科研教育等单位提供了专线线路。中国公用互联网(CHINANET)于 1995 年同 INTERNET 网相连,覆盖到 30 个省区市。中国公用帧中继网(CHINAFRN)向社会提供高速数据和多媒体通讯等多项服务。在移动通讯网络市场,"全球通"(GSM)数字移动电话网络已经全面投入使用,因特网与电信网融合的高科技 Ip 电话网也在城市展开。

(3)我国数字城市建设的发展成就

我国十分重视城市信息化建设,在党的十七大、十八大上都将它提到了一个很重要的位置。但我国数字城市建设起步较晚,而且各地数字城市建设水平良莠不齐,大部分的城镇数字城市建设还未起步,部分大城市还是处在第二阶段,仅有少数城市才刚刚迈向第三阶段。据不完全统计,我国已有 220 多个城市开展了数字城市建设,其中 40 余个城市已经在一定范围内建成城市建设和管理的信息化应用系统,涉及城市的规划、国土、城管、公安、工商、税务、环保、房产、卫生、药监等 30 多个领域,其经济效益、社会效益和行政效能十分显著。在数字城市建设的体制、机制、技术政策、产业等方面取得了一定的研究成果和经验,并通过一些项目的实施,取得了很好的应用效果。①

尽管我国的信息产业取得了巨大的成就,但无论是在总量上,还是在结构上,都与国外发达国家的水平有较大的差距。我国信息产业产值占 GDP 比重偏低。发达国家的这一比重在 60%～70%,新兴工业化国家和地区约为 30%～40%,而在我国,信息产业占 GDP 的比重在 20%左右。我国信息产业的结构问题也比较突出,电子工业滞后于通信业,信息服务和软件业滞后于硬件业。落后的电子工业导致通信业发展所需的通信设备和器材大量依靠进口或由外资企业供应,这一市场 80%以上的利润为外国公司所瓜分。在信息产业的产值构成中,软件产业和信息服务产业指标过低,造成了信息技术产品制造与信息用户之间的脱节,这与当代信息技术"软化"的趋势很不相适应。数字城市建设工作比发达国家慢了两步。

(二)当代信息经济的勃兴

由于信息技术越来越广泛的应用,信息因素在经济生产中的特殊地位与作用越来越为人们所重视,信息的产业化进程日益加快。在现代信息产业高速倍增效应的支撑下,极高的劳动生产率、极低的能耗创造了经济学上的高增长、低通胀、高就业的奇迹,它最终促使一个新的经济时代——信息经济时代的到来。

---

① 资料来源:搜狐焦点网《实录:第六届中国数字城市建设技术研讨会》,2011 年 11 月 12 日。

1. 经济的信息化——信息经济

信息产业的形成及其发展对当代经济运行产生深刻的影响,并使经济运行呈现出新的特征:

(1)产业发展信息化

信息技术的开发和应用,大大降低了生产中的物耗和能耗,它和传统产业的现有技术结合,可以形成新的生产力,促进经济增长的集约化程度,并使产业经济的运行呈现出一种信息化趋势。

一是农业的信息化。信息技术在农业中的应用使农业生产发生了很大的变革。在农业的生产方面,电子计算机专家系统可以提高农业生产的管理水平,减轻或防范农业生产的自然风险。在美国,电子计算机专家系统正在帮助农民进行各种农业生产活动,根据所收集到的气象信息、土壤信息以及输入的植物生长数据,微机信息系统可以向农民提供有关的对策建议以及时防范农业生产中的自然风险。同时,信息技术的发展使自动采摘机、收割机等智能化耕种机械得以普遍应用,农业劳作中越来越多的内容被信息化、自动化机械劳动和生物作物所替代,从而大大减轻了农民体力和劳动负担,提高了农业生产水平。在农业的产业化方面,信息技术可以广泛地介入农业产品的销售和市场服务,及时传播农资供求、产品价格等动态信息,科学引导农业生产,从而使农业生产能够最大限度地避免市场风险。信息产业作为第四产业的发展不是削弱第一产业的地位和作用,而是让农业能够实现高产、优质、高效的发展,在农业机械化、水利化基础上的农业信息化和高技术化预示着农业发展新纪元的到来。

二是工业信息化。工业制造业是发达国家国民经济的主要支柱,信息技术以其极强的渗透效应、催化效应和高倍增效应,使工业制造业发展中的集约化水平不断提高,信息技术作为辅助手段应用于工业制造业的设计、生产、销售和管理等各个环节,相继出现了计算机辅助设计(CAD)、计算机辅,助制造(CAM)、管理信息系统(MIS)等。上世纪80年代以来,美国企业管理制造还兴起了计算机集成系(CIMS),它将人力、设备、产品、技术、财务及其销售服务组织等信息流、物资流有机地结合在一起,对企业的内部和外部进行全局动态优化处理、智能决策和自动控制,以缩短产品上市时间,提高产品质量和生产率,从而获得最大的经济效益。信息技术的发展也推动了一批新型工业部门的兴起。信息革命的浪潮推动了电子技术、信息技术、生物技术、新材料、新能源和空间技术的发展,这些新技术的应用产生了一系列新兴工业部门,如航天工业、计算机工业、原子能工业、海洋工业、生物技术工业等。新兴工业的发展,推动

了原有工业部门的现代化,扩大了工业领域的范围,促进了整个社会生产的进步。

三是服务业的信息化。现代服务行业效率的提高,对信息技术依赖性越来越大。信息技术的推广应用,大大提高了服务业的集约化水平,使金融业、运输业、旅游业甚至政府行为等服务行业的效率不断提高。信息技术是金融业现代化与全球化的支柱,应用信息技术可在银行内部、银行与银行、银行与客户之间建立各种各样的信息网。电子货币、电子支票、远程银行的出现,大大提高了业务结算的准确性和效率。运输业采用电子信息,可使运输、管理、服务得到根本改善。现代旅游业中的旅游点信息系统、计算机订位系统和旅馆自动化服务系统,现代商业中零售业使用的条形码技术、电子购物国际网络等,均离不开信息技术。

(2)经济结构"软化"

信息产业的发展,使现代经济结构表现出一种软化趋势,即从以生产重、厚、长、大的重型化的硬件产品为中心向以高效、智能化的知识和信息服务活动为主软件化经济结构过渡,它表现在:

一是产业结构的软化。其一是软件产业兴起,产品结构中硬件减少。继以提供劳务服务为主的第三产业大发展之后,以知识、信息处理为核心的第四产业以惊人的速度迅速崛起,无形的信息产品,知识产权正成为产品结构中所占比例的主体。其二表现在硬件产业结构中软化趋势也十分明显。传统产业不断向新兴的软化工业转移,这是外延式软化;传统产业内部的生产性功能比重下降,信息、公关、策划、管理等无形投入和软功能在不断增长,这是内涵式软化。信息产业的发展使产业结构发生了软化趋向,这不是削弱传统产业,而是为传统产业提供了更先进的生产技术和管理方式,提高了传统产业生产效率,极大地增强了传统产业的发展潜力。

二是就业结构的软化。在世界劳动力队伍中,从事农业和产品制造业的蓝领工人所占的比例在不断下降,而从事管理、研究、技术开发、咨询、服务等所谓"软职业"的白领工人所占比例越来越大,并且成为新增劳动力主力军。1957年开始。美国白领工人数量超过蓝领工人,1990年,日本信息产业的就业人数达到58.4%,近10年社会新增的就业人数中,70%以上来自信息产业,世界从事信息产业活动的人数在全部劳动力中的比重,大约每5年增加2.8%。

三是消费结构软化。在信息经济高度发达的情况下,人们消费的重心正从对商品的多少、大小、轻重等硬性需求转向美观、轻巧和质量等软性需求,从一般物质材料构成等硬件商品的单一需求转向物质和精神并重的双层消费。精神和文化享受、旅游和服务享受在消费支出中占有越来越大的比重,而在这一过程中,信息的转化作用十分明显。

四是投资结构软化。这包括两层含义,其一是指在整个国民经济总投入中对软件产业的投资比重不断增加。过去,国民经济投入的重点是电力、钢铁、汽车、化工等传统的硬件产业,进入上世纪 80 年代以后,各发达国家竞相在智能计算机、生物工程、数据为产业等智能、技术、信息密集的新兴产业中大规模投资,仅日美两国用于开发第五代计算机的投资就分别达到数百亿美元。其二是指投资趋向软化,即现代经济活动的投资正由大工程、先进设备、基建项目等硬投入逐步转向智力、人力、效率、信息、服务等软投入方面。而外商投资不仅仅注重国际机场、一级公路、高级宾馆等硬件项目,而更加注重法规建设、信息渠道、办事效率和服务质量等软环境。

五是贸易结构软化。在发达国家,由于信息商品化的结果,信息正成为一种重要的贸易对象。在美国,信息和信息服务的贸易已变得和物质产品交易一样重要。除了以上信息产品和信息服务的直接贸易以外,还有大量信息贸易活动隐含在技术转让、法律咨询、引进设备等交易活动之中,在各类贸易谈判中,知识、智力、技术、经验等信息越来越成为一种重要因素。

六是产品结构的软化。在信息产业的软化作用下,任何生产行业的劳动产品在结构和形式上都发生了很大变化,产品的价值不是体现在所耗费的物资材料上,而是体现在其内含的知识上,产品出现了信息化、智能化、个性化和无形化的趋势。在产品结构内部,由于信息含量增大,使任何劳动产品中的生产成本都要包括使用信息和物化人类智力劳动的价值,从而使信息在劳动产品中的含量进一步提高。在各类产品的结构上,以信息产品为主体的新型产品占据了社会总产品的主导地位,在彩电、计算机、通讯设备产品等方面,信息技术的无形损耗成为产品更新换代的主要原因,信息功用代替物质功用成为产品功用的主体,也成为产品使用寿命的决定因素。例如,人们对彩电、计算机、时装甚至汽车取舍的主要因素不仅是“是否能用”,而且更多地考虑“是否过时”。

(3)经济运行网络化

经济运行的网络化是在产业发展信息化、经济结构“软化”的基础上出现的一种崭新的经济现象,表现为经济生产中的生产、换、分配、消费等经济活动以及生产者、消费者、金融机构和政府职能部门等主体经济行为都同信息网络密切相关,不仅要从网络上获得大量经济信息,而且要依靠网络进行预测和决策。经济运行的网络化形成一种特殊的网络经济现象,表现在:其一,各国企业竞相进军网络世界,网上商机风光无限。美国的网上用户规模约占世界用户的一

半。未来几年内,将有25％的消费者在网上购物,50％的零售业销售额在网上完成。日本为加强国际竞争力,同时降低成本,纷纷采取将企业内通信网与国际互联网联结的措施。欧洲各国在这场世界性的网络大战中不甘落后,纷纷采取有力措施,竞相进军网络时代。其二,电子货币悄然兴起,网上购物渐成时尚。电子货币是一种适应网络交易的需要、区别于传统货币和银行信用卡的交换媒介。随着网络交易活动的增加,电子货币迅速崛起。在美国等一些国家,每年通过电子货币系统完成的贸易金融高达数百亿美元。电子货币的出现,改变了众多消费者的生活习惯,也改变了许多企业做生意的方式,因而被认为是金融领域的一场革命。电子货币的问世,为网络经济的运行注入了新的润滑剂,给经济主体的行为带来很大的方便。在资金结算方面,消费者不需要携带厚厚一沓钞票,只需要随身携带一张信用卡大小的内嵌微芯片的塑料卡片即可。电子货币通过互联网络把钱传给卖主,实现联机购物,它可以取代日常购物、吃饭或乘车所用的现金和支票。对广大企业来说,它们可以不必经过银行资金转账就能相互收付资金,进行全球性交易。目前,在网络技术和电子货币的基础上兴起了网络商场,它与传统的商场不同,不需要店面、装潢、货架、服务人员等,只需在互联网络上开设出特别区域,模拟显示商场图景和将要出售的货物形象、价格和使用方法等。在多媒体时代,网上用户甚至可以通过互联网络将远隔万里的网络商场的商品调来试用。网络购物不仅大大降低了商业成本,而且极大地方便了消费者,因而发展极快。其三,开发内部网络、提高经营效益成为大公司新的投资热点。企业内部网络系统实际上是网中之网,既可独立成网,又可联结国际互联网络,并可外引内联,优越性极大。内部网络系统对企业技术数据库、研究开发、产品设计、工艺流程、管理方式、市场营销、售后服务、信息反馈等,将产生不可估量的影响。美国的通用汽车公司、波间—麦道公司、沃尔—马特公司,德国的宝马公司,法国的犹齐诺—洛林公司,意大利的皮雷利橡胶公司,日本的丰田汽车、东芝电器公司、花王公司等数以百计的大公司都建立了自己的内部网。其中,沃尔—马特公司甚至拥有自己的卫星系统,可以通过自己的卫星系统与3800家供货商实现计算机联网,做到即时销售、即时生产,大大压缩产品的时间成本。世界各家大公司争相建网,使内部网络产品成了全球性畅销货,IBM公司、网景公司、万维网络公司等大公司均已把发展内部网络产品作为公司经营的首要任务。其四,经济的运行和调控手段逐步走向网络化。各微观经济主体纷纷上网,经济管理和调节的对象与内容发生了很大变化,客观上推动着经济调节和管理手段的网络化。第二只"看不见的手"——信息网络对资源配置的调节范围和调节作用逐渐加大。市场主体可以在信息网络上及时了解市场供求状况,并通过专用的信息网络系统极为迅速地作出对应决策,改变自己的生产数量和产品价格,在最大限度内达到市场出清和资源配置的优化。另外,政府职能部门对宏观经济的调控政策也因网络技术而更趋科学化、现代化。政府职能部门通过宏观经济预警系统,及时对经济运行状况作出诊断,并快速采取相应的紧缩或扩张政策,及时熨平经济周期波动,使经济系统快速、健康、持续发展。运行现代信息技术,可以虚拟现实动态宏观经济模型,可以模拟不同货币政策和财政政策产生的各种影响。在不远的将来,随着网络经济的发展和更多更有效的宏观经济动态模型的问世,政府的宏观经济政策和调控手段将会更加有效。

网络经济是知识型、创新型、复合型、全球化和虚拟化经济,在这种经济形态中,信息网络技术是基本支撑,经济动作非实体的虚拟化是基本特点,技术创新、制度创新、观念创新是持续动力,产业与技术融合、产业之间的相互结以及经济行为的跨国化、全球化是基本趋势。网络经济的兴起意味着一个全新的经济时代——信息经济时代的到来,它是知识经济时代第一次浪潮,信息经济掀开了经济发展史上崭新的一页。

(二)信息经济与知识经济

1. 信息经济的特征

信息经济是以信息产业为主导的经济,其核心是信息及信息服务的商品化,它具有与传统经济明显不同的特征。

首先,信息经济以信息技术为物质的主导,信息产业的发展将成为国民经济增长的主要因素。信息作用的发挥是以信息技术的应用为支撑手段的,建立于现代信息技术基础之上的现代生产方式更能适合用户需要,更能发挥企业自身的优势,也更符合生态化、集约化的生产要求,因此,在信息经济生产力的构成中,信息技术及其物化是经济运行的主体。在信息经济时代,由于就业结构重心转向信息产业直至占据主导地位,信息经济的产出中,信息知识的含量普遍高于物质比重,因此,国民经济运行中就业机会的增长、经济产出的增加越来越依靠信息产业的发展,这是由信息产业的主导经济地位决定的。

其次,信息经济的资源优势由传统的质能资源优势转向以质能资源为依托的信息资源优势。在信息经济时代,信息资源成为一种优先的经济资源,在劳动资源、资金资源、物资资源等都有可能出现全球性过剩或选择忄更大的时候,信息资源由于其非对称性特点而具有的稀缺性、有用性有增无减。现代社会的信息爆炸和急剧膨胀,并非说明信息资源的稀缺会自动得到改善,未经过开发的信息是难以发挥资源作用的。与此同时,信息资源具有共用性特点,一旦生

产出来可供许多人同时使用,共同受益,这一特点又使信息资源在某一特定时期和特定范围内具有极大的丰富性,信息资源的推广应用可使传统产业发挥规模性的倍增效应,从而使传统产业在较短的时间内实现超常规的发展成为可能。信息资源的优先性打破了传统的质能资源优势观,它促使人们更加注重物质、能量资源与信息资源的结合,更加注重智力、信息资源的开发与利用,也使一些自然资源优势不大的国家或企业后来居上的发展成为现实。

再次,信息经济在流通和价格上的特殊属性使信息经济的管理决策与传统的经济有着明显的差别。物质商品在流通中是价值的交换、所有权的转移,而且在使用过程中被消耗。但信息商品在流通中可以多次被交换、被使用,不但不会一次性消耗,而且还会在流通中增值。信息商品的价格尽管以货币的形式表现出来,但它反映的价值更具有复杂性和多样性,其价格受供求关系、稀缺性、获利的投机性等因素的影响更大些,与信息商品真正的劳动性的延伸收益,这使得信息经济活动变得复杂。另外,信息的共用性和非对称性也使得知识产权、个人隐私等公民权利问题更加突出,信息经济的这些新特点对经济管理观念和手段都提出了严峻的挑战,它内在地需要更为灵敏的市场管理、监测和调控措施。信息商品的特点要求信息经济的管理决策更多地依赖数据等信息的迅速交流、传播和利用,网络、智能技术日益成为制定政策的手段,决策支持系统、专家系统等智能技术的发展成为必须。信息经济时代中,经济运行的各个环节以信息为纽带的联系更为紧密,它使得集体合作成为信息经济的基本特征,联合型、综合型和协同型的组织方式将成为信息经济生产的主要组织方式。

2.知识经济中的信息经济

联合国经济合作与发展组织(OECD)于1996年发布了《以知识为基础的经济》的报告,在这一报告中首次使用了知识经济这个概念。OECD报告指出:知识经济是建立在知识和信息的生产、分配和使用之上的经济。OECD认为,知识经济的主要特征是:科学技术的研究开发日益成为知识经济的基础,信息和通信技术在知识经济的发展过程中处于中心地位;服务业在知识经济中扮演了主要角色;人力的素质和技能成为知识经济实现的先决条件。OECD报告将知识分为四大类:即事实知识(know-what)、理论知识(know-why)、能力知识(know-how)和人力知识(know-who)。其中,事实知识是指关于客观事实方面的知识,理论知识是关于自然原理规律方面的知识,能力知识是更深一层的技能或能力,而人力知识是知道谁有做某件事的能力。这四种知识的获得需要通过不同的途径,其中,事实知识、理论知识又被称为可编码知识,是系统的书面知识,可以通过阅读报纸、看书、上课等通常途径获得。可以在人与人之间几乎无失真地传递，并且可以得到法律的保护。可编码知识是非常容易被模仿的，是一种概念性的知识。但是，能力知识和人力知识是一种只可意会不可言传的未编码知识，它是不可用言语来解释的，只能被演示证明它是的确存在的。学习这种知识的唯一方法是领悟和练习。报告大致区分了知识和信息这两个既有紧密联系又相互区别的概念，即信息只是知识的一部分，一般属于知识中的可以编码处理的事实知识和理论知识，主要指事实、数据和某种集合，但并不反映事实与数据之间的内在联系。知识的概念比信息更为广泛，其中未编码知识这一部分很难通过正式的信息渠道获得。

信息和知识的区分有助于进一步理解信息产业与知识产业、信息经济与知识经济的联系与区别。信息、信息产业乃至信息经济本身，都是组成知识经济必不可少的一部分，也就是说，知识经济中包容了信息经济。无论是信息产业、信息经济还是知识产业、知识经济，都是对当代经济发展中的趋势与新现象的概括。信息经济概念所包容的东西还嫌太窄，无法全面地体现新的经济形态总貌。信息经济不是对知识经济形态的总概括，而是对知识经济形态在特定历史条件下的特征的概括，其本身并不能代表整个知识经济形态。知识经济是相对于农业经济、工业经济而言的第三种经济形态，它较为准确全面地把握时代的发展趋势，在这种情况下，信息经济应被包容进知识经济的范畴之中。信息是知识的一部分，因而信息产业也只属于知识产业的一部分，信息经济只能构成知识经济的一部分，并且是知识经济的初级阶段而不是知识经济的全部，只有在信息产业的支撑下，在信息经济得以充分发展的基础上，教育、科技、文化艺术、娱乐休闲等众多智力型知识产业高度发达之时，才可以说，知识经济全面到来了。

信息经济属于知识经济的初始阶段，这丝毫不能抹杀信息及相关的信息技术和产业在知识经济中的重要作用和意义。信息产业及其决定的信息经济阶段在知识经济中的重要地位和意义表现在两方面：一方面，信息产业是目前最能体现知识经济特征的新兴产业，在整个知识经济的崛起中发挥着火车头的地位作用，它成为推动知识经济发展力量的最初来源。美国商务部发表了美国政府关于信息技术对经济发展所起作用的名为"浮现中的数字经济"的评价报告。这一报告指出，近5年来信息技术对实际经济增长的贡献率超过四分之一，计算机和通信业的增长率超过经济平均增长率的2倍。另一方面，信息技术作为知识经济时代的标志性技术，已全面渗透于知识经济的各个领域、各个环节之中，在知识经济中发挥着中心作用。信息技术和通讯技术革命大大降低了人们获取知识的成本，大大增加了人们获取知识的机会，并从而大大提高了知识商品化的能力,使知识应用于制造业、服务业的速度大大加快,并最终导致了知识经济时代的来临。信息技术的支撑点是微电子技术、光技术和生物技术,它具有广泛的渗透性和应用性,它使信息资源与其他资源结合,在其他领域应用变得十分快捷和经济。例如,信息技术为支撑的各个信息网络使交流与通讯变得越来越容易和频繁,信息资源非常丰富而且廉价,这为人们提供了无尽的知识资源,大大便利于知识产业的兴起。知识经济的一个主要特征是知识在企业中占有决定性地位,而信息软件技术在企业中的应用则大大便利于知识在企业中的生产、分配与消费。

（三）信息经济中的城市经济

信息经济,作为知识经济中"初露端倪"的部分对城市经济运行产生了深远的影响,同时给城市经济的发展提供了前所未有的机遇与挑战,这表现在:

其一,信息经济对城市经济要素起着优化作用,从而为城市经济结构和效益的改进提供了大好机遇和可靠保证。在信息经济时代,信息是现代化生产力的要素构成之一,与劳动者、劳动工具和劳动对象共同构成了现代生产力的基础。信息产业通过信息生产力而形成,在引导城市生产要素的优化组合、促进城市生产力系统运行的有序度、改进城市生产关系及上层建筑的素质水平与协调性等方面来发挥其生产力功能。首先,信息要素通过与劳动力要素的相互作用,增加其他生产要素的信息含量,从而提高城市生产力系统的素质水平和利用效率。丰富的信息可以缩短劳动者对客体的认识及熟练过程,使生产要素以较快、较准的状态进入生产运作体系中;发达的信息技术可以增强生产的有序性与安全系数及其带来的机会收益,而足够的信息要素投入还有助于引发对生产过程、生产工具方面的技术革新与发明创造。其次,信息要素通过与生产力系统中的决策群相互作用,导致生产要素的最佳组合,从而大大提高城市生产力水平。科学的决策过程实际是信息接收、利用与判断的综合过程,信息投入量越大,不确定性就越小,信息功能及其使用水平与利用效率就越高,对生产要素组合方式的多种选择就越充分,其形成的生产力也就越大。第三,信息要素通过与生产管理者的相互作用,增强管理与管理对象之间的可知性和透明度,从而提高城市生产力系统运行的有序度与运动增量。城市生产是通过一系列生产要素所共有的信息属性和信息运动来维持的,充分、可靠、准确的信息,有助于管理者准确把握对生产运行的推进与控制尺度,形成生产力系统的正常有序和高效运行。第四,在信息经济条件下,信息要素的社会化使用有助于优化生产关系及上层建筑的素质,促进城市生产力的提高。生产关系与生产力之间的矛盾和冲突在很大程度上都是信息模糊、失真与流通不畅造成的,城市信息

要素的社会化生产和推广运用可以消除或减少这些问题,从而使城市生产关系更加适应城市生产力的发展并促进生产力的提高。最后,信息要素给劳动对象、生产资料带来了革命性的变革,从而为城市经济结构的改善和高度化提供了大好的机遇。在信息经济条件下,现代生产力的劳动对象主要是取之不尽、用之不竭的再生型和增值型信息资源,所使用的劳动工具也是由电子信息技术武装起来的全新现代劳动生产工具。在这种情况下,城市经济结构的调整就有可能摆脱城市原有资源条件的限制,在发展信息产业、利用信息优势的基础上实现城市经济跳跃性、突变性的发展将变得可能。

其二,信息经济改变着传统的城市经济运行方式、从而在城市经济资源配置、管理观念、配套设施方面提出了严峻的挑战。信息经济建立在信息的生产与分配基础之上,它使城市经济的运行出现了信息化的特征,城市发展所固有的、传统的经济要素如自然矿产资源、劳动力资源和地理区位条件等方面的优势在信息经济条件下不再起着支配性作用,而信息产业基础上的信息优势却起着支配性的作用。信息经济要求城市经济在发展观念上实现由传统的质能发展观到信息发展观的全面革新。质能发展观注重经济活动中的物质投入和能量消耗,而信息发展观则更注重在经济活动中发挥信息资源的作用,它要求城市经济更具开放的眼光,对新事物、新知识、新方法更具包容性,从而为城市信息的生产、传播和应用创造一个更好的文化环境。在基础设施方面,信息基础设施的健全与否是衡量城市信息化程度的一个重要标志,也是城市信息经济的必要条件,它要求在发展原有城市基础设施的基础上,必须在城市中建立起比较完善的信息基础设施,其中包括硬软件平台和软件平两部分,并将它们组成网络,为知识的生产、传播和应用提供基础支持。城市信息网络的建设不仅要求有硬件的投入和配置,而且需要大量高新技术人才和高新管理手段,这就对城市传统的人才培训体系和目标提出了更高的要求,要求城市教育中更加注重人才的全面素质,变一次性教育为终身教育,在开放信息系统中不断更新劳动者的知识和技能。城市作为地域政治经济和信息文化的中心,在发展信息经济方面有一定的优势,但也应该看到,目前我国的大部分城市尤其是中西部一些城市的信息基础设施十分落后、信息十分闭塞,与外界的信息交流活动受到种种条件的限制。特别是一些资源型城市,观念上仍处于"靠山吃山"的落后阶段,信息经济的观念远未确立。如何克服后进地区城市信息劣势、激发区域资源综合优势,这是我国城市经济进一步发展面临的巨大挑战。

三、大力发展城市信息产业

"十二五"规划提出:加快建设宽带、融合、安全的下一代国家信息基础设施,推动信息化和工业化深度融合,推进经济社会各领域信息化。城市在我国信息产业的发展中有举足轻重的作用。城市作为区域经济和信息的中心,具有发展信息产业不可或缺的物质条件。信息产业作为第四产业是在第三产业高度发展、信息技术高度发达的基础上逐步独立出来的,雄厚的工业基础、发达完善的服务产业是发展信息产业必不可少的条件。城市是国民经济的主体部分,是区域生产力水平的最高代表,也是区域信息交汇中心,它在工业生产水平、服务业发达程度、资金实力、人才储备、科技实力和交通能力方面具有乡村无可比拟的优势。此外,信息产业是在城市经济发展的高级阶段出现的,当城市经济结构还处于工业化阶段的演进时期时,并不是每个城市都有发展信息产业的实力和条件。城市,而且只有经济结构水平高度化、第三产业充分发展的现代城市才有可能大力发展信息产业。城市作为区域政治文化中心,是我国信息产业改革开放的当然载体。城市经济作为区域经济的集中地,人文空气更为活跃,经济结构更具导向性,思想观念更具开放性,各项改革的需求更为强烈,对外界新鲜事物的介入也更具包容性。我国发展信息产业是在底子很薄的基础上开始的,需要引进和借鉴国外先进资金及技术,需要不断地作推陈出新的改革。在信息产业的改革开放方面,城市尤其是现代化水平较高的城市需要充当排头兵,担当起我国信息产业发展领头雁的重大责任。

针对我国信息产业的实际状况,结合我国城市经济发展的现有水平,对我国城市信息产业的发展作如下思考:

（一）推进经营体制改革,培育市场竞争主体,积极促成竞争的电信市场格局

打破垄断必须对垄断有一个全面的认识。按形成的原因,垄断可以分为经济性垄断、自然性垄断、行政性垄断。对于垄断,不能一概而论。自然性、行政性的垄断是特定历史的产物,它的形成不是基于生产集中和资金集中形成的经济垄断,而是凭借某种超经济的行政特权或天然因素。它所获得的利润不是规模经济所带来的成本降低,而是超经济价格附加所带来的超额利润,因而它只适合市场经济不健全的特定历史阶段,随着市场健全程度的提高,这种自然性垄断和行政性垄断失去了存在的理由,必须打破。但是,对于在经济竞争中形成的垄断竞争和寡头竞争却不可同日而语。国内外经济发展的历史表明,在一般经济规则作用下形成的垄断竞争态势和寡头竞争态势是一种高效率市场形态,经济发达的国家虽然也反对垄断,但只反对违背市场竞争规则、脱离市场规律而人为地操纵价格的不正当竞争行为和行政因素非法干预市场的行为,并不反对符合市场规则的垄断竞争和寡头垄断。故此,在讨论打破电信业垄断的问

题时，必须首先弄清楚，我们反对的是超经济的行政垄断，对于在市场公平竞争中形成的寡头垄断和竞争性垄断并不持疑义。

打破行政垄断，其关键在于政企分开。目前电信业条条式一分为四的做法对原有的政企不分的电信经营格局并没有实质性触动，尽快剥离信息产业部门所有的电信经营业务势在必行。目前，电信业政企不分主要表现在电信局独占国家投资建设的网络资源，这使得电信局在电信网络资源的禀赋上有先天的绝对优势，成为其他竞争主体扩展业务的天然屏障。为避免受制于电信局的网络优势，每个新进入的竞争主体都想拥有自己的网络，这又必然造成资源的极大浪费，因此，剥离电信局的网络独占权，在此基础上推进网络建设与经营服务的彻底分开，这是继邮政电信分家后的政企分开的关键性步骤。鉴于网络建设周期长、规模大、投资大、牵涉面大并带有自然垄断性特点，应该尽快组建独立的国家独资或国家控股的网络公司，统一经营网络建设，并将其中的核心和关键部分纳入国家基本建设规划中，其他竞争性部分可以广泛吸纳社会资金参与，以国家指导价为主制定统一的网络租用价格向各个电信业务经营单位公平出售。这正如交通运输等基础设施一样，并不是所有的运输公司都有必要修建自己小而全的运输网络，通向一个地方的铁路也不必要有两条，但是，在共用运输路线的基础上，不同的运输公司可以发出不同票价的车辆，提供各具特色的服务，吸引层次不同的顾客。

打破行政垄断，培育市场竞争主体是保证。经济学上的"沉淀成本"理论表明，面对垄断厂商，新厂商的进入面临一个两难选择，如果原有厂商把价格降低到一定水平，使新厂商的进入利润为零，此时新厂商是收回成本，还是退出？退出，则血本无归；要收回已投入的成本，就会因持续投入而无法以有效的成本价格得到沉淀投资的回报。这个理论得出的结论是，任意小的沉淀成本都会成为进入市场的壁垒。联通进入电信业，打破了邮电部的独家垄断，但中国电信市场的双寡头垄断地位是不对等的。由于历史的原因，电信在所有业务上都占有绝对主导地位，联通与电信的实力相差太大，要真正形成联通与电信两家寡头竞争的格局，当务之急是对联通给予更多的政策和资金扶持，降低联通的沉淀成本，削减市场进入壁垒。

打破行政垄断，适时适度地引入国内竞争主体是十分必要的。中国电信需要在国际竞争中培养发展壮大，但在开放中国的电信市场之前，以下问题必须得到重视和解决：一是普遍的信息服务义务承担问题，这也是世界各国发展电信业都要解决的问题。电信服务业是一个公益很强的行业，在国家垄断经营的同时，也承担了对公众普遍的义务服务，但在放开电信业务之后，商业化导向日

益增强,谁也不会愿意去做不赚钱的义务性电信服务,因此,必须有一定的法律对这一问题加以完善。二是国家安全问题。我国的国家公众网对党政军情报等部门的服务是经常的,公众网甚至就直接承担大量机要通信任务,或者在某些场合为重要通信承担掩护任务。在这一问题得到解决之前,对于开放过早就会使国家利益受到威胁。电信市场引入国外竞争主体必须在健全法制的基础上适时、适度、有利、有节、有节,过早地"与狼共舞"会给民族电信业带来灾难性的后果。

(二)立足国内市场,发挥自身优势,大力发展民族通信工业

目前,我国部分通讯企业已经掌握了手机等尖端通信产品的核心技术,但从整体来看,国内通讯设备工业与发达国家的水平差距很大。我国通信工业的研究和开发投入不足,在新材料、新工艺、微电子技术方面落后于国外水平,通讯企业的整体实力与国外相差太远,难与国际大公司抗衡。

国内通讯企业实力虽然暂时无法与国外通信巨头相比,但仍然面临着大好的发展机遇和市场空间。通信产业在我国是一个朝阳产业,国内市场整体空间十分巨大,政府对民族通讯工业的支持有所加大,国外通信巨头的市场和技术方向转移,可能为国内通信工业腾出一定的市场空间。

基于以上优势与劣势的比较,发展我国民族通信产业的基本思路应是发挥自身优势,努力克服实力差距,制定适合国情的生产销售战略,夺取国内市场。国内通讯企业有较多的政策优势,国内善打价格战的优秀企业家也不乏其人,在销售渠道方面也由家电产品形成了较为健全的销售网络。我国在高科技通信产品方面已经迈出可喜的步伐。国产通信产品也可以打服务牌,靠新产品、低价格和良好的售后服务夺回市场。

当然,国内通信企业发展过程中,还要吸取家电行业一哄而上的教训。政府在国内通信企业对手机等高科技通讯产品摩拳擦掌之时,必须加大调控力度,严格审批程序,制止重复建设,保护健康发展,不要急于铺摊子,否则就会导致生产能力的过剩,资源浪费,市场无序的恶性竞争,最终反而把麻烦留给自己。

(三)优化科技结构,改革企业体制

1.大胆培养使用各类专门人才,积极提高电子科技综合水平,大力推进我国计算机产业的结构优化

结构差距是我国信息产业与发达国家的主要差距。我国计算机产业结构发展不够合理,本地化产业仍以加工为主,产品附加值较低,一些关键部件的生

产和技术力量薄弱,完全依赖进口;软件业的规模较小,竞争力十分弱小。即使在硬件产品内部,结构也不甚科学,随着因特网的发展,调制解调器等网络产品的市场需求将会扩大,但我国市场潜力十分巨大的网络类硬件产品却一直为国内生产厂商忽视。计算机产业的结构问题归根到底是科技结构和人才结构造成的。我国的电子科技水平参差不齐,对高新技术的开发和利用水平很低,如半导体芯片等完全依赖进口,缺乏开发与创新,严重制约了中国计算机产业的进一步发展,而这一切又源于我国计算机企业低水平的专业人才结构。信息产业作为产业大系统的一部分,有其内在的演进规律,它的发展一方面要求其他产业的信息化,即通过扩大外部应用为其他产业服务;另一方面,信息产业内部又要求在不断的动态调整中优化各部分的比例结构,我国电子科技行业的结构问题已经成为计算机产业进一步发展的瓶颈。结构就是效益,结构就是竞争力,为此,必须把优化结构放在计算机产业发展的首要位置,这需要科技人才结构的调整和资金投入结构的调整。

其一,在科技人才结构优化方面,要树立"小材大用、基本有用、使用也是培养"的开放人才观念,注重在实践中培养新型科技人才。我国电子科技的研究起步较晚,计算机技术方面的专业人才培养也是近十年来才刚刚兴起的,有些高新技术领域甚至在人才培养方面还是一片空白,因此,计算机技术专业的博士和硕士毕竟是少数,在短时间内无法满足国内产业技术市场的需要。在这种情况下,面对日益激烈的国际技术竞争,大胆使用人才也是一种人才培养的可选途径。国内外许多高科技企业成功发展的事例表明,人才并非一定是科研院所的高学历人才,"干中学"、"小材大用"也是培养技术开发人才的成功渠道。在使用好已有的高学历人才的同时,要通过一系列有效的激励措施,打破产学研之间的陈规陋习,鼓励大批的实干型技术人员参与重大科研和开发任务,加速高新技术成果的转化。此外,还应该创造条件,放宽标准,在强化全程管理的基础上,选派一批有发展潜力的国内技术人员到国外实地交流学习,通过模仿和改进尽快提高国内某些空白领域的技术水平。总之,要努力通过使用现有人才来培育新的科技增长点,在此基础上加快我国科技结构的高度化进程。

其二,在资金投入结构优化方面,要建立起风险投资机制,促使高科技成果尽快产业化。风险投资一般集中于高科技产业的创建新产品的研究开发,风险投资具有明显的周期性,在创始阶段,企业往往出现亏损。当新产品进入成熟期后,风险投资者则要清理资产,撤出资金去从事其他新项目的风险。我国有许多科技含量高、市场潜力大的产品和项目,但由于资金不足,严重制约了产品的市场竞争力,制约了企业向产业化、规模化迈进的步伐,在美国共有4000多家风险投资公司。风险投资需要有巨大的资金来源,除了国家的投入之外,资本市场也是重要来源,除此而外,风险投资的运作还需要有一批关于经营风险投资的专业人才。为此,政府要牵头组织由经济、金融、技术、管理等专家组成的具有一定权威的高科技产业评估机构,加强对有关建立风险投资基金的研究和服务。

在科技投资的结构中,引进国外科技成果是一个重要的课题。日本在基础研究十分薄弱的情况下,通过向欧美发达国家大量购买和改进高新技术,在很短的时间内成为一个工业科技大国。科技人才整体素质和基础研究整体水平不可能在很短的时间内有明显提高,在这种情况下,高度重视购买、改进甚至是模仿国外先进技术不失为一种短时期内尽量缩小与国外先进技术差距的有效途径。我国的计算机产业也应该考虑到国外购买一些高水平的技术专利,缩小与国外技术水平的差距。

资金投入结构优化还有一个重要内容,即如何吸引国内外高新科技人才,防止国内现有的高科技人才和高新技术成果流失。要借鉴国际通常做法,特别注重科技人员住房、收入、社会待遇等基础性建设,努力营造一个拴心留人的环境,通过重奖、重酬等特殊性措施发展高新技术。由香港实业家李嘉诚先生设立的"长江学者奖励基金"在这方面作出了成功的范例,吸引了国内外大批的高科技人才,取得了良好的社会效益和经济效益,但在规模和范围上还有推广和扩大的空间,应该吸引更多的社会力量参与到这一有益于民族科技发展的重大活动中来。

2.加强信息技术的交融渗透,促进企业之间的联合协作,适时组建信息产业集团挺进国际信息产业市场

由于高科技企业特有的风险性和智力型特征,民营企业是现阶段我国高科技产业的一种重要的企业组织形式,计算机产业了不例外。民营企业由于其产权清晰,机制灵活,十分适合高智力型劳动者的劳动特点,对于调动广大科技人员的产业热情有重要的意义,在实践中也取得了明显的经济效果。但是,民营企业也容易造成孤军作战、独立分散的弊端。由于规模小,实力弱,我国许多民营企业的计算机产品在包装、品牌、售后服务方面存在着诸多不足之处,缺乏对企业形象和商标包装的重视,严重影响了市场的进一步拓展,在国际竞争中也处于不利地位。

信息技术之间相互渗透的一体化趋势是一个世界潮流。比如通信技术与计算机技术,以前都是互不相关、独立发展的,但随着技术之间相互的渗透与交融,两者融合的趋势日益明显,IP电话就是两类技术的结合,以后,随着电视技

术由模拟向数码化的进步，电脑、电视、电话"三网合一"也是必然趋势。信息产业的渗透空间是无可估量的，各行各业、各个领域全方位无限度地渗透，影响到人们的生活、生产和思维等各个方面，在信息技术一体化的情况下，民营企业的分散化趋向造成我国信息产业各部孤立发展，信息技术研究开发之间缺乏有效的联动和规模效应，这严重影响到我国信息产业的整体实力。加强国内信息企业的联合是加强信息技术渗透、提高国内信息产业竞争实力的必然选择，面现实的办法就是尽快组建起多功能、高渗透、一体化的信息产业集团。

所谓信息产业集团，是指一批具有共同利益或技术关联的企业或准企业以资本为纽带组成的一种信息技术产品的经营联合体，有限责任公司制是组建信息产业集团的有效形式。信息产业集团的建立要遵循市场催生的原则，以共同利益的驱动和交易成本的节省为基本取向，既要注重强强联合，也要注意能够形成优势互补的劣势企业之间的结合。在产品方向选择上，应该坚持名优产品的主导地位，把创名牌产品作为集团产品方面的重点，选择能够发挥集团整体优势而单个企业又无法开发的信息技术产品，选择这类产品可使信息产业集团自身的产品具有很强的竞争力，而且避免与集团外的其他企业产生矛盾。在坚持主导产品的同时，还应该充分利用集团化优势开展多角化经营，开发出系列产品，并根据市场需要适时调整产品结构。组建信息产业集团应该充分利用资本市场这一融资渠道，条件成熟时尽快上市，促使企业在资本动作中滚动发展为具有国际竞争力的信息产业集团。

在业务经营领域的选择上，信息产业集团应从整体利益出发，在基本保持核心企业主要经营领域的同时，对各成员企业原有的某些经营领域进行取舍，舍弃对集团整体发展意义不大甚至不利的经营领域，保留并增强能使集团健康发展的经营领域。IP电话业务因其操作上的特殊性，是信息产业集团可选的经营业务之一。IP电话（internet protocol phone）是一种利用因特网、广泛采用分组交换方式来传递语音信息的技术。与传统通话业务相比，由于其语音数据是经分组的形式传递到目的地的。因而可以实现线路的重复利用，费用极低。由于IP电话是利用因特网进行的，因特网本身没有专门机构管理，没有统一的资金投入及成本管理，因特网提供给用户的是服务计费与距离无关的通信方式，IP电话的计费方式与因特网一致，话费由此极大地降低。在国外，先后有百余家公司投入IP电话业务的研究开发中。由于IP已成为广域网络的基础，企业纷纷使用统一信息服务和IP呼叫中心，这大大推动了IP技术在私有网络中的应用，从而推动大型电话公司将基础设施转换为IP交换，IP电话市场前景看好。

（四）大力推进数字城市建设工作

数字城市建设是推动信息化和工业化深度融合，推进我国经济社会健康发展的重要抓手，当前，推进我国数字城市建设发展，主要应做好以下几方面工作：

第一，加快创新，促进信息资源与技术融合。当前，有必要开展数字城市战略布局规划，顶层设计解决数字城市发展布局，即我们需要什么样的数字城市模式，各部门各系统间是什么样的关系，解决什么问题。

第二，加快体制机制创新，促进数字城市建设发展。当前，我们应当把握数字城市发展契机，加快信息资源规划，建立起完整的信息化建设发展框架，创造适宜数字城市建设发展的大环境和大氛围，促进数字城市建设发展。当然，如何协调各个体系间、各个机构间的相互关系，形成合力，还有待深入研究和探索。

第三，加强统筹规划，完善建立统一的数字城市标准规划和评价体系。当前我国数字城市建设存在多种模式，反映了缺乏高层统筹规划、标准体系的不统一和评价体系匮乏的问题。目前标致规划和评价体系正在不断建立、修订，更多的标准制定完善工作还在持续进行，标准体系的建立和完善对促进数字城市发展将起到重要作用。

第四，研究数字城市建设产业化、市场化模式。数字城市蕴含着广阔的市场空间及广阔的社会效益和经济效益，我们在市场模式探索和经济效益的追求方面还缺乏足够的研究，并没能找到一种社会效益与经济效益并举的可持续发展模式。"十二五"规划给我们描绘了新的蓝图，我们应当研究深化产业化发展和市场化的模式和思路，对数字城市建设产业政策、管理、人才、资金、市场进行全方位、深入研究和探讨，寻找、建立、完善适合我国国情的健康发展之路，促进我国数字城市的大发展。

第五，探索公共服务模式，拓展数字城市内涵。目前在许多城市推广开来的公交 IC 卡，经过功能拓展除了能在出租车、地铁、公交车等交通工具上使用外，还能在银行、超市、商场等场所作为支付卡使用，给广大人民群众带来了极大的便利，深受人民群众的喜爱。我们还将进一步加强数字城市各类应用系统的研发和应用，不仅要为广大人民群众提供宜居、安全、便捷的工作、生活和学习环境，还要为企业和公众提供高品质的公共产品和服务。

第六、从数字城市到智慧城市。随着全球物联网、新一代移动宽带网络、下一代互联网、云计算等新一轮信息技术迅速发展和深入应用，信息化发展正酝酿着重大变革和新的突破，向更高阶段的智慧化发展已成为必然趋势。物联网概念的提出，使得"数字城市"有了更丰富的内涵。城市发展变迁将随着新一轮的技术发展产生重大变革，"智慧城市"应运而生。

"智慧城市"进一步拓展了"数字城市"的新内涵。智慧城市建设中将大量采用新兴的现代信息技术，让城市更聪明。通过互联网把无处不在的、被植入城市物体的智能化传感器连接起来，形成物联网，实现对物理城市的全面感知，利用云计算等技术对感知信息进行智能处理和分析，实现网上"数字城市"与物联网的融合，对包括政务、民生、环境、公共安全、城市服务、工商活动等在内的各种需求，作出智能化响应和智能化决策支持。

第八节　现代城市文化产业

文化产业无疑是现代中外城市文化的重要组成部分。理解城市文化产业的结构和功能，必须从分析城市文化产业的含义和特点以及城市文化产业与城市文化其他部分的关系入手。这也是我们探讨城市文化产业的一个基本前提。

一、经营性文化、公益性文化与城市文化产业

我们可以将城市文化产业归入城市文化中的精神文化领域。城市的精神文化是与文化的狭义概念相一致的，即它是相对于城市物质文化、制度文化的城市精神文明的总和，包括一个城市的知识、信仰、艺术、道德、法律、习俗以及作为一个城市成员的人所习得的其他一切能力和习惯。在城市的精神文化中，又包括两个组成部分：一部分是通过一定的物质载体如印刷媒体、电子媒体以及其他有形物质媒体得以记录、表现、保存、传递并以客观形式存在的文化；另一部分则是以主观形式存在的城市市民的思想观念、心理状态等。在现代市场经济条件下，前者又可以再细分为经营性文化与公益性文化两个部分。城市经营性文化包括都市中以营利为主要目标的演出业、影视业、出版业、报业、网络业、娱乐业、广告业、咨询业、策划业等所生产或提供的文化产品和文化服务。城市公益性文化主要包括以城市中的大学、研究院(或研究所)为载体的学术研究(包括社会科学和自然科学研究)、都市文学艺术以及博物馆、图书馆等文化。城市经营性文化的特征和本质是它的消遣性、娱乐性、益智性和营利性，它满足都市大众一般性的文化消费需求；而城市公益性文化的特征和本质则是它的创造性和公益性，其根本目标是以城市为中心满足社会的公共文化需要和高品位的文化需求，提高整个城市、整个社会乃至整个人类的精神境界和科学文化素质。

334

中国视角的现代城市经济问题研究

在现代城市商业体制的作用下,城市文化中可以通过产业方式运作的那一部分必然是经营性文化,这是由城市文化产业的性质和特点所决定的。在国内学术界,关于文化产业的定义可以说是众说纷纭。一个比较流行的定义,是把文化产业界定为提供文化产品和服务的行业。但文化产业既然是一种产业,对它的理解必然就离不开现代产业经济学。在现代产业经济学中,产业是指介于微观经济细胞(家庭和企业)与宏观经济单位(国民经济)之间,生产和经营同类产品的企业群。据此,可以把城市文化产业定义为城市中生产和经营文化产品的企业群。这一定义包含以下几层意思:其一,城市文化产业是城市中生产和经营文化产品的行业,因此与城市中生产和经营物质产品的一般产业不同,具有特殊的精神文化属性。其二,城市文化产业是由城市中的文化企业群组成的。在现代经济学中,企业被界定为从事生产和经营活动的独立核算的经济组织,因此,城市文化产业像城市中的其他一般产业部门一样具有经济的属性,必然是以追求经济利润、产品的价值补偿和增值为目标的。其三,企业群的性质也表明,城市文化产业像城市中的其他一般产业部门一样,是和可以进行批量生产并产生规模经济效益的工业化、社会化大生产相联系的。上述第一层意思表明的是城市文化产业意识形态的特殊属性;而第二和第三层意思,则体现了现代产业经济学意义上的产业的共性和性质。可以说,城市文化产业是一个经济学的概念,城市文化产业的产业性,是指它所具有的经济性质、市场运作方式和产业管理等一系列特征,纳入产业方式运作的那一部分城市文化产品和服务,从策划、投资、制作到宣传发行、进入实际消费都难以摆脱市场经济规律的制约。

毫无疑问,城市经营性文化的属性与城市文化产业的经济性质、产业属性是兼容的。这首先是因为大多数经营性文化具有普遍性,城市中每个文化阶层的人都能接受。也就是说,对经营性文化的消费多半是根据城市中流行的文化价值,与个人心灵的修养和文化积淀无直接关系。一个城市居民有能力或愿意购买、消费什么样的经营性文化产品,从事何种娱乐,就会很快形成什么样的文化趣味,正因如此,文化趣味具有极大的可操纵性。另一方面,现代城市工业社会无疑是一个使人们身心高度紧张的社会,这决定了追求紧张工作之余的轻松是人们的一种普遍心态。在此情形下,以游戏性、娱乐性、益智性为特征的经营性文化产品,更可能在大多数城市居民的文化消费偏好之中居于首要的位置。这些都意味着经营性文化产品在现代城市社会中往往具有大量的市场需求。

在现代西方城市社会中,自上世纪 50 年代以来,在城市居民经济丰裕的状况下,具有中产阶级趣味的文化已经形成了普及的趋势。贝尔、麦克唐纳和阿伦特都认为在现代城市居民大众中有可能产生俗文化。现代西方城市社会本身已经失去了它的文化支撑点,精英文化遇到了危机。现代西方城市大众不可能将自己囿于所谓雅文化的羁绊之中,他们设法创造和享受现代都市社会快节奏、非理性、具有紧张特点的文化趣味。在后现代西方城市社会中,人们已经惊异地发现传统的精英文化的衰落,人们已经不像 19 世纪时代那样拜读托尔斯泰、左拉、巴尔扎克、狄更斯的巨著了,弥漫于西方城市社会的是富有消费性、消遣性、娱乐性的流行文化。贝尔、麦克唐纳和阿伦特等人的描述显然带有浓郁的情绪色彩,但无可否认的是,他们揭示了经营性文化产品在现代西方城市社会中具有大量市场需求而雅文化遭遇冷落的事实。虽然当代中国城市与西方城市在发展水平上还存在着较大的差距,但以游戏性、娱乐性、益智性为特征的经营性文化产品,同样在中国大多数都市居民的文化消费偏好之中处于越来越重要的位置。以娱乐性、消遣性、益智性为特征的经营性文化拥有相对众多的城市消费人群,产品的需求者越多,市场也就越大。这也同时表明城市经营性文化可以进行批量生产,达到最适生产规模,实现单位生产费用的低点,从而可以城市文化市场为中介,通过产业的方式运作。在这种情况下,现代都市产业运作方式和市场机制可以在相当程度上实现资源的优化配置。因为生产者实现了利润最大化,同时也承担了全部成本,私人成本与社会成本相等,使得文化产品生产的私人收益等于社会收益,从而能够实现文化产品的价值补偿和价值增值。

与城市经营性文化形成鲜明的对照,城市公益性文化在很大程度上是与文化产业的产业属性(以利润为目标、可批量生产等特性)相矛盾的。这是因为:

(一)城市公益性文化的某些部分难以进行大批量生产从而实现规模效益,因此不具备营利的可能性

例如,反映基础科学研究成果的学术性书刊,其内容和形式都决定了它们的消费对象只能属于一个特殊而有限的社会群体,如专家学者等,而普通都市大众的知识积累与欣赏水平与之有较大的差距。它们的进入壁垒较高,所以,它们的市场需求度较小,从而往往难以达到最适的生产规模并实现单位生产费用的低点。也就是说,它们往往难以通过现代城市的产业运作方式和市场机制实现价值补偿和价值增值。在中国城市经济体制转换和文化产业的发展过程中,曾一度出现了严肃学术著作出版难、纯文学和纯理论期刊纷纷倒闭或改变办刊方针等现象,其重要原因,显然在于这些著作和刊物读者数量有限、发行量小,也就是说,它们难以实现最适(最经济合算)的生产规模,从而一般难以同那些大众化的通俗书刊进行竞争,从而使城市文化产业的投资者和经营者达到有利可图的目的。

（二）城市公益性文化具有公共物品的性质，而现代经济学的研究表明，公共物品的属性与市场的属性、产业的属性往往是不兼容的

所谓城市公益性文化产品是指以现代城市为核心、以整个社会为对象，社会的每一个成员都可以无偿获取以满足自己精神需求的文化产品，它对于提高人们的精神境界和科学文化水平，对于促进社会全面进步具有特殊的作用和影响。或者如前所说，它的最本质的特点在于创造性和公益性。这就意味着城市公益性文化像城市中的马路、路灯、广场等一样，具有经济学上相对于私人物品的公共物品的特征。而现代经济学证明，市场机制、产业化运作方式对公共物品的生产往往是不适用的，它不可能使后者的生产达到最佳水平。

如果我们弄清楚了私人物品，就可以推论什么是公共物品。关于私人物品的定义来自于对该物品的使用或消费的排他性。一个人使用或消费私人物品意味着他人不能同时使用和消费该物品。因此，私人物品具有消费上的竞争性。而公共物品，根据保罗·萨缪尔森的定义，是指"每个人对该产品的消费不会造成其他人消费的减少"。纯粹意义上的公共物品，是具有这样两个重要特性的产品：第一，在其允许的限度之内，对它的消费不存在竞争性。这又包含两层含义：消费者之间不存在竞争性或排他性；增加一个消费者并不增加相应的成本，亦即其边际消费者的边际成本为零。第二，它一旦被供应出来，则供应者或生产者就不能阻止任何人来消费它。这也就是所谓公共物品供应的"非排他性"。公共物品的弱点在于，虽然每个人的消费不影响对其他人的供给，但很难把任何一个享受者排除出去。以城市广播电台为例，即使技术上可用干扰频率的办法阻止一些居民收听节目，但这样做的代价太昂贵了。对于城市街头雕塑作品来说，很难要求它们的欣赏者支付价格。公共物品的公共性以及非排他性，使得私人生产者不愿提供公共物品，同时也必然使消费者产生权利和义务上的困惑。这就是经济学上所说的"搭便车"问题。虽然公共物品给每个人带来了好处和利益，但是谁都不希望自己为此支付费用，因为他认为公共物品并不是专门为他个人而提供的。城市公益性文化产品的公共物品属性（如普照之光）显然扰乱了城市市场机制和文化产业运作逻辑的功能，造成市场失灵。因为都市市场机制以及城市文化产业的运转，要求收益能够抵偿成本，或者要求成本能够追踪到单个使用者身上。由于城市公益性文化产品的集体消费性不可能将每个消费者孤立开来，不可能毫无代价地监督和排斥他人的消费，所以，在城市公益性文化产品的某些部分面前，市场机制和产业化机制便无法运转。正是在这一意义上，曼斯菲尔德指出：由于基础研究具有巨大的外在经济效益，市场调节机制、产业运作方式不可能使投入其中的资源达到满足社会需求的最

佳程度。在他写的《微观经济学》一书中,他引述美国科学院的一份报告说:"在理论上,有很好的理由可以认为,如果我们让市场放任自流的话,市场就不仅会在总体上对基础研究投入过少的资源,而且可能使资源的配置发生不利于基础研究的倾向。"

需要进一步说明的是,同时包含非竞争性和非排他性,或由于技术原因排他成本很高因而事实上无法排他的,是具有纯公共物品性质的公益性文化产品或设施,例如前面提到的城市广播电台、城市雕塑以及基础研究(包括人文社会科学和自然科学研究)等。而很多具有某种不完全公共物品特点的公益性文化设施和服务,如城市中的图书馆、博物馆、纪念馆、文化馆等,则是准公共物品。这些文化设施和服务的提供在拥挤到来之前增加若干消费者并不会增加边际成本(例如在不拥挤的条件下,多一位图书馆的读者),但拥挤程度的提高会增加成本(等待时间延长、购置书籍和安排阅览室座位的费用增加),它们事实上又是可排他的(如在图书馆门口收门票),或通过技术改进(如把博物馆建成封闭式的)就可以降低排他成本,因此,可以收费也可以制定价格。但是,一些城市公益性文化设施和服务具有排他性的准公共物品性质,并不意味着它们必然或必须按照以利益最大化为目标的市场化和产业化逻辑来运作,社会仍要求它们低收费甚至免费开放。这是因为,如前所述,城市公益性文化产品的特性和本质,在于创造性和公益性,其根本目标是提高城市居民以及整个社会的精神境界和科学文化素质,包含着对至真、至善、至美以及生活意义的追求。这意味着城市公益性文化产品(无论它们具有"纯"的或"准"的公共物品性质)偏重于满足社会的公共需求,不应该以营利为目标。图书馆是一个很好的例子。

图书馆不仅使阅读者受益,也使其他人从具有更多受教育者的社会中受益。于是有教养的成年人会成为更好的城市居民,每个人都会在与聪明、见闻广博的人一起谈话和工作中受益。显而易见,如果非营利性组织、社会公益性部门过于注重自身的利益,那么它们就有可能偏离社会的目标,甚至改变自身的性质。赫茨琳杰因此认为,如果一个博物馆的商品销售收入比门票收入高出许多倍,这种不平衡就会"促使博物馆将注意力更多地集中于商品销售而不是艺术"。所以,"既然非营利组织有既定的目标,就不适宜从事与此无关的筹集资金的活动。非营利组织的驱动力应当来源于服务公众的愿望,而不是追求商业利益。"

上述表明,市场、产业与城市经营性文化三者的属性是兼容的,因此,城市经营性文化可以纳入产业化、市场化的轨道,以文化产业的方式生产和经营。城市公益性文化的属性与城市市场的属性、产业的属性在很大程度上是矛盾的、不兼容的,但却与偏重于以城市为中心、满足社会的公共需要、不以营利为目标的城市公益性文化部门的属性相吻合。正因如此,城市公益性文化虽然不能被纳入产业的轨道,以都市文化产业的方式生产和经营,却可以由非产业化的城市公益性文化部门提供。

把现代城市精神文化领域中以客观形式存在的文化区分为城市经营性文化和公益性文化及与此相应的城市文化产业和公益性文化部门,显然有助于我们对城市文化产业的含义、品性、特点及其在城市文化中的地位的理解。这是我们分析城市文化产业结构乃至于中外城市文化产业的一个必不可少的基本前提。

二、城市文化产业的内容

在现代商业社会,城市文化中和物质文化、制度文化相对应的精神文化与文化产业两者是从属关系,城市的精神文化是属概念,其内涵和外延比城市文化产业更广;城市文化产业是从概念,它包含在城市的精神文化之中,是城市精神文化的内容中可以通过产业方式运作的那一部分。城市的以客观形式存在的精神文化内容中还包括不可以用产业方式运作的那一部分,可以称之为公益性文化。当然,包含在城市精神文化内容中的这两部分在实际生活中并不是可以截然分开的,而是常常交织融合在一起。但是,从产业的角度区分这两类不同性质的文化,具有十分重要的意义。这不仅是认识现代城市社会的以客观形式存在的精神文化与文化产业关系的基本立足点,而且也是理解城市文化产业结构和功能的一个重要前提。在现代城市文化产业中,主要有以下一些组成部分:

（一）城市报业

城市报业的发展同许多社会因素的作用与影响有关,经济便是经常左右报纸发展的因素之一。例如,报纸销售价格的下降,廉价报纸的出现,催生了现代城市报业。又如,成为报业财源的广告、现代化的印刷技术以及为广大读者服务的新型记者,是当代大型城市报业的三个主要特征。在现代世界主要城市中,报业的运作程序通常被分成两个不同的部门:编辑部门和经营部门。编辑部门负责报纸上的详细新闻报道、社论、漫画和照片等方面的内容;经营部门则负责报纸的广告招登以及报纸的生产、发行和管理。在一个典型的日报编辑部,各种类型的编辑,如新闻编辑、体育编辑、特刊编辑和商业编辑等分别负责报纸不同版面的编辑。所有这些编辑都对总编或出版人或两者同时负责。经营部门则负责诸如将报纸传递给客户、招登广告并确保报纸的按时印刷等经营

活动。一般而言,经营部门最终也要对总编或出版人负责。在西方城市中,有时出版人也是报纸的所有者。如果报纸属于一家公司,那么出版人要对它的董事会负责。在现代城市社会,大部分都市报纸是1个或1个以上通讯社(如美联社、法新社、路透社、俄通社、安莎社、德通社和新华社等)的客户。报业的历史,和所有其他城市文化产业的历史一样,是技术进步的历史。在城市报业的早期,印刷工作曾经十分繁重。比如,印刷机的版盘用一个滑轮装置来滚动。铅字全部用手排,被紧紧地绑在一起放在版盘上。一个印刷工人,用一个裹在木棍上的鹿皮涂抹工具把自制的墨汁涂到铅字上。在现代社会,技术的进步已经在本质上改变了城市报业的出版和发行方式。随着社会经济和文化的进步,在中外城市中,报业的非群体化趋势已日渐明显。首先,是报刊业的服务对象已逐渐由面向社会各阶层读者转向专门读者,专业报刊、精品报刊、党派活动报刊、少儿报刊以及女性报刊等都有了较大的发展。其次,报刊的内容也逐渐地专门化,出现了文学艺术报刊、消遣性报刊、专业信息报刊、广播电视报刊、科普报刊乃至读者对象针对性极强的汽车、摩托车爱好者刊物等。此外,现代城市报业还有一个发展趋势,就是免费报刊(内容多为广告、宗教宣传和少量新闻)的诞生及其迅猛的增长。1963年,在法国城市出现了第一份免费报纸,20年后,全法国共有480余种定期出版的免费报纸,总发行量达1亿份(当年法国人口总数约6000万)。目前,这种发展势头有增无减。研究者发现,除了发展多样性以外,为了增加可读性从而在竞争中立于不败之地,现代中外城市报业不仅在深度报道和调查性报道上发掘潜力,并增加栏目,而且在版面的设计上也不断地花样翻新。比如,在法国,日报上刊登照片的做法,不仅在数量上大增,而且画面的尺寸也明显扩大。

(二)城市杂志业

在现代商业体制下,世界各国城市杂志业的典型运作程序通常由5个部门组成:编辑部、流通部、广告部、生产和发行部、管理部。编辑部负责除广告之外的杂志内容,决定每期杂志的主题,审读作者的文章并安排杂志版面;美术编辑负责杂志的"容貌";杂志编辑的工作是保证刊物内容的趣味性以增强它对读者的吸引力;流通部负责购买信息、登记新客户等;广告部负责寻找客户,设计与杂志风格相符的广告;生产和发行部负责杂志的生产并将它送到读者的手中,许多杂志公司也通过签订合同,委托外部发行公司发行杂志;管理部负责杂志社的一些事务性工作,例如招聘职工、签发支票和管理职员等。在西方城市社会,自由撰稿人的经济收入,主要来自于他们发表文章的稿费。许多自由撰稿人往往同时为几家杂志写稿。有时自由撰稿人是专业性的,例如,只写体育或旅游方面的文章。另一些自由撰稿人,则可以写杂志编辑所需的任何文章,正如有人所描述的,他们靠笔杆子吃饭。从世界范围看,由于因特网和电视等高信息传媒的普及,使得杂志的销售大受影响。杂志等期刊的订购也大为下降,虽然仍有大量新杂志创刊,但其销售却远远不如从前那么理想。

(三)城市图书出版业

在现代中国城市社会中,图书出版业的运作过程通常由组稿、编辑、校对、设计、印刷、营销等部分组成。在城市出版市场比较发达的欧美国家,通常先由组稿编辑寻找有潜力的作者和项目,与作者达成协议。组稿编辑最重要的角色,就是担当作者、出版公司和读者之间的联络人。组稿编辑也可以在图书拍卖会上代表出版公司签订出售附属版权的合同,即利用书的全部或者一部分内容来制造相关产品。也就是说,把一本书卖作其他用途,例如拍电影或把书中的某一形象印在 T 恤衫上。文字编辑负责实施把打印书稿变成一本书的全部工作。设计者负责设计一本书的内页和封面,他们为书选定封面,决定图片、花边、标题与副标题的样式,以及哪儿用什么颜色。制作监督人购买打字设备、纸张和印刷设备。书通常被送到出版公司以外的地方去制作。市场销售则通常由几个不同部门负责。广告部为书做广告,宣传部把书送给审阅者,销售代表为推销书籍走访书店和大学校园等。在美国,图书发行的主要渠道是,出版社通过批发商将图书发行给零售商,而在零售商中,大型图书零售的连锁店和图书俱乐部在大众类图书的发行中占主导地位。20 世纪 90 年代后,一些图书出版公司将资料储存在电脑内,根据读者的需要运用先进的印刷和装订设备印制相应数量的书籍。中国的做法也有自身的一定特色。从城市图书业的发行与销售方式看,除了通常的包销制、代销制(寄销制)、自办发行以外,在中国城市中还有一种独特的发行模式——调拨配货制,即在全国城镇中建立统一的图书发行网络——新华书店。在这个系统内部,统一订货、进货,对各级新华书店根据需要进行调拨配货。但改革开放以来,这种一统天下的营销格局,已逐步被各种更加灵活的图书发行方式所打破。

(四)城市广播业

广播是人类历史上第一个大面积迅速传播消息的电子媒介。在电视成为现代都市居民的主要媒介工具之前,城市广播业曾经有一个迅速扩张的黄金时期。与以往相比,今天广播网节目扮演的社会角色无疑要小得多。然而,现代中外城市电视业的迅猛发展,并没有导致广播业的消亡。这是因为广播能够满足听众寻求便利和迅捷这种特点的需求,当听众在汽车中或者跑步过程中通过耳机收听节目时,广播就不需和任何其他媒体竞争受众的注意力。因此,虽然今天广播作为一种大众媒体已经隐退到了幕后,但广播业仍然有利可图,这就使它继续成为一种有吸引力的城市文化产业投资项目。在欧美发达国家城市中,许多商业电台利用"节目服务"来提供卫星服务以及编排好的节目。多数电台是一个大公司组织的一部分,它们所属的公司在多个广播市场中往往拥有不止一个广播电台,并且在同一个市场拥有调频和调幅两种电台。在中国城市中,电台属于国家所有。在西方都市中,英国的 BBC 向来是大众服务性传媒的经典模式。它是独立的媒体机构,持有皇家特许证(Royal Charter),收入上不依赖于政府。BBC 的经费来源是邮局在全国范围一年一度征收的人头税(national poll tax),不靠国家的财政收入。BBC 号称政治上以公平和公正为宗旨,拒绝一切对其内容的政治控制企图,宣称它是为大众的文化需要服务,提供具有教育性、高雅性、政治性的节目,不播广告,同时播出芭蕾舞、交响乐等节目,并提供国内外大事信息,监督和批评政府。与 BBC 形成鲜明对照的是娱乐的、以赢利为目标的西方商业电台模式。商业电台将听众看成是消费者,对于商业电台来说,收听率决定一切。电台和听众之间的关系因而是市场经济下的供求关系,市场消费者即听众需要什么,就提供什么。另需说明的是,在西方都市中,某些电台就如一些小企业一样,是由家庭拥有并独立运作的。

（五）城市录音制品业

在发达国家中,录音制品业可以说是位于精英文化和平民文化交汇点并最早使艺术品大规模的生产和再生产成为可能的行业。按照戴维·赫尔德的看法,城市录音制品业没有真正的历史前身,在缺乏音乐存储和复制方法的情况下,音乐仍然是一个高度地域化的现象,只能在生产地消费。留声机或电唱机、各种盒式磁带以及激光唱盘等存储、传送和复制音响等技术的发展,催生了城市录音制品业。此外,城市录音制品业"是建立在越来越多的音乐传播模式普及的基础之上的,如通过个人立体声系统、专门的流行乐广播、电视、音乐电视和电视频道等方式传播音乐。"像图书出版业一样,在世界各主要国家的城市中,录音制品业主要由其所取得的经济利润来支持。一个录音公司的正常运转,通常需要它从以下几方面着力:选定艺术家、制作录音节目、从事销售活动、发行以及管理。节目部的功能类似于图书出版社中的编辑部,这个部门的职员要充当发现人才的伯乐。录音制作部负责处理录音的技术性问题,监督录音师、音乐人以及唱片复制人,它的目标在于制作出高水平的录音制品。在1956年立体声录音发明之前,录音过程就是把所有音乐人集中在一间屋子里,安排一组话筒,一次录下一首歌曲。今天,完成同一首曲子的艺术家们——声乐、打

击乐、低音弦乐、管乐、吉他分别录音,然后,把这些独立的声音组合成最完美的音乐。从事录制工作的制作人,可以是一个录音公司的职员,也可以是一个独立的音乐制作人。销售和促销部负责开辟录音制品的销售渠道,有时也从事一些其他的工作,如组织艺术家巡回演出或决定是否生产与录音制品相应的影像制品。发行部负责把录音制品送至商店。在西方城市中,往往存在两种发行人:独立发行人和分支发行人。独立发行人分别与不同公司签约发行他们的录音制品。分支发行人往往与大公司相关联,他们一般给零售商较高的折扣。管理部和所有产业中的管理部门一样,掌握账单票据以及销售与版权费的账目结算。法律部门负责处理合同方面的纠纷。所有这些步骤对于录音制作都至关重要。在西方,城市录音制品业人士特别重视促销,促销费用逐年增长,在这方面,一些国家的税收政策也给予了倾斜性支持。如英国政府对录音制品业中的唱片销售增收 17.5% 的增值税(VAT),而对于音乐出版物则不收增值税。因此,音乐出版物在英国非常畅销,不仅通过大量发行获益颇丰,而且直接引导消费,左右市场。

（六）城市电视业

不同国家的城市电视体制,大致可归为 3 种基本类型:国营型、半国营型(或公共型)、私营型。国营电视体制财政支出通常由广告收入和政府财政提供;公共电视体制的经费则来源于政府有关部门、个人与团体的赞助和视听税收 3 个方面;私营电视体制的播出主要靠广告收入维持。在西欧,有的国家只存在一种电视体制,有的国家则是 2 种或 3 种电视体制并存。法国学者认为,不同体制下的电视台的经营策略也是迥然不同的,国营或公营电视台往往努力通过各种节目在不同的时段,满足所有观众的需求,而私营电视台则希望在每一个时段,都能尽可能多地满足不同的观众的需求。在世界各主要国家城市中,一个典型的电视台通常包括 8 个部门:节目部、制作部、技术部、交流部、宣传部、公众事务部、管理部和销售部。节目部负责选择节目并安排电视台时间表;制作部负责制作电视台的节目,同时也为电视台制作地方广告;技术部负责处理如天线、发射机、摄像机以及其他广播电视设备技术方面的问题;交流部负责广告和节目的协调统一工作,也负责安排广告播出的次序;宣传部负责在公告牌上、广播中和地方报纸上为电视台自身做宣传;公共事务部也经常配合社会的其他机构组织一些公众活动;管理部负责电视台的日常文书工作,如工资支付和费用报销等;销售部的职员销售节目广告时间。在实行市场经济的国家中,城市电视业的主要收入来自于广告。广告的销售包括全国销售和地方销售。例如,中国的海尔集团或美国的福特汽车公司,可以为一个可在全国同步

播放的电视广告购买时间。但是如果地方的海尔营销部或福特代理人希望本地的电视观众光临他们的展厅,他们往往直接在地方电视台购买广告时间。这些广告被称为地方(或部分)广告。广告的价格通常是由电视台的收视率所决定的。在美国,广播网下属的电视台,位于大城市的(例如,KNBC 位于洛杉矶)被叫做 Oboes,意思是广播电视网所"拥有和管理(owned and operated)"的电视台。播放广播网节目但不属于广播网的电视台,叫做成员机构。O&Os 可以自由地播放广播网的节目,而成员机构则要为播放广播网的节目付费,广播网以此来卖出大部分广告并赚取利润。当成员机构不播放广播网提供的东西时,也可以播放自己的节目,所有的广告费归它们自己所有。在美国城市中,超过三分之一的全国商业电视台是独立运作的。独立电视台必须购买或制作它们自己的所有节目,但是独立电视台也可以把所有广告收入据为己有。它们播放一些独立制作的节目和老电影,但是,大部分节目是在广播网上播放过的内容。独立电视台往往从被称为"辛迪加"的节目服务机构购买这些重放节目。辛迪加也出售独立制作的节目。例如,"奥普阿,温弗雷德的表演"和"命运之轮"。这些节目由非广播网电视台或独立制作人制作并出售。电视台分别为这些第一次播放的辛迪加节目付费,价格取决于电视台的市场占有率。地方新闻通常在一个地方电视台制作的节目中占最大的比重。在一些较大的城市电视市场如洛杉矶,地方新闻节目的播放时间通常长达 3 个小时。

(七)城市电影业

在当今世界城市中,电影不仅不再是一种杂耍,而且也不仅仅是一种艺术、一种语言,而是已成为一种复杂的、综合的社会经济现象的总称,成为一种能够产生可观经济利益的文化经济或文化产业。克里斯丁·麦茨指出:"人们通常称作'电影'的东西,在我看来实际上是一种范围广阔而繁复的社会文化现象,一种在实质性意义上的'总体社会事实',有如人们所说,它包括有重要的经济与财力问题。它是一种涉及许多方面的整体。"在当代世界中,电影业在美学、文化和政治中占据了一个非常特殊的位置。从某种意义上说,电影是现代视听业中首要的产品。电影业不仅通过电影院等拥有自身特殊的销售渠道,而且它们还为录像销售和租借业提供重要产品。不仅如此,现代电影业还为几乎所有的电视台尤其是有专门的电缆和卫星电视播放的电视台提供了优秀的节目。电影产业的中心是电影制作,而电影制作程序主要由以下几种因素组成:编剧、制片人、导演、演员、制作、销售和管理。在世界头号电影业大国——美国,由大工作室发行、地区剧院放映的大部分电影通常是独立公司的产品。这些独立的制作公司往往具有不同的组织形式。毋庸置疑,每部电影的内容就是讲述一个由编剧所制作的故事。编剧独立工作,通过代理人推销他们的故事情节,代理人把编剧的脚本推销给工作室和独立制作人。一般而言,制作人的工作是筹集电影拍摄资金,生产电影产品。资金可以来自银行,或者来自想投资一部特定影片的个人。一旦电影的制作资金到位,就要物色一位导演来组织把脚本转换成电影的所有工作。导演监督影片的预算。 显然,对于任何一部影片来说,演员都是至关重要的。有时制作人和导演为了保证影片的票房收入以吸引投资者的兴趣,甚至在筹措资金之前就已经在寻找特定的演员。制作部门包括实际创作影片的所有人,如摄像、舞美设计、电影编剧、脚本监督和服装设计等。一旦电影制作出来后,销售人员就要为推销影片做广告宣传。电影业的产生和发展,从无声片到有声片,从黑白片到彩色片,从普通银幕到宽银幕等,都与科学技术的发展紧密相关。在当今世界,新型胶片的出现,意味着电影制作人可以在人造光线不足的地方拍摄更多的场景;便携式摄像机的诞生意味着摄像人可以更容易地在人群中移动;计算机技术提供了令人惊叹的特殊效果;色彩数字化则意味着电影图像在拍摄后可以被加厚、调整,甚至被完全转换。总而言之,技术的进步已经并将进一步使电影院变成一个充分感受瑰丽画面和体验情感、梦想、影像的宫殿。

（八）城市广告业

在当今世界主要城市,广告可以说无处不在。广告出现在城市的高楼大厦上、商店运货车上、高高的停车场的计时器上、体育场的大型屏幕上,广告甚至出现在当代都市大众的身体上。"越来越多的人穿着印有广告的服装,戴着广告饰品,使身体与身份也被商品化了。"本雅明因此认为,在现代城市里早已存在蒙太奇效果,霓虹灯和广告的层层堆积造成了这种效果,现在它们不仅变成了城市建筑的一部分,而且也成了都市观光必不可少的风景。在现代发达国家的城市中,广告业的典型运作程序,通常可以被分为 6 个部门:市场研究、媒介选择、创意活动、协调经营、管理和公共关系。市场研究部检测产品的市场潜力,产品在什么地方销售,谁会购买这种产品。代理研究人员可以自己调查市场,或者与一个外部市场研究公司签订合同,预测潜在的购买者。媒介选择部为顾客设计最佳的媒介组合,如电视、报纸、杂志或广告牌。创意活动部设计广告内容。"创意人"为电视、广播和印刷媒体的广告制作脚本。他们设计图解作品,通常也制作广告,他们也监督广告实际播放的次数是否与合约的次数相符。协调经营部是代理机构和客户之间的联系部门,协调部经理掌握客户的意见和建议。管理部门负责开销,包括业务执行人与顾客用餐的所有费用。一个广告项目就是在特定的时间段内由各部门协同合作、共同完成的。斯密塞认为,在现代都市中,广告商和媒介、受众已经联结在一种有约束力的相互关系之中。大众媒介的节目安排用来建构受众,广告商为取得受众而付钱给媒介公司,受众于是被转交给广告商。因此,媒介的节目编排是用来吸引受众的。这种情形与从前小酒店为了吸引顾客饮酒而提供的免费午餐没有太大的差别。在文森特·莫斯可看来这种现象意味着媒介商品化空间的扩展,意味着媒介商品化不仅包括媒介公司出版报纸、制作广播节目、制作电影等直接过程,而且将广告商或资本也包括了进来。

(九)城市娱乐业

娱乐业是一个悠久的行业,现代城市娱乐业是现代都市社会、工业社会的产物,它的实质是大众休闲。从乡村到城市的转变使人们迈进了一个巨大的充满着各种可能性的自由天地。人们不再满足于长久以来相沿成习的陈规戒律,而是开始了独自尝试新生活的过程。享受生命成为都市居民时髦的生活姿态。在物质财富的极大繁荣和"追求快乐的新精神"的共同作用下,人们开始体验生活的乐趣,享受自己。另一方面,工业化大生产造成了人们身心的高度紧张和疲劳,因此劳动大众需要休息和娱乐,以松弛神经并恢复体力。工业化生产也给人带来了较多的闲暇时间、较高的收入和更多的消费品以及更多的消费方式。城市娱乐业就是这个社会发展过程的产物。现代娱乐业因此成为现代城市不可缺少的一种产业。酒吧、卡拉 OK 厅、美容院、赌场、电影院、录像厅、公共浴池、主题公园等都是一种特定的封闭的休闲空间。它们暗示其内部有种种富有刺激的活动内容,因而引诱和欢迎人们的进入,这表现了现代娱乐业的极为复杂的性质。休闲是工作和劳动的对立物,娱乐带有享乐、挥霍、松弛、放纵、寻求开心的意味。尤其是在现代城市社会和传统乡村社会绝对不能暴露的内心隐秘,在一定范围内也成了需要交流和适当予以满足的内容,需要相应的场所和制度安排。正如比欧尔·路易所说,现代大都市的发展似乎有力地证明了这一点,"民族的智能,与个人一样,是以肉感为出发点的。凡是曾经雄视一世的世界各大都会——巴比伦、亚历山大、雅典、罗马、威尼斯、巴黎都是一样的,它们的生活越放荡,它们的威势亦越大。仿佛它们的荒唐是它们繁盛的必要的原因。"城市娱乐业因此也成了被商家看好的一个产业。

当代城市公众的娱乐方式很多,如观看体育比赛、录像、电视,玩游戏机,游览各种游乐场所,从事赛马、赛艇、自行车比赛、弹子游戏、博彩等。城市娱乐业在经济发展中担当了重要的角色。现代城市娱乐业的发展呈现了以下两种趋势:一方面,随着高新技术的发展,城市娱乐业与高科技的结合越来越紧密,如采用现代科学技术制作的三维空间幻境游戏、用电脑及巨型屏幕创造出的神奇

意境等都让消费者趋之若鹜。在高科技的推动下,计算机娱乐软件在发达国家城市市场上呈现强劲的发展势头,多媒体软件的发展速度比图书、报纸、广播等传统媒体快了 1 倍。现代城市娱乐业发展的另一趋势,是跨行业经营,同时,跨行业经营又使城市娱乐业呈现出国际化趋势。如日本索尼本是一家电器公司,但它的经营范围已扩展至其他国家的电影、音乐、卫星传播、电脑游戏等领域,并生产大量的随身听、摄影录一体机及其他与娱乐相关的电器产品。美国的微软公司也已致力于游戏软件的开发,由此引致全球软件产业的大发展。

（十）城市网络业

互联网指的是计算机互联网络,它是由许多台地理位置不同并具有独立功能的计算机,通过特定的通讯设备和技术协议相互联结起来,以实现信息传输和资源共享的网络系统。目前世界上最大的国际性互联网是因特网(Internet,1997 年 7 月 18 日,中国全国科学技术名词审定委员会决定将它译为"因特网"),它已覆盖世界绝大多数国家和地区,成为全球共用的计算机信息系统。所以,如今互联网、因特网、国际互联网等概念已经互相通用。

1995 年 10 月 24 日,国际"联合网络委员会"(FNC)通过一项决议,根据计算机网络的发展、现状和走向对"Internet"作了技术性的界定。根据这一界定,"Internet"指的是具备如下要求的全球性信息系统:(1)通过全球性的唯一的地址逻辑地链接在一起,这个地址是建立在"网络间协议"(IP)或今后其他协议基础之上的;(2)可以通过"传输控制协议"和"网络间协议"(TCP /IP),或者今后其他接替的协议或与"网络间协议"(IP)兼容的协议来进行通信;(3)可以让公共用户或者私人用户使用高水平的服务,这种服务是建立在上述通信及相关的基础设施之上的。[①]

互联网是一种新兴的信息传播媒介,但它更是一个传播或交流信息的平台。通过互联网所进行的信息传输和交流,称为网络传播。这是一种以地空合一的信息高速通道作为传输渠道、以功能齐全的多媒体电脑作为收发媒体的、极具开放性的传播活动。这种网络传播是在 20 世纪 90 年代正式进入广大公众的传播领域的。

互联网的诞生是 20 世纪后半叶的事,如果要寻找相关的线索和源头,还可以追溯到 19 世纪。应该说,20 世纪后半叶,计算机技术、通讯技术和网络技术三个方面的发展,直接为网络传播的实现准备了必要的条件。

一是计算机技术。1946 年世界上出现了第一台计算机。以后五十多年间,

---

① 　转引自张海鹰等著,《网络传播概论》第 39 页,复旦大学出版社,2001 年。

从电子管、晶体管、集成电路、大规模集成电路到人工智能，计算机技术步步发展。尤其是 1981 年推出第一台个人计算机（PC 机）后，这一高科技产品逐步进入普通家庭，渗透到社会生活的各个领域。经过几代更新，如今的个人计算机已能以极快的速度处理巨量的多媒体信息，也就是说，可以接收、处理、储存、输出、传播大量的包括文字、图片、声音、图像在内的各种样式的信息。而且，从最早的如同大楼一般高大的巨型机到当前普遍使用的一般台式机，到液晶屏式机，再到笔记本电脑、掌上电脑，计算机的体积越来越小，携带更为方便，功能更加广泛，运行更加快速。

二是通信技术。1836 年，电报诞生，使人类在远程通讯方面走出了第一步，它所采用的以点和线的不同排列来传递信息的莫尔斯码，虽然速度还比较慢，但这和当今计算机通讯中的二进制比特流却是一脉相承的。1866 年，越洋电缆诞生，大西洋两岸之间实现直接快速的通讯，这又是当今联系各大洲的海底光缆的先驱。1876 年，电话诞生，而当今的互联网依然有很大一部分正是架构在电话交换系统之上的，只是发明了具有数模信号转换功能的调制解调器，实现了计算机接入互联网的功能。当然更大的技术变化还在 20 世纪。1957 年，苏联发射了人造地球卫星，迈出了全球卫星通讯的第一步。随后几十年间通信技术突飞猛进，微波、卫星、光缆成了信息传输的三大支柱。如今各国的微波线路四通八达，太空中各类通信卫星星罗棋布。欧美发达国家国内中继干线已完成由同轴电缆向传输容量更大、速度更快的光缆的转换。国际间的海底光缆、越洋光缆也在不断铺设。

三是网络技术。这是指通过一系列应用软件和技术手段，把散布各处的电子计算机联结成网，从而实现信息的广泛分享和交流。20 世纪 60 年代后期研制成功的"包交换"技术，是计算机之间联网的基础，为实现网络信息传输安全提供了最大可能。所有以上这些，都为互联网的诞生准备了基础条件。

互联网的前身是美国国防部高级研究计划署在冷战时期研制的"阿帕网"（ARPANET）。第二次世界大战后，形成了东西方两大阵营对峙的冷战局面。1962 年爆发的古巴导弹危机，更是把人类推到了核大战的边缘。美国军方担心，一旦核战争爆发，由计算机中心控制的军队通讯网络就面临极大的威胁，因为一旦网络中心被破坏，整个网络就陷于瘫痪。为了解决在原子弹威胁下的军队通讯网络的运行安全，美国军方开始研究"如何在受到核战争袭击之后，保持军队中各个网络之间的联系"。这个项目在美国国防部高级研究计划署（AR-PA）信息处理办公室的领导下展开。

1963 年，在美国国防部高级研究计划署工作的拉里·罗伯茨提出"分组交换"技术的设想,解决了抗摧毁性网络的难题,成为网络技术发展中第一个重要里程碑。1969 年,美国国防部资助了一个有关广域网络的项目,开发出一个运用包交换(packet switch)技术的网络,称作 ARPANET(阿帕网)。当年 11 月 21 日,运用这项技术把加州大学、犹他大学和斯坦福研究院的四台电子计算机顺利连通。这个美国国防部高级研究计划署的实验性网络、由四个节点构成的"天下第一网"的诞生,宣告了网络时代的到来。

到 1972 年,ARPANET 已连接了 40 多个节点计算机。1973 年,英国、挪威的计算机接入 ARPANET。1976 年,ARPANET 上的节点计算机已发展到 57 个,连接各种不同的计算机 100 多台,网络用户 2000 多人。

为了解决网络与网络、电脑与电脑间由于软硬件和型号不同造成的不兼容问题,使阿帕网真正成为"资源共享的电脑网络",1974 年"互联网之父"文顿瑟夫研究成功了 TCP/ IP(传输控制协议/ 网络间协议)。1981 年,在美国计算机网络上的消息栏首次使用,1982 年,美国国防部宣布将 TCP /IP 协议作为标准,要求所有接入 APANET 的计算机网络必须采用这一协议。1983 年,TCP/IP 被许多计算机网络所接受,成为了网际互联网络上的标准通信协议。这是全球互联网络正式诞生的标志。

同年,ARPANET 分成两个网,与军事有关的部分称为 MILNET,其余部分仍然叫做 ARPANET,用于作进一步研究。它们之间仍然保持着互联状态,能进行通信和资源共享。这种网际互联的网络最初被称为 DARPA internet,但不久就改称 Internet,因特网名称从此开始出现。

阿帕网和 ICP/IP 技术的成功,使美国国家科学基金会(National Science Foundation,NSF)认识到网络将成为科学研究的重要手段。为了使科研人员可以共享以前军方只为少数人提供的超级计算机设施,1985 年 NSF 出资在全美建立了五大超级计算中心。后来,又将连接大学和科研单位的中等计算机中心连接起来,形成全国性的广域网络。

1986 年,名为 NSFNET 的高速信息网络建成。该网络同样采用 TCP/IP 协议,互联了 NSF 分布在各地的所有超级计算机,并联入了 ARPANET。此后,NSFNET 逐渐发展成为美国境内的广域网的骨干基础。1990 年 APANET 宣告退役,NSFNET 正式取而代之。

在上世纪 90 年代以前,这种网络仅限于科研教育领域使用。美国国家科学基金会规定,"NSFNET 主干线仅限于作如下使用:美国国内的科研机构及教育机构把它用于公开的科研及教育目的,以及美国企业的研究部门把它用于公开的学术交流。任何其他使用均不允许。"

然而到了 1991 年,互联网的发展使 NSFNET 主干线达到极限。为了减轻政府的负担,美国国家科学基金会要求私人公司承担一些责任。第二年,商用因特网协会成立,并宣布用户可以把它们的子网用于任何商业用途。于是,因特网络开始迈向商业化,它的用户也不再局限于高校师生和计算机行业的工作人员。大批商业机构开始走上网络,在因特网络上刊登网页广告,提供各种信息。

不过,从网络技术或使用角度来讲,在万维网诞生之前,因特网的使用范围仍然不广。直到 1993 年万维网开始推广,才真正使计算机网络"飞入寻常百姓家"。

万维网,又译环球网,也称 WWW(World Wide Web)或 Web,它不是指互联网之外独立存在的一种网络,而是互联网中的一种多媒体信息服务系统,它能以超文本链接的方式存取信息文档,并支持图形、声音、视频和文本。这项技术在上世纪 90 年代初问世,1993 年,美国国家超级计算机中心进一步开发了基于这项技术的浏览器软件,这就大大方便了网上浏览,使得上网漫游成为普通人都能做到的事情,从此因特网才走向了千家万户的广大公众。

商业化的运作和万维网的推广,带来了因特网的历史性飞跃,使得它在通信、检索和客户服务等方面的巨大潜力得以充分发挥,吸引了越来越多的用户。世界各地的大专院校、科研机构、传统媒体、政府部门、军队、政党、宗教团体、工商企业和家庭个人,纷纷上网。到 1994 年年底,因特网连接了 150 多个国家和地区的 3 万多个子网、320 多万台计算机主机,直接用户超过 3500 万,成为世界上最大的计算机网络,因特网的名称也就传遍全世界。

1995 年是因特网发展的关键一年。美国国家科学基金会宣布,不再向因特网提供资金,因特网从此完全走上了商业化的道路。也正是这一年,因特网被发达国家确定为战略发展要务。在比利时首都布鲁塞尔,西方七国集团召开了"七国信息技术部长级会议",第一次从战略上确定了"全球信息社会"的构想和方向。从那以后,世界各国都认识到了因特网潜在的重要商业价值、文化教育价值和政治价值以及对国家竞争力的影响,纷纷加快了计算机网络发展的步伐。

据统计,1998 年全球与因特网联网主机近 2000 万户(台),上网用户已达 1 亿户。至 2000 年,全球信息产业以年均增长 10% 以上的速度高速发展,因特网已经连接了 200 多个国家和地区近 3 万个电脑网络,7000 多万台服务器主机,6000 多个图书馆,1 万多个数据库,上网用户达 2.59 亿。可以这样说,互联网在 20 世纪末就几乎将世界各国、各地区"一网打尽"了。

互联网是 20 世纪人类最伟大的科技发明之一。自 1994 年我国正式接入国际互联网以来,我国互联网发展速度非常快,尤其是最近几年,发展更加迅猛,创新更加活跃,渗透更加广泛,对经济社会发展产生了重要影响。现在大家普遍认为,互联网已演变为社会生产的新工具、经济贸易的新载体、科技创新的新平台、公共服务的新手段、文化传播的新途径、生活娱乐的新空间,带动了生产方式、生活方式、文化传播模式、社会组织模式的深刻变革。当前我国互联网发展与管理情况,概括起来,主要有四个方面的特点:

1. 我国已成为互联网大国

历经多年发展,我国互联网已成为全球互联网发展的重要组成部分,国际影响力和竞争力日益增强。具体体现在:用户规模世界第一。到 2010 年,网民数达到 4.97 亿人,普及率 37.1%。手机网民数达到 3.25 亿,固定宽带用户达到 1.42 亿,网民和宽带用户均位居全球第一。互联网基础设施在全球规模最大。我国已建成超大规模的互联网基础设施,网络通达所有城市和乡镇,形成了多个高性能骨干网互联互通、多种宽带接入的网络设施。"十一五"期间,固定宽带接入端口增长近 3 倍,达到 1.88 亿个;第三代移动通信网络覆盖大部分城市和乡镇;骨干网带宽超过 30T 每秒(Tops),国际出口带宽增长 7 倍超过 1Tbps。互联网资源拥有量大幅增长,现有 IPv4 地址 3.3 亿个,居全球第 2 位。".cn"域名注册量约 435 万,互联网站 350 余万个。技术创新能力不断增强。我国已建成全球最大的 IPv6 示范网络,并在网络建设、应用试验和设备产业化等方面取得阶段性成果,面向未来的下一代互联网新型架构研发稳步推进。在国际标准制订方面,我国主导完成或署名的请求评论稿(RFC)标准已有 46 个,涵盖互联网路由、网际互联、安全等核心技术领域,国际影响力明显增强,长期跟随国外的被动局面正在逐步得到改观。应用创新快速推进。移动互联网、互动媒体、网络娱乐、电子商务等成为发展最快、影响最广的应用领域。2010 年,我国有 3.7 亿人使用搜索引擎,3.5 亿人通过网络浏览新闻,2.5 亿人使用社交网站,3 亿人使用博客、微博客,1.6 亿人通过网络购物。互联网产业初具规模。2010 年,互联网全行业收入超过 2000 亿元。我国在门户网站、即时通信、搜索引擎、电子商务、网络游戏等领域形成了一批具备国际影响力的骨干企业,腾讯、百度、阿里巴巴在全球互联网企业市值排名靠前。互联网设备制造业快速崛起,形成了数千亿的市场规模,不仅满足国内发展需要,还实现了海外拓展,高端路由器产品的市场份额已跻身全球前三名。

2. 互联网在经济社会发展的地位和作用更加突出

互联网已渗透到我国国民经济和社会的各个领域,成为经济发展与社会运行的基本要素,推动传统产业结构调整、经济结构优化升级和经济发展方式转变,并深刻地影响和改变着人们工作、学习和生活方式。

（1）从互联网推动了工业的转型升级看

互联网深入应用于工业产品研发设计、生产控制、供应链管理、市场营销等环节,通过信息交互和网络协同改变了生产、管理和销售方式,优化了资源组织、业务流程、企业管理和产业链协同,推动了以精益生产、绿色制造和服务化为方向的工业转型升级。如 ARJ21 新支线项目中,借助网络实现异地设计协同、制作协同和供应商协同,大大提高了研制效率和质量。一些传统制造企业利用互联网进行大规模客户定制,降低了供应链成本并实现柔性制造。

（2）从互联网改造提升传统农业看

通过生产和市场信息的及时传递、交流,增强了信息和知识要素在农业生产中的作用,提升了土地、生产资料和资金等传统生产要素的使用效能,形成了具有现代化特征的农业产业链,推动了现代农业的发展。

（3）从互联网推动服务业现代化看

互联网在物流、商贸流通、金融行业的应用,促进了传统服务业向现代服务业转型,推动形成了现代物流、网上银行等现代生产性服务业。2010 年我国电子商务交易总额 4.5 万亿元,2007 年至 2010 年间网络零售交易额年均增速是同期社会消费品零售额增速的 5.7 倍。互联网在医疗卫生、教育、旅游、娱乐等传统领域的应用,也有力地推动了民生性、消费性服务业的发展。

（4）从互联网促进文化发展看

互联网深刻改变了文化传播模式,已跻身主流媒体行列,成为宣传社会主流思想、传播先进文化的重要平台。互联网成为反击国外媒体扭曲报道、向世界展现真实新疆和真实中国的重要窗口。

（5）从互联网推动社会公共服务创新看

互联网已成为政府行政管理和社会公共服务的基础平台,有效提升了政府监管能力和行政效率,改善了公共服务,促进了政务信息公开和政府职能转变。我国 97％以上的中央政府部门、100％的省级政府和 98％以上的地市级政府部门开通政府门户网站,工商注册、申报纳税、社会保障等社会服务实现在线提供。

（6）从互联网促进社会就业、创业看

互联网创造了大量具有一定知识含量的就业机会,弥补了由于社会生产力提升带来的传统就业岗位的损失,促进了就业结构的优化,2010 年互联网服务企业直接从业人员接近 80 万。互联网更为有志于创业的人群提供了广阔的空

间。仅通过网店的方式，就有上百万人在经营着自己的事业；有更多人正投身于互联网带来的科技浪潮中，努力实现着自己的梦想。

3. 互联网行业管理成效显著

许多城市政府坚持发展与管理并重，在加快发展的同时，加大管理力度，互联网行业管理也取得明显成效，为行业健康发展提供了有效保障。

4. 网络与信息安全管理有效加强

许多城市政府坚持一手抓发展、一手抓安全，坚持发展和安全并重，不断加强和深化网络信息安全管理工作，切实维护国家网络与信息安全。中国互联网协会、中国通信企业协会等行业协会和自律组织积极发挥作用，努力净化网络环境，维护网络秩序。

信息技术加快发展、创新和融合，对经济社会的影响不断深化，受到了各方面的高度重视，对我国互联网发展而言，既有良好机遇和有利条件，也面临诸多严峻挑战。

从机遇和有利条件看。当前互联网技术变革和网络演进加速推进，应用创新不断深化。以内容分发网络（CDN）、互联网数据中心（IDC）等为代表的互联网应用平台形成了新的应用基础设施，改变着互联网的流量分布和设施布局。下一代互联网的演进和技术前沿布局加快，各国加速向以 IPv6 为基础的下一代互联网演进过渡，创新型网络体系结构及关键技术研究成为国际热点。IPv6 创造出巨大的地址空间，新通用顶级域名走向开放，中文域名等多语种域名不断发展。同时，互联网的移动化、融合化、平台化等趋势正开辟更深交融、更广交互、更高智能的发展新阶段，应用形态不断扩展，应用模式不断变革。比如，云计算将深刻改变计算模式和信息服务模式，泛在感知、高速互联和智能处理技术的发展更将互联对象从人扩展到物。互联网发展形成的跨界融合不断深入，推动通信、广播电视、软件等产业的深刻变革，更与传统产业加速融合集成，催生新业态和新市场。这些为我国在互联网发展和国际竞争中加快创新、实现迈进提供了难得的历史性机遇。我国在互联网发展的多个关键领域与发达国家所处发展阶段相近，面临的机遇和挑战类似，发展起步差距不大，并已形成了一定技术研发、产业支持和人才储备等条件，在部分领域比如宽带无线移动通信、移动互联网和移动智能终端、云计算、下一代互联网和物联网等，还具备了一定优势，初步形成了产业体系。特别是我国把下一代信息技术作为战略性新兴产业加以重点培育发展，加强政策支持。加快互联网发展具备很多有利条件。

从面临的挑战看，既有技术、资源等问题，更有网络与信息安全突出等问题：

一是核心竞争力亟待提高。我国互联网原创性技术少，革命性创新更少，核心技术仍然主要依赖国外，自主化程度不高，市场规模偏小，2010年行业总收入还不及某一家跨国公司的年收入，在产业发展方向引领和游戏规则制定方面受制于人。应用创新不足，业务创意、产品开发、商业模式等方面以跟随模仿为主。例如在移动互联网领域，从智能终端操作系统到应用模式和应用平台，均被几家跨国公司主导，我国仍处在被动跟随的状态。

二是互联网关键资源为国外主导。作为互联网的发源地和最大受益者，美国拥有对互联网的垄断性控制。美国政府掌控的互联网域名管理机构负责全球各国的互联网地址、域名资源和域名根服务器的分配与管理。美国掌控核心资源带来的后果：2003年伊拉克战争期间，伊拉克的顶级域名申请和解析工作被终止，伊拉克被美国在网络世界里彻底"抹去"；2008年10月，微软以"打击盗版、保护知识产权"为由，制造了"黑屏事件"，显示了其对终端的控制能力。西方国家已正式将信息制裁作为继军事制裁、经济制裁、贸易制裁后又一重要的国际制裁手段加以使用。

三是网络空间全球竞争的压力凸显。各国高度重视互联网在国家发展和国际竞争中的战略性作用，超常规推进其发展。已有近100个国家制订了国家宽带战略或计划，投入巨大公共资金并引导社会资本加速宽带普及和高速宽带网络建设。与此同时，围绕网络空间的国际竞争也愈演愈烈，网络空间已成为继陆、海、空、天以外的第五空间和国家重要疆域。国际社会对网络空间规则体系主导权争夺达到全新高度，争夺的核心利益从技术标准、关键资源、网络产业等扩展至跨境服务、电子商务、民主政治等各个方面。互联网作为构建网络空间自主能力的关键领域，业已成为全球化竞争的新焦点，我国互联网发展也已成为我国构建全球竞争力的重要一环。

四是网络与信息安全挑战更趋严峻。确保基础通信网络的安全，已经成为关系我国政治、经济、军事安全和社会稳定的重要内容，网络信息安全监管工作面临政治、经济、技术多重压力。从国内看，网络攻击、病毒传播、信息窃取等网络违法犯罪行为日益猖獗，维护网络安全、净化网络环境、保护用户利益的任务日益繁重。同时，网络安全威胁的范围和内容不断扩大和演化，移动互联网和智能终端安全引起社会关注，网络安全问题以前所未有的广度和深度向电力、交通、能源、金融等重要领域延伸。

五是个人信息保护问题亟待加强。近年来的电信员工泄露公民信息、2010年"3Q大战"、"央视报道百度"事件等，引发社会各方面对个人信息、用户利用保护、规范市场行为的广泛关注。

面对日益激烈的国际竞争、互联网不断发展创新的形势和日益加大的安全压力，城市政府必须深入贯彻落实科学发展观，主动适应经济社会发展的紧迫要求，把握互联网技术产业变革大趋势，抓住机遇，加快发展，加强管理，努力在新的互联网产业技术革命中赢得主动、抢占先机，为加快转变经济发展方式、迈进信息社会奠定坚实的基础。

总的思路是，紧紧围绕加快经济发展方式转变、全面建设小康社会的要求，按照"科学发展、统筹协调、依法管理、保障安全"的方针，以科学发展为主线，统筹协调为基础，以依法管理为手段，以保障安全为要务，着力夯实基础网络，着力推进技术、业务、商业模式和管理机制创新，扩大普及、深化应用，为建设下一代国家信息基础设施和全面提高信息化水平奠定坚实基础，全面提升互联网行业管理工作水平，走出一条具有中国特色的互联网发展道路。

主要目标，是到"十二五"期末，建成宽带高速、广泛普及、安全可靠、绿色健康的网络环境，形成公平竞争、诚信守则、创新活跃的市场环境，实现从应用创新、网络演进到技术突破、产业升级的全面提升，在转变经济发展方式、服务社会民生中的作用更加显著。具体指标有七项：一是互联网对经济社会贡献持续提高。互联网在转变经济发展方式和促进社会发展与服务民生中的作用更加突出，2015 年互联网企业直接吸纳就业将超过 230 万。二是互联网应用服务普及提升。网民总数将超过 8 亿，网络信息资源大幅增加。原创应用、原创品牌和原创商业模式成为引领我国互联网发展的主要力量。互联网服务规模和国际影响力显著提升。三是接入能力实现跃升。城市家庭接入能力平均将超过 20 兆比特每秒（Mb/s），农村超过 4 兆比特每秒。宽带覆盖政府、公益性机构及重要公共设施，行政村基本通宽带，光纤到户覆盖 2 亿家庭。四是网络设施升级优化。骨干网总带宽较"十一五"期末增长 10 倍，网间互通质量达到国际先进水平。骨干网和主要网站全面支持 IPv6。IDC 空间布局进一步优化、电力使用效率显著提升，高速可靠的内容分发网络覆盖全国。五是互联网产业迈上新台阶。互联网服务业收入年均增长超过 20％，突破 6000 亿元，生产性互联网服务显著增长。互联网核心网络设备、智能终端、基础软件、核心芯片等产业自主发展能力显著提高。业务与应用标准化体系初步建立，国际标准影响力明显加强。六是市场竞争环境诚信有序。市场行为更加规范，行业自律普遍强化，市场秩序持续向好，用户满意度明显提升，产业链上下游协作关系更加合理顺畅。七是发展保障能力显著增强。行业管理体系和法律环境更趋完善，基础管理能力显著提升。网络信息安全保障体系基本建立，网络环境建设取得实质性突破。

根据上述思路和主要目标,重点要抓好七个方面工作:一是服务两化融合,全面支撑经济社会发展。推进互联网在工农业领域的广泛应用与综合集成,将互联网与研发设计融合,构建网络化、协同化的研发设计体系;将互联网与企业营销生产融合,实现市场需求智能化感知和动态响应;将互联网融合于企业经营管理,建立高效协同供应链管理、营销管理和物流体系。全面应用互联网推进服务业的现代化,积极推动互联网在服务业中的广泛普及和深化应用,提高金融、商贸、物流、旅游等服务领域信息化水平,延伸服务产业链,推动服务业高端发展和向现代服务业的优化升级。完善互联网社会信息化服务平台,加强互联网在教育、医疗、社保、人口等领域中的应用,提高公共服务效率和能力。二是建设"宽带中国",推进网络基础设施优化升级与发展演进。综合利用光纤接入和宽带无线移动通信等手段,加速网络宽带化进程。在城市地区推进光纤到楼入户,在乡镇和行政村推进光纤网络向下延伸。大力发展新一代宽带移动通信,加快提升 3G 覆盖范围和质量,统筹推进 LTE 部署,建设宽带无线城市。统筹协调运营企业互联网网络建设,合理布局互联互通架构,保障网间带宽适时扩容,严格保证网间带宽利用和性能指标。加快构建互联网应用基础设施,优化云计算数据中心的建设布局,保障大型数据中心之间的网络高速畅通。在保障安全前提下,以重点城市和网络为先导,推进网络升级改造;以重点商业网站和政府网站为先导,推进应用服务迁移;以移动互联网、物联网为重点,发展特色应用。三是突破关键技术及标准,夯实核心基础产业。建立先进完备的互联网标准体系,完善以 IPv6 过渡和安全为重点的网络和设备标准体系,大力推动国内标准国际化,提重点支持移动智能终端操作系统、网络化操作系统平台、智能海量数据资源中心等新兴网络化基础软件研发与产业化,支持面向互联网新兴业态的关键应用软件和信息技术支撑软件研发及产业化。四是创新应用体系,培育发展互联网新兴业态。强化应用创新的引导与规范,大力发展生产性、民生性互联网应用创新服务,构建互联网应用创新生态体系,优化基础电信运营、互联网服务、内容提供及软件开发企业间互动发展格局。加快移动智能终端操作系统平台协作研发,推进操作系统、中间件、移动浏览器、应用服务、核心芯片、智能终端各领域整合互动和整体突破。部署和开展云计算商业应用示范,构建公共云计算服务平台,促进云计算业务创新和商业模式创新,推进公有云的商业化发展。推动物联网与互联网的融合集成应用。五是建立互联网行业发展引导机制,强化政策性保障。推动跨部门、跨行业的长期战略合作,将符合条件的互联网中小企业和微型企业明确纳入国家现有政策体系,依法享受税收、投融资等相关扶持,确保城市建设中光缆管线、宽带接入网络等与城市公路、油气管道等其他基础设施同步规划、同步建设。六是强化互联网基础管理，打造诚信守则的互联网市场环境。建立健全 IP 地址管理制度，统筹规划 IP 地址资源的申请、使用和协调。完善域名注册管理办法和注册流程，强化域名注册管理机构和域名注册服务机构的企业责任。完善市场规则和争议协调处理机制，维护公平、公正、有序的市场秩序。完善互联网业务市场综合管理系统，加强与相关管理信息系统间的资源共享和高效联动，提高市场监管的精准度与时效性。加快现有电信服务规范体系、服务测评和监督检查机制向互联网服务领域延伸，完善覆盖政府、企业、社会三方的互联网用户投诉申诉处理流程和工作机制。七是加强体系建设，提升网络与信息安全保障能力。综合运用经济、法律、行政、技术和行业自律等手段，实现对增值电信企业的有效监管，加强互联网网络安全的应急管理，提高重大活动保障和突发事件应急处置能力，提高互联网装备安全管控水平。

三、城市文化产业的功能

在当代世界，城市文化产业具有极其重要的社会功能。城市文化产业对城市社会的文化性功能，是现代城市文化的一个重要组成部分，是现代城市经济利润的增长点，是一种有利于实施可持续发展的产业。同时，城市文化产业也有利于扩大城市就业，并可以对现代城市经济社会的发展产生综合的联动的效应。

（一）城市文化产业对城市社会的文化性功能

城市文化产业的文化性功能，显然是由其所提供的文化产品的性质决定的。而如前所述，城市文化产业的产业属性决定了它所提供的必然是经营性的文化。从某种程度上说，经营性文化与本著作所论及的城市大众文化在内涵和外延上是基本相一致的。因此，考察城市文化产业对城市社会的文化性功能，便需从考察城市文化产业的产品即城市大众文化（或经营性文化）的社会功能入手。城市文化产业和城市大众文化（或经营性文化）对于城市社会具有积极的文化性功能。

首先，城市文化产业的发展和城市大众文化的崛起，使得都市文化产品的生产者能通过作品去寻找听众、观众和读者，去接触尽量多的人群，而不是仅仅沉浸在个人独有的自我感觉之中。城市文化产业的发展、城市大众文化的崛起，必然从根本上使交流社会化，必然不允许独尊以个体感受为中心的审美意识。城市文化产业及其产物——大众文化功能的有效发挥，必然也必须依靠广大的人民群众，必然也必须以形成一种群体意识为桥梁纽带，因而也就必然会

淡化个体作者在社会传媒结构中的特殊地位。

其次,城市文化产业所提供的大众文化(或经营性文化)不仅把一切遥远的、抽象的变成近距离的、具象的,而且也把一切变成平凡的、亲近的,这将大大缩小社会各阶层之间、男女两性之间、老年人和青年人之间的心理距离。同时,城市大众文化借助于新的传媒手段向人们呈现不同于传统的、习惯的感知方式和世界图景,从而丰富了人类的感觉世界。城市大众文化以其特殊的技术手段,使世界呈现为人的某种特定技术程序的产物,展现出日常状态下人们习以为常或视而不见的东西。在城市文化产业所提供的大众文化(或经营性文化)中,借助于特殊的技术手段,经验和习惯被打破,神秘化被破译,从而满足了现代人全面实现视觉潜能,全面占有现实世界的愿望。

再次,城市文化产业所提供的大众文化(或经营性文化)产品具有抚慰和寓教于乐的功能,故在一定程度上缓和了城市大众在现实生活中的心理紧张和内在焦虑,也强化了都市个体对社会的认同感和安全感。同时,更重要的还在于,在现代社会,城市文化产业所提供的大众文化(或经营性文化)具有协调人与机械的平衡,为技术时代人的焦虑提供宣泄性治疗的功能。人文学者早已对当代技术不受人们束缚和驾驭的一面作了深刻的揭露。既然技术世界已在噩梦中降临,问题便是怎样在适应中掌握它。城市文化产业所提供的大众文化正好在这方面可以有所作为。

最后,城市文化产业和大众文化的兴起,有助于实现社会从神圣到世俗的转变。一方面,城市文化产业所提供的大量大众文化(或经营性文化)产品覆盖了都市大众的文化生活空间,有助于促进文化的民主化、普及化和平民化的进程。在城市文化产业和大众文化大发展的时代,任何一种文化都不可能再像以往那样以一种强迫的方式迫使大众接受,只能在竞争中通过自己独特的风格和魅力征服大众。另一方面,在传统社会中,宗教和准宗教、神圣和准神圣的东西是社会的意义源,它是人类意识的一个组成部分,是对生存"总秩序"及其模式的认知追求,是人面对痛苦和死亡已成定局时必不可少的生存观念。从历史的发展过程来看,宗教的、神圣的东西的衰微和大众文化的兴起是相伴而生的。随着个性的解放,社会由传统到现代、从封闭到开放、从乡村到城市不断转变,人类不断地"去魔"、"祛魅",人类生活中神圣的区域不断减少,整个世界日趋世俗化。城市文化产业及其所伴随的大众文化的兴起,无疑加速了这一过程。以电子媒介为基础的城市大众文化的具象化特征,不但有助于大量文化知识在城市大众之中的有效推广,而且也使得文化知识能够以平凡、亲切的面貌出现在都市大众面前。现代城市大众传媒主要借助于声像传播,都市大众对图像的接受与语言接受相比障碍要小，这不仅由于感知图像不需要后天的学习，而且更重要的还在于，声音和图像能同时对人的生理和心理产生强烈的作用。因此，语言和文化不再能够造成过去那种神圣幻象，人们不再相信传统的神话和迷信的布道，从而有助于社会从神圣到世俗的转变。在上世纪六七十年代，中国几亿人可以形成对领袖人物的真实的个人崇拜。而在城市文化产业兴起以及大众文化普及之后，都市社会大众不会再崇拜自己未曾直接感知的人和事。都市大众通过大众传媒崇拜的是歌星、影星、球星，他们崇拜那些明星，主要的还是因为感到熟悉和亲切。

但是，从文化以真善美为最高价值取向的角度衡量，城市文化产业所提供的大众文化（或经营性文化）的局限性也是相当明显的，它对于都市大众思想性格的负面影响仍是不可忽视的。第一，城市大众文化对现实的一定程度的歪曲反映，影响到城市大众对世界的认识和判断。由于大众文化是以赢利为目标的城市文化产业的产品，是受商人经营策略和生产技术控制的，因而它的接受者在相当程度上只是被动的消费者。城市大众文化出于产业性、商业性和娱乐性的需要，往往对暴力、罪恶、两性关系、社会矛盾及其解决方式、人类历史和前景进行种种或者夸张或者虚假的表现，而部分都市大众尤其是青年对此常常缺乏鉴别和判断能力，很可能把虚幻的世界当做真实的世界，并据此在现实生活中采取不明智的行动。第二，由批量生产的城市文化产业特性所决定的大众文化（或经营性文化）表现方式的模式化，会影响到都市大众的创造性和想象力。文化产业往往以一种程序化的方式来构造文本，正如阿多诺所说，文化产业的过程是一种标准化的过程，其产品就像一切商品那样同出于一个模式。另一方面，这些产品又有一种似是而非的个性风格，仿佛每一种产品，因此也是每一个消费者，都是适得其所，结果很自然地遮掩了文化产业意识的标准化控制。也就是说，文化产品标准化的程度越高，它似乎就越能见出个性，个性化的过程反过来反倒蒙住了标准化的过程。阿多诺所揭示的文化产业的这种模式化、标准化的特征无疑会以一种直接的感官刺激麻痹接受者的反思性，接受者只能在文本规定的程序中来理解文本，被动地被文本所征服。在这种情况下接受者的个性、独创精神、想象力、青春活力等，就有可能会被表面上千篇一律的大众传奇所淹没。第三，由城市文化产业的产业性、商业性、复制性所决定的大众文化无深度的平面性，可能会导致部分都市大众丧失终极关怀或理想信念。由于城市大众文化既排斥了时间的维度，也排斥了空间的深度，因此只留下时空的平面感，从而流失了极重要的文化的、历史的、生命的资源。在这种文化的笼罩下，部分都市大众可能会因此而失落安身立命之所和精神家园。在他们的眼里，没

有绝对的真善美,一切都是相对的,因而也就没有什么确信不移的东西。只要在感觉上觉得有用处、有魅力,他们就会相信并迷恋之,但又决不意味着永恒。这一方面使得当代大众学会宽容大度,另一方面也使其思想常常游移不定,难以形成坚定的理想信念。第四,由城市文化产业的工业化生产方式所决定的大众文化的零散化、片断化,可能会导致当代大众丧失整体性、全面性的认知。在文化产业所制作的都市大众文化产品中,灿烂夺目的片断形象主宰着一切,成为萨特所谓的"非真实化"的存在。城市大众文化的这种性质影响了大众的认知。在他们的认知世界中,时间和空间的普遍联系可能发生断裂,只剩下孤零零的眼前存在。因此,他们的行为也常常显得即兴和冲动,不一定按照某种逻辑生活,而是一切跟着感觉走。在这种情形下,部分大众的真实的自我有可能丧失。第五,城市文化产业所提供的大量的大众文化(或经营性文化)产品覆盖了大众的文化阅读空间,这无疑具有积极的意义,但同时它也在一定程度上阻碍了高雅的严肃的文化的发展,对高雅的严肃的文化产品的创造者之心态产生了某些消极的影响。一方面,从事高雅、严肃的文化产品的创造无疑不能过多地考虑功利性的需求。高雅的严肃的文化的创造者如严肃作家、画家、音乐家、哲学家等必须在创造性的工作中经常更新自我,全神贯注地创作,以真善美的标准衡量创作对象,思考一些人类、社会、自然的基本问题,所有这一切均会赋予高雅的、严肃的文化创造者一种有别于市场体制下多数人所有的时间观念和兴趣点。但是,在金钱的诱惑下,一些有才华的高雅的严肃的文化的创造者,却有可能成为可以为其带来可观利润的大众文化产品的制作工匠。这无疑会浪费他们的时间、精力和财力。另一方面,文化产业、大众文化生产机构又通过对高雅的严肃的文化的改写、简化和包装,消解了其中所蕴含的独创性和想象力。因此城市文化产业的文化性功能是复杂的,必须从积极和消极两方面来分析。

(二)城市文化产业与现代城市经济利润的增长

如果说城市文化产业的文化性功能具有两面性(既有积极一面也有消极一面)的话,那么其对于现代城市社会的经济性功能则基本上是正面的。现代城市史表明,城市经济的迅速增长,促进了城市文化产业的迅速发展;而城市文化产业的迅速发展,也为城市经济的进一步发展提供了一种新的、强大的动力。城市文化产业的兴起,意味着现代城市经济增长方式已经发生了革命性的变革。人类经历了五千年的农业经济,又经历了300年左右的工业经济,现在正处于经济形态转换的阶段。本世纪是知识对经济发展起决定作用的经济,这似乎已成为全世界的共识。按照普遍的定义,以知识为基础的经济是"以智力资源的占有、配置,知识的生产、分配、使用(消费)为最重要的要素的经济形态"。

与工业经济相比,以知识为基础的经济有如下的特征:工业经济的推动力量是蒸汽机技术和电器技术,而以知识为基础的经济的推动力量则是电子技术和信息技术;工业经济中的主要产业是制造业,而在以知识为基础的经济中,制造业与服务业逐步一体化,创造知识和提供信息服务是经济活动最主要的部分;工业经济的生产方式是集中化、标准化,而以知识为基础的经济的生产方式则是分散化和标准化;在工业经济时代,直接从事生产的工人占劳动力总量的80%,而在以知识为基础的经济中,从事知识生产和传播的人将占劳动力总量的80%以上。进入21世纪后知识与经济已经密不可分,整个社会的经济形态会发生根本性的转变,千百年来传统的以物质产品的生产、流通、消费为基本特征的物质型经济,将逐步向现代化的以信息产品的生产、交流、利用和消费为主导特征的文化型、信息型、知识型经济转变。在知识经济时代,占主导地位的知识密集型产业不仅包括信息技术、新型材料、生物工程、遗传工程、航空航天等高新技术产业,还包括以传媒、娱乐、体育、教育、旅游、咨询、律师和服装设计等为代表的文化产业。而传媒业的发展又刺激信息技术的不断进步。高新技术一旦走向生产过程,往往与文化产业相融合,其结果是,一方面,文化产业越来越多地运用科技手段,另一方面新的文化行业不断涌现。在这个背景下,城市文化产业的发展无疑具有十分广阔的空间。

在当代中外城市中,文化与经济的紧密结合,首先表现为文化对经济的渗透。产品的文化内容的价值比重迅速增大,而物质形式的价值比重正相应地下降。在新增的城市社会财富中,文化性的"软产品"所占比重越来越大,不仅像微软公司这样的新兴产业大部分是知识密集的软产品,而且传统制造业产品的文化内涵也越来越高。一般城市消费品的生产,在当代已经着意通过其品牌、命名、设计将一定的文化形态、审美情趣,甚至价值观念附加于消费品之上,使之成为一定意义上的文化品。城市广告业的发展已经使广告本身不再仅仅是纯粹的商品信息,而且成为精心设计、刻意地迎合或推广某种精神价值的文化品。在传统城市制造业产品的文化含量越来越高的同时,尤其值得注意的是,由于高新技术的发展,文化内容在新兴产业产品价值构成中的比重也越来越大,并出现大量的富有美感和科技含量的智能化产品。数字技术、网络技术、人工智能、新型复合材料、生物工程技术、设计艺术等正在成为人们生活的必需品。正因如此,人们感觉到,一个科学文化大发展的时代已经来临,未来时代的竞争将是一场智力竞争,人类已经面临一场新的革命,并进入了一个知识和经济、文化和经济一体化的社会。在这个社会中,经济社会发展中的知识含量、文化附加值将越来越高,知识生产力将愈益成为生产力、竞争力的关键因素。而

城市文化产业作为知识经济全球化的新兴产业，不仅是一个城市文化产品生产、流通、消费的规模化、市场化、现代化的重要手段和载体，不仅在满足城市居民消费性的文化需要方面具有不可忽视的、不可替代的作用，而且也是现代城市经济的重要支柱之一，是城市物质财富创造的重要来源。在当代，以传媒、娱乐、旅游、教育、体育、咨询、律师和服装设计等为代表的城市文化产业的发展速度已经超过了其他产业。

（三）文化产业对城市经济社会发展的综合联动效应

城市文化产业在创造自身价值的同时必然带动城市相关产业的发展，如城市广播影视产业将带动城市音像、影像、游戏软件、家电、通讯设备、广告展览等产品及服务市场；城市文化娱乐业将推动城市旅游、宾馆、餐饮、交通、演艺市场；城市文化产业的公共参与性及其善于制造大众流行的特点，将推动城市服装业、美容业及各类延伸产品市场的发展；各类先进的城市文化设施的建设，则将有力地配合高科技转化为市场优势，并带动城市建筑业和制造业市场。在美国，城市网络业的发展还导致了一种新型的都市体育娱乐业的诞生。据报道，美国网脉传讯公司在全美城市 300 家健身中心的运动器材上安装可连接上网的终端机，让健身爱好者可以一边踩脚踏车，一边上网遨游。运动脚踏车的前面安装了屏幕，使用者一旦停止踩踏，屏幕画面就会中断，以此作为激励使用者的手段。这种与网络连接的触控式屏幕可安装在运动脚踏车与踏步机上，使用者可以一边消耗卡路里，一边上网冲浪、寄送电子邮件、听音乐或看电视。美国的奥兰多，原来仅是一个以橘子种植和畜牧为主业的小城镇。而迪斯尼乐园的建成，则使其出现超常规的发展，一些大型的电脑公司、激光公司、海洋公司纷至沓来，全世界的游客更是趋之若鹜。一个游乐园为当地创造了每年 5000 多万美元的房地产税、6700 多万美元的度假税、564 万美元的国际贸易额，城市的建筑因此而得到改观，城市的交通由此而升级换代，奥兰多亦因此而成为世界著名的国际贸易、旅游大都会。而现在，迪斯尼公司的商店在全世界各大城市随处可见，这些商店所销售的不仅仅是印有公司卡通形象的各类物品，同时也在出售美国的文化形象和价值观念。

（四）城市文化产业与城市的可持续发展

在工业经济时代，人类对许多基本资源的利用和许多种污染物的排放已经超出了环境可持续发展的速度。如果不大量降低物质与能源消耗，在数十年后，在人均食物产量、能源以及工业生产等方面的产出下降将是不可避免的。正是基于这一认识，实施可持续发展战略已经成为世人的共识。可持续发展的社会可以从不同的角度加以定义。极限论者强调物理或社会支持系统。与此相反,世界环境与发展委员会强调社会的主体是人,从人类生存需要的角度来定义。按照该委员会的这一定义,可持续发展的社会是指"满足当代人的需求而不损及子孙后代满足他们自己需求的能力"。从系统观点来说,可持续发展的社会应是这样一个社会,它在系统中具有信息的、社会的,以及组织的机制来控制引起人口和资本指数增长的正反馈。这便意味着出生率应该大致与死亡率相抵,投资率与折旧率相同,除非是技术变化和社会决策支持一个经过深思熟虑和受到控制的人口或资本变化。无论从那种角度定义,可持续发展社会都应具有3个主要特征:时间尺度上的无限性,它不是一个昙花一现的社会;物理环境的恒定性,这是可持续社会的物质基础;保障人类生活需求,这是可持续社会的目的。实施可持续发展战略,显然需要人类多方面的努力。而毋庸置疑的是,实践已经表明,文化产业是一种有利于促进社会可持续发展的产业。

在工业经济时代,数百万、上千万城市居民从事钢铁、机械、轻工等加工业。现在发达国家已把大多数加工企业转移到发展中国家。当一个城市经济中的文化、科技含量迅速增加的时候,这个城市的产业结构就会相应地发生转换。20多年以前,德国人曾说,我们现在能做的事就是尽快把那些污染严重的钢铁企业从本土上清除出去,还公众以绿地。追求资本利润最大化的市场逻辑引导第二产业资本向第三产业转移,尽管德国不再炼钢铁了,但国民的生活水平仍在大幅度地提高。发达国家有一句名言:"增长不等于发展,富裕不等于幸福。"它很形象地说明了人们需要的变化。城市文化产业具有低投入高回报、消耗物质能源少、取得效益大的特点。如一套软件的物质成本才几元人民币,但其价值可达几千至几十万元之高。在人类无计划的疯狂掠夺地球能源,使地球资源日益面临枯竭的今天,城市文化产业显然是最有利于实施可持续发展战略的产业。毫无疑问,城市经济发展到一定阶段以后,其重心必然要转移到服务、知识、信息等第三产业方面。

(五)城市文化产业的发展与城市就业

目前,世界许多国家城市正面临着产业结构的升级换代,产业结构的调整必然会造成急待分流的富余人员,而城市文化产业的发展将开辟新的都市就业空间,缓解城市经济结构调整的压力。

四、中外城市文化产业的比较

改革开放以来,中国城市文化产业已经取得了相当程度的发展,但是,与一些发达国家城市相比较,仍然存在着一定的差距。

（一）与西方发达国家城市相比较，作为联系城市文化产业和城市居民文化消费桥梁与纽带的中国城市文化市场，发育还不够完善

历史表明，西方城市市场（包括文化市场）的发展，乃是一个哈耶克所说的"扩展的自然秩序"的过程。按照哈耶克的观点，没有人能从某种基本原则出发精心设计出一种理性的秩序。扩展的市场自然秩序是在长期的竞争和交换过程中形成的，而且只有在市场秩序的出现过程中才能说明市场秩序。扩展的市场秩序之所以能够产生高效率，其重要原因即在于它包含着一套让人们去自由选择的制度，它既是人们自主创新的产物，同时又为人们的自主创新活动提供了更广阔的空间。有了这种扩展的自然秩序，不仅大大小小的比尔·盖茨们能够爱财且取之有道，而且成千上万的平民百姓都可以寻找到自己的牟利之径。另一方面，扩展的市场自然秩序的形成，必然是一个相对漫长的过程，西方发达国家城市市场（包括文化市场）的发展史充分地证明了这一点。经过几百年的自然演化过程（扩展的秩序），一个包括文化市场在内的城市市场已经在西方发育成熟。在当代西方发达国家城市中，不仅文化产品市场、文化服务市场十分发达，而且文化要素市场如文化资金市场、文化艺术设施市场、文化艺术人才和劳务市场、文化中介市场、文化产权市场、版权市场等也已十分发达。与此相比较，中国城市文化市场的孕育和发展还只有 30 余年的历史。正因如此，虽然如上所述，改革开放以来，中国城市文化市场发展十分迅猛，但中国目前的城市文化市场必然是不成熟、不完善的，与西方发达国家城市相比必然存在很大的差距。尤其需要指出的是，作为文化市场的重要组成部分的文化要素市场（如文化中介市场、文化资金市场、文化产权市场）虽然已在中国部分城市（如上海、北京、广州等）开始逐渐地孕育和生长，但与西方发达国家相比仍然显得十分滞后。这种状况无疑阻碍了文化市场的产品和服务的生产和流通，限制了中国城市文化市场、文化产业的进一步发展。虽然，一般来说，市场的发育具有阶段性，商品市场的发育和成熟要优先于要素市场，只有在商品市场初步形成之后，要素市场才能发展起来。但实际上，一个完整的、成熟的城市文化市场应当包括文化要素市场。比如，如果没有允许资金横向流动的资金市场，城市文化产业结构调整和文化资源优化配置就难以实现；如果没有文化产权市场，那么城市文化企业之间真正的产权交易、兼并和联合就无从进行。因此，从现状看，对中国城市文化市场的开发和培育，尤其是对文化资金市场、文化艺术设施市场、文化艺术人才和劳务市场、文化中介市场、文化产权市场、版权市场等要素市场的开发和培育，已变得刻不容缓。

（二）与西方发达国家城市相比较，中国城市的文化经济体制还存在着与城市文化产业发展不相适应的方面

在西方，经过相对漫长的历史过程，已经建立了一整套有利于城市文化产业发展的文化体制。如英国广播公司（BBC）本身既是业务部门，又是管理机构，它的理事会是最高权力机构，由 12 位社会上有名望的、有代表性的人士组成。理事会有权决定广播电视的方针，任命管理日常事务的总经理。1996 年BBC 实施了其历史上最大规模的机构调整，以期解决机构臃肿、效率低下等问题。在美国，联邦通信委员会（Federal Commission，FCC）由 7 名成员组成，其任务是"以适当收费向国民提供恰当的设施，使其能够迅速而有效地利用国内外有线和无线通信及广播业务"。它不仅具有监督权，还有规则制定权和裁决权，如频带确定、频道分配、许可证授予以及广播时间、电力、呼号分配等等。不仅如此，西方发达国家还制定了一系列有利于城市文化产业发展的、比较完善的文化经济政策。如法国规定，所有的企业都要缴 18.6％的增值税，而文化企业仅缴了 7％的增值税。在意大利，经济企业（除食品部门之外）增值税率均为19％，而文化企业的增值税率仅有 9％。英国对书报刊实行零增值税，将其作为与食品和儿童用品并列的不多的免征增值税的商品之一。在法国，征缴电视台营业总额 5％和电影录像出版版权转让费 2％的税收，用于专项补贴电影生产。在意大利，虽然对于电视采取免税政策，但规定收费电视台要拨出 10％的收入用于电影拍摄，同时规定收费电视台投拍电影的金额不能低于影片费用的 20％。

西方发达国家正是依靠不断的文化体制改革以及一整套税收政策、法律法规、优惠政策等，有力地促进了城市文化产业的发展。与西方发达国家相比，虽然改革开放以来中国城市文化体制和文化政策已经发生了很大的改变，但仍然存在着一些较大的问题。如目前社会上还没有一套完整的城市文化产业支持和配合政策；还没有建立与产业政策配套的保障体系；有关经营主体的市场准入、市场竞争、市场退出的规则尚未形成；文化税收政策也不够完善；文化市场管理往往由于受执法职权的限制，而不能及时有效地查处、制止已经发现的违法经营活动等等。尤其需要指出的是，从计划体制沿袭下来的诸如政企不分、政出多头、各自为政等中国城市文化体制上的深层次问题，至今还没有完全解决。毋庸置疑，这些都将成为中国城市文化产业进一步发展的巨大障碍。

（三）与西方发达国家城市相比较，中国城市文化产业的规模显得十分弱小

正如前面所述，在西方的一些城市，文化产业已经成为城市的支柱产业，并

且出现了一些全球性的文化企业集团。如当今世界全球性商业传媒企业由9大传媒巨头把持，俗称"第一板块"（first tier），其中最大的传媒集团时代华纳1年的销售额为排名第50位传媒公司的50倍。更重要的是，9大传媒巨头拥有全球性的分销网络，比如，9大传媒巨头所控制的5家音乐公司占有世界音乐市场80%的份额，主导好莱坞票房收入的所有制片商都与这些传媒巨头有关。与之相比，中国最大城市——上海市的文化产业销售额，不仅与时代华纳、迪斯尼、新闻集团、贝塔斯曼等巨型文化产业集团不可同日而语。再如，中西城市广告业、图书印刷业等规模上的差距也非常明显。

（四）与一些发达国家城市相比较，中国城市文化产业提供的文化产品还不能完全地满足城市居民多样化的文化消费需求

比如，在韩国，上世纪80年代每个城市居民看演出1.5场，随着经济的发展，特别是城市化水平的提高，25%的人口集中在汉城，加上大力发展旅游业，吸引海外游客。其主要的对策之一就是根据不同观众对流行音乐、西洋古典音乐、传统戏剧、马戏魔术、韩国民间音乐、韩国宫廷音乐舞蹈等的不同爱好，调整档期、院线、票价和宣传手法。比如韩国人喜爱的传统舞蹈《四物游戏》，就是根据上世纪90年代观众的兴趣，演化出不同的种类，有专门招待外国游客观看的古典型舞蹈，有适应青年人的现代型舞蹈，也有适应中老年人观看的且歌且舞型节目，至今久演不衰。在欧美城市，广播电视业、报刊业、图书业等的一个重大发展趋势，就是根据不同受众的特点、兴趣和需要，确定一种特定的对象，瞄准更加细分的受众。据上海市社会科学院的一项调查，越是收入在中等以上的家庭，越是对目前休闲娱乐生活的质量表示强烈的不满意，认为家庭休闲活动的质量大大落后于物质消费、情感生活和性生活的质量，观看演出和参加文化娱乐的机会也非常少，特别是消费比较前卫的都市白领群体，更觉得适合它们的演出太少。因此，如何适应城市不同市民的文化趣味，推出新的文化消费样式，以吸引不同的文化消费群体，是中国城市文化产业发展过程中面临的一个难以回避的重大问题。

第九章　城市间经济竞争与合作

在市场经济条件下,经济运行中城市间的利益关系越来越呈现错综复杂的格局,城市之间的经济竞争也表现出多样化的特征。同时,新形势下城市间出现经济一体化的趋势,需要加强合作以获得共同的最大利益。如何克服城市之间的矛盾,构筑良好的分工与合作关系,成为促进城市共同发展的重要问题。

第一节　城市间经济竞争

在市场经济条件下,不仅企业间形成竞争,不同城市利益共同体之间也会形成某种形式和程度的竞争。在我国政府主导型经济格局下,城市政府通常会成为区域间竞争的主导力量。我们应努力促使这些竞争产生有利于区域共同发展的格局。

一、城市间经济竞争的必然性及其意义

无论在国际上还是在我国改革开放以后,不同城市间的竞争都是存在的。在我国,企业和政府的行为不同程度上受到现实和潜在的城市间经济竞争态势的影响。

（一）城市间经济竞争的必然性

1. 城市内部利益共同体的形成

一般说来,一个城市内的企业、居民户和城市政府由于同处一地,从而具有生产经营和利益上的诸多共性,在一定程度上形成利益共同体。我国在高度集中的计划经济体制下,即使有某种竞争关系,往往也表现得不突出。改革开放以来,地方自主权不断加强,地方上各微观主体集合形成利益共同体,城市政府作为地方利益主体代表的特征日益突出,各地谋求增进地方共同利益的行为取向也不断强化。这种利益共同体特征和地方谋求最大的地方共同利益的取向,成为城市间竞争的基础和动力。

2.城市之间某种程度上的利益矛盾和冲突的客观存在

城市之间虽分属不同空间,但由于国内、国际经济日益融合、市场日益统一,各方面竞争也越来越广阔的层面上展开,城市之间的利益矛盾和冲突也容易产生和显性化。这种矛盾与城市经济结构的相似性有关。不同城市的相同产业会在国内和国际上争夺同一类产品的市场份额,或争夺相同的自然资源和科技人才,从而在客观上出现利益冲突。城市的发展在很大程度上取决于是否能够吸引到最大量的国内外投资。由于投资总量的有限性,因而在创造良好的投资环境以吸引投资的问题上也难免形成竞争。在基础设施如公路、铁路、水路、港口、电力、能源等等的建设上,既会涉及城市间对生产要素的争夺,也会涉及这些基础设施的利用上的区域矛盾,导致各方面的竞争。

3.各城市的企业在国内市场上竞争会引发城市间的竞争

城市经济的基础在企业,因而城市政府的重要职能之一是为本城市的企业服务。显然,企业的发展在于竞争,只有不断地参与竞争,以较强的竞争力战胜竞争对手,或有效地保持均衡的竞争态势,才能维持企业的生存和不断发展壮大。城市政府不可避免地要为增强本城市企业与城市外企业之间的竞争力创造条件。尤其是当城市主导产业中的强势企业面临强大外部竞争时,城市政府将更积极地参与其中。这时,企业间的竞争扩大为城市间的竞争。企业竞争与城市竞争往往交织在一起,随着市场形态的变化而变化。

(二)城市间经济竞争的意义及"诸侯经济"的危害性

1.城市间经济竞争的意义

城市间经济竞争是各城市为实现增进城市利益、提高城市地位、加快城市发展的目标而产生的行为。这种竞争有利于强化各城市发展的动力机制,促使城市政府更好地为企业服务,提高企业的产品及经营的竞争力,以增进地方的整体竞争力。城市竞争与企业竞争的不同之处在于,企业竞争的核心是产品。谁的产品好,谁就有竞争力。而城市竞争的核心是经济环境。哪个城市的环境好,哪个城市就能吸引到更多的优势企业及更充裕的资本在该城市投资发展,城市的综合实力就强;哪个城市的环境好,哪个城市就能为企业的生产经营和创新活动奠定坚实的基础,企业的竞争力就强。反之,竞争构成的压力能推动城市内的各种主体高度重视改善本地的投资和生产、生活环境。只有创造良好的环境,本地已有的生产要素才能更合理、有效地加以配置和利用,形成强劲的产业发展势头,形成良好的经济效益。只有创造良好的环境,才能吸引更多的物质资本和人力资本,促进先进的技术在本地生根开花,转化为现实生产力。显然,如果没有城市竞争,城市政府就会缺乏改善本地经济环境的动力,从而对

此抱一种无所谓的态度。我国改革开放以来,正是由于有了城市竞争,才使地方政府有了更强的投资环境意识和服务意识,千方百计"想企业之所想,急企业之所急",努力办好那些企业想办而靠自身办不了的事,使城市政府促进经济发展的功能更好地得到体现。城市竞争还促进本地企业加强相互间的分工和协作,形成更强的集聚效应和区域整体效应。我国城市经济的高增长,很大程度上得益于城市竞争十分激烈。

2."诸侯经济"的危害性

城市竞争的发展,也难免带来某些副作用、负效应,在较严重的情况下就可能形成"诸侯经济"。我国城市竞争中曾出现过一些地方政府主导下的地区市场分割和封锁,阻止外地商品进入的现象。有的地方封锁本地资源,禁止外地企业加以利用;有的搞不正当的价格竞争或广告战,损毁外地企业产品的声誉,等等。在一些地方政府不合理的行政推动下,盲目追求"大而全"、"小而全"的产业结构,各地竞相发展短期内价高利大的加工业产业,特别是高档耐用消费品和办公用品,不顾自身能力发展高新技术产业,一哄而上。开发区变成低门槛盲目投资、重复建设项目的拥塞区,造成严重损失。"诸侯经济"的存在表现出经济与行政权力相结合的特征,在本质上是一种封闭的、排他的、停滞的经济运行方式。

(1)封闭性

"诸侯经济"的封闭性表现在把经济主体的利益目标限定在行政区范围内,将投资、贸易、技术创新等最为活跃的经济活动作为政府行为的一部分,主要服务于当地政府的行政目标,从而使各种市场要素难以按照价值规律和竞争法则进行自由的流动。因此,凡是"诸侯经济"强大的地方,市场机制必然是扭曲的,各种生产要素的流动因受到压抑而无法实现其最大效益。

(2)排他性

"诸侯经济"的排他性实际上表现为一种垄断性。对市场资源的垄断成为某些地方政府近年来常见的行为,由此导致各种形式的"资源战"和"市场战"。市场竞争的机制在一些行政区域内不得不让位于当地各种保护性措施。由于排他性的机制排斥了城市间的分工协作和对资源的共享,造成产业趋同和大量无效投资,形成大规模的生产能力闲置和损失浪费。同时,由于城市重复建设前提下的城市间恶性竞争,使合理发展的城市产业也难以正常发展。

(3)停滞性

"诸侯经济"的停滞性表现在:它一般以自然资源禀赋优势作为其存在的基础,因为自然资源是最容易受到行政权力控制的一种经济资源。然而,自然资源优势在国际贸易和国际产业分工中的地位不断下降,已不再构成对世界市场的主要增长动力。相反,技术优势、信息优势和管理优势已明显占据主导地位。与此相关的是高新技术产业和服务业在国际贸易中成为领先增长的产业。"诸侯经济"把控制资源作为自己的优势,其结果往往使当地经济远离世界经济发展的大趋势而长期停滞落后,实际上这也必然是一种资源的极大消费,并且最终可能丧失资源优势。

"诸侯经济"具有自然经济、权力经济和计划经济的属性。在我国分权式改革进程中,尤其是实行财政包干体制后,地方财力大增,使"诸侯经济"在某种程度上得到了加强,在全国市场机制和宏观调控机制尚未健全的条件下,城市政府作为本地经济运行的主要调控者,很少有可能把行政区域以外的经济运行作为决策的参考系。因此,其"合理地"把行政区域作为自己的经济疆域,运用习惯了的强制性行政手段来推进本城市的发展。一旦某个行政区域在总体上排斥外来竞争,同时也取消了本地区内部的竞争机制。这样,作为自我平衡、自给自足的"诸侯经济"就与以开放、竞争、合作为基本特征的城市经济分道扬镳。尽管如此,当代中国出现的"诸侯经济"也往往带有一些"改革开放"的色彩。例如,极力通过政府优惠来"寻租";政府倾斜成为城市向上级政府索要的主要筹码等。而在通过行政"寻租"和追求政策性倾斜的过程中,"诸侯经济"又往往成为腐败行为的温床。

"诸侯经济"与社会主义市场经济是对立的。要消除"诸侯经济",最有效的办法也正是大力发展和健全市场经济,以最完善的市场机制冲垮"诸侯经济"的藩篱,以市场经济条件下的有序竞争取代"诸侯经济"的无序、恶性竞争,以城市间的合作机制取代"诸侯经济"下的冲突机制。

二、城市间经济竞争的方式

城市间经济竞争是争夺发展空间和发展条件的竞争,它围绕多方面展开,其方式比企业竞争更具多样性。提高城市竞争力的基本途径是综合环境的改善。主要可从以下方面来加以认识。

(一)围绕扩大城市产业和产品市场份额的竞争

城市经济繁荣和发展的关键在产业和主要产品,因而城市间竞争首先围绕着如何扩大本城市产业和产品的市场份额展开。要增加本城市的总收益,关键是要将本城市的产品打入外区域市场。因为如果本地企业仅仅是将产品销在本地市场,则意味着本区域货币的内部流转和利益的再分配,而不能起到增加本地收入的作用。只有扩大外部市场,才能增加外部资金净流入,从而增进本

区域经济发展的动力。

　　为了扩大产业和产品在外区域的市场份额,各城市在政府推动下,都会极力进行促销活动。"进军××地区市场"成为行动准则。与此同时,又尽可能让本地企业占领本地市场,阻挡外部产品进入本地与本地企业竞争。区域间的这种竞争行为往往成为区域间冲突的焦点。近年来,两地、三地乃至更多区域的企业间相互争夺市场的行为,常常演化为城市间政府的矛盾冲突。在这种市场竞争中,任何市场分割和封锁都不利于正常的市场经济秩序和各方长远利益。市场经济之所以有利于优化资源配置,就在于统一、开放的市场能够让各种商品和要素得以最充分流动,既能在最广阔的空间激发起最多样化的需求以促进销售、增加供给,又能在总体上提高要素利用效果,提高供求双方的经济效益。而市场封锁扼杀了商品和要素的充分流动机理,短期内可能给本地带来一些好处,长期则由于资源配置的不合理、低效率,以及由于缺乏竞争,保护了低水平产业,而使区域竞争力总体上逐步下降,不利于城市经济的发展。而且,即使在短期内,由于地区封锁而形成的城市间摩擦、冲突乃至相互拆台,也会使交易费用大大提高,导致竞争各方都受损失。

　　因此,在市场份额的竞争中,城市政府应将力量放在努力生产适销对路的产品、提高本地产品的质量、降低成本上,以提高产品的竞争力。这是竞争之"本"。同时帮助企业改善营销方式,促进城市间的营销合作,相互创造让对方产品进入本区域的条件,以达到共同扩大外部市场的目的。总之,竞争的指导思想应该是"让自己做得更好,从而取而胜之",而不是"让对方做得更差,从而轻易占据上风"。只有这样,才能促进竞争各方共同进步和发展。

　　(二)围绕吸收更多的外来投资的竞争

　　投资是扩大再生产的必要途径,是城市经济发展的基本动力,尤其是吸引外部投资,比依靠内部积累形成投资具有速度快和无限扩张的潜力。同时,来自发达地区(尤其是发达国家)的投资往往还能带来高技术的运用,对于推动本地产业升级有重要作用。但外部资本有限的总量和各城市对投资的无限渴望必然形成矛盾。因而各城市为争取引进更多的投资也会产生相互间的竞争,其主要方式通常是创造更好的投资环境以吸引投资者,给予各种政策优惠,以保障投资者取得更多的实际投资收益。再者是利用乡土人缘亲情关系,吸引与本地有关的投资者等。然而,近年来一些地方为了吸引投资采取的方式却不尽合理,尤其表现在自行竞相出台减免税等优惠政策以吸引投资,导致城市间相互攀比谁的政策更优惠,这实际上是以损害国家利益为代价;有的在相邻城市已有类似产业并且供给有余的情况下,仍然引进新的投资,造成新的重复建设;有的则用损毁对方声誉等不正当手段，以挖墙脚方式把本已在别处的投资拉过来，等等。当然，如果符合法律和公平竞争原则，也无可非议。但多数情况下，这些手段的运用都出于地方政府的行政性"规模—政绩"偏好，而并不符合客观经济规律和效益最大化原则。

在吸引投资的竞争中，城市政府应切实树立将创造良好的投资环境和软环境作为根本的观念，其他各种手段即使符合法律和公平竞争原则，也只能作为辅助方式来吸引投资。投资环境是一个大环境，不仅包括本城市，也包括相邻的外区域。因而，以邻为壑不但损害其他区域的利益，也可能因损害了大环境而导致自己利益受损。任何城市都应努力与其他区域建立合作和互补关系，构筑良好的大环境，从而使本城市的投资环境改善，与其他区域共同在投资总量增加中受益。

（三）围绕自然资源的利用而形成的城市竞争

由于自然资源的有限性和稀缺程度的增强，企业在自然资源利用问题上的竞争也日益加剧。一些城市往往有某种专业化产业优势而形成区域特色经济，其对某些自然资源的利用也有特定的依赖性。另一些城市如果与其产业结构相似，则会直接形成自然资源利用上的矛盾和竞争。与此同时，那些自然资源富有的城市往往并不甘心处于单纯的自然资源或初级产品提供者的地位，而着眼于自己开发利用资源并进行深加工以提高附加值，从而获得较高的经济效益。它们拒绝为外区域提供资源，这将直接导致资源缺乏城市停产受损。上述因素，导致资源利用者之间，以及利用者与提供者之间形成不良竞争，在政府参与下，行政性封锁、垄断和限制将使城市间竞争和矛盾更为加剧。

对于上述竞争，只有真正遵循市场规律，尊重市场选择，才是促使竞争有利于资源合理配置的唯一原则。应按照优势进行合理分工，由加工能力强、产品符合市场需求或产业层次高的企业和区域优先利用资源。运用优胜劣汰机制，将低层次、低效益企业淘汰出局，防止在城市政府行政保护下低层次过度竞争。对于资源性城市，也应按照产业优化选择原则，确立自身的合理定位。为获得较高的附加值，可以与加工城市形成合作关系，用契约形式，保障自身能从深加工中获取一定的份额，以调动本地企业的积极性。资源性城市也应欢迎加工能力强的城市的企业来本地投资利用资源，这样，既能有效发挥资源的效益，又有利于本城市的经济发展。

（四）围绕技术应用和人才形成的城市竞争

在市场竞争日益激烈、产业升级压力不断加强的趋势下，技术和人才越来

越成为城市经济发展的关键。各城市的企业和政府围绕先进技术及其载体——人才展开争夺也就愈演愈烈。优厚的工作和生活条件、高薪以及各种职务、社会地位都成为争夺人才的筹码。这种竞争的必然结果是,越发达的城市越能够提供最优厚的条件吸引到大量人才,越落后的城市越缺乏这些吸引人才的能力。技术和人才因此而大批地从落后地区流向发达地区,导致区域间差距不断扩大。近年来我国中西部人才"孔雀东南飞"呈扩大之势。在发达或欠发达地区内部,人才分布也因竞争而更为不均衡。一些企业因技术和业务骨干被挖走,而导致整个企业破产。这种现象的出现,源于我国经济发展的严重不平衡,这种不平衡使城市竞争一开始就建立在不平等的基础上,从而加剧人才资源使用上的不平衡。发达地区人才众多,但往往不能合理使用,甚至出现"人才过剩"现象,导致人才浪费。欠发达地区急需人才,却无能力吸引和留住人才,而且有的地方花费高昂代价争取到人才,却因体制和观念等原因,不能很好地尊重人才,同样导致人才资源消费。

在人才问题上,城市应本着人尽其才的原则,从国家全局出发,避免为本地利益而无限地争夺欠发达地区人才。对确属需要的人才宜本着互助合作的原则,与欠发达地区协商使用。而避免"挖墙脚"的现象。国家和大区域政府在人才利用上应发挥调控机制,对到欠发达地区工作的人才,由国家给予较高的待遇,并注重给予精神激励,激发人才的创业精神和为国民贡献的崇高荣誉感,这是物质吸引所不具备的。通过合理规范区域间的人才竞争秩序和政府宏观调控,使区域不平衡发展格局下的人才布局和人才使用更为合理有效。

总之,为了提高区域竞争力,必须努力完善城市竞争环境,即影响一个城市竞争状况(竞争优势、竞争能力、竞争机制等)的各种要素以及各种要素相互作用所构成的有机环境系统。通过研究影响城市竞争环境的各种构成要素及其相互作用,寻求城市发展的共性和规律,从而创造并发展城市竞争环境的差异性优势,转变差异性劣势,整合城市竞争能力,使城市竞争环境的差异性优势变成经济优势和发展优势,加快城市经济发展。

第二节　城市间经济合作

一、城市经济合作的客观基础

城市之间的合作是随着经济发展的历史过程逐步形成和扩大的。经济发展的水平决定了经济合作的必要性和可能性，经济越发达，城市经济合作就越广泛和深入。城市经济合作的客观基础包括以下方面：

（一）区域分工和相互依赖的必然要求

区域合作从本质上说就是区域间的相互依存。马克思主义和西方经济学都对世界和一个国家内部各区域建立在分工基础上的相互依赖理论做了大量研究，认为地域分工是生产力发展到一定阶段的产物。在自然经济条件下，经济单位和地域单位都很狭小，地区经济活动超不出领主的世袭领地和小集市的界限。新的生产力引起地域分工的发展。首先是工场手工业的出现，使地域分工成了各国的经济特点。产业革命进一步扩大了地域分工的范围，达到了世界规模，扩展为国际分工和国际交换。区域之间的相互依赖日益扩展到一切国家、一切民族、一切空间和一切方面。这种依赖是相互的、双向的。经济上相互依赖的纽带把各个极不相同的地区连接成统一的经济体系，增强了区域发展的能力。相反，孤立的状态则是一个国家一个区域处于落后状态的重要原因。

（二）生产力扩张和规模经济跨区域发展的要求

生产力具有一种内在的扩张力。当生产力发展到一定程度后，就会超出原有的地域范围，向新的区域转移、扩展，并在新的区域集中发展起来。随着生产力扩展到一切有人居住的地方，就在大范围内将各种生产要素组合起来，提高生产要素的利用率。各区域产业之间相互传递信息，交流管理经验和技术，调整生产规模，有利于协调区域之间相关产业的发展关系，提高产业的组织水平，增强区域竞争力。

1. 政府主导下的整体利益动力机制

目前，我国各城市都有相对独立的经济利益，都在追求自身利益的增长。因此，城市的分工格局能否形成，以及采取何种形式，从根本上来说取决于能否增进城市的整体利益。各级行政区都趋向于在区域性整体利益的框架下实现自身利益最大化。同一组织内部不同成员的具体目标可能有差别，目标相似的合作伙伴之间在加强合作的旗帜下客观上可能存在着较为激烈的竞争。但他们仍然可以有许多方面的共同利益。现阶段各城市政府主导下的区域合作的利益导向，主要可归纳为以下四个方面：

（1）实现区域联合发展，办"一地一市办不了而通过联合协作能够办成的事"。一方面共同克服地方封闭的弊端，另一方面以合作伙伴在政策环境、资源、区位、交通、人才等方面的差异性为基础进行互补性发展，使各方具有不同专业化功能、处于不同发展水平的地区组合形成高水平的协作分工体系，实现

综合发展效应。除区域性产业合作外,发挥整体区位优势,共同发展国际化经济,加强港口腹地的配合协作,经常被作为重要目标。

（2）提升城市整体形象和影响力。通过联合以扩大城市知名度和国内外影响,以争取更多外来投资,这是各类区域合作组织普遍追求的目标。一方面共同争取国家和上一级行政管理部门的更多重视和支持,另一方面通过提高区域整体性,改善区域性投资环境,以联合体形象增强对国内外投资者的吸引力。近年来,各地方政府对后一方面重要性的认识明显提高。

（3）促进区域均衡发展。区域差距太大不仅不利于协调区域经济关系,而且有可能引发政治矛盾从而破坏整体利益。同时,有些城市经济活动存在较大的区域外部经济。如果各城市单纯追求自身利益,有可能导致各区域竞相发展那些享受区域外带来的正外部经济效应,又能转嫁自身造成的外部不经济的项目,从而导致区域矛盾与冲突。因而,消除由于负面的区域外部经济效应而造成的区域矛盾,成为各城市加强合作的一个重要动因。同时,我国的地区经济发展不平衡问题也突出地反映在各省区内部。一些发达省份十分重视促进省内区域经济协调和一体化,将其作为提高本省市社会经济发展总体水平的重要任务。

（4）共享国家和地方有关优惠政策。在跨地区联合基础上充分利用与国家宏观区域发展战略相关的政策资源,即国家有关不同类型地区的倾斜政府和地方优惠政策。这一点在成员类型多样化的城市合作中很普遍。突出反映在由发达地区和欠发达地区组成的省际毗邻地市协作和城市协作网络中。

2. 企业利润最大化的动力机制

企业,尤其是在一个城市中占主导地位的企业,对于区域联合起着重要的作用。与政府主导不同的是,由企业推进的区域联合是以联合各方企业自身利润最大化为目的的,而不是以区域整体利益最大化为目的的。各经济区由于人、财、物力的有限性及空间的障碍,势必会出现资源的相对饱和或不足,城市联合有利于解决由于这种局限性而带来的问题。企业的联合首先在于相互协作和共享资源。一个企业所拥有的资产优势、人才优势、技术优势都可以作为吸引外区域企业与之合作的条件。相反,它也为了能更多地利用外区域的各方面优势而寻求对外合作。这种协作通常包括:生产上的相互配套和专业化分工,从而可以扩大产品的生产规模,降低成本;人才和技术上的交流与合作,相互吸取经验和共同运用先进技术;共同拓展商品市场,相互为对方的产品开拓本地市场,提高对方企业及其商品在本地的形象;共同利用某些资源,实现资源共享。一个企业的优势通过协作和置换,就可以注入另一企业。而另一企业由

于这种注入又会产生新的优势,反过来注入本企业。这就是一个反复的连续增长的过程。不断深化的企业联合最初将实现联合各方资产存量、产业结构的优化组合,从而实现外部经济的内部化,进而实现企业的集团化。由于在联合过程中双方必然以合理性和收益性为协调的准则,成为同质共进、异质互补的关系,使合作具有稳定性。

3. 人缘地理推进机制

除了政府和企业在利益推动下的合作以外,城市间的合作在很多情况下是由于人缘地理的因素而得以推动的。这种人缘地理因素包括不同的城市人口流动而形成的同乡和亲情关系、不同城市的政府和企业组成人员间的各种密切关系、历史均形成的地域间传统协作关系等等。出于这些传统的密切关系,城市合作各方之间有更多的相互了解,合作的阻碍因素较少,合作更容易达成。同时,合作的各方往往能够超出单纯的自我利益动力,更多地照顾对方的利益,从而形成更加紧密而又具互补性的合作。因此,为了促进城市间的合作,政府和企业都应该注重发掘有利于区域合作的人缘地理关系。亲戚、朋友、同学、同乡、同事、上下级等都可以成为有潜力的合作对象。尤其是那些有一定社会地位,或拥有某些经济和行政权力的对象,更容易形成有效的合作关系。如果具备利益共进的条件,这种合作往往一拍即合,并且容易处理各种矛盾,以保持合作的持久性。

总之,城市经济合作形成的必要条件是合作各方之间的经济互补性,而充分条件是合作各方能够通过有效磋商,协调彼此之间的利益分配并最终达成有约束力的利益分配协议,约束彼此的经济行为,满足这些条件的区域经济合作一定会给各成员带来大于不合作时所能获得的利益,任何破坏合作的行为都会导致其收益下降,只有真诚地与所有合作者合作,才能获得更大的收益。虽然各方都想通过有效磋商使自己的获益尽可能多,往往表现出在利益分配上的冲突,但至少存在一种使各方均能接受的利益分配方案,它要求区域内各方均参与合作,并且在合作中获益较多的城市应给获益较少的城市以一定量的利益补偿,这种利益补偿机制不可能吸引那些对其他城市有较大的正的外部效应的区域参加区域经济合作。城市经济合作的参加者追求各自利益最大化的行为本身会促使这种外部效应的内部化。这不但可以使具有正的外部效应的城市,同时也使其他参与者获得更大的合作收益。经对济发展水平差异较大的城市之间的经济合作,由于经济发展水平较低的城市在一体化组织内部必然竞争不过发展程度较高的城市,因此,上述的利益补偿机制更是必需的,以保证各参与者最终的获益大致均等。

实践表明,城市政府间的合作对促进相应区域的经济发展、协调区际经济关系、构建联动有序的经济区域发挥着越来越重要的作用。当前的主要问题是,城市政府间的区域经济合作属于自发行为,缺乏相应的政策、法规来进行鼓励和规范,特别是合作中各方的正当权益及利益分配等往往没有可靠的法律保障。因而,在完全的市场行为支配下,具体的合作过程中难免发生利益冲突,影响合作的顺利进行。对此,国家应根据经济市场化的客观要求,及时制定相应的政策法规,鼓励和规范城市政府间的区域经济合作行为,保障合作各方的合法权益,以使有关区域通过合作各展所长,发挥优势,共同发展。

二、城市经济合作的特点

城市经济合作是适应区域分工深化而不断发展的。区域分工形式的多样性决定了城市合作也必然是多种多样的。城市合作的表现形式可根据合作的内容、合作范围等加以区别。从合作的内容来看,有物资交换、商品贸易、技术合作、人才合作、资本合作、信息合作、生产合作以及上述几种形式同时存在的混合合作。其中,物资交换、商品贸易属低层次的合作形式,而技术、人才、资本、信息等方面的全面合作是区域经济联系密切的结果,属高层次的合作形式。从合作的范围来看,城市合作有省(市、区)间的合作、省(市、区)毗邻地区的合作、省(市、区)内部各区位的合作、城市间的经济技术合作等。

上世纪五六十年代,我国组织过地区经济协作,主要是支援内地建设,但规模有限,而且单靠行政命令,因而效果不理想。为组织地区经济协作而划分的 6 大经济协作区,并没有真正有效地发挥其职能。直至 80 年代改革开放以后,国家根据我国自然资源、人才、技术和区际经济发展的不平衡状况,按照社会主义有计划商品经济的客观要求,顺应地方、企业自主权扩大的形势,在理论上大力提倡,在政策措施上给予鼓励,区际联合才真正发展起来。从发展过程看,大体上经历了四个阶段:

1978 年底到 1984 年秋,为开始兴起阶段。主要特点是按"扬长避短、发挥优势、坚持自愿、组织联合"的原则,在地区间、城乡间进行余缺物资的调剂和技术、资金协作。

1984 年秋到 1986 年春,为全面铺开阶段。主要特点是地区、企业之间的四位一体(物资、技术、资金、人员)的联合开始出现,长期的固定协作增多,企业联合体大量涌现,横向联合成为经济体制改革的重要内容之一。

1986 年 3 月到 1994 年,为深入发展阶段。1986 年国务院正式发布了《关于进一步推动横向经济联合若干问题的规定》。就横向联合的原则和目标,改

进计划管理和统计方法,促进物资的横向流通,加强生产与科技的结合,发展资金的横向融通,调整征税办法,保障经济联合组织的合法利益等问题,一一作了明确规定。这一阶段的主要特点是,以大省市为中心的不同层次、规模不等、各有特色的经济区域网络先后建立,企业协作进一步发展为区域联合。其中不少是跨地区、跨行业的,如华北经济技术协作会、东北地区经济技术协作会等等。

1994年后至今,为全面创新阶段。全国范围的区域合作组织的合作内容和形式明显增多,主要表现在区域协作涉及领域和层次不断扩展和加深。省际区域合作组织重视联合开发利用自然资源,积极为发展各类商品、劳务等要素的区域性市场建立相应的环境和设施。特别强调联合建设以交通为主的区域基础设施网络和各类区域性市场设施,普遍提倡联合建设区域产业体系。其中位于基础设施发展相对落后的中西部地区的跨省区域合作组织更重视联合争取新建区域性基础设施。东部沿海地区的区域组织更强调实现区域性重大基础设施的联合争取立项、统一建设和协调布局。除此之外,还有以下特点:

(1)更重视金融方面的合作。在区域市场建设方面强调加强跨地区资金市场建设。西部地区省份提出设立西部少数民族地区开发银行的设想。

(2)更重视信息方面的合作,提高了区域性基础设施建设的强度,在交通通讯设施基础上,开始重视区域性信息网络建设,强调信息资源的联合开发与共享。

(3)重视联合进行资源开发与环境保护和治理。区域性旅游资源开发受到更多重视。水资源的开发利用和保护日益成为重要的区域性问题。1997年黄河经济协作区围绕亚欧大陆桥配套基础设施和资源开发建设,以及黄河流域综合治理两个重点。共同研究涉及省区间联合建设的大项目。

(4)合作发展外向型经济的目标更明确。随着外商投资成为我国利用外资的主要形式,以经济区名义联合招商,联手与海外客商建立经贸联系越来越发挥重要作用。

(5)更重视企业合作。普遍提出要努力发展企业间实质性合作,对共同发展大型产业项目呼声提高。强调要配合现代企业制度的建设,共同推进区域内企业的联合和兼并,采取投资参股等新的合作方式进行跨地区资产重组。

(6)更重视区域性经济实体的建立和发展。其重点在投资、金融保险和产权交易等方面。

上述发展过程表明,我国区域联合的范围不断扩展,内容不断丰富,形式逐渐增多。无论是从宏观上还是从微观上看,区域联合的作用和意义都越来越明显。它推动我国经济布局由东向西的战略转移,促进资源开发以及资金合理使

中国视角的现代城市经济问题研究

用,促进了商品流通和全国统一市场的形成,促进了技术的扩散和人才的合理流动,促进了产业结构和企业组织结构的优化。其综合效应是改善了全国生产力布局,同时对条块分割、地区封锁的管理体制,对在自然经济、产品经济条件下形成的固有模式、传统观念和习惯势力产生了巨大的冲击力。经济联合既是改革的产物,又推动着改革的深化。

三、城市经济合作的制约因素

(一)城市间矛盾的表现

近年来我国城市经济的合作不断加强,取得了巨大的成就。但是由于种种历史的和体制的因素影响,仍然存在着城市间的种种矛盾。当前影响我国城市间合作的主要矛盾表现是:

1. 产业同构化及其导致的过度竞争

长期以来我国的农产品及部分能源、原材料产品价格偏低,粗加工品与精加工品也有较大价格差距。欠发达区域的资源性、粗加工型产业成本高、利润低,这些初级产品往往以低价输入加工业发达地区,加工后再以高价返回原材料产区。交换的后果是进一步扩大了地区差距。在计划经济体制下,政府给予初级产品的产地以产品补贴,在新体制下,这种补贴消失,原先隐蔽的区域间矛盾就暴露出来。这种状况导致三个结果:其一,资源产地不顾自身条件,争相发展加工业,而不愿投资于能源、原材料开发,导致资源产业薄弱;其二,加工业在各地同时发展,使各地产业同构化,热门产业过度发展,导致宏观上的产业结构失衡,而且由于各地不能有效地发挥自身优势,资源产地的加工业质量差、效益低,而加工能力较高的区域因得不到原材料而停产;其三,造成市场无序竞争,争夺资源,低价倾销工业产品,区域矛盾加剧,各种大战风起,地方封锁市场,阻碍要素的流动和合理竞争,在宏观上导致低效率、资源配置不当和严重浪费。

2. 经济区与行政区划不一致而引起的利益矛盾

经济区通常也是利益划分的界限。但行政区往往分割同一经济区,从而引起某些矛盾。如在山林资源、江河湖海的水资源和渔业资源以及旅游资源等的利用上,往往引起上下游之间、不同区域的行政主体和地方民众之间的矛盾。不同区域间相互侵占利益或在经营中相互拆台,对于界限不明的资源进行掠夺性开发,甚至由于利益纠纷导致恶性斗殴事件的发生。

3. 市场分割引起的矛盾

由于城市间的竞争通常围绕着稀缺资源的供给和市场份额的占有展开。各行政区的政府和企业往往采取市场分割的行为,禁止外区域的市场主体进入

本区域获取资源和占领市场,有些地方甚至将这种市场分割以地方性法规和地方性政策的形式固定下来,导致持久的区域间矛盾。应有的区域分工被破坏,地方保护主义盛行。同时,由于市场信号(包括产品价格、产品声誉等)的失真,造成资源不能遵循市场机制合理流动,正常的竞争秩序无法建立,优胜劣汰的机制也无法实现。

4.地方优惠政策的区别引起的矛盾

地方优惠政策包括上级制定的和本地自行制定的政策。一些地方在利用政策优势获取本地经济利益时,自觉不自觉地损害了其他地方的经济利益。例如有些地方拥有国家给予的进出口自主权,就可以借此到内地收购国际市场上的畅销品出口,同时进口国际上比较便宜的商品向内地推销,获得双重收益。而其他区域无此类政策优惠,无法与其竞争。只好通过行政手段,实行地方封锁来保护自己,因此又会引起种种新的区域纠纷。

5.人才的区域间流动引起的矛盾

一般来说,越是欠发达地区越急需人才,但其生活、工作条件较差。发达区域往往凭借其优势,大量吸引人才,造成落后地区人才流失严重。多年来所谓"人才东南飞"就是这种流动的写照,造成欠发达地区人才流失严重,从而导致区域间的发展条件更加悬殊,区域分化更加严重。一些地区只能采取行政手段限制人才外流,但这在现实条件下越来越无济于事。这种矛盾往往会导致区域间在其他领域,例如资源供给、经济协作和市场开放等方面的矛盾。

(二)城市合作的制约因素

改革开放以来,虽然城市合作在市场机制和政府的推动下取得了极大的进展和成绩,但当前仍然存在的各种制约区域联合的因素,主要有以下方面:

1.思想认识问题

由于我国的自然经济和新中国建立后的计划经济影响相当深远,在各地区和部门的领导成员中,行政分隔、地方性自给自足、自成体系、自我循环,以及"万事不求人"、"小而全"观念仍然相当浓厚,缺乏在市场机制基础上的分工、协作和交换的思想,不求扩展与外部区域的联系。有许多生产和投资项目,从一开始就立足于"自力更生",各地自搞一套,往往产生许多无谓的过度竞争。

2.体制问题

我国在计划经济下形成了自上而下的条块分割的行政体系,各地管理部门习惯于按行政区划范围、用行政手段自我运作。而纵向的部门系统往往也习惯于在本部门内部进行运作。条条之间、块块之间以及条块之间缺乏沟通和合作。目前,条和块的行政壁垒仍然存在,不少条块的管理部门力图保持自己的既得权力和利益。有些跨行政区和跨部门的联合往往被认为有碍于本地财政收入的增长而遭到行政部门的阻碍,或由于地方利益分配问题的争执而无法形成。事实上,大量的经济活动如果跨出条条和块块进行协作,就可以将各种生产要素有效地组合起来,形成超越各单个条块内部组合的最大合力,取得最小成本。

3. 所有制方面的原因

在传统体制下,我国的国有、集体、个体私营经济以及外资经济之间都有不同的管理方式和管理制度,生产和投资的运作规则各不相同。这往往导致各方即使趋向于联合,也由于游戏规则的不同而难以操作。同时,传统的意识还常常把国有、集体以及私有经济的联合看做是容易导致公有财产流失的途径,更产生了种种因噎废食、阻碍联合的行为。现有公有制的资产管理体制确实存在种种不完善的地方,容易导致资产流失,应该通过完善国有资产管理体制和资产重组机制,促进不同所有制的联合不断加强。

4. 基础设施不完善造成的障碍

城市间联合和协作一般需要有相应基础设施作保障,例如完善的通讯设施可以快捷地传递信息,便捷的交通设施可以促进物流、人流。由于联合而扩大了经济规模,有利于降低成本,但必须相应地建立共同的供水、供电、供热、三废处理、原材料供应以及各种服务设施等。如果这些设施不完备,或者在联合过程中,围绕这些基础设施如何建设,各方投入少,以及收益如何分配等问题存在矛盾,势必影响联合的形成。

四、城市经济合作的推进

为了解决以上区域间的矛盾,建立城市间合作关系的基础,必须通过进一步深化改革,完善市场经济的体制和机制,加强以下几方面的工作:

(一)增强通过分工和协作互利共进的观念

树立这种观念的前提是,进一步改变按行政系统进行经济运作的旧体制,真正建立按照市场规律和经济区资源布局,由统一开放的市场进行资源配置的机制。应进一步打破"条块分割"的体制,消除部门封锁和地区封锁,遵循按城市优势进行合理分工的原则,建立区域间不同企业的完善的协作关系。彻底打破不合理的行政藩篱。不论是什么区域或什么部门,只要合作起来能够形成优势,就可以自由地形成联合,而不必受到行政管辖范围的限制。在经济发展中,我国许多城市提出"不求所在,但求所有"和"不求所有,但求所在"的指导思想。前者强调,只要能形成有效益的合作项目,有利于增进本地区利益,无论在哪一方城市进行投资和建设,都应积极促进其成功;后者则强调,只要能够在本地区形成有效益的合作项目,不论其是否为本地区所有,或是否能直接从项目中获得经营收益,都应该积极支持其发展。这样的观念对促进区域联合是十分有益的。

(二)理顺价格和区域产业的利益关系

在不平衡发展的基础上加强城市协调,促进区域政策与政策的有效结合。既要发挥各城市的最大优势,又要兼顾各地相对平衡,贯彻城市经济发展的公平原则。当然这种公平,更是一种机会的平等。倾斜政策仍然必要,人为造成各城市经济发展的不公平竞争,比较优势的发挥,要实现城市政策与产业政策的区域化。完善区域补偿政策,加强利益经济的协同发展。为了解决城市体系和利益格局所导致的重复建设和产业同问题,必须由政府牵头加强区域间的经济技术协作,依据一定的契约,把各城市之间的相关产业链接成一个稳定的整体,发挥各自的比较优势,互补互利,降低生产和经营成本。城市相互之间相关产业的发展关系,提高产业的组织化水平。上级政府部门应及时提供信息及宏观指导给下级政府,使其了解市场的供需状况,根据需求进行投资。哪些城市该上哪些项目,是否会产生规模效应,应由综合经济部门有效调控和监督,避免产生以往到处布点,而经济效益极差的局面。同时,应真正形成由市场机制决定产品价格的格局,理顺资源及粗加工产品与深加工的价格比例关系,用价格和利益导向,促进各城市努力发挥特色,从根本上改变有利就一哄而上,导致产业同构化的局面。

我国产业结构趋同的重要根源还在于我国新旧体制转轨时期,在产权制度改革滞后的情况下,不少城市政府仍然是竞争性产业的投资主体。城市政府对政绩追求的内在冲动和外在刺激,导致短期的一些热门产业成为各地争相投资的对象。因而,应加快产权制度和市场化改革的进程,使企业成为真正的投资主体。中央制定具有指导性的产业政策,协调区域经济的发展;同时从制度、法律等方面保障建立统一的全国市场,以利于商品的合理流动,切实形成分工协作互补关系。

(三)跨行政区域基础设施的建设和管理

在共同遵循"双赢"或"多赢"原则的前提下,实现跨行政区域基础设施的互联互通、共建共享,推进区域经济社会的一体化。跨行政区域的基础设施如果能达到最大的外部正效应和资源最优配置,就实现了"双赢"或"多赢"。在我国,本应通盘考虑的跨行政区域的基础设施,各地区却在那里自成体系、重复建

设的例子屡见不鲜。比如在某地区,有五个新完工或在建设的新机场,相互之间的距离均在 200 公里以内。国际或远程国内航班将只在它们五个之中的某一个机场降落,其结果,五个机场中将有四个不能得到充分利用。如果采用"多赢"的办法,应该是建设一个由五个城市共用的区域性国际机场,同时通过完善的公路和铁路连线,建成一个跨行政区域的立体高速交通系统。跨行政区域基础设施合理布局的关键,是制定一个科学的规划,而规划的编制和执行,有赖于建立一种推动地方政府间协商合作的机制。这种机制如果要获得成功,根本之点又在于必须遵循"双赢"或"多赢"的原则。各城市关起门来自成体系、分散孤立地搞建设,不仅对于急需资金的发展中国家来说,是一种可怕的浪费,而且作为先导性的重大基础设施,其非理性的规划布局将会给未来的长远发展带来灾难性的影响。

跨行政区域的基础设施建设应遵循"政府引导、市场运作"的方式。城市政府适时构建跨行政区域的高层次的协调机构,以发挥对于跨行政区域基础设施建设的引导作用。其主要职能:一是共同制定和执行跨行政区域基础设施的中长期发展规划;二是确定重大跨行政区域基础设施项目包括建设标准和建设时序等的安排;三是协调解决跨行政区域基础设施建设的共享性和流域性问题;四是在扩大社会资金投向基础设施过程中发挥政府性资金的引导作用;五是制定市场运作所需的各项配套政策;六是管好价格水平与服务质量。跨行政区域协调必然要涉及敏感的经济利益问题,如果采用市场化办法,往往会取得事半功倍的效果。"市场运作"可以采取:一是本着"谁投资、谁受益、谁承担风险"的原则,合理确定有关各方的权益和应承担的义务;二是政府投入应委托给政府投资公司,项目的实施与管理均按法人制度要求运作;三是打破所有制界限和行政隶属关系,采取各种措施,吸引社会各类投资主体进入基础设施领域;四是加大银行贷款、股票、债券等市场化融资比重。

(四)建立统一开放的市场,尽可能统一各地的政策

要去除所有不利于市场统一、导致市场封锁和分割的地方性法规和政策措施,坚决制止和打击地方保护主义和行政性封锁。对于政府官员为了部门和地方利益而损害他人利益,甚至违反法纪的,必须加以惩罚。随着国内市场的日益统一和区域经济发展水平的协调,各地的政策也应趋于完全统一,改变各城市悬殊的地方性政策。

(五)采取切实措施鼓励人才到欠发达地区工作

人才的合理流动问题,根本的办法是真正改善欠发达地区人才的工作和生

活环境,使其在本地有所作为。对到欠发达地区工作的优秀人才,国家和地方都应给予更多的物质和精神鼓励,使他们安心工作,努力创业。对做出贡献的要给予重奖。发达地区应避免到欠发达地区大量抽调人才,同时应努力帮助欠发达地区创造人才工作和生活的良好环境,这也是对欠发达地区的最大支持。

（六）适当调整行政区划,以适应利益格局的协调

对行政区与经济区不一致而导致矛盾突出的,可适当调整行政区划,或明确利益分配原则和责权利的界限。一般来说,尽可能根据经济区发展的要求对行政区划加以统一。例如一个大旅游区内有几个行政管辖主体的,尽可能统一为一个主体,有利于经济区的统一规划和运作。在城市化过程中,要按照城市经济圈发展的格局来进行规划,充分发挥城市尤其是中心城市的辐射作用,以城市带动整个区域发展。对于具备实行市管县体制的地区,可以实行市管县体制。但是由于我国地区差异悬殊,不应该不顾条件强制推行市管县体制。对中心城市经济实力不足的地区尤其不宜实行市管县体制。对实行市管县体制的地区,应根据中心城市实力,按地域经济联系合理界定地域范围。如果已经界定的地域范围不合理,则须适时加以调整。我国地区一级行政区划体系是矛盾最多,但地位又非常重要的层次,需要展开更深入的研究,如市管县体制问题、省管市分等制问题、县级财政上交地区还是省财政等问题。当然,对行政区划的调整必须十分慎重,应考虑整体利益和长远利益,并经过国务院批准。

第三节　城市经济圈

城市经济圈又称大城市群、城市群集合、大经济区、大都会区或都市密集区,是指在较大的特定区域内（一般数万乃至十几万平方公里）,以两个及以上特大、超大城市为核心,若干不同等级的城市相对集聚,城市个体之间保持强烈交互作用和密切联系的地域形态。经济圈是城市化发展到高级阶段的产物。一般来说,经济圈疆域极广,常为城市群体的集合或在国家经济总量中占有很大比重,甚至对全球经济产生影响。美国学者戈特曼提出了经济圈划分的五个标准:一是区域内有比较密集的城市;二是有相当多的大城市和都市区;三是由方便的交通走廊连接核心城市,且都市区之间有密切的社会经济联系;四是必须达到相当大的总规模（人口在2500万以上）;五是属于国家的核心地区,具有国际交往的枢纽作用。当今学者公认世界上有六大经济圈达到了戈特曼的划分标准,分别是:美国东北部经济圈、北美五大湖经济圈、日本东海道太平洋沿

岸经济圈、欧洲西北部经济圈、英格兰中部经济圈、长江三角洲经济圈。一般来说，经济圈的发展分为"强核"、"外溢"、"布网"、"整合"、"耦合"五个阶段。

我国城市发展历史悠久，但直到 20 世纪 90 年代以前尚处于"强核"阶段。20 世纪 90 年代以来，北京、上海、广州等城市相继进入"外溢"阶段，出现了经济圈的雏形。21 世纪初，珠三角、长三角、京津唐三大经济圈先后进入了"布网"阶段，并面临着"整合"的艰巨任务。总体而论，我国的经济圈发展还处于初级阶段，与欧、美、日等地区和国家的经济圈相比还有较大的发展差距。经济圈的发展是区域经济发展的内在规律决定的，对于我国工业化、城市化和市场化进程具有十分重要的作用：有利于在全国范围内优化资源配置，提高经济效益；有利于更好地参与国际分工，适应经济全球化竞争；有利于完善区域城镇体系；有利于统筹城乡和区域经济社会发展。

一、城市圈提升区域竞争力

我国内外经济环境的变化，各级政府发展战略的调整对城市化继而城市圈的形成产生了积极的催化作用。适应这些环境和政策的变化，区域内城市的联动发展不断凸显。经济版图的重新划分，使得城市的势力不断突破行政边界的羁绊，形成了或者正在塑造着一批城市经济圈。城市经济圈的出现为区域经济竞争增添了新姿，改变着城市管理者经营城市的理念，通过系统的整体效应，增强了圈内经济整体实力，并带动着周边地区经济腾飞。我国市场体系的完善，政府经济发展战略的调整，参与世界经济分工合作程度的深化，为城市圈的形成提供了良好的环境。在一些城市化水平较高，经济联系密切的地区，城市圈初步形成；其余地区也正在直面新的发展形势，加强区域内城市合作力度，积极构筑城市圈。

（一）经济发展催生城市圈

我国经济发展促进了城市化水平的提高和基础设施的完善，市场的逐渐成熟增进了城市的内引外联，这些因素推动了我国城市圈的形成。

1. 城市化水平提高

城市圈的形成要求区域内有较为密集的城市群，并且存在一个或几个能发挥首领作用的中心城市。近几年来各级政府日益认识到城市化的战略意义，各地纷纷将城市化纳入本地长远发展规划，并加快了城市化的步伐。这有力地促进了我国城市化水平的提高，尤其是在经济发展水平较高的区域，城市化战果喜人。伴随着城市化的阔步推进，区域内城市密度提高，城市集聚和辐射能力增强，相邻城市之间资源和信息的交换趋于频繁。城市之间信息和能量的相互依赖是城市圈赖以形成的基础。

2. 基础设施完善

我国公路、铁路、民航、水运的发展为区域内城市的空间集聚提供了交通纽带。毗邻城市之间，交通条件显著改善。例如在长江三角洲城市圈内，纵横交错的高速公路，让上海与杭州、南京车程控制在 2 至 4 小时之内。而且一些区域还在筹划城际快速轨道交通，推动城际交通公交化。区域内城市之间交通设施的对接，交通工具的进步，扩大了城市通勤范围，增加了城市之间的引力。互联网、移动通信等现代化通信手段使得信息传播更加顺畅，城市之间不断扩大的信息交换增强了区域内城市的互动能力。

3. 市场化程度有所提高

由美国传统基金会与《华尔街日报》编制与公布的全球 2010 年经济自由度指数报告就十项因素评估全球 179 个经济体系的经济自由度。这十项因素包括营商自由、贸易自由、财政自由、政府开支、货币自由、投资自由、金融自由、产权保障、廉洁程度和劳工自由。其连续第 16 年评选我国香港地区为全球最自由经济体系。至于大中华地区经济体系，中国大陆名列 140，澳门排名 20，台湾地区排名 27。表明中国大陆的经济自由度与其他经济体系相比较，排名在后，但与往年比较，我国这一指标的总体得分有所提高。随着市场化程度的提高，政府和企业努力转换职能，角色定位逐渐回归。政府减少了对市场的不当干预，企业经营理性增加。面对复杂的市场环境，越来越自主的企业有必要也有能力寻找更广阔的市场和发展空间。而城市资源禀赋的差异、功能的差异为企业在城市圈内重新进行空间布局提供了可能性。例如，上海市众多企业为节省成本而向附近的江浙两省城市迁徙。这些资源在圈内的重新配置强化了区域内城市一体化进程。

4. 国际竞争加剧

我国持续推进对外开放，参与国际经济合作，经济的外向度明显提高。加入世贸组织后，国外资本和企业呈加速势头进入我国，国内企业感受到竞争压力逐渐沉重。面对国际竞争，我国对内开放的步伐明显滞后于对外开放速度。在这种情况下，国内城市和企业深刻意识到只有充分利用周边资源，借助区域整体竞争力，才能占领竞争的有利位势，这是激发区域内城市携手合作的"外患"。城市圈的形成有助于区域内资源重新优化配置，并通过市场的压力敦促城市管理当局改善其经济服务和管理功能。市场与制度的双双完善，极大地提升了城市圈的整体竞争力。城市圈通过其资源的聚散，演变为带动整个区域经济的高能反应堆。

随着圈内城市管理者之间磋商协调的增加,示范效应将发挥效果。那些先进的政府管理制度、服务方式迅速为合作、竞争对手所模仿和借鉴。通过相互之间的学习,有助于提高整个城市圈内政府行政管理艺术,为区域经济发展提供良好的制度环境。

(二)我国的城市圈经济现状

市场和制度条件的改进让城市圈发生"核聚变",城市圈整体实力非常可观,辐射出强大的能量引领着整个区域经济迅速壮大。截至 2012 年年底,我国已经形成了 10 个城市圈(城市群),分别是京津冀、长三角、珠三角、辽中南、山东半岛、海峡西岸、中原、长江中游、关中、川渝城市群。其中东部地区 5 个、东北地区 1 个、中部地区 2 个、西部地区 2 个。其中有 3 个国家级城市圈(城市群)。《全国促进城镇化健康发展规划(2011—2020 年)》草案已提出将再新增10 个城市群,而且其中的绝大多数都是来自中西部地区。该《规划》涉及全国20 多个城市群、180 多个地级以上城市和 1 万多个城镇的建设。具体的目标是,到 2020 年,17 个城市群占据 43.3％的全国城镇建设用地,集中 48.7％的城镇人口。

我国长江三角洲城市圈,是世界各大河三角洲人口数量最多、密度最高和城市数量最多的地区,被称为世界第六大城市群,也是我国现代城市发育最早、城市化水平最高、城市体系最完备的地区之一。该核心圈城市依据其规模程度的大小,基本呈现等级分布。超大型城市 3 个:上海、南京、杭州,市区非农业人口超过 200 万人;特大城市 4 个:无锡、苏州、常州、宁波,市区非农业人口均超过 100 万人;大城市 3 个:镇江、南通、扬州,市区非农业人口均超过 50 万人;中等城市 6 个:湖州、绍兴、嘉兴、泰州、台州、舟山。其中有 4 个城市进入全国大中城市前十位,上海为直辖市,另有南京、杭州、宁波 3 个副省级城市。其土地面积占全国的 1％,人口占全国的 5.9％。珠江三角洲是由广州、深圳、珠海、东莞、中山、佛山、肇庆、江门、惠州等 9 市构成的城市圈,土地面积占全国的0.43％,总人口占全国的 3.3％。如今粤港澳合作日趋密切,大珠三角的形成将使其经济实力更上一层楼。环渤海地区,以京津为双核心的都市圈已经形成,包括北京、天津以及河北的石家庄、唐山、保定、秦皇岛、廊坊、沧州、承德、张家口 8 地市,它们凭借其得天独厚的聚集优势将进入高速增长轨道。这三大全国性的城市圈是我国经济当之无愧的三大引擎,对全国经济走势有着举足轻重的作用。据统计,2005 年,三大城市圈共实现地区生产总值(GDP)70311.87 亿元,约占全国 GDP 总量的 35.8％,比上年增长 14.25％。其中,长三角实现GDP 33858.55 亿元,珠三角 18116.74 亿元,京津冀 18336.58 亿元,分别约占

全国经济总量的 17.2%、9.2% 和 9.3%。长三角 GDP 总量是珠三角和京津冀的 1.87 和 1.85 倍。单位国土面积 GDP 产出分别为 3088.14、3312.02 和 992.34 万元/平方公里。珠三角单位国土面积产出是长三角和京津冀的 1.1 和 3.3 倍。2005 年,三大城市圈三次产业结构为 4.8:50.4:44.8,一次产业低于全国平均水平 7.6 个百分点,二、三产分别高于全国 3.1 和 4.6 个百分点。长三角、珠三角和京津冀产业结构分别为 4.1:55.3:40.6、3.3:50.6:46.2 和 7.0:45.3:47.6。

此外众多区域性城市圈如广佛城市圈、武汉城市圈等,也正在发挥区域经济增长核心的作用。我国经济发展培育着城市圈的壮大,城市圈则改变着我国区域经济竞争态势,它们的成长将在很大程度上主导着我国经济未来发展前景。

二、阻碍城市圈成长的因素

行政区划的主要目的是服务于政治管理,依照地域大小和行政等级,各级地方政府被赋予相应的权利范围。由于历史和制度的渊源,长期以来城市政府的经济管理权力和责任依附和匹配于其政治地位。于是大大小小的诸侯经济、山寨经济就有充足的土壤扎根并生存下来。

诸侯经济画地为牢,行政力量侵占市场功能,阻碍生产要素按照正常规律流动和配置。行政区经济的道道藩篱横亘于城市圈经济主体之间,制约了产业整合和资源共享,成为城市圈经济壮大的天敌。

（一）行政区经济沃土依存

行政区经济是我国计划体制下区域经济发展模式和政治游戏规则的产物。尽管市场的大潮终将会涤荡掉它的余垢,但是历史的惯性、政治运行规则欠完善、竞争压力为它的继续存在提供了千万种理由,它的消失还需假以时日。

1. 地方政府"经营"经济的压力和能力

城市政府的权力理论上由广大市民（或辖区内居民）所授予,他们似乎应以满足治内纳税人、居民的诉求为活动主旨。但事实上他们的升迁主要由其上级决定,而上级擢升贬抑的准则之一是其任期内这些城市的就业水平、财政收入、经济增长速度。因此通过各种手段,促进他们任期内本地经济增长最快很自然成为理性的选择。在追求该目标的过程中,往往发生市场规则和行政干预、长远发展和眼前利益的碰撞,而较量常以长远利益和市场规则落败而终。

除了政治规则之外,现行的财税制度客观上也增加了书记、市长们奉行行政区经济的冲动。首先,中央和地方以税种为基础的分税机制,使地方政府仍具有追求扩大本地经济规模的动力；其次，现行转移支付制度的不完善和转移支付能力的不足，促使地方政府寻求本地财源的扩大；第三，当地方政府可控财源与公共职责不对称时，也促使一些地方为创造和保护本地财源采取不正当的措施。

此外，城市政府还支配着数量可观的经济资源，这也为他们直接干预经济、设置市场边界提供了理由和手段。一方面城市政府可以冠冕堂皇地操控一批国有资产和集体资产；另一方面在对我国政府部门滥用权力践踏产权尊严的行为缺乏有效制约机制，城市管理者可对民间资本施加不可估量的影响和控制。这些资源在一定条件下便构成了施政者构筑起行政区经济的物质基础。

2. 圈内竞争因素的存在

城市圈内部城市之间有优势互补的必要，但是它们之间的竞争因素也是客观存在，如果处理不当则易造成恶性竞争。譬如在城市圈内一些人片面地认为核心城市会源源不断地吸收其他城市的人才和资源，"大树底下难成材"，这种不恰当地夸大圈内城市之间竞争的看法必定导致用行政力量的魔剑去挥砍圈内经济自然纽结。

城市圈内各城市之间地域相连，要素禀赋有着较大相似性。随着交通条件的改善、通讯基础设施的完善，城市圈内同一层次的城市之间企业经营成本趋同，对企业来讲相互之间替代性较大。此外地域的临近和生活水准处于伯仲之间，城市圈内同一层次的城市居民具有大致相同的消费偏好和消费结构，市场份额也就容易成为不同城市生产同类产品的厂家激烈争抢的对象。

再者，面对类似的文化传统，相近的经济发展水平，区域内同一层次城市容易形成相同或类似的城市定位，进而导致类似的发展路径和战略重点，这也是城市间不可忽视的竞争因素。

3. 行政区划和经济区划的非重合

行政区划的划分依据是历史沿革和政治管理的便利，而经济区划则主要是由经济主体在市场力量的牵引下融合造成，二者之间难以保持一致。这样城市管理者和他们的上级基于地方利益和自身理性，可能会为保全行政区经济而牺牲城市圈经济。譬如有人认为苏锡常城市圈就带有明显的行政区划烙印，认为从空间布局和经济联系出发，在苏锡常之外加上嘉兴和湖州两个浙江城市组成环太湖城市圈将使城市之间的合作基础更加广泛和现实。苏南政经界人士"白天看南京，晚上看上海"，折射着行政区划掣肘下城市圈拓荒者们的丝丝无奈。

城市的行政级别决定其政府经济管理权限从而影响着城市的经济活动。城市成长的非均衡性和跳跃性有可能使城市陷入行政区划的困境。当城市经

济迅速发展,而不能获得相应的行政权限来支撑时,城市向外延展的触角就被牢牢捆住了。譬如,有一年广东顺德市雄踞我国百强县之首,人均 GDP 全国第一,可它仅仅是佛山所辖的一个县级市,对其经济的纵横捭阖增添了诸多不便。

在城市圈内,城市政府具有管理和"经营"经济的压力和能力,而城市之间竞争的存在、行政边界和经济圈边界的交错更增加了行政力量、地方力量阻碍城市圈经济一体化的冲动。尽管有些阻碍力量并非是城市管理者刻意所为,但无论如何它们是在起作用的。

(二)圈内离散耗损整体能量

由于行政壁垒的阻隔和干扰,圈内城市的联合互动受到影响,相互之间分割离散现象还普遍存在,诸如市场分割、滥用政策优惠、产业同构、基础设施建设各自为政都是城市圈内一体化道路上的荆棘。这就决定了当前我国城市圈内的合作还是浅层次的,本该大放异彩的规模效应、协同效应因此而黯淡了许多。

1. 市场分割

城市圈内区域性市场的统一性和开放性的提高有目共睹,但距离理想的目标还是其路漫漫。浑然一体的经济版图被割裂为大小不一的市场板块,严重制约了城市圈内产品、人才、企业自由流动,使经济资源在寻寻觅觅之后仍不能驻足于理想的场所,无法使城市圈内经济要素迸发出最大活力。

就产品市场而言,一些地方出于庇佑本地企业的"善意",将一些外埠商品视为洪水猛兽,设置有形和无形的关卡,企图"拒敌于城门之外"。国际经济学界的计量检验结果表明,当前中国省际壁垒甚至要高于国际贸易壁垒。例如有的城市为了保护本市汽车产业,就曾或明或暗阻挡外地所产车辆进入本市消费市场。城市圈内同类产品若不能在统一的区域内的市场舞台上比拼一番就难有优胜劣汰,整个城市圈的经济效益就难以提高。

在人才流动方面,城市圈内由于户籍制度、地方政府安排就业的压力,各地对外来人口就业通常都采取歧视性政策。譬如,很多地方在招聘岗位时都把解决好当地就业问题作为一个至关重要的因素来考虑,外地求职人员往往被拒之门外,这种现象在城市圈的核心城市如上海、北京非常普遍。尽管各地都认为家有梧桐树,招得凤凰来,可这些歧视性因素却制约着人尽其才。

另外,城市圈内有些政府常将企业视为生蛋的金鸡,总想尽可能将企业留在自己的辖区内,以便为本地提供就业岗位、增加财政收入,甚至不惜采取种种手段,阻碍企业自由跨区域发展。当前,无论是长三角城市圈还是珠三角城市圈,企业反应异地投资遭遇双重课税的现象普遍存在。虽然短期内这些手段能让这些金鸡为本地生财、造岗位，但似乎有杀鸡取卵之嫌。

市场统一性、开放性的欠完善无法让城市圈内各种要素和产品流畅的转动起来，市场的竞争压力和配置功能没有发挥充分作用，限制了城市圈经济潜力的释放。

2. 产业同构

城市圈内政府管理机构对产业布局都进行着强有力的引导。政府的产业引导固然是必要的，但一个必不可少的前提是政府能够依据本地条件，正确确定自己的比较优势和竞争优势，并且政府充分考虑到与外部经济的交互作用。然而现实的情况是有些城市管理者基于眼前（任期）利益最大化，不顾发展的可持续性和协调性，往往盯住利大税多的产业，例如当前一些城市一谈产业规划就唯高科技是论，置自身客观条件于不顾。加上同一个城市圈内城市之间要素条件类似，于是城市圈内产业雷同非常普遍。带来的结果是，工业布点分散、产业集中度低，城市之间产业恶性竞争时有发生。

观察不难发现，城市圈内城市产业特色不明显，城市通常缺乏具有核心竞争力的主导产业，相互之间的垂直和水平分工合作不够。如果硬要找一些特色的话，那就是"你有我有全都有"。2005 年上海和浙江两地产值前 10 位的行业中，两地有 8 个是相同的。根据测算发现沪苏浙三地产业结构相似系数很高：沪苏的产业结构相似系数为 0.82，沪浙间为 0.76，苏浙之间竟高达 0.97。城市之间亦是如此，如苏锡常三城的主导产业基本都是"机械、纺织、化工、冶炼、食品"，各行业的比重也十分接近。其他如珠三角城市圈内的深圳、广州产业结构也有着大体相同的面孔。城市圈内各城市之间雷同的产业结构会引起相互之间的过度竞争，使区域内有限的资源不能得到有机融合以实现必要的产业集中。缓解城市圈内产业同构的确是燃眉之急，若各方不能精诚合作而达到互利互惠，最终恐怕只能是"患难与共"了。

3. 城际软硬件设施衔接乏力

城市圈中各城市在制度与政策安排、基础设施建设等方面理应通力合作，从制度和空间上促进内部一体化，与外部竞争时用一个声音说话。可不少城市的管理者缺乏整体观念和协作精神，在经营城市中局于一隅，未能充分认识到只有依托区域整体优势，才能有效壮大自己。他们往往不顾自身实际情况或区域整体利益，陶醉于躲进小楼成一统。

区域内基础设施规划和建设的良好衔接是从空间上融合城市圈的必要保证。可当前一些城市喜欢自以为是，在重大基础设施的规划和建设中各自为政，过多地以自我为中心，这样做的后果是让这些耗资巨大的设施难以发挥应

有的作用。比如长三角的港口建设中因多年来缺少协调,出现了很多矛盾。据统计,南京以下的长江段,已建、在建和待建的万吨以上码头泊位共 100 多个。其投资建设都由当地政府主导,各地均以自己认定的腹地计算货源。由于不合理的重复计算,导致建成后货源不足,浪费巨大。由国家投资、深水泊位最佳的宁波北仑港区,可接纳第五代甚至更大型集装箱船,但是宁波港的经济腹地货源不足,又缺乏长三角内部的货源支持,港口的设施能力迄今未能充分施展。

在更高的合作层次——制度安排的协调上,区域内城市之间问题颇多。城市圈内城市完全可以通过政策取向的差异来引导和促进区域内经济错位发展,从区域全局发展的视野提供合理的制度供给,但是这经常不得不屈从于"诸侯们"狭隘但很坚强的意志。特别是我国法治环境的不完善使得一些地方官员可以敢于将国家关于经济的规划和法律置于脑后而不顾,炮制出自认为可促进当地发展的变通的土规定,并冠以符合地方特色的美名,实则是违法违规,恶性竞争。

例如在长江三角洲各城市都把引进外资作为发展当地经济的推进剂,于是纷纷想方设法不遗余力扩大招商引资。动机固然可嘉,手段却值得商榷。许多地方早已突破两免三减半的企业所得税的优惠政策底线。这种政策上的恶性竞争即便短期内可以给某些城市带来一些好处,但长远地却扰乱了整个区域的经济秩序,削弱了整体竞争力。

因此城市圈内基础设施的衔接配合不容乐观,制度层面上的协调合作更是任重道远。城市圈内的市场分割、产业同构、基础设施与制度安排协调欠佳都是不容回避的事实,它极大地耗散了城市圈所集聚的能量,制约了其辐射功能。于是促进城市圈深层次的融合就尤为重要和迫切了。

三、城市圈发展的对策

我国城市圈的形成是在经济全球化背景下区域经济发展与要素流动的客观需要和市场边界的自然延展过程。而城市圈内行政壁垒是制约城市圈协同效率发挥的最大障碍。因此当前紧要的是让市场和政府各自扮演好自己所应承担的角色,提高城市圈内的一体化水平。政府应该奉行适度"无为而治"的原则,减少对城市圈内经济活动不当的行政干预,相信和借助市场的力量来促进城市圈的发展。这要求建立覆盖城市圈的高度统一和开放的区域大市场,通过市场配置资源的功能,以要素流动为纽带将各城市有机连接起来。同时圈内城市政府也要加大制度合作和对话的力度,和其他外部力量一起推动城市圈内部融合。而整合的重点应该是建立有梯度的互补的产业布局。

（一）市场主导，相互融合

城市圈的形成是城市集聚和辐射功能在地域上的拓展，主要是市场自身力量的结晶。当前阻挡城市圈车轮前进的主要是道道行政分割的壕沟。因此逾越这一障碍的途径无非是强化市场力量和转化政府角色，而当前重中之重是完善城市圈区域市场。通过建立区域内统一、开放、有序的大市场，使城市圈内各种经济资源充分转动起来，通过市场利益的引导增进整个城市圈经济布局的合理性。当前市场正孕育和显示着此种力量。

在经济全球化的今天，国内城市竞争视野大为开阔，城市圈的竞争成为城市赢得世界性尊重和控制力的主要途径。（特）大城市需要广阔的腹地为依托，而中小城市需要周围大城市的辐射，只有相互之间的默契配合才能增强国际竞争中的话语权，这种内部的聚合力将区域内城市拉近。此外，我国特别是一些投资环境好的城市正在享受着跨国公司产业转移所带来的好处，而跨国公司在转移产业的过程中往往看重的是超越单个城市的区域总体优势，在整个区域范围内分布其公司职能。这从外部推动着城市圈的形成。

正是这些市场的压力，使城市圈内生产要素流动空前的活跃，增进了相互之间经济密切度。例如在长江三角洲城市圈内浙江企业纷纷抢滩上海，而且大中型企业明显增多，主要是私营、股份制大中型企业。这些企业大多数把生产基地放在浙江，而把研发中心、销售中心放在上海，以谋求在国内领先和进入国际市场。而上海的企业和技术流向江苏、浙江更是一目了然的事实。正是这些经济资源频繁跨越城市间行政区划界限，像道道纽带将区域内相邻城市编结成城市圈。所以完全有理由相信，创造条件让市场充当提高城市圈一体化水平的主导力量是明智的选择。

要使市场的作用有效发挥，就应该努力将城市圈内相互之间有障碍的市场条块打造成一个平滑的整体大市场，让各种要素在上面按自己的意志流动。首先，各地要砸烂保护地方产品的不合理关卡，建立高效的物流系统，为各城市产品在城市圈内竞争销售和走向全国（全世界）创造条件；其次各城市应该消除人才和劳务使用中的歧视，加强劳动保障和社会福利方面的合作，建立覆盖整个城市圈的统一的劳动力市场；还有，加强城市圈内各层次的金融市场建设，打破金融业务画地为界的不合理格局，提高中心城市的金融造血和输血功能，使有限的资金尽可能不闲置，流向最需要、最有效率的企业。此外，城市圈内各城市应积极合作，大力整顿圈内市场竞争秩序，营造一个诚信和公平的市场环境，唯有如此才能通过有效率的竞争优化整体资源配置，增强彼此互利互惠的基础。

（二）政府作为，外力助推

城市圈一体化过程无疑应由市场担纲主导，但是政府也不应置之度外，政府也是大有可为的，关键是把握好作为的方向和重点。城市圈内政府之间应该建立多层次的合作和对话框架，一些民间组织也要献计献力。

迫切需要建立跨城市的协调机制，为区域内产业协调发展、基础设施衔接布局等提供整体性规划。当前行政区划体制由于历史和管理原因，在短期内难以大幅调整，但是可在现有制度基础上，根据不同的合作内容建立各种城市间合作组织来加强区域内政策和发展路径的协调。

在国外城市圈发展过程中，政府间的合作非常普遍。目前这种区域性合作机构达到了 200 多个。譬如在华盛顿都市圈，成立了都市圈委员会，对区域内事关全局的重大问题进行协调；在日本，各个城市虽各自为政，但事关都市圈内协同，则由国家决定，哪个城市都无权单独做主。我国有着较为完善的垂直管理体系，可以在借鉴国外成功经验的基础上，结合自身国情建立多层次的协调机制。

对那些涉及城市圈内综合规划的问题，可以由上一级政府机构（省或中央政府）和各城市政府选派各自代表组成机构专司其职，对城市圈内整体产业布局和重大基础设施建设进行总体指导和协调，当发生争议不决的局面时可由上级政府依照整体利益最大化原则做出裁决，对那些做出牺牲的城市通过转移支付等手段予以适当的补偿。对框架内的项目建设可给予一定形式的补贴，对违反总体规划的单方行动对有关方面给予行政和经济上的惩戒，或在审批方面加以限制。以前我国也曾成立类似的机构如上海经济区规划办公室，但是它只有协调之责而无规划之权，因此当地方政府利益冲突较大时，它就束手无策了。因此今后这类机构可由国家发改委等强权部门牵头并享有权威的规划权柄。当然这类机构要将重点放在城市圈的综合规划上，而不是沉溺于具体事务，这样才能减少城市政府的抵触。

对城市圈内市场开放、劳务流动、金融合作等方面较具体的议题可由各城市政府通过多边或单边合作方式解决。例如长三角 15 城市市长联席会议、沪苏浙三省（市）常务副省（市）长沟通机制就很好，而关键在于将合作引向深入和落实合作协议。政府间组建半官方性质的常设机构可以让合作制度化、日常化。这方面美国南加州政府协会的做法颇值得我们借鉴。该协会成立于 1966年，管辖范围涉及洛杉矶县、橙县和河边县等 6 个县、188 个城市、1600 万人口、3.8 万平方英里的区域。辖区内城市是否参加协会完全自愿，目前 188 个城市中有 135 个参加了协会。协会设有董事会，重大问题由董事会表决决定。

对城市圈内交通、环保、电力等问题可由各城市的专业部门联合组建相应合作机构进行协作。国外的这类组织如密西西比河管理局、加州南海岸大气质量管理区管理委员会。值得一提的是这类机构通常具有法人资格、具备支配能力和规划能力。

此外，应该建立各领域的专家委员会和发展论坛为城市圈内重大规划提供科学依据和兼顾各方利益的方案，为城市圈的发展出谋划策。

最后还要注重民间社团组织的作用。通过组建跨城市的区域性行业协会、商会，为城市圈内产业规划、要素流动提供指导和桥梁作用。

（三）错位发展，建立梯度化产业链

城市圈整合的关键是在整个区域内建立层次和布局合理的产业体系，这要求圈内的城市根据比较优势和竞争优势的原则，合理确定自己的主导产业，相互错位发展。只有这样才能提高城市圈内协同效率和专业化水平，提高整个区域的对外竞争力。

错位发展要求各城市科学合理地分析自己的市情，从区域整体发展的思路出发确定本市产业发展方向。不一定是最高最新的产业，但应该是最适合自己的产业。城市圈内大小城市应该准确定位，分工合理。中心城市要当好龙头，充分发挥综合服务功能，成为区域内要素和信息的集结与配置枢纽。这要求中心城市努力提高服务产业的比重和层次，大力发展现代物流、金融、咨询等现代城市服务业。在制造业方面中心城市应该突出高精尖，避免大小通吃的做法。次中心城市要当好接续中心城市辐射的"二传手"，发挥好局部中心的功能，应该将重点放在发展高附加值、高技术含量的产业，增强对中心城市产业配套能力。中小城市不应盲目追求产业高级化，要充分消化中心、次中心城市转移出来的生产能力，改造好传统产业，充当大企业的加工基地。同一层次城市之间要多加强横向合作，减少和避免相同产业过剩导致的恶性竞争。

在产业整合过程中要充分重视企业作为市场主体的主动性。区域内城市之间商务成本和功能的差异为企业功能地域配置提供了可能。如今在长三角地区一个很普遍的现象就是很多大企业将生产中心放在嘉兴、无锡、常州等中小城市，而将总部、销售中心、研发中心安置在上海、南京等中心城市。各地政府应该从税收、管理上提供正常的待遇，不应人为地阻止企业为求发展而进行的迁移。应该鼓励区域内企业跨城市（省）的兼并重组，组建一批规模和效益并具的企业集团，借此适当提高区域内产业集中度，发挥规模效应。目前大型跨国公司加大了对我国产业转移的力度，而长三角、珠三角等城市圈是它们投资建厂所青睐的风水宝地，城市圈内城市结合跨国公司的产业链配置自己的产业

体系,也是达到区域内部产业整合的有效途径。

产业整合诚然应主要依靠市场力量,但政府也应适时适可而为之,加强规划和引导。若二者都能起到应有的作用,那么城市圈内产业的协调发展、各城市共享发展的繁荣将不难实现。

总之,城市圈的出现是我国新的发展阶段中市场竞争态势和城市化进程的必然要求,它使毗邻的城市有机联系起来,成为拥有巨大能量的区域竞争的航母。但是受传统行政壁垒的制约,城市圈内市场分割、产业雷同甚为严峻,这极大地影响着城市圈协同效率。因此应该以市场为主导,由政府加以推动,提高城市圈内一体化程度,构建错位发展、梯度分布的产业链,使航母的各部分高效协同作战,成为实力雄厚之舰。

四、区域性中心城市经济发展

城市作为区域的中心,是一定地域内的经济聚集体。城市和区域相互依存,彼此推动。在市场经济条件下,相对一般城市而言,中心城市具有更为重要的作用。中心城市的作用可以概括为若干"中心",如商品流通中心、交通运输中心、金融服务中心、信息交流中心、科教文化中心等。中心城市通过这样的"中心"对区域发展起带动作用。今后我国经济发展离不开中心城市带动,完善区域性中心城市功能,加强中心城市对我国区域经济的组织和调控作用,实现二元经济向一元经济转化,是今后相当长一段时期内,推进我国城市化进程,加快中国经济增长的一个中心环节。我国的城市功能、城市体系还很不完善,相对于工业化发展水平而言,城市化发展严重滞后。可以判断,在我国经济发展进入工业化中期以后,依靠农村工业化来推动的城市化发展阶段已基本结束,中心城市的发展将是下一阶段我国城市化的主要动力,而今后区域间的竞争在相当程度上将更多地体现为各区域中心城市之间的竞争。

(一)区域性中心城市发展的基本特征

根据有关统计数据和案例来分析,概括起来,区域性中心城市的发展特征主要有以下三个方面。

1. 城市在数量上的扩张已经基本完成,但质量亟待提高

与1996年之前不同,自1997年以来,中国城市发展进入了数量上有增有减,基本稳定,而一定区域内大城市撤市设区,规模扩张,中小城市有所萎缩。

设市数从1997年的668个减少到2008年的655个,至2010年,又增加为657个。若按城市市辖区总人口计算,在全国地级及以上城市中,2008年50万人以上的大城市比2005年增加了11个,而中小城市减少了10个。2008年,我

国共有地级及以上城市 287 个,其中,市辖区总人口在 400 万以上的超特大城市已达 13 个,200 万～400 万的超大城市达 28 个,100 万～200 万的特大城市有 81 个,50 万～100 万的大城市有 110 个。这期间,城市建成区和建设用地规模也在迅速扩张。2008 年,我国平均每个城市建成区面积达 55.4 平方公里,城市建设用地面积达 59.8 平方公里,分别比 2005 年增加 6.2、11.7 平方公里,平均每年扩张 2.1、3.9 平方公里。其中,城市建设用地面积年均扩张幅度是"十五"时期的 6.5 倍。①

2.各区域间城市的发展不平衡,地区差异显著

受综合地理条件、经济社会发展水平、人口分布、交通条件等影响,我国中心城市发展水平的地域差异比较明显,沿海与内地,东部、中部与西部地带之间差别较大。各省区内部中心城市发展也不平衡。1996 年,在全国 233 个地区级城市中,东部占了 103 个,相当于 44%。中部拥有 90 个,占全部城市的 37%。西部却只有 40 个,占全部城市的 19%。如果用一个地区级城市数在全国总数中的比重来衡量该地区的城市化程度的话,东部和中部在全国中心城市中的份额高于 36%,这反映了较高的城市化程度。相对东部和中部来说,西部在全国总城市数中的比重仅为 19%,这也反映了较低的城市化程度。此外,通过对各个城市经济总量、市场发育程度、基础设施水平、投资环境等指标综合分析结果,也证明城市化发展的不平衡。

3.发展中心城市已经成为有效推进我国城市化进程的现实选择

我国的城市功能、城市体系还很不完善,相对于工业化发展水平而言,城市化发展严重滞后。可以判断,在我国经济发展进入工业化中期以后,依靠农村工业化来推动的城市化发展阶段已基本结束,中心城市的发展将是下一阶段我国城市化的主要动力,而今后区域间的竞争在相当程度上将更多地体现为各区域中心城市之间的竞争。加快中心城市发展,已成为推进中国城市化的现实选择。

从区域经济看,中心城市是未来区域经济发展的一个重要的、最具活力的经济增长点和集聚地。广东、浙江及江苏经济发展经验表明,中心城市是培育财源的关键所在,是增强发展后劲的最主要源泉。总之,中心城市在区域经济增长中作用日益显现。加速中心城市发展也已成为发达省份的普遍共识,成为其推进城市化的战略重点。

---

①　资料来源:选自《2010 城市蓝皮书·中国城市发展报告》中"加速转型中的中国城镇化与城市发展"一文,作者:魏后凯。

（二）区域性中心城市经济发展面临的主要制约因素

1. 要素流动

从要素流动来看，我国城市化与区域经济协同发展必须解决一个关键问题，即人口流动问题。户籍制度以及"离土不离乡"的工业化和劳动力转移战略是限制我国农村剩余资本向中心城市集中的重要原因。因此，为了实现中心城市与区域经济协调发展，必须变"离土不离乡"的工业化和转移方式为"离土又离乡"的工业化和劳动力转移方式，而后者又有赖于户籍制度的改革。

自 1978 年改革开放以来，在经济市场化过程中，由政府严格控制的制度体系在发生松动，并成为了改革对象。到目前为止，这种松动的主要表现还不是以户籍制度的彻底改革为特征，而是以逐渐开放城乡间的要素流动，重点放宽了投资、经商、办企业和购买商品房等人员迁入城市的条件，但至今并没有完全放开。目前，仅仅从要素流动的角度讨论中心城市发展问题，可以讲对其影响最直接的仍是户籍制度。与此相连的劳动用工制度、社会保障制度等方面，都与户口问题相关。

2. 行政区划

发挥中心城市功能和按经济区不按行政区组织经济活动的设想，早在 10 多年前就提出来了。我国的一些中心城市如上海、天津、武汉、广州等，在历史上都曾是某一区域范围的贸易中心、金融中心、交通运输中心、信息中心。然而新中国成立后在按行政办法组织经济活动的计划经济体制条件下，城市所发挥的主要是工业生产基地的功能；城市的经济活动有时只限于为本城市服务，辐射面缩小，城市作为经济中心的作用下降，功能萎缩。与此同时，按行政方法组织经济活动，人为地阻断了经济活动的自然联系，形成困扰我们多年的城乡分割、市县分割、乡乡分割、城城分割，这些人为的分割严重制约了经济活力。

近几年来，某些中心城市与周边县市的矛盾也相当突出，存在发展空间的矛盾、经济管理权限的矛盾、产业发展的矛盾、城市和区域规划的矛盾、基础设施建设的矛盾等等。这些矛盾严重影响区域经济的发展，并影响了中心城市功能的发挥，造成了经济建设中的浪费和不配套。

3. 区域一体化和城市网络化

改革开放以来，随着交通通信发展和市场机制的逐步完善，我国区域一体化程度有了长足的发展。然而，由于我国各级行政区域之间仍然壁垒高筑，各自为政，在此情形下，企业往往倾向于分散在各级小区域内搞自我发展。这严重抑制了人口和产业的集聚，不利于城市化和区域经济发展。因此，为了促进城市化和区域经济协同发展，必须大力促进区域一体化和城市网络化。

　　21世纪是城市的时代,是逐步走向城市网络化的时代。在这个时代中,由于交通和通信技术的发展,使得部分产业或服务不再与其所在地的社会经济发展保持密切的联系,或不再以其所在地的"供养"人口服务为主业,其服务辐射范围也远远超过了当地居民。它立足于某地,却服务于全球或大区域,植根于小城市却服务于大城市。随着我国经济全球化。一体化进程的加快,这类空间组织形式越来越发展,并在其所在地的社会经济发展中发挥着深远的作用。跨国公司是全球化过程中最典型企业空间组织方式,其本部和主要分支机构的选址越来越与传统的自然资源占有型选址、市场区位依赖型选址、地域区位中心型选址无关,而更靠近交通网络枢纽型、信息网络节点型、环境质量优越型和无形、软性资产型选址。

　　从国际上兴起的"网络型城市"来分析,其基本结论是:现代城市密集地区存在着一种复杂的走廊型城市网络,其功能和区位关系特征表现出比传统中心地城市的明显优势,其中美国的旧金山是代表,而这类城市也被称为"网络型城市"。网络型城市由多个不同节点组合形成了一个独特又富有弹性的创新环境。网络型城市比同等规模中心城市享受更大的多样性和创造性,更少的交通堵塞和更多的自由空间。网络型城市的特点可概括为:不是城市连绵带式的简单堆砌,而是走向空间有序化、多元化和柔性化。这种创新空间是未来城市空间组织的方向。

（三）区域性中心城市经济发展对策

　　城市作为区域的中心,是一定地域内的经济聚集体。城市和区域相互依存,彼此推动。在市场经济条件下,相对一般城市而言,中心城市具有更为重要的作用。中心城市的作用可以概括为若干"中心",如商品流通中心、交通运输中心、金融服务中心、信息交流中心、科教文化中心等等,中心城市通过这样的"中心"对区域发展起带动作用。今后我国经济发展离不开中心城市带动,完善区域性中心城市功能,加强中心城市对我国区域经济的组织和调控作用,实现二元经济向一元经济转化,是今后相当长一段时期内,推进我国城市化进程,加快中国经济增长的一个中心环节。我国的城市功能、城市体系还很不完善,相对于工业化发展水平而言,城市化发展严重滞后。可以判断,在我国经济发展进入工业化中期以后,依靠农村工业化来推动的城市化发展阶段已基本结束,中心城市的发展将是下一阶段我国城市化的主要动力,而今后区域间的竞争在相当程度上将更多地体现为各区域中心城市之间的竞争。

　　根据区域性中心城市发展的现状和当前面临的突出问题,应尽快实施与市场经济体制相适应、能有效推进中心城市发展的对策措施,把增强区域中心城市功能和适当扩大城市规模结合起来,促进有条件的地级市向大城市发展。

1. 突出中心城市在我国区域经济发展中的带动作用,进一步完善其功能

城市化实质上是一个人口和非农经济向城市地域集中的过程。自 1949 年以来,尤其是改革开放以前,中国的城市化是一种人为和外生的过程,不是由市场导向的内生过程。目前我国中心城市的发展现状和成绩是在体制转型时期,适应我国经济发展水平的结果,这是由经济发展的内在作用自发导致的。

目前,中心城市的自我发展能力、集聚和辐射能力还需进一步增强,要制定和实施一些鼓励促进生产要素向城市集中的政策。通过引进人才、资金和技术,促进城市增强自我发展功能。在城市自我发展的问题上要解放思想,开阔思路,搞开放型城市,这样城市发展才有活力,才体现出较强的集聚功能。

区域性中心城市功能的完善,不单是其本身的发展问题,更关键在于一个区域通过"中心市场"去组织生产的社会化协作和分工。在传统计划经济条件下,中心城市功能不完善,不能提供高效的服务,限制了城市间的协作和分工,区域未能形成合理的经济结构。应加强中心城市政府职能的转变,加大城市基础设施的投入,建立区域中心城市和周边城市的经济协调机制。

2. 适当调整行政区划,引导产业和人口向中心城市集聚

首先要对一些城市的管理辖区范围进行调整,突破现有行政区划,通过城市形态的调整,解决中心城市发展所需要的生存空间,完善中心城市功能。

其次,中心城市经济区要打破县市域的局限,在人口、劳力、资源、流通、生产、流通、市场等方面形成一个比较统一、协调的格局,这对我们目前的行政区划提出了改革要求。

从市场经济发展的要求和世界上大多数市场经济完善的国家所设置的政府行政体制看,在中央政府下设三级政权机构是比较通行的。简化政府管理层次和职能是政府管理体制改革的方向。应该说,随着市场经济体制的完善和通讯、交通的便利,中间管理层次的简化、撤并,县域区划、县级机构和职能的调整转变也是客观需要。这不但是促进区域性中心城市发展的要求,也是促进全国统一大市场的要求。当然,区划调整要考虑到各方面的情况,但主要应根据市场经济体制的要求、经济的内在联系、区域协作情况以及文化习俗、地理自然特点而定。通过主要扩大地级城市和一些经济强县(市)的地域,逐渐使目前的市、县两级政权改革成一级,并相应地使其有较大的经济管理权限,形成中央、市、镇三级政府管理格局。

中心城市尤其是一些较大的城市可以从周围县(市)归并,对有县无城的县建制可以逐渐将县城调整为中心镇,还可以通过相邻城市合作,形成协作机制。

在突出中心城市作用的同时,可对具备一定条件的一些强县区划进行调整,使经济强县能同周边的县进行合并,扩大强县区域,使有条件的强县从市辖县的体制下独立出来,赋予其与中心城市同等的地位和行政经济管理权限。

3.求有重点、分阶段地支持和引导一批中心城市的加速发展

中心城市的加速发展有其内在必然性。今后在我国的城市化进程中,市场机制将扮演越来越最重要的角色。但由于完全自发的市场活动并不能使城市规模、布局结构达到最优。中央政府应当有意识地推动一些有条件的中小城市加速发展成100万~200万人的大城市。可以考虑从现有的50万人以上,100万人以下的地区级城市中选择一批基础和发展潜力较好的作为重点支持城市,给予一定的政策扶持,促进要素集聚,增强区域中心城市功能,扩大城市的规模,促进有条件的地级市向大城市加速发展。这项政策可以考虑以滚动方式进行,例如每批10~20个城市,达到目标后再转向下一批。选择的标准应包括合理的城市布局、良好的区位条件、良好的或可改善的基础设施条件、良好的可持续发展产业基础(特别是有新兴产业的生长点或发展传统产业的比较优势)、较好的市场环境、高效廉洁的政府和较高的市政管理水平、无明显的资源约束(例如水源匮乏)。

4.突出"中心"顺势发展,进一步优化我国城镇空间网络结构

我国的城市功能、城市体系还很不完善,许多活动仍要依靠中心城市带动。可以判断,在经济发展进入工业化中期以后,依靠农村工业化来推动的城市化发展阶段已趋基本结束,中心城市的发展将是下一阶段我国城市化的主要动力,而今后区域间的竞争将更多地体现为各区域中心城市之间的竞争。如此,应淡化有形的行政管理范围,加强区域城市间的协作,以避免中心城市演变成新的块块。

因此,完善区域性中心城市功能,进一步提升中心城市作用,需要解决城镇空间的网络问题。这里所说的网络,具有丰富的内涵,它不仅表示经济发展的要素流动机制,而且表示经济发展的空间网络联系。中心城市是城镇空间组织网络中的中心环节,而构建合理有序的城镇网络体系,是经济发展一体化和国际化的必然结果。城镇网络体系的建立要能兼具中心城市的规模主导地位和空间组织作用。目前我国各区域城市间仍是自我完善。各自为政,随着中心城市产业的成熟和趋同、城镇用地的急剧扩张。城市竞争的日趋激烈,应尽快改变现有城市无序的城乡空间扩张,突破城市的行政分割,加速区域整合、重视区域整体协调,寻求城市竞争中的优势互补,这将推动未来中心城市的健康发展和我国城市化进程。

五、都市圈边缘城市的经济发展

随着世界经济一体化和我国加入 WTO,我国"都市圈"发展趋势日益强化,为区域经济的协调发展创造了新的动力。在都市圈的构建和区域整合过程中,核心城市是最主动、最具前途的大"赢家",而大量处于都市圈边缘地带的城市(以下简称边缘城市)则面临着如何应对的新问题。调整发展思路,寻求新的发展,是边缘城市面临的急迫课题。

（一）都市圈边缘城市面临的机遇和挑战

都市圈发展战略,在促进核心城市发展的同时,也会使周边地区受益匪浅,实现区域发展的"多赢"。就边缘城市而言,一是通过圈内"统一市民"待遇,可以将核心城市的公用设施和高校、科研机构等公共资源"为我所用",提高自身发展能力。二是能够在更多领域加强与区域核心城市及副中心城市的联系与合作,推进外向型经济发展。三是可以更直接地利用其他城市的资金、技术、人才和信息等生产要素,加快自身资源优势向经济优势的转化。四是可以更加顺畅地参与区域经济大循环,在"多赢"的格局获得较快发展。

在区域整合的过程中,边缘城市面临的不仅仅是发展机遇,同样也要面对圈内各市之间的竞争。一方面,由于经济基础和区位因素等多方面的原因,边缘城市一般不会被列为区域发展重点,在起点上就与中心或副中心城市差了一步。另一方面,都市圈合作协调机制的本质是竞争协调机制,它在规范竞争秩序的同时,也使得竞争更为激烈,并且这种竞争在核心城市与周边城市之间存在着严重的不对称性,特别是对边缘城市不利。因为,边缘城市不仅在接受核心城市辐射方面处于较低的能级,而且还面对着由于核心城市、副中心城市的吸引而产生的资金、技术、人才等要素流失。对此,边缘城市必须要有清醒的认识,切实增强抓住机遇加快发展的紧迫感和责任感。

边缘城市加入都市圈与中国加入 WTO 的背景有很大的相似性,中国不因自己是欠发达国家而拒绝与发达国家接触,边缘城市也不应该因为与核心城市、副中心城市存在"落差"而拒绝区域渗透与交流。随着生产力的发展,区域之间的经济联系具有客观必然性。在这种背景下,与其被动牵入不如积极应对,正如中国加入世贸组织,虽有挑战,但前途光明。

（二）边缘城市发展战略取向和定位

边缘城市不论发达与否,都应该正视区域经济一体化的大趋势,及时地从区域发展的大背景上调整思路,主动应对都市圈日益明朗化的新形势,积极融入都市圈。

在"都市圈"背景下,城市不再是独立的单元,而是处于区域循环的交流圈甚至更大范围之中。因而,研究城市发展问题,不能仅仅局限于行政区划,而应该从区域经济、交流地位分析发展策略,认识发展优势和制约因素。作为边缘城市,"都市圈"背景下的发展战略,应该是以区域发展为前提,以接受核心城市辐射为途径,以创优环境为手段,吸引周边地区生产要素,增强综合实力和发展后劲。要把依托区域整体优势作为城市发展的战略重点,进一步强化与核心城市及其副中心城市的经济协作与联合,有效地利用区域教育、科研资源,为自己培养急需的人才,孵化科技成果。

要辩证地看待边缘城市的区位劣势。表面上看,边缘城市离核心城市较远,在接受辐射方面处于较低的能级。而正是这种"劣势",才使得边缘城市比那些与核心城市近距离的城市拥有更大的发展空间和发展潜力,更有可能形成特色化的产业优势和相对超脱的发展环境。因为作为一种过渡性的经济区域,边缘城市更便于建立独特的吸纳、传导、协调和发展机制,更便于形成自己的"势力范围",更有可能在服务区域发展中彰显个性、尽显其能,获得较快的发展。因此,不能把区位劣势绝对化,而应该正视现实,创新思路,借助都市圈形成机遇,寻求更快的发展。

打仗要看地形特点,发展要用地缘优势。每个城市都有其独特的区位优势和"势力范围",都有其存在的必要,否则就不会发展到今天,这是边缘城市在都市圈背景下进行城市定位的基本前提。一般而言,具有交通优势的城市可以发展现代物流业;具有资源优势的地方可以建设资源型城市;具有农业优势的地区可以发展绿色农业和现代食品生产、供应基地,充当核心城市的"米袋子"、"菜篮子"、"鱼篓子"、"肉案子"。值得注意的是,城市定位是一个复杂的系统工程,需要从区域经济学、地理经济学、比较经济学等多方面进行综合的、深入的、科学的论证,而不是仅仅从某个方面的表象,凭感性、靠直觉"一锤定音",否则,不仅会使自身误入歧途,而且对于区域发展也是不经济、不适应,甚至相违背的。举个例子,衡水市是京九铁路京南第一大站,具备传统产业优势和冀东南区域中心的雏形,考虑到地处"北京都市圈"南部边缘腹地的区位优势和产业发展状况,专家对该区的城市定位是:北京都市圈南部边缘腹地重要的交通枢纽、区域性经济中心,鉴于其产业基础和创新能力,近期内在产业发展上以"拾遗经济"和"配套经济"为主,通过拾遗补缺、配套生产,逐步积累起加快经济发展的实力;远期形成以现代高技术制造业、食品工业、现代物流业和绿色农业为主的区域特色经济。这种定位,既符合大北京都市圈整体发展的需要,也体现了该市的相对优势，是一个"双赢"的，符合实际的城市定位。

（三）边缘城市发展的战略措施

1. 转变观念，调整思路，主动融入区域经济大循环

思想是行动的指南，观念是行动的先导。有什么样的思想观念就会有什么样的经济发展战略。为此，要转变长期以来形成的行政地域观，确立符合时代发展要求的经济地域观。要把城市的功能定位、结构调整放到整个都市圈乃至更大范围来进行，根据自身要素禀赋，集中力量发展有比较优势的主导产业和特色经济。要转变以我为中心的狭隘的小农经济观，确立以市场为中心，区域互补的现代经济观。要把城市作为区域一员，积极参与分工与合作，在多赢格局中求得较快发展。要积极发展与核心城市及域内外其他城市的交流与合作，并注重吸纳外部生产要素，借他之力强我之市。

2. 调整城市规划，积极应对区域发展新形势

目前，大多地方的城市规划还带有行政区划的属性，甚至就是彻头彻尾的行政区规划和建成区规划。基于当时规划的前提不是今天的"都市圈"区域体系，在发展战略上也不可能与"都市圈"对接。边缘城市要适应区域发展的实际情况，从更高的层次、更大的范围，更宽的领域，抓紧对城市规划进行必要的调整和修编。要确立区域理念，突显区域特色，注重城市服务功能的完善和提高。

3. 完善交通体系，加快发展现代物流业

由于边缘城市离核心城市较远，并具有一定的集散功能，在区域物流体系中，要甘当二传手，打好接力赛。可以考虑建设中转型、集散型的专业市场，规划建设物流园区，构筑物流运输平台和信息平台，不断提高物流管理和服务水平。要施行错位经营战略，发展特色市场，避开与域内其他城市的正面竞争，努力把自己建设成为区域物流循环体系中的一个独特支点。

4. 加快体制创新，推动区域协作

要设法启动同核心城市及其他城市的实质性经济协作，建立健全与都市圈共同繁荣的规划协调和优势互补机制。要创造有利于经济发展的优良环境，特别是要着力解决好行政壁垒问题，为接受核心城市辐射、吸纳外部要素创造条件。

5. 以"静"引"动"，创造加快发展的新优势

一般而言，人才、资金、技术等具有较大的流动性，而地理位置、土地资源、气候条件则处于相对"静止"的状态，这种"静"载体所承载的社会秩序、管理制度、政府形象、办事效率、执法力度、廉洁程度以及人的价值取向、敬业精神、社会心理和道德情等也是相对"静止"的，对地方发展起着无形而深刻的作用。要

设法通过优化"静"环境，来吸引"动"要素，在以资源换技术，以产权换资金，以存量换增量，以市场换项目，以环境引人才，以人才促发展方面多动脑筋、多下工夫。要进一步深化改革，加强法制建设，制度建设，道德建设，创造比区域腹地更加优良、更具有吸引力的软环境和服务体系，在体制、机制上为外部生产要素的嵌入并发挥其应有的作用创造条件，营造城市发展的新优势。

第十章 现代城市竞争力

第一节 城市竞争力的理论

一、城市竞争力的概念

竞争力的概念具有多角度、多层次的含义,竞争力内涵在本质上是随着社会经济的发展及其要求而不断发展、修正、完善的过程。今天我们强调提高国民经济综合竞争力和城市综合竞争力,是有深刻的现实背景和明确目的的。因此,在提高综合竞争力的过程中,既要吸取国内外关于竞争力、城市综合竞争力的一般理论贡献,更要从中国的具体国情出发,有针对性、有效地提高城市综合竞争力。

竞争力的概念主要有以下的大致归类:

(一)市场性竞争力优势理论

在以实物生产为主的经济发展阶段,市场中的主要竞争是产品竞争。早期的竞争力分析的焦点集中在这一方面,其代表者是亚当·斯密基于资源禀赋而建立起来的绝对成本优势与李嘉图的相对成本优势,以及马歇尔的集聚优势理论。在这些理论分析中,以市场竞争是相同产品的竞争为依据,提出产品成本是竞争占优的决定性因素。时至今日,这一理论观点仍是建立市场竞争力优势的主要基础。当然,斯密和李嘉图的成本优势主要是基于资源禀赋,因此导致了认为竞争力的强弱取决于是否占有和控制世界上的资源产地,是否具有生产上的高效率技术和组织方式等。在这方面,马歇尔认为当企业集聚时,由于大量生产要素的集聚所产生的相互间积极影响,可以大大降低生产成本,从而提高竞争力。但今天的成本优势被认为是多方面因素作用的综合结果,如科技创新能力、管理水平、制度因素、人力资源素质等,但在同类型产品的竞争中,成本高低仍是一个综合性的竞争力优势表现。

（二）体制性竞争力优势理论

在资源禀赋意义逐渐下降的情况下，竞争力优势的研究转向更深层的体制性层面，它们主要是以世界经济论坛和瑞士洛桑国际管理开发学院的观点为代表，认为竞争力是指一国的企业或企业家在目前和未来在各自的环境中以比他们国内和国外的竞争者更具吸引力的价格和质量来进行设计、生产和销售产品与劳务的能力，或认为竞争力是指一个国家或一个公司在世界市场上均衡地生产出比其竞争对手更多财富的能力。这些观点主要是从现代市场竞争的基本体制性因素——国际化、政府管理、金融体制、公共设施、企业管理、科学技术、国民素质、服务水平等进行综合评判。

（三）其他有特色的竞争力优势理论

以熊彼特理论为基础的技术创新理论认为，竞争力优势主要是以技术及组织的不断创新为依托；以波特为代表的系统准竞争力优势理论认为，竞争力在于技术创新，更在于国内各方面经济资源和要素分工协作的体系化；以道格拉斯·诺思为代表的制度创新竞争力优势理论认为，竞争力在于通过制度创新营造促进技术进步和经济潜能发挥的环境，强调竞争力优势是制度安排的产物。

上述各种关于竞争力优势的理论和阐述，具有明显的社会经济发展演变的印记，不过它们从各个方面丰富了竞争力优势理论，为我们提供了很好的借鉴。

以上关于竞争力优势的各种理论主要是针对企业竞争力和国家竞争力而展开的，虽然对城市竞争力有所启迪，但是不能照搬。我们认为城市综合竞争力优势与国家竞争力优势既类似，但又有明显的区别。并且，从中国的具体国情出发，中国的城市综合竞争力又具有明显的中国特色。

竞争力是针对市场经济环境而言的，竞争是市场经济的产物。从市场微观角度观察，众多的现实生产者和潜在的生产者都正在、或试图通过利用更多的、或更有质量的生产要素和资源，进行生产和提供服务，以谋取利润。竞争在现象上表现为产品和价格竞争，但实质上是争夺资源的竞争。如在知识经济时代，作为科技能力载体的各类专业人才成为最重要的生产要素，因此对人才的争夺就成为这一发展阶段竞争的重要内容。现代市场竞争的内涵是对最有价值的生产要素的争夺，只有在配置、利用生产要素方面占有优势，才能在市场竞争中具有优势。类似的观点还有：城市竞争力是不同城市竞争者之间竞争相同资源的能力；城市竞争力就是比竞争对手生产更多财富的能力。但要生产财富，首先必须占有资源和要素，并且只有占有更多的优势要素和资源，才能在市场上具有更大的竞争力和影响力。上述说法认为城市综合竞争力优势在于配

置并占有生产要素和资源的有力较强。以这一观点来概括城市综合竞争力是不全面的。再深究一下,城市经济占有、配置、利用生产要素和资源主要靠什么? 我们认为是凭借城市的经济实力,凭借城市经济所具有的高效配置、利用生产要素和资源的能力,从而获取一种市场权利。因此,就城市经济来说,竞争力就体现为市场化占有、配置和利用生产要素权力的大小。竞争力弱,市场化配置资源要素的权利就小;竞争力强,市场化配置资源要素的权利就大,同样,市场化配置资源的权利大。这也反映了竞争力的优势。

二、城市竞争力的本质

集聚和扩散功能是城市综合竞争力的本质体现。市场化配置资源的权利是由以城市经济实力为基础的集聚功能产生的。什么是集聚? 按照这一词的提倡者、哈佛大学教授波特的定义,集聚(cluster)是指在地理上一些相互关联的公司、专业化的供应商、服务提供商、相关的机构,如学校、协会、研究所、贸易公司、标准机构等在某一地域、某一产业的集中,且既相互竞争又相互合作的一种状况。产生集聚的主要因素在于:一些企业在价值链上具有上下游的关系;企业间的横向联系十分密切;企业与其他机构,如高校、科研机构的紧密联系;政府在集聚中的作用发挥。彼特认为集聚状况对经济发展产生良好的功能。首先,可更经济地获得专业化的投入要素和人力;其次,可更低成本地获取相关信息;第三,增强企业间的互补性;第四,低成本地获取公共产品;第五,提供更有效的激励。而对作为区域经济中心的城市来说,其特征在于以城市的优势环境和条件(服务能力、基础设施、信息交换、交通运输等)吸引着众多企业和机构及社会经济各部门在相对狭小的空间内集聚,从而更突出城市作为经济中心的集聚效应。同时,由于大量企业、机构的集聚,进而对各种资源要素产生着强大的吸引力,增强集聚能力。

从实际情况看,城市的集聚功能已表现得相当明显,尽管各城市在这方面的能力有大小之分。

第一,城市成为重要的资源转换中心。通过城市庞大的生产体系加工着自然资源、原材料及知识和信息,转换成各种产品、货物和信息知识产品。

第二,城市成为价值增值中心。在资源要素的转换过程中,城市创造出新价值,成为利润中心。

第三,城市成为物资集散和流转中心。资源要素的转换促进着城市必须运作资源要素、原材料的输入和产品货物的输出,成为实物分配的枢纽。

第四,城市成为资金配置中心。一方面,城市的生产体系对资金产生强大需求，另一方面，随着实物流转和分配，同时进行着资金流转和分配。

第五，城市成为信息交换处理中心。由于重要的经济活动基本上在城市进行，因此，各种信息主要在城市产生、交换，然后进行扩散。

第六，城市成为人才集聚中心。城市的生产体系运作需要大量人才，同时，大量人才也被城市的活力和发挥环境所吸引。

第七，城市成为经济增长中心。综合以上各种活动，城市成了主要的经济活动中心，成了经济中心，也成了经济增长中心。

但城市的功能仅仅在于集聚吗？我们认为，城市经济的集聚是为了进行扩散。如果仅仅为集聚而集聚，没有扩散，这种集聚是无法持续的。而且从城市经济发展的过程分析，集聚是手段，扩散是目的，集聚是为了扩散，而扩散则进一步增强集聚能力。城市的扩散功能主要在于：

第一，扩张城市的市场性占有、配置和利用资源要素权利的作用范围。

第二，构筑更大空间的经济协作体系。

第三，扩散城市的优势能力，如技术、资金、管理、观念、加工体系等，提高和带动周边地区的经济发展水平和能力，从而更确立城市对周边地区的主导性作用，及城市对周边地区的吸引力。

综合以上分析，我们认为城市经济的集聚概念就是充分利用、吸纳城市本身、周边地区及国内外的各种资源要素和积极因素，增强城市经济实力和发展潜力；而扩散就是利用城市经济在各方面的优势，把这种优势有系统地渗入周边地区及更大区域，从而带动这些地区的发展，并在这过程中进一步增强以城市为中心的区域经济的整体实力。因此，中国城市经济的主要功能在于集聚与扩散，而城市综合竞争力优劣则集中反映为聚集和扩散能力的强弱。

三、提高城市综合竞争力的现实意义

提高城市综合竞争力是中国社会经济发展与国际经济态势发生深刻变化条件下的重要应对战略，同时也是城市经济进入发展新阶段的必然趋势。

（一）提高城市综合竞争力是增强城市国民经济整体实力的内在要求

经过 30 多年的改革开放和经济高速发展，我国城市的经济实力有了显著的提高。但主要由于我国目前的市场经济体制尚处于幼稚期，加上我国原先的经济基础薄弱，经济层次较低，更因为在经济发展初期各城市以本地的社会经济繁荣为目的而进行自我扩张的发展模式，经济能量、产业结构比较分散、国民经济整体的专业化协作联系被割裂，各经济部门间的协调性差，产业的规模化和集中度存在缺陷，资源有效利用遭受阻碍，巨大的经济发展潜能被压抑。这

些缺陷导致我国城市国民经济目前的主要特征是：发展速度不慢，经济总量不小，但经济质量不高，综合竞争力较弱。因此，如何有效调整产业、产品和企业结构，对城市现有经济能力进行全面整合，努力在目前已经具有的经济总量基础上增强国民经济质量，从而提高城市国民经济整体在全球市场中的综合竞争力，就成为一个非常紧迫的问题。

在以上探索过程中，以提高我国大都市和区域性中心城市的经济实力和综合竞争力为核心，来构建有机的区域性、全国性的经济协调和运作体系，强化国民经济的专业化协作程度，从而带动周边地区或更大区域，乃至促进国民经济发展、提高经济增长质量、增强国民经济综合竞争力的思路，正越来越被接受和实施。我国的大都市和区域性中心城市正在成为地区、乃至全国的社会经济发展的动力源、辐射点，及重要的产业联系与分工协作架构的组织者。

(二)提高城市综合竞争力是在全球化条件下抓住机遇、迎接挑战的战略性举措

当前世界经济发展和国际市场竞争出现新的格局。其特征是：在经济全球化环境中，世界各国市场全方位开放，资源利用和全产体系愈益全球化配置。导致强国的竞争优势全面凸显，在激烈的世界市场竞争中占据先机，获取更大利益，而弱势竞争力国家则陷入困境之中。以经济实力为基础的国民经济综合竞争力已成为在世界市场中取胜的重要法宝。适应这一国际大趋势及国内经济发展要求，自 20 世纪 90 年代末起，我国经济发展战略也从单纯追求经济增长转向以经济增长为基础，强调社会经济全面进步，从而提高国民经济综合实力和综合竞争力，以有效应对我国即将加入 WTO、进一步扩大开放后所面临的挑战和机遇。

我国是一个发展中国家，基础薄弱，水平较低。但经过改革开放 30 多年的发展，在整体上已成为世界舞台上的经济大国，但还远远不是经济强国，我们在人均水平方面还是很落后。进入世界竞争市场，我们将面对着强劲的竞争对手。如何取胜的重要策略是扬长避短，发挥我们的优势，增强综合竞争实力，以整体力量迎接挑战。因此，我国自上世纪 90 年代后期以来十分强调提高综合国力和综合竞争力，是有深刻背景的。而提高城市综合竞争力，则是增强国民经济综合竞争力的关键。

(三)提高城市综合竞争力是城市社会经济进一步发展的必然选择

如何增强经济实力，提高综合竞争力，在中国经济发展中发挥更大的作用，在世界经济舞台中扮演一个更重要的角色，是各城市在新世纪所面临的重大课题。因此，比较国内外城市经济的发展特点、城市经济功能的作用机制、城市经

济在国民经济中的地位、并充分吸收国内外城市经济发展中的经验教训,加快城市经济发展,提高城市的综合竞争力,具有深刻的意义。

第二节　城市竞争力的指标体系

城市综合竞争力的比较当然要求全面。而这比较的关键是城市经济的集聚和扩散功能的比较。我们在设置城市竞争力比较研究的指标体系时主要从集聚和扩散功能比较上着手,并把城市综合竞争力划分为总量、质量和流量三个一级指标,基本可以涵盖城市综合竞争力的丰富内容和各具体分类指标。

总量指标主要突出体现一个城市的经济实力、实际产出能力及发展状况。总量是城市经济持续发展和综合竞争力的基础,也是城市经济发挥集聚和扩散功能的基础。如果缺乏总量支撑,那么质量再高,其综合竞争力也就受到阻碍,难以发挥应有的作用。

质量指标深刻反映城市经济的发展质量和社会经济的"健康"状况,并且质量是决定城市综合竞争力强弱和集聚和扩散功能的主要因素。同样,如果总量很大,但缺乏质量,就犹如是一个虚胖的巨人,无法进行有效竞争,无法发挥集聚和扩散功能。

流量指标体现出城市经济集聚和扩散功能的发挥程度,通过指标比较可具体反映各城市在 GDP 流量规模、资本、技术、人力资源、对外开放、资源利用等方面的集聚和扩散能力。流量是总量和质量的综合体现,只有总量和质量的相互协调,整体水平高,才能真正提高流量规模。

总量是决定城市竞争力优势的重要因素,质量和流量则在本质上反映了城市综合竞争力的能量和发展趋势。

在以上三个一级指标下分列 14 个二级指标和 79 个三级指标。其中的二级和三级指标还有待于今后的研讨修缮。同时还可设计专门的指标体系进行城市综合竞争力方面的专项比较分析。

城市综合竞争力比较分析指标体系的构成如下:

一、总量指标

·经济实力　通过对国内生产总值、人均国内生产总值、社会商品零售总额、固定资产投资总额等指标的分析比较,反映该城市目前所达到的发展状况和实际水平。

・金融实力　通过居民储蓄存款、银行贷款余额、保险金额等指标,反映金融市场的发展程度及资金融通实力。金融实力是城市综合竞争力的利器,缺乏这一手段,城市的聚集和扩散功能将无法发挥,特别是城市的扩散功能,它是以资金、技术和产品为主要手段的。

・科技实力　以研究和发展投入金额、专利申请数、拥有科技人员数等指标,评价该城市在科技进步、技术创新方面的能力和基础。

・政府实力　设置财政收入和财政支出指标,反映政府对社会经济发展的一种主动性促进能量。

二、质量指标

・发展水平　主要通过对 GDP、人均 GDP、固定资产投资总额的 10 年平均增长率的比较,从动态角度考察该城市的长期发展水平及能力。

・产业结构　主要对三次产业比重的比较,评价产业结构的高级化程度。

・经济效益　通过对综合生产率、投资效果系数的比较,评价城市的经济效益水平。这是质量指标比较中的核心项目,也是决定城市集聚和扩散功能的主要因素。

・城市服务设施　对城市公共服务设施及基础设施的比较,反映了城市的现代化服务水平。

・社会环境　从人均居住面积、人均公共绿地面积、空气质量等指标,比较各城市的环境状况。

三、流量指标

・GDP 流量　主要通过对 GDP、人均 GDP 数量和平均增长率的比较,从动态角度考察该城市的长期发展水平及能力。

・人口流量　主要比较人力资源的流量状况,如吸引科技人员数等,一定程度上反映了城市的吸引力和集聚能力。

・实物流量　通过对货物运输、客运、集装箱运输能力的比较,评价城市在这方面的集散能力。

・资金流量　由于一些指标如外汇交易量、股票交易量等无法比较,主要对吸引外资及变动状况的比较,反映城市在这方面的集聚能力。

・信息流量　通过举办大型国内外展览会、举办国际性重要会议、网络水平等指标,在一定程度上反映了城市的信息产品生产和信息化水平。

可确定各一级指标的权重:总量指标占 30%,质量指标和流量指标各占

35％。二级、三级指标也可设置好权重。

在数据处理方面，可以以某城市如上海的各类三级指标数据为标准（如100），然后以此为基数，分别计算各城市同年三级指标的相关数据（在这过程中，依据各数据的实际意义，分别赋予正负值），再乘以权重，得各城市的三级指标分值，乘以权重加总，得城市各二级指标的分值。二级指标加总，乘以权重，得各一级指标的分值。对一级指标的分值进行加总，最后得出各个城市的综合竞争力分值。

在城市综合竞争力比较研究中，要注意城市的选择。可以确立这样几个标准：一，从城市社会发展水平和经济实力的角度考虑，选择一些其经济实力和社会发展水平国内领先的城市；二，从地域角度考虑，由于中国明显的地区发展差别，因此不同地区选择一些有代表性的、具有明显区域特征的城市，以便通过比较能够得出有益的启示；三，从改革开放和发展角度而言，选择一些相对超前和滞后的城市，通过比较也能发现差距所在。

第三节　影响城市竞争力的因素

城市竞争力指标体系是一个高度系统集成结构，各个要素之间关联性强，互动作用大，每一个要素都将直接影响竞争力，而影响城市竞争力的关键因素有如下十个方面：

1. 全球化程度

城市竞争力以全球资源流动为背景。一个城市全球化程度的高低直接影响其城市竞争力的强弱。开放度越高的城市，集聚国际资本和社会财富的可能性越大，竞争力越强。而依靠本土市场和传统资源的城市将逐步失去自己最终的竞争力。在城市竞争力评价系统中，我们通过区位国际衔接性、生产外向依存度、经济外向依存度、资本外向依存度和国际交往能力等因素反映城市对外开放的扩张能力和全球化水平。

2. 城市产业结构

城市产业结构直接反映着城市未来的经济取向，是城市价值活动和价值流的重要支撑。一个城市产业结构是否合理、科学并且符合现代城市的发展趋势，直接关系着城市战略模式及城市竞争力的综合水平。一个现代化城市的产业结构是以第三产业为重心的新城市经济模式。在这个模式中，现代城市服务业是这个产业结构的核心。现代城市服务业占第三产业的比重直接反映城市现代化水平和未来城市价值取向。现代城市服务业包括伴随工业化发展而展开的补充性城市服务业，即现代金融业、房地产业、中介城市服务业等，也包括工业化后期大规模发展的新兴城市服务业，即信息城市服务业、展会业、物流业、教育产业和国际商务业等。

3. 流量经济

一个企业的价值取向主要看它的现金流，一个城市的价值取向主要看它的价值流。流量经济是指一个城市以相应的平台和条件，吸引区外物资、人力、资本、技术、信息、服务等资源要素向区内集聚。通过各资源要素的重组、整合来促进和带动相关产业升级和扩充，并将形成和扩大竞争能力向周边和外界扩张和辐射。在资源要素高效、规范、快速、有序的流动中实现价值，再在循环往复中不断扩大规模和持续增长，从而提升城市竞争力。

4. 市场开放度

市场开放与管制是衡量一个城市是否具有活力的重要标志。政府对市场的干预程度、对关键性产业的非垄断程度、对行政审批的简化程度、对进出口的限制程度和地方保护程度等直接反映着城市竞争力水平。越是竞争力强的城市，市场开放度越高，政府管制程度越低，而政府管制强度高的城市，市场开放度必然很低，竞争力必然很弱。

5. 企业家状况

企业家是城市活力的灵魂。一个城市的繁荣与这个城市能否培育出或能否培育多少个世界级、国家级、地区级企业家直接相关。一个大企业家就能造就一个大企业，而一个大企业就能造就一个城市，青岛的海尔、海信、顺德的科龙、绵阳的长虹等就是例证。不仅如此，优秀的企业家还是城市经济的发动机和孵化器，它不仅改变一个城市传统的产业结构和经济模式，更重要的它将改变城市的空间结构和价值取向，并且能够克服传统惯性引导政府建立起新型的适应企业竞争需要的现代思维模式。

6. 创新环境

在全球资源快速流动过程中，最大的竞争优势就是资源的最优配置和全面整合，而整合的最佳手段就是在不断创新中重组。创新是提升竞争力的源泉和动力。政府必须不断地创造最佳的创新环境，并制定政策刺激创新。创新不仅为城市产业结构带来升级和优化，而且将促进产业扩充和产业价值链的形成，从而增强城市价值活动和价值流，以提升城市价值。

7. 人力资源

城市是由人组成的。有什么样的人就有什么样的城市。一个城市的人力

规模、人力结构、人力素质、人力资本投入及人力供求关系直接地影响城市发展。一个有竞争力的城市,不是取决于这个城市有多少富人和穷人,而是取决于这个城市中等收入阶层的人数是在快速增长还是下降。如果这个城市中等收入阶层的人数是快速增长的话,那么这个城市的潜力是很大的。而且,人的素质和教育也直接与这个城市的竞争力相关,竞争的动力来源于创新,而创新能力的大小是与人的素质直接相关的。特别是城市竞争最关键、最直接的是城市决策团队和第一领导者之间的竞争,领导者的能力和素质直接影响城市竞争力水平。

8.城市治理结构

管理城市就是管理发展。城市发展能力建设的核心是城市竞争力建设。管理不同于"管制"。城市管理是社会公共生活的管理。如同管理一个企业一样,它需要对管理的目标与过程有明确的了解,并且要有合理科学的治理机制。通过正式或非正式的传统力量和制度方式建立一个政府、市场、社会相结合的提高增长质量的城市治理结构已成为提升城市竞争力的关键环节。从权力管理到权威治理,从行政审批到政务公开,一个具有很强竞争力的城市是和一个负责任的、高效率的政府机构管理联系在一起的。高效、诚实和注重绩效的政府,有合理、清晰的管理政策,法制能得以公正贯彻且有公信力,高素质的市民和媒体在提高政府责任度方面有独立发言权,这样的城市才是具有可持续竞争力的城市。

9.城市品牌

品牌是最宝贵的最有价值的城市财富。品牌使我们发现了城市的商业价值,因为城市的真正价值实际上源于城市价值活动的外部,存在于城市投资者和消费者的头脑中。有趣的是,品牌价值体现在它的无形中,最具魅力之处在于它能够引起人们的意识、观念和思维方式发生根本性变化,从而成为城市的潜在消费者并且为城市创造形象、信誉和声望,品牌价值还在于其创造财富的巨大潜能,和持续不断地创造新价值。品牌是城市竞争力的制高点。城市的竞争力说到底是品牌的竞争力。

10.城市群和城市联盟

城市群是城市集群的升级和优化,是以中心城市为龙头,向周边城市辐射,共同建立的城市利益共同体。在中国城市发展过程中,长三角、珠三角,大北京城市群的出现标志着中国城市竞争进入了区域性集团化新阶段。如在2001年,这三大城市群人口占全国总人口的7.53%,土地面积只占全国的1.24%。但它集聚了全国 GDP 的30%,利用外资的73%和出口总值的73%。由此可见,城市群在提升城市竞争力中的巨大威力。而城市联盟是城市集群反空间的竞争模式。它不是利用区位优势,而是借助市场空间和资源要素的流动和整合,形成资源关联度和经济一体化的协作系统,以抗衡或超越竞争集团的资源配置机制。正在培育中的东盟自由贸易区、中亚自由贸易区、东北亚自由贸易区等组织的雏形正是这种模式的例证。

第四节　提高城市竞争力的途径方法

随着中国工业化的迅猛推进,城市经济在中国社会经济现代化过程中发挥着越来越重要的作用,具有举足轻重的地位。特别是中国区域辽阔,地区经济间差别比较明显。因此,提升城市经济的现代化程度,发挥城市经济的功能,把城市经济作为整个社会经济及地区经济现代化的重要支撑点、排头兵和扩散源,是加快建设有中国特色社会主义经济的一个战略性任务,也是被世界经济发展所证明的重要途径。

发展城市经济、提高城市经济综合竞争力具有重要的战略意义,是由我国城市经济的特点决定的。城市经济在发展水平、基础实施、思想观念、人力资本、文化教育等因素和环境方面远远超越农村水平,是带动、拉升落后地区与农业经济,把落后地区和农业经济纳入现代化发展轨道,并通过城市经济发展来转移和吸纳农村劳动力的重要经济力量。而我国中心城市的率先现代化更对全国经济发展提供了强大的推动力。提高城市综合竞争力,发展城市经济是缩小我国地区间发展差距的重要途径。中国区域经济发展水平差距很大,在短期内大幅缩小地区间发展差距非常困难。但相对容易做到的是在各城市经济的发展水平方面大幅缩小差距,从而在不均衡发展的中国区域经济中布下发展相对均衡的辐射点——城市经济。依托城市经济的辐射功能带动周边地区和区域的现代化发展,这是促进中国社会经济整体快速、均衡发展的重要战略。城市经济的重要性不仅仅在于拉升和带动周边地区,更在于树立发展典范,灌输现代观念,对周边地区和农村地区的发展提供方向和刺激。并且,通过市场、资金、文化、教育等经济发展基本因素的建设和推进,为周边地区的长期发展培育基础。

其重要意义也由中国城市经济的定位所决定。城市经济不仅仅是一个普通的市场中的竞争者,而更是区域经济活动及经济发展的组织者。提高城市综合竞争力的目的不是打垮国内其他的城市竞争对手,而是以其强劲的综合竞争力和经济实力去吸引各种经济资源,吸引其他的中小城市和广大周边地区,构

筑有效的经济协作体系,实现一种竞争协作,并且主要以协作为主。但这种协作体系的建立不是行政式的,而应是市场式的,是较强的城市综合竞争力和经济实力的吸引使得各种资源和竞争对手的主动融合。而一般的情况是,如果竞争对手处于同一层次上,那么融合是很难实现的。我们所要避免的是主要以竞争为目的的城市综合竞争力的提高,那么非常可能导致一种城市间的恶性竞争,破坏国民经济的整体协调性要求,同时无效耗费大量的经济能量。

提高城市综合竞争力具有十分重大意义。城市综合竞争力是衡量一个区域综合实力强弱、文明程度高低最直接的标志之一,那么,如何提升城市竞争力呢?

一、合理扩张城市规模

首先,必须合理扩张城市规模。从世界城市发展经验来看,在城市中单位投资所产生的经济、文化、教育、居住等综合效益要比新建一个小城镇大得多。这一点,从北京、上海、广州等地区致力拓展城市规模的举措上也可以得以印证。因此,城市的合理扩张是一种必然趋势。

其次,必须牢固树立经营城市理念。经营城市的初衷是运用市场经济手段解决城市建设中的诸多问题,加快城市发展。但由于城市资源客观上所固有的整体性、系统性和高度相关性,使得经营城市在实践中已经超越了城市建设的范畴,而具有了更为广阔、深厚的内涵。

第三,必须有效开发人力资源。劳动力是生产力的第一要素,人力资本是城市发展的直接推动力。一个城市对人力资源的吸引力越强,牵动力越大,其城市竞争力也就越强、越大。

二、以产业集聚为重点

城市竞争力,主要是指一个城市在竞争和发展过程中与其他城市相比较所具有的吸引、争夺、拥有、控制和转化资源,争夺、占领和控制市场,以创造价值,为其居民提供福利的能力。城市竞争力的实质是对城市要素、资源的有效整合能力。一般而言,区域中心城市是一个区域经济、政治、文化中心,是推进区域城市化的龙头。区域中心城市竞争力是整个区域城市竞争力的标志。

城市竞争力是一个复杂的系统,包含经济力、政治力、文化力、环境力等众多的子系统和劳动、资本力、科技力、设施力、区位力、公信力、秩序力、制度力、开放力等大量纷繁复杂的要素。在诸多要素中,经济力是基础,起主导作用。在日趋激烈的区域竞争和国际竞争中,推进产业集聚,是提升城市经济力的战略选择。这是因为,第一,城市的竞争表现为产业的竞争;第二,城市产业具有顽强的自发集聚、几何增长的特性;第三,城市产业集聚力和城市竞争力的其他分力是互相促进的,产业集聚可以吸引资金、技术、人才、管理等资源、改善基础设施、制度、文化、社会秩序和开放度,实现资源的进一步聚集和环境的改善。反过来,资源聚集和环境的改善又促进产业的聚集。因此,提升区域中心城市竞争力的重点是推进产业集聚。

三、推进城市流通创新

各个城市由各种空间联系渠道(交通通信)以及各种流通形式(商品、资金、信息、技术、人才)联系起来,组成了城市网络。城市作为网络的节点,由于功能不同,依其在网络中的地位和协调控制网络的能力,形成了世界城市等级体系。

处在网络顶级节点上的城市,是网络的中枢,担负着协调控制整个网络的功能,它们往往是跨国公司、全球性的金融机构、国际组织以及城市服务业高度集中的地方,被称为国际城市和世界城市;处在网络次级节点的城市,是地区性的金融管理和服务中心,其作用是协调上下级城市的关系;其他城市广布于网络之中,对网络的协调控制作用最小,主要是从事生产装配的工业城市。

在经济全球化的作用下,城市经济正朝着两个相反却相互联系的方向发展。一方面全球经济的控制权逐渐向极少数世界性城市集中;另一方面制造业的空间分布正在向城市末端而非顶端扩散。

现代城市要有农业社会的心态,不要与时竞争,而是要有耐心地对待城市的发展;对待现代城市要用工业社会的标准;建设现代城市还要有信息化的思路,要有所放弃,并在放弃的同时,实行战略的联盟和组合。

四、着力改善软环境

竞争是市场经济的基本特征。一种商品、一个企业、一座城市,能否在市场经济中站稳脚跟、健康发展,关键在于其适应市场的能力,即市场竞争力的大小。而软环境是生产力,是城市竞争力的重要内容。

城市文化理念作为非正式制度对城市竞争力的影响非常大。一个有着强大竞争力的城市必然是一个有浓厚城市文化理念的城市,提高城市竞争力,必须把打造提升城市文化理念作为一项重要战略工作。如打造特色文化品牌,把它融于城市竞争中,这也是提升城市竞争力的战略选择。从现代城市发展的进程规律看,城市功能越科学、越完善,城市生产力发展越迅速,对周边的辐射和带动能力越强。而现代经济科技已成为第一生产力,为科技提供发展空间和环境无疑是增强城市竞争力的关键所在。

第十一章　城市经济考核体系

第一节　城市政府经济管理职能

一、城市政府经济管理的基本职能

所谓城市政府的经济管理职能,是指在对城市经济管理的过程中所必须具备的基本的功能活动。城市政府的主要经济职能应定位在它能够弥补市场缺陷,熨平市场经济的波动,为市场经济的运行提供一个合理有序的制定框架。这些基本的功能活动,从总体上概括起来就是:公共物品的供给职能,计划调控职能,综合管理职能,法律调控职能等。

（一）提供公共物品

自由市场制度是建立在等价交换的原则之上的,只有那些具有排斥性质的可以交换的产品才能进行市场交易;与私人产品不同,公共产品具有"非排他性"和"非竞争性",所以公共产品的交换行为难以产生,消费者与供给者之间的联系由此中断,为弥补市场的这个局限性,城市公共物品应主要由城市政府来提供。从世界各国的情况看,政府提供公共物品有两种基本方式:一种是政府直接生产,另一种是政府间接生产。一般来说,我们认为纯公共物品和自然垄断性很高的准公共物品应该采取由政府直接生产的方式来提供,如保健事业、医院、上下水道、图书馆、中小学教育等(注:国防、警察等公共物品应由国家政府来提供,而而由城市进行生产的方式来提供),如采取政府授权经营、政府参股、政府与私人企业签订合同等方式,以引进竞争方式,就会进一步提高资源的利用效率。

（二）计划调控职能

一个城市经济发展的快慢,社会效益的好坏,关键在于有无一个正确的经济社会发展规划。因此,城市政府应该根据国家对城市发展和建设的方针、经济技术政策、国民经济和社会发展长远计划、区域规划，以及城市所在地区的自然条件、历史情况、现状特点和建设条件，按照功能性目标；确定城市的性质、发展方向、发展规模和建设布局；统一规划，合理地利用城市的土地；综合部署城市物质文明和精神文明建设的各项事业，使整个城市的建设和发展，达到技术先进，经济合理，"骨肉"协调，环境优美的综合效果，为市民的经济社会活动创造良好条件。要保证规范的全面落实，城市政府还必须发挥领导的权威，充分运用经济的、法律的、行政的管理手段，加强指导，保证城市各项建设事业有秩序地、协调地发展，使城市的发展建设，获得良好的经济效益、社会效益和环境效益。

（三）综合管理职能

城市政府在经济管理中，一定要遵循宏观管好、微观放开的原则，结合考虑环境、土地、资源、人口、社会、文化等因素，围绕环境保护、资源开发、土地利用、交通通讯条件改善、工业布局、副食品生产社会问题的解决、居民点分布等重点，加强城市计划管理、固定资产投入管理、财政金融管理、公共设施管理、工业管理、城郊农业管理、交通管理、房地产管理等，不断提高城市素质，增强城市的聚集效应和辐射作用。

（四）法律调控职能

市场经济是法制经济，城市经济作为国民经济的重要组成部分，在国民经济发展中起着举足轻重的作用。因此，城市在国家的法律法规框架，进行日常的经济活动时，城市政府也要因地制宜地制定符合本地区特色经济规章制度，为市场经济的发展提供有利的外部条件，对经济活动和进行法律调控，这是城市政府最基本的职能。

二、城市政府经济管理职能的转变

我国的经济体制改革和政治体制改革客观上要求城市政府的经济职能要与不断发展的市场经济体制相吻合，具体而言，我国城市政府的经济职能正发生着如下的转变：

（一）明确城市政府的经济管理权限和职责，形成强有力的决策指挥系统

在国民经济管理中，城市是一个重要的决策指挥层次。城市作为一个复杂的有机综合体，作为经济中心，其功能的充分发展与否，从根本上取决于城市政府决策指挥是否正确。因此，改革城市经济管理体制的一项突出任务就是要健

全和完善城市经济的决策指挥系统。为了保证城市政府能够科学地进行经济决策并有效地加以指挥实施,固然要求做多方面的努力,但其中关键的一点就是必须明确城市政府的经济职能和职责。这就要处理好国家与城市政府的关系,进一步扩大城市政府管理经济的权限,落实其职责。而要建立起强有力的城市经济决策指挥系统,就要求城市政府依据自身的性质、特点和优势,制定出符合国民经济总体规划的城市经济发展战略,建立切实可行的中长期发展目标和发展重点。同时,在此基础上,制定出产业政策、投资政策、财政政策、分配政策等,为城市经济的发展指明方向,使其有所遵循。同时,要按照精简、统一、高效的原则,构建合理的城市管理系统。在组织形式上,城市经济的决策指挥系统、调节控制系统、组织协调系统和监督检查系统的各项职能都需要具体的管理机构来承担。针对原有城市经济管理机构所存在的机构臃肿、人浮于事、多头管理、效率低下等弊端,新型的城市经济管理机构必须充分体现精简、统一、高效的原则,即精简(部门和层次减少,机关工作人员精干)、统一(政归一口、综合管理)、高效(工作效率高,卓有成效地为基层经济服务)。

(二)切实做到政企分开,实现政企职能分开

政企职能分开,关键在城市政府职能转变,以及怎样转变。城市政府通过机构改革,向企业和社会中介组织转变职能。城市政府只有贯彻简政放权、政权分开的原则,不直接插手企业的经营管理活动,使企业真正赢得生产和经营自主权,才能促进城市经济的迅猛发展,才能使城市经济再上新台阶。

(三)立足于城市经济内在联系,形成多方兼顾的组织协调系统

城市是商品生产、分配、交换和消费的中心,城市经济的一个重要特征就是开放型而非自我封闭型。这种开放型明显地表现为一个城市与其他城市和地区乃至国外有着广泛的、经常的、活跃的横向经济联系。实行城市经济的对外开放、大力发展跨地区、跨部门、跨城乡的横向经济联系,建立以中心城市为依托、横向联合为主、纵横结合的经济网络,既是发展市场经济的客观要求,也是充分发挥城市功能的前提条件。为此,城市政府必须把计划、财政、物价等经济综合部门和银行等金融机构统一组织起来,设立一定形式的协调机构,并赋予一定的裁决权,避免各自为政现象的产生,以实现对城市经济的合理组织和城市经济关系的有效协调,促进城市经济的大发展。

(四)健全完善城市经济的调控体系

在中国这样一个自然、社会、经济条件差异很大的国家,必须建立健全有效的经济调控体系,才能把国家的宏观经济政策与各个城市地区的实际情况相结

合,才能增强城市的责任感和主动性。在城市经济的调控中,要建立起中央政府、地方政府、城市政府相结合的统一的调控体系。必须理顺中央与地方的经济关系,建立起在中央统一领导下的中央与地方合理分权的新体制。因此,凡是涉及全国统一政策和全国统一市场的管理权限必须集中到中央,以保证国家整体利益;而对于许多具体管理权限则要下放给城市地方,以利于地方城市政府根据当地的实际情况进行有效管理。要通过合理划分中央和地方的经济管理权限明确各自的事权、财权和决策权,做到权力和责任相统一,发挥好中央和地方的积极性。

同时,由于中国各个地区社会经济发展水平差异较大,经济管理权限的划分既要强调全国的统一性,又要考虑各个地区的特殊性,避免"一刀切"。应当根据各地区不同的经济发展水平,对于国家的贡献率、自然地理条件以及对外经济的依存度等多种因素,加以区别对待,使各地区的经济管理权限与其自身的总体发展水平相适应。此外,还必须处理好行政区划的省区和大经济区的关系。地方政府作为一级行政机构,掌握着行政指令、经济杠杆、政策法规等调控手段,与大经济区对经济活动的协调相比,具有权威的操作性,而且省区划分比大经济区划分相对稳定和明确,所以地方政府必须是宏观调控的中间层次,而这些都离不开城市本身。要把各个有联系的城市组合成一个大的经济区,并以此作为一个以经济互补和分工协作为基础、跨行政区界的经济区形式,以促进横向经济联系,充分发挥地区优势,促进地区产业结构化。因此,有必要建立大经济区的协调组织,如共同市场理事、联络委员会和行业协调小组等,以协调各有关地方政府的经济管理活动,并与中央政府的总体规划相协调。

第二节　构建城市经济指标体系的方针

进入 21 世纪以来,我国现代化建设进入了一个新的发展阶段。建立一套科学的、全面的、简明的和可操作的经济社会发展综合指标体系,是十分必要的。通过对社会发展的基本状况进行量化,以指标的形式进行描述、分析,既可以从纵向的动态分析中,观察城市的发展轨迹,找出本地区发展中的成功经验和薄弱环节;也可以从横向比较中了解到兄弟城市的进展情况,找出差距,相互学习;同时通过对指标体系的分析研究,可以为制定城市发展战略、发展规划提供基础性的数据,为各级领导提供可靠的决策依据。

城市经济社会发展指标体系要突出五个特点:一是体现以提高城市人民生

活为目的的全面发展,有关生活质量方面指标项目应占三分之一以上;二是体现经济效益和社会效益的统一,避免单纯追求发展速度;三是体现可持续发展战略,增加了环境保护、基础设施建设和发展高技术产业等方面的指标,避免依靠牺牲环境来发展经济;四是体现科教兴国的方针,增加提高教育、科技投入和居民受教育等项指标,以保证人口素质的提高;五是体现我国从农业国向工业化过渡的传统指标,同时也体现工业化向信息化发展的指标,具有一定的前瞻性。构建城市现代化指标体系的方针是:

一、体现可持续发展

城市的现代化水平本质上就是特定时期城市的发展水平。在现代,"发展"这一概念的内涵和外延已发生变化,人们对"发展"的理解已不单纯在经济的增长上,而是包括经济增长在内的社会全面进步过程。而且,"发展"也不仅仅是一种量的增长,而是除量的增长之外还应有增长的可持续性,仅有量上增长而无持续增长能力的"发展",不是完全意义上的发展。

可持续发展基本上已成为全人类共同的发展观。其一,可持续发展是"社会—经济—生态"三维复合的协调发展,它不是一种单纯的经济增长过程,而是一种全面的社会进步和社会变革过程。在可持续发展复合系统中,经济的发展将以生态良性循环为基础,同资源环境的承载能力相适应,而不再以环境污染、生态破坏和资源的巨大浪费为代价。其二,可持续发展强调以人为中心的全面发展。其三,可持续发展强调发展潜力的培植。它不仅仅只注重发展的状态和目标,而更注重发展趋势的持久力和耐力,注重未来的发展能力和发展机会。

在全新的可持续发展观下,考察社会的发展水平(现代化水平)应该考察全新意义上的可持续发展水平。因而,根据可持续发展的基本思想,城市现代化指标体系应有考察城市发展持久力、发展潜力,以及社会、经济、环境发展协调程度的功能。只单纯反映一个城市经济、社会、环境的发展状况,而忽略考察其发展持久力,各要素之间发展协调度的指标体系,不是完全、充分、真正意义上的现代化指标体系。

二、注重城市人口素质的评价

社会是由人、自然环境、社会文化三大要素构成的,人是社会的主体,离开了人,就无所谓文化、无所谓环境。

强调以人为中心的全面发展是现代社会发展的基本要求。强调以人为中

心包含两层意思：一是社会的发展首先应表现为人口素质的全面提高；二是社会人口应保持与社会持续发展相适应的增长速度，如零增长状态。只有这样，在维持资源存量不至于减少的情况下，才有可能保证当代人与后代人拥有同样的发展机会和发展潜力。强调人口素质的提高，本质上是要提高人类的生活质量，这包括既提高人的物质生活水平和精神生活水平，同时又给社会成员以公平的分配权和公平的发展权，即消除贫困，消除贫富悬殊和两极分化。

美国的现代化理论专家阿历克斯·英格尔斯认为，当今社会的巨大进步，首先要体现在人的现代化上，而现代化社会的现代人应具备 14 个方面的品质：(1)准备接受和乐于接受他未经历过的新的生活经验、新的思想观念、新的行为方式；(2)准备接受社会的改革和变化；(3)思路广阔、头脑开放，尊重并愿意考虑各方面的意见和看法；(4)注重现在和未来，守时并惜时；(5)有强烈的个人效能感，对社会和个人的能力充满信心，办事讲求效率；(6)有计划性，在个人和公共生活中趋向于制订长期计划；(7)知识性，即注重对事实的考察，尽可能多的去获取知识；(8)可依赖性和信任感，即相信周围的人和社会组织能够实现他们的任务；(9)重视专门技术，有愿意根据技术水平高低领取不同报酬的心理基础；(10)乐于让自己和后代去选择非传统所尊敬的职业，对教育的内容和传统思想敢于挑战；(11)相互了解，自尊和尊重他人；(12)了解生产及其过程，期望能在认识本职工作的过程中发挥自己的才能和创造力；(13)对自己和社会一般持乐观态度；(14)具有一种普遍主义的意识。

三、具备国际对比的功能

"现代化"是一个相对的概念，它有时间的相对性、空间的相对性。任何一个指标都是对一定时间、地点条件下客观现象的数量反映，这是指标的固有属性。一个城市的现代化水平，就是在特定时间、地点条件下的城市发展水平。不强调国际对比，就没有一个较为客观的衡量尺度，所测度的水平就没有可信度。

第三节　制订城市经济指标体系的原则

衡量一个国家、一个城市的经济发展水平，必须要有一个明确的量化的指标体系。而城市经济指标体系的制定又必须以经济与科技发展、人与环境为基础。应当遵循以下原则：

1.综合性与系统性原则

现代化是一个广泛的综合的范畴。它包括社会、政治、经济、科技、管理、文化、环境和人民生活等各个方面。城市社会又是一个复杂的系统的有机整体。城市现代化标准必须体现这种综合性与系统性,城市各个分类指标之间,要形成有机、有序的联系,从多方面反映城市的综合整体实力与水平。

2.以人为中心原则

传统的发展观是以经济增长为核心,是把更多的注意力集中在物质财富的规模增加、速度增长等方面,以经济总增长为中心。无疑经济增长是重要的,但是,经济增长的目的是为了人的发展,为了提高人民的生活水平。发展是一个无限延续的、连续的过程,发展是多元的,既包括经济增长,又包括社会、科技、生态环境的建设与发展,它们互相促进,互相联系。归根结底,一切发展是为了人,为了满足人的基本需要,不仅是衣、食、住、行、学、玩等生存生理需要,而且包括生态环境需求和精神心理需求。这是新世纪的以人为本的现代发展观。评价城市现代化水平的指标体系,必须体现以人为中心的思想。

3.可持续发展原则

人类社会发展是一个持续不断的过程,城市现代化发展也是一个持续不断的过程。城市的可持续发展包括经济的可持续发展、社会的可持续发展和生态环境的可持续发展。人与自然的协调和谐是可持续发展的核心。城市现代化必须处理好人与自然的关系。人要利用自然,而又不要违背自然规律。在开发利用自然的同时,要保护自然,保护生态环境,尽量提高生态环境质量,使发展建立在生态经济系统的良性循环基础之上。否则会受自然的惩罚。近几年来,我国的水灾、干旱、沙尘暴、大气污染严重,许多都是人为造成的,也是自然对我们的惩罚。

城市经济指标体系中,必须把环境质量指标摆在重要位置,处理好人口集聚、人的活动同自然环境的协调关系。当前,城市环境问题严重,主要是两方面的原因造成:一是人们从生态系统中取用的自然资源过量,超过生态系统的承载能力。如城市的土地过度开发,"见缝插楼",城市的绿地、森林减少,水资源锐减等;二是由于工业化的发展,人口的集聚活动,造成大量资源变成"三废"(废水、废气、废渣),加之,又得不到良性处理,任意向大自然排放,从而损害了生态系统。所以,城市的污水处理、垃圾处理、大气污染治理等都应当作为城市现代化考察的重要指标。

4.简明实用可计量原则

指标的本质在于给具体的事物以明确的规定性。城市现代化指标体系,应尽量简单明了，易于理解，有可操作性；用尽量少的指标反映尽量多的内容，同时便于收集和计算分析，对于城市发展研究、战略规则研究具有实用价值。人们构建城市指标体系的基本目的，就是要把复杂的城市现象变为可以量度、计算、比较的数字、数据，以便为制定城市经济、社会和生态建设的总体规划及方针政策提供定量化的依据。

城市经济指标体系应具有描述、评价、警戒和发展目标的多重功能，应分别有一套完整实用的城市描述指标体系、评价指标体系、警戒指标体系和发展指标体系。共同组成有机整体。为了适应对外开放和外向发展趋势，还应尽量使指标和资料的口径、范围与国际常用的指标体系对口，以便于进行国际比较研究和国内城市之间的比较研究。

5.世界性与时代性原则

现代化是世界性现象。发达国家已经实现了第一阶段的现代化，发展中国家正在走向或将会走向现代化。我国城市普遍处于走向现代化阶段。而衡量实现现代化的标准应当是世界性的、与国际接轨的标准，而不是降低要求的"特色"标准、"区域"标准。我国城市的现代化应当是高标准的、符合国际水平的现代化，而不是低标准的现代化，更不可能是短期内想实现就能实现的。

由于现代化是动态的发展过程，因此，现代化又具有鲜明的时代特征。随着社会的进步和时代的发展，现代化的程度会不断提高，内容也会日益丰富。有的学者把工业化、城市化和民主化作为第一次现代化的重要特征，而把以知识经济为基础的信息化、网络化和国际化作为第二次现代化的主要特征。这种划分是否科学准确暂且不论。城市经济指标体系不是凝固的，应当是相对稳定的标准。在不同的时期也会发生变化，以体现出时代的要求。

第四节　城市经济指标体系的内容

自 20 世纪 60 年代，在世界范围内兴起的"社会指标运动"以来，世界各国对经济社会指标的研究编制做了大量努力，为我们今天研究设计城市现代化发展指标体系奠定了理论和实践基础。有关的世界性组织和一批现代化专家、经济学家及社会学家，从不同角度各自提出了一些指标体系，如 1979 年联合国提出的发展中国家的社会指标体系 10 项；1980 年经济合作与发展组织（OECD）提出的社会指标体系 15 项；1982 年英国制定的社会指标 10 项；1982 年印度提出的社会指标体系 7 项；1985 年美国社会学家英格尔斯提出的现代化指标体系

10条;1986年欧洲的33个世界卫生组织成员国联合发起建立"健康城市",提出38项目标,等等。但遗憾的是,至今较为全面系统、简明而又具有权威性的世界城市经济指标体系尚未形成。

一、城市现代化发展指标

上世纪80年代后期,关于我国城市发展指标的研究也开始兴起,目前已有不少成果问世,较为综合系统的发展指标有:城市小康目标测评和城市现代化发展指标;城市管理指标;城市化指标以及城市健康标准等。2000年10月,白和金、林兆木主编的《21世纪初期中国经济和社会发展战略》一书提出了我国基本实现现代化的主要评价指标体系。为如下四类18项:

1.经济发展指标

(1)人均GDP8000美元以上;

(2)农业产值占GDP比重10%以下;

(3)第三产业产值占GDP比重60%以上。

2.社会进步指标

(1)城市化率(即城镇人口占总人口比重)为75%以上;

(2)非农劳动力占总劳动力比重80%以上;

(3)信息化综合指数60%以上:

(4)科技进步贡献率55%;

(5)基尼系数0.25。

3.人口素质与生活水平指标

(1)成人(15岁以上)识字率占95%以上;

(2)适龄人口大专学生比重为30%以上;

(3)平均预期寿命75岁;

(4)婴儿死亡率10‰以下;

(5)恩格尔系数35%以下;

(6)人均年收入40000元人民币以上(按2001年不变价格计算。)。

4.环境质量指标

(1)绿化覆盖率35%以上;

(2)污水处理率70%以上;

(3)固体废弃物无害化处理率80%以上;

(4)空气质量二级以上。

二、城市指标体系

21 世纪初,中国城市经济学会和中国社科院环境与发展中心的专家成立了城市指标体系课题组,用近一年的时间进行设计和论证,先后征求了多位专家和市长的意见,经过反复修改,并在深圳市和济南市进行了试填,最后形成了三套城市指标体系:

(一)第一套指标体系

第一套指标体系是城市经济社会主要指标体系。它反映各市当年已达到的经济社会发展水平,由五个子系统、32 个指标组成。

第一个子系统是经济发展和效益。它由 GDP 增长率、人均 GDP、人均地方财政收入、工业企业资金利税率、第三产业从业人员比重、实际失业率、进出口总额占 GDP 比例 7 个指标组成。这些指标反映了经济效益、经济发展水平、社会化程度、外向型依存度等。

第二个子系统是社会发展。它由人口自然增长率、平均预期寿命、非农业人口比例、科教事业费占财政支出比例、公共教育经费占 GDP 比例、大专以上文化程度占总人口比例、每万人口医生数等 7 个指标组成。它反映了人口控制、人口质量、城市化水平、政府对科教科的重视程度、高素质人口比例及医疗资源占有情况。这些指标反映了城市以人为本的全面发展。

第三个子系统是生活质量。它是由城镇人均收入、人均居住建筑面积、人均生活用电量、电话普及率、食品支出占消费支出比例、最低生活保障线以下人口比例、人均储蓄余额七个指标组成。它反映了居民生活现代化和生活质量的提高。

第四个子系统是基础设施及环保。它是由人均道路面积、每万人拥有公共车辆、人均公共绿地面积、燃气普及率、大气质量等级、生活污水处理率、城市垃圾粪便无害化处理率等 7 七个指标组成。它反映了城市的交通状况和环保,它也是反映生活质的重要指标。

第五个子系统是社会秩序。它由刑事案件、治安案件立案率、交通事故死亡率、火灾事故发生率等 4 四个指标组成,良好的社会秩序是经济发展和社会安定的重要保证。

(二)第二套指标体系

第二套指标体系是现代化指标体系。为了反映城市现代化的进程,促进各市现代化的早日实现,课题组设计了一套现代化指标体系,以此来衡量和检查

各市的现代化实现程度。它是由四个子系统 24 个指标组成。

第一个子系统是经济发展，由 6 个指标组成：

(1)人均 GDP 要求达到 5000 美元，折合人民币 4.14 万元(目前城市平均为 2 万元左右)。

(2)第三产业增加值占 GDP60％以上(目前城市平均为 45％～50％)。

(3)高技术产业占 GDP 要求达到 8％以上(目前全国平均只占 2％左右，城市略高些)。

(4)研究与试验发展经费(RD)要求达到 3％以上(目前全国平均只占 0.7％，城市约在 1％以上)。

(5)进出口额占 GDP 要求达到 50％以上(目前已达 44％)。

(6)实际失业率要求降至 4％以下(目前登记失业率加上国企下岗职工，实际失业率平均达 7％以上)。

第二个子系统是社会发展，也由 6 个指标组成：

(1)非农业人口占总人口比重要达到 85％以上(这是反映城市化的重要指标，目前城市市区已达 60％～70％)。

(2)二、三产业人口比重要求达到 95％以上(目前城市市区已达 90％左右)。

(3)人口自然增长率要求降至 2‰以下。

(4)每万人口医生数要求达到 50 人以上(目前城市平均为 30 多人)。

(5)公共教育经费占 GDP 的比例求达到 5％以上(目前全国平均只有 2.2％，城市略高些)。

(6)大专以上学历者占总人口的比例要求达到 15％以上(目前全国平均只占 3.6％，城市已达 10％以上)。

第三个子系统是生活质量，有 6 个指标：

(1)城镇居民人均可支配收入要求达到 1.5 万元以上(目前已达 6280 元，大城市已达万元以上)。

(2)人均生活用电量要求达到 400 千瓦小时以上(目前城市平均只有 200 千瓦小时，已进入生活现代化的深圳已达 800 千瓦小时)。

(3)每百人拥有电话机 80 台以上(不包括移动电话)(目前城市平均已达 40 台)。

(4)电脑普及率要求达到 50％以上(目前普及率虽只有 6％，但需求量很大)。

(5)平均预期寿命要求达到 75 岁以上(目前城市平均已达 73～74 岁)。

（6）人均住房建筑面积要求达到 30 平方米以上（目前城镇已在 20 平方米以上）

第四个子系统是基础设施及环境，有 6 个指标：

（1）人均道路面积要求达到 12 平方米以上（目前为 9 平方米左右）。

（2）人均公共绿地面积要求达到 10 平方米以上（目前为 7 平方米左右）。

（3）燃气普及率要求达到 98％以上（目前已达 82％，大城市已达 95％）。

（4）第 4～6 项均为环保指标：大气质量等级要求优于 2 级，生活垃圾粪便无害化处理率达到 80％以上，生活污水处理率达到 60％以上，这三项指标距目前水平有较大差距，但环保是今后治理的重点。

关于实现现代化程度的计算方法，是以年实际值除以目标值乘权重得每个指标的指数，每个指标的指数相加，除以各子系统的小计便得子系统指数，各子系统指数相加，便得综合指数。失业率和人口增长率为逆指标，用分子分母倒算而得。

（三）第三套指标体系

第三套指标体系是各城市的五年、十年长期规划发展目标。在这套指标中要求列 10 项主要指标：

1. GDP；

2. 人口数及暂住人口；

3. 从业人员数；

4. 第三产业从业人员所占比例；

5. 人口自然增长率；

6. 固定资产投资额；

7. 地方财政收入；

8. 社会消费品零售额；

9. 进出口总额；

10. 城镇居民可支配收入。

据此可计算出各项人均指标和五年、十年的平均增长速度。

实际上，从"十五"计划以来，尤其是"十一五"和"十二五"计划，从中央到省、市等行政区域单位在确定社会经济发展上要达到的主要目标后，已强化了生态环境保护方面重点是节能降耗方面的一系列指标，主要是 GDP 的能源强度指标。这种做法实际上是对当前要求实施绿色 GDP 考核的一种折中处理。

以上三套指标的作用和包括范围有很大区别，第一、第二套指标是市区口径（即不包括市辖县），优点是市与市之间具有可比性，但不便于掌握市的全面情况,而第三套指标是包括市辖县在内的全市情况,便于决策部门掌握全面情况;第一、第二套指标是反映当年已达到的完成情况,而第三套是反映今后未来五年、十年的长期发展规划的。三套指标各有不同的特点和作用。今后将根据需要和可能,对指标作适当调,以满足各方面的需要。

三、城市现代化建设国际标准

表 10-1 所示为城市现代化建设国际标准指标体系。

表 10-1　城市现代化建设国际标准指标体系

序号	指　标	计算单位	国际标准
1	人均 GDP	美元	9600
2	第三产业占 GDP 的比重	%	60～70
3	高新技术产业产值占工业总值的比重	%	30～40
4	恩格尔系数	%	30～39
5	人均住房面积	m²	22
6	社会保障覆盖率	%	95 以上
7	每千人拥有医生数	个	3
8	人口平均寿命	岁	70～75
9	每十万人刑事犯案率	件	500
10	每十万人交通死亡率	人	7
11	家庭彩色电视普及率	%	100
12	每万人拥有科技人员	人	2000
13	科技进步对经济的贡献率	%	60
14	科技投入占 GDP 的比重	%	2
15	人口文盲率	%	2
16	劳动文化指标	年	15
17	适龄青年高校在校生数	%	50
18	教育投入占 GDP 的比重	%	5
19	人均道路面积	m²	25
20	燃气普及率	%	100
21	人均生活用水	升/日	400

序号	指　标	计算单位	国际标准
22	城镇自来水普及率	%	100
23	人均生活用电	kWh	2500
24	电话普及率	部/百人	90
25	人均公共绿地面积	m^2	20
26	二氧化硫年日平均浓度	Mg/m^3	0.02
27	大气总浮颗粒年日平均浓度	Mg/m^3	0.08
28	一氧化碳年日平均浓度	Mg/m^3	4
29	二氧化碳年日平均浓度	Mg/m^3	0.04
30	臭氧年日平均浓度	Mg/m^3	0.12
31	污水处理率	%	100

第五节　城市经济考核体系

432

一、GDP 考核体系

GDP 代表着目前世界通行的国民经济核算体系。它的发明与产生来之不易，是三百多年来诸多经济学家、统计学家共同努力的结果，1953 年才初步成型。由于 GDP 核算体系仍然存在着一些统计上的技术缺陷，在联合国的主持下，又经过 1968 年和 1993 年两次重大修改。由于世界各国都普遍采用 GDP 核算体系，GDP 作为核心指标，成为衡量一个国家发展程度的统一标准。

（一）GDP 的由来及被曲解

GDP 产生于第二次世界大战之后，逐渐被世界各国所采用。当时经济发展对资源的消耗和对环境的影响远没有现在这么巨大，可持续发展的概念还没有出现。在 1992 年之后，GDP 成为我国国民经济核算的核心指标，而且实际上已成为衡量各级政府政绩最硬的指标，这是由我国"以经济建设为中心"的发展思路所决定的。我们应该看到，追求 GDP 的高速增长，不仅使我国人民的物质生活水平得到了极大改善和丰富，增强了我国的国际竞争力和吸引力，而且极大地提升了我国的国际政治地位。

但长期以来,全国上下各级政府对 GDP 的迷恋甚至崇拜之风弥漫日甚,GDP 成了衡量一切涵盖一切的唯一指标,特别是一些地方政府,检验发展的指标已经被理所当然地理解成了经济发展的速度,经济发展了,官员得到升迁的机会就大。为了 GDP 数字的增长忽视了社会成本,忽视效益、效率、质量,不计增长的代价和方式。

(二)GDP 的核算方法

从产品形态来看,它表现为所有最终产品的价值之和。这里所谓的"产品",不仅包括诸如食品、衣服、汽车等有形的货物,而且包括诸如教育、卫生、理发、美容等无形的服务。所谓"最终产品"是指那些不再被用于生产过程,或虽被用于生产过程,但不会被一次性消耗或一次性转移到新产品中去的产品。例如,一个汽车制造厂在利用购进的各种零配件组装汽车时,各种零配件(如轮胎)一次性转移到新产品中去,所用的电被一次性消耗掉,它们被称为中间产品,只有组装完的成品汽车才是最终产品。GDP 中之所以不包括上述各种零配件和电等中间产品的价值,是因为作为最终产品的汽车的价值已经包括了它们的价值,把这些中间产品的价值与最终产品的价值相加,就会重复计算。所谓"所有的"是指 GDP 所包括的产品的全面性。它不仅包括所有经过市场交易的最终产品的价值,而且包括所有未经过市场交易的最终货物的价值,如农民自产自用的粮食,以及部分未经过市场交易的最终服务的价值。但是,GDP 不包括住户成员为本住户提供的没有报酬的家务劳动,如照顾老人、养育儿童、清扫房屋等。

从价值形态看,GDP 表现为一国或地区所有常住单位在一定时期内生产的全部产品的价值与同期投入的中间产品价值的差额,即所有常住单位的增加值之和。

从收入形态看,GDP 表现为一个国家或地区的所有常住单位在一定时期内的生产活动所形成的原始收入之和。它包括常住单位因从事生产活动而对劳动要素的支付、对政府的支付、对固定资产的价值补偿,以及获得的盈余。

(三)GDP 的用途

GDP 核算已成为宏观经济管理部门了解经济运行状况的重要手段,以及制定经济发展战略、中长期规划、年度计划和各种宏观经济政策的重要依据。判断宏观经济运行状况有三个主要指标:经济增长率、通货膨胀率和失业率。这些指标都与 GDP 有十分密切的联系。经济增长率就是 GDP 增长率,通货膨胀率一般是用国内生产总值缩减指数或居民消费价格指数来衡量的,而著名的奥肯定律则告诉我们,失业率与经济增长率之间具有密切的联系,通过经济增长率可以对失业率进行大致的判断。

从 1985 年国家统计局建立起相应的核算制度以来,GDP 核算已经成为中国宏观经济管理部门了解经济运行状况的重要手段,以及制定经济发展战略、中长期规划、年度计划和各种宏观经济政策的重要依据。但 GDP 不能反映某些重要的非市场经济活动,不能全面地反映人们的福利状况,不能反映经济发展对资源环境所造成的负面影响。近年来,人们对 GDP 的局限性开始有越来越多的认识。比如说,GDP 不能准确地反映一个国家财富的变化,不能反映某些重要的非市场经济活动,不能全面地反映人们的福利状况等等。人们反思最多的,是 GDP 不能反映经济发展对资源环境所造成的负面影响。比如,只要采伐树木,GDP 就会增加,但过量采伐后会造成森林资源的减少,GDP 却不考虑相应的代价。再比如,某些产品的生产会向空气或水中排放有害物质,GDP 却无法表现这些损害。尽管我们的 GDP 增长很快,但代价也不小,单位 GDP 所消耗的资源水平大大高于国外。如果当前的经济发展过度地消耗了自然资源,就会对未来的经济发展造成不利影响,这样的发展是不可持续的。人们正是看到了这一点,开始注重环境核算的问题,"绿色 GDP"概念就是在这个背景下提出的。

（四）盲目追求 GDP 带来的弊端

1. GDP 增长不等同于社会福利的同步增加

人类经济活动的根本目的究竟是什么？在人类经济活动量增加的同时,人们寻求的只能是他们真实福利的增长。而福利的增长至少有以下前提:降低不安全感,使每个人及家庭能够在经济活动中受到法律保护,且得以应付失业、老、病、意外事故等;社会向所有公民提供基本社会服务（如教育）,保证个人及家庭的最低收入水平等等。这些先决条件的保障,既不能简单地从 GDP 的增长中反映,也不是说 GDP 的增长便能自动提供的。这说明,社会福利的发展不一定与 GDP 的增长同步。

2. GDP 的增长不等于增长的质量和增长的公平

在日趋复杂的现代社会,判断经济和社会形势不能仅看表面的繁荣和热闹,不能仅看总量的增长,更为重要的是还必须看结构的变化和协调。这个结构包括经济结构、政治结构以及文化结构。"十五"时期以及前期,也关注结构问题,但兴奋点过多地集中在"加快国企改革"、"大力发展私有经济"、"提升市场化程度"等等问题上,至于关系广大民众基本利益的就业、教育、医疗、分配、生态等结构变化是否失衡就有些麻木了。2003 年的非典疫情就非常典型地提

醒和反映了公共卫生系统方面的失衡：1980 年中国政府在卫生的投入占 GDP 总量的 1.1％，占全国卫生总费用的 36％。到 90 年代的中后期，政府卫生投入占 GDP 总量反而下降到 0.7％～0.8％，占全国卫生总费用的比例在 2000 年更是下降到只占 15％。造成公共卫生系统削弱的原因当然不止一个，但最重要的是没有对社会公共产品发展与经济增长之间的相关性予以足够的重视。这个误区，直接或间接地鼓励了一些地方政府将 GDP 当做唯一的追求目标，从而忽视了增长的质量、增长的代价和增长的公平。这种争相追逐 GDP 增长的策略，必然造成各级政府更重视经济效益好的行业和部门，而忽视了提供公共产品的社会部门。

3. 人均 GDP 有可能模糊了人们对贫富差异的认识

当前我国 GDP 的增速以及财富的增速的确居于世界前列，但是，这个增速仅仅表明"钱"越来越多，而并不等于"有钱的人越来越多"。"钱越来越多"与"有钱的人越来越多"不是一回事。这不仅是一个理论分歧问题，而且也是一个非常现实的问题。随着 GDP 的较快增长，物质和货币财富当然在增长，民众的生活水平也普遍得到了提高。但是，面对悄然增长的城市和农村的贫困群体以及快速攀升的基尼系数，我们的 GDP 能够反映出来吗？不能反映广大人民群众利益的指数，恐怕不能算是一个比较好的测量指标。

4. GDP 作为反映经济发展的指标还有水分

GDP 有否虚报？据说在一些农村，将稻草、人畜粪便等都折成收入计入 GDP，因为稻草可以作燃料做饭，粪便可以作肥料。殊不知农村现在很多都不烧稻草和浇粪便了，这些 GDP 也就肯定是虚报了。从城市里看，保姆、家教、私人房屋出租、私人装修，以至一些咨询、中介、广告机构等收入，绝大多数没有计入国民收入中，这就是说，GDP 存在有漏报的。再加上两地重复计算收入的、统计口径不一致的，以及由于地方产业结构质量差导致 GDP 不成比例的等等因素，中央或省统计部门对各地报上来的 GDP 都总要扣除很多水分，不能简单地累加作为全国或全省的 GDP 总量。这对 GDP 的可信度确实是大打折扣了。

人类社会的进步，不仅依赖 GDP 的增长，还依赖经济增长与自然资源环境和谐统一度的提高。GDP 是经济发展的基础，没有 GDP 的增长，任何发展都无从谈起。但中国经济发展至今，如果还是仅仅以 GDP 作为经济发展的标志，而忽略了经济发展与社会发展的相互协调和互补作用的话，我们将陷入惟 GDP 论的误区，整个社会的发展将会受到延误，还可能助长干部的浮夸作风，全面建设小康的任务将不可能完成，严重的甚至会成为历史的罪人。

二、绿色GDP考核体系

单纯的GDP增长指标没有体现经济增长过程中的环境损失和资源消耗成本，片面强调GDP增长会助长盲目消耗资源、破坏环境，造成社会失衡，反过来又使GDP的增长难以为继。中国经济成长的GDP中，至少有18%是依靠资源和生态环境的"透支"获得的，这种代价至今仍存在于城市的经济发展之中。绿色GDP，作为表达和反映可持续发展观思想的一个指标，不仅能反映经济增长水平，而且能够体现经济增长与自然保护和谐统一的程度，因而越来越受到人们的重视。绿色GDP究竟有着怎样的内涵？应该怎样全面、科学、正确地认识它？

（一）绿色GDP含义

经济产出总量增加的过程，必然是自然资源消耗增加的过程，也是环境污染和生态破坏的过程。我们从GDP中，只能看出经济产出总量或经济总收入的情况，却看不出这背后的环境污染和生态破坏。经济发展中的生态成本有多大呢？目前世界各国还没有一个准确的核算体系，没有一个数据使我们能一目了然地看出环境污染和生态破坏的情况。环境和生态是一个国家综合经济的一部分，由于没有将环境和生态因素纳入其中，GDP核算法就不能全面反映国家的真实经济情况，核算出来的一些数据有时会很荒谬，因为环境污染和生态破坏也能增加GDP。例如，发生了洪灾，就要修堤坝，这就造成投资的增加和堤坝修建人员收入的增加，GDP数据也随之增加。再例如，环境污染使病人增多，这明摆着是痛苦和损失，但同时医疗产业大发展，GDP也跟着大发展。中国在30多年来是世界上经济增长最快的国家，但这"增长"又是通过多少自然资本损失和生态赤字换来的呢？不说环境与资源，即便从社会学角度看，GDP也不能反映社会贫富差距，不能反映社会分配不公，不能反映国民生活的真实质量。总之，GDP统计存在着一系列明显的缺陷，长期以来被人们所诟病，但长期以来没有得到切实的修正。

从上世纪中叶开始，随着环境保护运动的发展和可持续发展理念的兴起，一些经济学家和统计学家们，尝试将环境要素纳入国民经济核算体系，以发展新的国民经济核算体系，这便是绿色GDP。绿色GDP是指绿色国内生产总值，它是对GDP指标的一种调整，是扣除经济活动中投入的环境成本后的国内生产总值。国内外许多专家多年来致力于此项研究，虽取得了重大进展，却也存在着不少争论。目前，有些国家已开始试行绿色GDP，但迄今为止，世界上还没有一套公认的绿色GDP核算模式，也没有一个国家以政府的名义发布绿色GDP数据。

从核算方法上看,绿色 GDP 对传统 GDP 并没有颠覆性的变革,只是变革了计算方法。因此,与其说它是一种新概念,不如说是一种新态度,一种对待人与自然关系的新态度,一种对人类以往高消耗、高污染发展模式的反思。

倡导绿色 GDP 对我国现阶段发展尤其有借鉴意义。当前,不少地方"政绩工程"、"形象工程"泛滥的现象正遭到全社会舆论的抨击,一些领导干部为尽快干出"政绩",热衷于短期行为,不进行科学规划和论证,盲目投资,乱上项目,不惜以资源环境为代价,换得暂时的经济快速增长。教训已经很深刻了:能源危机、土地沙漠化、饮水污染、大量动植物濒临灭绝⋯⋯警钟正一遍又一遍地在我们的耳边敲响。这种"吃祖宗饭、断子孙路"之风为何盛行? 一个重要原因是我们对领导干部的考核体系不够科学,过于偏重经济指标,而较少考虑对资源环境的保护。要实现经济社会的可持续发展,必须矫正这一缺陷,这也是落实科学发展观的核心要求之一。

以绿色 GDP 为主导,不仅是对破坏性开发的限制,更将为经济发展开辟出一个崭新的天地。如与之相配套的"循环经济"模式,将大幅提高资源利用效率,降低生产成本。而近年来不少地方已经开始摸索的生态农业、生态旅游业、生态制造业、清洁能源等环保产业,也将培育出一系列新的经济增长点。把绿色 GDP 上升到政策和法律高度,纳入干部考核体系,作为对地方经济社会发展业绩评价的重要参数,也大大有助于建立科学的干部考评制度,引导正确的政绩观。

（二）实施绿色 GDP 的意义

GDP 只是对最终产品和劳务的计算,没有把资源成本和环境成本计算在内,它本身只能反映一个国家、一个地区经济增长与否,而不能说明一个国家或地区资源消耗的状况和环境质量的变化。而片面追求 GDP 的增长,对城市近年来所倡导的可持续发展战略构成巨大的挑战,在我们看来,可持续发展的核心应该是可持续,而不是发展。可持续不仅是当代的可持续,而且应该是子孙后代的可持续。

从全国现实的发展状况来分析,当前正处于工业化的初中级阶段,尚未摆脱高消耗、低效率、高排放的粗放型增长模式,生产工艺总体上还相对落后,资源的利用率比较低,污染物的排放率比较高。其次,相对于世界的其他国家中国的 GDP 增长率比较高。高消耗、高排放、高增幅,造成资源的惊人消耗和数量巨大的污染物排放——如果长此以往,发展将难以为继。再次,全国上下的政府职能还没有得到根本转变,GDP 增长在各级党政干部的政绩考核中的极端重要性,使得短期利益和短期行为屡禁不止。发展经济往往"压倒一切",环境和生态保护只能为经济建设"让路"。

改革现行的国民经济核算体系，对环境资源进行核算，从现行 GDP 中扣除环境资源成本和对环境资源的保护服务费用，其计算结果可称之为"绿色 GDP"。绿色 GDP 这个指针，实质上代表了国民经济增长的净正效应。绿色 GDP 占 GDP 的比重越高，表明国民经济增长的正面效应越高，负面效应越低，反之亦然。

单纯追求 GDP 增长对我国可持续发展的不利影响是：当前，对于 GDP 增长的盲目追求，已经使全国各地的资源、环境形势变得相当严峻。

在这样的大背景下，实行绿色 GDP 的重要性和迫切性就更加突出。把资源成本和环境成本纳入国民经济核算体系，将会从根本上改变党政官员的政绩观，推动粗放型增长模式向低消耗、高利用、低排放的集约型模式转变，真正把可持续发展战略落实到经济建设的各个层面、各个领域。可以说，实行绿色 GDP 是全新发展思路的最佳切入点。

（三）绿色 GDP 面临的困难

实施绿色 GDP 核算体系，面临着技术和观念上的两大难点。

技术难点。GDP 通常以市场交易为前提的，产品和劳务一进入市场，其价值就由市场供求关系来决定，它传达出来的是以货币为手段的市场价格信号。一个产品值多少钱，得在市场销售中才能确认。这就是说，市场供求规律所决定的自由市场价格，是 GDP 权威性的唯一来源。但我们如何来衡量环境要素的价值呢？环境要素并没有进入市场买卖。例如砍伐一片森林，卖掉原木，原木的销售价，即可表现出价格，即可以纳入 GDP 统计。但因为森林砍伐而导致依赖森林生存的许多哺乳动物、鸟类或微生物的灭绝，这个损失是多大呢？再因为森林砍伐而造成的大面积水土流失，这个账又该如何核算呢？这些野生的鸟类、哺乳动物、微生物与流失的水土并没有市场价格，也没有货币符号，我们不知用什么数据来确定它们的价值。专家们提出过许多办法，其中一个是倒算法，按市场成本来估算一个专题。例如，使黄河变清要花多少钱？恢复一片原始森林要花多少钱？如果做不到，那就是价值无限，不准砍伐，不准破坏。另外，按市场价格，有的具体项目的环境成本也可以科学推测。例如，昆明的滇池近几十年来严重污染，周围的农田、化工厂是主要污染源，如果将这些农田和化工厂几十年来的利润汇总，有几十个亿，虽然带动了当地的就业，创造了物质财富，但同时造成了严重的环境污染。如果现在要使滇池水变清，将劣五类水变回到二类水，最起码要投入几百个亿。这样一笔账算下来，即便不包括滇池内许多原有的鱼类和微生物的灭绝，也不包括昆明气候变化所造成的影响成本，滇池周围几十年来的经济活动可就亏大了！如今，各方面的专家们已研究出了不少测算模型与方法，各有优点，各有侧重，也各有缺陷，这只能在实践中逐步补充完善。

观念的难点。绿色 GDP 意味着观念的深刻转变，意味着全新的发展观与政绩观。GDP 是单纯的经济增长观念，它只反映出国民经济收入总量，它不统计环境污染，不统计生态破坏，不反映经济增长的可持续性。绿色 GDP 则力求将经济增长与环境保护统一起来，综合性地反映国民的经济活动的成果与代价，包括生活环境的变化。绿色 GDP 建立在以人为本、协调统筹、可持续发展的观念之上。一旦实施绿色 GDP，人们心中的发展内涵与衡量标准就变了，扣除了环境损失成本，当然会使一些地区的经济增长数据大大下降。一旦实施绿色 GDP，必将带来干部考核体系的重大变革。过去各地区干部的政绩观，皆以单纯的 GDP 增长为业绩衡量标准，现在要将经济增长与社会发展、环境保护放在一起综合考评，这会使很多干部想不通，会因此形成诸多阻力。但任何观念的转变都有一个艰难渐进的过程，因为这是一项改革，是使公平与效率双赢的一个创新，更是我们社会主义市场经济理论的一次重大升华。可以想见，随着绿色 GDP 的研究和实施，环境的保护或破坏，必成为选拔干部的一项重要标准。

绿色 GDP 的启动实施，虽面临着许多技术、观念和制度方面的障碍。但没有这样的指标体系，我们就无法衡量我们的真实发展水平，我们就无法用科学的基础数据来支撑可持续发展的战略决策，我们就无法实现对整个社会的综合统筹与平衡发展。因此，无论有多少困难，我们都应当立即开始进行探索，立即开始从具体项目到局部地区进行不断的试验，逐步建设起符合中国国情的绿色 GDP，为全世界的绿色 GDP 核算体系的发展作出贡献。

（四）绿色 GDP 与公众参与

公众参与和绿色 GDP 有什么关系？许多环境因素很难纳入货币核算，国外就发明出了一种可称为公众评估的办法。例如，某些规模巨大的公用工程项目，要核算它的生态影响，不同的核算法有时会产生出不同的结果。所以，环境专家们便诉诸公众的主观评价。围绕这些公共项目，要允许相关的专业部门与较独立的专家机构，在较大的范围内进行公众咨询与调查。将支持和反对的意见都写清楚，最后请公众根据自己的价值判断来进行选择。老百姓讲话，人心本是一杆秤。公众对关系到自己身心健康的事情，都会有真实的表述。因此，实施绿色 GDP，要有一个公众参与的社会氛围。要认真收集与了解公众对经济收入和环境破坏的主观评价，这种主观评价的数据应成为绿色 GDP 的重要补充。

环境保护的公众参与,直接表现了社会主义民主的发育程度,也直接体现着一个国家公民素质的高低水平。人民既需要经济的增长,也需要一个良好的生态环境,更需要一个公正和谐的社会。可持续发展的目标,本身就包含着经济增长、社会发展和环境保护三个方面的内涵。建设一个以人为本的社会,就必须实现这三者的平衡。公众参与,是社会发展的重要内容,也是经济增长与环境保护的平衡杠杆。

建立绿色 GDP 核算体系,不能过于迷信技术手段,因为技术手段总是在不断完善的。科学的绿色 GDP 数据有助于科学决策,公众参与和民主法治,保证每项决策能真正服务于大多数人的利益。从世界环境保护的发展历程看,没有公众参与就没有环境保护。所以,在强调下大力气建立绿色 GDP 核算体系的同时,一定要强调公众参与。否则,环境保护与建立绿色 GDP 就变成少数人的事而最终一事无成。

（五）绿色 GDP 在国内外的实践

绿色 GDP 的环境核算虽然困难,但在发达国家还是取得了很大成绩。

挪威 1978 年就开始了资源环境的核算。重点是矿物资源、生物资源、流动性资源(水力)、环境资源,还有土地、空气污染以及两类水污染物(氮和磷)。为此,挪威建立起了包括能源核算、鱼类存量核算、森林存量核算,以及空气排放、水排泄物(主要人口和农业的排泄物)、废旧物品再生利用、环境费用支出等项目的详尽统计制度,为绿色 GDP 核算体系奠定了重要基础。

芬兰学着挪威,也建立起了自然资源核算框架体系。其资源环境核算的内容有三项:森林资源核算,环境保护支出费用统计和空气排放调查。其中最重要的是森林资源核算。森林资源和空气排放的核算,采用实物量核算法;而环境保护支出费用的核算,则采用价值量核算法。

实施绿色 GDP 的国家还有很多,主要是欧美发达国家,如法国、美国等。特别值得一说的是墨西哥。墨西哥虽然是发展中国家,但也率先实行了绿色 GDP。1990 年,在联合国支持下,墨西哥将石油、各种用地、水、空气、土壤和森林列入环境经济核算范围,再将这些自然资产及其变化编制成实物指标数据,最后通过估价将各种自然资产的实物量数据转化为货币数据。这便在传统国内生产净产出(NDP)基础上,得出了石油、木材、地下水的耗减成本和土地转移引起的损失成本。然后,又进一步得出了环境退化成本。与此同时,在资本形成概念基础上还产生了两个净积累概念:经济资产净积累和环境资产净积累。这些方法,印尼、泰国、巴布亚新几内亚等国纷纷仿效,并也立即开始实施。1995 年,世界银行首次公布了用"扩展的财富"指标作为衡量全球或区域发展的新指标。扩展的财富概念中包含了"自然资本"、"生产资本"、"人力资本"、"社会资本"四大组要素。"财富"的内涵更为丰富了。

　　环保部环境规划院于 2006 年第一次公布《中国绿色国民经济核算研究报告 2004》，但只计算了环境退化成本中的环境污染成本。2004 年至今，历年的绿色 GDP 报告很少公开过。2010 年年末，《中国环境经济核算研究报告 2008（公众版）》又公开披露了 2008 年全国环境经济核算（也即俗称的"绿色 GDP"）的部分研究结果。报告称，2008 年的生态环境退化成本达到 12745.7 亿元，占当年 GDP 的 3.9%；环境治理成本达到 5043.1 亿元，占当年 GDP 的 1.54%。和 2004 年相比，环境退化成本增长了 74.8%，虚拟治理成本增长了 75.4%。这意味着伴随着中国经济的高速增长，其环境和生态日益恶化。2008 年比 2007 年增加了 1613.5 亿元，增长了 22.0%。这一增长速度，远远高于同期 GDP9% 的增长速度，这是对我们现有经济发展模式不可持续的最好说明。根据《中国环境经济核算研究报告 2010（公众版）》，全国连续 7 年的环境经济核算结果表明，尽管我国"十一五"期间污染减排取得了积极进展，但我国还处于经济发展环境成本上升阶段，生态环境退化成本空间分布不均，生态破坏损失主要分布在西部地区，环境退化成本主要分布在东部地区。

索　引

中国视角的现代城市经济问题研究

参考文献

[1] 巴顿.城市经济学理论与政策(中文版)[M].北京:商务印书馆,1984.

[2] 山田浩之.城市经济学(中文版)[M].沈阳:东北财经大学出版社,1991.

[3] [美]阿瑟·奥沙利文(Arthur Sullivan).城市经济学(第4版)[M].苏晓燕等主译,北京:中信出版社,2000.

[4] [日]藤田昌久,[美]保罗·克鲁格曼(Paul Kurgan),安东尼·J维纳布尔斯(Anthony. Enables).空间经济学:城市、区域与国际贸易[M].梁琦主译,北京:中国人民大学出版社,2005.

[5] 蔡孝箴.社会主义城市经济学[M].天津:南开大学出版社,1990.

[6] 饶会林.城市经济学[M].沈阳:东北财经大学出版社,1999.

[7] 傅崇兰,周明俊.中国特色城市发展理论与实践[M].北京:中国社会科学出版社,2003.

[8] 姜杰,张喜民,王在勇.城市竞争力[M].济南:山东人民出版社,2003.

[9] 秦甫.现代城市管理[M].北京:中国建筑工业出版社,2004.

[10] 耿毓修,黄均德.城市规划行政与法制[M].上海:上海科学技术文献出版社,2002.

[11] 谢文蕙,邓卫.城市经济学(第2版)[M].北京:清华大学出版社,2008.

[12] 周伟林,严冀等.城市经济学[M].上海:复旦大学出版社2007.

[13] 冯云廷.城市经济学(第2版)[M].沈阳:东北财经大学出版社,2008.

[14] 王雅莉.城市经济学[M].北京:首都经贸大学出版社,2008.

[15] 饶会林.现代城市经济学概论[M].上海:上海交通大学出版社,2008.

[16] Douglas Webster,Larissa Muller. Urban Competitiveness Assessment in Developing Country Urban Regions:The Road Forward[R]. Paper prepared for Urban Group. IN-FUD,Washington DC:The World Bank,2000.

[17] Dunning J. The Geographical Sources of the Competitiveness of Firms: Some Results of a New Survey[R]. Department of Economics,University of Reading,Discuss on Papers in International Investment and Busi-

ness Studies，1996，218.

[18] Emanon D'Arcy，Geoffrey Keogh. The Property Market and Urban Competitiveness[J]. Urban Studies，1999.

[19] Malecki E J. Hard and Soft Networks for Urban Competitiveness[J]. Urban Studies，2002.

[20] Iain Begg. Cities and Competitiveness[J]. Urban Studies，1999.

中国视角的现代城市经济问题研究